武蔵武士を巡る

東京・神奈川の史跡と伝説

北条氏研究会〈編〉

勉誠社

はじめに

『武蔵武士を巡る』、これがこの本のテーマである。武蔵国は二十一郡（古代〜近世）からなる広く大きな国である。これを前提として、平成二十七年（二〇一五）に武蔵国北部（埼玉県域）を対象とした『武蔵武士を歩く　重忠・直実のふるさと　埼玉の史跡』（勉誠出版、以下、本書では『埼玉の史跡』と略称する）を刊行することができた。本書はその姉妹編である。

今回は、武蔵国南部、すなわちほぼ東京都（下総国に含まれた隅田川以東を除く）及び神奈川県川崎市・横浜市域（南部の戸塚区等相模国に含まれた地域を除く）にあたる地域の六郡（豊島郡・荏原郡・多摩郡・橘樹郡・都筑郡・久良岐郡）と足立郡の一部（東京都足立区）を対象にしている。なお、郡域・郡名等は、この時代（中世）に使用されたものを用いた。

「武蔵武士」は、平安時代末期から南北朝時代にかけて武蔵国内を本拠（名字の地）として活躍した武士たちの総称である。その出自は多様であるが、この中には、坂東八平氏の一部や武蔵七党、古代の郡司の系統を引く氏族などが含まれている。武蔵武士というと、鎌倉幕府成立の時に活躍した畠山重忠や熊谷直実、そして武蔵七党の武士達が思い出される。重忠の一族は東京都町田市の小山田荘や神奈川県川崎市の稲毛荘等に進出している。重忠が滅亡した地も神奈川県横浜市旭区二俣川に所在する。東京都域には武蔵七党のうち横山党や西党の武士が分布する。

こうした武蔵武士の活躍は、源平合戦を描いた『平家物語』や鎌倉幕府の記録である『吾妻鏡』に生き生きと描写されている。その子孫は、鎌倉幕府を支え、鎌倉殿（征夷大将軍）の直臣として承久の乱でも活躍した。その結果、東北地方や関西から中国地方、果ては九州方面まで恩賞地を与えられ、その活躍の場を広げている。このように武蔵武士は、源平合戦や承久の乱で活躍し、鎌倉幕府の発展にも寄与した武士といえよう。

本書は、北条氏研究会の面々が、埼玉県内に加え東京都・神奈川県の武蔵武士に関わる史跡を、伝説や地名をもとに探し求めて歩いた成果である。その史跡に立つ時、文字史料だけではわからないさまざまな武蔵武士の姿（新たな時代のパイオニアや開拓者としての姿）や鎌倉に通じる道の景観を想起しつつイメージをふくらますことができるのではなかろうか。

本書の対象となる武蔵国南部を歩き始めたのは、平成十五年（二〇〇三）十月に東京都板橋区を歩いた時からであった。以来約二十年かけて歩いた結果が本書ということになる。武蔵国北部（埼玉県）の時は車に乗って見学することが多かったが、この度は多摩郡西部の奥地以外は徒歩で見て回った。特にこの五年間は別途古街道歩きを始めた。参考文献を片手に地図を確認しながら歩いていると、中世前期の様々な思いが頭に浮かんで来る。この思いが古道を確認するのに役だったと思う。

武蔵武士はこの時代の主役ではなかったが、その史跡に立つ時、鎌倉幕府を支え、それを発展させた武士として、その生き様を体感していただければと思う。

本書は、武蔵武士が武蔵国南部（東京都・神奈川県域の一部）に残した史跡やそこに伝わる伝説を紹介し、読者が史跡等を見学する際の思いの参考とすることを目的としている。今回は書名に「伝説」を加えた意図もそこにある。武蔵武士に関する史跡や伝説の残る地は、現在では城館跡・神社・寺院等に託して言い伝えられていることが多い。

そこで本書では、前掲書の方針を見直し、武蔵武士の活躍や伝説が見られるように各項目を設定した。最初に、「武蔵武士とは何か」、続いて「地形、河川、道等、行政区分」について説明した。次に、氏族別に「武蔵武士の史跡」、続いて、中世の道である「鎌倉街道とその関連史跡」、戦いの跡である「武蔵武士の戦場」、「源氏や有力武将の伝説」、「板碑・五輪塔等石造物のある史跡」、「その他、地域の史跡」で構成し、各々にコラムを挿入し、室町・戦国時代の史跡も俯瞰できるようにした。

末尾には各郡の市区町村ごとに史跡一覧を掲載し、また人名・氏族名等索引を付して、武蔵武士等を検索できるように工夫した。

ただし、この史跡や伝説地等は、個人の私有地に所在するものもあり、すべて公開されているわけではない。見学には注意を要する。そのためのマナーや注意事項、史跡や遺物を見る際の基礎的な知識等が必要である。

姉妹編の『埼玉の史跡』には、史跡見学の基礎となる知識や考え方を示す「地名の見方」「城館・城郭の見方」「神社の見方」「寺院の見方」「仏像の見方」「石造物（板碑・五輪塔・宝篋印塔）の見方」「梵鐘等の見方」等を掲載した。これらについては本書には掲載しなかったが、『埼玉の史跡』を御覧いただきたい。

また、本書では仏像をテーマとする段落は設定しなかったが、国宝・重文を始め主な仏像については巻末の索引の中に仏像一覧を掲載したので、御参照いただければと思う。

武蔵武士とはどのような存在の武士だったのか。本書が読者の武蔵国を考え巡る際の手引きとなれば幸いである。

菊池紳一

〈目次〉

三　鎌倉時代の街道とその関連史跡

四　武蔵武士の戦場

COLUMN

五　源氏や有力武将の伝説

2◉武蔵国南部の源義家伝説――256
3◉武蔵国南部の源頼朝伝説――264
4◉武蔵国南部の畠山重忠伝説――270
5◉武蔵国南部の新田伝説――273

COLUMN
01◆武蔵国南部の将門伝説――279
02◆武蔵国南部の藤原秀郷伝説――289
03◆南武蔵の渡辺綱伝説――293
04◆武蔵国南部の有徳人(長者)伝説――296

六……板碑・五輪塔等石造物のある史跡
1◉武蔵国南部の中世の石造物――300
2◉東京都(旧武蔵国)の石造物――304
3◉神奈川県(旧武蔵国)の石造物――314

七……その他、地域の史跡
1◉武蔵国府とその周辺史跡――322
2◉久良岐郡の中世史跡――330
3◉武蔵国鶴見寺尾郷絵図と史跡を辿る――336
4◉多摩川沿岸のハケ地形と史跡――野川を例として――343
5◉高幡不動――349
6◉高尾山薬王院――352
7◉浅草寺――354

COLUMN

01◆小野神社――326
02◆百草八幡神社とその関連史跡――328
03◆鶴見神社(杉山神社)――341

付録

1◉武蔵国南部の武蔵武士分布――358
2◉東京都域と神奈川県域の武蔵武士一覧――359
3◉武蔵武士の年表――361
4◉参考文献一覧――439

おわりに――449

索引

人名・氏族名等索引――左001
史跡一覧――左029
仏像一覧――左045
石造物一覧――左047

一

「武蔵武士」とは何か

1……「武蔵武士」とは何か

武蔵武士とはどのような武士だったのであろうか。以下、武蔵武士の活躍も含め、本書の対象となる武蔵国南部を中心に、そこで活動した武蔵武士について説明しておきたい。

【武士とは】

最近の研究によると、武士は、殺生を業《なりわい》とする狩猟民などが源流と考えられている。すなわち、乗馬して弓を射る、「弓馬の芸」を身につけた、一種の職能を持つ人々のことで、武器・武具を具備して殺生・殺人を職分とする。彼らは様々な身分から構成されており、上は、清和源氏や桓武平氏などの軍事貴族であり、下は、山野で狩りをする狩猟民まで含まれた。

これら諸身分の武士をまとめて武士団として機能させたのが「武家の棟梁《とうりょう》」といわれた軍事貴族である。彼らは、「堪武芸之輩」・「武勇之人」とか呼ばれ、十世紀前半に起きた承平・天慶の乱（平将門の乱・藤原純友の乱）の時に反乱者将門や純友を鎮圧した武士の子孫である。彼らのほとんどは貴族の末端に連なってはいたが、ほとんどが低い官位の下級官人であった。彼らはこの時の恩賞によって、五位あるいは六位を与えられ、地方官である受領クラスの中・下流貴族に昇進した。そして承平・天慶の功労者とその子孫は、軍事に特化した家系（「兵《つわもの》の家」）として認知されるようになる。この「兵の家」の中から軍事貴族が生まれてくる。

・藤原北家秀郷流
　…平将門の乱で活躍した藤原秀郷の子孫
・桓武平氏貞盛流（伊勢平氏）
　…平将門の乱で活躍した平貞盛の子孫
・清和源氏頼義流（河内源氏）
　…藤原純友の乱で活躍した源経基の子孫

彼らは、平安時代後期、中央では摂関家や皇室（院・女院）などの荘園領主と結びつき、一方、地方では国司権力や国衙と結びついて、所領を経営して発展していった。

このうち、河内源氏の子孫が源義朝・頼朝父子であり、伊勢平氏の子孫が平清盛・知盛父子である。いずれも武蔵武士と大きな関わりを持っていた。

【武蔵武士とは】

武蔵武士とは、平安時代末期から南北朝時代にかけて活躍した武蔵国内に名字の地（本拠）のある武士の総称である。その出自は多様であるが、この中には、坂東八平氏の一部やいわゆる武蔵七党と言われた人々が含まれている。本書に関わる武蔵武士については一覧表（付録2、東京都域と神奈川県域の武蔵武士一覧）にしたので参照されたい。

武蔵武士というと、どのような人物を頭に描くであろうか。鎌倉幕府成立の時に活躍した畠山重忠や熊谷直実を思い出す方も多いであろう。彼らは『平家物語』に記される戦いの中でも生き生きと描写される存在である。では、どの様な出自を持つ武士がいたのであろうか、簡単に紹介しておきたい。

坂東八平氏は、桓武天皇の曾孫高望王《たかもちおう》の子孫で、高望王は平姓を賜って臣籍降下し、上総介となって下向する。王は、天皇の裔孫という貴種姓や軍事貴族であることを背景に、在地豪族と婚姻関係を結び、その子孫は関東各地に広がっていった。天慶の乱を起こした平将門もその子孫の一人である。

将門の叔父平良文の子孫は、相模・武蔵・上総・下総等の国々に盤踞し勢力を張った。三浦・大庭・梶原・秩父・千葉・上総等の豪族は、その子孫とされ、鎌倉幕府の成立にも大きく寄与した。

このうち秩父氏が武蔵武士である。秩父平氏とも称される。この氏族は、秩父牧（秩父郡石田牧と児玉郡阿久原牧で構成される）を根拠にしており、その後武蔵国北部に移住しつつ交通の要衝を掌握して行った。

村岡（埼玉県熊谷市）に居住していた良文の子村岡二郎忠頼の子将恒（常）は、秩父郡の丹治氏に養君・婿として迎えられて移住し、秩父三郎と称した。その子武基は秩父牧の別当になり、秩父別当と称している。武基・武綱父子は「入来院《いりきいん》家所蔵平氏系図」には「武蔵国押領使」と注記があり、武蔵国の在庁官人でもあったと考えられる。武基の弟武常の子孫から豊島（武蔵国豊島荘、東京都豊島区）〈↓本書二〇頁〉・葛西（下総国葛西御厨、東京都葛飾区等）・渋谷（相模国渋谷荘、神奈川県）・河崎（河崎荘、神奈川県川崎市）などの氏族が出ている。

天仁元年（一一〇八）浅間山が大噴火した。これによって、北関東一円の田畠が壊滅的状態となり、埼玉県域では児玉郡で降下した軽石層が約十センチ、熊谷市付近でも火山灰が発掘されている。この噴火後、上野国で再開発が始まり、武蔵国北部でも、国衙の支援を得て、開発が進められた。この一翼を担ったのが秩父氏である。

武綱の子重綱は、居所を秩父牧からのちの鎌倉街道上道〈→本書一一九頁〉の要衝であった、北は畠山から南は大蔵にかけての地域（平沢・菅谷付近を含む）（→『埼玉の史跡』一九〇・一九七頁）に移し、当時の運搬手段である馬を使って、北への再開発物資搬送に従事した。この背景に国衙の指示があったのはいうまでもない。その他の武蔵武士も国衙の支援のもと、武蔵北部の再開発のため移住する者も多かった。こうした動きは、他の武蔵武士と連携して進める再開発の動きを加速した。秩父氏は、横山氏や丹治氏・児玉氏との婚姻関係を梃子に、開発を進めたのである。

横山氏〈→本書五六頁〉は多摩郡を中心に一族が盤踞する豪族であるが、その一族は武蔵国北部に移住している。横山党の系図によれば、横山大夫と称した義孝の弟横山介三郎の子孫が猪俣氏を称している。那珂郡猪俣（埼玉県美里町）は荒川北方の山の麓に位置し、東方をのちの鎌倉街道上道が通る。猪俣氏はここに移住して、ほぼ東方に流れる川に沿って開発を進めた。

一方、前九年の役で活躍した横山経兼の弟の系統から、熊谷市北方に移住した中条氏や小野氏が出ている。

しかし、こうした協力体制は、久寿二年（一一五五）に起きた大蔵合戦で秩父氏が断絶して瓦解し、武蔵国は南関東から北上した源義朝・義平父子の勢力下に置かれた。秩父氏の故地は畠山氏が支配したと思われる。

秩父重綱の子孫からは畠山（畠山郷、埼玉県深谷市畠山）・河越（河越荘、埼玉県川越市）・江戸（江戸郷、東京都千代田区）〈→本書三三頁〉・高山（上野国高山御厨、群馬県西部）などの氏族が分立し、武蔵国内をはじめ周辺諸国に盤踞した。畠山氏からはさらに武蔵国南部を中心に小山田（小山田牧、東京都町田市）〈→本書五〇頁〉・長野（長野、埼玉県行田市）・稲毛（稲毛荘、神奈川県川崎市）・榛谷《はんがや》（榛谷御厨、神奈川県横浜市保土ケ谷区）・小沢（小沢郷、神奈川県川崎市）などの一族が別れた。

彼らの特徴は、水陸交通の要衝を把握した点にある。武蔵国を南北に走る鎌倉街道では、上道の沿道には北は畠山氏、南は多摩川を越えて小山田氏、中道の沿道には稲毛氏、下道の沿道には榛谷氏が、上道から中道に抜ける道の沿道には小沢氏が盤踞していた。とくに小山田一族が多摩川南岸の要地に分布していたことは注目される。

一方、武蔵国には「武蔵七党」と呼ばれる武士がいた。彼らは、平安時代後期から鎌倉時代を経て室町時

秩父氏略系図

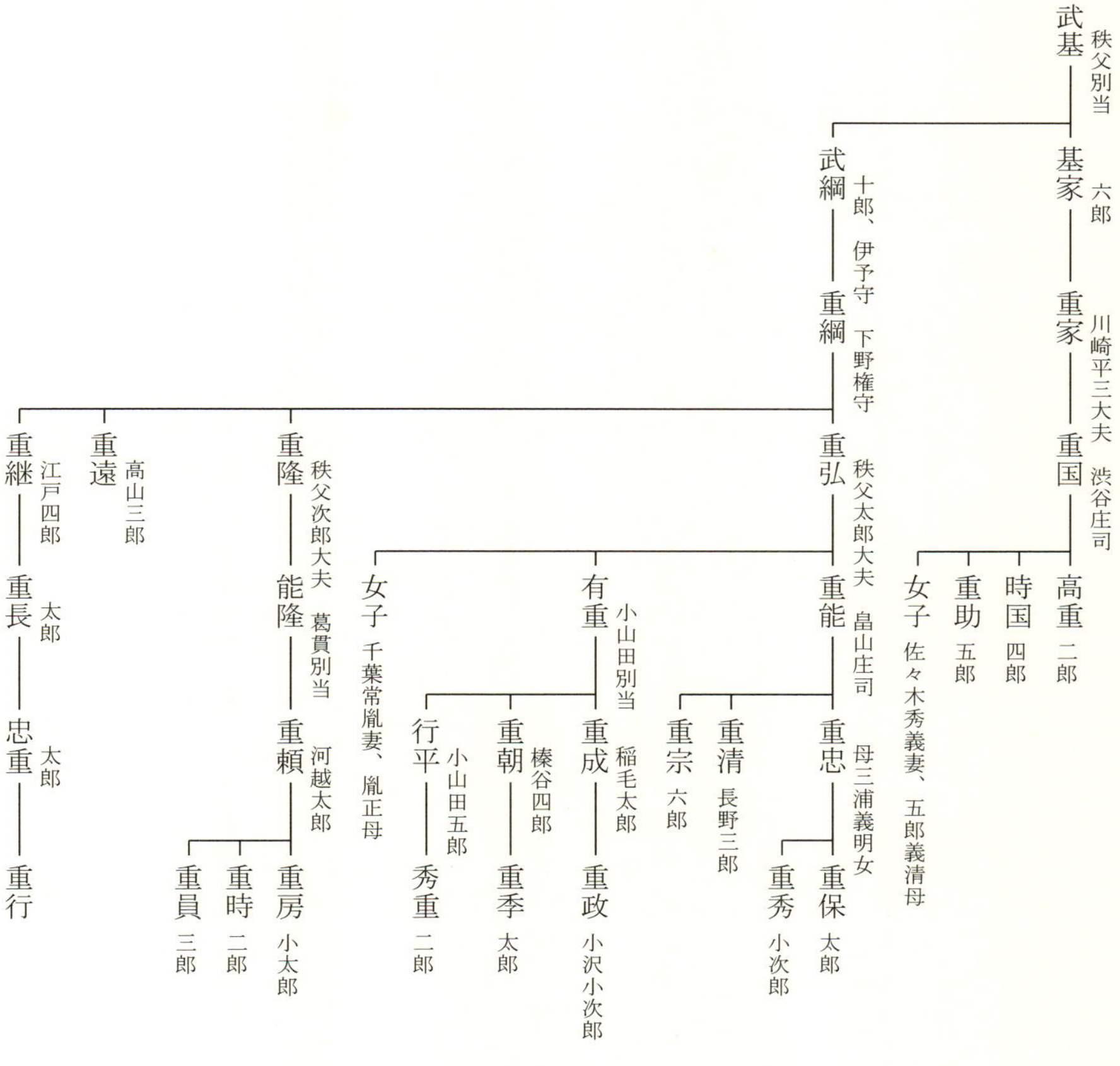
武基 秩父別当
基家 六郎
重家 川崎平三大夫
重国 渋谷庄司
高重 二郎
時国 四郎
重助 五郎
女子 佐々木秀義妻、五郎義清母
武綱 十郎、伊予守
重綱 下野権守
重弘 秩父太郎大夫
重能 畠山庄司
重忠 母三浦義明女
重保 太郎
重秀 小次郎
重清 長野三郎
重宗 六郎
有重 小山田別当
重成 稲毛太郎
重政 小沢小次郎
重朝 榛谷四郎
重季 太郎
行平 小山田五郎
秀重 二郎
女子 千葉常胤妻、胤正母
重隆 秩父次郎大夫
能隆 葛貫別当
重頼 河越太郎
重房 小太郎
重時 二郎
重員 三郎
重遠 高山三郎
重継 江戸四郎
重長 太郎
忠重 太郎
重行

代にかけて、武蔵国を中心として周辺の相模・上野・下野といった近隣諸国に勢力を伸ばしていた中小規模の同族的武士団の総称である。

古くは、平安時代の公家の日記『長秋記《ちょうしゅうき》』に「横山党」が記載されているが、武蔵武士がみずから「○○党」と自称した例は無く、そこには地方の武士に対する都人の蔑視が含まれているように思う。

「武蔵七党」の名称は『平家物語』（流布本）に見え、「畠山が一族、河越・稲毛・小山田・江戸・葛西・その他七党の兵ども」（巻五）と秩父平氏一族以外の中小武士団の意味で用いられている。その他、『保暦間記』にも「畠山次郎重忠参ル、其後、武蔵七党参リタリ」と、『太平記』にも「江戸・豊島・葛西・河越・坂東八平氏、武蔵ノ七党」（巻十）などと同様に記されている。なお、『吾妻鏡』では「武蔵の党々」と表記され、「七党」という数字は出てこない。以上の点から、「武蔵七党」の名称は「武蔵七党系図」の成立時期、南北朝・室町初期からと考えられている。

これら七党の数え方については諸説があるが、下記が代表的なものである。

①丹治《たんじ》・私市《きさい》・児玉・猪俣・西・横山・村山（「節用集」十五世紀）

②野与・村山・横山・猪俣・児玉・丹・西（「武蔵七党系図」）

③横山・猪俣・児玉・丹・西・私市・綴《つづき》

このうち南武蔵（東京・神奈川県内）を中心に分布するのは、西・横山・綴・村山党などである。武蔵七党は、党全体を統率する惣領の存在が明確ではなく、同一の祖先から分岐したと信じる在地領主のゆるやかな同族意識による結合であった。そこには姻戚関係や擬制的な関係（養子、猶子など）も含まれた。なかには、一定の地域に分布する党もあれば、数郡に散在する党もあった。

西党は、本姓日奉《ひまつり》氏、ほとんどが多摩郡西部に分布する〈↓本書六四頁〉。武蔵守日奉宗頼の孫宗忠が日内太郎あるいは西内大夫と称したことから始まるという。在庁官人として国府の役人を勤めた。一方、御家人として源平合戦等に活躍した一族もいる。

横山党は、本姓小野姓、小野篁《おののたかむら》の子孫義孝が武蔵介に任じられて下向し、小野牧から発展した横山荘に土着して「横山大夫」と称したという〈↓本書五六頁〉。その孫経兼は、前九年の役に従軍、以降河内源氏の譜代の家人となる。多摩川の南側の旧南多摩郡を中心に、北武蔵の大里・比企両郡や相模国、甲斐国に分布した。

綴（都筑）党は、詳細は不明であるが、武蔵国都筑郡を中心に分布した。平安時代、同郡内にあったとされる石川牧等の経営を行っていた開発領主（在地領主）と考えられる。『古今著聞集』巻十に、平家の郎等「武蔵国住人都築の平太経家」が源頼朝の厩の別当になったと記されており、『吾妻鏡』にも都筑経景・都筑平太等が散見する。

村山党は、桓武平氏、野与党の祖基永の弟村山貫首頼任の子孫で、狭山の麓から入間郡に渡る肥沃な地や多摩郡に分布した〈→本書七七頁〉。

その他、紀氏の系統を引く品川氏（東京都品川区）、大井氏（同前）などがいた〈→本書七四頁〉。

【武蔵武士の活躍】

武蔵武士の活躍を、描かれる文献（『吾妻鏡』や『保元物語』『平治物語』『太平記』など様々な合戦記）を紹介しつつ、簡単に見てゆきたい。なお、＊印を付したのが武蔵国南部の武蔵武士である。

『吾妻鏡』によれば、平安時代後半の前九年の役（一〇五一～六二年）のとき、源頼義・義家父子に従って戦った武蔵武士に、横山経兼＊がおり、古くからの河内源氏との関係を主張している。秩父氏にも同様の伝承が見られ、武基は前九年の役の際、源頼義・義家父子に従って戦ったと伝え、その子武綱も前九年の役の際、源頼義に従って活躍したと伝える（『佐野本系図』「畠山系図」等）が、確かではない。埼玉県毛呂山町の出雲伊波比神社の流鏑馬《やぶさめ》神事は、この時の戦勝に由来するといわれる。また、さいたま市緑区の笹久保八幡神社、さいたま市中央区の氷川神社（下落合）、草加市の旧下妻街道などにもこの戦いの伝承が残されている。

平安時代末期に起きた保元の乱（一一五六年）、平治の乱（一一五九年）は武士の地位を大きく向上させた。『保元物語』には、この戦いに加わったとされる河越氏をはじめ、横山党＊・丹党・児玉党・猪俣党・村山党＊・西党＊など、武蔵武士が数多く記されるが、大蔵合戦の翌年に河越氏が在京したのかなど、物語の性格上疑問も多い。ただし、村山党の金子家忠（当時十九歳）の活躍はめざましく、具体的に叙述されている。

『平治物語』によれば、平治の乱の際源義朝の長子悪源太義平に従って上洛し、戦いに加わった武蔵武士に、長井斎藤別当実盛・岡部忠澄・猪俣範綱・熊谷直実・*平山季重・金子家忠・足立遠元など、七名が見える。この時戦いの最中の足立遠元の金子家忠等に対する美談が『平治物語』に記されている。しかし、源氏方は敗戦となり、生き残った武蔵武士は、散り散りになって帰国し、在地に逼塞した。源氏方の所領の多くは平家領となり、武蔵国はのちに平清盛、次いでその子知盛の知行国として支配されることになった。長井斎藤別当実盛や熊谷直実をはじめ武蔵武士の多くが平家の家人となり、臣従していった。

治承四年（一一八〇）八月、源頼朝が伊豆（静岡県）で挙兵する。同年十月、源頼朝は相模国鎌倉に入り、本拠と定めた。以降、平家との戦いが展開する。はじめのうちは平家方についた河越・畠山・江戸氏等の秩父一族もこの頃には源頼朝に臣従し、武蔵国は頼朝の支配下に入っていた。『吾妻鏡』『平家物語』などによれば、元暦元年（一一八四）正月の木曾義仲との戦い（瀬田・宇治の合戦）、二月の一の谷の戦い、文治元年（一一八五）二月の屋島の戦いなどに多くの武蔵武士が従軍し、活躍した様子が見られる。武蔵武士は、源頼朝の指示で、源範頼・同義経の軍に分属していた。

特に、一の谷の戦いでは、武蔵武士の活躍はめざましく、猪俣則綱・岡部忠純・庄高家・熊谷直実・河越重房・畠山重忠郎等本田近常・玉井資景などの武士が平家一門の通盛・忠度・盛俊等や平家家人を討ち取っている。

文治五年（一一八九）、源頼朝は、平泉の藤原泰衡を討つため軍を発した。この時、武蔵武士は、北陸道大将軍比企能員に付された武士以外は、大手軍として源頼朝に従い、畠山重忠は先陣を務めた。武蔵武士は、頼朝の旗本として、その軍勢の中核であった。

源頼朝は、乳母比企尼の孫娘を嫡子頼家の妻に迎え、尼の娘の婿を周辺に配置するなど、次の世代を比企氏に託して、正治元年（一一九九）正月に亡くなった。

【武蔵武士の悲劇】

源頼朝が没すると、武蔵武士は幕府の政治抗争に巻き込まれることになる。その多くは北条氏の対抗勢力であったため、滅亡する武士が多かった。

建仁三年（一二〇三）九月二日、仏事に招かれた比企能員が、北条時政のために謀殺された。これは、二代将軍源頼家の外戚であった比企氏と北条氏の権力闘争であった。この結果、比企郡は北条氏の支配下に置かれたと考えられる。

この乱ののち、三代目の征夷大将軍（鎌倉殿）に源実朝が就任し、北条時政は政所別当となり、執権として幕府政治を掌握した。すなわち、源頼朝の後家政子の承認を得て軍営の後見となったのである。そして、鎌倉殿実朝の命を受けて武蔵武士を旗下に置くことにも成功している。武蔵国は、鎌倉時代を通して将軍の知行国であり、時政は執権として、武蔵国の統治と武蔵武士の指揮権を掌握した。なお、実朝就任時は、まだ従三位に叙されていないことを理由に、政所は無く、時政が執権では無かったとする考えも存在する。

元久二年（一二〇五）四月、畠山重忠が、北条時政の謀略により滅亡する。また、重忠を陥れようとした稲*毛氏・榛谷氏*など他の畠山一族も没落する。武蔵武士はこの戦いを通じて時政に従っていった。

建保元年（一二一三）五月、侍所別当和田義盛は、執権北条義時を討つため挙兵するが、敗れて滅亡する。武蔵武士の横山氏*は、和田氏との姻戚関係から、横山時兼以下が義盛に与力した。そのほか、児玉党、村山党、丹党などの一部も和田方として戦い、滅亡している。

このようにして、有力な武蔵武士は、その多くが没落し、北条氏支配下に組み込まれていった。

【武蔵武士の発展】

奥州合戦（一一八九年）、承久の乱（一二二一年）などにおける武蔵武士の活躍はめざましく、奥州や西国に恩賞地を与えられ、さらに移住して行く武士も多かった。奥州では、畠山重忠が葛岡郡（宮城県）の地頭職、成田氏が鹿角郡（秋田県）、中条氏が苅田郡（宮城県）他を与えられている。

承久の乱は、武蔵武士が西国に進出する最大の画期となった戦いであった。中条家長は、尾張守護職や尾張国内海荘・三河国高橋荘等の地頭職が、熊谷直時には安芸国三入荘（広島県）地頭職が与えられている。

さらに、三浦氏の滅亡した宝治合戦（一二四七年）後には、小代重俊が肥後国野原荘（熊本県）地頭職、金子重高が淡路国都志郷（兵庫県）地頭職を与えられた。

幕府は、蒙古の襲来に備え、文永八年（一二七一）に鎮西に所領を持つ東国御家人に、下向して異国警固にあたるよう命じている。幕府は、弘安の役（一二八一年）後も同様の命令を下しており、武蔵武士でも、前者の際は小代氏、後者の際は児玉氏など、多くの武士が西国に下向している。

【鎌倉幕府滅亡】

鎌倉時代後半、北条氏得宗による専制政治が行われ、武蔵武士も得宗被官として組み込まれる武士も増えていった。霜月騒動（一二八五年）で安達方について死亡した足立直元の一族は、得宗被官となり、加賀国大野荘の代官であった。徳治二年（一三〇七）五月鎌倉円覚寺毎月大斎日結番次第によると、蛭川・足立・安保・浅羽等の名が見える。

一方、西国や奥州に所領を得た武蔵武士の中には、幕府の命令もあって、西国や奥州に移住する武士も増えていった。その中には、北条氏による武蔵国支配に対する不満もあったと考えられる。

正中元年（一三二四）の後醍醐天皇の倒幕計画は、事前に発覚して失敗したが（正中の変）、京都を中心とする幕府に対する不満は、討幕の機運を高めていった。『太平記』には、これ以降、南北朝時代にかけての武蔵武士の活躍と没落の様子が記されている。

元弘元年（一三三一）四月、元弘の乱が起きる。鎌倉幕府は討幕の兵を挙げた後醍醐天皇を討つため大軍を京都に送った。その中に河越・安保・高坂・加治・中村などの武蔵武士がいた。その後も畿内近国の蜂起は収まらなかった。

元弘三年四月、幕府軍の大将であった足利尊氏が、丹波国篠村（兵庫県亀岡市）で挙兵し、京都の六波羅を攻め滅ぼした。武蔵武士の中には、尊氏の挙兵に呼応した者や六波羅探題の北条仲時とともに近江国番場（滋賀県米原市）で戦死・自害した者も見える。

一方、同年五月、新田義貞が上野国（群馬県）で挙兵し、鎌倉に向かって鎌倉街道上道を南下した。児玉から菅谷を抜け、笛吹峠を越えて入間川に到着する。戦いは、小手指河原（所沢市）の遭遇戦から始まり、数度の戦いを経て、北条氏一族は自害し、鎌倉幕府は滅亡した。この戦いの中でも武蔵武士は敵味方に分かれて戦っている。入間郡内の鎌倉街道上道に沿って、小手指原古戦場（所沢市）（→『埼玉の史跡』二八九頁）、久米川の古戦場〈→本書一九九頁〉、金井ヶ原古戦場（所沢市）（→『埼玉の史跡』二九〇頁）、三ツ木原古戦場（狭山市）（→『埼玉の史跡』二八九頁）、苦林野古戦場（毛呂山町）（→『埼玉の史跡』二八八頁）、大袋原古戦場（川越市）（→『埼玉の史跡』二八八頁）、分倍河原の古戦場〈→本書一九七頁〉などが残る。鎌倉街道上道が、鎌倉に向かって大軍の移動する幹線道路であり、これ以降室町時代にかけて、多くの戦いが行われたことを示している。また、入間市野田の円照寺（→『埼玉の史跡』三〇七頁）は丹党加治氏の創建した寺院で、この時北条氏に殉じた加治家貞を供養する板碑がある。

【南北朝の動乱の始まり】

元弘三年（一三三三）八月五日、足利尊氏は従三位に叙され、武蔵守を兼任した。しかし、建武二年（一三三五）七月の中先代の乱を契機に建武新政府は瓦解し、南北朝の内乱が展開する。足利尊氏は鎌倉で後醍醐天皇に対し謀反を起こし、新田義貞等の政府軍を破り上洛する。ついで陸奥にいた北畠顕家の上洛、尊氏の九州下向、さらに尊氏の上洛、北朝の光明天皇の擁立、室町幕府の創設とめまぐるしく推移するが、内乱は収まらなかった。

こうした全国規模の内乱の最中、武蔵武士は後醍醐天皇方、足利尊氏方双方に分かれ戦っている。例えば、箱根・竹下の合戦で新田義貞に従っていたのは、河越・高坂両氏をはじめ、児玉党の庄、猪俣党の藤田、丹党の長浜などの諸氏が見え、足利尊氏方には丹党の安保氏がいた。

【観応の擾乱】

足利尊氏が上洛したあと、鎌倉には子の義詮が留まり関東を支配した。貞和五年（一三四九）、義詮に代わって弟基氏が鎌倉に下った。基氏は鎌倉公方と呼ばれ、上杉憲顕と高師冬は執事として基氏を輔佐する、鎌倉府が成立する。師冬は武蔵守護を兼務していた。

この頃、京都では高師直派と足利直義派の対立が顕在化し、観応の擾乱とよばれる北朝方の内乱が起きる。この対立は関東に波及し、高師冬は直義方の憲顕に討たれ、鎌倉府は直義派一色となった。しかし、京都での戦いに敗れた直義は、北陸を経て鎌倉に下った。文和元年（一三五二）、尊氏・直義両者は和睦したが、直義は毒殺された。

この戦いの中でも、武蔵武士の活躍は『太平記』に記されている。西国での戦いでは、足利尊氏・高師直方に安保・中条氏、高師泰に足立・熊谷氏、足利義詮方に河越・高坂・久下氏、足利直義方に藤田・猪俣・阿佐美・吉見氏などの活躍が見られる。また、関東での戦いでは、武蔵国内が戦場となり、武蔵武士も両者に分かれて戦った。

【武蔵野合戦と入間川御所】

南朝は、文和元年（一三五二）閏二月、上野国の新田一族に鎌倉にいた足利尊氏の討伐を命じた。新田軍は鎌倉街道上道を南下するが、『太平記』では、この時児玉党・丹党・猪俣党などの武蔵武士が呼応している。一方足利方に参陣した武蔵武士には、河越・高坂《たかさか》・江*戸などの秩父一族の他、古尾谷・金子・高麗・別府などの武士がいた。新田・足利両軍は武蔵野を舞台に戦い、この時の埼玉県内の古戦場には小手指原（所沢市）、入間河原（埼玉県狭山市）（→『埼玉の史跡』二九四頁）、女影ヶ原（高麗原、埼玉県日高市）（→『埼玉の史跡』三〇八頁）などがあり、笛吹峠（埼玉県嵐山町・鳩山町）（→『埼玉の史跡』二〇八頁）でも戦いがあったという。この戦いは、苦戦の末足利方の勝利に終わったが、新田方残党の動きは収まらなかった。

文和二年七月、足利尊氏は京都方面の支援のため上洛する。その際、尊氏は基氏に入間川在陣を命じ、畠山国清を執事とした。以降、基氏は九年間入間川に在陣し「入間川殿」と称された。ここは鎌倉街道上道が通り、交通上の要衝であったとともに、武蔵国が関東支配の要となっていたことを示している。

【鎌倉府支配】

鎌倉公方は、足利基氏のあと、氏満・満兼・持氏とその子孫に継承された。その管轄範囲（関東御分国）は、関八州のほか、甲斐・伊豆、そして明徳三年（一三九二）に陸奥・出羽両国も加えられ、十二カ国となった。このうち、武蔵国の守護は関東管領畠山国清が兼務することになる。

一方、河越直重は、武蔵野合戦の勲功を認められ相模国の守護に補任され、高坂氏重は伊豆国の守護に補任されている。しかし、貞治二年（一三六三）の宇都宮討伐の際、平一揆が敵方に内通したとして、守護を罷免された。在任期間は約十年間であった。

【平一揆の乱】

畠山国清が追放されたのち、関東管領には上杉憲顕が就任し、以降上杉氏が歴代継承する。武蔵国の守護も上杉氏が歴代兼務した。守護代には、関東管領上杉氏の子や上杉氏被官の大石・長尾氏が就任する。

南北朝時代の争乱による社会情勢の変化や支配体制の強化は、武蔵武士のあり方にも変化をもたらした。武蔵七党と呼ばれる武士団は、本来同族意識を持った中小武士の連合体であった。南北朝時代には、それに代わって一揆と呼ばれる武士団が見られるようになる。一揆は、国人による地縁的な武士団で、この時代全国各地に見られる武士団の結合体であった。『太平記』には、武蔵国の一揆として、八文字一揆（高麗氏等）・

白旗一揆（別符氏等）・平一揆（平氏の流れを汲む武士、河越・*江戸・高坂氏等）、『鎌倉大草紙』には、武州中一揆（金子氏等）・*武州南一揆〈↓本書八九頁〉・武州一揆（児玉・猪俣・村山党等）・安保一揆などが見えている。

貞治六年（一三六七）四月、鎌倉公方足利基氏が没し、子の氏満が継承した。同年十二月、京都の将軍足利義詮が没し、子の義満が三代将軍となった。翌年正月、幼少の氏満の代理として管領上杉憲顕が義満元服の賀詞を述べるため鎌倉から上洛した。その隙をねらって、二月には平一揆の乱が起きる。河越・高坂氏を中心とした平一揆が、河越館に籠もって反旗を翻したのである。急遽帰国して態勢を整えた上杉憲顕によって、平一揆は敗れて没落した。平安時代末期から武蔵武士の中心として活躍した秩父一族の末裔はこうして歴史の表舞台から消えていった。

この後も、小山氏の乱、上杉禅秀の乱、永享の乱と関東の争乱は続いており、鎌倉公方が滅亡する。その中で武蔵武士の子孫の活躍は続いていった。

以上のように、武蔵武士の始まりは、武蔵国に本拠を置く開発領主であった。その中には、牧を本拠として発展した秩父平氏の一族（畠山・小山田・榛谷・稲毛・河越・江戸氏等）や横山氏、児玉氏がおり、それ以外は、村落領主クラスの中小武士であった。

彼らの一部は、平安時代後半に奥州合戦（前九年の合戦・後三年の合戦）に際して、河内源氏の源頼義・同義家父子に従ったものもいたが、その大半は治承四年（一一八〇）に源頼朝が鎌倉に本拠を置いた頃、御家人になって武士と認められた者が多い。

その後、源平合戦・承久の乱をはじめ、蒙古合戦や南北朝の動乱で活躍し、その活動範囲も全国に広がっていった。ただ、その間に比企能員・畠山重忠・横山時兼らの有力武士が北条氏によって滅亡している。そのため、北条氏の被官となった武士も多く見られ、鎌倉幕府滅亡とともに姿を消した武士もいた。

2……南武蔵の行政区分、地形・河川等

武蔵国は、国の広大さや地形の多様さがあり、そこに生まれた武蔵武士は、様々な性格を持ち、なかなか一国規模の大きな武士団は生まれなかった。

最初に、本書の対象となる武蔵国の南半分の郡の構成、武蔵国全体の河川や地形的な特徴などについて簡単に説明しておきたい。

【武蔵国】

武蔵国は、現在の埼玉県および東京都のほとんどと、神奈川県の川崎市と横浜市の大部分にまたがる大国(二十一郡で構成される)である。京の都からは遠く離れており、古代・中世においては東国の果てに位置する辺境の国のひとつであった。都からの道は、最初近江・美濃・信濃・上野を経て武蔵国に至る東山道であったが、奈良時代に、伊賀・伊勢・尾張・三河・遠江・駿河・伊豆・相模を経て武蔵国に至る東海道に変更されている。武蔵国には、京都の朝廷から国司という役人が派遣されて統治にあたり、多摩郡(東京都府中市)に国府(役所)が置かれていた。

平安時代末期、後白河院政時代の平治の乱後、武蔵国は平清盛ついでその子知盛の知行国であった。鎌倉時代には、鎌倉殿(将軍)の永代知行国となり、北条時政の時武蔵武士の指揮権を得ている。その後、五代執権北条時頼の時には武蔵国は得宗分国となっており、以降得宗家に伝えられた。

【東京都・神奈川県】

今回本書で対象とした東京都・神奈川県域には、武蔵国二十一郡のうち、豊島・荏原・多摩・橘樹・都築・久良岐の六郡と足立郡南部の一部が含まれる。東京都域ではほぼ隅田川以東の東部地域が下総国葛飾郡であった。神奈川県域では、川崎市のほぼ全域と横浜市域の一部が橘樹郡に、横浜市域のうち戸塚区・栄区は相模国で、その他が都筑郡と久良岐郡であった。次頁の一覧は、この七郡とそれに該当する現在の市区町村との対象を示したものである。但し、中世から近世にかけて郡域の変化があり、その変化は追っていないので、御留意いただきたい。

郡名	市区町村名［（　）内はもとあった旧市町村名］
足立郡	東京都足立区
豊島郡	東京都台東区・荒川区・北区・板橋区・練馬区・豊島区・文京区・新宿区・渋谷区、港区・千代田区の各一部
荏原郡	東京都品川区・目黒区・大田区、世田谷区の東側一帯、港区・千代田区の各一部
多摩郡	東京都あきる野市（秋川市・五日市町）・昭島市・稲城市・青梅市・清瀬市・国立市・小金井市・国分寺市・小平市・狛江市・立川市・西東京市（田無市・保谷市）・多摩市・調布市・八王子市・東久留米市・東村山市・東大和市・日野市・府中市・福生市・町田市・三鷹市・武蔵野市、西多摩郡奥多摩町・羽村町・日の出町・檜原村・瑞穂町、中野区・杉並区、世田谷区の西側一帯
橘樹郡	神奈川県川崎市のほぼ全域（麻生区の一部を除く）、横浜市鶴見区、同市神奈川区・港北区の各一部
都筑郡	神奈川県横浜市緑区・旭区、港北区・保土ケ谷区・川崎市麻生区の各一部
久良岐郡	神奈川県横浜市南区・西区・中区・磯子区・金沢区、港北区・神奈川区・保土ヶ谷区・港南区の各一部

ちなみに、東京都内のもと下総国葛飾郡であった地域は左記の四区である。

江戸川区　江東区　墨田区　葛飾区

また、横浜市内のもと相模国であった地域は左記の通りである。

栄区　瀬谷区　戸塚区　港南区・港北区の一部

【武蔵国の地形と景観】

武蔵国の地形は多様で起伏に富んでいる。本書の対象とする武蔵国の南半分をみると、全体的には西高、東低の地形である。西部には秩父山地から連なる山地があり、その東側に丘陵地帯がある。その東側に広がる平野部には、武蔵野台地などの微高地があり、それを浸食しつつ多摩川・鶴見川等の河川が西から東に流れている。武蔵国の北半分の東部地域は、中世以前は荒川や利根川等の多くの河川が流れる低湿地帯で、池沼や自然堤防が多く存在していたが、武蔵国南部には低湿地帯は多摩川下流域の一部だけに見られるだけである。

山地と丘陵地帯を画するのが、八王子構造線といわれる大断層線で、東京都八王子付近から埼玉県飯能、東松山、小川、寄居、児玉を通って、群馬県高崎に達する。ほぼこの断層に沿ってＪＲ八高線が通っているが、鎌倉時代にはここを鎌倉街道上道が通っていた。

　鎌倉時代の地形・景観と現在のそれとを比較するのは容易なことではない。ただ当時から現代までの間に人工的に加えられた地形の変化や流通・交通手段等の変化を加味しつつ想定することはある程度可能であろう。そこで最初に、武蔵国の大きな変化が見られるところを紹介しつつ、概観してみたい。

　秩父郡を中心に山地を見ると、ダムとそれによって形成された湖（ダム湖）が地形や景色を変容させている。武蔵国南部の多摩川上流にも小河内ダム、白丸ダムなどが建設されている。しかし、そのため奥多摩湖や白丸湖などのダム湖ができると、川沿いの道やそこに住む村人の住居が水没することになり、景観が大きく変容した。寺社や石像物などの史跡や文化財も、水没するか移転を余儀なくされている。道を考えても、中世は歩きあるいは馬で移動することが原則であり、盆地から谷に沿って上り、峠を越える道であった。現代の幹線道路はトンネルを穿ち、舗装した道が主となっている。ただ注意しなければならないのは、現在舗装道路がないからといって中世に道がなかったとは言えない点であろう。秩父から甲斐国や信濃国への通行は峠道を越えて行われていた。戦国時代甲斐の武田軍は山を越えて秩父から関東平野に向かうこともあったのである。

　東武の低湿地帯を見ると、江戸時代前期に大きな地形・景観の変容があった。その要因は利根川と荒川の瀬替えである。利根川は、文禄三年（一五九四）の流路の東遷工事が行われて以降、元和七年（一六二一）には流れをさらに東に導いて渡良瀬川に合流させ、承応三年（一六五四）には利根川を銚子に流すことに成功した。

　一方荒川は、寛永六年（一六二九）久下（熊谷市）から小八林（熊谷市〈旧大里村〉）の和田吉野川への瀬替え工事によって流れを変えられた。これは治水工事の進歩によるものであった。

　この瀬替え以前の中世、この東部地域には荒川や利根川などの大きな河川が流れ込んでいた。現在のような人工の堤防はなく、増水期には川の水があふれて乱流し、洪水になることが多かったと考えられる。当時はまだ大中河川流域の開発は進んでおらず、谷々の湧水や小河川を堰き止めて灌漑する程度の治水技術しかなかった。乱流する河川は流路の周囲に土砂を堆積させる。それが自然堤防として残された。人はその上に耕地を開発し住み着いていたと考えられる。道もまたこうした自然堤防を繋ぐように続いていたが、洪水のためしばしば遮断され、新たなルートに替わることもあった。現在、鎌倉街道といわれる道に立ってみると、道の左右が低くなって、背の部分（尾根）を通っていることが多いのはそのためである。

江戸時代前期の瀬替えはこの地域に流れ込む水量を減少させ、江戸を水害から守るためであった。さらに農業用水の普及・安定化は水田の開発を容易にし食糧を確保する。また江戸近辺の物資を河川や水路を利用して運搬する目的があった。近代には上流にダムが建設され、河川流量の調整が行われるようになった。すなわち中世に比べるとこの地域の水量は大きく減少し、その景観は現在とは異なっていたと考えられる。

一方、武蔵国南部に目を向けてみよう。現在井の頭公園内の井の頭池を発して東流する神田川は、両国橋付近で隅田川に合流するが、昔は平川と呼ばれ、飯田橋から日本橋川を通って日比谷入江に流れていた。隅田川と平川の流れが砂洲を造成し、かつて前島と呼ばれていた。史料上、この前島が村として呼ばれるのは、鎌倉時代中期の弘長元年（一二六一）のことである〈↓本書三五頁〉。

江戸時代に入ると、本郷台地の南端にあった神田山が、仙台堀（神田川）によって分離され駿河台と呼ばれるようになる。この時、神田山を崩して、東京の下町が造成された。

さらに南方、東京都と神奈川県の堺を流れる多摩川は、青梅市から下流では多摩丘陵と武蔵野台地の間を流れる。左岸の武蔵野台地との間には河岸段丘があり、立川崖線・国分寺崖線などと呼ばれ、この崖線を「ハケ」と呼んでいる〈↓本書三四三頁〉。

さらに多摩川の下流の氾濫原を見てみよう。鎌倉街道下道が大森駅前から丸子の渡しまで進むルートは、南西から西へ、さらに北西に方向を変え、丸子の渡しに到る。これは、これより南が多摩川の氾濫原であったことによる〈↓本書一六八頁〉。

こうした江戸時代以降の大規模な工事に比べて、鎌倉時代に遡る館跡や南北朝期の城館を見ると、大体において台地上に築かれおり、その台地から流れる小河川の穿った谷に水田を営んだ。これを谷田（やとだ、谷戸田とも書く）という。城館（方形館）の四囲を巡る堀は、防御施設というより農業用水の確保と下流の水量の管理を目的としたものも多かった。このように水田と居館が密接不可分の関係にあったことに注意する必要がある。こうした城館も戦国期には大々的な改変を受けていることが多い。

鎌倉時代の史跡に立ったとき、上記のような自然の、あるいは人工の変化を考慮に入れ、そのひとつひとつを加味して中世の景観をイメージするのも史跡を巡る楽しみといってよかろう。

二

武蔵武士の史跡

1……豊島氏一族とその関連史跡

1　豊島氏とは（河内源氏との関係）

豊島氏は、秩父重綱の祖父武基の弟、武常を祖とする。この武常からは、他に葛西氏が分かれた（豊島氏系図参照）。豊島氏は、十一世紀に武蔵国豊島郡内の隅田川低地一帯に、いわゆる豊島荘を開発し、紀伊国の熊野神社に寄進したことから始まる。ここには、豊島郡衙があったとされ、陸上交通の要地であるとともに、隅田川から東京湾に至る水運の拠点でもあった。

河内源氏との関わりを見ると、前九年の役（一〇五一～六二年）で源頼義に従った武士の中に、「豊島平検杖恒家（常家）」が見える（「源威集」）。寛治元年（一〇八七）豊島某（近義カ）が、後三年の役の帰途、源義家・義光を本拠の**平塚城**〈01〉に迎えたという。その際、義家より鎧一領と十一面観音像を拝領し、家宝としたという（「武州豊島郡平塚郷上中里村平塚大明神の社幷別当城官寺縁起」）。保元の乱（一一五六年）では、豊島四郎が源義朝に従っている（『保元物語』）。このように、豊島氏は河内源氏との主従関係を継続していたといえよう（系図1）。

〈01〉平塚城（北区上中里）

平塚城は豊島氏の本拠という。現在の**平塚神社**（北区上中里一―四七―一）と真言宗**城官寺**《じょうがんじ》（北区上中里一―四二―八）一帯という。平塚城の詳細は、本書二〇八頁、平塚神社の詳細は、本書二六〇頁を参照。

平塚神社の西北約一・二kmの地に、**王子神社**《おうじ》（北区王子本町一―一―一二）（祭神は伊弉諾命など）がある。この神社は、元亨二年（一三二二）に豊島氏が紀伊熊野から勧請し創建したという。また、源義家が奥州征伐の際に慰霊祈願を行ったという。王子神社の近くの飛鳥山公園内には、北区立飛鳥山博物館（北区王子一―一―一）があり、北区の歴史がわかる常設展示室がある。

2　鎌倉幕府との関係

治承四年（一一八〇）、豊島清元（清光とも）〈02・清光寺〉

は、挙兵した源頼朝の呼びかけに応じ、葛西清重とともに、隅田宿〈→本書一六一頁〉辺りで頼朝を迎えた。これ以降、豊島氏は文治元年（一一八五）の鎌倉勝長寿院供養等に供奉する他、文治五年の奥州合戦、建久元年（一一九〇）の上洛、建久六年の東大寺供養等にも頼朝に従った（『吾妻鏡』）。豊島有経は紀伊国守護となった（「根来要書」）。建仁元年（一二〇一）豊島朝経は土佐国守護に補任されるが、同三年朝経は比叡山堂衆との戦いで戦死した（『吾妻鏡』）。その後、一族は承久の乱（一二二一年）の上洛軍に加わり、豊島為経は在鎌倉の御家人として、将軍の社寺参詣に供奉する姿が散見する（『吾妻鏡』）。

鎌倉時代末期、楠木正成が河内国千早城（大阪府千早赤阪村）で挙兵すると、大番役で在京中の豊島一族は、大和道から千早城に向かう幕府軍の中に編成され、楠木軍を攻めた（「楠木合戦注文」）。その後、六波羅探題北条仲時に従い、近江国番場宿一向堂前（滋賀県米原市蓮華寺）で自害している（「陸波羅南北過去帳」）。関東では、新田義貞が挙兵すると、豊島氏は江戸・葛西・河越及び武蔵七党などとともにこれに従い、武蔵国分倍河原合

系図1　豊島氏系図（『中世豊島氏関係史料集一（豊島・宮城文書）』掲載の図（数種の豊島系図も含む）を基に、推定して作成した）

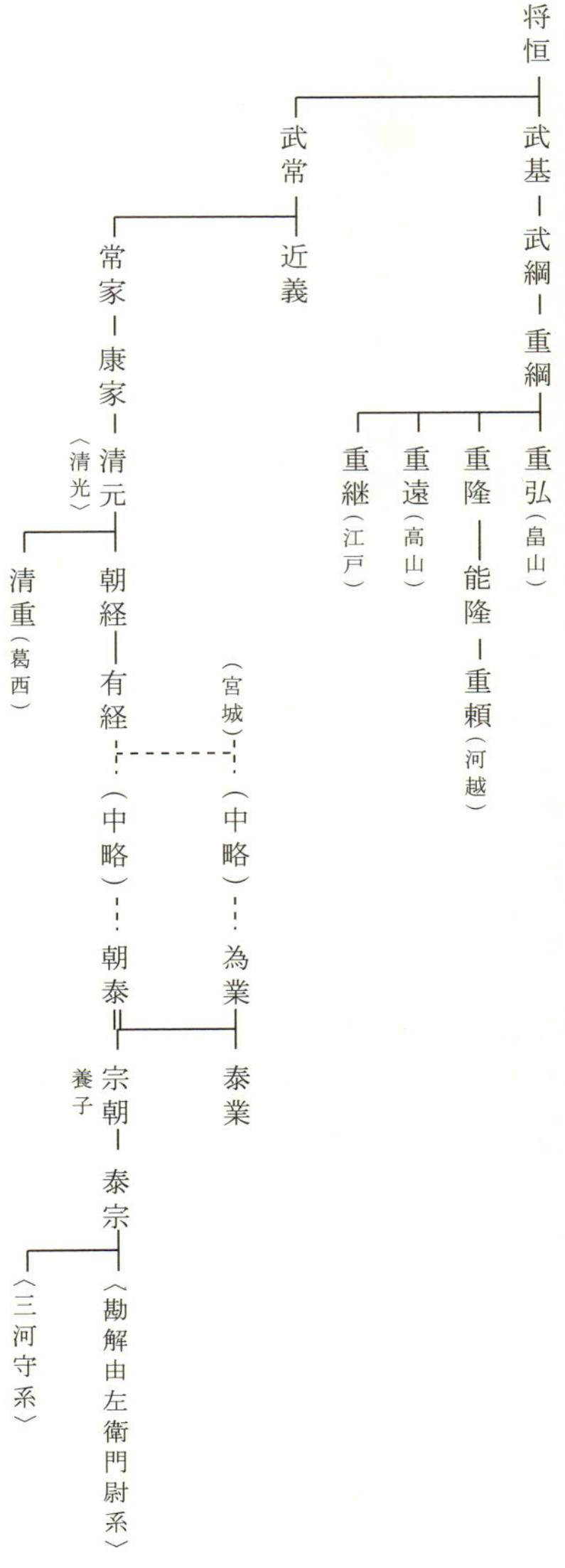

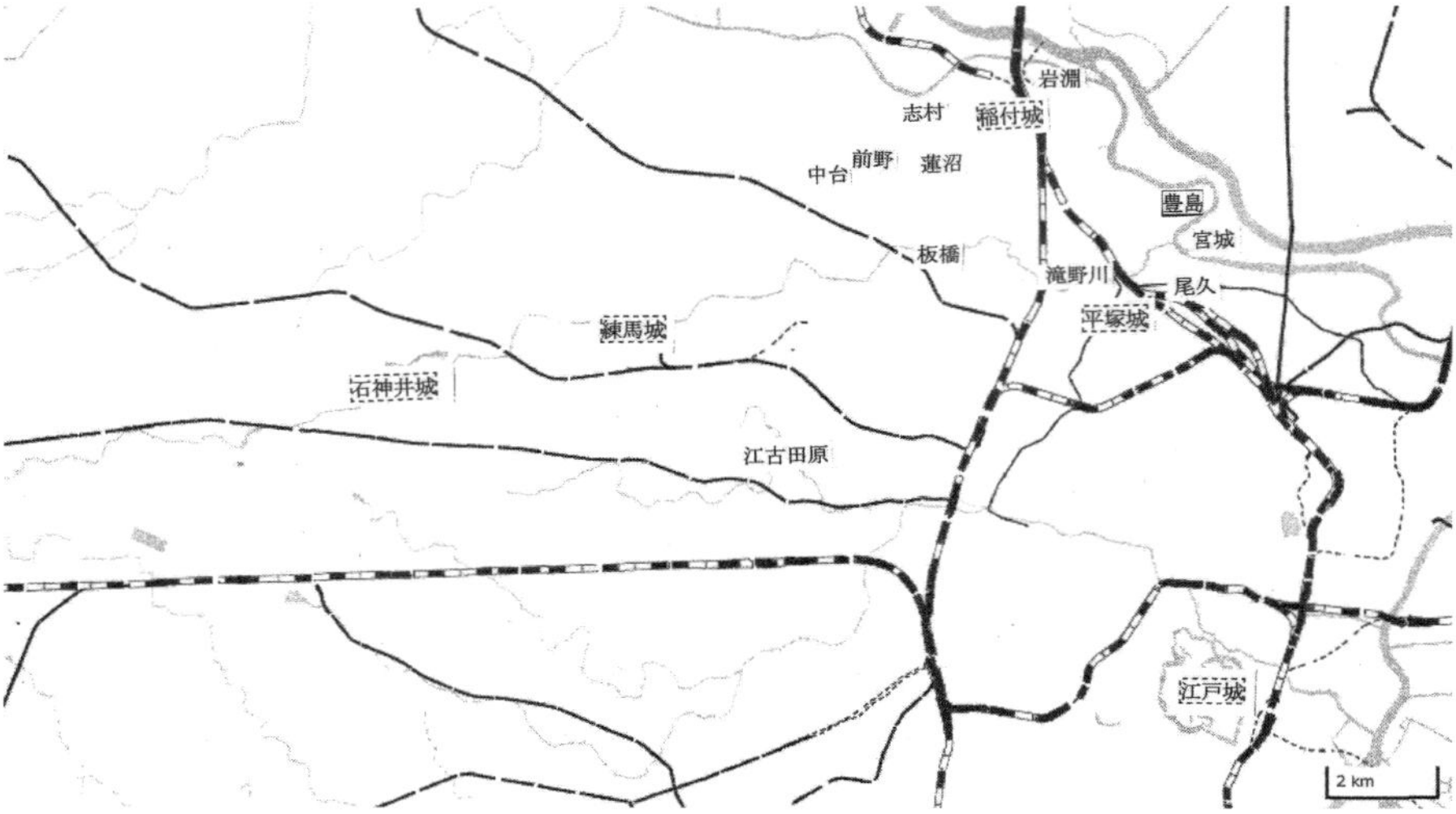

豊島氏一族の分布図

平塚神社(北区)

戦〈↓本書一九七頁〉で幕府軍を破った(『太平記』)。

なお、鎌倉時代には、豊島一族には、志村氏〈03〉、宮城氏〈04〉や滝野川氏〈05〉など豊島郡内の地を名字とする武士が分出している(『吾妻鏡』、「豊島系図」など)。

〈02〉清光寺(北区豊島七―三一―七)

真言宗清光寺《せいこうじ》は、豊島清光を開基とする豊島氏の菩提寺で、江戸時代作の**豊島清光像**(寛保二年〈一七四二〉銘)がある。この寺一帯が**豊島清元**(清光とも)**の館跡**

豊島清光供養塔（北区　清光寺）

足立姫の墓（北区　性翁寺）

と伝える。この地は、隅田川の河川敷内の微高地で、境内は周囲の道路面より若干高いが、遺構は不明である。境内には、平成二十一年（二〇〇九）に作られた**豊島清光公供養塔**がある。

近くにある**紀州神社**（北区豊島七—一五—五）は、鎌倉時代後期に鈴木重尚（紀伊国熊野鈴木氏の苗裔）と豊島氏と共に、紀伊国名草郡五十太郦を祭神として王子村に勧請したという（『新編武蔵国風土記稿』）。その後、何度か移転し現在地となった。また、**若宮八幡神社**（北区豊島二—一九—一五）は豊島清元が息子清泰の死を悲しんで、清泰の霊を祀ったという。

浄土宗**性**《しょう》**翁**《おう》**寺**《じ》（足立区扇二—一九—三）には、豊島清光に嫁した**足立姫の墓、足立荘司宮城宰相の墓**がある。足立姫は足立庄司宮城宰相の娘で、清光に嫁すが、侍女とともに荒川に身投げをしたという。本尊の**木造阿弥陀如来坐像**は、足立姫を弔うために作られたともいう。『新編武蔵国風土記稿』では、境内にあった古墳が足立姫の墓とする。この寺の東方には、豊島清光が創建したという**本**《もと》**木**《き》**北野神社**（足立区本木南町一七—一）（祭神は菅原道真）や**本木熊野神社**（足立区本木南町一八—一一）（祭神は伊邪那美命）がある。

〈03〉志村氏

志村氏は、板橋区志村を名字の地とする豊島氏の一族である。鎌倉時代初期から見えるが、十五世紀末には滅亡した。その後、この地は千葉氏が領有し、**志村城**〈↓本書二二一頁〉を築いた。現在、志村城跡にある**熊野神社**（板橋区志村二―一六―二）（祭神は伊邪那岐命など）の起源は古く、長久三年（一〇四二）に紀伊国熊野社から勧請され、天喜年間（一〇五三〜五八）に源頼義・義家が奥州追討のときに武運長久を祈願したとする伝説がある。社殿の側に三基の小型な板碑が立っている。近くにある真言宗**延命寺**（板橋区志村一―一二―一二）の境内にも、十数基の板碑が立っている。このうち**建長四年**（一二五二）**銘の板碑**は、区内最古の板碑で、心字座に胎蔵界大日如来の種子が刻まれたものである〈→本書三〇四頁〉。

志村と同じ台地上にある小豆沢《あずさわ》には、真言宗龍福寺（板橋区小豆沢四―一六―三）と**小豆沢神社**（板橋区小豆沢四―一六―五）がある。龍福寺の境内には、高さ一六〇cmの**建長七年**（一二五五）銘、**延慶二年**（一三〇九）銘、**建武三年**（一三三六）**銘などの板碑**が立っている。小豆沢神社は、康平年間（一〇五八〜六五）に源義家の勧請と伝わり、本殿は古墳の上にある。祭神は国之常立神などである。

〈04〉宮城氏

宮城氏は、足立区宮城を名字の地とする豊島氏の一族である。この一帯は隅田川の中州内の微高地にある。**宮城氏館跡**は宮城氷川神社（足立区宮城一―一三―八）（祭神は素戔嗚尊）一帯というが、遺構は不明である。この神社は南北朝期に豊島重中（重信子）が勧請したといい、境内に**宮城氏館跡の石碑**がある。

〈05〉滝野川氏

滝野川氏は、石神井《しゃくじい》川が流れる北区滝野川を名字の地とする豊島氏の一族である。真言宗**金剛寺**（北区滝野川三―八八―一七）周辺に、**滝野川城**があったとされるが、遺構は確認されていない。長門本『平家物語』には、源頼朝が滝野川の**松橋**に布陣したとあり、現在金剛寺の東方には松橋がある。この地は、鎌倉街道中道が南北に通り、石神井川の渡河点であったという。

3 領域の拡大、鎌倉公方などとの関係

南北朝時代になると、豊島氏は北朝方の足利尊氏方に従い（「豊島・宮城文書」）、豊島郡内の内陸部、石神井川沿いに遡上し勢力を広げた。その契機は、鎌倉時代後期に石神井郷〈06〉を領した藤原姓宇多氏の女との婚姻であった。宇多重広は三人の女（某、箱伊豆、土用熊）を、泉氏（武蔵国比企郡の武士カ）、宮城氏、豊島氏に嫁がせた。重広には男子がなく、泉氏に嫁いだ某が石神井郷を継承したが、某が早死したため、宮城氏に嫁

いだ箱伊豆が継承することになった。その後、箱伊豆の子宮城為業が継承し、貞和五・正平四年（一三四九）に豊島氏を継いだ宗朝（為業の子）に石神井郷を譲り渡した（「石神井郷内宮城氏所領相伝系図」など）（系図2）。

その後、豊島氏は平一揆（『埼玉の史跡』二九七頁）の一員として活動する。文和元・正平七年（一三五二）、新田義宗・脇屋義治の挙兵に対して、武蔵国久米川陣（→『埼玉の史跡』二八八頁。久米川の合戦については、本書一九九頁参照）に集結した足利尊氏軍として金井原〈07〉、小手指原（→『埼玉の史跡』二八九頁）や笛吹峠（→『埼玉の史跡』二〇八頁）と転戦する（『太平記』）。

応安元・正平二十三年（一三六八）平一揆が関東管領上杉憲顕に対して反乱を起こすが、一揆方は敗北した。その後、豊島宗朝は石神井郷を没収されたようで、応永二年（一三九五）になってようやく豊島宗朝の子泰宗の時に、石神井郷は還された（「豊島・宮城文書」）。泰宗の子孫は、勘解由左衛門尉（あるいは三郎左衛門尉）を名乗る系統と三河守を名乗る系統に分かれ、鎌倉公方や関東管領に従った。応永七年（一四〇〇）、豊島氏は鶴岡八幡宮領武蔵国笹目郷（さいたま市西南部、戸田市西部）の公文職となり（「鶴岡事書日記」）、足立郡域にも勢力を伸ばした。

応永二十三年（一四一六）前関東管領上杉禅秀が鎌倉公方足利持氏に対して反乱を起こすと（上杉禅秀の乱）、豊島氏は足利持氏方として入間川（→『埼玉の史跡』二八九・二九四頁）や相模国世《せ》谷《や》原《はら》（横浜市瀬谷区）で戦った（「豊島・宮城文書」）。永享十二年（一四四〇）足利持氏の遺児を擁立した結城氏朝・持朝父子が乱を起こすと（結城合戦）、

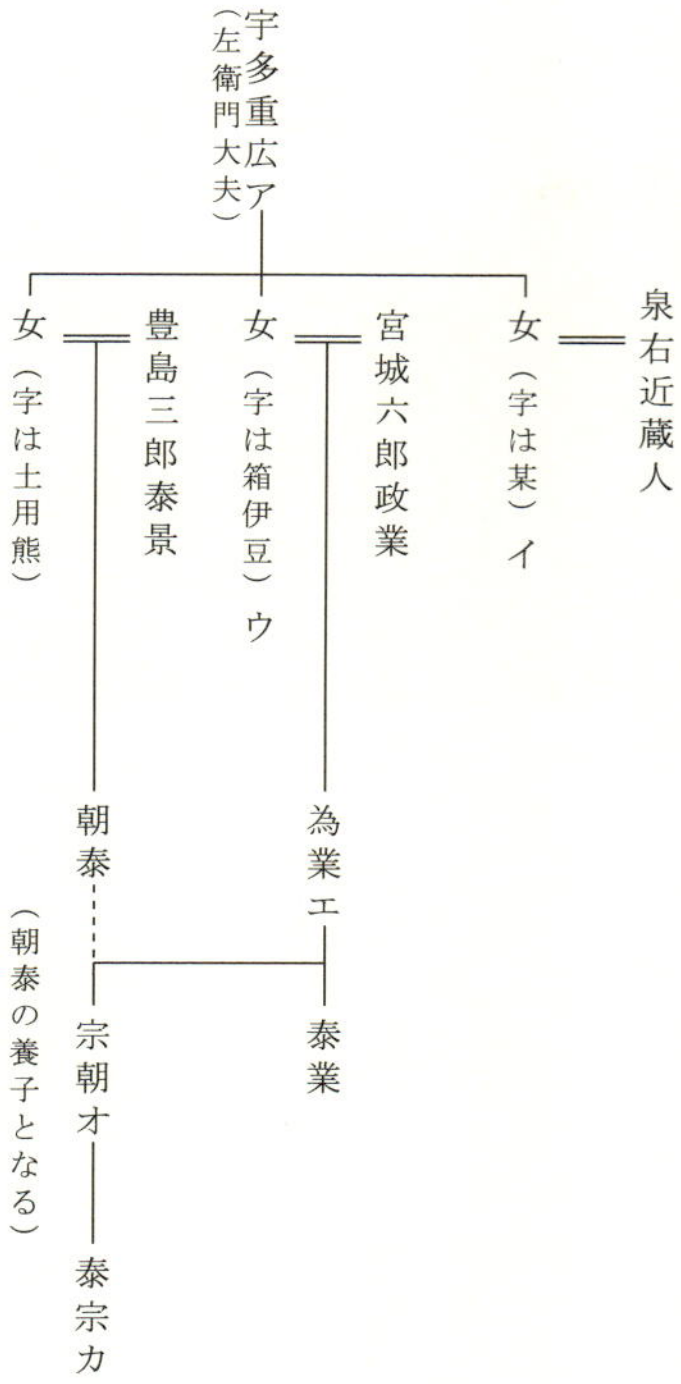

系図2　石神井郷相伝順序推定図（相伝順はアからカへ。『中世豊島氏関係史料集一（豊島・宮城文書）』掲載の図（数種の豊島系図も含む）を基に、作成した）

金井原古戦場碑（小金井市）

幕府軍の上杉清方に従って戦った（「鎌倉大草紙」）。

この時期に、豊島一族から郡内各地に一族が分出していた。文安五年（一四四八）の「熊野神領豊島年貢目録」に、前野殿〈08〉、下岩ふち能満・上岩ふちいねつき〈09〉、小具掃部〈10〉、中岱殿〈11〉、蓮沼十郎三郎〈12〉、板橋近江〈13〉など豊島郡内の地名を名字とする人物が見える（「米良文書」）。

〈06〉**石神井郷**（練馬区石神井町など）

石神井郷は、鎌倉時代から郷名として見える。現在の練馬区の地名（石神井町、石神井台、上石神井、下石神井）として残る。

〈07〉**金井原**（小金井市前原町）

金井原は、南北朝時代に地名として見える。現在の小金井市前原《まえはら》町一帯にあたりという。**金井原古戦場跡の碑**（小金井市前原町三―一）が前原坂下交差点の傍らにある。なお、埼玉県所沢市林・三ヶ島一帯という説もある（→『埼玉の史跡』二九〇頁）。

〈08〉**前野殿**

前野は、現在の板橋区の地名（前野町）として残る。

〈09〉**下岩ふち能満・上岩ふちいねつき**

「岩ふち」は「岩淵《いわぶち》」のことで、鎌倉時代から郷名（岩淵郷）として見える。現在の北区の地名（岩淵町）として残る。この地は、鎌倉街道中道の岩淵宿、また現在の岩淵橋付近に川口の渡し（→『埼玉の史跡』二五九頁）があり、交通の要地であった。中道沿いの浄土宗**正光寺**（北区岩淵町三二―一一）の墓地内に、高さ一〇一cmの**延慶二年**（一三〇九）**四月一日銘阿弥陀三尊種子板碑**が立っている。

岩淵町に隣接する赤羽《あかばね》には、**赤羽八幡神社**（北区赤羽台四―一―一六）

（祭神は応神天皇など）がある。この神社には、坂上田村麻呂・源頼光・源頼政・太田資清（道灌の父）に関する伝説がある。

岩淵町の東に所在する真言宗**西蓮寺**（北区志茂四―一三〇―四）には、高さ二〇一cmの**弘安九年**（一二八六）**正月晦日銘阿弥陀一尊種子板碑**（現状二つに割れている）、高さ六四cmの**正中二年**（一三二五）**三月銘阿弥陀三尊種子板碑**、高さ四二cmの**建武元年**（一三三四）**銘阿弥陀三尊種子板碑**、高さ一一八cmの**文明十二年**（一四八〇）**九月二十八日銘大日真言種子板碑**などが立っている。

〈10〉小具掃部

小具《おぐ》は、室町時代には「小具郷」、戦国時代には「尾久」と見える。現在の荒川区の地名（尾久）として残る。**尾久八幡神社**（荒川区西尾久三―七―三）（祭神は応神天皇）は創建時期は不明だが、正和元年（一三一二）にこの地が鶴岡八幡宮に寄進された頃に遡ると考えられている。神社には、至徳二年（一三八五）に社殿が再建されたことがわかる棟札がある。室町時代、小具郷は金曾木重定の所領であった（「鶴岡神主家伝文書」）。金曾木氏については、本書四四頁参照。

曹洞宗**大林院**（荒川区西尾久三―九―五）の庫裏前に、**正和五年**（一三一六）**銘の板碑**が立っている。新義真言宗宝蔵院（荒川区西尾久三―一一―九）の堂内には、**年未詳の阿弥陀三尊板碑**がある。真言宗**地蔵寺**（荒川区西尾久三―一〇―六）の堂内には、農民八名の名が刻まれた**文明十五年**（一四八三）**十月七日銘の夜念仏供養板碑**がある。

〈11〉中岱殿

中岱《なかだい》は、現在の板橋区の地名（中台）として残る。

〈12〉蓮沼十郎三郎

蓮沼《はすぬま》は、現在の板橋区の地名（蓮沼町）として残る。この地内を古道が通ったという。

〈13〉板橋近江

板橋は、鎌倉時代から見える地名で、現在の板橋区の地名（「板橋」や「上板橋」など）として残る。石神井川中流の南北両岸一帯の地名であった。源頼朝が通ったとする**板橋**（板橋区本町二八）周辺は、江戸時代の板橋宿の中心地であった。この近くにある**氷川神社**（板橋区氷川町二一―八）（祭神は素戔男命と稲田姫命）には、元久三年（一二〇六）に豊島氏が武蔵一宮氷川神社から勧請した伝説がある。『鎌倉大草紙』などには**板橋城**がみえる。城の実態は不明であるが、真言宗長命寺（板橋区東山町四八）・上板橋小学校の一帯という説がある。

4 享徳の乱と豊島氏滅亡

享徳三年（一四五四）、鎌倉公方足利成氏が関東管領上杉憲忠を殺害した。上杉房顕（憲忠の弟）は、室町幕府と結び関東管領に就任し、越後守護上杉房定とともに、成氏と対立した（享徳の乱）。勘解由左衛門尉系の豊島氏は、古河公方足利成氏方と関東管領上杉方に、戦局を見つつ従っていた（「豊島・宮城文書」）。

文明九年（一四七七）、長尾景春（関東管領上杉氏家臣）が関東管領上杉顕定に反した（長尾景春の乱）。豊島氏は長尾景春に与し、上杉方の**江戸城**〈↓本書二〇五頁〉と河越城（→『埼玉の史跡』二七一頁）との間を遮断するため、石神井郷内には**石神井城**〈14〉、石神井川中流域に**練馬城**〈15〉を構えた。江戸城や**稲付城**〈↓本書二〇六頁〉に進出した上杉方の太田道灌と戦い、**江古田原**〈16〉にて大敗すると、練馬城と石神井城も陥落した。豊島氏は平塚城で再起するも道灌軍に大敗し、逃げ込んだ**小机城**〈↓本書二四四頁〉も陥落し（「太田道灌状」）、国人領主としての豊島氏は滅んだ。

〈14〉**石神井城**（練馬区石神井台一―一八）

石神井城は、石神井公園（練馬区石神井台一―一八）、隣接する氷川神社の一帯にあった。豊島泰経（勘解由左衛門尉）・泰明（平右衛門尉）兄弟が「対城」を構えて江戸と河越の通行を妨げたと見え（「太田道灌書状写」）、この「対城」が石神井城と練馬城だと考えれている。また、道灌が泰経の石神井城を攻め、「外城」を落とした見え（「同」）、石神井城が「内城」と「外城」で構成されていたことがうかがえる。石神井城の詳細は、本書二〇九頁参照。

氷川神社（練馬区石神井台一―一八―二四）（主神は素戔男命）は、応永年間（一三九四～一四二八）に豊島氏が武蔵一宮氷川神社を勧請したという。

石神井公園内のさくら広場には、**殿塚**と**姫塚**がある。これらは、豊島氏の縁者が豊島泰経とその娘を供養するために築いた塚という。

石神井公園に近接する曹洞宗**道場寺**（練馬区石神井台一―一六）は、豊島氏の菩提寺で、一族の墓と伝えられる三基の石塔（非公開）がある。真言宗**三宝寺**（練馬区石神井台一―一五）も豊島氏から帰依を受けていたという。子育《こやす》千体地蔵堂が境内にあり、この堂内に**永享八年**（一四三六）**の夜念仏板碑**などの多数の板碑が保管されており、板碑を見学できる。

〈15〉**練馬城**（練馬区向山町）
練馬は、戦国時代から地名や郷名として見え、現在は練馬区練馬として残る。練馬城の詳細は、本書二〇八頁参照。

〈16〉**江古田原**（中野区江古田・松が丘・沼袋一帯）
江古田は、戦国時代から地名として見える。現在、地名（中野区江古田）や駅名（練馬区内の江古田駅）として残る。古戦場については、本書二〇一頁参照。

殿塚（練馬区　石神井公園内）

5　今に残る豊島氏

石神井城背後の**三宝寺池**には、豊島泰経の娘の照姫が身投げしたという伝説がある。現在、石神井城にまつわる史実に親しみ、ふるさとの意識の高揚と地域の活性化を図ることを目的に昭和六十三年（一九八八）から、東京都練馬区石神井公園で「照姫まつり」が開催されている。

また、豊島経泰の人形が飾られた山車が、埼玉県越生町の越生神社（越生一〇一五）の夏祭りで曳行されている。こ

姫塚（練馬区　石神井公園内）

の山車は**日暮里諏方神社**〈17〉の祭礼のために、制作されたものであった。大正八年（一九一九）に越生町の上町がこの山車を買い入れ、昭和六十三年に修理して復活した。

〈17〉日暮里諏方神社（荒川区西日暮里三―四―八）

日暮里諏方神社（祭神は建御名方命）は、豊島経泰が元久二年（一二〇五）に勧請したという。安政年間頃（一八五四～六〇）に作成された源為朝公を擬した人形がある。この人形を飾った山車は、明治の末ごろまで曳行されていた。

6 豊島氏の略年表（平安時代から応永年間まで）

天喜年間…前九年の役（一〇五一～六二）。
　豊島恒家、源頼義に従う。
寛治元年（一〇八七）…後三年の役の後。
　豊島某（近義カ）、源義家を武蔵国平塚城に迎え、鎧一領等を拝領する。
保元元年（一一五六）…保元の乱。
　豊島四郎、源義朝に従う
治承四年（一一八〇）…源頼朝、武蔵国に入る。
　豊島清元、頼朝の命に応じ、隅田の渡しで頼朝を迎える。
元暦元年（一一八四）
　豊島有経、紀伊国守護となる。
　――この間――　豊島一族、源頼朝の奥州征伐、上洛などに従う。
建仁元年（一二〇一）
　豊島朝経、土佐国守護となる。
建仁三年（一二〇三）
　豊島朝経、比叡山堂衆との戦いで戦死する。
承久三年（一二二一）…承久の乱。
　豊島一族、宇治川合戦で幕府方として参戦する。
　――この間――豊島一族、将軍の社寺参詣に従う。
元弘三年（一三三三）…鎌倉幕府滅亡。
　在京中の豊島一族、河内国千早城攻めに向かう。
　豊島氏、新田義貞に従い、武蔵国分倍河原で幕府軍を破る。
　在京中の豊島一族、六波羅探題北条仲時に従い自害する。
暦応元・延元元年（一三三八）…南北朝の動乱（一三三六～九二）。

宮城宗朝、北朝の足利尊氏方として活躍する。

貞和五・正平四年（一三四九）

宮城宗朝、豊島本家を継承し、武蔵国石神井郷を領する。

文和元・正平七年（一三五二）…武蔵野合戦。

平一揆、足利尊氏に従い武蔵国金井原や小手指原などで戦う。

応安元・正平二十三年（一三六八）…平一揆の乱。

平一揆、関東管領上杉憲顕に反する。

この頃、豊島氏、武蔵国石神井郷を没収される。

応永二年（一三九五）

豊島泰宗、武蔵国石神井郷を還される。

豊島泰宗の子孫、勘解由左衛門尉系統、三河守系統に分かれる。

応永七年（一四〇〇）

豊島道頭、武蔵国笹目郷の公文職となる。

応永二十三年（一四一六）…上杉禅秀の乱。

豊島範泰、足利持氏方として相模国世谷原で戦う。

7 見学コース

〔豊島清元関連の史跡を巡る〕

扇大橋駅（日暮里・舎人ライナー）
↓
足立姫の墓と足立荘司宮城宰相の墓（足立区扇二―一九―三 性翁寺内）
↓
宮城氏館跡（足立区宮城一―三八）（氷川神社）
↓
紀州神社（北区豊島七―一五―五）
↓
豊島氏館跡（北区豊島七―三一―七）（清光寺）
↓
王子神谷駅（地下鉄南北線）

〔平塚城周辺を巡る〕

JR上中里駅
↓
平塚城跡【平塚神社（北区上中里一―四七―一）・城官寺（北区上中里一―四二―八）】
↓
北区立飛鳥山博物館（北区王子一―一―一）
↓
王子神社（北区王子本町一―一―一二）
↓
JR王子駅

【江古田古戦場周辺を巡る】

沼袋駅（西武新宿線）
↓
沼袋氷川神社（中野区沼袋一―三一―四）
↓
江古田古戦場碑（中野区松が丘二―三五　江古田公園内）
↓
中野区立歴史民俗資料館（中野区江古田四―三―四）
↓
豊玉二百柱社（中野区沼袋二―四〇）（丸山塚公園内）
↓
沼袋駅（西武新宿線）

【石神井城周辺を巡る】

石神井公園駅（西武池袋線）
↓
練馬区立石神井ふるさと文化館（練馬区石神井五―一二―一六）と池淵史跡公園
↓
道場寺（練馬区石神井台一―一六）
↓
三宝寺（練馬区石神井台一―一五）
↓
氷川神社（練馬区石神井台一―一八―二四）
↓
石神井城跡（練馬区石神井台一―一八）（石神井公園内）
↓
さくら広場の殿塚と姫塚（練馬区石神井台一―一八）（石神井公園内）
↓
石神井公園駅（西武池袋線）

2……江戸氏一族とその関連史跡

1 江戸氏とは?

江戸氏は、秩父重綱の子重継を祖とする。重継の兄弟からは、河越氏や畠山氏や小山田氏が分かれた。江戸氏のはじまりは、十二世紀頃、重継が**日比谷入江**《ひびやいりえ》〈01〉一帯の江戸郷に進出し、江戸四郎を称したことによる。江戸氏は、この地を拠点として、日比谷入江の湾岸一帯の地、日比谷入江及び平川《ひらかわ》の水運に影響力を及ぼした武士であった。館を構えた場所が、現在の**江戸城本丸**付近〈↓本書二〇五頁〉だという。

〈01〉**日比谷入江**

日比谷入江は、古東京湾に繋がる入り江のことで、現在の新橋一帯を湾口として大手町一帯まで北に伸びていた。西の本丸台地（武蔵野台地の東端、現在の江戸城本丸）、東の前島の間に挟まれていた。北からは平川が日比谷入江に注ぎ、平川流路が武蔵国内の荏原郡と豊島郡の境界線であったようだ。現在の霞が関・虎ノ門・愛宕などは入り江の海岸で、芝公園や芝大門一帯の地は、入り江口に近い海岸であった。

徳川家康の江戸築城の際に、日比谷入江の埋め立て事業が始められた。現在の皇居外苑の濠（日比谷濠や馬場先濠など）が入り江の名残だという。現在の首相官邸近くに所在する日枝神社は、江戸重継が勧請したと伝える。

日枝《ひえ》**神社**（千代田区永田町二―一〇―五）（主神は大山咋神）は、江戸重継が江戸貫主を名乗り、館内に山王宮を勧請したことに始まると伝える。また、文明十年（一四七八）に太田道灌が江戸城内に川越山王社を勧請したともいわれ、紅葉山、隼《はやぶさ》町を経て万治二年（一六五九）に現在地に遷座した。正平十七・貞治元年（一三六二）江戸郷山王の住僧三人が熊野参詣したと見える（「米良文書」）。神社の東方約一・五kmにある日比谷図書文化館（千代田区日比谷公園一―四）内には、千代田区内の歴史展示施設があり、日比谷入江と千代田区の歴史の解説がある。

新橋の**烏森**《からすもり》**神社**（港区新橋二―一五―一）（祭神は倉稲魂命など）は、藤原

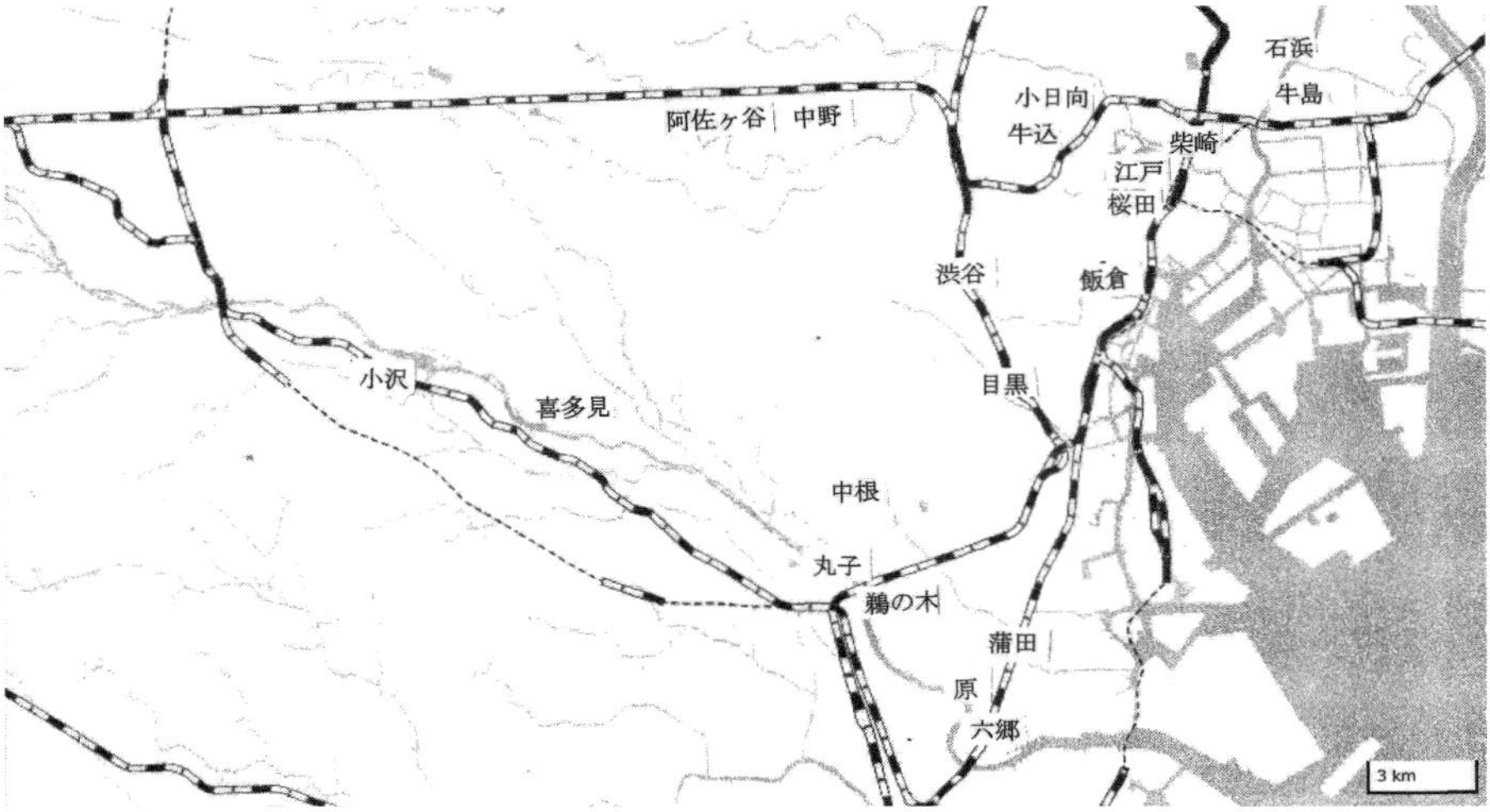

江戸氏一族の分布図

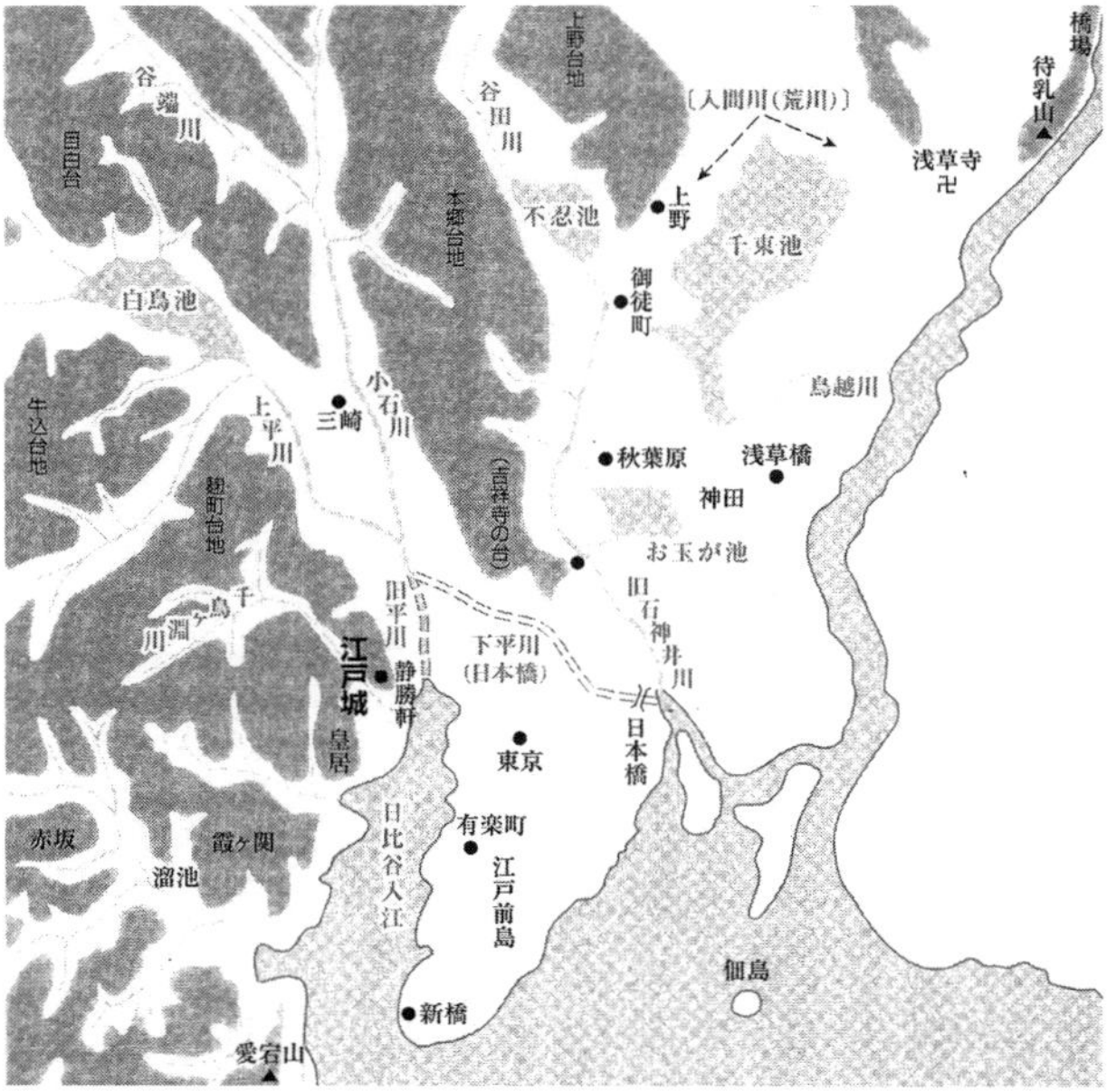

日比谷入江図（伊藤一美『太田道灌と武蔵・相模　消えゆく伝承や古戦場を訪ねて』（戎光祥出版、2023年）より引用）

秀郷が戦勝祈願あるいは勧請した伝説がある。古河公方足利成氏が戦勝祈願した（「武州文書」）。江戸時代初期、この地は武家屋敷となったが、その家に不祥事が続いたので、烏森神社を再興したという。新橋は、江戸時代中期にできた橋、その後町名となった。

大手町には、平将門の首塚とする**将門塚**（千代田区大手町一―二）がある。徳治二年（一三〇七）他阿真教上人が荒廃した塚を修復し板石塔婆を建て、当時近くにあった日輪寺（江戸時代に浅草へ移転）で供養したという。関東大震災後、大蔵省再建築事業の際に塚は崩され、昭和二年（一九二七）に鎮魂碑が建立、昭和四十五年（一九七〇）に将門塚保存会などによって整備された。大手町は、江戸城大手門に由来する明治時代からの町名である。

前島は、中世からの地名で、日比谷入江に面した砂州であった。弘長元年（一二六一）の文書に「江戸郷内前島村」とみえる（「関興寺文書」）。南は現在の有楽町周辺一帯から北は東京駅周辺一帯まで。前島の北東地域は現在の日本橋一帯。現在の日本橋川に架かる**鎧橋**《よろいばし》（中央区）は、平将門や源義家が渡河したという「**鎧の渡し**」に由来する。橋の近くにある**兜神社**《かぶと》（中央区日本橋兜町一）（祭神は倉稲魂命）には義家が兜を掛けたと伝わる**兜岩**がある。**椙森神社**《すぎのもり》（中央区日本橋堀留町一―一〇―二）、（祭神は五社稲荷大神など）には、藤原秀郷が戦勝祈願し、太田道灌が雨乞いをした伝説がある。

虎ノ門の浄土真宗**光明寺**（港区虎ノ門三―二五―一）には、納骨堂内に**貞和四年**（一三四八）**銘の弥陀三尊種子板碑**（高さ一m、幅三〇cm）が、ほぼ完全な姿で残されている。浄土宗**天徳寺**（港区虎ノ門三―一三―六）の聖観音像の近くには、**永仁六年**（一二九八）**銘の弥陀種子板碑**（高さ六八cm、幅二九cm）が立っている。虎ノ門は、江

日比谷濠（日比谷入江の名残）

日枝神社（千代田区永田町）

戸城外郭門に由来する町名である。

2　源頼朝との関係

江戸重継の子重長は、治承四年（一一八〇）源頼朝が伊豆で挙兵すると、秩父一族の河越重頼や中山重実らと共に、頼朝に与した三浦氏の本拠衣笠城（神奈川県横須賀市）攻めに加わっている（『吾妻鏡』）。

その後、頼朝が房総で再起すると、重長は頼朝から「武蔵国の棟梁」と称され、参上するように呼びかけられた。『義経記』では、重長は「坂東八ヶ国の大福長者」とも評されている。しかし、重長がすみやかに返答しなかったので、頼朝は葛西清重に重長を誘殺するよう命じている（『吾妻鏡』）。

源頼朝が武蔵国に入る際、秩父氏庶流の豊島清元〈清光とも〉と葛西清重は頼朝を出迎えた。その二日後、畠山重忠も帰順し、頼朝と**長井の渡し**（所在地不明）に参会した。ついで重長は河越重頼とともに頼朝の下に参上した。翌日、重長は頼朝から**武蔵国衙**〈↓本書三二二頁〉や各郡衙の役人を支配下に置き沙汰するよう命じられた（『吾妻鏡』）。

以後、重長は頼朝の社寺参詣、文治五年（一一八九）の奥州合戦、建久元年（一一九〇）の上洛、建久六年（一一九五）の東大寺参詣に従った（『吾妻鏡』）（系図1）。

系図1　江戸氏系図（『吾妻鏡』から推定して作成した）

- 重継
  - 重長（太郎、心仏）
    - 忠重（太郎）
    - 朝重（次郎）
  - 親重（次郎）
  - 重通（四郎）
  - 重宗（七郎）

3　鎌倉時代の江戸氏

江戸重長の子忠重は、元久二年（一二〇五）畠山重忠を討つために北条義時に従って出陣した（『吾妻鏡』）。承久の乱（一二二一年）では、江戸四郎三郎が宇治川合戦で戦死した（『吾妻鏡』）。この江戸四郎三郎の縁戚者と思われる重茂は、承久の乱の戦功の賞として石清水八幡宮領出雲国安田荘（島根県伯太町北部の安田一帯）地頭職に補任されている（「石清水文書」）。その後、重茂の子孫らは、石清水八幡宮と安田荘をめぐって相論をおこしている（「石清水文書」）。正元元年（一二五九）諸国で大飢饉がおきると、江戸長重は江戸郷内前島村の公事《くじ》を滞納したため借財し、弘長元年（一二六一）借物の代として「五代右衛門尉」（北条得宗家の被官「五大院氏」カ）に前島村を去り渡した（「関興寺文書」）。文応元年（一二六〇）江戸長光は、将軍宗尊親王の相手を務める番衆に選ばれた（『吾妻鏡』）。

鎌倉時代後期、江戸重益の死後、その子行重が継承するが、行重の子重通と政重との間で嫡庶をめぐって相論となる。幕府は重通を嫡子と認めたが（「東京国立博物館所蔵文書」）、政重は千束郷《せんぞく》〈02〉の田在家の占有を継続し（「根岸文書」）、その後も相論が続いた（「正宗寺文書」）。

鎌倉時代末期、楠木正成が河内国千早城（大阪府千早赤阪村）で挙兵すると、大番役で在京中の江戸一族が、紀伊道から千早城に向かう幕府軍の中に見える（「楠木合戦注文」）。関東では、新田義貞が挙兵すると、江戸氏は豊島・葛西・河越及び武蔵七党などとともにこれに従い、**分倍河原合戦**〈↓本書一九七頁〉で幕府軍を破った（『太平記』）。

〈02〉**千束郷**（東京都荒川区・台東区）

千束郷は、鎌倉時代から郷名として見える。隅田川右岸、江戸時代の浅草・下谷《したや》一帯、現在の荒川区・台東区にまたがる地域にあたる。現在台東区千束として残る。**浅草寺**の寺域と隣接していた。郷内には**石浜**があり、鎌倉街道下道が通っていた。

4 南北朝時代の江戸氏

鎌倉幕府滅亡後、建武元年（一三三三）八月、江戸・葛西氏等が武蔵国で後醍醐天皇に謀反を起こした（「竹内文平氏所蔵文書」）。延元元・建武三年（一三三六）六月、江戸重近・同弥四郎・同太郎三郎は、足利直義方の河野通盛に従い、南朝方の比叡山を攻めた（「萩藩譜録」）。一方、南朝方に与する江戸氏もいた。同年十二月、江戸忠重は後醍醐天皇の勅使として、北畠顕家がいる陸奥国に下った（「結城文書」）。

正平二・貞和三年（一三四七）北朝方の江戸重村は**隅田の渡し**を警固した（「古簡雑纂」）。江戸遠江守は、正平七・文和元年（一三五二）足利尊氏軍に従い、駿河国薩埵山（静岡県静岡市）で足利直義軍と戦い（「喜多見系図」）、正平十・文和四年（一三五五）江戸太郎とともに京都市中で南朝方と戦った（「源威集」）。この年、江戸弥七は佐々木高氏の所領であった太田渋子郷〈03〉を押領・狼藉した（「佐々木文書」）。

系図2　江戸氏系図（江戸氏の嫡庶相論や千束郷などの史料から推定して作成した）

重益 ┬ 行重（太郎次郎）─ 重通（次郎太郎）─ 重村（弥六）
　　 └ 政重（孫太郎、石浜弥太郎）─ ○ ─ 房重（宮内少輔）─ 高泰（六郎四郎）

正平十一・延文元年（一三五六）江戸高泰は鎌倉公方足利基氏の在留した入間川陣（『埼玉の史跡』二八九・二九四頁）を警固をした（「古簡雑纂」）。『太平記』によれば、正平十三・延文三年（一三五八）江戸遠江守・同下野守は、南朝方新田義興を**矢口の渡し**〈↓本書二七六頁〉で謀殺している。

この頃、武蔵国稲毛荘〈04〉内に江戸氏の所領があった。元中元・至徳元年（一三八四）江戸遠江守の子孫である江戸希成・道貞・道儀は、稲毛荘内の渋口郷〈05〉が岩松国経に沙汰し付けられようとしたため抵抗した（「新田岩松古文書之写」）（系図2）。

〈03〉**太田渋子郷**（川崎市宮前区・多摩区）

太田渋子郷は、南北朝時代から郷名として見える。現在の川崎市宮前区神木《しぼく》・神木本町を中心に、北は多摩区長尾、南は宮前区土橋《つちはち》あたり一帯と推定されている。

長尾地内は、鎌倉街道中道が通り、天台宗**妙楽寺**（長尾三―九―三）がある。妙楽寺は、**木造薬師如来坐像**（像高約四八cm）及び**両脇侍立像**（日光菩薩像と月光菩薩像、像高約六五cm）を所蔵する。日光菩薩立像の胎内から、天文十六年（一五四七）九月十五日、「武州立花郡太田郷長尾山威光寺井田太郎左衛門」、「仏所駿河」などの墨書銘が確認され、長尾地内は戦国時代は太田郷内であった。

井田太郎左衛門は、井田郷（川崎市中原区）を名字の地とする武士であろうか。現在、川崎市中原区内の地名（井田、井田杉山町、井田中ノ町など）として残る。なお、井田氏が横山党という説もある。

威光寺は、鎌倉時代に源家数代の御祈禱所で、小山太郎有高〈↓本書六〇頁〉や狛江入道増西〈↓本書六七頁〉が威光寺領内に乱入したと見える（『吾妻鏡』）。また、阿野全成（源頼朝の弟）ゆかりの長尾寺（『吾妻鏡』）だという説、妙楽寺の近くにあった、あるいは妙楽寺と同一という説もある。

〈04〉**稲毛荘**（川崎市中原区・高津区）

稲毛荘は、平安時代の承安元年（一一七一）から見える荘園で、後に稲毛本荘と稲毛新荘に分かれた。川崎市中原区から高津区にかけて広範囲の地域と推定されている。

本荘内には、稲毛郷・田中郷・井田郷があった。稲毛郷は、中原区の**春日神社**（宮内四―一二―一）（祭神は天津兒矢根命など）を中心とする一帯と推定されている。田中郷は、現在の中原区内の町名（上小田中・下小田中）として残る。井田郷は、〈03〉参照。

新荘内には、坂戸郷・木田見方郷・渋口郷があった。坂戸郷と木田見方郷は、それぞれ現在の高津区内の町名（坂戸、北見方）として残る。渋口郷は、〈05〉参照。

〈05〉**渋口郷**（川崎市高津区子母口）

渋口郷は、南北朝時代から稲毛新荘内の郷名として見える。現在の子母口《しぼくち》（川崎市高津区）を中心とした一帯と推定されている。

子母口地内には、**橘樹《たちばな》神社**（子母口一二三）（祭神は日本武尊と弟橘媛）があり、橘樹郡の総社であったという。永徳四年（一三八四）に渋口郷内に「大戸宮　神田」、「立花宮　神田」と見える（「正木文書」東京大学史料編纂所架蔵影写本）。この二社は、現在の**大戸《おおと》神社**（川崎市中原区下小田中一―二）（祭神は手力雄命）と橘樹神社であろう。

橘樹神社から北方約九〇〇m内に、橘樹郡の役所跡である**橘樹郡衙跡**と、郡衙跡の西側に天台宗**影向寺《ようごうじ》**（川崎市宮前区野川本町三―四―四）がある。現在、橘樹郡衙跡の一部は「たちばな古代の丘緑地」（川崎市高津区千年字伊勢山台四二三）となり、敷地内に遺跡の解説標示が立っている。影向寺は奈良時代に創建され、国指定重要文化財の**木造薬師如来坐像及び両脇侍立像**（十一世紀後半の作、中尊の像高一三九cm、日光・月光の像高一七一cm）を所蔵する。

5　室町時代以降の江戸氏

応永二十三年（一四一六）前関東管領上杉禅秀が鎌倉公方足利持氏に対して反乱を起こした（上杉禅秀の乱）。江戸一族は足利持氏に従い、江戸遠江守は鎌倉を脱出し、江戸近江守は討ち死した（「鎌倉大草紙」）。翌年にかけて相模国世谷原《せやはら》（横浜市瀬谷区内）で戦っている（「鎌倉大草紙」、「鎌倉九代後記」）。

甲斐国内で守護職を巡って武田信長が武田一族の逸見有直と戦うと、応永三十三年（一四二六）江戸憲重は、逸見方の助力のため一色持家軍に属して甲斐国に向かい、鎌倉公方足利持氏より忠節を賞された（「牛込文書」）。

永享十年（一四三八）将軍足利義教が鎌倉公方足利持氏の討伐を命令が下ると（永享の乱）、江戸駿河守は、下向した持氏追討軍の大将上杉持房から従うように命じられた（「喜多見系図」）。永享十二年（一四四〇）足利持氏の遺児を擁立した結城氏朝・持朝父子が反乱を起こすと（結城合戦）、江戸駿河守は幕府方として戦い、嘉吉元年（一四四一）足利義教から忠節を賞された（「喜多見系図」）。

享徳三年（一四五四）、鎌倉公方足利成氏が関東管領上杉憲忠を殺害すると、上杉房顕（憲忠の弟）は、室町幕府と結び関東管領に就任し、越後守護上杉房定とともに、成氏と対立した（享徳の乱）。長禄元年（一四五七）上杉方の太田道灌が江戸城を築いたことから（「鎌倉大草紙」）、江戸氏はこの頃までには発祥地江戸郷を失ったと考えられる。

6　江戸氏一族の分布

応永二十七年（一四二〇）紀伊国熊野那智山竜寿院の御師《おし》廊之坊が、江戸一族の名字を書き立てたものがある（「米良文書」）。これには「武蔵国江戸の惣領の流」として、六郷殿、しほ屋との、まつことの、中野殿、あさかやとの、いたくらとの、さくらたとの、いしはまとの、うしじまとの、しはさきとの、うの木との、かねすきとの、こひなたとの、はらとのいつせき、かまたとのいつせきなどがある。「喜多見系図」には庶子方として、中根、目黒、小沢などが見える。この時期までには江戸氏から東京都区内の地名を名字とする一族が分かれた。

（一）牛込氏

牛込《うしごめ》は、南北朝時代から郷名として見える。牛込郷は、興国元・暦応三年（一三四〇）江戸近江権守に預け置かれ（「牛込文書」）、その子孫が牛込氏を名乗った。現在の新宿区内の駅名（牛込神楽坂）や交差点名（牛込北町）などとして残る。宝徳元年（一四四九）江戸憲重は牛込郷を重方に譲った（「牛込文書」）。

（二）六郷殿

「六郷《ろくごう》」は、鎌倉時代に見える六郷保で、現在の大田区内の地名（東六郷・仲六郷・南六郷・西六郷）として残る。古東京湾に面した鎌倉街道下道が通り、多摩川を渡河する**六郷の渡し**（大田区東六郷三―二五近く）がある交通の要地であった。**北野神社**（大田区仲六郷四―二―九）（祭神は菅原道真）

には六郷の渡しの解説標示がある。**六郷神社**（大田区東六郷三―一〇―一八）（祭神は誉田別命）の右手叢林にある**八幡塚**は、奥州攻めの時に源義家が武器を納めたという。社殿南側には**「旗掛の松跡」の碑**がある。社地には、梶原景時寄進と伝える**太鼓橋**、源頼朝寄進と伝える**手水石**もある。

（三）しほ屋との

「しほ屋」は「渋谷」のことで、戦国時代に「下渋谷」が見える。江戸時代に豊島郡渋谷村があり、現在渋谷区渋谷として残る。江戸重長の子元重が渋谷七郎と称したという。鎌倉街道中道が通り、並木橋交差点（渋谷区渋谷三―一四・一五）近くに鎌倉街道の解説標示がある。渋谷川沿いの河岸段丘上にある**金王《こんのう》八幡宮**（渋谷区渋谷三―五）（祭神は品陀和気命）は、源義家が勧請し、源頼朝が社殿を建立し、**渋谷氏が居館**〈↓本書一四〇頁〉を構えた地であった。金王八幡宮の別当寺であった天台宗**東福寺**（渋谷区渋谷三―五―八）には、非公開の**木造薬師如来坐像**（鎌倉時代・寄木造）や**銅造菩薩立像**（頭部は鎌倉時代、体部は南北朝時代）がある。天台宗**宝泉寺**（渋谷区東二―一六―一六）は、渋谷重本の開基といい、源義朝の愛妾常盤御前の守護仏を安置する**常盤薬師堂**や非公開の**木造阿弥陀如来立像**（鎌倉時代）がある。白根記念渋谷区郷土博物館・文学館（渋谷区東四―九―一）の対面の地に、常盤御前が松を植えた伝説があり、現在**常盤松の碑**（渋谷区東四―一四―九）がある。

（四）まつことの

「まつこ」は「丸子《まるこ》」のことで、鎌倉時代に見える丸子荘や室町時代に見える丸子保で、現在の多摩川沿いの大田区の地名（下丸子）、川崎市の地名（上丸子など）として残る。多摩川の流路の変化によって上・下に分かれた。現在の丸子橋の近くに、**丸子の渡し**〈↓本書一六八頁〉があったとされる。河川敷に解説標示（大田区側は田園調布本町三一の近く、川崎市側は中原区上丸子八幡町五九九の近く）がある。渡し場は、江戸時代になると中原街道の渡河点として整備された。

丸子橋の北に、**多摩川浅間神社**（大田区田園調布一―五五）（祭神は木花咲耶姫命）がある。この神社のおこりは、北条政子が夫源頼朝の身を案じて多摩川のほとりまで進み、**亀甲山**（大田区田園調布一―六三）（前方後円墳で全長は一〇七m）から富士浅間神社に祈り、持仏の観音像を祀ったという。

丸子橋の南西に、真言宗**大楽院**（川崎市中原区上丸子八幡町一五二二）がある。境内には**四基の小型な板碑**が立ち、本堂内には**木造釈迦如来坐像**（寄木造、十六世紀後半）がある。この胎内銘から、戦国時代末期に吉良氏朝とその家臣達が坐像を造立したことがわかる。**丸子山王日枝神社**（川崎市中原区上丸子山王町一―一五五五）（祭神は大己貴神）は、桓武天皇孫の山本平左衛門尉恒重と次郎左衛門恒明兄弟が日吉大社を勧請し、治承二年（一一七八）平重盛が社殿を再建したという。

（五）中野殿

「中野」は、南北朝時代に見える中野郷のこと。現在の中野区中野として残る。平成三年（一九九一）谷戸運動公園（中野区中野一―三一）の発掘調査により、土塁跡や建物跡や溝などが確認された。この地は**平忠常の砦跡**、**太田道灌の陣地**という伝説がある。現地の解説標示のタイトルは、城山とあり、近くには城山公園（中野区中野一―四四）がある。曹洞宗**成願寺**（中野区本町二―二六―六）には、中野長者〈↓本書二九六頁〉とよばれた**鈴木九郎の墓**がある。鈴木九郎は応永年間に中野郷を開発したという。

（六）あさかやとの

「あさかや」は「阿佐谷《あさがや》」のことで、室町時代に「多東郡阿佐谷村」と見える。現在の杉並区阿佐ヶ谷として残る。**阿佐谷神明宮**（杉並区阿佐谷北一―二五）（祭神は天照大御神）は、建久年間に土豪横井兵部（あるいは横川）が伊勢神宮参拝後に神の霊示を受け、伊勢宮川の霊石を当地に祀ったという。

ＪＲ阿佐ヶ谷駅を南北に通じる現在の中杉通りは、鎌倉時代以降の古道という説がある。中杉通りは、青梅街道に突き当たる地下鉄南阿佐ヶ谷駅の地でなくなるが、この駅の南方約二kmに**大宮八幡宮**（杉並区大宮二―三）（祭神は品陀和気命など）が所在する。正平十七・貞治元年（一三六二）中野郷大宮の住僧四人が熊野参詣したと見える（「米良文書」）。この「大宮」が大宮八幡宮のことで、源頼義が勧請し、神社周辺に阿佐ヶ谷氏の拠点（阿佐ヶ谷氏館）があったと伝える。神社の近くには、源義家伝説が鞍を掛けたという**鞍掛の松**（杉並区大宮一―二一―一）や杉並区郷土博物館（杉並区大宮一―二〇―八）がある。また神社の西方約九〇〇mの地には、鎌倉街道という道がある。

（七）いたくらとの

「いたくら」は「飯倉《いいくら》」のことで、鎌倉時代に飯倉御厨、戦国時代に飯倉郷と見える。昭和五十六年（一九八一）まで港区飯倉町として残っていた。現在は交差点名（飯倉）として残る。港区麻布台・芝公園・芝大門周辺の地で、古東京湾に面していた。**芝大神宮**（港区芝大門一―一二―七）（祭神は天照大神と豊受大神）は、かつて飯倉明神と呼ばれていた。縁起などによれば、寛弘二年（一〇〇五）伊勢の内外両宮の分霊を祀り鎮座したとある。源頼朝より宝剣が奉納されたという。神社の西方に鎌倉街道下道が通っていた。

(八) さくらたとの

「さくらた」は「桜田《さくらだ》」のことで、平安時代の「和名抄」に桜田郷と見える。その名称は、江戸城外郭門の命名の際に取り入れられた(桜田門)。現在の千代田区霞が関一帯で、日比谷入江に面しており、鎌倉街道下道が通っていた。応永三十年(一四二三)大石有秀は桜田郷内の沽却地を江戸憲重に打ち渡し(「牛込文書」)、宝徳元年(一四四九)憲重は桜田郷を重方に譲った(「牛込文書」)。

(九) いしはまとの

「いしはま」は「石浜」のことで、鎌倉時代から見える。現在は神社名(石浜神社)として残る。石浜は、隅田川右岸の荒川区南千住の南部や台東区清川・橋場一帯で、石浜の対岸に**隅田宿**〈↓本書一六一頁〉があった。武蔵千葉氏の**石浜城**〈↓本書二一二頁〉もあった。弘安四年(一二八一)頃に一遍は石浜を通った(「一遍上人絵伝」)。正和四年(一三一五)の文書に見える江戸弥太郎政重(「根岸文書」)が、正平元・貞和二年(一三四六)の文書に見える石浜弥太郎(「正宗寺文書」)だと考えられている。『太平記』によれば、正平七・文和元年(一三五二)、足利尊氏は小手指原の戦いで敗れ、石浜まで撤退し態勢を立て直した。

(十) うしじまとの

「うしじま」は「牛島」のことで、南北朝時代から見える。隅田川の河口にできた島であった。現在の墨田区向島一帯という。源頼朝が隅田川と渡る時に、千葉常胤が**牛島神社**(墨田区向島一―四―五)(祭神は素戔嗚尊)に参詣したという。神社の近くには、すみだ郷土文化資料館(墨田区向島二―三―五)がある。

(十一) しはさきとの

「しはさき」は「芝崎」のことで、鎌倉時代から江戸郷内の芝崎村と見える。現在の千代田区大手町から神田一帯で、日比谷入江に面していた。弘安四年(一二八一)多賀谷重政は江戸郷芝崎村の在家と田畠を松鶴の母に譲ったと見える(「深江文書」)。

(十二) うの木との

「うの木」は、「鵜の木」のことで、戦国時代に「六郷内鵜ノ木」が見える。現在の大田区鵜の木として残る。浄土宗**光明寺**(大田区鵜の木一―二三―一〇)は、行基が天平年間に建立したという。約一五〇〇基(正嘉三年〈一二五九〉から永正九年〈一五一二〉まで）の板碑を所蔵する（非公開）。本堂右横手にある**荒塚**は、新田義興を謀殺した江戸遠江守の墳墓という〈↓本書三一〇頁〉。

（十三）かねすきとの

「かねすき」は、金曾木あるいは金杉のことで、現在地は確定できない。正和元年（一三一二）、幕府は金曾木重定の所領等を鶴岡八幡宮に寄進している（「鶴岡八幡宮文書」）。この金曾木重定の所領の候補地としては、文京区小日向の小石川台南端（春日町二丁目・水道一丁目付近）、台東区根岸から荒川区日暮里付近、港区芝付近などがある。正平十二・延文二年（一三五七）江戸淡路守は、金曾木重定等の跡を押領した（「鶴岡八幡宮文書」）。金曾木重定は、小具《おぐ》郷〈↓本書二七頁〉も所領していた（「鶴岡神主家伝文書」）。

（十四）こひなたとの

「こひなた」は「小日向」のことで、戦国時代に「小日向之内」が見える。現在の文京区小日向として残る。地名は、平安時代の「和名抄」に見える豊島郡日頭郷に由来するという説がある。

（十五）はらとのいつせき

「はら」は「原」のことで、室町時代に六郷保内の郷名（原郷）として見える。昭和十二年まで町名として残っていた。現在の大田区多摩川二丁目一帯という。原郷は鶴岡八幡宮領であった（「鶴岡八幡宮文書」）。この地の近くに、矢口の渡しがあった。

（十六）かまたとのいつせき

「かまた」は「蒲田」のことで、平安時代の「和名抄」に蒲田郷と見える。現在の大田区の地名（蒲田本町など）として残る。古東京湾沿いの地で、建長四年（一二五二）に「かまたの浦」ともある（「大井文書」）。応永十一年（一四〇四）江戸一族の蒲田入道は、大慈恩寺（下総国香取郡）領であった六郷保内大森・永富に対して押領・狼藉を繰り返していた（「大慈恩寺文書」）。永享十年（一四三八）永享の乱が起きると、蒲田弥二郎は足利持氏方に属し幕府軍と戦い討ち死にした（「相州兵乱記」）。

（十七）中根氏

中根は、戦国時代末期に見える衾《ふすま》村、江戸時代の荏原郡衾村の小字名であった。現在の目黒区中根として残る。中根の北側周辺一帯は、鎌倉街道中道が通っていた。**氷川神社**（目黒区八雲二—一四—二六）（祭神は素戔嗚尊など）の参道「**氷川坂**」、社前を通る現在の**八雲通**が古道だと伝える。

(十八) 目黒氏

目黒は、戦国時代に「目黒本村」が見える。現在の目黒区の地名（上・中・下目黒など）として残る。目黒川沿いの一帯は、目黒弥五郎の本貫地という説があり（『吾妻鏡』建久元年十一月七日条）、台地上にある現在の目黒学院（目黒区中目黒一―一―五〇）付近が**目黒氏館跡**だという。目黒学院の北方、現在の代官山交番前交差点から宿山《しゃくやま》橋（目黒川の橋）の間にある**目切《めきり》坂**は、鎌倉街道中道にあたる。

(十九) 小沢氏

小沢は、南北朝時代から郷名として見える。小沢郷は、現在の東京都稲城市の一部から神奈川県川崎市多摩区の一部にあたる。鎌倉時代初期、この一帯は小沢重政（稲毛重成の子）の所領で、**小沢城**〈↓本書二四三頁〉は、その居城という。

7 喜多見氏の動向（木田見とも書いた）

江戸一族の喜多見氏は、多摩郡木田見郷を名字の地としていた。木田見郷は、現在の世田谷区喜多見一帯といい、あるいは狛江市東部にまで広がっていたという説もある。鎌倉時代後期、「木田見長家」は悪口の咎によって、幕府から所領半分を熊谷直高に分与するよう命じられ（「熊谷家文書」）、その後も木田見氏は熊谷氏と相論を続けていた。足利尊氏は、元弘三・正慶二年（一三三三）十二月上杉重能に、木田見郷一分地頭職について「木田見孫太郎」の濫妨を訴えた熊谷直経に沙汰付するように命じた（「熊谷家文書」）。木田見郷は、応永十年（一四〇三）熊谷宗直から在直に譲与されている（「熊谷家文書」）。

天文年間（一五三二～五五）になると、江戸氏の子孫（常光や重久）が吉良氏の家臣と見え（「武州文書」「泉沢寺文書」など）、江戸重久は「木田見郷岩戸村住人」とある（「紀伊続風土記附録」一四）。徳川家康が江戸に移ると、江戸勝忠は家康に仕え御家人となり、喜多見村を安堵され、喜多見氏を名乗った（「寛政重修諸家譜」）。徳川綱吉期に、喜多見氏は一万石となった（「徳川実紀」）。

喜多見氏の菩提寺は、浄土宗**慶元寺**（世田谷区喜多見四―一七―一）である。文治二年（一一八六）、江戸重長が父重継を弔うために江戸郷内の紅葉山に創建した東福寺が、徳川家康の江戸城築城にともなって現在地に移された。江戸氏墓所内には、寛永年間に造られた**重継・重長追善供養の五輪塔**がある。昭和六十年（一九八五）、参道の片隅に坐

江戸重継・重長の五輪塔（世田谷区　慶元寺）

江戸重長像（世田谷区　慶元寺）

す**江戸重長像**は、慶元寺開基八百年の顕彰報恩のために建立された。

喜多見氷川神社（世田谷区喜多見四―二六―一）（祭神は素戔嗚尊）は喜多見氏の勧請と伝えられ、永禄十三年（一五七〇）「江戸刑部少輔頼忠」が再興したと記す棟札がある。また、承応三年（一六五四）に喜多見重恒、重勝兄弟が寄進した石鳥居が立っている。**天台宗知行院**（世田谷区喜多見五―一九―二）は室町時代の創建と伝わり、江戸時代は喜多見氏居館の鬼門除け祈禱所となった。本尊の**木造十一面観音立像**は創建当時のものと伝えられる（非公開）。**須賀神社**（世田谷区喜多見四―三―二三）（祭神は素戔嗚尊）は、喜多見久大夫重勝がその居館内に勧請したものと伝えられる。

喜多見氏の城館は、旗本陣屋から大名陣屋に姿を変えながら喜多見氏が改易される元禄年間（一六八八～一七〇四）まで存続した。その成立は十三世紀まで遡るとされ、現状では遺構は確認できないが、発掘調査で陣屋関連の遺構（堀や礎石・掘立柱建物跡、柵、池など）が検出された。本郭は、陣屋の字名をもつ須賀神社あたりから南の一帯が想定され、最大期の城域は喜多見公園（世田谷区喜多見二一一〇）の東あたりまで及んでいたと推定される。

8 江戸氏略年表（平安時代から応永年間まで）

平安時代末期（一一〇〇年代）

秩父重継、武蔵国江戸郷に進出、江戸四郎を名乗る。

治承四年（一一八〇）…平家方から源頼朝に従う。

江戸重長、平家方に従い、三浦氏の相模国衣笠城を攻撃する。

江戸重長、源頼朝に帰順し、武蔵国衙沙汰の権限を与えられる。

――この間―― 江戸重長、源頼朝の奥州征伐、上洛などに従う。

元久二年（一二〇五）…畠山重忠の乱。

江戸忠重、北条義時に従い重忠を討つ。

承久三年（一二二一）…承久の乱。

江戸四郎三郎、宇治川合戦で戦死する。

江戸重茂、石清水八幡宮領出雲国安田荘地頭職に補任される。

文応元年（一二六〇）

江戸長光、将軍宗尊親王の相手を務める番衆に選ばれる。

弘長元年（一二六一）

江戸長重、五代右衛門尉に武蔵国江戸郷前島村を去り渡す。

文永十一年（一二七四）

幕府、江戸一族喜多見氏に所領半分を熊谷直高に分与するよう命じる。

正和三年（一三一四）

幕府、江戸重通と政重との相論を裁決する。

元弘三年（一三三三）

在京中の江戸一族、河内国千早城攻めに向かう。

江戸氏、新田義貞に従い、武蔵国分倍河原で幕府軍を破る。

建武元年（一三三四）…南北朝の動乱。

江戸一族、武蔵国で後醍醐天皇に反する。

延元元・建武三年（一三三六）…江戸氏の分裂。

江戸重近ら、河野通盛に従い南朝方の比叡山を攻撃する。

南朝方の江戸忠重、後醍醐天皇の勅使として陸奥国に下る。

正平二・貞和三年（一三四七）
北朝方の江戸重村、隅田の渡しを警固する。

正平七・文和元年（一三五二）
江戸遠江守、足利尊氏に従い駿河国薩埵山で足利直義軍と戦う。

正平十・文和四年（一三五五）
江戸遠江守ら、京都市中で南朝方と戦う。
江戸弥七、武蔵国太田渋子郷を押領・狼藉する。

正平十一・延文元年（一三五六）
江戸高泰、鎌倉公方足利基氏の武蔵国入間川陣を警固する。

正平十三・延文三年（一三五八）
江戸遠江守ら、南朝方新田義興を武蔵国矢口の渡しで謀殺する。

応永二十三年（一四一六）…上杉禅秀の乱。
江戸遠江守ら、足利持氏に従い、江戸近江守は戦死する。

応永二十四年（一四一七）
江戸一族、相模国世谷原で上杉禅秀軍と戦う。

応永二十七年（一四二〇）
この頃までに、江戸一族、武蔵国内の各地に分かれる。

応永三十三年（一四二六）…甲斐国内で武田信長が逸見有直と戦う。
江戸憲重、逸見方に助力し、足利持氏より忠節を賞される。

9　見学コース

【江戸氏の本拠と日比谷入江】

大手町駅（地下鉄半蔵門線・東西線・千代田線・三田線）
⋯日比谷通を歩く（日比谷入江の名残…皇居外苑の日比谷濠や馬場先濠）
⋯日比谷図書文化館（千代田区日比谷公園一―四）
⋯日枝神社（千代田区永田町二―一〇―五）
⋯溜池山王駅（地下鉄南北線）または赤坂見附駅（地下鉄丸ノ内線・銀座線）

【江戸一族　喜多見氏の史跡を巡る】

狛江駅南口バス停（小田急バス　狛一二　宇奈根行き）
↓

喜多見中学校バス停
←喜多見氷川神社（世田谷区喜多見四―二六―一）
←慶元寺（世田谷区喜多見四―一七―一）
←須賀神社（世田谷区喜多見四―三―二三）
←知行院（世田谷区喜多見五―一九―二）
←喜多見中学校バス停（小田急バス　狛一二　狛江駅行き）
←狛江駅南口バス停

3……小山田氏一族とその関連史跡

秩父重綱は「秩父権守《ごんのかみ》」を称し、秩父郡から男衾《おぶすま》郡菅谷・比企郡大蔵に本拠を移した。重綱は武蔵国衙の有力な在庁職を保持し、その子息は重弘（子孫は畠山氏）・重隆（子孫は河越氏）・重遠（高山）・重継（江戸）など「重」を通字とした。関東の有力武士と婚姻関係を結び、武蔵国南部一帯に大きな勢力を確立した。重弘の長子重能は男衾郡畠山を名字とし、次男有重は多摩郡小山田牧（東京都町田市）を本領とした。

小山田荘の立荘時期や荘園領主は不詳で、荘名の初見は南北朝期である。有重は小山田別当と称しているので、平安時代には小山田牧であった。小山田牧は小山田保とも呼ばれるが、両者の関係は不詳で、史料的には、室町期になると小山田保の名称が一般的となる。小山田牧（保）の領域は武蔵国多摩郡から都築郡におよび、現在の町田市のほぼ全域、および川崎市麻生区・相模原市・大和市の一部をふくむ地域に比定され、町田市上小山田町・下小山田町に遺称が残る。小野路は室町時代に地名が見られ（小野地・小野池）、小山田荘内の郷村であり、『北条氏所領役帳』にも「小山田庄内小野地」と記される。

頼朝挙兵に際しては、関東の秩父平氏も最初は平家方であったが、十月、稲毛重成はいとこである畠山重忠とともに、隅田川の**長井の渡し**で頼朝に帰服した。その後幕府の御家人として北条政子の妹（稲毛女房《いなげのにょうぼう》）を妻に迎えている。一方、在京中の重能・有重兄弟は秩父平氏一族が頼朝方に付いたため、平家の棟梁平宗盛に拘束されたが、平家の家人平貞能のとりなしによって宇都宮朝綱とともに東国に帰国した（『吾妻鏡』文治元年七月七日条）。

帰国後、小山田有重は鎌倉御家人となり、元暦元年（一一八四）六月、頼朝による甲斐源氏一条忠頼の謀殺に子息と共に関わっているが、以後、有重は史料に見えなくなる。有重には、稲毛三郎重成・榛谷《はんがや》四郎重朝・小山田五郎行重の三人の子がおり、それぞれ稲毛荘、榛谷御厨（横浜市旭区・保土ケ谷区）を名字の地とし、小山田氏は五郎行重が継いでいる。また、稲毛重成の子重政は小沢小次郎を称しており、小沢郷（川崎市多摩区・麻生区・稲城市）を名字とした。

小山田有重の三人の息子は、鎌倉御家人として治承・寿永の乱や奥州合戦に参加して活躍し有力御家人となる。建久六年（一一九五）六月、頼朝の再上洛に随行した重成は、帰路に美濃国で妻の危篤を知り、頼朝から下賜された駿馬で帰国するが、同年七月、妻の死を悲しみ出家して稲毛入道と呼ばれる。同九年、重成は亡き妻の供養のため相模川に橋をかけ、この橋の落慶供養に参加した頼朝が鎌倉への帰途落馬して間もなく死去することは有名である。

元久二年（一二〇五）六月、いとこの畠山重忠が謀反の罪により二俣川合戦で滅亡すると、乱の原因は、重成が無実の重忠を北条時政に讒訴《ざんそ》したためとされ、翌日、三浦義村によって弟の榛谷重朝、その子の太郎重季・次郎秀重が謀殺され、重成も大河戸行光によって殺害された。また、重成の子の小沢重政は宇佐美祐村に討たれ、小山田一族はここに滅亡した。

武蔵国小山田保・小山田牧、稲毛荘、榛谷御厨、小沢郷は、いずれも鎌倉から武蔵各地に向かう鎌倉街道に面し、また鶴見川源流の地という交通の要衝に位置している。小山田氏は開発領主として小山田別当を称しこの地に土着した。また、この地には、横山党の本拠小野牧の入り口という説もある小野路に隣接し、有重の居館址と推定される**大泉寺**や中世の面影を残す**都立小山田緑地**もある。武蔵武士小山田氏とその本拠小山田保・小山田氏、さらに稲毛・榛谷・小沢氏らの関連史跡を紹介する。

〈01〉**小山田城址**〈→本書二二三頁〉

〈02〉**枡形城址**〈→本書二四三頁〉

〈03〉**小野路城址**〈→本書二二四頁〉

〈04〉**小野神社**（町田市小野路町八八五）

小野神社は、小野篁《おののたかむら》の七代孫小野孝泰が武蔵国司として赴任した天禄年間（九七〇〜九七三）頃、小野路の地に小野篁の霊を祀ったことに由来するとされる。応永十年（一四〇三）には、小野路村の僧正珍が宮鐘を奉納、この鐘は山内・扇谷の両上杉の合戦の際に持ち去られ、逗子市沼間海宝院に現存している。

現在の小野神社は、領主飯田次郎右衛門高家・観泉寺法印俊誉が飯森明神と称して慶安三年（一六五〇）に創建し、文化七年（一八一〇）に遷座再建、明治四年小野神社と改めたという。大正二年（一九一三）に境内社

小野神社

大泉寺

の神武天皇神明社、諏訪神社、金毘羅神社、秋葉大権現、道了大権現、八雲神社、八坂神社、日吉神社、東照宮を合祀したと云われている。なお、社号の「いいもり」は、武蔵国総社大国魂神社の例大祭時の献饌之儀に御食を司《つかさど》って居たことによる。

〈05〉**小山田神社**（町田市下小山田町三〇二九）

小山田神社の創建などは不詳であるが、小山田別当有重の内室を祀った社とも伝えられている。明治四年（一八七一）の改築の際、鍵取り（頭家）は若林三右衛門有信であることから、若林家に関係が深い社でもある。江戸期には内御前社《うちのごぜん》と称し、下小山田村字桜ヶ谷の鎮守であった。明治六年には村社に指定された。『町田風土記』によると、内御前社が小山田神社に社名変更されたとある。

〈06〉**大泉寺**（町田市下小山田町三三二）

曹洞宗寺院の大泉寺は、補《ふ》陀山《ださん》水月院と号す。『武蔵国風土記稿』によると、安貞元年（一二二八）に、小山田行重が父有重の菩提を弔うため村内の菩提入《ぼでり》に真言宗の高昌寺を開いたことに由来する。大泉寺は、小山田別当有重を開基とし、**有重の居館址**に創建された。永享年間（一四二九〜一四四〇）に無極慧徹《むきょくえてつ》を開山として曹洞宗に改宗した。本堂には有重の位牌が安置され、境内には小山田有重・行重・高家等の宝篋印塔《ほうきょういんとう》もみられる。江戸時代には、寺領八石の御朱印状を拝領。武相卯歳観音霊場四十八ヶ所十一番であり、町田市屈指の大寺である。

〈07〉広福寺（川崎市多摩区枡形六―七―一）

稲毛山広福寺と号する真言宗豊山派の寺院で、本尊は**木造五智如来《ごちにょらい》坐像**（桃山期）である。五智如来とは、密教の五つの知恵を五体の如来にあてはめたものである。広福寺は稲毛重成の居城であった**枡形城址**の北麓にあり、その門には「稲毛領主菩提寺稲毛館址」と書かれた扁額が懸けられている。承和年間（八三四～八四八）に慈覚大師により創建され、鎌倉時代に長弁阿闍梨《あじゃり》によって中興されたと伝えられる。広福寺は、有力御家人であった**稲毛三郎重成の館址**ともいわれ、本堂内には**木造稲毛重成坐像**（桃山期）が祀られ、観音堂の裏には**重成とその妻**（北条時政の娘）**の墓**といわれている五輪塔が並んでいる。

鎌倉井戸

〈08〉鎌倉井戸（町田市山崎町一〇五〇―一）

鎌倉時代に掘られたものと言われ、新田義貞が鎌倉攻めの軍を進める途中、ここに井戸を掘り、この水を軍馬に与えたと伝えられる。井戸の深さは約四mあり、表土の部分は永い年月の間に崩れ落ちているが、地表から約一・五m下のローム層の部分には、下方に直径約七〇㎝の円筒形の井戸が原型のまま保存されている。

〈09〉井出の沢古戦場（町田市本町田八〇二）

井出の沢は、鎌倉時代の歌謡集『宴曲抄《えんきょくしょう》』「善行寺修行」に「汗飯《かれいい》た（食）うべし古《いにしへ》も、かかりし井出の沢辺《さわべ》かとよ、小山田の里にき（来）にけらし」と詠まれ、弁当の干飯《ほしいい》を食べるのに必要なきれいな湧水が流れることで知られていた。また、鎌倉街道の要衝でもあり、建武二年（一三三五）の中先代の乱で、信濃から鎌倉奪還を目指し南下した北条時行の軍勢は、この井出の沢で足利直義に迎撃されたが、激戦の末、時行は足利軍を破り鎌倉を占領した。古戦場は現在の菅原神社とされ、境内には石碑・説明板が設置されている。

〈10〉**小野路**（町田市小野路町）

町田市北部に位置する。多摩丘陵内の緑豊かな地域となっており、都内有数の里山地域であるほか、江戸時代には大山街道の宿場町として栄え、小野路宿通りは当時の雰囲気を現在に残している。また、地域内には中世前期のものと推定される**小野路城址**があり、周辺は図師小野路歴史環境保全地域に指定されている。地名の由来は諸説あるが、『地名辞書』によると小野牧、『武蔵名勝』によると横山党の祖である小野氏との関係によるものと考えられ、『鶴川村誌』によると小野郷（府中市付近）への道筋と捉えられている。

小野路

都立小山田緑地

〈11〉**都立小山田緑地**（町田市下小山田町三六一）

小山田緑地は町田市の北西部、多摩ニュータウンに近接する緑豊かな丘陵地にあり、計画面積約一四六ヘクタールの一部を開園している。園内には、コナラ・クヌギ・シラカシ等の雑木林のほか、ボール遊びも出来る開放的な草地の広場、トンボ等が生息する水辺があり、散策や、軽スポーツ、自然観察に最適である。緑地の周囲にも、さながら多摩丘陵の原風景といった趣の田園風景が随所に残り、中世小山田保の面影を残している。

〈12〉**小山田一号遺跡**〈↓本書二一六頁〉

〈13〉**町田市内の板碑**

町田市内には、鎌倉街道沿いを中心に多くの板碑が残され、その数は約六〇〇基にのぼる。年号のわかる板碑は三四一基で、町田市内最古の板碑は本町田から発見された建治二年（一二七六）のものである。年代の確認できる板碑は、鎌倉から室町時代の約二三〇年間である。

町田市立博物館には板碑八三基が収蔵され、これまで『板碑展　中世を訪ねて　石の系譜』（一九七五年）、『武蔵の塔婆』展（一九九〇年）、『多摩の板碑』展（一九九九）の企画展示を開催している。小川信「中世の史跡と文化財」（『町田市史』上巻、一九七四年）には、銘文の残る石造遺物（宝篋印塔・五輪塔・板碑）三四一基の編年目録が掲載されている。

4……横山党諸氏とその関連史跡

東京都八王子市一帯の多摩丘陵は、横に続く山並みがあり、古代から「横山」と呼ばれていた。「万葉集」に見える宇遅部黒目《うじべのくろめ》の歌に「たまのよこやま」（巻二十）とあるのはこれを指している。この地域には、勅旨牧である小野牧（東京都八王子・日野両市にまたがる）がある。承平元年（九三一）十一月七日の太政官符で勅旨牧となり、小野諸興《おののもろおき》が牧の別当に補任されている（『政事要略』）。諸興は後に武蔵権守、押領使に補任されている（『本朝世紀』）。

この地域に盤踞、分布した武士団に、横山氏を中心とする横山党がある。横山氏は小野篁《おののたかむら》の子孫と伝え、一族は平安時代～鎌倉時代に、多摩丘陵一帯から、のちにその南の相模国北部にも展開した。その他、武蔵国北東部や多摩川下流域から東京湾沿岸に展開した一族もいる。

多摩郡に分布する横山党には、横山氏を始め、相原（藍原）〈01〉・宇津幾〈02〉・小山《おやま》〈03〉・椚田《くぬぎだ》〈04〉・鳴瀬（成瀬）〈05〉・野部（野辺）〈06〉・山崎〈07〉・由木〈08〉などの氏族がいる。名字の地は、八王子市（宇津幾・椚田・由木）、あきる野市（野辺）、町田市（相原・小山・成瀬・山崎）に分布する（「武蔵武士分布図」参照）。

その他、相模国（神奈川県）に展開した一族には、愛甲・海老名・荻野・糟屋・田名・古庄・本間氏等がいる。

また、その一部は、十二世紀初頭の浅間山噴火で被災した武蔵北部に進出し、那珂郡に猪俣党（→『埼玉の史跡』一二九頁）や幡羅郡《はたらぐん》に中条《ちゅうじょう》・別府氏等（→『埼玉の史跡』一四六頁）として現在の埼玉県北部に展開した

その他、神奈川県川崎市の多摩川下流域から、横浜市の東京湾沿岸にも一族は進出しており、石川・井田・小倉・小沢・菅生・平子《たいらこ》・田屋・古市・本目氏等がある（このうち一部は横山氏と婚姻関係にあった三浦氏の一族ともいう〈→本書八六頁〉）。

横山氏は、横山荘が名字の地とされるが、同荘は『吾妻鏡』に一カ所見えるだけである。なお、その名字の地の遺称地として、八王子市横山町・元横山町が

残る。

横山氏の居館は、元横山町の**八幡八雲神社**の境内〈09〉と推定する説と同市**館町**とする説〈10〉・〈11〉がある。

横山氏の伝承に、平安時代後半の前九年の役の時、康平五年（一〇六二）九月に源頼義に従っていた横山経兼が、阿倍貞任の首を懸けたと伝える（『吾妻鏡』）。この時すでに河内源氏の家人であったという。経兼の曽孫時広は、その先例にならい、文治五年（一一八九）九月、源頼朝の命で藤原泰衡の首を懸けている。

八幡八雲神社

「横山党」の初見は、天永四年（一一一三）で、源為義の家人とされる愛甲内記《あいこうないき》太郎《たろう》の殺害事件により、朝廷の追討を受け（『長秋記』）、この事件を契機に源為義に服属したという。以降、『吾妻鏡』等に横山党という表現は見られない。武蔵武士がみずから「党」と称した例は無く、多くは朝廷や公家あるいは京都周辺で作られた物語に見られる。地方の武士を蔑視した表現と考えられ、南北朝時代みずから称した「一揆」とは異なる。

横山氏はその後の動向は不明で、久寿二年（一一五五）の大蔵合戦（武蔵国）、保元元年（一一五六）の保元の乱（京都）、平治元年（一一五九）の平治の乱（京都）、治承四年（一一八〇）の源頼朝の伊豆挙兵の中に、その姿は見えない。

横山氏の『吾妻鏡』の初見は、寿永元年（一一八二）八月十三日条である。この前日の嫡子頼家誕生に際し、頼朝は、河内源氏代々の佳例として、御家人に命じて護り刀を献上させているが、その御家人宇都宮朝綱等七人の中に「横山太郎時兼」（時広の子）がいる。

時兼の父時広は横山権守と称し、姉妹が相模武士の侍所別当和田義盛や渋谷重高に嫁しており、武蔵国の在庁として、幕府でも重きをなす御家人であった。

横山時広は、前述したように、文治五年の奥州合戦に子時兼と共に参陣し、翌建久元年（一一九〇）十一月の源頼朝の上洛にも時兼と共に供奉、翌年二月の二所参詣、同六年三月の奈良東大寺大仏開眼供養にも従っている。

横山時広は、恩賞地として淡路国国分寺を拝領しており、建久四年七月二十四日には、その国分寺で見つかった異馬（足が九本）を献上している。

なお、系図によると、横山孝兼（隆兼）の女が梶原景清に嫁して景時・友（朝）景の母となっている。横山氏の根拠地近くの八王子市元八王子町に**梶原八幡神社**（元八王子町三―一二四八）がある。この神社の背後一帯が**梶原氏屋敷跡**と伝える。『新編武蔵国風土記稿』には、梶原景時がこのあたり一帯を領し、鶴岡八幡宮を勧請したと伝える。同書には景時によるという建久二年（一一九一）の年記のある八幡宮造営の棟札の写を掲載し、また境内に景時が植えたとする「梶原杉」があるとする。現在、参道の途中に**「梶原杉」の切株**があり、八王子市郷土資料館（八王子市上野町三三）ではこの年輪標本を展示している。

時代は下るが、室町時代の応永三十三年（一四二六）、梶原美作守が、平山三河入道と武州南一揆とともに、東福寺領船木田荘の年貢を抑留して訴えられている（「尊経閣古文書纂・東福寺文書」）。景時の子孫であろう。梶原氏に関する伝承は、その他に大田区の**萬福寺**（南馬込）や**磨墨塚**《するすみづか》（南馬込）、品川区の**来福寺**（東大井）や**梶原稲荷神社**（東大井）・**梶原塚**（東大井）がある。梶原景時が源頼朝に重用され、その子孫が武蔵国内に進出したことによると伝える。

三代将軍源実朝の時代、建保元年（一二一三）五月、建保合戦（和田義盛の乱）が起き、侍所別当和田義盛は滅亡する。横山時兼の叔母（父時広の妹）は和田義盛の妻、妹は和田常盛の妻であり、時兼は義盛に味方した。三浦義村・胤義兄弟は始めは義盛に与同し、幕府の北門を警固すると約束したが、後に翻意し、北条義時に和田義盛の挙兵を告げた。尼御台所北条政子は御所北門から鶴岡別当坊に退避している。

戦いは五月二日申刻（午後四時）頃に和田軍が三手に分かれ、幕府南門及び北条義時小町亭の北・西門を襲うことから始まった。和田軍には一族の他、土屋・渋谷・土肥・岡崎・梶原・大庭等の相模国の武士が多く参陣しており、武蔵武士では平姓秩父一族の中山氏の名が見えるだけである。激しい戦いの最中御所は焼け落ち、源実朝は、御所北門から故源頼朝の法華堂に退避している。戦いは鎌倉内の各所で行われたが、和田軍は劣勢で、明け方になって前浜（鎌倉の由比ガ浜）に退いた。ちょうどその頃同三日寅刻（午前四時頃）、挙兵は三日と聞いていた横山時兼が一族を率いて腰越浦に着いている。

一方、相模国の御家人曾我・中村・二宮氏等が武蔵大路から稲村ヶ崎に陣を敷いた。彼らに対し、中原（大江）広元・北条義時が連署して奉じた袖判下文が出された。その結果、彼らは幕府軍として和田軍を攻めている。

酉刻（午後六時頃）、和田義盛以下の一族が戦死し、その他は戦場から逐電した。横山時兼は、甲斐国（山梨県）に遁れ、坂東山償原別所で、妹婿の和田常盛とともに自害し、横山氏は滅亡した。横山氏の遺領横山荘は中原広元に与えられた。

『吾妻鏡』掲載の建暦三年五月二日三日の合戦被討人々日記によると、この時、横山氏に従った一族には、「横山人々」として、やない・平山・粟飯原・たな（田名）・岡・小山・ちミう（千与宇カ）・古郡・椚田・愛甲等の名字がある（系図参照）。この戦いに参加していたのは、横山孝兼の子孫が中心で、それ以外では千与宇・愛甲氏等であった。

その後、横山氏の一族は、『吾妻鏡』に散見しており、一族すべてがこの戦いで滅亡したわけではなかった。以下、各一族を紹介しておきたい。

〈01〉相原氏

藍原・粟飯原とも書いた。横山孝兼の子孝遠が藍原次郎大夫と称したという。弘長元年（一二六一）正月一日の垸飯の儀に、北条時村とともに馬を引いた武士に粟飯原右衛門尉がおり、北条氏の被官となっていた可能性がある（『吾妻鏡』）。

名字の地の遺称地は、江戸時代の相原村で、現在の境川上流北岸の東京都町田市相原町。旧御殿峠（杉山峠）の南麓の台地端に**相原氏居館址**と伝える場所がある。同峠の殿丸と称される高地も**藍原氏居館址**と伝えるが、峠を抑える臨時築城（殿丸城）の可能性が高い。

〈02〉宇津幾氏

横山党に系譜を引く。承久の乱の際、承久三年（一二二一）六月十四日の宇治川の戦いで負傷した武士に宇津幾平太・同十郎の名が見える（『吾妻鏡』）。名字の地の遺称地は、南北朝時代に見える船木田荘〈↓本書七二頁〉宇津木郷で、現在の東京都八王子市宇津木町にあたる。

なお、地内にある真言宗智山派**龍光寺**（宇津木町七三八）は、室町時代応永三年（一三九六）に寂した清雅和上法印の開山・創建と伝える。寺内収容庫に**文和二年**（一三五三）**銘の名号板碑**（高さ一六六cm）がある（八王子市郷土博物館に、レプリカがある）。

〈03〉小山氏

横山党系図によれば、横山孝兼の子に小倉二郎経孝、その子に菅生太郎有孝がいる。この有孝が『吾妻鏡』文治元年（一一八五）四月十三日条等に見える小山太郎有高に比定される。名字の地の遺称地は、江戸時代の小山村で、現在の東京都町田市小山。地内字御嶽堂の城山は**小山**（菅生）**太郎有高の館址**と伝える。また、字片所の北、丘陵が字御嶽堂に延びる稜線中の小高い場所を城山と呼び、**小山太郎の館址**と伝える。その東寄りには畠山重忠屋敷伝承地が残る（『新編武蔵国風土記稿』）。

小山有高は、文治三年四月十三日、威光寺（現在の神奈川県川崎市多摩区長尾所在）の院主長栄に、寺領を押領したと訴えられ、返却するよう命じられている（『吾妻鏡』）。有高は、建久元年（一一九〇）十一月の源頼朝入洛に従ったが、建保合戦で戦死した（『吾妻鏡』）。

〈04〉椚田氏

横山時重の四男、太郎重兼がこの地に居を構え、その子次郎広重より椚田を称したという。名字の地の遺称地は、戦国時代から見える椚田谷・椚田郷で、現在の八王子市椚田町。

当地内御衣公園西側にあった**初沢城**（別名、椚田城・高乗寺城）〈↓本書二二七頁〉の初代城主が椚田氏かという説がある（『新編武蔵国風土記稿』）。

〈05〉鳴瀬氏

成瀬とも書いた。横山党の一族相原孝遠の子時兼の子某が鳴瀬と称したという。名字の遺称地は、戦国時代に見える成瀬郷で、現在の町田市成瀬。地内字奈良谷戸にある**東雲寺**（成瀬四一一四）は、戦国時代の領主中里氏一族の菩提寺と伝え、元は地内字会下山（南成瀬三丁目）にあった**成瀬城**（城山公園一帯）のそばの東渓竜谷にあったという。

〈06〉野部氏

野辺とも書いた。横山党の一族相原孝遠の子義兼が野部を称したという。弘長元年（一二六一）正月一日の埦飯の儀の際、東座に列した御家人の中に、野部五郎左衛門尉が見える（『吾妻鏡』）。名字の地の遺称地は、戦国時代から見える野辺村、現在の東京都あきる野市野辺。後世紀伊国の土豪野辺氏はこの子孫とも、清和源氏源満快流とも、秀郷流藤原氏小山朝政の後裔ともいう。

地内**新開院**（野辺四三五）は、臨済宗建長寺派の普門寺（野辺四五〇）の塔頭と伝える。本尊は明治初年神仏分離の際、鎌倉の鶴岡八幡宮から遷座された**薬師如来、日光・月光菩薩**、及び**十二神将**を安置する。また、新開院が別当寺であったという、長禄年間創建と伝える**野辺八雲神社**（野辺三一六）がある。

〈07〉山崎氏

横山党の一族野部義兼の子兼光が山崎を称したという。戦国時代、土佐国安芸郡室津村（現在の高知県室戸市室津）に移住し、長宗我部元親に従った山崎氏はこの子孫と伝える。名字の地の遺称地は、南北朝時代に見える小山田荘（保）山崎郷で、現在の東京都町田市山崎。地内を鎌倉街道上道〈↓本書一一九頁〉が通る要路であった。七国山には、当時掘られたと伝える**井戸**（鎌倉井戸）が残り、そばには「**七国山鎌倉街道の碑**」がある。古道は浅い割堀状で、雑木林を南北方向に通っている。

〈08〉由木氏

横山経兼の子で、孝兼の弟保経が由木を称したという。名字の地の遺称地は、南北朝時代に見える船木田荘由木郷で、現在の八王子市上柚木・下柚木。西党の系譜を引く由木氏もあった。

地内にある曹洞宗**永林寺**（下柚木四）は、多摩丘陵の一角にある**由木城址**（境内に「史蹟　由木城址」の石碑がある）にあり、由木城主大石定久の建立（境内に定久・法名道俊の像がある）。滝山城へ移る際、叔父一種長純大和尚に同地を譲り、天文元年（一五三二）三月に永麟寺として創建、八王子城主北条氏照公の助成を受けて同十五年七堂伽藍が完成した。江戸時代に建立された定久ら**大石氏の墓所**がある。

〈09〉八幡八雲神社

八王子市元横山町二丁目一五―二七に所在。八幡神社と八雲神社を合祀する。武蔵国八王子の中央部に鎮座し、往古より両社と称された。八幡神社は八王子の地主神であり、また**八雲神社**は八王子の地名発生の神も称される。

八幡神社は延長二年（九二四）の創建と伝え、横山党の先祖とされる武蔵守小野隆泰が当地に石清水八幡宮を勧請し、国土安全を祈願したのが起源と伝える。隆泰の子義孝は武蔵権守に補任されて当地に下向し、八幡宮を再建、任期が満ちた後も当地に住んだという。

横山党系図

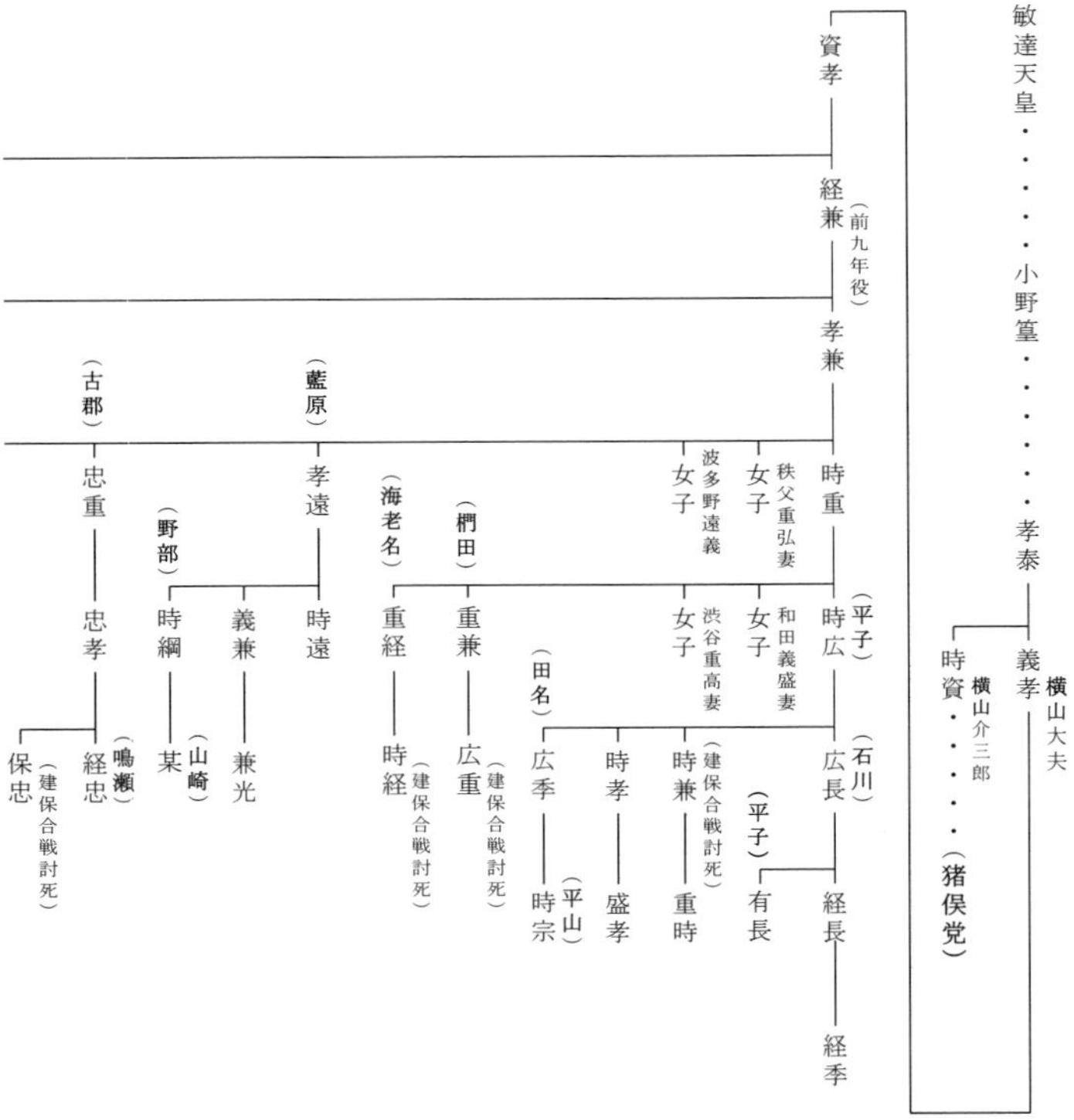

境内にある**横山神社**は、この義孝を祀った社で、その創立は建保年間（一二一三〜一二一九）と伝える。

八雲神社は、武蔵国内に分布する氷川神社と合祀されることの多い出雲系の神社で、牛頭天王《ごずてんのう》、素戔嗚尊《すさのおのみこと》を祭神とする。俗に天王様と称される。

慶長三年（一五九八）六月に合祀された。元は八王子城のあった深沢山の頂上にあり、城主北条氏照が崇敬した。落城後、家臣が天王の神体を同市川口に移したが、慶長三年の洪水後、八幡社内に遷った。承応二年（一六五三）になって社殿が建立されたという。

なお、近くの真言宗**妙楽寺**には、永禄三年（一五六〇）に造立された**横山氏供養塔**（都旧跡）がある。

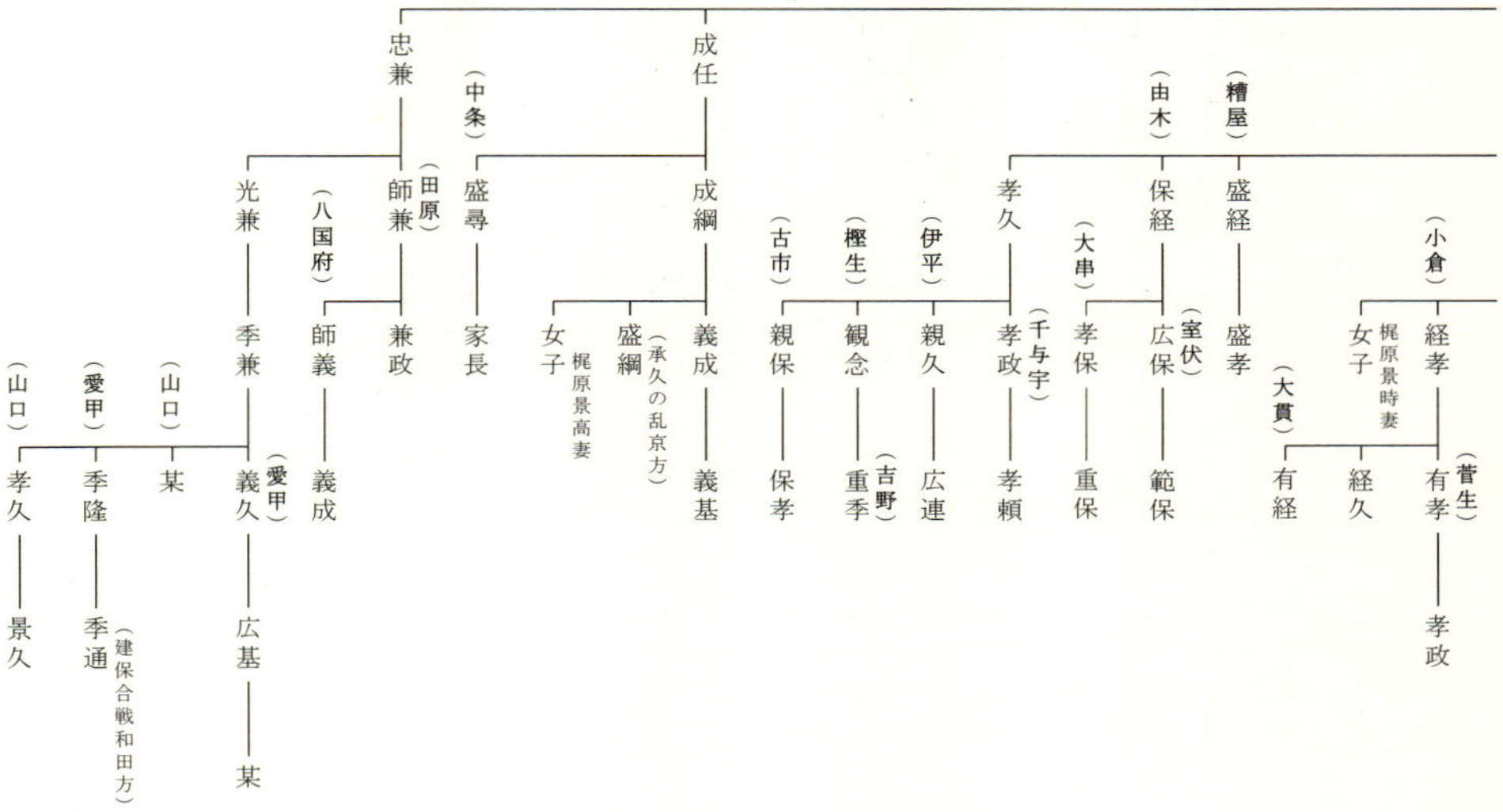

〈10〉**館町**

八王子市の地名。南西部に位置する。地内**御霊神社**（館町一二七一―一）の社伝によると、鎌倉景正が本拠を構えたと伝える。地内**浄泉寺**（館町一二三四）は北条氏照の家臣近藤綱秀の天正元年（一五七三）の創建で、ここは城主綱秀の**浄泉寺城跡**にあり、土塁と空堀が遺構として残る。

〈11〉**龍見寺**

八王子市館町一六三〇に所在する曹洞宗寺院。康平五年（一〇六二）頃、前九年の役に従軍した横山党（経兼カ）が大日如来像を西谷戸・堂平に勧請したという。裏山に**経塚**（一九九三年発掘）があり、経筒が発見された。

5……西党諸氏とその関連史跡

武蔵七党のひとつ西党は、ほとんどが多摩郡西部地域に分布する。西党系図（『新編埼玉県史別編4』）によると、本姓は日奉《ひまつり》氏、武蔵守であった日奉宗頼の孫宗忠が日内太郎あるいは西内大夫と称したことから始まると伝え、武蔵国の一庁官の祖である。その弟宗弘が由井日別当と称し、京都に奉公し武蔵国の二庁官となったという。西氏は、現在の日野市北部、多摩川と浅川に挟まれた日野台上に居館を構えたと伝える。

東京都日野市内にある**日野宮神社**（栄町二丁目二七―一九）は、日奉宗頼が武蔵守の任が終って土着した際、居館に祖神天《あめの》御《み》中主尊《なかぬしのみこと》・高魂尊《たかみむすびのみこと》を祀ったことから始まったと伝える。その子孫がこの地に住み、先祖の宗頼・宗忠も併せて祀り日野宮権現と称した。神社名の「日野宮」は「日野」の地名由来説のひとつでもある。また市内にある**東光寺神明社**（栄町五丁目一九―一三）は、日奉宗頼の子孫がこの地に住み、伊勢神宮を勧請したとも、建保合戦で敗れた和田義盛の子孫がこの地に住み、伊勢神宮を勧請したとも伝える。また、市内にある天台宗**成就《じょうじゅ》院《いん》**（栄町五丁目五―一）は、寺伝によれば、かつて日奉氏が日野台地の一郭に構えた居館の鬼門に建立した東光寺の一子院で、天正十六年（一五八八）僧永海（中興開山）が中興したものという。

西氏は『吾妻鏡』にも見え、建久元年（一一九〇）十一月七日、源頼朝が入洛する際の先陣の随兵の三十九番に、西小大夫がいる。

鎌倉時代、建暦三年（一二一三）九月七日の武蔵国留守所下文写（「薩藩旧記」前編三所収）が残り、署名する在庁官人に日奉氏が二人署名している。宗忠の子孫が一庁官、宗弘の子孫が二庁官を継承しており、各々に比定できる。

東京都府中市是政の**鹿島神社**（是政三―一三）には、刑部宗弘（小河カ）が弘安七年（一二八四）十一月二十五日に奉納した懸仏が伝来する。なお、境内にある標柱に「横山党の懸け仏」とあるが根拠は示されていない。

多摩郡に分布する一族には、小川〈01〉・川口〈02〉・狛江〈03〉・立川（立河）〈04〉・田村〈05〉・土淵〈06〉・長沼〈07〉・二宮〈08〉・平山〈09〉・由井〈10〉・由木〈11〉などの氏族がいる。(七二~七三頁の西党系図も参照) このうち、川口・平山・由井・由木は、この地域にあった九条家領船木田荘〈12〉内の郷名である。

現在比定地は左記の通りである。

小川(あきる野市小川) 川口(八王子市川口) 狛江(狛江市・調布市付近) 立川(立川市) 田村(日野市上田・下田) 土淵(多摩市・日野市にかけて) 長沼(八王子市長沼) 西(日野市日野台) 平山(日野市平山) 由井(八王子市・寺方村、上・下壱分方村、弐分方村辺一帯) 由木(八王子市由木)

日野宮神社

成就院

〈01〉小川氏

小河とも書いた。上田三郎宗季の子宗弘が小河太郎入道と称したという(小川系図)。宗弘は、元暦二年(一一八五)六月九日の譲状で嫡男弘直に二宮(東京都あきる野市二宮)の地主職を譲与、これは文治三年(一一八七)十二月十二日の武蔵国国符で承認されている(「川上忠塞一流家譜」所収文書)。二宮は武蔵二宮(別名小河大明神)の存在した地で、名字の地小川郷に含まれた。二宮の地はその後弘直から子直高に相伝されている。また小川郷の一部は、宗弘から、二男弘季に分割譲与されている。弘季は、建久元年(一一九〇)の源頼朝上洛に供奉した(『吾妻鏡』)。

建暦三年(一二一三)九月一

日の源親広下文写（「川上忠塞一流家譜」所収）によれば、二宮の地をめぐって、直高と従兄弟の忠久の間で相論が起きるが、二宮地主職《じしゅしき》は直高に安堵されている。

直高の子三郎直行は『吾妻鏡』に散見する。承久三年（一二二一）に起きた承久の乱に際して、三浦泰村に属して一人を討ち取っている。嘉禎二年（一二三六）八月四日に行われた将軍藤原頼経の若宮大路御所移徙（引越）の際には、直垂衆《ひたたれしゅう》の一人として供奉。翌三年六月二十三日に行われた大慈寺供養の時は、直垂・帯剣姿で、将軍の御車の左右に従っている。暦仁元年（一二三八）の将軍藤原頼経の上洛にも供奉し、御車の周囲を警護した。

名字の地である中世小川郷は、現在のあきる野市小川を中心として二宮を含む一帯であったと推定される。地内にある日蓮宗**宝清寺**（小川一〇一）の境内は、小川氏の居城**小川城跡**と伝える（『新編武蔵国風土記稿』）。また、地内にある臨済宗**林泉寺**（小川六五〇）は、鎌倉時代の正安元年（一二九九）の創立と伝え、開基は大隅土佐守（あるいは小川土佐守）と伝えられている。また、地内にある臨済宗**法林寺**（小川東二丁目一二一〇）は、応永年間（一三九四～一四二八）に片倉城主大江道広を開基、法林円融禅師を開山として再興されたという。境内には土塁なども残り、中世の土豪の館跡と推定されている（『日本城郭大系』5）。

〈02〉川口氏

河口とも書いた。由木重直の子某が川口二郎大夫と称したという。『吾妻鏡』暦仁元年（一二三八）二月十七日条には、将軍藤原頼経が入洛したときの行列の御所随兵の十六番に「河口八郎太郎」が見える。名字の地は船木田荘南河口郷・北河口郷で、その遺称地は、江戸時代の川口村、現在の東京都八王子市上川口町・川口町である。

なお、川口町には、応永年間（一三八四～一四二八）に、真言宗**長楽寺**（川口町三三五）の薬師如来像を寄進したと伝える**川口兵庫介幸季の館跡**（川口兵庫介館跡の石碑がある）がある。長楽寺の開創は鎌倉初期と伝え、本尊は不動明王である。かつて境内に薬師堂があり、その本尊であった**薬師如来坐像**（川口氏寄進）は、鎌倉初期の作という。他に板碑（本堂内）がある。

また、地内にある時宗**法蓮寺**（川口町二四七二）は、鎌倉時代の嘉元二年（一三〇四）、他阿真教により開かれたという。本尊阿弥陀如来の胎内銘によれば、永徳二年（一三八二）に寄進されており、川口氏に庇護されていた。川口兵庫介幸季は与阿と称したという。

〈03〉狛江氏

由井宗弘の孫某が狛江大夫と称したという。『吾妻鏡』承元二年（一二〇八）七月十五日条に「狛江入道増西」が見える。武蔵国**威光寺**（現在の天台宗長尾山妙楽寺）（神奈川県川崎市多摩区長尾三―九―三所在）の院主円海が訴えて云うには、去る六月二十六日、狛江増西が五十余人の悪党を率いて寺領に乱入し、苅田狼藉を行ったと。ちょうど増西が鎌倉にいたので、召して確認したところ、その通りであった。幕府は処罰を下し、増西に鎌倉永福寺《ようふくじ》の宿直百日を勤仕することを命じている。狛江氏は在鎌倉の御家人であったかもしれない。

名字の地の遺称地は、平安時代に見える多摩郡狛江郷で、都内で考古遺跡が密集する多摩川中流域、現在の東京都狛江市・調布市付近。調布市に**狛江氏館跡伝承地**（調布市佐須五一帯）があり、現在晃華学園の敷地となっている。地形から見るに、河岸段丘を利用した典型的な崖端の城館である。かつて学園構内の調査で空堀が確認されている。

〈04〉立川氏

立河とも書いた。駄宗時の子宗経が立川次郎、その弟宗重が立川三郎と称したという。現在、鎌倉時代から室町時代にかけての立川文書が残る。最古の文書は、承久の乱後、貞応二年（一二二三）十二月九日の日奉（土淵）時安譲状で、時安は重代相伝の所領（金□井〈土淵郷内カ〉・越後国小嶋保）を嫡男時直に譲っている。立川文書の詳細は、『中世武士立川市関係史料集　立川文書』（立川市教育委員会、二〇一〇年）・『新編立川市史　資料編　古代・中世』（立川市、二〇二〇年）等を参照されたい。

宗恒（経）の子馬允経成（系図では「恒成」）は、寛喜元年（一二二九）に仁和寺領丹後国河上・品田地頭として見え、同国永富別宮により、神人を殺害したとして訴えられている（石清水八幡宮文書）。

『吾妻鏡』に見える基泰（系図では「職泰」）は、経成の子に当たり、立川三郎兵衛尉と称した。暦仁元年（一二三八）の将軍藤原頼経の上洛にも供奉し、入洛の行列、藤原頼経の任中納言の拝賀、大和国春日社参詣等で御車の周囲を警護した。下って寛元二年（一二四四）八月十五日に行われた鶴岡八幡宮放生会でも御車のすぐ後ろに供奉した。基泰は宝治元年（一二四七）に起きた宝治合戦で討死したという（「小川系図」）。

立川文書に、弘安七年（一二八四）正月十六日の西信

普済寺　土塁

譲状が残っている。西信は基泰の兄経光にあたり、宝治合戦で活躍したという（「小川系図」）。名字の地立川郷は、近世の柴崎村付近にあたり、明治十四年（一八八一）立川村と改称された。現在の東京都立川市内である。

　立川市柴崎町地内にある臨済宗**普済寺**（柴崎町四—二〇—四六）の地は、**立川氏の館跡**と伝え、山門の脇に土塁跡が残る〈→本書二一七頁〉。寺は文和年間（一三五二～五六）に立川宗恒の開基、物外可什《もつがいかじゅう》の開山で創建されたと伝える。境内の覆堂内に**延文六年（一三六一）造立の石幢**（国宝）がある。この石幢は、六角形の基台石上に板石六枚を組み合わせた形の六面石幢で、上部に笠石を乗せる。

　境内に「**首塚**」があり、そこから八十余基の板碑が掘り出された。年紀のわかる板碑は文永十二年（一二七五）から康永三年（一三四四）までのものが五十四基、応永二十五年（一四一八）のもの一基、ほかは年紀不明のものである。ほとんどの板碑には阿弥陀種子が陰刻され、すべてに北朝年号が記されており、造立者は北朝方に属していたとみられる。しかし、平成七年（一九九五）に普済寺は焼失し、板碑もそのため罹災した。

　また柴崎町一丁目にある建長八年（一二五六）に植えられたと伝える**大欅**《おおけやき》（柴崎町一—一七—一）の北側には、立川氏の氏神と伝え、建長四年に創建されたという**八幡神社の跡**が残る。平成六年（一九九四）十月二十六日の火災により焼失し、同十四年、現在の諏訪神社の地に再建された。なお、天正十四年（一五八六）に立川照重の内女おねねが奉納したという**八幡神社本地仏像**がある（レプリカが立川市歴史民俗博物館で見られる）。

〈05〉**田村氏**

　由井宗弘の曾孫弘綱が田村三郎と称したという。名字の地の遺称地は、江戸時代の上田村・下田村で、現在の東京都日野市上田・下田にあたる。隣接する万願寺にある真言宗**安養寺**（万願寺四丁目二〇―八）は**田村氏の館跡**と伝える。また、同地にある**八幡大神社**（万願寺四丁目一八―二）は、暦応二年（一三三九）田村知実が男山八幡宮を勧請して建立したと伝える。

〈06〉土淵氏

由井宗弘の六代孫時季が土淵を、その弟時家が土淵左衛門尉を称したという（「小川系図」）。鎌倉時代の正和二年（一三一三）土淵妙蓮は土淵郷内中田村の田一段を立河重清に売却、妙蓮弟家久も郷内の地一段半を同じく重清に売却している（立川文書）。その後文保二年（一三一八）十二月十日、土淵貞重は土淵郷内の田九段・在家二宇を立河重清の妻藤原氏に売却している（立川文書）。名字の地土淵郷は、多摩川南岸の多摩市・日野市にまたがる地域である。

〈07〉長沼氏

西太郎宗守の孫職任が長沼二郎大夫と称したという。名字の地の遺称地は、江戸時代の長沼村で、現在の東京都八王子市長沼町とも稲城市東長沼とも云われる。稲城市を流れる三沢川の亀山橋前に、平成二年に建てられた石碑によると、鎌倉時代に源頼朝に仕えた**長沼五郎宗政の館跡**としているが、この長沼氏は下野国（現栃木県）小山氏の一族で、名字の地は下野国長沼荘（栃木県二宮町）である。何か誤解があるように思われる。

〈08〉二宮氏

日奉久長の子某が二宮太郎、その弟某が二宮二郎と称したという。名字の地二宮の遺称地は、江戸時代の二宮村で、現在の東京都あきる野市二宮にあたる。地内にある**二宮神社**（二宮二二五二）は、武蔵国二宮で、別名小河大明神（「私案抄」）あるいは小河神社と呼ばれた。近くの台地上に土塁・空濠の遺構が残り、室町時代末期の大石氏の居館**二宮城跡**〈↓本書二二四頁〉と推定されている。

〈09〉平山氏

上田宗季の子季綱が平山四郎と称したという（小川系図）。その子季重は平山武者所と称し、平安時代末期から鎌倉時代初期に活躍した。武者所は、院の御所を警備する武士のことで、季重は、源義朝に従って上洛し、鳥羽上皇に仕えていた可能性が高い。『保元物語』には「西には、日次悪次・平山」と、『平治物語』には内裏の藻壁門を固めた武士に「義朝郎等金子・平山」がいる。平治の乱で敗れた源義朝に従って京を出た武士の中に「平山武者所季重」が見えており、義朝の信頼篤い郎従の一人であった。

季重は、治承四年（一一八〇）、源頼朝が挙兵すると、これに従ったものとみられ、同年十一月の常陸国佐竹氏攻めに参戦し、勲功を挙げている。元暦元年（一一八四）二月には、源義経に属して活躍した。翌年壇浦の合戦後、源頼朝は自由任官の輩の注文を添えて東国への帰参を禁止しているが、その中に右衛門尉季重が見え、「顔ハフワ〳〵トシテ、希有之任官哉」と注記している。源義経の推挙で任官した可能性がある。

宗印寺

季重は、文治五年（一一八九）の奥州合戦にも源頼朝に従って参戦した。建久三年（一一九二）八月九日、源頼朝の次男実朝が生まれた際、季重は鳴弦役を勤めた。同六年三月十日、源頼朝が東大寺供養に参列した際も供奉した。

なお、横山一族にも平山氏があり、建保元年（一二一三）の和田義盛の乱で討死、滅亡した。

名字の地平山郷の遺称地は、江戸時代の平山村で、現在の日野市平山に当たる。京王線平山城址公園駅前に平山季重ふれあい館がある。また、駅前付近に**平山季重居館跡**（平山五—一八—二）、曹洞宗**宗印寺**（平山六—一五—一一）境内に**平山季重墓**がある。平山城址公園内には季重を祀る**季重神社**があり、このあたりが**平山城**の主郭と考えられている〈→本書二一八頁〉

なお、その後平山氏は、あきる野市から檜原村方面に勢力を延ばし移住したとみられ、その足跡がいくつか見られる。

あきる野市の真言宗**大悲願寺**（横沢一三四）は、建久二年

（一一九一）源頼朝の命で、平山季重が創建したと伝える。同寺内の無畏閣（観音堂）には、国重文の**木造伝阿弥陀如来及脇侍千手観世音菩薩・勢至菩薩坐像**がある。同市の**小宮神社**（草花二九八二）は、承元元年（一二〇七）平山季重創立と伝え、また同市の真言宗**大行寺**（草花三〇三六）も、小宮神社と同年の創立で平山季重の祈願所と伝える。

南北朝時代には平山氏は檜原村へ進出した。あきる野市の臨済宗**玉林寺**（五日市九二六）は、暦応元年（一三三八）檜原城主平山氏の開基と伝える。

戦国時代の永禄四年（一五六一）、平山氏重の妹鶴寿姫が、上杉氏方の**藤橋城**（青梅市）〈→本書二三九頁〉の城主平山光義に嫁ぐ際、近くの寺院へ寄進したのが**岩舟地蔵尊**（檜原村四六七）である。同六年、藤橋城は小田原北条氏の攻撃を受けて落城した。鶴寿姫は落城の前に檜原城へ帰され、寺ではこの地蔵尊を檜原へ送り返したという。

檜原城の築城年代は未詳。天正十八年（一五九〇）豊臣秀吉が八王子城（北条氏照）を攻めたとき、その落城の後に攻められて落城し、城主平山氏重は自刃したと伝えられる。麓にある臨済宗**吉祥寺**（檜原村四八五）は平時の居館跡と推定され、裏山が檜原城への登山道入口となっている。同寺の中庭に**伝平山氏奥方の石塔**、境内の墓地には**石塔二基**が残る。

〈10〉由井氏

日奉宗忠（一庁官）の弟宗弘（二庁官）が由井日判官と称したという。

名字の地は、鎌倉時代に見える船木田荘由井堀内郷や南北朝時代に見える船木田荘由比郷である。その遺称地としては戦国〜江戸時代に見える油井領がある。なお、鎌倉時代に見える船木田荘由比野村については由比郷の一部と考えられる。江戸期の弐分方村（東京都八王子市弐分方）には小名由比野が残る。地内（弐分方町二一六）の**観音堂**（報恩廃寺跡）が居館跡と推定されている。なお、古代の武蔵国四牧の一つ由比牧は、この付近と考えられており、地内野堀川緑道沿いに「**由比牧跡の碑**」（弐分方町四二付近）がある。

〈11〉由木氏

西宗貞の子重直が由木三郎大夫と称したという。名字の地は南北朝時代に見える九条家領船木田荘由木郷で、その遺称地は江戸時代の上柚木・下柚木両村にあたり、現在の東京都八王子市上柚木・下柚木に比定される。

下柚木にある曹洞宗**永林寺**（下柚木四）は、大石氏の居城

由木城跡とされる。由木城主大石定久が滝山城に移るに際して、叔父一種長純にこの地を譲り、天文元年(一五三二)に永麟寺《えいりんじ》(のちの永林寺)を創建した。その後八王子城主北条氏照の援助を受けて、同十五年に七堂伽藍を揃えた寺院として竣工した。本尊は釈迦如来、境内に**大石定久の墓**がある。また戦国時代の古文書三通(心月斎の文書二通、北条氏照の文書一通)を所蔵する。

西党系図(小川系図より抜粋、『中世武士立川氏関係史料集　立川文書』所収より)

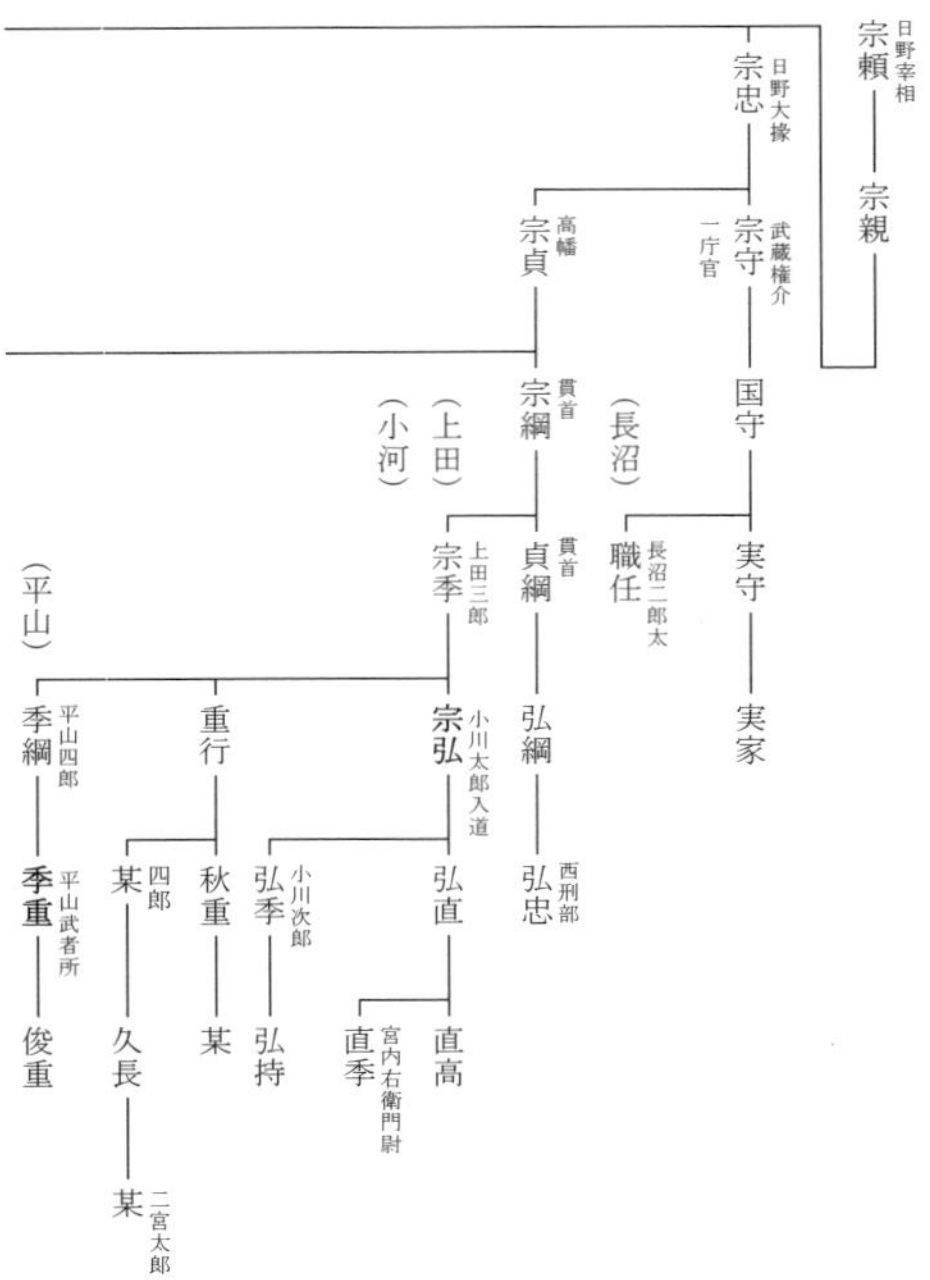

〈12〉船木田荘

平安時代末期から戦国時代にかけて見える荘園で、八王子市東部から日野市一帯に存在した。摂関家のひとつ、九条家に伝領され、その後九条家の菩提寺東福寺領となっている。

初見は、八王子市中山の**中山白山神社**(中山八〇六)境内の**経塚**から発見された仁平四年(一一五四)九月日の如法経奥書に「於武蔵国西郡船木田御庄内長隆寺書写了」とあるもの。西郡は多西郡にあたるが、長隆寺については未詳。なお、神社境内には**長隆寺の礎石**と伝わるものが残る。

平安時代末期、摂関家の藤原忠通からその娘皇嘉門院(名は聖子、崇徳天皇中宮、一一二一～八一)に譲られた荘園のひとつに「むさし　ふなきた本　新」があり(九条家文書)、女院から兄弟の九条兼実の子良通に譲られている。本荘・新荘に分かれていたことが確認できる。その後、良通は早世したためその父兼実の所領となり、元久二年(一二〇五)兼実から娘の宜秋門院(名は任子、後鳥羽天皇皇后、一一七三～一二三八)に譲られた。兼実は宜秋門院から孫の九条道

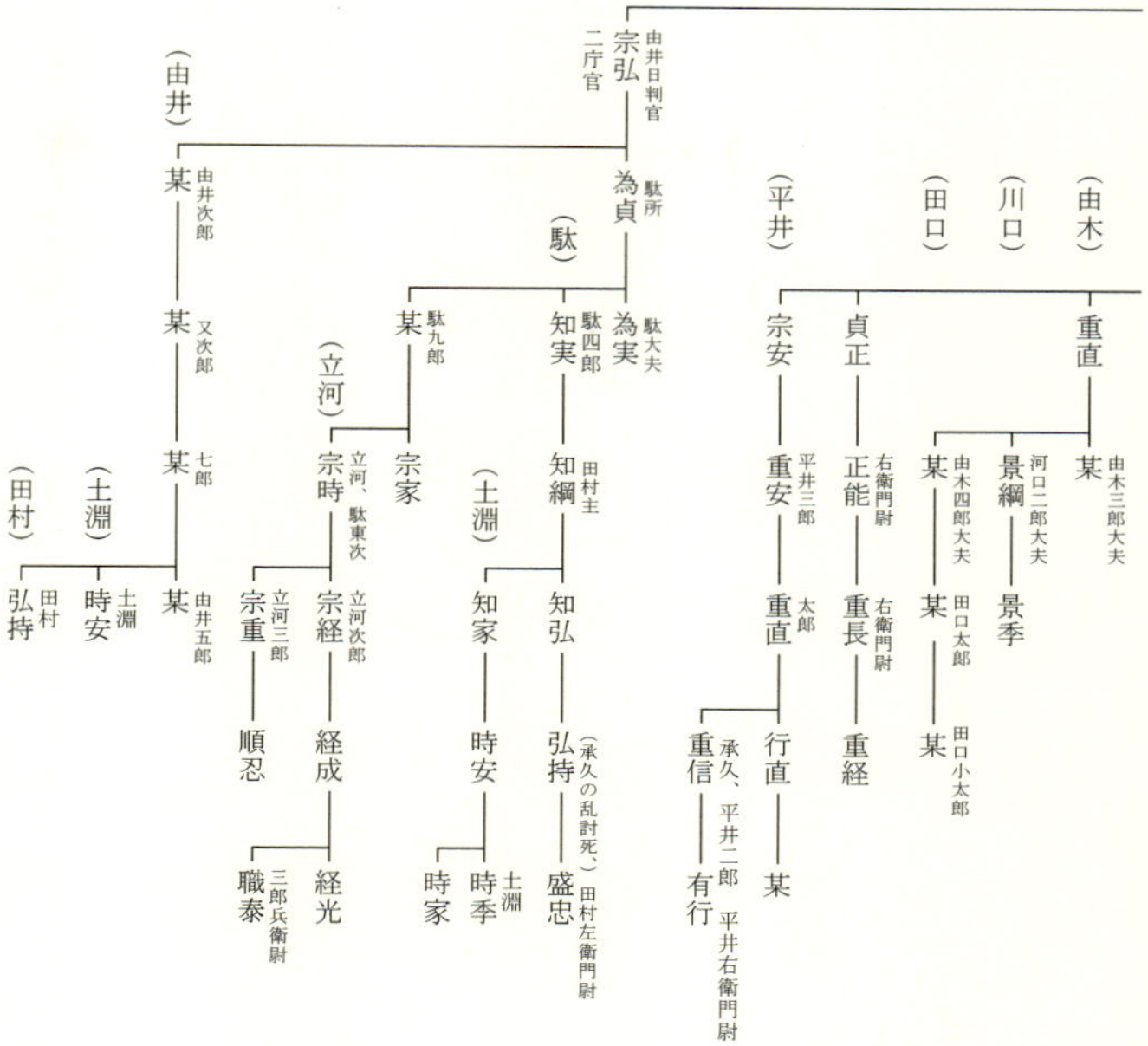

家に伝領させるよう指示している。建長二年（一二五〇）十一月には、九条道家から子の一条実経に「船木田新庄〈地頭請所〉」が、子の九条忠家に「武蔵国船木田本庄〈地頭請所〉」が譲られている（九条家文書、〈〉内は割書）。その後、南北朝時代には九条道家建立の東福寺に寄進されている。荘内の郷名としては、南北朝時代に、平山郷（西党平山氏）・中野郷・由比野郷（西党由井氏）・大塚郷・南河口郷・北河口郷（西党川口氏）・横河郷・長房郷・由木郷（西党由木氏）、村名としては、豊田村・青木村・梅坪村・大谷村・下堀村・谷慈村・木切沢村が見える。室町時代の応永年間には現地の支配は梶原氏・平山氏等の在地領主の支配下にあった。

6……大井・品川氏とその関連史跡

大井氏・品川氏は、武蔵国荏原郡の大井郷（品川区大井）・品川郷（品川区）を本領とした紀姓の東国武士である。両氏は、東京湾の沿岸地域に定着した同族であり、しばしば「大井・品川」と総称されるので、相互に連携しながら発展を遂げたと考えられる。かれらは、もともと京都や伊勢国を拠点とする長谷雄流紀姓の一族だった。平安後期に紀実直が武蔵国に下向して、国衙の在庁官人として足場を固めた。そして、実直の息子たちが、武蔵国の国衙領に進出したことで、大井氏・品川氏・春日部氏・潮田氏・堤氏などの分家が成立したのである。

　やがて源頼朝が鎌倉幕府を樹立すると、大井氏・品川氏の一族も参向して、武蔵国の御家人として勢力を拡大させた。文治五年（一一八九）の奥州合戦では、大井実春が、頼朝の大手軍に編成されて、鎌倉を出陣する軍勢の一員として参戦している。品川氏も、陸奥国に所領があったことを確認できるので、奥州合戦に参戦して恩賞地を獲得していた可能性が高いだろう。元久二年（一二〇五）六月の畠山重忠の乱では、鎌倉から重忠を迎え撃つ軍勢として、「大井、品河、春日部、潮田」の人々が動員されている。

　さらに、承久三年（一二二一）に起きた承久の乱でも、大井氏・品川氏の一族は、様々な局面で活躍を見せていた。たとえば、鎌倉では「大井入道」と称する人物が、幕府の宿老として待機を命じられている。この人物は、大井氏の親族だった春日部実平に比定できる。宇治川合戦では、「大井左衛門三郎」・「大井太郎」が敵兵を討ち取ったという。大井氏は、薩摩国に恩賞地を獲得しており、鎌倉後期には子孫が現地に西遷していった。また、品川氏は、宇治川合戦で「品河小三郎」・「品河四郎太郎」が敵兵を討ち取ったという。ただ一方で、「品河四郎」・「品河次郎」・「同四郎三郎」・「同六郎太郎」らが命を落としている。品川氏は、多大な犠牲を払いながらも、西国の各地に恩賞地を獲得して、諸国で活動する武士として成長していった。大井氏・品川氏は、一族を挙げて承久の乱に身を投じており、幕府の勝利にも貢献した御家人だったといえるだろう。

このように、大井氏・品川氏は、鎌倉期に起きた様々な政変に姿を現しており、周到な立ち回りで政治力を高めた一族だった。両氏は、同族としての連携を維持しながら、幕府を支える御家人の一員として発展していったのである。

続いて、武蔵国の関連史跡から、それぞれの政治的な動向について確認していきたい。大井氏は、実直の息子だった大井実春を家祖とする一族である。「大井文書」によれば、元久元年（一二〇四）十二月には、大井郷に隣接する大杜郷などを所領にしていた。大井郷の一帯は、相模国や下総国に通じる東海道の中継地として知られている。『延喜式』によれば、武蔵国には大井駅などの駅家が設置されていたという。大井氏は、武蔵国における陸上交通の要衝地を押さえる武士だったと考えられる。

大井氏の館については、明確な遺構は残っていないが、**三輪神社**（大田区大森中三—一七—三）の付近にあったと推定されている。

大井氏に関連する寺社は多くないが、**光福寺**（品川区大井六—一九—一七）は、鎌倉前期に了海上人が再興した寺院であり、大井山という山号で呼ばれている。境内には、**大井の井**と呼ばれる横穴式の井戸があり、大井郷という地名の由来といわれている。なお、大井氏の初代である実春は、大江広元の被官となって、因幡国の目代なども務めた人物だった。大井氏の一族は、大井郷の周辺を拠点にしながら、武蔵国の内外に活動の場を広げていったのである。

一方、品川氏は、実直の息子だった品川清実を家祖とする一族である。「田代文書」によれば、元暦元年（一一八四）八月には、品川郷を所領にしていたことが確認できる。品川氏が掌握した要地として、目黒川の河口にあった**品川湊**が挙げられる。この地は、国衙の外港に当たる国府津であり、太平洋に通じる航路の基点だったという。品川氏は、先祖の拠点だった伊勢国にも到達する水運を押さえていたのではないだろうか。また、真名本『曾我物語』によれば、建久四年（一一九三）、下野国の那須野で行われた巻狩の帰途、頼朝が「品河の宿」に逗留している。品川郷の一帯は、陸上交通の要衝地としても機能していたと考えられる。品川氏は、武蔵国における水陸交通の結節点を押さえる武士だったのだろう。

品川氏の館については、**貴船神社**（品川区西品川三―一六―三一）が有力視されている。この地は、鎌倉街道が付近を通過する高台に位置している。また、**戸越公園**（品川区豊町二―一―二三）や**西光寺**（品川区大井四―二二―一六）の付近に品川氏の館跡があったと考える説もある。

品川区の一帯には、品川氏に関連する寺社が点在している。真言宗**品川寺**（品川区南品川三―五―一七）には、品川氏に関する**水月観音像**が伝来している。この観音像は、荏原郡の押領使だった品川氏が、諸国を廻国する空海（弘法大師）から得たと伝えられている。品川氏の子孫は、代々この仏像を相伝していたが、応永二十三年（一四一六）、上杉禅秀の乱に巻き込まれて討死したという。また、**天妙国寺**（品川区南品川二―八―二三）には、永享六年（一四三四）、品川国友が帰依して所領を寄進したという由緒がある。境内には、かつて国友が造立した諏訪神社も存在したという。

このように、大井氏・品川氏の関連史跡をみると、水陸交通の要地に居館を構築して、信仰的な拠点として寺社を整備することで、武蔵国に本領の基盤を確立していったと推察される。また、その政治的な背景として、頼朝が紀姓に属する一族を重用して、東京湾の沿岸地域に配置した可能性なども指摘されている。大井氏・品川氏は、いわゆる武蔵七党に数えられるような武士ではなかったが、幕府による武蔵国の支配を考える上でも重要な存在だったのである。

7……村山氏とその関連史跡

武蔵武士村山《むらやま》氏とその一族は、いわゆる武蔵七党の一つ「村山党」と称されている。「武蔵七党系図」（内閣文庫所蔵「諸家系図纂」）によると、「村山貫主・村山党祖」とされる頼任を村山氏の祖として、子に頼家、孫に家綱（大井五郎大夫）、家平（宮寺五郎）、家範（金子六郎）、家継（村山小七郎・山口七郎）として、多摩郡と入間郡の各地に広がり活動していたとされている。この内、埼玉県下の村山氏一族については、『埼玉の史跡』で、その活動と史跡が紹介されている（後掲02参照）。

ここでは、村山郷と村山氏について、史跡と共に紹介したい。

村山郷は、狭山丘陵が武蔵野に連なる景観を「群山」といい、それが地名に転訛したといわれ、現在の武蔵村山市・瑞穂町の一部とされている。また、南北朝期の応安七年（一三七四）には、村山氏の一族とされる、仙波《せんば》氏が一族間で「武蔵国之内村山郷内」の地頭職を争っている（足利氏満御教書「保阪潤治氏所蔵文書」）。江戸時代初期には、現在の瑞穂町域の箱根ケ崎・石畑・殿ケ谷と武蔵村山市岸の四ヶ村が村山と総称されていた。この地域は、狭山丘陵が入間郡と多摩郡との境になっており、狭山丘陵北麓に金子氏や宮寺氏、山口氏が本拠とし、丘陵内を通行する道も複数あった。

〈01〉村山土佐守関係の史跡と伝承

平安時代の村山氏に関する史跡は村山郷では確認できない。現在伝わる村山氏に関わる史跡は、戦国時代の村山土佐守に関する史跡である。村山土佐守は、戦国時代の村山郷の領主であり、小田原北条氏に仕え、瑞穂町の殿ケ谷に居住したと伝えられている。

臨済宗**福正寺**《ふくしょうじ》（瑞穂町殿ケ谷一一二九）は村山土佐守の菩提寺として知られる。村山土佐守により寺内の観音堂を天正十五年（一五八七）に再建、本尊の**観世音菩薩像**を奉納し、位牌によると天正年間の八月二十一日に没したと伝えられている。福正寺の墓地の一角に、**村山土佐守一族の墓**と伝えられる場所があり、五輪塔《ごりんとう》、宝篋印塔《ほうきょういんとう》が安置されている。ただし、これらは大正年間に、新た

福正寺

阿豆佐味天神社

円福寺

な墓地を改作した際に、山林の中ほどにあった墓石をあつめ、村山土佐守の墓として復元したものと伝えられているので注意が必要である。

また、福正寺の南には**村山氏館**と伝える一角があり、方形の区画をしている。中世の遺物は見つかっているものの、村山土佐守の屋敷跡と断定できるような遺構は確認されていない。ただし、一般の住宅地であり、看板などもないため、見学には注意が必要である。

福正寺や伝村山氏館の南東には延喜式内社、**阿豆佐《あずさ》味天神社《みてんじんじゃ》**（殿ケ谷一〇〇八）がある。祭神は少彦名命《すくなひこなのみこと》、素盞嗚尊《すさのおのみこと》、大己貴命《おおむなちのみこと》である。この神社にも近世の記録になるが、文明十四年（一四八二）に村山土佐守と雅楽助によって再建されたと記されている。これとは別に、天正十二年（一五八四）、村山土佐守・雅楽助が阿豆佐味天神社を再修するという棟札が残されている。

瑞穂町箱根ケ崎の臨済宗**円福寺《えんぷくじ》**（箱根ケ崎一三二）には、**村山土佐守義光夫妻の位牌**があり、天正十五年八月二十二日に没したと記されている。この位牌も後世の作とされる。『新編武蔵国風土記稿』によると、箱根ケ崎村の名主の村山次郎右衛門家は村山土佐守の子孫と伝えられる。

この他にも、近世・近代の地誌である『武蔵野話』や『狭山之栞』には、中藤村《なかとう》（現在の武蔵村山市中藤）を村山党の「中の党」とする説を紹介するなど、武蔵村山市や瑞穂町には村山党関係の伝承が残されている。

〈02〉『埼玉の史跡』に見る村山党

埼玉県下の村山党の関連史跡については、入間郡（→『埼玉の史跡』二六四頁以下など）のほか、家別には、金子氏…金子家忠館跡《かねこいえただやかたあと》（同二七二頁）、白髭神社《しらひげじんじゃ》（同二七八頁）、金子氏一族《かねこしいちぞく》の墓塔《ぼとう》（同二八三頁）。須黒氏…宗福寺《しゅうふくじ》名号板碑《みょうごういたび》（同二八一頁）。難波田氏…難波田氏館跡《なんばたしやかたあと》（同二七三頁）。宮寺氏…宮寺氏館跡《みやでらしやかたあと》（同二七二頁）。山口氏…山口城跡《やまぐちじょうあと》（同二七二頁）、山口氏《やまぐちし》の墓塔《ぼとう》（同二八四頁）を参照のこと。

8……池上氏とその関連史跡

〈01〉池上氏と日蓮宗

鎌倉時代、千束郷《せんぞくごう》を本拠とした池上氏は、日蓮宗《にちれんしゅう》との関わりが深い武士として知られる。特に池上宗仲《いけがみむねなか》は夫婦で日蓮宗に帰依し、日蓮聖人開創による**池上本門《いけがみほんもん》寺《じ》**（大田区池上一―一―一）の大檀越《だいだんおつ》としてよく知られている。

池上氏は鎌倉時代、幕府の作事奉行を勤めていて、宗仲の父の左衛門大夫は真言律宗《しんごんりっしゅう》の忍性《にんしょう》の熱心な信者だったものの、宗仲は日蓮宗の信徒となり、弟宗長、後には父左衛門大夫も入信した。特に宗仲と宗長は「池上兄弟」とも呼ばれていた。

本門寺の本尊である**日蓮坐像**《にちれんざぞう》は、日蓮の七回忌にあたる正応元年（一二八八）に日持・日浄が願主となり造立されており、坐像に収納されている青銅の銅筒には日朗の他、「大施主散位大仲臣宗仲、大施主清原氏女」と宗仲夫妻の銘が刻まれている。また、本門寺歴代墓所の左側には、**池上氏墓所**があり、室町後期の造立とみられる層塔《そうとう》が二基あり、都内の石造層塔としては最古のものである。江戸時代に刻まれた銘文では、向かって左が池上宗仲夫妻、右側が兵衛志（宗長）夫妻の層塔となっている。

本門寺

本門寺が日蓮宗にとって霊跡とされるのは、弘安五年（一二八二）身延山《みのぶさん》から病気療養のため日蓮一行が常陸国に湯治に向かう途上、池上宗仲の館を訪れ、九月十八日から十月十三日に没するまで過ごしたことに由来する。日蓮没後、宗仲が館とその周辺の地を本門寺の寺域として寄進したため、本門寺を含め周辺には日蓮宗寺院が集まっている。

〈02〉日蓮宗の関連史跡

日蓮没後、池上氏は館一帯を寄進した。宗仲は、館の背後の山上の地を日蓮の高弟日朗に付与して、伽藍を整備し本門寺を開いた。そして、池上氏館内の法華堂を日朗の弟子の日澄に寄進して開かれたのが本門寺の子院の一つ、**大坊本行寺**《だいぼうほんぎょうじ》（大田区池上二―一〇―五）である。

本行寺山門

本行寺本堂

本行寺は「**日蓮上人入滅の旧跡**」となっている他、**正応三年**（一二九〇）**の題目板碑**《だいもくいたび》は、題目板碑として最古のものである。上半部が欠失しているが、その大きさや銘文（「慈父成仏得道」）から、池上氏との関連が指摘されている。なお、池上山内の中世題目板碑の分布状況から、**池上氏館跡**とされる本行寺や**日蓮荼毘所跡**がある西谷が中世本門寺の中心であり、台地の上に大規模な伽藍が築かれるようになるのは近世に入ってからとされている。

この他にも日蓮の高弟である六老僧の日昭の庵室として開創した**南之院**《みなみのいん》（大田区池上二―一―一五）、日朗が隠棲した庵室の**照栄院**《しょうえいいん》（大田区池上一―三―一〇）など関連する史跡が多くある。

〈03〉池上氏館跡

池上氏が館を構えた地は、かつての荏原郡六郷保《ろくごうのほ》千束郷内にあたる。中世の千束郷近辺の海岸線は現在よりもっと内陸にあり、郷の東と南側は沖《ちゅう》積低地《せきていち》が広がり、鎌倉街道下道《かまくらかいどうしもつみち》周辺は微高地、本門寺周辺は台地となっていて、現在とはかなり景観が異なっている。

『日本城郭大系』では館跡らしいものはないとしている。『大田区の文化財』（第30集）によると、館跡は鎌倉時代中期以降南北朝期にかけて、後の池上城の根小《ねご》屋《や》曲輪《くるわ》の地に建てられたのが居館跡で、本門寺丘陵の西半分、南北八〇〇m、東西巾六〇〇mとしている。そして、大坊本行寺を根小屋曲輪とし、現在遺構を確認できるものとして紀伊徳川家墓所西際の土塁を指摘しており、急斜面となっている。しかし、『大田区の文化財』で指摘する土塁《どるい》以外にははっきりとした遺構も確認できないため、館自体の規模ははっきりと確認することはできない。

本門寺周辺の中世の主要な街道は、鎌倉街道下道である。おおよそのルートは、品川方面からＪＲ大森駅の付近までは南北方向に池上通りを通り、そして旧池上通りに入って南西に、呑川《のみかわ》を渡ったあたりで東西の道を進んで本門寺の南側を通り、その後は丸子の渡しで多摩川を越え、鎌倉方面へと続いていく〈↓本書一六八頁〉。

9……津戸氏とその関連史跡

津戸氏は、武蔵国埼玉郡津戸郷（埼玉県鴻巣市下忍）を本領とした菅原姓の東国武士である。鎌倉期に多様な活動を展開した一族だが、一般的には知名度の高い存在ではない。津戸氏の実質的な家祖である津戸為守は、鎌倉幕府の将軍に奉公する御家人であり、浄土宗の法然に帰依する念仏者でもあった。また、津戸氏は、武蔵国の北部を出身地とする武士だったが、武蔵国の南部にも多くの足跡を残している。

以下では、そうした多摩郡に点在する関連史跡を挙げながら、津戸氏と称した武士の実態について検討してみたい。

谷保天満宮（国立市谷保五二〇九）は、津戸氏が神主を務めたという神社である。菅原道真の三男である菅原道武が、父に縁座して武蔵国へ配流されて、延喜三年（九〇三）二月に道真の訃報を聞いて、谷保天満宮を創建したと伝承されている。こうした神社の縁起から、東日本で最古の天満宮といわれており、亀戸天神社・湯島天満宮と合わせて、関東三天神とも称されている。

谷保天満宮には、安楽寺という別当寺があったが、明治期の神仏分離令などで廃絶した。**滝の院**（国立市谷保五二一七）は、安楽寺を支えた六坊の一つであり、かつては滝本坊と称していた。現在では、谷保天満宮の北側にある共同墓地として管理されている。この滝本坊には、法然が為守に贈った**阿弥陀如来坐像**があり、血文の阿弥陀と呼ばれて信仰されていた。その胎内には、為守が自身の血で記した書状が込められており、安楽寺の本尊として崇拝されたという。ただし、こうした津戸氏に関する由緒は、基本的に近世後期の文献に基づいており、鎌倉期の確実な史料では確認できないようである。

また、**三田氏館跡**（国立市谷保五九八三―一付近）〈→本書二一六頁〉は、**津戸氏の居館**だったといわれている。周囲には土塁と空堀が巡っており、内部は土塁で二郭に区切られている。『新編武蔵国風土記稿』には「伝へ云う、津戸三郎（為守）居住の跡なりと」とあり、『江戸名所図会』は「土人三郎（津戸為守）殿屋敷跡と称す」と記している。地元の人々は、この館跡を為守が住んだ拠点として語り継いできたのである。ただし、この三田氏館跡についても、津戸氏の遺構であることを示す証拠は発見されていない。

このように、武蔵国の南部に残る津戸氏の関連史跡は、いずれも同時代の史料で裏づけるのが困難である。だが、津戸氏が多摩郡で活動していた明証として、本宿の**弥勒寺跡**（府中市西府町）から出土した板碑を挙げることができる。これは、延文五年（一三六〇）七月十日に死去した**「津戸勘解由左衛門尉菅原規継」を供養した緑泥片岩製の板碑**である。上部が欠損しているので、現状では高さ六〇cmの断碑であり、下部の銘文は読みとれるが、中央の主尊種子などは確認できない。ただ、津戸氏は浄土宗に帰依していたので、主尊は阿弥陀如来だったと推測される。この板碑は、谷保天満宮に所蔵されており、境内の宝物殿で見学することができる。

また、谷保天満宮には、建治三年（一二七七）六月二十六日に藤原経朝が記した**「天満宮」の木造扁額**（国指定重文）や、鎌倉後期の**木造獅子狛犬**（国指定重美）などが伝来しており、これらも境内の宝物殿で見学できる。津戸氏は、鎌倉後期に六波羅探題の奉行人として在京していたので、谷保天満宮に伝わる鎌倉期の社宝は、一族が京都方面に広げた人脈を通じて、武蔵国にもたらされたのではないだろうか。

このように、津戸氏は、南北朝期までに多摩郡を基盤とする武士へと転じて、板碑などで一族の供養を営んでいたと考えられる。津戸氏の一族が、武蔵国の南部に移住した背景としては、多摩郡に所在する国衙との関係が想定できるだろう。津戸氏は、菅原氏に由来する文筆能力を活かして、鎌倉で幕府の奉行人として任用されており、やがて京都の拠点に軸足を移して、六波羅探題の奉行人としても活躍していた。こうした一族の性格を踏まえると、津戸氏は武蔵国の在庁官人として、多摩郡に進出を果たしたと推定される。

同様にして、津戸氏と谷保天満宮の関係も、中世前期には芽生えていた可能性が高いだろう。室町期の『北野社家日記』によると、京都の北野天満宮には、津戸氏が建立した「津戸経蔵」が存在していたという。津戸氏は、菅原氏を出自とする一族だったので、室町幕府の奉行人として出仕しながら、先祖の菅原道真を祀った北野天満宮を崇敬していたのである。とすれば、鎌倉期に武蔵国で活動した津戸氏も、菅原氏の一族として国衙に出仕しながら、道真を祀った谷保天満宮を信仰していたと考えられる。

以上のように、武蔵国の南部に残された関連史跡に注目すると、津戸氏が在庁官人として国務を担ったり、谷保天満宮の神主として祭祀を司ったりしていた姿が浮かび上がる。津戸氏は、その歴史的な重要性に比べると、実態の解明が十分に進んだ一族とは言いがたい。今後も、歴史学・考古学・宗教学など、多様な観点から研究を続けていく必要があるだろう。

だが、現状で確認できる史料を分析するだけでも、中世前期に活躍した津戸氏の一族は、国衙の所在する多摩郡に拠点を獲得して、武蔵国の政治や信仰を支える武士として発展していったことが推察できるのである。

10……平子《たいらこ》・石川氏とその関連史跡

神奈川県横浜市の東部、中区・南区・磯子区あたり一帯は、鎌倉時代から久良岐郡平子郷と呼ばれ、江戸時代には平子荘と称された（「新編武蔵国風土記稿」）。この地域は、三浦氏の流れを汲む平子氏の本拠であり、郷内には同族の石川・本目氏等が盤踞していた。ちなみに、現在平子という地名は現存しないが、石川はJR石川町駅・石川町、本牧は本牧埠頭・本牧十二天などとして残る。

平子氏は、南北朝時代成立の「横山党系図」にも見え、これによれば、横山時広の子広長が「平子平内」と称したことから始まったとする。この「平内」は本姓は平氏であることを示しており、三浦氏から養子に入ったか姻戚関係があったと推定される。同系図によれば、広長は、建保元年（一二一三）和田合戦で滅亡した横山時兼の兄とされ、広長の子経長は、武蔵国本目（本牧）・石川を領し、石川二郎を称して石川氏の祖となったという。この横山氏の滅亡が三浦氏の一族（平姓）を称する要因になった可能性が高い。

経長の弟有長は「平子野平馬允」と称し、平子氏を継承した。有長は、文治元年（一一八五）四月に源頼朝が上洛していた御家人の自由任官を咎めた時、その御家人の交名の中に「馬允有長」と見え（『吾妻鏡』）、また建久四年（一一九三）に起きた曾我兄弟の仇討ちの際に負傷したという（「横山党系図」）。建治元年（一二七五）の京都の六条八幡宮造営用途注文（国立歴史民俗博物館蔵）に平子馬允（有長）跡が見えている。

なお、一族の平子重経は、建久八年二月二十四日の前右大将家（源頼朝）政所下文（三浦家文書）によって、周防国仁保荘（山口県山口市）と恒富保（同前）の地頭職に補任され、子孫が代々相伝した。

室町時代永享十年（一四三八）に起きた永享の乱の際、足利持氏方に平子因幡守が見えている（『相州兵乱記』）。

戦国時代の永正年間（一五〇四～二一）頃から、小田原北条氏の勢力が平子郷周辺に及ぶようになると、この付近は本牧（本目）郷と称されるようになり、平子郷という呼称は消えていった。

現在、横浜市磯子区にある真言宗**真照寺**（禅馬山三郷院）（磯子八―一四―一二）は、寺伝によれば、平安末期の寿永元年（一一八二）に平子有長によって再興されたと伝える（『新編武蔵国風土記稿』では元暦元年〈一一八四〉とする）。以降、平子氏の出身者が代々住職を務め、平子氏の菩提寺となったという。本堂に安置される**毘沙門天像**（横浜市指定有形文化財）は、平安時代後期の作で、寺伝によれば、有長は、前記の負傷しながら生還できたことを、日頃から信仰する毘沙門天の加護と喜び、奉納した仏像としている。また、**木像阿弥陀三尊像**（横浜市指定有形文化財）は、平安時代後期の定朝様の仏像で、台座心棒の修理銘（元暦二年〈一一八五〉建立）から真照寺が再興されたとき作成された本尊の可能性がある。

真照寺

同じく磯子にある真言宗**金蔵院**《こんぞういん》（磯子観音、海向山岩松寺）（磯子四―三―一六）の前身は、磯子と岡村の境（薬師畑）にあった霊雲山龍錫寺で、北条泰時が在京中、高雄の明恵上人から拝領した薬師如来を祀って開創した寺院と伝える。金蔵院は、鎌倉時代末の嘉暦三年（一三二八）に真言宗の僧理空が再興したという。

一方、石川氏に関しては、貞永二年（一二三三）四月十五日の将軍家政所下文（諸州古文書）によれば、経季（経長の子）の譲状に任せて、平子郷内石河村及び越後国山田郷の地頭職が子の平経久に安堵されている。南北朝時代、越後上杉氏に従って活躍する石川氏はこの子孫と推定される。

現在、横浜市南区にある真言宗**宝生寺**《ほうしょうじ》（堀ノ内町一―六八）は、平安時代末期の承安元年（一一七一）に、法印覺清が草創したと伝える。寺の縁起には、この時熊野大權現を勧請して一山の鎮守としたと見えるが、『新編武蔵国風土記稿』には、当寺が熊野權現の別当寺であり、熊野権現社を勧請した年代は不明とある。熊野権現との関係が密接であることを示している。

宝生寺には、多数の古文書が残り、「宝生寺文書」と称されている。これによれば、南北朝時代の康応元年（一三八九）八月三日の行有坊地宛行状では、民部律師覚尊に「石川村内為坊地〈畠一反〉」を与えている。この覚尊は、応永二十年（一四一三）極月十一日に、権大僧都快尊別当職補任状で「石河熊野権現別当職」に、同二十一年五月十三日に、権大僧都快尊法生寺別当職補任状で「熊野堂領武州久良郡郡平子郷内石河村宝生寺別当職」に補任されている。宝生寺は、戦国時代文明十年（一四七八）二月日の太田道灌禁制では、「石川談議所」と見える。

また、「宝生寺文書」には、「武州久良郡横浜」の地名が見える、最も古い嘉吉二年（一四四二）卯月二十六日の市河季氏・比留間範数連署寄進状も残されている。

宝生寺の本尊は、北条貞時の本願によつて造立されたと伝える鎌倉時代作の**大日如來坐像**（神奈川県指定文化財、伝運慶作、高さ二尺五寸）で、もと鎌倉二階堂の**覚園寺**の塔中にあったものを、慶長六年（一六〇一）十月、第十世覚雄の念願によって移したという。

11……武州南一揆とその関連史跡

1　武州南一揆とは？

一揆とは、目的や方法などを同一にする人々が盟約を結び、行動した集団のことである。中世、公事《くじ》等の減免あるいは免除、新領地を獲得するため、地域の武士の間で結ばれた。村人（農民など）の間でも広く結ばれ、自治的支配のため守護や守護代などに抵抗した。一揆名は、自ら思うままに名乗っていた。

武蔵国内では、平一揆が南北朝時代に現れた。応安元・正平二十三年（一三六八）平一揆が乱を起こすと、鎌倉府によって鎮圧された（↓『埼玉の史跡』二九七頁）。

武州南一揆は、室町時代の応永年間（一三九四～一四二八）武蔵国内に現れた。南白旗一揆とも呼ばれていた。現在のあきる野市五日市《いつかいち》地域（またはその周辺も含めた）、秋川《あきがわ》流域にいた武士たちの地縁的連合体であった。秋川流域〈01〉には、**戸倉《とくら》城**〈↓本書二四一頁〉、**網代《あじろ》城**〈02〉、**檜原《ひのはら》城**〈↓本書二四二頁〉などの山城があり、武州南一揆との関連が伝えられている。武州南一揆の武士は、小宮〈03〉・平山〈↓本書六九頁〉・中浦（宮本）・網野・岩崎氏など、各山城に伝説をもつ武士やその周辺の武士であった。小宮氏や平山氏は、一揆の棟梁であったという説もある。また、範囲が平井川流域や南多摩内の多摩川流域まで広がっていたという説、伊奈石製板碑〈↓本書三〇三頁〉の分布と一致するという説もある。

武州南一揆の動向は、**阿伎留《あきる》神社**〈04〉や**戸倉三島神社**〈05〉に所蔵する史料などから、室町幕府や鎌倉府と関連していたことが分かる。小田原北条氏が武蔵国を占有すると、武州南一揆の武士は小田原北条氏に従った。武州南一揆の主な動向は、略年表を参照。

2　武州南一揆の関連史跡

〈01〉**秋川流域**

秋川流域には、多くの史跡がある。秋川は、檜原村本宿《もとしゅく》で二つの支流（南秋川と北秋川）が合流し東方に流れ、あきる野市内を経て、多摩川に合流する川である。
　源頼朝伝説のある真言宗**大悲願寺**〈↓本書二六八頁〉、**伊奈石の採掘場跡**〈↓本書三〇三頁〉、臨済宗**広徳寺**が所在する。
　初代鎌倉公方足利基氏に関連する伝説が、秋川流域の社寺には多い。臨済宗**瑞雲寺**（あきる野市山田四九六）は、『新編武蔵国風土記稿』には瑞雲尼（足利基氏の母あるいは伯母）の建立だとする。現在、堂内には**足利尊氏坐像**（江戸時代の作で、裏面に「正一位大納言将軍源尊氏公」と墨書されている。）、**足利尊氏・基氏・氏満の古い位牌**、**建武二年銘板碑**がある。この板碑は緑泥片岩製で、全長約一二二cm、幅約三二cmで、蓮華台上に草書体で「南無阿弥陀仏」、その下方中央に「門阿」（供養者名）、右に「建武二年乙亥」、左に「七月廿一日」の文字が彫られている。近接する**山田八幡神社**（あきる野市山田四七七）（祭神は応神天皇）は、足利尊氏家臣の景山貞景が建立したと記す解説標示がある。
　山田天神社（あきる野市山田八二〇）（祭神は菅原道真）は、『新編武蔵国風土記稿』には瑞雲尼の建立とする。
　真言宗**真照寺**（あきる野市引田八六三）は、『新編武蔵国風土記稿』には、寛平三年（八九一）義寛上人の開山、渕上の日照《にってら》山《やま》に所在し、延文元年（一三五六）足利基氏の再建だとする。基氏建立の棟札写も載せる。享禄四年（一五三一）に現在地に移ったと伝える。境内には、**薬師堂**（室町時代、東京都指定有形文化財）がある。
　引田《ひきだ》大宮神社（あきる野市引田九四四）（祭神は大己貴命）は、奈良時代に山城国の浪士が出雲大社の土を祠に祀り、延文二年（一三三七）足利基氏が再建したと伝える。『新編武蔵国風土記稿』には大永七年（一五二七）日奉宗連の再興とし、この棟札写も載せる。
　臨済宗**観音寺**（あきる野市渕上三五四）は足利基氏の開基と伝えるが、『新編武蔵国風土記稿』には開基の記載はない。
　臨済宗**真城寺**（あきる野市上代継三四四）は観応二年（一三五一）足利基氏の開基と伝えるが、『新編武蔵国風土記稿』では開基は小田原北条氏照とする。境内に室町時代の宝篋印塔が二基あり、『秋川市史』によると、一基は基氏妻**瑞雲尼の墓**、他の一基は**従者の墓**としている。
　臨済宗**金松寺**（あきる野市下代継三四〇）は、寺伝によれば、康安元年（一三六一）足利基氏が草創したとする。『新編武蔵国風土記稿』には開基は、小田原北条氏政とする。
　南秋川沿いの人里《へんぼり》地区には、元小学校近くの墓地に多数の小型板碑がある。**五社神社**（檜原村人里二〇一三）（祭神は五大明王）は、**木彫の仏像群**（平安時代後期の作、非公開）を蔵し、

『新編武蔵国風土記稿』には五大尊社と見える。

北秋川沿いの檜原村郷土資料館（檜原村三都郷三二二一）には、伝檜原城主平山氏重所用甲冑や複数の板碑などを展示する。真言宗**宝蔵寺**（檜原村小沢三八六三）は、『新編武蔵国風土記稿』には元亨三年（一三二三）や永和元年（一三七五）銘の古碑の存在を記す。現在、板碑一基が地蔵像群を祀る覆屋内に立っている。

網代城本郭跡（あきる野市）

〈02〉網代城（あきる野市網代城山・高尾）

網代城は、標高三三〇m、比高一六〇mの山上に築かれた小規模の山城である。現在、ハイキングコースが整備され、案内板も建ち、主郭のある山頂部まで登ることができる。遺構は、山頂部の主郭を中心に展開している。縄張は、主郭以外に曲輪というようなものはなく、堀切も小さく、虎口はない。縄張が素朴なことから、街道の監視（鎌倉街道伝承地は、城の東方約一kmの場所を南北に通る）と村落の自衛を兼ねて、在地的な力によって構築・使用されたものだと考えられている。現地の解説標示には、この山城が村人らの「逃散《ちょうさん》（領主から重税などから逃れる）」の場としても使用されていたという。

眺望に優れていて、『新編武蔵国風土記稿』は「遠見の場所にもなりしや」との地元の言い伝えを記している。「戸倉城と高月城の中間に位置することから、西からの甲斐武田氏の侵攻を烽火等で伝える「伝えの城」であったという説もある。

貴《き》志《し》嶋《じま》神社（弁財天社とも）（あきる野市網代八三）が、山の東側中腹の弁天山公園近くにある。祭神は市杵嶋姫命で、奥ノ宮もある。**奥ノ宮**は弁天洞窟と呼ばれ、主神の弁財天像が洞窟内にあったと考えられている。現在、**伊奈石**

阿伎留神社（あきる野市）

製の大黒天像（総高三五cm）がこの洞窟内にあり、この像に文明九年（一四七七）の紀年銘がある。

〈03〉小宮氏

小宮氏は、多摩郡小宮を名字の地とする武士である。日奉姓西党の一族と伝えられているが、「武蔵七党系図」では確認できない。鎌倉時代に承久の乱後、伊予国弓削島荘（愛媛県上島町弓削島）の地頭職を与えられたと考えられている（「東寺百合文書」）。

小宮神社（あきる野市草花一二〇七）（祭神は伊弉那岐命）は、承元元年（一二〇七）平山季重が建立したと伝えられ、国重要美術品の**銅鐘**（高さ約九〇cm、直径約五〇cm）を所蔵する。この銘文に「武州多西郡小宮郷」、「寛正四年（一四六三）」に「大檀越上野介憲明」が奉納したと見える。この憲明が小宮氏だという（上杉氏という説もある）。

『新編武蔵国風土記稿』では、あきる野市山田の臨済宗瑞雲寺の項に、天文五年（一五三六）棟札銘を載せ、「大檀越小宮上野介顕宗」が見える。また、真言宗**大悲願寺**〈↓本書二六八頁〉所蔵の元亀三年（一五七二）銘棟札銘には、「大檀越小宮孫四郎清綱」が見える。

〈04〉阿伎留神社（あきる野市五日市一〇八一）

阿伎留神社は、秋川沿いの段丘上に所在する。武州南一揆関係文書を六通、建武五年（一三三八）二月一日の紀年銘がある**銅製懸仏**（鏡板のみ現存）を所蔵する。この懸仏には「秋留神社」とある。祭神は、主神に大物主神、相殿に味鋤高彦根命などを祀る。『日本三代実録』や『延喜式』に記された古い神社である。小塩宮、松原大明神、春日明神とも呼ばれた。藤原秀郷伝説〈↓本書二八九頁〉もある。阿伎留神社の西北約六〇〇mに、五日市郷土館（五日市九二〇一一）がある。なお、五日市は、安土桃山時代から地名として見え、現在ＪＲの駅名としても残っている。

〈05〉戸倉三島神社（あきる野市戸倉四一四）

戸倉三島神社は、戸倉城の東麓側に所在する。武州南一揆関係文書十通を所蔵する。祭神は、大山祇命・八千戈命などである。天徳二年（九五二）に伊豆国三嶋大明神を勧進したという。『新編武蔵国風土記稿』によると、祠官の宮本備後はもとは中浦氏といい、板東八平氏の遠裔で、「中浦上総助平顕宗」が先祖とある。隣接する**武《ぶ》多摩《たま》神社**内には**毘沙門天像**があり、平安時代末期の作という。**武州南一揆の顕彰碑**が、参道の階段入口に立っている。これは昭和五十八年（一九七四）、秋川の自然と文化を護る会と武州南一揆の後裔会有志によって建てられたものである。

武多摩神社と戸倉三島神社

3　武州南一揆略年表

応永二十年（一四一三）
武州南一揆、鎌倉公方足利持氏の命により甲斐国武士大矢蔵之輔の武蔵国小宮居住の実否を糾明する（三島明神社文書）。

武州南一揆、足利持氏の命により甲斐国凶徒等討伐のため平山三河入道に合力する（三島明神社文書）。

応永二十三年（一四一六）

上杉禅秀の乱が起きる（鎌倉公方足利持氏と前関東管領上杉禅秀の対立）。

応永二十四年（一四一七）
武州南一揆、足利持氏方に与し、豊島・江戸氏らと共に瀬谷原（横浜市瀬谷区）で上杉禅秀軍と戦う（鎌倉大草紙）。

武州南一揆、足利持氏から恩賞として五ヵ年間の鎌倉府政所公事等を免除される（三島明神社文書）。

応永二十五年（一四一八）

武州南一揆、足利持氏の命により上杉禅秀方残党（新田・岩松など）を討伐する一色持定軍に参陣する（三島明神社文書）。

武州南一揆、足利持氏の命により上杉禅秀方残党を討伐するため出陣する（三島明神社文書）。

応永二十六年（一四一九）

武州南一揆、足利持氏の命により府内（武蔵府中か）を巡番警固する（三島明神社文書）。

武州南一揆の中浦顕宗、小宮領内の岩崎神十郎・網野弥五郎に一色持定が居る府中・関戸まで出陣するように命じる（武州文書）。

武州南一揆、足利持氏の命により上杉禅秀方の残党恩田美作守らが現れた場合には守護代に協力し、討伐のために出陣する（三島明神社文書）。

応永二十七年（一四二〇）頃

南白旗一揆（武州南一揆）、室町幕府の命により武蔵国渋子郷の騒動で佐々木吉童子に合力する（佐々木文書）。

応永三十三年（一四二七）

武州南一揆、平山三河入道と梶原美作守と共に、東福寺領船木田荘の年貢を抑留する（尊経閣古文書纂）。

永享十年（一四三八）

永享の乱が起きる（関東公方足利持氏、関東管領上杉憲実と対立する）。

この頃、武州南一揆、元関東管領上杉長棟（憲実）の命により武蔵国中を警固する（三島明神社文書）。

宝徳元年（一四四九）

足利成氏が関東公方になる。

この頃、武州南一揆、足利成氏の命により領地五ヵ所を没収される（喜連川家御書案留書）。

享徳三年（一四五四）

享徳の乱が起きる（足利成氏、室町幕府・関東管領上杉房顕・越後守護上杉房定らと対立する）。

享徳四年（一四五五）

武州南一揆、幕府・関東管領上杉氏に与し、足利成氏を「世谷さい」で待ち伏せして襲う（鎌倉大草紙）。

永正七年（一五一〇）

伊勢宗瑞が武蔵国に侵攻する。

武州南一揆、扇谷上杉朝良・山内上杉憲房・成田・大石と共に、伊勢宗瑞方に与した上田政盛（扇谷上杉朝良の家臣）が拠る武蔵国権現山城を攻め、奪取する（武家事紀）。

大永四年（一五二四）

小田原北条氏、武蔵国に進出する。

天文十六年（一五四六）

小田原北条氏、河越合戦で勝利し、武蔵国を支配する。

永禄二年（一五五九）

武州南一揆の宮本六郎太郎、小田原北条氏に宮本禰宜職を安堵される（宮本信行氏所蔵文書）。

COLUMN01 三田氏とその関連史跡

武蔵国の国人である三田氏は、平将門の子孫と称し、鎌倉時代以来、武蔵国杣保《そまのほ》と呼ばれた三田谷（現在の青梅市周辺）の有力な領主であった。室町・戦国時代には、**勝沼城**を居城として関東管領山内上杉氏に属していたが、戦国時代になると小田原北条氏の支配下となり他国衆に列せられた。永禄四年（一五六一）、越後国の長尾景虎（上杉謙信）の関東出陣に呼応して、三田綱秀は小田原北条氏に反旗をひるがえしたため、滝山城主北条氏照によって**辛垣《からかい》城**が攻め落とされ三田氏宗家は滅亡した。なお、辛垣城の落城の時期は、三田氏旧臣の日記に同六年と記されているが、謙信帰国後すぐの同四年七月から程遠からぬ時点とする説も有力である。

その後、小田原北条氏に従った一族も確認できるが、北条氏滅亡後は、徳川家康に仕え旗本となった一族と武蔵国橘樹郡上作延《かみさくのぶ》村（現在の川崎市高津区上作延）の名主を世襲した一族が知られる。この上作延村名主三田家に伝来した資料は、現在、神奈川県立公文書館に寄贈され、平成十二年度第一回展示・常設展の併設展として「新収資料展――川崎市高津区上作延三田理氏寄贈資料」で公開された。また、青梅市郷土博物館の企画展示として「戦国時代の青梅～三田氏の滅亡と北条氏～」（二〇一九年）、「中世青梅の城館跡～静かに眠る杣保の城～」（二〇二一年）が、羽村市郷土博物館では常設展示として「多摩川とともに」をテーマにした展示が実施され、中世では三田氏関係及び館蔵の板碑などを展示している。

〈01〉勝沼城址〈→本書二三五頁〉

〈02〉住吉神社（青梅市住江町一二）

応安二年（一三六九）、延命寺の季竜和尚が寺門守護のため、出身地である摂津国住吉明神を勧請。永正十年（一五一三）、三田氏宗・政定父子により社殿が改修され、社宝を奉納し、青梅村の氏神として祭ったといわれる。

〈03〉虎柏《とらかしわ》神社（青梅市根ヶ布一―三一六）

『延喜式』神名社。天慶三年（九四〇）、源経基が諏訪上下大神を勧請した。永正年間（一五〇四～一五二一）に勝沼城主三田氏宗によって再興された。

〈04〉金剛寺（青梅市天ヶ瀬町一〇三二）

青梅山無量寿院と号する真言宗豊山派の寺で、本尊は智証大師筆とされる**白不動明王像**で秘仏である。承平年間（九三一～九三八）、平将門の開基と伝えられ、本堂右手前には「**将門誓いの梅**」がある。この梅は季節が過ぎても黄熟せず、落実まで青く、このため青梅市の名前の由来にもなった。その後、頼遍上人が元亨年間（一三二一～一三二四）に中興開山となり、永禄五年（一五六二）に三田氏を滅ぼした北条氏照が寺領を安堵した。勝沼城主三田綱秀の遺臣野口秀房が、寛永四年（一六二七）に亡君の菩提を弔うために納めた**三田氏位牌**が本堂に残されている。

住吉神社

金剛寺青梅

〈05〉乗願寺（青梅市勝沼三ー一ー一四）

勝沼山と号する時宗当麻派の寺院。正安二年（一三〇〇）、相模国当麻山無量光寺の他阿真教上人が勝沼城主三田長綱に招かれて開山したと伝えられる。本尊の**阿弥陀如来**は、鎌倉幕府八代将軍久明親王から三田下総守長綱へ賜与されたという。三田綱秀遺品の兜の前立・軍旗、三田綱秀出陣の図（山田紫光画伯作）などを所蔵する。

〈06〉天寧寺（青梅市根ヶ布一ー四五四）

高峯山と号する曹洞宗の寺院で、本尊は釈迦如来坐像。寺伝では、天慶年間（九三八～九四六）に平将門が「高峯寺」の名で創建したという。後に兵火にあい廃寺となるが、文

乗願寺

天寧寺山門

亀年間（一五〇一～一五〇四）に勝沼城主三田政定が再興し、天下安寧を祈願して「天寧寺」と命名し、甲斐国の一華文英を開山として招いた。

〈07〉**報恩寺**（青梅市今寺一―五四〇）

藤橋山正覚院と号する天台宗の古刹で、本尊は阿弥陀如来。延暦寺の亮海の開基、元亨二年（一三二二）、承祐の代に三田弾正清綱によって再興される。境内の東側墓地入口の歴代住僧墓に板碑二基が立つ。右側の**貞和三年**（一三四七）**銘の板碑**は、承祐のために隆承が建碑したもの。左側の**延文二年**（一三五七）**銘の板碑**は、隆承のため弟子達が建碑したものである。

〈08〉**塩船《しおふね》観音寺**（青梅市塩船一九四）

大悲山と号する真言宗の寺院である。本尊は**木造千手観音立像**で、像内銘文により文永元年（一二六四）・快勢作。また眷属《けんぞく》の**二十八部衆**も像内銘文等により二十三体が鎌倉時代・定快作、五体は室町時代・弘円作である。本尊・眷属ともに国の重要文化財である。塩船とは、周囲の地形が小丘に囲まれ、船の形に似ていることから「塩船」と名付けられたという。寺伝では、大化年間（六四五～六五〇）に若狭国の八百比丘尼が千手観音を安置したことに始まる。門の左右の**金剛力士像**は、鎌倉仏師円慶の作品である。鎌倉時代には金子十郎家忠一門の信仰を受け、室町時代には、勝沼城主三田氏の帰依により仏像・堂宇の修理・再建が行われた。境内の**本堂・仁王門・阿弥陀堂**はいずれも室町時代後期の建築で、国の重要文化財に指定されている。また、覆屋内に**永仁四年**（一二九六）**銘の板碑**がある。

〈09〉**海禅寺**（青梅市二俣尾四—九六二）

瑞龍山と号する曹洞宗の寺院で、本尊は釈迦三尊像。室町時代の寛正年間（一四六〇～一四六六）、の創建。初め長勝山福禅寺と称したが、勝沼城主三田綱秀が堂宇を再興し、現在の寺名となる。**本堂西に綱秀正室と三人の男子の墓**と伝えられる宝篋印塔が四基並んでおり、当寺は三田氏の菩提寺でもあった。

塩船観音寺本堂

COLUMN02 大石氏とその関連史跡

大石氏は「木曾大石系図」(『大石氏の研究』『福生市史資料編』中世寺社などに掲載)によると、木曾義仲の子義宗に始まる家と伝えられ、信濃国を出て関東管領をつとめる上杉氏に仕えたとされる。現在では、信濃国かどうかは別として、武蔵国以外の地から入ってきた一族と推測されている。この系図は実名や関係性、注記に至るまで不正確な記述が多い。実際の大石氏の系譜関係は、黒田基樹氏が古文書から系図の復元を行っているので(『武蔵大石氏』)、それを参照されたい。

まずは大石氏の初見を確認すると、応安三年(一三七〇)十月三日付大石能重打渡状案(円覚寺文書)で、差出に「隼人佐能重」と書かれる。このときの武蔵国守護は上杉能憲であるので、この段階で能重は能憲の被官であること、能重の「能」は能憲の偏諱《へんき》であり、能憲から信頼される家臣であったことがわかる。その後能重は永徳二年(一三八二)に伊豆国守護代、康応元年(一三八九)には上野国守護代の明証があり、石見守の官途を称していた。

また、康暦元年(一三七九)十二月二十七日付上杉憲方施行状(円覚寺文書)では、「大石遠江入道」が、やはり武蔵国守護代として活動しており、至徳三年(一三八六)まで明証がある。この「大石遠江入道」の実名は不明だが、法名は聖顕であった。もう一人能重・聖顕より少し後になるが、重仲という人物がいる。重仲は永享十年(一四三八)に山内上杉氏の軍勢中に見える。

大石氏は、以上挙げた能重・聖顕・重仲をそれぞれ初代として三系統に分かれている。嫡流は聖顕の系統で、それぞれ官途から遠江守家、能重の系統は石見守家、重仲の系統は駿河守家と呼称されている。みな大石を称しているので、同族関係にはあったようである。相互の関係性は不明であるが、駿河守家は石見守家の庶家と推測されている。

享徳三年(一四五四)十二月、公方足利成氏が関東管領上杉憲忠を殺害し、約三十年に及ぶ享徳の乱が始まった。翌正月、分倍河原の戦いで上杉氏は大敗し、それに従っていた遠江守家の憲義、駿河守家の重仲が戦死している。文明八年(一四七六)からの長尾景春の乱では、遠江守家は山内上杉氏方、石見守家と駿河守家は景春方についた。同九年には遠江守家の源左衛門尉が討死し、遠江守家は定重が継承した。同十年になると、駿河守家・石見守家は降伏し、上杉側に復帰した。その後駿河守家は力を失ったようだ。文明十二年、再び景春が武蔵長井氏とともに再起したため、太田道灌が攻撃した際、山内上杉氏から援軍として遠江守家の定重・石見守家某が派遣された。享徳の乱の間、大石氏は守護代にはなっていないものの、山内上杉氏内では、長尾氏に次ぐ重要な軍事力を有した。

　次に大石氏の居城を挙げていく。石見守家の道伯は、**二宮城**〈↓本書二二四頁〉である。また遠江守家では、定重が新座郡柏の城（埼玉県志木市）に入る。「梅花無尽蔵」にも詠まれている館として知られる。かつては**高月城**〈↓本書二二五頁〉と言われていたが、現在では否定されている。その後定重の子道俊が、永正元年（一五〇四）頃**椚《くぬぎ》田《だ》城**（初沢城）〈↓本書二二七頁〉に入るも伊勢宗瑞に攻められ、同六年頃に多西郡**由井城**（浄福寺城）（東京都八王子市）〈↓本書二二七頁〉に移る。そして大永四年（一五二四）頃までには、山内上杉氏から離れ、小田原北条氏に従うようになる。小田原北条氏従属以後の領域内に**広徳寺**（東京都あきる野市）がある。応安六年（一三七三）に開かれ、天文年間に北条氏康によって堂舎が再建されたと伝えられている。広徳寺には天文二十年（一五五一）九月六日付大石道俊判物（「広徳寺文書」）が残る。もともと広徳寺は小宮氏領であったが同氏が没落し、道俊に与えられたようである。そこで道俊が安堵状を発給し、それに対して小田原北条氏が承認する虎の印を捺している。氏康が堂舎を再建したという話は、この文書から生まれたのだろうか。

　遠江守家の大石綱周《つなかね》は、弘治元年（一五五五）頃没し、翌年北条氏康の子氏照が婿養子となり後継者になった。北条氏が一族を継がせたのは、大石氏が北条・武田氏の外交に関与する役割を果たしていたからであろう。実際の氏照の由井領入部は永禄二年（一五五九）である。永禄六～十年頃に**滝山城**〈↓本書二二九頁〉が築城され、新たに滝山領を形成したという。ところが、氏照は永禄十一年には、小田原北条氏の御一家衆《ごいっかしゅう》筆頭となり、北条に復称した。これは大石氏の役割の終焉とともに、大石氏という一族が存在した記憶そのものが、失われるきっかけとなってしまったのではないだろうか。

COLUMN03 武蔵千葉氏とその関連史跡

千葉氏は千葉庄（千葉市付近）を名字の地とする武士団である。享徳三年（一四五四）十二月、公方足利成氏が関東管領上杉憲忠を殺害し、約三十年に及ぶ享徳の乱が始まった。それに伴い、千葉氏でも抗争が生じた。享徳四年（一四五五）三月、千葉氏重臣原胤房と千葉氏一族馬加《まくわり》康胤が、公方足利成氏の援軍を得て、千葉城（千葉市）の千葉胤直・宣胤父子を襲撃する。八月には宣胤が討死、胤直は自害し、九月には胤直の弟賢《かた》胤《たね》も自害した。胤直の甥実胤・自胤《これたね》兄弟は上杉氏を後ろ盾に市川城（千葉県市川市）に籠もるも、康正二年（一四五六）正月落城した。実胤・自胤は上杉氏の勢力圏である武蔵国に逃れ、実胤は**赤塚城**（→本書二一〇頁）、自胤が**石浜城**（→本書二一二頁）に入る。これが武蔵千葉氏の始まりである。

赤塚城に入った実胤は、反成氏方から千葉氏当主と認識され、赤塚郷（板橋区）を兵糧料所として預け置かれる（「鹿王院文書」）が後に隠遁し、弟自胤が武蔵千葉氏当主となる。自胤の後は、実胤の子の守胤―治胤―憲胤―某と継承され、天正二年（一五七四）に北条氏繁の子を娘婿にして直胤と名乗った。本拠地の赤塚郷には、自胤勧請と伝える**赤塚諏訪神社**（板橋区大門一一―一）（国重要無形民俗文化財の田遊びで著名）や、**赤塚氷川神社**（同区赤塚四―二二―一）、自胤開基と伝わる菩提寺の**松月院**（同区赤塚八―四―九）がある。自胤と赤塚郷の関係はないものの、自胤以降実胤の子孫が千葉氏を継承したことなどから、赤塚郷と自胤が結びつけられたのだろう。

松月院は万吉山宝持寺と号し、明応三〜文亀二年（一四九四〜一五〇二）、曇英《どんえい》慧《え》応《おう》が開山となる。延徳四年（一四九二）に、「宝持寺」宛の寄進状がある（「松月院文書」）ので、もともと武蔵千葉氏に関係した「宝持寺」を曇英慧応が曹洞宗に改宗したものとみられる。境内には**「伝・千葉一族の墓地」**（板橋区登録記念物）がある。自胤と自胤室と二基あり、自胤のものは永正三年（一五〇六）の年号があるものの、後世造立の墓碑である。自胤室のものは、元徳元年（一三二九）の区内最古の宝篋印塔で、武蔵千葉氏入部以前の赤塚郷の様子を知る貴重なものである。

松月院

伝・千葉一族の墓地（自胤室墓・区内最古の宝篋印塔）

COLUMN04 武蔵吉良氏とその関連史跡

武蔵吉良氏とはどのような一族なのだろうか。

武蔵吉良氏は三河国吉良荘（愛知県西尾市）を本拠とした清和源氏の出自をもち、足利将軍家の一門という武家の名門であった。

一族が南北朝内乱のときに奥州管領として奥州（東北地方）に下向し、奥州吉良氏と呼ばれるようになり勢力を拡大した。しかし、足利政権の内訌である観応の擾乱が起こると次第に衰退した。その後、鎌倉府に出仕するようになり関東に移ることで武蔵吉良氏が生まれた。**世田谷城**（世田谷区豪徳寺）〈↓本書二一三頁〉や**蒔田城**（横浜市南区蒔田町）を拠点としたことから「世田谷御所」、「蒔田御所」と称された。扇谷上杉氏・小田原北条氏と姻戚関係を結ぶことで勢力を保持したが、小田原北条氏が豊臣秀吉に屈して滅亡すると、武蔵吉良氏も没落した。江戸時代には徳川家康に仕えて旗本となり、蒔田氏を称し、高家となった。赤穂事件で有名な吉良氏は三河吉良氏であったが、この家が断絶すると蒔田氏が吉良姓に復姓した。

次に武蔵吉良氏に関連する史跡を沿線別に紹介したい。まずは神奈川県に目を向けてみる。

ＪＲ南武線武蔵中原駅を少し南に行き、中原街道を東にしばらく進むと浄土宗の宝林山**泉沢寺**（川崎市中原区上小田中七―二〇―五）がある。延徳三年（一四九一）に多摩郡烏山（世田谷区烏山）に創建するも、天文十八年（一五四九）に焼失し、翌十九年（一五五〇）吉良頼康が現在地に再興した。

東急東横線新丸子駅から東に少し歩くと、東海道新幹線の線路近くに真言宗の日吉山**大楽院**（川崎市中原区上丸子八幡町一五二二）がある。中世には丸子荘の鎮守である**日枝神社**（川崎市中原区上丸子山王町一―一五五五）の別当寺であった。**木造釈迦如来坐像**の銘文をみると、吉良氏朝とその家臣が施入したものという。

次に東京都の史跡について紹介したい。まずは小田急電鉄豪徳寺駅周辺からみていこう。駅から南にしばらく歩くと曹洞宗の大谿山**豪徳寺**（世田谷区豪徳寺二―二四―七）がある。文明十二年（一四八〇）に吉良政忠が伯母の弘徳院供養のために臨済宗の昌誉禅師により開基したと伝わる。その後、宗派は臨済宗から曹洞宗へと改宗し、寺名は弘徳院から弘徳寺、豪徳寺へと変遷した。江戸時代には彦根藩主井伊家の菩提寺となり、寺内には井伊家の墓所がある。

豪徳寺から少し西に歩くと**世田谷八幡宮**（世田谷区宮坂一―二六―三）がある。寛治五年（一〇九一）、源義家による創建と伝わる。天文十五年（一五四六）、吉良頼康により再建され、これ以降吉良氏の氏神となった。清和源氏の血流にあたる吉良氏が源氏の守護神である八幡宮を再建したのだろう。

八幡宮から南に歩くと曹洞宗の延命山**勝光院**（世田谷区桜一―二六―三五）がある。建武二年（一三三五）吉良治家による開基と伝わり、初めは金谿山もしくは興善山、竜凰寺といった。天正元年（一五七三）、吉良氏朝が父頼康の菩提を弔うために再興し、頼康の法名から勝光院と改めた。墓地の中央部には現在でも**吉良家の墓所**が残る。

東急世田谷線若林駅から南に進むと**駒留八幡宮**（世田谷区上馬五―三五―三）がある。徳治三年（一三〇八）に勧請され、その後、吉良頼康が子の追善供養のために若宮八幡を奉納したと伝わる。

東急大井町線九品仏駅を降りて北に進むとすぐに参道があり、その奥に浄土宗の九品仏**浄真寺**（世田谷区奥沢七―四一―三）がある。当寺の正式名は九品山唯在念佛院浄真寺である。延宝六年（一六七八）の創建である。この地には吉良頼康が築いた世田谷城の出城や吉良氏の家臣大平氏の館跡があったという伝承をもつが、小田原北条氏の滅亡により廃城となった。現

豪徳寺

勝光院吉良氏墓所（世田谷区勝光院）

東光寺吉良家墓所（目黒区の東光院）

在でも鐘楼近くには土塁跡が残っている（奥沢城）（↓本書二一四頁）。

東急大井町線等々力駅を降りて少し北に進むと真言宗の致航山**満願寺**（世田谷区等々力三―一五―一）がある。文明二年（一四七〇）、吉良氏が深沢に創建したものが、十六世紀に現在地に移されたという。

東急東横線都立大学駅を降りて東に進むと天台宗の経王山**円融寺**（目黒区碑文谷一―二二―二二）がある。仁寿三年（八五三）慈覚大師（円仁）により創建されたという伝承をもつ。創建時は天台宗の法服寺であったが、弘安六年（一二八三）日蓮の弟子である日源により日蓮宗に改宗し、法華寺と改められた。戦国期には武蔵吉良氏の庇護を受け、末寺を七十五寺もつほどの勢力を有した。江戸時代に再び天台宗に改められた。年号が読み取れる板碑が十五基あり、そのうち北朝年号のものが七基ある。**釈迦堂**は室町時代の建立で二十三区内では最古の木造建築であり、国の重要文化財に指定されている。仁王門内にある**金剛力士像**（阿形像二一一cm、吽形像二〇五cm）は永禄二年（一五五九）の製作で、東京都指定有形文化財である。

都立大学駅を西に進むと曹洞宗の泰陽山**東光寺**（目黒区八雲一―一一―九）がある。寺伝によると南北朝期に吉良治家が子の菩提を弔うために創建し、戦国期には吉良頼康により中興された。もとは東岡寺という寺名であったが、のちに東光寺に改められた。現在でも墓地の正面奥に吉良家墓所があり、**頼康の墓など三基の石塔**が残る。

その隣に日蓮宗の小杉山**常円寺**（目黒区八雲一―一―一〇）がある。天文十八年（一五四九）、小田原北条氏が滅亡するとともに武蔵吉良氏も没落した。吉良氏の家臣であった小杉氏がこの地に移り、円融寺（当時は碑文谷法華寺）の日進に帰依し、当寺を創建した。

吉良氏略系図

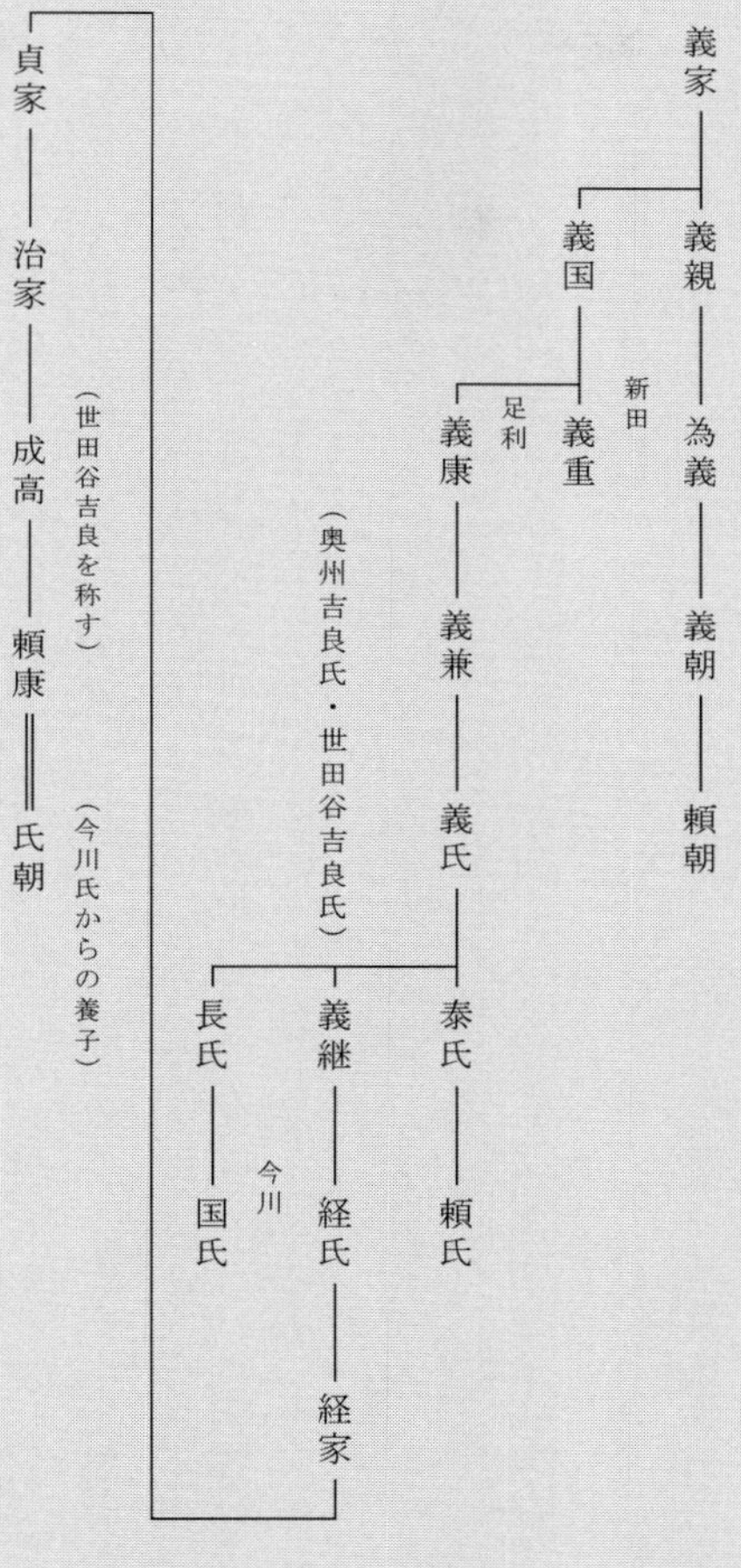

COLUMN05 太田道灌とその関連史跡

太田道灌は、数多の軍功を挙げた武将でありながら、和漢の教養を備えた文化人でもあり、文武両道を体現した人物として有名である。その出自は、丹波国桑田郡太田郷（京都府亀岡市）を名字の地とした摂津源氏の一族だという。室町中期に太田道真と道灌の父子が、扇谷上杉家の家臣として頭角を現して、享徳の乱や長尾景春の乱を通じて勢力を伸ばした。

道灌は、扇谷上杉家の上杉定正に従うことで、関東の各地に派遣されて実績を重ねたが、特に武蔵国を主戦場とした活躍として、長尾景春の乱における攻防が知られている。文明八年（一四七六）、関東管領を務める山内上杉家の上杉顕定に対して、有力家臣の景春が謀叛を起こした。道灌は、両上杉氏の顕定と定正を助けて、武蔵国で景春の勢力と火花を散らした。文明九年（一四七七）、**江古田原・沼袋の戦い**（↓本書二〇一頁）では、景春に加担した豊島氏を打ち破り、豊島氏を追撃して**石神井城**（練馬区石神井台）（↓本書二〇九頁）を落城させた。文明十年（一四七八）には、**小机城**（横浜市港北区小机町）（↓本書二四四頁）と鉢形城（埼玉県大里郡寄居町鉢形、↓『埼玉の史跡』一六八頁）を攻め落としている。そして、文明十二年（一四八〇）、景春が最後の拠点にした熊倉城（埼玉県秩父市荒川日野）（↓『埼玉の史跡』一一四頁）を陥落させた。こうして道灌は、三十数回に及ぶ戦いに決着を付けて、ようやく長尾景春の乱を解決に導いたのである。

こうした一連の活躍を通じて、道灌の声望は飛躍的に高まったが、顕定や定正から警戒される結果となり、文明十八年（一四八六）、主君の定正によって相模国の糟屋館（神奈川県伊勢原市）に招かれて、齢五十五歳で暗殺された。

道灌は、関東を中心に多くの足跡を残した人物であり、各地に道灌の故地とされる史跡が散在している。武蔵国の南部に分布する関連史跡は、伝説を含めると膨大な件数に上るが、以下では、代表的な城館と寺社を中心に確認していきたい。

道灌が手掛けた城館といえば、**江戸城**（千代田区千代田ほか）（↓本書二〇五頁）が有名だろう。本来は江戸氏の居館だったが、長禄元年（一四五七）、道灌が拠点として整備したという。近世には江戸幕府の中枢として機能しており、近代以降には皇居として維持されている。現在の城郭は、後世に改修を受けた姿だが、道灌が江戸城に付与した権威は、時を越えて現代にも息づいており、その歴史的な貢献には計り知れないものがある。**稲付城跡**（北区赤羽西一―二一―七）〈↓本書二〇六頁〉は、**静勝寺**の一帯に当たり、道灌が築城した砦跡といわれている。静勝寺は、本郭の跡地に位置しており、境内の**道灌堂**には、**道灌の木像**が安置されている。この木像は、道灌の命日に当たる毎月二十六日に開扉されている。中野城山居館跡（中野区中野一―三一）は、谷戸運動公園の地で、道灌の陣地だったという。**道灌山**（荒川区西日暮里三）は、西日暮里公園の小高い丘であり、道灌の出城だったとする説がある。**日暮里山**（板橋区稲荷台二四）は、稲荷台児童遊園に当たり、道灌の家臣だった新堀玄蕃の館跡である。一説には日暮里という地名も、この新堀氏に由来するという。**亀之甲山陣城跡**（横浜市港北区新羽町一〇三九）は、新横浜テクノヒルズ企業団地の一角に当たる。明確な遺構などは残っていないが、長尾景春の乱で、**小机城**（横浜市港北区小机町）〈↓本書二四四頁〉を攻略するため、道灌が築城したという。**加瀬城跡**（川崎市幸区南加瀬一―二）は、夢見ヶ崎動物公園の周辺である。道灌が修築を計画したが、白鷺が自分の兜を持ち去る夢を見て、不吉なので断念したという伝説がある。

道灌と関係の深い城館をみてきたが、城郭には信仰的な拠点が伴っており、道灌は寺社の創建にも積極的に取り組んでいた。まずは江戸城に関連して整備された寺社として、**日枝神社**（千代田区永田町二―一〇―五）が挙げられる。文明十年（一四七八）、道灌が江戸城の築城に当たって、川越日枝神社（埼玉県川越市小仙波町一―四―一）を勧請してきたと伝えられている。**平河天満宮**（千代田区平河町一―七―五）は、文明十年（一四七八）、道灌が菅原道真の現れる霊夢を見て、江戸城の北域に当たる梅林坂の地に創建したのが起源である。**櫻木神社**（文京区本郷四―三―一）も、道灌が江戸城に勧請した天満宮に由来するという。**吉祥寺**（文京区本駒込三―一九）は、長禄二年（一四五八）、江戸城を築城した道灌が、井戸を掘らせたところ、「吉祥増上」と刻んだ金印が発見されたので、城内の和田倉門の付近に建立した寺院といわれている。**出世稲荷神社**（新宿区余丁町一二―一八）は、長禄元年（一四五七）、道灌が稲荷大明神の霊夢を見て、江戸城の鎮守として城内に創建したという。**千代田稲荷神社**（渋谷区道玄坂二―二〇―八）も、長禄元年（一四五七）、道灌が江戸城の守護神として京都の伏見稲荷大社を勧請したとされる。**太田姫稲荷神社**（千代田区神田駿河台一―二）は、道灌が疱瘡（天然痘）に霊験のある一口稲荷神社を分祀して、江戸城に建立した神社だったという。

その契機は、道灌の娘が疱瘡を発症したのを受けて、京都の一口稲荷神社に祈願して治癒したことにあった。**柳森神社**（千代田区神田須田町二―二―二五）は、長禄二年（一四五八）、江戸城の北東に柳を植樹して、京都から伏見稲荷大社を勧請してきたという。**法恩寺**（墨田区太平一―二六）の起源は、長禄二年（一四五八）、江戸城を築城した道灌が、北東の方角に設置した祈願所であり、山門の付近には**道灌公記念碑**がある。**築土神社**（千代田区九段北一―一四―二一）は、文明十年（一四七八）、道灌が江戸城の北西に造営して、江戸城の鎮守として信仰されてきた。**市谷亀岡八幡宮**（新宿区市谷八幡町一五）は、文明十一年（一四七九）、江戸城の西方に当たる守護神として、鎌倉から鶴岡八幡宮を勧請してきたという。この市谷亀岡八幡宮には、道灌が所持した軍配団扇（新宿区登録有形文化財）が伝来している。

こうした江戸城に関連する寺社は、徳川家康の入城や城郭の拡張などに伴って移転しており、現在地に落ち着くまでには紆余曲折があった。なお、**神明氷川神社**（中野区弥生町四―二七―三〇）や**本郷氷川神社**（中野区本町四―一〇―三）も、道灌が江戸城の鎮護のために創建したといわれている。道灌といえば、一般的には江戸城を築城した功績で名高いが、江戸城に関連する寺社を創建した人物としても知られていたのである。

また、道灌は、関東を舞台に激しい抗争を繰り広げており、各地の寺社に武運を祈った由緒が残されている。**妙義神社**（豊島区駒込三―一六―一六）は、文明三年（一四七一）、古河公方の足利成氏と対戦する際に、道灌が戦勝を祈願して、神馬や宝剣を寄進したという。道灌は、それ以降の合戦でも参拝を重ねており、同社は、やがて勝軍宮と呼ばれるようになった。境内には、道灌を祀った**道灌霊社**がある。

文明九年（一四七七）、道灌が豊島氏を破った江古田原・沼袋の戦いでは、周辺の寺社を積極的に活用していた形跡がある。**江古田氷川神社**（中野区江古田三―一三―六）は、道灌が戦勝祈願したといわれる神社である。また、**沼袋氷川神社**（中野区沼袋一―三一―四）には、道灌が本陣として利用したという由緒がある。道灌は、この地で戦勝祈願をして、社頭に杉を植樹したという。この木は、**道灌杉**と呼ばれていたが、昭和十七年（一九四二）ごろ枯死して、現在では根元だけが残されている。**中野氷川神社**（中野区東中野一―一一二）でも、道灌は戦勝祈願をして、境内に杉を植樹しており、勝利を収めたことに感謝して、社殿を造営したと伝えられている。また、**本郷氷川神社**（中野区本町四―一〇―三）

は、道灌がこの戦いで戦勝祈願をして、社殿を再営したといわれている。**豊玉氷川神社**（練馬区豊玉南二―一五―五）は、もともと境内社の北野神社が主体であり、道灌が江古田原・沼袋の戦いで戦勝祈願したという。なお、隣接する**正覚院**（練馬区豊玉南二―一五―二）は、豊玉氷川神社の北野神社の別当寺として、道灌が長禄年間（一四五七～一四六〇）に創建したと伝えられている。**須賀稲荷神社**（中野区江原町一―四四）や**松が丘北野神社**（中野区松が丘二―二七―一）も、江古田原・沼袋の戦いで道灌が戦勝祈願した神社である。**白箭稲荷社**（板橋区弥生町五四）は、豊島氏に押されて劣勢に陥った道灌が、戦勝を祈願して窮地を脱したといわれている。この戦いで夜道に迷った道灌が、一匹の黒猫に導かれて、**自性院**（新宿区西落合一―一二―三一）で夜を明かした後、再起を果たしたという伝説も残っている。

さらに、**荻窪八幡神社**（杉並区上荻四―一九）の境内には、道灌が石神井城の攻略に当たって、戦勝祈願して植樹したという**道灌槇**がある。**飯倉熊野神社**（港区麻布台二―二―一四）は、道灌によって再建された神社である。本殿に合祀されている**太田稲荷**には、道灌が鯛を供えて戦勝を祈願したという伝説があり、道灌が寄進したという太鼓が伝来していた。**本行寺**（荒川区西日暮里三―一―三）は、太田氏の子孫が菩提寺とした寺院であり、かつて境内には道灌が築いた物見塚があった。現在では寛延三年（一七五〇）の**道灌丘碑**が残っている。**亀塚稲荷神社**（港区三田四―一四―一八）は、文明年間（一四六九～一四八六）、道灌が物見台を設置するのに当たって、亀形の霊石を祀った祠があったので、それを守護神として創建した神社であるという。

このように、寺社は武運を祈る場として重要な意味があり、境内が軍事的な拠点として利用されることも多かった。こうした合戦に関係する寺社は、道灌の武将としての側面を物語る史跡といえるだろう。

それ以外にも、道灌の由緒が残された寺社は枚挙に暇がない。**椙森神社**（中央区日本橋堀留町一―一〇―二）は、文正元年（一四六六）、道灌が雨乞いに霊験があるとして、京都の伏見稲荷大社を勧請したと伝えられている。**福徳神社**（中央区日本橋室町二―四―一四）は、道灌が崇敬した神社であり、祭神として道灌が合祀されている。**上高田氷川神社**（中野区上高田四―四二―五）は、道灌が参拝を重ねて、境内に松一株を植樹したが、昭和十二年（一九三七）に枯死したという。**待乳山聖天**（台東区浅草七―四―一）には、道灌が勧請した稲荷神社があり、境内に**道灌稲荷跡**という**石碑**がある。**湯島天満宮**（文京区湯島三―三〇―一）や**根津神社**（文京区根津一―二八―九）は、道灌が社殿の再建を進めたといわれている。**品川神社**（品川区北品川三―七―一五）は、文明十年（一四七八）、道灌が牛頭天王を勧請したという。**品川寺**（品川区南品川三―五―一七）は、長禄元年（一四五七）、道灌が新たに伽藍を建立しており、道灌の持仏だった**聖観音像**が安置されている。**久國神社**（港区六本木二―一―一六）には、粟田口久国が制作した鎌倉期の宝刀が伝来しており、道灌が寄進したという説がある。**戸倉三島神社**（あきる野市戸倉四一四）は、道灌を始めとする武将たちの信仰が厚く、多数の武具が奉納されて現存している。

以上、道灌に関する城館や寺社を中心にして、武蔵国の南部にある代表的な関連史跡を列挙してきた。関東を中心に活躍した道灌が、多くの城館や寺社などの発展を支えて、後世に多大な影響を与えたことは一目瞭然だろう。もちろん、そこには真偽の定かでない伝説も含まれるが、道灌を敬慕する人々の意識が如実に反映されており、地域社会に刻まれた貴重な遺産といえる。こうした故地を訪ねることで、道灌が生きた戦国の息吹に触れるのも一興ではないだろうか。

三

鎌倉時代の街道とその関連史跡

1……鎌倉街道とは

最初に、本書で扱う「鎌倉街道」について簡単に触れておきたい。「鎌倉街道」「鎌倉道」「鎌倉古道」などの言葉（以下多くの場合「鎌倉街道」で代表させる）は、史料的には近世の地誌類や近代の自治体史等に見られる言葉である。なお、江戸時代の地誌類に使われた古道の名称と回数については、芳賀善次郎『旧鎌倉街道・探索の旅――山ノ道編』（さきたま出版会、一九八八年）の末尾に表が掲載されている。

道の名称は向かう目的地（行き先）によって呼称されることが多い。すなわち鎌倉に向かう道が「鎌倉街道」と呼ばれるのであって、奥州に向かえば「奥大道」「奥州道」（逆方向の「鎌倉街道中道」と同じルート）、信濃に向かえば「信州街道」（逆方向の「鎌倉街道上道」と同じルート）などと呼ばれた。

すなわち「鎌倉街道」とは、各地から鎌倉に向かう道のことで、目的地が鎌倉である点は共通するが、様々なルートがあったと考えられる。『角川日本地名大辞典』を検索してみると、関東以外でも、中部地方の愛知県・岐阜県・長野県・山梨県、東海地方の静岡県、北陸の富山県・福井県、珍しいところでは近畿地方の滋賀県・京都府・奈良県や東北の岩手県にも、「鎌倉街道」「鎌倉道」の伝承地が残っている。おそらくその伝説の根拠は、多くは近世の地誌類であろう。

本書ではこの点をふまえ、「鎌倉街道」を「武蔵国を通って鎌倉に向かう道」に限定し、現在通用される「鎌倉街道上道《かみつみち》」「鎌倉街道中道《なかつみち》」「鎌倉街道下道《しもつみち》」とその枝道で構成した。また、最終目的地を鎌倉に設定し、その主なルートとその沿線の武蔵武士に関わる史跡を中心に紹介することにした。

とはいってもこの分類とルートは絶対的なものではない。道は時期によってその役割は変化するし、ルートについてもその道筋は変わるであろう。ルートは自然災害などによって変化する場合が多い。ここに記載するルートも各筆者が歩いてみて感じた、道筋の一例を示すと考えていただきたい。

〈01〉「鎌倉街道」の主要なルート

本書では、武蔵国内を通る鎌倉街道の主要なルートを、「鎌倉街道上道」「鎌倉街道中道」「鎌倉街道下道」とその枝道に分けて説明した。ただ、本書は武蔵国南部を対象としており、ここでは武蔵国北部を含め、その全体像を簡単に説明することにしたい。なお、武蔵国北部の「鎌倉街道」に関する史跡については、『埼玉の史跡』で取り上げたものを紹介する。

1　鎌倉街道上道

鎌倉街道上道は、上野国（群馬県）から武蔵国に入り、埼玉県西部の台地・丘陵地帯を抜けて鎌倉に向かう道である。方向を逆にすると「武蔵道」とも「上州道」「信濃（信州）道」ともいわれる。相模国鎌倉から北上して上野国から信濃国を結ぶ便路であった。

文治五年（一一八九）の奥州合戦の時、北陸道大将軍が通った道でもある。文永八年（一二七一）に日蓮が佐渡島に配流された時通った道でもある。上道の周辺には、「笛吹峠古戦場」（嵐山町・鳩山町）（→『埼玉の史跡』二〇八頁）・「久米川陣跡」（所沢市）（→『埼玉の史跡』二八八頁）、「三ツ木原古戦場」（狭山市）（→『埼玉の史跡』二八九頁）、「小手指原古戦場」（所沢市）（→『埼玉の史跡』二八九頁）、**「分倍河原の古戦場」**（府中市）（**→本書一九七頁**）、**「久米川の古戦場」**（東村山市）（**→本書一九九頁**）など多くの古戦場が残り、大軍の通行に適していたことがうかがわれる。

上道の通る自治体は北から、群馬県から神流川《かんながわ》を越えて埼玉県に入る。以下神川町—児玉町—美里町—寄居町—花園町—寄居町—小川町—嵐山町—鳩山町—毛呂山町—坂戸市—鶴ヶ島町—日高市—狭山市—所沢市を経て東京都内に入る。一方、本庄道は群馬県伊勢崎市から利根川を渡り、本庄市—旧岡部町—深谷市を経て旧花園町で上道に合流する。

『埼玉の史跡』に掲載した上道周辺の史跡は以下の通りである。「古道」（美里町、寄居町）（→『埼玉の史跡』一三二頁）、「鎌倉街道上道遺構」（榛沢郡）（→『埼玉の史跡』一四四頁）、「原宿」（深谷市）（→『埼玉の史跡』一四四頁）、「鎌倉街道上道遺構」（寄居町）（→『埼玉の史跡』一七四頁）、「赤浜天神沢の鎌倉街道遺構」（深谷市）（→『埼玉の史跡』一七四頁）、「赤浜の渡し」（花園町）（→『埼玉の史跡』一七四頁）、「塚田宿」（寄居町）（→『埼玉の史跡』一七五頁）、「天王原遺構」（小川町）（→『埼玉の史跡』二〇六頁）、「伊勢根普済寺東地区遺構」（小川町）（→『埼玉の史跡』二〇六頁)、「能増門跡裏遺構」(小川町)(→『埼玉の史跡』二〇六頁)、「慈光寺道」(ときがわ町から越生町)(→『埼玉の史跡』二〇六頁)、「笛吹峠から将軍沢」(嵐山町)(→『埼玉の史跡』二〇七頁)、「菅谷館周辺」(嵐山町)(→『埼玉の史跡』二〇七頁)、「国営武蔵丘陵森林公園内遺構」(滑川町)(→『埼玉の史跡』二〇七頁)、「奈良梨宿」(小川町)(→『埼玉の史跡』二〇八頁)、「大蔵宿」(嵐山町)(→『埼玉の史跡』二〇八頁)、「鎌倉街道上道遺構」(毛呂山町・所沢市)(→『埼玉の史跡』二八五頁)、「堀兼道遺構」(川越市・狭山市・所沢市)(→『埼玉の史跡』二八五頁)、「その他の枝道の遺構」(入間市)(→『埼玉の史跡』二八六頁)、「堂山下遺跡」(毛呂山町)(→『埼玉の史跡』二八七頁)、「森戸の渡し」(坂戸市)(→『埼玉の史跡』二八七頁)、「井上神社と鎌倉峠の遺構」(飯能市)(→『埼玉の史跡』三〇七頁)、「久須美の古道」(飯能市)(→『埼玉の史跡』三〇八頁)、「第二小畦川付近」(日高市)(→『埼玉の史跡』三〇八頁)、「女影付近」(日高市)(→『埼玉の史跡』三〇八頁)などがある。

上道から分かれて北上する本庄道の関係では、「藤田小学校西側の古道」(本庄市)(→『埼玉の史跡』一〇三頁)、「小島氏居館西側の古道」(本庄市)(→『埼玉の史跡』一〇三頁)、「舟附稲荷神社と舟出稲荷神社」(深谷市・本庄市)(渡し場)(→『埼玉の史跡』一〇四頁)、「榛沢瀬」(深谷市)(→『埼玉の史跡』一四三頁)などである。

上道の都内以南のルートは、東村山市―小平市―国分寺市―府中市―(多摩川を越える)―町田市―横浜市瀬谷区(相模国)―同市泉区―同市戸塚区―藤沢市―鎌倉市である。詳細は本書「鎌倉街道上道とその関連史跡」を参照されたい。

2　鎌倉街道中道

鎌倉街道中道は、下野国(栃木県)から下総国(茨城県古河市等)を経て武蔵国に入り鎌倉に向かう道である。方向を逆にすると、陸奥に向かうことから「奥大道」(『吾妻鏡』)とも「奥州道」ともいわれる。治承四年(一一八〇)、源義経が、兄頼朝の挙兵を聞いて奥州から下野国宇都宮(栃木県宇都宮市)、小川口(埼玉県川口市)を経て鎌倉に向かった道である。文治二年(一一八六)に西行が鎌倉から古河の渡しを通って白河関に向かった道でもある。

通る埼玉県内の自治体は、北から久喜市―幸手市―杉戸町―宮代町―白岡市―さいたま市岩槻区(旧岩槻市)―さいたま市緑区(旧浦和市)―川口市を経て荒川を越え、東京都に入る。

『埼玉の史跡』に掲載した中道周辺の史跡には、「鎌倉街道中道遺構」(さいたま市岩槻区)(→『埼玉の史跡』二三六頁)、「金山堤」(さいたま市岩槻区)(→『埼玉の史跡』二三七頁)、「東条原の鎌倉街道遺跡」(宮代町)(→『埼玉の史跡』二三七頁)、「旧下妻街道」(草加市)(→『埼玉の史跡』二三七頁)、「御厩瀬の渡し」(春日部市)(→『埼玉の史跡』二三八頁)、「高野の渡し」(宮代町・杉戸町)(→『埼玉の史跡』二三九頁)、「市道」(さいたま市見沼区)(→『埼玉の史跡』二五八頁)、「舟道」(さいたま市見沼区)(→『埼玉の史跡』二五八頁)、「芝川右岸の自然堤防上の道」(川口市)(→『埼玉の史跡』二五八頁)、「氷川神社の参道」(川口市)(→『埼玉の史跡』二五八頁)、「柳の渡し(中道の渡し)」(川口市)(→『埼玉の史跡』二五九頁)、「川口の渡し」(川口市)(→『埼玉の史跡』二五九頁)などがあり、羽根倉街道については、「三貫清水湧水保全地区内の鎌倉街道」(さいたま市北区)(→『埼玉の史跡』二五七頁)、「羽根倉の渡し」(志木市)(→二八七頁)、「与野宿」(さいたま市中央区)(→『埼玉の史跡』二五九頁)などがある。

都内に入ると中道は、東京都北区―豊島区―新宿区―渋谷区―目黒区―世田谷区、ここで多摩川を越え、川崎市高津区―同市多摩区―同市宮前区―横浜市青葉区―同市緑区―同市旭区―同市戸塚区―同市栄区を経て鎌倉市に到る。詳細は本書「鎌倉街道中道とその関連史跡」を参照していただきたい。

3―鎌倉街道下道

鎌倉街道下道は、下総国(千葉県・東京都)から、隅田川を渡って武蔵国に入り、南下して鎌倉に到る道である。通過する自治体は、台東区―千代田区―港区―品川区―川崎市中原区―同市高津区―横浜市港北区―同市神奈川区―同市保土ケ谷区―同市南区―同市港南区―同市磯子区―同市金沢区で、そこから西に向かって鎌倉市(相模国)に入る。詳細は本書「鎌倉街道下道とその関連史跡」を参照していただきたい。

4―鎌倉街道の枝道

鎌倉街道の枝道は数が多い。本書「鎌倉街道の枝道」では前記「鎌倉街道上道」「鎌倉街道中道」「鎌倉街道下道」の他のルートや各々の道をつなぐ道などを主としてとりあげた。鎌倉街道の枝道として立項しているが、考え方によっては主街道とする説もある。その点留意していただきたい。

5 鎌倉街道伝説

「鎌倉街道」という言葉はいつ頃から使われ始めたのであろうか。結論を言うと、鎌倉時代から始まる中世では使用されていなかった。すなわち、江戸時代後半になって『新編武蔵国風土記稿』などの地誌類がまとめられるようになると、「鎌倉道」や「鎌倉街道」といった鎌倉時代の各地から鎌倉へ到る道の伝説が記載され、そのルートを推測することが始まったと考えられる。そして、近代になると、「鎌倉街道上道《かみつみち》」「鎌倉街道中道《なかつみち》」「鎌倉街道下道《しもつみち》」といった区分も行われるようになる。このように、近世から現代にいたるまで鎌倉街道がどこをどのように通っていたのかという推測が重ねられきた。

この「鎌倉街道伝説」では、こうした記述の変遷を追うことにより、いかにして「鎌倉街道」の伝説が生まれてきたのかをまとめてみた。なお、本稿は、塚本洋司氏の作成した「鎌倉街道伝説一覧」を参照した。その分量は厖大であり、本書への掲載は断念した。別途、公開する方法を考えたい。

2……鎌倉街道上道とその関連史跡

1　勢揃橋から東村山市

鎌倉街道上道は、柳瀬川を勢揃橋（→『埼玉の史跡』二八八頁）で渡る。正面にかつて頂上から関八州が見渡せたという**八国山**〈01〉が見える。八国山の南側には、千体地蔵堂で有名な臨済宗**正福寺**〈02〉、（野口町四—六—一）がある。上道は、左側に松が丘調整池（たぬき池）を見ながら進み、松が丘東交差点を右に回り込み、松が丘調整池はソーラーパネルが設置されていて、古道との対比がおもしろい。この池の左を道なりに行けば、**久米川の戦い**〈→本書一九九頁〉に勝利した新田義貞が通過したという**勝陣場橋**がある。この橋で北川と前川が合流した川を渡れば、埼玉県所沢市から東京都東村山市になる。その先突き当たりの交差点を右に折れて、公事道《くうじみち》をそのまま南下する。この道は、臨済宗**徳蔵寺**〈03〉（諏訪町一—二六—三）前を通る道に突き当たり途切れる。現在歩く場合は、左折して西武新宿線の踏切を渡る。今は線路に分断されてその面影はないが、このあたりが久米川宿だったという。踏切を渡ってすぐの路次を、北に進んだ先には久米川熊野神社が鎮座する。この神社が久米川宿の中心だと推定されている。上道は、踏切を渡って最初の右折路に入る。しばらく直進すると、右手にある白山神社辺りで上道は復活する。線路を挟んで、この神社と公事道を結ぶ道が、かつての上道と推定されている。白山神社を南に進めば、左手に久米川少年野球場がある。その南端の出入口手前に「**鎌倉古街道案内板**」が設置されており、この道が上道であることを確認できる。さらに南に進むと、右手の民家前には「**鎌倉古道の標柱**」も建っている。上道はその先で府中街道に突き当たる。交差点を右折して府中街道を進み、西武新宿線東村山駅東口交差点に至る。東村山市といえば、令和二年（二〇二〇）コロナウィルス禍により亡くなった志村けんの出身地で、駅東口にその功績を記念した銅像が建立された。地域に愛された喜劇王である。

東村山市正福寺地蔵堂

東村山市旧跡鎌倉古道碑

〈01〉八国山

八国山には松が丘調整池の交差点を曲がらずに行く。ここは戦略上重要な地であり、しばしば合戦の場となった。その山頂には、新田義貞が陣を構えたことにちなんで将軍塚（→『埼玉の史跡』二八八頁）の碑が建てられている。八国山緑地の東、山裾には「**久米川古戦場跡の碑**」があって、歴史に名を残す何度かの合戦があったことに思いをはせることができる。八国山の名前の由来は、上野・下野・常陸・安房・相模・駿河・信濃・甲斐の八ヶ国の山々が眺望できたことによる。

〈02〉正福寺

正福寺の創建は、文永年間（一二六四～七五）以前と伝えるが、確たる史料は現存しない。寺域の**地蔵堂**は、応永一四年（一四〇七）建立で、二十三区以外の東京では唯一の国宝建造物である。境内の西には、高さ三メートル弱の板碑が覆舎に安置されている。都内最大で、貞和五年（一三四九）銘が刻まれている。

正福寺から南に進む道もまた鎌倉街道上道と推定されているが、この道は現在見ることはできないが、八坂交差点に合流したようである。

〈03〉徳蔵寺

徳蔵寺の板碑保存館は、新田義貞との合戦で戦死した飽間斎藤三郎藤原盛貞の供養塔「**元弘の碑**」をはじめ、板碑約一七〇基、宝篋印塔、五輪塔、道標等を保存・展示している貴重な施設である。

2――小平市から多摩川まで

上道は府中街道をさらに南下する。西武多摩湖線八坂駅の西側で線路を越え、八坂交差点に至る。この交差点は、昔から多くの道路が交差しており、**九道の辻**の別名を持つ（かつて江戸道・引股道・宮寺道・秩父道・御窪道・清戸道・奥州街道・大山街道・鎌倉街道の九本の道が分岐していた）。現在も七本の道が交差する交通の要所である。この交差点を境にして小平市になる。鷹の道、西武新宿線、新青梅街道を越え、空堀川を渡って、そのまま府中街道を南下すると、左手に広大な敷地のブリジストン工場が現れる。上道は、かつてこの工場の敷地内を通ったと思われるが、工場を左に見ながら府中街道を進む。西武国分寺線小川駅東口交差点を通り過ぎ、その先の小平第六小交差点を左折して東へ進む。やがてブリジストンのテニスコートの南に、「鎌倉街道」という道路標識が現れる。右折してその標識の道を南へ進んで、青梅街道・たかの街道を越える。津田塾大学のキャンパスの東側を通過し、一橋大南通りを越えると玉川上水の流れに出会う。この水路を「**鎌倉橋**」で渡ると上道は途切れる。突き当たりを右折、さらに左折して南下し、旭ヶ丘中通りを進み五日市街道に出る。この先直進する道はすぐに途切れるため、五日市街道を右折して上水本町交差点まで進み、再び府中街道に戻る。府中街道を行けば、まもなく国分寺市になる。本来の上道は府中街道の東側の道で、東恋ヶ窪五丁目の交差点で府中街道に合流したと思われるが、

八坂交差点（九道の辻）現在の様子

鎌倉橋（玉川上水）

熊野神社准后道興歌碑

今はそのまま府中街道を進む。国分寺市「**恋ヶ窪**」は、中世初期には鎌倉街道の宿駅があったという。「恋ヶ窪」は、宿駅に遊妓等もいたことからの地名といわれる。

東恋ヶ窪五丁目の交差点を通過し、府中街道をそのまま南下すると、広域リサイクルセンターを越えたあたりで道路は二俣になる。上道は府中街道から分かれ左斜めの道だが、西武国分寺線で途切れるため、府中街道をそのまま進む。踏切を渡り、左折し線路沿いに進む。熊野神社前交差点の左には熊野神社（国分寺市西恋ヶ窪一―二七―一七）がある。ここには**傾城歌碑**があり、十五世紀後半に道興准后が読んだ「朽ち果てぬ　名のみ残れる　恋が窪　今はた問ふも　ちぎりならずや」という歌が刻まれている。この歌は道興准后が、畠山重忠と夙妻太夫の悲恋〈04〉に想を得て読んだとされる。二人の悲恋は、このころすでに語り伝えられていたのだろう。この道をさらに進んだ右手高台の真言宗東福寺（西恋ヶ窪一―三九―五）には、一葉の松の根元に、これも畠山重忠と夙妻大夫の悲恋にまつわる「**傾城の墓**」がひっそりと置かれている。

上道は、JR西国分寺駅の手前で行き止まりになる。左折し線路沿いに東の急坂を下ると、東京の名湧水「**姿見の池**」〈05〉がある。また池の東側には古代の道路である「**東山道武蔵路跡**」〈06〉が発見され、発掘調査も行われている。

上道歩きを続けるためには、ＪＲ西国分寺駅手前の西側の石段を上り、再び府中街道に合流することになる。府中街道で中央線を越え泉町交差点に至る。そこで右折し、泉町陸橋を上り武蔵線を渡る。すぐに左折して住宅地を南へ進むと、右手に武蔵台遺跡公園がある。この公園は、近隣の住宅地で発見された縄文時代中期後半の住居跡を移し展示している。公園一帯は**国分寺崖線**〈07〉上部の高台で、南側は急激に落ち込んでいる。崖線縁の高台は陽当たりがよく、下れば湧水があり水が得やすいため、縄文時代人には最高の居住環境だったのだろう。

ここから武蔵野線沿いに上道をさがすと、こんもりとした林の中、**掘割が残る細い切り通し**が見つかる。そこには「伝鎌倉街道」の表示板が立っている。黒鐘公園に続くこの切り通しが上道である。この道は、かつて北に向かって続き、府中街道につながっていたらしいが、現在は武蔵野線によって分断されて途切れている。切り通しを南へ進むと、黒鐘公園の手前、右手の台地上に**伝祥応寺跡**がある。鎌倉時代末期に建立された寺の跡である。上道は**国分尼寺跡**を突っ切るように続き、その先で東八道路にぶつかるが直前で消える。東八道路の先は、東芝府中事業所の広大な敷地である。上道はこの敷地内を通って

姿見の池

国分寺市伝鎌倉街道

いたと思われるが、現在歩く場合は左折して東八道路の側道を上って行き、武蔵野線の高架をくぐり、府中栄町三丁目交差点で府中街道に戻る。交差点を右折して府中街道を南下すると、西側には武蔵野線を挟んで東芝府中事業所、東側には府中刑務所が見える。

府中街道をそのまま晴見町二丁目交差点まで進む。右折して富士見通で武蔵野線を越えても良いが、北府中駅の渡線橋で武蔵野線を渡ることもできる。富士見通を進み、東芝府中事業所の南門の先を左折して美好町通を進む。本来上道は、この美好町通の西側にあったと思われるが、今は住宅地になっている。その道は、美好町通を途中で右折して出会うことになる。そのまま南下するが、この西側の道はまもなく府中四中に突き当たり再び消える。府中四中の敷地の東側を回り込むと、上道は体育館の先で姿を見せる。そこから甲州街道、旧甲州街道を越えて、分梅通り（かつて陣街道と呼ばれた）を進む。やがて右手の**八雲神社**（分梅町一―一八）の北側の道と交差する路傍には「**抱き板碑**」〈08〉がある。この辺りは**府中崖線**〈09〉が東西に走り、ここから先崖下への下り坂になる。坂を下り南武線の踏切を渡り、さらに急坂の光明院坂を下っていく。府中崖線の斜面には高倉塚古墳群があって、これまでに二十五基確認されているが、現在は四基を残すのみである。鎌倉時代末創建と伝える真言宗**光明院**（分梅町一―一三―一）の北側にある**高倉塚古墳**（分梅町一―一二―三五）は、そのうちの一つである。この古墳は中世以降信仰の対象として保存されてきたという。上道は光明院坂下の分梅駐在所交差点を直進して、中央自動車道の高架をくぐる。そのすぐ左手の新田川分梅公園には、新田義貞が鎌倉幕府軍を破った合戦を記念した「**分倍河原古戦場碑**」〈10〉がある。分梅通りをさらに進んで京王線中河原駅の北で新府中街道に合流する。左折して新府中街道を南下し、京王線の高架をくぐり、関戸橋で多摩川を渡る。

〈04〉畠山重忠と夙妻太夫の悲恋

畠山重忠に寵愛された夙妻大夫遊女が、西国の合戦で重忠が戦死したとの偽言に迷い、悲しみの余り自ら命を絶ったという。村人たちは夙妻大夫を哀れに思い、墓のそばに松の木を植えて「**傾城の松**」と名付けたところ、その松は西へ西へと伸び、葉も一葉しか付かなかったという。

〈05〉姿見の池

「姿見の池」は、不遇の女性が日々通い水面にうつる自分の姿を見ていたという鎌倉時代の伝説があり、夙妻大夫が身投げした悲恋の池という言い伝えもあった。東京都の名湧水五十七選に選定されている。

〈06〉**東山道武蔵路跡**

東山道武蔵路は上野国（現在の群馬県）から南下して武蔵国府に至る往還路（東山道の支路）である。発掘調査の結果、幅一二mの道路跡が台地上から谷部にかけて四九〇mの長さで確認された。国分寺市は中央線の南、泉町二丁目の西国分寺住宅の東側に約三〇〇mを歩道形式で保存している。また、谷部へ下る切り通しの部分の遺構平面レプリカを野外展示している。

〈07〉**国分寺崖線**

国分寺崖線は、古代の多摩川が南へと流れを変えていく過程で、武蔵野台地を削り取ってできた河岸段丘の連なりである。立川市砂川に始まり、田園調布（大田区）まで、総延長は三〇kmにも及んでいる。府中市武蔵台の東京都立多摩総合医療センター北側では一五mもの崖を形成している。多摩川流域では、崖線のことを「ハケ」というが、崖線には湧水が多く、都市部に残された貴重な自然環境である。東元町一の真姿の池をはじめとする崖線下の湧水群は、環境省撰定名水百選のひとつに撰ばれている〈↓本書三四三頁〉。

〈08〉**「抱き板碑」**

「抱き板碑」は、かつてかしの木に抱かれるようにして立っていた**元応三年**（一三二九）**銘の板碑**だったが、道路拡張にともない撤去され、現在はレプリカが設置されている。実物は郷土の森博物館で保管している。

〈09〉**府中崖線**

府中崖線もまた多摩川が削った河岸段丘の連なりである。西は立川・国立市あたりから府中市を通って、調布市と狛江市の市境あたりまで約一六kmつづく。

〈10〉**「分倍河原古戦場碑」**〈↓本書一九七頁〉

ここ一帯の沖積低地が新田義貞の鎌倉攻めの際の北条軍との決戦の地である。初戦敗れた新田軍は、援軍を得て奇襲により大勝する。この戦いから、退却する北条軍を追撃して一気に鎌倉にいたるのであった。ちなみに分倍河原駅の駅前ロータリーには**新田義貞の馬上像**が建てられている。

3―多摩川から町田市へ

新府中街道には「鎌倉街道」という名称がある。さらに南に進み関戸橋（かつては関戸の渡し）で多摩川を渡る。新大栗橋交差点で新府中街道からは分かれ、右斜めの道に進む。これが旧鎌倉街道上道である。大栗川を渡ってしばらく進むと、右手にお地蔵様の祠があり、祠脇に「**関戸古戦場跡**」〈11〉（関戸五―二三）の標柱が立っている。この祠の脇道を上って行くと、民家の庭に「**横溝八郎の墓**」と伝えられる塚がある。横溝八郎は関戸の戦いで戦死した武将のひとりである。上道に戻り古戦場碑の先を進むと、右手の擁壁の上に石の祠とくずれた宝篋印塔が並んでいる。「**無名戦士の墓**」（関戸五一―三〇―八）と呼ばれるこの石塔群も、関戸合戦の戦死者の供養碑とされる。

上道をさらに進み、信号機を右折すると**観音寺**がある。ここは往時処刑場だったといわれる。以前は寺の裏に多くの板碑が立てかけてあったが、処刑された者との関係を想像させた。また信号機を直進した右手の民家には、関戸の戦いで戦死した北条方の武将「**阿保入道父子の墓**」と伝える墳丘がある。ただし私有地につき近くで見ることはできない。

真言宗観音寺（関戸五―三一―一一）入り口の六地蔵を見ながらしばらく行くと、右手高台に熊野神社（関戸五一―三五―五）がある。その参道には、「**霞ノ関南木戸柵跡**」〈12〉という都の指定史跡がある。石柱が建ち、発掘調査で確認された柵列跡が標示されている。

ここから北西の丘陵には**関戸城跡**がある。ジブリ映画「耳をすませば」の舞台になったいろは坂の上に「**天守台**（関戸城跡）」〈13〉の標柱が建つ。おそらく眼下の鎌倉街道や分倍河原の多摩川渡河点を監視する物見台の役目を果たしたのであろう。

上道は、坂下バス停の分岐で、公民館・図書館へ向かう右の急坂を上る。この急坂は馬の沓がよく切れたとか、あるいは鎌倉攻めの新田軍の伝承から「**沓切坂**」と呼ばれている。多摩市役所前で再び旧鎌倉街道と呼ばれるバス通りに戻り、そのまま乞田交差点に進む。交差点を斜め南西の道に進み、NTT東日本多摩乞田電話交換所の東で多摩ニュータウン通に合流する。右折し多摩ニュータウン通りの愛宕交番前交差点まで進み、左折して貝取大通を行く。乞田川を釜沼橋で渡り、京王相模原線・小田急多摩線の高架をくぐり、右手の小高い丘の上に貝取神社を見ながら多摩ニュータウンの中を進む。本来の上道は、東側の尾根道だったが、今尾根は削られて巨大なニュータウンに変貌して跡形もない。

〈11〉関戸古戦場跡

新田義貞は討幕のため鎌倉を目指し、これを阻止するために出陣した幕府の大軍と激戦となる。義貞軍は、元弘三年（一三三三）五月十六日に分倍河原の戦いで勝利し、同日に多摩川を越える。一方、分倍河原から退いた北条泰家（北条高時の弟）は五万の軍勢で霞ノ関一帯で防衛戦を行ったが、新田軍の大勝利となる。泰家はからくも鎌倉に脱出できたが、幕府軍は完全に瓦解した。この関戸の戦いから六日後、鎌倉幕府は滅亡する。

周辺には激戦を物語るように、横溝八郎、安保入道父子の墓と伝えられる塚や無縁仏（無名戦士の墓）が残っている。観音寺では今も、毎月十六日に戦いで亡くなった兵士のために供養を行っている。

〈12〉霞ノ関南木戸柵跡

この一帯は関戸宿であり、建保元年（一二一三）の和田合戦後、鎌倉幕府がここに霞の関を設置したとされる。宿の名も関所に由来するものであろう。鎌倉時代の謡曲集「宴曲抄」も小山田の里（町田市小野路町）と恋ヶ窪（国分寺市東・西恋ヶ窪）の間に霞の関をあげる。中世の関所跡としては希少な史跡で、北に約二二〇mの観音寺付近に北木戸柵もあったと考えられるが未調査である。関戸は新田義貞の関戸合戦や、長享の乱における山内・扇谷両上杉氏の攻防戦など、しばしば合戦の舞台となっている。

関戸古戦場碑

関戸木戸柵復元

〈13〉**天守台（関戸城跡）**

関戸城は恒常的な城郭というより、監視哨や陣城のような施設であったと思われる。「江戸名所図会」には「関戸天守台」の挿絵に老松が繁る峰の頂きに金毘羅宮を描き、「この所より四望するに尤も絶景なり」と記す。今では宅地化されて遺構は残らず、城に関する史料も欠く。

4 町田市から横浜市瀬谷区（相模国）

貝取大通は町田市小野路町との市境まで続く。上道は、恵泉女学園大学入口手前にある「鎌倉古道」の標柱案内表示によれば、大学の東側を通っていたとある。しかしこの道は家康の御尊櫃御成道と呼ばれ、近世整備されたもののようである。本来の上道は、日蓮宗妙桜寺（多摩市南野一－三一－一）の駐車場の南の雑木林の中を行く尾根道と思われる。雑木林の中を進むと、やがて左側が崩れている細い道になる。崖面はさらに崩落の恐れがあり、古道を保護する意味からも注意して歩きたい。さらに進むと掘り割り状の道になり、古街道の趣を味わうことができる。その先上道は、関谷の切り通しを抜けてきた布田道と合流しバス通り（大山道）に出る。バス通りを左折して進めば、小野路宿にいたる。小野路宿は今も古い家並みが続き、かつての宿場町の雰囲気を残している。

小野神社前の交差点右手の高台には**小野神社**〈↓本書五一頁〉がある。小野氏が先祖小野篁を祭神にして祀ったものとされる。上道はこの交差点を右折して南に向かうが、もう一つの道がある。宿を通り過ぎ東に向かい、野津田公園北交差点を右折して公園内を通る道である。公園右手には町田市陸上競技場（現在は町田GIONスタジアム）があり、Jリーグに所属するFC町田ゼルビアがホームにしている。公園内を進むと、左手に上の原広場がある。上道はこの広場を横切って、丘陵のゆるやかな南斜面を下る。華厳院を左に見て坂を下ると芝溝街道に突き当たる。途中、短い距離だが**堀割の古道**が遊歩道として整備されている。上道は芝溝街道を越えて進み、前方の鶴見川を丸山橋で渡る。そこから南西に見える山が七国山だ。上道は七国山の丘陵地を越えるが、その道は今井谷戸へ至る道である。七国山は、町田市のほぼ中央に位置する標高一二八・五ｍの山である。展望が良く、山名は七ヶ国（相模・甲斐・伊豆・駿河・信濃・上野・下野）を眺望できた事から名づけられた。

上道は山頂に近い森の中へと続いている。山頂付近は深さ一、二メートルほどの切通で、やがて舗装路に合流する。この合流地点を右に進むと、右手に「**七国山鎌倉街道の碑**」を刻む自然石が置かれている。そこに通称「**鎌倉井戸**」があり。説明板によれば、鎌倉攻め途中の新田義貞が、この井戸の水を軍馬に与えたという。

町田市七国山鎌倉井戸

合流地点で舗装路を左折し進み、七国山緑地の南端を道なりに行けば薬師池公園へ出る。この公園内の真言宗**福王寺の薬師堂**〈14〉（野津田町三四二四）は古く、天平年間開山と伝わる。訪ねてみたい御堂である。

上道は、「鎌倉井戸」から急勾配の道を南に下り、古い集落の今井谷戸に至る。そこで現在の鎌倉街道と合流するが、上道は今井谷戸交差点を左折、すぐに右折して現在の鎌倉街道の東側の道を南進する。本町田東小学校を通過し、町田市子ども創造キャンパスひなた村を左に見て恩田川沿いを進む。ひなた村は林の中の広場やレクリエーションルーム、カリヨンホールなどを備えた子どもたちのための施設だ。さらに進むと、左手に鎌倉時代開創と伝えられる**宏善寺**（本町田三四〇九）がある。この寺は、元真言宗の観音堂であったが、文永八年（一二七一）、日蓮が佐渡に配流される途中、当寺の堂に休息したことから日蓮宗に改宗した。日蓮はこのあと久米川宿の立川家に一泊している。

上道は恩田川右岸を進み、浄土宗養運寺（本町田三六五四）下付近で恩田川を渡河し、菅原神社交差点に続いていたようである。しかし現在この間の道は消えているため、鶴川街道まで進み、鶴川街道を右折して菅原神社交差点へのコースをとる。上道は交差点を直進して菅原神社（本町田八〇二）の北側に出る。菅原神社本殿の左脇には「**史跡井手の沢**」〈15〉と刻んだ碑が立っている。菅原神社から井手の沢住宅、町田中央公園を抜け、旭体育館を南下して町田第一中学校校庭を進み中学校の講堂を斜めに横切る上道は、今ではまったく無くなっている。その上道に替わって、町田中央公園の東側を通り、現「鎌倉街道」を抜けて鶴川街道に出る。左手に都立町田高校・その先左手に税務署を見ながら南進する。鶴川街道は中町交番前交差点で終わるが、ここから旧鎌倉街道中町通りが小田急小田原線の踏切を渡って、原町田中央通り交差点まで続く。この交差点に北西から合流する絹の道栄通は、上野国から秩父を抜け青梅・八王子へと続く山ノ道につながる。上道は交差点の五叉路を直進して中央図書館前交差点の次を右折し、横浜線を渡る。左手に町田天満宮を見て直進し、突き当たりを左折すると金森杉山神社がある。神社を越えて進み市道五六号線に至る。この市道を南下すると、両側に都営金森アパートが展開する。その先左手には金森天満宮市民の森がある。西田バス停近くの道を右折し南に進むと、西田杉山神社がある。ここから街道は見失われるが、境川に沿って下っていく。鶴間橋を右に見て町谷原通りを越え、東京環状道路をくぐる。東急田園都市線の高架を抜け、鶴間公園脇から、鶴間小学校の東を通過する。境川の西は神奈川県大和市で、高台に真言宗観音寺（下鶴間二二四〇）が見える。小学校の南は、横浜市瀬谷区との境になっている。国道二四六号線を歩道橋で渡り、厚木大山街道を左折して目黒交差点で工場街に向かえば、ここはもう相模国である。

〈14〉薬師堂

寺伝によると天平年間創建の福王寺の一建造物だが、新田義貞鎌倉攻めの時にも戦災から唯一免れたという。そのため平安末期の**薬師如来像**や鎌倉時代の**日光・月光菩薩像**、室町時代の**十二神将**が残されており、県の文化財になっている。

〈15〉史跡井手の沢

「井手の沢」は最後の得宗北条高時の遺児北条時行が、この地で足利直義と合戦して勝利した。その勢いのまま一気に鎌倉入りを果たしたという。神社から旭町体育館の一帯が、中先代の乱で決戦があった古戦場跡とされている。

5 相模国の上道

上道は、境川の東を川の流れに沿って南下していく。東名高速道路や相模鉄道のガードをくぐり、厚木街道を越える。さらに中原街道を越えて、瀬谷さくら小学校の脇を相沢川に沿って進む。東海道新幹線の高架をくぐり、右手に巨大な「いちょう団地」を見ながら進み、長後街道を渡る。上道はさらに境川沿いを南下する。下飯田町で相鉄いずみ野線・市営地下鉄の高架をそれぞれくぐる。俣野町から東俣野町へ進み藤沢バイパス国道一号線を越える。しばらく行くと藤沢市になる。藤沢市の柄沢神社のそばを抜け、突き当たったバス通り（小袋谷藤沢線）を左折する。関谷入口交差点の先で右折、**村岡城址公園**の東を南下する。村岡二丁目交差点を左折、湘南アイパーク入り口付近で右折、宮前避険橋りょうで上野東京ライン・東海道本線・湘南新宿ラインをくぐり抜ける。上道は神戸製鋼所の工場敷地を東側に回り込んで町屋橋で柏尾川を渡る。川を渡ると鎌倉市である。川沿いを下流に少し進み、泉光院の西側から南へ回り込み東に向かう。道なりに南へ進み深沢多目的スポーツ広場の北側に出る。湘南モノレールの高架をくぐり、大船西鎌倉線を渡る。大慶寺の山門前の道を進み、鎌倉市立深沢中学校北側の坂を上って行く。梶原山の住宅地を進み、鎌倉中央公園の南を通り、日当公園横から北鎌倉駅方面への自動車道を行く。途中右の細い道に入り、東に進むと**日野俊基卿の墓**の脇に出る。右に折れ源氏山の東の道を南に行く。急カーブの手前左に急坂がある。このつづら折りの険しい急坂が**化粧坂**である。道なりに進み突き当たりを右折して、横須賀線を渡る。扇ガ谷を扇川沿いに南下、四辻を直進して窟小路を進む。突き当たりの横大路を左折し東に向かえば、小町通りに合流する。

3……鎌倉街道中道とその関連史跡

1　赤羽から鎌倉橋まで（北区）

北武蔵（埼玉県）を縦断してきた鎌倉街道中道は、「川口の渡し」で荒川を渡る。武蔵野台地が沖積低地に向けて岬のように北東に突き出したところに位置する。崖線の下の自然堤防上に岩淵宿が広がる。正確な渡河点は不明だが、八雲神社（北区岩淵町二二—二二）付近を渡河点としよう。街道は岩淵宿を北本通り沿いに宝幢院《ほうどう》（北区赤羽三—四—二）まで進む。鎌倉時代後期の日記・紀行文学「とわずがたり」巻四には「武蔵国川口といふところに下る（略）まへには入間川（現在の荒川）とかや流れたる（略）向かへには岩淵の宿とかやいひて遊女どもの住みかあり」と記され、渡し場としての交通集落が賑わっていたことが伺える。宿の西側にある**真頂院**（北区赤羽三—一六—三）、**正**《しょう》**光寺**《こう》（北区岩淵町三二—一一）、**梅王寺**《ばいおう》（北区岩淵町三〇—一一）、**福寿院**（北区赤羽一—五七—二）、**西蓮**《さいれん》**寺**（北区志茂四—三〇—四）に、鎌倉時代から室町時代にかけての板碑が多数残っている。台地上には**赤羽八幡宮**〈01〉（北区赤羽台四—一—六）がある。

宝幢院前を左折し南に商店街の中を進み、赤羽駅のガード下をくぐり駅の西側に出て左折し、赤羽西口通りを線路沿いに南に進む。この道は武蔵野台地の崖線の下に沿っている。赤羽駅前を過ぎてすぐ、右手の急な石段を登ると台地上に**静勝寺**《じょうしょう》（北区赤羽西一—二一—一七）がある。この寺の境内は大田道灌が築城したと伝えられる**稲付**《いねつけ》**城跡**である〈↓本書二〇六頁〉。室町時代には関所が置かれていたというが、街道を直下に見下ろす位置にあり、関所の設置が鎌倉時代に遡ることは十分考えられる。さらにこの台地上の縁には**普門院**（北区赤羽西二—一四—二〇）、**法真寺**（北区赤羽西二—二三—三）と、鎌倉時代末期から南北朝、室町時代の板碑を残す寺が並んでいる。

稲付城跡を過ぎてすぐのところに江戸時代の日光御成道（岩付街道）の稲付《いねつけ》一里塚（北区赤羽西二—八—一九）がある。この付近から埼玉県内にかけて、概ね鎌倉街道中道はこの日光御成道と重なっている。

さらに南下し、地福寺前を八〇mほど過ぎたところで右（西側）に古道が分かれる。その道を辿ると陸上自衛隊十条駐屯地につきあたる。この敷地内に鎌倉街道とされる中世の古道跡が発掘されている（十条久保遺跡）。調査報告によると、両側に箱堀状の側溝を有し、繰り返し構築されていたことがわかるが、興味深いことに、初期の遺構ほど道幅が広い（五・四m＝三間）が、徐々に狭くなり、最終期には二・八mとなっていたという。

ちなみに地福寺の先で古道に入らず、直進すると**王子神社**（若王子《にゃくおうじ》社）（北区王子本町一―一―一二）がある。豊島氏が紀伊熊野から勧請し創建された豊島荘の総鎮守である。

自衛隊駐屯地の敷地の東寄りの部分を南北に通る道路遺構を南に延長し、石神井川の段丘の縁を北区中央公園の南側に沿って西に進み、公園の端で段丘を下り、南にカーブしながら加賀学園通りと王子新道を横断すると、道は狭くなり、**寿徳寺**〈02〉（北区滝野川四―二二―二）の西側に出る。寿徳寺を回るように寺の南側の谷津観音の坂を下り、観音橋で石神井川を渡る。正確な出土地点は不明だが、橋の北側には一万二六七二枚もの中世銭が出土したところがあるという。この道は十条と中山道を結ぶ古道で、十条富士道とよばれている。

石神井川の渡河点については芳賀善次郎氏はじめ一般的には、観音橋の東約六〇〇mのところの紅葉橋とされている。この橋の右岸側に**金剛寺**〈03〉（北区滝野川三―八八―一七）がある。治承年中（一一七七～一一八一）に伊豆で挙兵した源頼朝が隅田川を渡りこの地に布陣したという。北区史主任編纂員の蘆田正次郎氏によると、この辺りの石神井川は狩野川台風を機とした改修が行われる以前は、極めて谷が深く、大軍の渡河には適さなかったという。頼朝もこの時はここから府中に向かったので、渡河はしておらず、鎌倉街道の渡河点としては、岸が最も低くなる観音橋がふさわしいという。ちなみに金剛寺から南東一kmにある、豊島郡衙が置かれていたという**平塚神社**（北区上中里一―四七―一）から西に向かい、西ヶ原を横切る**道《どう》音坂《いんざか》**は、鎌倉街道と伝えられているが、武蔵国府（府中市）から豊島郡衙を経て下総国府に向かう古代東海道だったと推定されている。

観音橋を渡ると左方向に緩やかに上るが、この付近、現在東京バスの車庫のあるあたりは堂山とよばれ、寿徳寺はかつてここにあったという。この道は建仁二年（一二〇二）創建と伝わる**滝野川八幡神社**（北区滝野川五―二六―一五）前を通る「八幡通り」につながっている。

滝野川八幡神社

「八幡通り」を進むと、国道一七号線、中山道に突き当たるが、横断した先、コンビニエンスストアの裏手に古道が続いているのが見える。この道は鎌倉街道が残ったもので、すぐに明治通りに合流する。豊島区と北区の境界線を成している明治通りのこの付近は、鎌倉街道を広げてつくられたもので、西側の歩道が広くなっているのはその名残だという。北区の南端、豊島区に踏み込む地点は、現在は暗渠になっている谷端川が流れており、ここに架けられていた橋を鎌倉橋といい、かつてはバス停の名にその名が残っていた。

〈01〉**赤羽八幡宮**

創建は延喜年間（七八二〜八〇六）、坂上田村麻呂が東征の際陣を布いたのが始まりという。その後長徳年間（九九五〜九九九）に源頼光が再興、久寿年間（一一五四〜一一五六）には源頼政が修造を加え、応永、正長のころ（一三九四〜一四二九）太田資清（道灌の父）が所領を寄進している。（源頼朝をはじめ、鎌倉時代のことは、全く伝わっていない。）

〈02〉**寿徳寺**

建保二年（一二一四）年に鎌倉から移転したと、門前にある寿徳寺旧跡碑に記されている。本尊の**観音菩薩像**は、寺伝によると鎌倉時代初期、梶原氏の家臣早船氏と小宮氏が主家の梶原氏と争い、追われて落ち延びる途中で水中から拾い上げ、石神井川の川沿いの堂山に安置したものだという。

〈03〉**金剛寺**

金剛寺の縁起によると、もとは弘法大師の創建だが、治承年中（一一七七〜一一八一）にこの地に布陣した源頼朝が、堂舎を建立したという。この伝説は、頼朝が石橋山の合戦で敗れたあと、安房国に逃れ、房総半島を北上し武蔵国府を経て鎌倉入りした時のもので、まさにこの地はその時の経路にあたる。元は滝野川八幡神社の別当寺だった。

2　池袋から神田川、高田馬場

　豊島区に入り、明治通りをさらに進むと、上池袋二丁目交差点で左斜め方向に古道が分れる。直線的に続くこの道は古道の趣がよく残る。山手線の跨線橋（宮仲橋）（豊島区上池袋一丁目付近）は、かつては鎌倉街道にちなんだ第一鎌倉踏切という名の踏切だった。さらにゆくと帝京平成大学の西側を通り、春日通りを横断し、東池袋公園の東側に進む。しかしここでサンシャイン60につきあたって古道は消える。次に古道が現れるのはこの道を延長した先、豊島区役所西側の道である。この道も東《あずま》通りにつきあたって消える。東京音楽大学、徳大寺墓地の東側を迂回して先程の道を延長したあたりに小道があらわれる。その道を行くと弦巻通りと交差する。弦巻通りには現在は暗渠になっている弦巻川が流れており、この交差点には弦巻川を渡る鎌倉橋（豊島区雑司ヶ谷三丁目）があったという。この小道に沿って、未報告ながら薬研堀が検出されている。この小道も本納寺につきあたって消える。

　この道を直線的に南に延長したところで、東京メトロ副都心線雑司が谷駅建設に先立って発掘調査が行われた（**雑司ヶ谷遺跡**）。そこでは南北方向にのびる道路遺構が発見され、中世古道跡であることがわかった。この道路遺構は、鬼子母神表参道が都電荒川線踏切を越えて目白通りに向けて曲がる部分につながる。この道路遺構の発見によって、この付近の鎌倉街道がほぼ一直線に南北に通っていたことが判明した。ちなみにこの道路遺構面から、**文安二年**（一四四五）**銘の板碑**が出土したことや、遺構出土の陶器類から、この道路は中世前期から十五世紀半ばくらいまで存続し、その後は廃道になった鎌倉街道の本来のルートであると考えられている。

　鬼子母神表参道を南下し目白通りを横断すると、急な下り坂になる。**宿坂**《しゅくざか》（豊島区高田二丁目）である。坂の途中に金乗院目白不動（豊島区高田二―一二―三九）、坂を下りきった付近に**南蔵院**（豊島区高田一―一九―一六）がある。『江戸名所図会』によると、南蔵院の乾（北西）の隅に「奥州橋」という土橋がわたされていたという。南蔵院の本尊は、円成比丘（永和

宿坂

二年〈一三七六〉寂なので南北朝時代のことか）という僧が奥州平泉で、藤原秀衡の持仏だったという**薬師如来**を入手し、持ち帰ったものだという。

ここには「宿坂の関」という関所があった。『江戸名所図会』には宿坂について「南蔵院の北の方、金乗院といへる密宗の寺前を、四谷町の方へ上る坂をいふ。（略）この地は昔の奥州街道にして、その頃関門のありし跡なりといへり」と記し、関所跡の絵を載せている。『新編若葉の梢』には「金乗院裏手のあたり、少し平かになっているところに関があった。北条家の頃に此処にお仕置き場があったといわれる」と記される。「お仕置き場」とはいうまでもなく刑場のことである。鎌倉幕府は関所を管理する地頭に対して、犯罪者の取り締まりを命じていた。捕えられた人はその場で処刑されることも少なくなかったに違いない。鎌倉時代は、後で述べる横浜市の荏田宿などでも同じだが、関所と宿、刑場がセットだった。街道が神田川を渡る面影橋（豊島区高田二丁目）は、刑場にひかれる罪人と縁者が、今生の別れを水に映して惜しんだところからそう呼ばれたともいう。ちなみに金乗院に設置されている案内板には、鎌倉街道は現在の宿坂よりもやや東寄りに位置していたようだと記されている。

面影橋の手前に**「山吹の里」の碑**（豊島区高田一―一八―一）がある。新宿区の山吹町からこの付近一帯を山吹の里と呼んだという。大田道灌が鷹狩の途中で雨に降られ、一軒の民家で蓑を所望したところ、その家の女性が無言で山吹の枝を差し出し、「七重八重花は咲けども山吹のみの一つだになきぞ悲しき」と詠んだというエピソードの書かれた案内板が立っている。

断続的ながら上池袋二丁目交差点から豊島区内を通る鎌倉街道中道は、神田川の渡河点までほぼ一直線に通っていたことになる。

面影橋から坂を上ると早稲田通りに出る。宿坂からこのあたりまでは古道の雰囲気がよく残っている。街道の東に甘泉園公園（新宿区西早稲田三—五）がある。源頼朝が治承四年（一一八〇）伊豆で挙兵した後、房総半島から勢力を拡大しながら鎌倉に向かう途中、この付近で馬揃えをしたという。それが高田馬場の地名の由来という説もある。甘泉園にかつて**「山吹井」**という泉が湧いており、**「頼朝の馬冷やし井」**ともよばれた。

早稲田通りを東に進む鎌倉街道伝承もある。早稲田高校の西隣の台地の縁にある宝泉寺（新宿区西早稲田一—一—二）には**「船つなぎの松」**があった。早稲田高校側は入り江になっており、神田川の支流、蟹川が東に流れていた。ここから船に乗り、東京湾に出て六浦に上陸して朝比奈の切通しを越えて鎌倉に至ったといわれる。水路の鎌倉街道である。この地は水陸交通の結接点だった。宝泉寺の南、同じ台地の縁にある**放生寺《ほうしょうじ》**（新宿区西早稲田二—一—一四）には、元は二m近くあったと推定される大きな**南北朝時代の板碑**の上部が残る。

ところで、神田川を挟んで南北の段丘崖は北の宿坂側の方が急で、対岸の早稲田方面に上る坂はそれほど急ではない。一般に関東ローム層の台地に刻まれた谷状の地形では、南向きの谷ほど侵食が進み後退し、切り立った段丘崖となり、非対称谷を形成する。そのメカニズムは、冬に気温が氷点下になると霜柱ができ、日中日差しを受けて気温が上昇すると霜柱は溶けて水分が蒸発し、地表面が乾燥し、土の薄片が浮き上がり、剝がれ落ちる。南向きの斜面（谷の北側）ほど日中気温が上がるため温度変化が大きく、その作用が頻繁に激しく起こるということが長い期間繰り返されたことによる。実は武蔵国の鎌倉時代の関所は、川の渡河点に多く、しかも川の北岸に関所、南岸に宿という組み合わせが多い（入間川宿など）。これは、渡河点と急崖によって通路を限定しやすく、緩やかな南岸は馬場や宿営地を作りやすかったからだろう。

3 戸山から新宿御苑

早稲田通りを横断しそのまま狭い道を行くと、諏訪通りで学習院女子部・学習院女子大学につきあたって古道は消える。学習院女子部前を左折し東に進み、早稲田大学戸山キャンパス前で南にカーブし箱根山通りを行く。西側の戸山公園内には山手線内最高地点の箱根山がある。元尾張藩下屋敷の庭園に造成された築山である。大久保通りに突き当たったら右折し、少し西の新宿七丁目と若松町の境界に沿って南に進むと抜弁天通りの**厳島神社**、通称「**抜弁天**」（新宿区余丁町八―五）につきあたる。源義家が戦勝祈願をした神社と伝えられ、南北に通りぬけられることから苦難を通り抜けられる抜弁天として庶民の信仰を集めた。その南北に抜ける道が鎌倉街道と言いたいところだが、その手前で右折し専念寺を過ぎたところで南に古道が分かれる。その道をとって大聖院（新宿区新宿六―二一―一二）、西向天神（新宿区新宿六―二一―一）の崖下を通る。**西向天神**は、安貞二年（一二二八）に明恵《みょうえ》上人が創建したと伝えられる。敷地つながりの**大聖院**は西向天神の別当寺で、境内にはもと法善寺の崖上にあったが江戸時代に崖崩れでこちらに移したという板碑があり、これを大田道灌の山吹の里伝説で道灌に山吹の枝をさしだした女性である紅皿の墓としている。寺の前の小さく急な石段を「**山吹坂**」とよんでいる。

天神小学校と新宿中学校の間を抜け、新宿六丁目、新宿五丁目、新宿二丁目に至り、新宿御苑につきあたり古道は消える。新宿御苑の中から鳩森八幡神社まで古道の痕跡は見あたらない。

4 鳩森八幡神社から目切坂

渋谷区に入る。「江戸名所図会」の**鳩森八幡神社**（千駄ヶ谷八幡）（渋谷区千駄ケ谷一―一―二四）の項に「当社の前路は鎌倉街道の旧跡にして今も鎌倉路と字せり。青山の原宿より此地をへて大窪へかかりし也」とある。また同書にはこの付近に「吾妻堤」というものがあり、「往古の街道の余波《のこり》なりとて堤の形、今に残れり」とある。鎌倉街道に特徴的な土手状の遺構が残っており、また江戸時代の人がその遺構を鎌倉街道のものだと認識していたことを示す記述になっている。もちろん今はこの堤の痕跡を見出すことはできない。また同書には「遊女の松」という松のところに奥州街道が通っていたとある。鳩森八幡神社から東に折れて聖輪寺の前を下って、今は無い渋谷川を外苑西通りの観音橋交差点で渡り、国立競技場につきあたり南下する道が鎌倉街道とされている。また鳩森八幡神社の前を通り、「神宮前二丁目交差点」を横断したあたりから東にカーブして、外苑西通りを横切る道の可能性もある。いずれにしても、慈光寺の角を曲がったところの**勢揃坂**《せいぞろいざか》（渋谷区神宮前二―二）を目指す。永保三年（一〇八三）、後三年合戦のため奥州に向かう源義家がここで軍勢を揃えて出陣したといわれ、その際渋谷氏の祖とされる秩父武綱も参陣して手柄を立てたと、この坂の途中にある**龍巌寺**《りゅうがんじ》（渋谷区神宮前二―三―八）に伝えられている。龍巌寺境内には**義家の腰掛石**もある。

軍勢を揃えるということは、具体的にどのようなことなのだろうか。勢揃坂のすぐ南側、現在の神宮前は、かつての原宿である。原宿の地名が江戸時代以前、中世に遡ることは知られているが、中世の宿は江戸時代の宿場町とは違う。宿営地と見るほうがよい。原宿の広い宿営地に集合した武蔵武士たちが、勢揃坂において参陣したことを記録に付けてもらい、先陣から順番を決められて、威儀を正した軍勢となって出陣したのだろう。つまり原宿と勢揃坂は一体のものとして機能していた。義家の腰掛石も、それ自体の真偽はともかく、状況としては十分有り得る。

坂を上り熊野神社を右手に見ながら古道をたどる。道なりにキラー通りを横切り神宮前三丁目を過ぎると、表参道あたりで古道は分からなくなる。

鎌倉街道はこの付近では八幡通りと名付けられ、青山学院の西端の煉瓦塀に沿って緩やかにカーブしながら進む。六本木通りを横断すると間もなく、「金王神社前交差点」がある。右手に入ると源頼朝が社殿を建立したという**金王**《こんのう》**八幡宮**〈04〉（渋谷区渋谷三―五）と隣接して金王八幡宮の別当寺**東福寺**〈05〉（渋谷区渋谷三―五―八）がある。この地は**渋谷城跡**〈06〉でもある。再び「金王神社前交差点」に戻り、渋谷川を渡る手前、並木橋交差点近くに渋谷区が立てた**鎌倉道の説明板**（渋谷区渋谷三―一―五）がある。これによると右手の細い道は鎌倉道だという。それに従い、並木橋で渋谷川を渡る。

山手線を跨線橋（猿楽橋）で越えるが、山手線の向こう側は、『渋谷区史跡散歩』によると、八幡通りの西側の猿楽町と鶯谷町の境界線が古道であるという。この道は江戸時代には中渋谷村と下渋谷村の境界であり、金王八幡神社と氷川明神の氏子区分の境界でもあった。猿楽町五丁目付近で左手（東）に斜め方向に旧道が分かれるが、すぐにまた合流し、再び現在の猿楽町と鶯谷町の境界の道を横断すると、道の向こう側に古道が続いている。この道が昭和の初めまでは猿楽町と鶯谷町の境界線だった。この道もＮＴＴの敷地に突き当たって消える。この先は不明なので、続きは渋谷区と目黒区の境界線が鎌倉街道だとすると、旧山手通りの「デンマーク大使館交差点」を目指す。道の向かい側のヒルサイドテラスの敷地内に**猿楽塚**〈07〉(渋谷区猿楽町二九)がある。塚(北塚)の上には猿楽神社が祀られている。別名を物見塚ともいい、北から来た武士たちは、ここから物見をしたとも言い伝えられている。猿楽町の地名の由来になった塚で、目黒区側にもう一つ塚(南塚)があり、北塚の南東、ヒルサイドテラスC棟裏の急な崖に築かれている。先ほどの渋谷川を渡る並木橋のところの案内板には、この二つの塚の間を鎌倉道が通っていたと記されている。神田川同様、目黒川も南側に比べて北側の段丘崖が急な、非対称谷である。鎌倉街道は、この急な崖を、二つの塚の間を通過して旧朝倉家住宅内を通り、目切坂につき当たって右手に下る、「逆くの字」で下っていた。また、この二つの塚の間を通したということは、関所的な役割もあったかもしれない。また物見塚という別名から、目黒川の渡河点を監視する物見台でもあっただろう。

〈04〉金王八幡宮

『新編武蔵国風土記稿』によると、秩父武綱の子河崎基家が、後三年合戦における戦功によって源義家より当所谷盛荘を賜り、戦勝は八幡神の加護のおかげであるとして当社を創建した。基家の子重家が堀河院より渋谷の苗字を与えられ、この地に館を構えたことが「渋谷」の地名の起こりという。重家が当社に祈願して生まれた子が金王丸といい、源頼朝の父義朝に仕え、平治の乱後義朝の最後まで従い、その顚末を常盤御前に伝えたという。頼朝は文治五年(一一八九)奥州合戦に戦勝した後、太刀を奉納し、建久二年(一一九一)には社殿を増築したという。金王丸伝説にちなんだ**金王丸像**、**金王丸御影堂**、**金王桜**(頼朝が金王丸を偲び、頼朝の父義朝の館があった鎌倉亀ケ谷の桜を移したという)などがある。

〈05〉東福寺

金王八幡宮の別当寺。承安三年(一一七三)、円鎮僧正の開山。親王院と称した。建仁二年(一二〇二)、渋谷高重が円證阿闍梨に帰依し円證寺と改める。鎌倉時代の**木造薬師如来坐像**がある(非公開)。頭部は鎌倉時代、胴部は南北朝時代の**銅造菩薩立像**(善光寺式阿弥陀如来脇侍像)は、金王丸の守護仏と伝えられ、「矢拾観音《やひろいかんのん》」として信仰を集めた。

〈06〉渋谷城

この辺り一帯は渋谷氏が居館を構えた地でもあり、

猿楽塚（北塚）

渋谷城　砦の石

渋谷城跡でもある。明確な遺構は残っていないが、金王八幡宮の社殿の横には渋谷城の石垣の石だったと伝えられている「**砦石**」が残されている。「江戸砂子」によると付近には馬場、的場、築地跡などがあり、現在の渋谷警察署付近は堀之内という地名だった。つまり渋谷氏館は、渋谷川の左岸の段丘崖を利用した、勢揃坂から原宿、渋谷まで広がる広大な軍営地の南の関門だったといえよう。

〈07〉猿楽塚

源頼朝がここで猿楽を催した際の道具を埋めたことが地名の由来とも伝えられる。しかし「サルガク」は、語源的には「サル」はズレル・ザレルの転訛で「崖状の地」を表し、「ガク」はガケの転訛で「崖」の意。目黒川を臨む急な段丘崖の地形からきた地名であろう。

5　目黒川から二子の渡し

目切坂を下りきって、区営アパート前で左折し、目黒川にかかる宿山橋を渡り、山手通りを横断したところで右に斜めに入る古道が**小川坂**とよばれる古道である。緩やかにカーブしながら上る道の左手の小高い丘陵は、かつての上目黒村の中心集落だった宿山で、古道は切通し状になっている。宿山は目黒川の渡河点の宿だった。江戸時代の宿場町の場合、宿場の中央を街道が通り、街道の両側に商家や宿屋が立ち並ぶ形態になるが、中世の宿は人馬が駐屯できる広い宿営地で、街道は宿を廻るように通っている。ここでも川の北岸に物見台（猿楽塚）、南岸に宿という典型的な構成がみられる。

ちなみに、鎌倉街道の目黒川の渡河点と考えられる宿山橋から、下流側七〇〇mのところに目黒川船入り場がある。船入場は、目黒川が東京湾の干満の影響を受ける最上流部（感潮限界）にある。この地点までは、満ち潮を利用することで容易に船が遡行でき、一般的に河川交通の津が置かれていた。一方陸上交通で渡河する場合、干満の影響は受けない方が都合がいい。これは先に述べた早稲田の宝泉寺付近も同様で、宿山橋付近は水陸交通が近接する絶妙のポイントであった。

烏森小学校の脇を通り、野沢通りに合流するまで古道の面影を残す。野沢通りとの交差点には宿山の庚申塔があり、宿山の入り口を示している。その向かいの寿福寺（上目黒五―一六―六）には、目黒区内最古の**弘安二年**（一二七九）**銘の板碑**がある。

野沢通りをさらに進むと左側が蛇崩川の谷の崖になっている。蛇崩交差点で左（南東側）に下り今は暗渠になっている蛇崩川緑道の蛇崩橋を渡り、すぐのところを左に上るとロータリーのようになって残る**葦毛塚**《あしげづか》（目黒区五本木一―一―八）がある。案内板によると、源頼朝が葦毛の馬に乗ってこの地を通った時、その馬が何かに驚いて沢に落ち込んで死んだという。馬が引き込まれたことからこの沢（蛇崩川）を馬引沢と呼び、馬に乗ったまま渡ることを強く戒めたという。ここから少々街道をそれるが、蛇崩川緑道沿いに五〇〇mほど西に行くと、蛇崩川を見下ろす段丘崖の上に**駒繋**《こまつなぎ》**神社**（世田谷区下馬四―二七―二六）がある。天喜四年（一〇五六）、源頼義・義家が前九年合戦のため奥州に向かう途上、武運を祈ったという。そして源頼朝も文治五年（一一八九）、この故事に倣って、奥州合戦前に戦勝祈願をしたという。葦毛塚に戻ったら、ひたすら世田谷区と目黒区の境界線をなす、いかにも鎌倉街道らしい古道を南下する。しかし「柿の木坂一丁目交差点」で環七通りにつきあたって古道は消える。

このまま環七通りを南下して、碑文谷八幡宮の西側を通り、「大岡山小前交差点」で大岡山北本通りを

葦毛塚

とって大田区と目黒区の境界線を南下し、さらに東京工業大学の横の道を進むと「丸子の渡し」で、船で多摩川を渡ることになる。南西方向に目黒通りを行けば「二子の渡し」で多摩川を渡渉することになる。この分岐でどちらの道を選ぶかは、多摩川の渡河方法の選択になる。本項では「二子の渡し」を目指すこととする。

「柿の木坂一丁目交差点」から次に古道がわかるのは、氷川神社前の**氷川坂**（目黒区八雲二丁目）になる。おそらく鎌倉街道は、「柿の木坂一丁目交差点」付近から西に向かい、呑川（柿の木坂支流、現在は暗渠）を渡って対岸の台地に上り、台地の南の縁に沿って南西に進み、台地の突端の氷川神社から現在は同社の参道になっている氷川坂を下り、呑川（本流、現在は暗渠）を渡って南の対岸の台地上の目黒通りを西南西方向に向かっていたと考えられる。このルートを採ることで、呑川支流が合流する現在の都立大学駅周辺の低地を避けることができる。またこのルート上の段丘崖には東から北野神社（目黒区柿の木坂一―三二―一八）、常円寺（目黒区八雲一―一二―一〇）、**東光寺**〈08〉（目黒区八雲一―九―一二）、氷川神社（目黒区八雲二―一四―一六）と寺社が並ぶ。

目黒通りをひたすら南西方向に進み、等々力六丁目交差点からは上野毛通りになる。この道は現在は直線的だが、明治時代の地図では、台地に入り込んだ浅い谷を避けるように、緩やかに曲がりながら進んでいる。東急大井町線上野毛駅をくぐって環八通りを横断し段丘を下れば多摩川の氾濫原、「二子の渡し」の渡河点になる。渡河点の位置は特定し難いが、この付近であれば、野毛の**善養寺**（世田谷区野毛二―七―一二）には鎌倉時代後期の**永仁二年**（一二九四）**銘**など多数の**板碑**があり、この付近を一つの可能性としてあげておきたい。

〈08〉**東光寺**

貞治四年（一三六五）、当時の世田谷城主で、世田谷・目黒地域に勢力を誇った吉良治家が、子息祖朝《ちかとも》が十歳で早逝したのを悲しみ、その菩提を弔うために建てたという。境内の墓地には、**吉良一族の墓**といわれる宝篋印塔がある。

6　二子塚から土橋

『新編武蔵国風土記稿』橘樹郡二子村に「村名の起りは村内東南の境に二つの塚並びてあり、是を二子塚と云より起こりしならん」「塚のほとりの稲毛用水の岸に古奥州街道の跡と呼ぶ小径」があったという。この塚は古墳であったとされているが、塚の土がかまどを作るのに良いとされて掘り取られてしまったとのことで、明治時代には掘り尽くされ消滅したという。現在**二子塚跡の石碑**が二子塚公園（川崎市高津区二子六－一）内にある。二つの塚の間を奥州古道が通っていたという。塚と鎌倉街道というと、目黒区と渋谷区の境目にある猿楽塚が想起される。渡河点では、安全に対岸に着くには遠くから容易に確認できる目印が必要だった。一本杉などのように巨木も目印とされたが、塚はそれにふさわしい。

『新編武蔵国風土記稿』に記された「古奥州街道」とは、久地三丁目の久地橋から国道二四六号をくぐり溝口南公園、二子塚まで、府中街道と二ヶ領用水に挟まれたような形で東西に延びている。

川崎市内に入ると鎌倉街道の伝承が途切れ途切れに数多く残る。当北条氏研究会会員の故中西望介氏が詳細な研究を残しているので、それに従って、本項では中世の期間でもより古い時代に重要であった道を探ることとする。それによると溝口から有馬までは、鎌倉街道伝承及び中世遺物遺跡の空白地帯であるという。となると二子からの街道は、妙楽寺のある長尾を経由して、頼朝伝説をたどりながら鷺沼に向かう道が考えられる。

まずは二子塚公園南側の道から古奥州街道を西に進み、東急田園都市線をくぐった先で鶴見溝ノ口線に交差したらそれを左折し、大山街道ふるさと館を右手に見ながら南西に進む。さらに道なりに進むと高津区役所の裏手、南西側に**ねもじり坂**（川崎市高津区下作延）がある。この坂の途中から小道を分かれ、国道二四六号線をくぐり、下作延神明神社の下を通り、上之橋で平瀬川を渡り、下作延小学校の南側を通り、緑ヶ丘霊園の丘陵北側の縁に沿って、下綱念仏講が行われていたという下綱会館（川崎市多摩区宿河原六―三三―一）のまでの道が、鎌倉道と伝承されている。緑ヶ丘霊園の北側には、鎌倉街道の土手状の遺構と思われる部分が残っているところもある。この道の他にも大山街道を梶ヶ谷の先、「笹の原交差点」で分かれて向ヶ丘の**聖社**（**しばられ松**）〈09〉（川崎市高津区向ヶ丘一三九―一〇）を通る道も、現在は幹線道路になっているが王禅寺方面への古道だという。このすぐ北西の上作延第四公園（川崎市高津区上作延三〇七―一）には、崖の上に並んだ状態で多数の板碑が発見されている。

五所塚

下綱会館からの道は不明なので府中街道を豊年橋まで進む。豊年橋から左手の段丘崖を上る坂を**平坂**と言い、鎌倉道といわれている。坂を登ると**妙楽寺**〈10〉（多摩区長尾三―九―三）がある。妙楽寺の尾根伝いのすぐ南に長尾神社（川崎市多摩区長尾三―一〇―一）があり、それに隣接して**五所塚**（宮前区五所塚一―一―六）がある。直径四m、高さ二m前後の塚が道に沿って南北に五つ並んでいる。古墳ではなく、中近世の民間信仰に基づく塚と推定されているが、鎌倉街道沿いの塚と考えることもできるだろう。周辺からよく見える高台にある。道なりに少し進んだところから右手に下ると、南北朝時代の板碑のある**等覚《とうがく》院**（川崎市宮前区神木本町一―一八―一）に出る。ここからの経路は明らかにし得ないが、平瀬川左岸を西に進むと平二丁目と初山一丁目の境界、平瀬川にかかる平瀬橋がある。ここから左手に上る坂を**島坂**といい鎌倉道と伝えられ、道の脇に馬頭観音もあり、古道がよく残っている。宮前区が設置した島坂の標柱には、「昔、この坂は横浜方面への本道でしたが、当時の平瀬川は曲っていて、この周辺が島に見えたことから島坂と呼ばれるようになったと伝えられていま

島坂

す」とある。道幅は乗用車が一台ギリギリでやっと通れるくらいである。平瀬橋の北東には寿永元年（一一八二）創建と伝えられる源氏ゆかりの**熊野神社跡**（川崎市宮前区平三―六付近）があり、さらにその北西には**本遠寺**《ほんのんじ》（川崎市宮前区初山一―二―一）がある。同寺所蔵の過去帳によると建治元年（一二七五）、日朗尊者の開基といい、寺伝では鎌倉から秩父に行く日朗上人がこの付近の農家で一夜をあかし、お礼に与えた尊像を安置するための小堂が始まりという。この道は北に抜けると**枡形城**（川崎市多摩区枡形六―四七四〇）を経て**大道**（登戸）**の渡し**に至る。つまり島坂を下ったところが、二子の渡し方面と、大道（登戸）の渡し方面の分岐点だったと考えられる。島坂を上って白旗台小学校の西側の鎌倉道を南下する。この近くの**白旗八幡宮**（川崎市宮前区平四―六―一）は、頼朝が奥州合戦の戦勝を祈願し、勝利の暁には鎌倉から奥州までの海道の十里ごとに八幡宮を建立するとの誓いを立て、合戦後の建久三年（一一九二）に建立したものの一つであるという社伝が『新編武蔵国風土記稿』の平村の項に記されている。

南平台団地を抜けて、犬蔵小学校前の交差点から分かれる**白井坂の一つ東側の坂**が鎌倉道と伝えられているのでそれを下る。拡幅されていて古道の面影はない。下り切ったところが東名高速川崎インターチェンジだ。この付近の地名「土橋《つちはし》」の起りは、源頼朝が土橋をかけたことによると『新編武蔵国風土記稿』に記されている。ここは矢上川が流れており、清水谷戸と白井坂谷戸が合流する付近で鎌倉道が横断している、このあたりに土橋をかけたのだろう。頼朝が奥州合戦に出陣した際、先陣の畠山重忠が引連れた疋夫八十人の内、三十人には鋤鍬を持たせたと『吾妻鏡』に記されている。この三十人が後に阿津賀志山の合戦において防塁を破る手柄を立てることになるのだが、そのためだけに連れて行ったわけではあるまい。この土橋などは予め造っておいたかもしれないが、未曾有の大軍勢が奥州に向かう道筋を先頭で整えながら進軍したのだろう。

東名高速を越えるために、「犬蔵交差点」を横断し高速沿いに南に迂回すると跨道橋のある道に上がれる。高速道路を越えたらすぐに戻る形で高速道路の東側の小道を伝って鷺沼北公園（梵天山）の西を抜ける。梵天山は、北東の土橋側が特に切り立っていて、非常に見晴らしがいい。この付近にかつて源頼朝の**鞍掛松**《くらかけまつ》（川崎市宮前区土橋四丁目付近）があり、ここは鎌倉街道だったと『新編武蔵国風土記稿』に記されているが、現在は何も残っていない。さぎ沼北大通りを鷺沼駅方面に進んだところ、土橋南三丁目公園（川崎市宮前区土橋三―五―六）の南側に、頼朝がこの付近で松の葉を茶筅代わりにして茶を立て、その葉を棄てたところ根付いて大木になったという**茶筅**《ちゃせん》**の松**があったというが、これも今は何も無い。

ともかく白旗八幡宮から鷺沼駅にかけては板碑も多く、頼朝伝説も多く残っていることから、鎌倉街道が通っていたとみてよいだろう。

この道は直線的に溝口に向かうよりも、平瀬川沿いを利用するためアップダウンが少なく、長尾で台地を一つ越えることで上作延の平瀬川の低湿地を避けることができる、合理的なルートである。中西氏は「近世の矢倉沢往還が直線的であるのに対して、中世の道筋は鶴見川水系の有馬川、矢上川の「谷筋を伝いながら北に向かい、多摩川水系の平瀬川から東西方向の谷筋を伝い二子の渡しに向かう道筋で、自然に逆らわず人や牛馬の力で無理なく進める道筋である」と述べている。これは古代官道が直線的であることを特徴とすることとは明らかに異なる。武蔵国内の中道（奥大道）は、全体的に武蔵野台地と沖積低地の境目、あるいは台地に切り込んだ小さな谷戸を乗り越えながらの道だった。特にこの川崎地域では、もともと存在した地域の人々の道を繋いで奥州街道としている様子がうかがえる。『新編武蔵国風土記稿』によると、古奥州街道は、近世相州街道（矢倉沢往還）が開かれて以来廃道になったのだという。

〈09〉しばられ松

『新編武蔵国風土記稿』には「聖松」として記載され、村人は願い事があるとこの松を縄で縛り、叶うと解いてお礼参りをしたという。また稲毛三郎重成が鎌倉に行く途中鞍をかけた鞍掛松であるとの言い伝えがある。

〈10〉**妙楽寺**

長尾寺とも呼ばれる。『吾妻鏡』に記載のある威光寺はここであるということが、同寺所蔵の**木造薬師如来像**の胎内墨書に「長尾山　威光寺」とあることから判明した。源家累代の祈禱所で、源頼朝が弟の阿野全成をこの寺の住職にするなど、手厚く保護されていた。

7　鷺沼から白根交差点

鷺沼駅を過ぎたら鷺沼交番前交差点を右折し、みずほ銀行の角を左折し国道二四六号線の「新有馬」交差点までの道が八幡坂といわれる。国道を横断し、有馬川を渡り、牛久保と有馬の堺、川崎市と横浜市の境の尾根に向かって坂を上る。尾根を越えると趣のある古道が続く。造園業の皆川園の間を通り、中川のニトリ東側に下る坂が**ウトウ坂**とよばれ、鎌倉街道と伝えられている。この坂の少し東の竹藪の中の坂を**血流れ坂**といい、刑場から処刑された人の血が流れた坂といわれる。鎌倉街道の坂を血流れ坂という説もあるが、人々の通る鎌倉街道に罪人の血を流すことはないだろう。別の坂とする説を採りたい。

この付近から荏田宿になる。ニトリ前で県道荏田綱島線を横断し、マンションの前を緩やかにカーブしながら段丘崖の下を進み不動の滝前を通る道が大山街道だが、地元の古老によると、大山街道よりも東寄りの、牛久保から**「宿之入《しゅくのいり》」を通る道**を鎌倉街道とよんだという。その説に従い牛久保中川線の大通りを進み烏山公園、宿之入公園、中川西中学校の東側を進み、中荏橋を渡る。「宿之入」という字名は、街道から荏田宿への入り口という意味だろうか。これは目黒区の宿山を想起させる。近世の街道は宿場を貫通するが、中世の街道は宿営地の縁を通る。中世と近世の宿の機能の違いが、宿之入公園東側の鎌倉街道から近世の大山街道への、街道の移動という形で現れたことをよく表していると思う。烏山公園は小高い丘で、街道と宿を監視する施設としてふさわしい。先程の血流れ坂伝説と合わせると、荏田宿も早渕川の渡河点の宿で、鎌倉幕府によって治安維持機能を任された関所とそれに付属する刑場があったのだろう。

宿の東側の道をそのまま進むと早渕川を渡って荏田小学校の西側に出る。「荏田小学校前」交差点の右斜め方向に非常によく残っている古道が見える。地元の人はこれを鎌倉街道とよんでいる。この道に入っていくと、**剣《つるぎ》神社**〈11〉（横浜市青葉区荏田町八二二）の横の尾根上に出る。

この道は剣神社から愛和幼稚園前を進むが、非常に狭い道で、乗用車一台がやっと通れる道幅（一間余）である。どうも多摩川以南の鎌倉古道として残っている道は、この幅が一つの目安になりそうだ。軍勢が移動するための道としての機能は当初から重視されていなかったのではないだろうか。矢倉沢往還と重複する部分は拡幅されており、廃れていった鎌倉道はこの幅のまま残ったということだろう。愛和幼稚園脇の墓地内には二基の板碑があるのが通りから見える。愛和幼稚園を過ぎて道なりに右にカーブすると荏田第三公園につきあたり、鎌倉街道は左に折れて南に向かう。ここで右に行くと元は観音堂だったという真福寺（横浜市青葉区荏田町四三八）に下りる尾根につながり、そこで大山街道と合流する。

荏田小学校前交差点から剣神社への坂

鎌倉街道からは少し外れるが、荏田駅東側の荏田猿田公園（横浜市青葉区荏田西二—八—一）には、古代の都筑郡衙跡とされる**長者原遺跡**がある。また東名高速道路と厚木街道に挟まれた場所は**荏田城趾**（横浜市青葉区荏田町）で、源義経の家人江田源三の伝説が残っている。荏田は、二子、登戸、矢野口、是政の多摩川の各渡しに向かう道が分岐する、非常に重要なポイントだった。

鎌倉街道に戻り、住宅地の中、尾根上の道を進むと、新横浜元石川線の道路を跨道橋（池尻橋）で越えると、荏田高校の横の道につながる。荏田高校を見下ろす崖の上のこの道も古道だという。荏田高校の南から尾根をたどりながらやや東側の道を南下するが、荏田高校から川和高校までの道のりはわからない。花山天皇の伝説のある「上サ」の地名があった手斧橋を目指して下り、横浜上麻生道路を横断し鶴見川との間の旧道を南下すると川和宿である。途中、道祖神や庚申塔、二十三夜塔などの石像物があって、かつての宿場をしのばせる。精進橋で鶴見川を渡り、北八朔町に入る。ここからも古道は不明だが、青砥町の青砥藤綱《あおとふじつな》ゆかりの**蓮生寺**《れんしょうじ》（横浜市緑区青砥町六三〇）を目指す。この地域は青砥藤綱の所領だったという。境内の青砥大明神は藤綱を祀っている。蓮生寺から杉山神社（横浜市緑区青砥町一一一九）に向かう。杉山神社は横浜市内の武蔵国領域にのみ分布する、この地域に特徴的な神社である。青砥は鶴見川と恩田川の合流地点で、ここからは是政の渡しに向かう道、鎌倉から関戸までの最短ルートである早ノ道が分かれている。

杉山神社からは都橋で恩田川を渡ってすぐのところで左の旧道に入り尾根を辿る。この古道は横浜線をこえてそのまま旭区の白根通りまで続く。線路を超えてまもなく長泉寺と杉山神社の西を通り、さらに中原街道を横断して中山と寺山町の境界線に沿って進む。中白根三丁目付近は古道の雰囲気が残っている。中白根二丁目内のほぼ直線的な古道を過ぎ、そうてつローゼン横に下ったところで左折して、ここからは中堀川沿いに白根通を下ってゆく。

右手に白根公園が見え、左には源義家、源頼朝ゆかりの**白根不動尊**〈12〉（横浜市旭区白根三―二六―一）がある。さらに下って国道一六号線の白根交差点で右折する。この付近から鶴ヶ峰浄水場をめぐるようにして北西方向に進む道は、長津田をへて本町田で鎌倉街道上道に合流する道である。

〈11〉剣神社

『新編武蔵国風土記稿』に、奥州から鎌倉に炭を運ぶ商人が、刀鍛冶から毎年欠かさなかったお礼にと剣をもらい、その剣のおかげで危うく大蛇に飲み込まれるのを免れたので、その剣をこの地に祀ったという伝説が記されている。奥州からの商人の往来の盛んだったことを物語っている。

〈12〉白根不動尊

『新編武蔵国風土記稿』によると、本尊は弘法大師作の一寸七分の**不動坐像**といい、天喜年中（一〇五三〜一〇五八）、源義家が前九年合戦の際甲の中に納めて戦い、勝利したので、康平六年（一〇六三）に鎌倉権五郎景政に命じて伽藍を造立させ、その像を安置したという。その後治承四年（一一八〇）、源頼朝が挙兵後この地を通った時に、義家の佳例を思って**鬢手洗池**《びんだらいけ》で身を清めたという。頼朝はその後、建久二年（一一九一）に堂宇を造営したが、正慶の頃（一三三二～一三三三）、新田義貞が鎌倉を攻め上る際の兵火によって烏有に帰したという。鬢手洗池跡は、白根不動尊の北西、白根通り沿いのファミリーマートの南角付近にある。ここに横浜市が立てた標柱には、源頼朝が奥州合戦に赴く際に戦勝祈願をしたとある。

8　白根交差点から舞岡公園

道は、白根交差点から国道十六号線を鶴ヶ峰交差点まで進み、左折して厚木街道に入り、鶴ヶ峰駅入口交差点のやや奥まったところに二俣川を背にして**畠山重忠公碑**（横浜市旭区鶴ヶ峰本町一―一）がある。この付近は畠山重忠が二俣川の合戦で非業の死を遂げた地であり、ゆかりの伝説や史跡が数多く集まっている。鶴ヶ峰駅入口交差点から旭区総合庁舎の東側を通る小道に入ると**首塚**（横浜市旭区鶴ヶ峰一丁目）がある。七重の石塔で、畠山重忠の首が切られた場所だという。さらに**鎧の渡し**、**首洗い井戸**の標柱前を進む。鎧の渡しとは、鎌倉時代の武士が鎧を頭上にかざして川を越えたことから「鎧の渡し」とよばれていたという。河原にあった井戸は畠山重忠の首を洗い清めたという伝説がある。相鉄線の踏切を渡り、鶴ヶ峰幼稚園の手前を右折すると南に直線的に続く古道が残る。『新編武蔵国風土記稿』に「長堀通」という鎌倉道であると記される道である。「長さ二十丁ばかり、道幅二間余」とあるが、もっと狭いように感じる。第二二俣川橋で東海道新幹線を越えて左近山団地に突き当たるまで長堀通は続く。左近山団地の西側を通り、さらに保土ヶ谷バイパスを南本宿橋で渡り、そのままバス通りまで下り「桐が作下」バス停からこども自然公園方面に進む。街道からは離れるが南本宿の西側の万騎《まき》が原《はら》は、二俣川の合戦において北条方が数万騎で陣をかまえたことに由来するといわれ、万騎が原の北方、新幹線の線路近くに**畠山重忠公遺烈碑**（旭区万騎が原一〇四）が建てられている。

長谷橋を渡り、こども自然公園の道につきあたったところが**大山道と鎌倉道の追分**で、案内板と「西　大山道　南　鎌倉道」の標柱がある。左折して南に進むと**都塚**《みやこづか》（横浜市旭区大池町三三）がある。都塚の標柱には「武蔵の国と相模の国の国境、鎌倉の都が一望できた」と書かれている。側の道標には「南　鎌倉道　西　武相界　北

都塚上の祠

二俣川」と彫られている。標柱の近くの塚の上に地蔵堂がある。

さらに戸塚カントリークラブの入口まで進む。ここから古道はたどれないので、車道に沿って新戸塚病院の北側の道を通り、名瀬下第八公園まで行く。名瀬中学校東の道が古道だが、この道の北の突き当たり、削平と盛り土によって造成された駐車場の奥、ゴルフ場のフェンス下に僅かに古道の痕跡が残っている。名瀬中学校東側の道を南に進むとつばき霊園に突き当たるので、右折してほどなく左手の川上町と名瀬町の境界の道を進む。横浜新道に突き当たったところで古道はたどれなくなるので、名瀬橋で横浜新道を渡り、「名瀬橋東側」交差点の先で右折し、前田町第三公園の中を通って川上小学校東側の古道に出る。この道を東南方向に進み「秋葉小・中入口」交差点の近くで名瀬道路に合流し、南下する。「秋葉三叉路」交差点で南に進む小道に入り、嶽下橋で柏尾川を渡り、歩道橋でJR線を渡り、国道一号線の「上柏尾」交差点まで進み、歩道橋の傍の道を上る。途中に墓所があり、この墓所東側の小道を上り、柏尾町と上柏尾町の境のフェンス沿いの細い小道を南に進む。途中、左手に松拍・伏見稲荷神社がある。さらにフェンス沿いの小道を進むと「下永谷市民の森」西側の細い小道の入口に出る。公園の中に古道がよく残っている。「五山見亭」前、「稲荷台広場」前を通り、戸塚区と港南区の区境の道を南に進み、県道二二号線を渡り、横浜西港南台郵便局の南側を通り、さらに区境を進み、下永谷第三公園に進む。さらに区境の尾根上の小道を一キロほど南に進み、道なりに左に折れて尾根を下り、つきあたりを右に行くとすぐに「下永谷駅入口」交差点に出る。交差点を渡り左（南東）に五〇mほど進むと右手の斜面を登る小道があるのでその道を上ると、日限山と南舞岡の境の尾根に上がる。その道を南東に進むと、左側の小高

下永谷市民の森の中

松拍稲荷

い丘が福徳院、通称日限《ひぎり》地蔵尊（横浜市港南区日限山一―六七―三〇）である。日を限って祈願すれば願いが叶うという。尾根を下りて県道に出ると古道は消える。

上柏尾から日限地蔵までは、尾根上を通るという鎌倉街道の特徴を示す古道がよく残っている部分が多く、土の歩道も続き、ハイキングコースとしても楽しい。しかしこれは、この区間の鎌倉街道が、時期は特定できないものの鎌倉時代からそう遠くない時期に、幹線道路としての機能を失ったことを物語っている。鎌倉街道というものが、一般の交通には必ずしも使い勝手の良い道ではなかったということを意味している。

県道に下りたら右折し、戸塚区と港南区の区境を緩やかにカーブしながら進み「港南プラザ」前交差点で右折し、さらに区境を進むとそのまま舞岡公園に入る。

9―舞岡公園から本郷台

舞岡公園の南東部の港南区と戸塚区の境の道を進み、公園を出たところの道の右側に庚申塔がある。この庚申塔は、元文二年（一七三七）に前岡村（現舞岡）の人々によって建てられたもので、元は八〇m離れた場所にあったが、都市計画道路横浜藤沢線の建設によりこの場所に移された。右側に「これよりぐめうじミち」、左側には「これよりかまくらミち」と刻まれている。舞岡南の橋を渡り、栄区と戸塚区の境の道を進む。戸塚ふたば幼稚園前を通り、丘陵の尾根を進みながら右手に下倉田第二公園、左側は急な斜面で見晴らしの良い道が続く。ここからは**すりこばち坂**とよばれる小道の急坂を下る。環状三号線を「見晴橋」で渡り、古道の延長にもどる。小菅ヶ谷小学校の北東の角から区境を離れるが、小学校の西の道も古道といわれている。この道の西側にある雑木林に覆われた急崖の尾根は花立と呼ばれる地点で、永勝寺（横浜市戸塚区下倉田町一〇二）を経て戸塚方面への道との分岐だという。かつてここには道標があり「此方ひろ道とつかへ」「此方ぐめうじ道」「此方かまくら道」と刻まれていたというが、今はなくなっている。「花立」の地名の由来は、ハナは端、タテは断で崖地の意であろう。

小菅ヶ谷小学校の南側から道なりに進み、崖の縁で右に折れ、鎌倉時代創建の**長光寺**〈13〉（横浜市栄区小菅ヶ谷四—一—二七）の裏手の高台を進む。本郷台小学校の北西側を通り、本郷台滝の前公園を過ぎた付近で古道の面影を残す道になり、すずかけ通を横断して南西に進むと、栄第一水再生センターの西側で長光寺の前から来た道と合流するが、この道は弘明寺方面に行く古道である。本郷台ゴルフセンター前に「是よりぐミやうじ道」と書かれた道標がある。

すりこばち坂

〈13〉**長光寺**

伊豆の豪族伊東祐親《すけちか》の孫祐光が、平家方に合流し砺波山の合戦で討ち死した父祐清の菩提を弔うために、母と妻を伴い鎌倉に来て出家し道意と名乗り、小菅ヶ谷の地に一宇を開き、東照山医王院と号したのが始まりだという。本尊の**薬師如来**は、祐親が伊豆に流された文覚を寄寓させた際贈られた、自作の薬師如来だという。

10　本郷台から鎌倉——北条泰時が作った道

ここから鎌倉へ向かう二つの道を紹介する。一つは『吾妻鏡』仁治元年（一二四〇）十月十日条に見える、北条泰時が造らせた「山内道路」と考えられる道。もう一つはその道路ができる以前の道である。通常「鎌倉街道中道」としてガイドブック等に紹介されている道は前者の道で、まずこの道を辿ってみたい。確認しておきたいのは、当時の「山内」の範囲だが、それは山内荘〈14〉の荘域と考えられる。現在の鎌倉市北部の山崎・山ノ内・今泉・大船・岩瀬、横浜市栄区のほぼ全域、横浜市戸塚区の上倉田・下倉田・吉田・舞岡・秋庭・品濃・戸塚・名瀬におよんでいた。

本郷台ゴルフセンター前から南西に進み、JR線のガードをくぐったところで西側に稲荷神社があり、馬頭観音や庚申塔などがまとめられている。新橋《にいばし》で**いたち川**をわたる。狖川とも書かれるが、これは「いでたち」が訛ったもので、鎌倉から武士たちが出陣する時にここで出陣の身ごしらえを整えたということに由来するという説が、横浜市栄区役所の発行の「いたち川散策マップ」をはじめ広く流布している。しかし、いたち川流域では七〜九世紀にかけて製鉄が行われていたことを示す遺跡が発見されており、神に鉄を捧げる「鋳奉《いたち》」に由来するのではないかとの研究が近年発表されている。「出立川《いでたち》」の名称が史料的に確認できないこと、鎌倉時代に編纂された『吾妻鏡』にすでに「狖川」と記されていることなどから、古代の製鉄に由来する地名であるとの説が有力であろう。

往時は川岸に宿があったというが、ここにも川と宿営地の関係がみられる。新橋から北方に向かう道は、近世の大山道であるとされるが、その道は鎌倉街道上道に長後付近で合流する。JR線の南側のバス停に「大道」の名が残っていることもあり、鎌倉時代まで遡る道の可能性もあろう。いたち川で武者揃えをして、奥州方面と武蔵方面に分かれたのかもしれない。また諸方からの軍勢がここに集結することもあっただろう。

「笠間」交差点を過ぎると、右手に笠間中央公園がある。公園内からは発掘調査により、片側に側溝を備えた幅一〇mの南北方向の大規模な中世の道路遺跡

（笠間中央公園遺跡）〈15〉（横浜市榮区笠間二―二六）が発見されている。これが『吾妻鏡』仁治元年（一二四〇）十月十日条に見える「山内道路」の遺構と考えられている。

さらに進むと、左手に見上げるような石段の上の**青木神社**（横浜市栄区笠間五―四―一）がある。建武二年（一三三五）に領主近藤出羽次郎清秀が社殿を造立し、手力雄尊《たぢからおのみこと》を奉斎して、一族と領内鎮護の社としたという。鎌倉幕府滅亡直後のことであり興味深い。砂押川の手前で一旦右折し、すぐに左折して、旧道を南下する。また街道からは五〇〇mほど東になるが、北条泰時開基の**常楽寺**〈16〉（鎌倉市大船五―八―二九）がある。山号を栗船山《ぞくせんざん》というがもとは「栗船《あわふね》御堂《みどう》」とよばれ、「大船」の地名のもとになったとされる。街道に戻るとJR横須賀線の手前、東側に**離山**《はなれやま》・**富士見地蔵**《ふじみじぞう》（鎌倉市大船三―一―一二）がある。かつては南から北へ地蔵山・長山・腰山という三つの山があったというが、今は切り崩されてしまった。文明一八年（一四八六）、東国を旅していた道興准后《どうこうじゅごう》が「朝まだき　旅立つ里のをちかたに　其の名もしるき　はなれ山かな」と歌に詠んでいる。JR横須賀線の線路を第一鎌倉道踏切で渡って過ぎると、小袋谷川にかかる水堰《すいせき》橋がある。電柱の横に「**せゐ志くばし**」の標柱がある。鎌倉へ入る武士たちがここで勢揃いして身支度を整えたという。「勢揃い」が訛って「せいしく」になり、それに当て字をして「水堰」になったという。鎌倉街道のゴール近くにふさわしい地名だ。街道は橋を渡らず川沿いに北鎌倉方面に進む。北鎌倉駅前を過ぎ、**亀ケ谷坂**、あるいは**巨福呂坂切通し**を越えて、鎌倉に入る。巨福呂坂切通しの開鑿は「山内道路」の造成と一体だったと考えられる。鶴岡八幡宮の西側に突き当たり、終点は北条泰時が大倉から移転させた宇都宮御所としよう。

〈14〉山内荘

相模国の荘園。立荘の時期は不明だが、代々源氏の家人だった山内首藤氏の本領だったが、治承四年（一一八〇）の源頼朝の挙兵時に山内首藤氏が敵対したため、頼朝が勝利したのちに没収され、土肥実平に与えられ、建暦三年（一二一三）の和田合戦後は北条得宗領となった。鎌倉幕府滅亡後は足利直義領となった。

〈15〉笠間中央公園遺跡

この道路遺構に関しては、『吾妻鏡』仁治元年（一二四〇）十月十日条に、北条泰時が「山内道路」を造らせたという記事があり、この遺構がそれに当たると推定されている。亀ケ谷と巨福呂の切通しの開削と一連の事業であったと考えられる。

〈16〉**常楽寺**

臨済宗建長寺派の寺院。山号は粟船山《ぞくせんざん》。嘉禎三年（一二三七）の創建で、開基は北条泰時、開山は退耕行勇。もとは「粟船《あわふね》御堂《みどう》」とよばれ、北条泰時夫人の母の追善供養のために建てられた。建長年間（一二四九～五六）、時の執権北条時頼によって宋の禅僧、蘭渓道隆《らんけいどうりゅう》が鎌倉に招かれ、初め常楽寺の住持となって中国風の禅宗を広めた。のちに建長寺が創建されたが、それ以降も臨済宗建長寺派では「常楽は建長の根本なり」といわれ重視されつづけた。

永福寺に下る坂の切通し

11 「山内道路」以前の道

北条泰時が「山内道路」を開鑿する以前の道については、それを直接示す史料は見出せないが、**永福寺跡**〈17〉（鎌倉市二階堂）の位置が一つの鍵と考えられる。永福寺は源頼朝によって、奥州藤原氏と源義経の慰霊のため、そして彼らの怨霊が鎌倉に及ぶのを防ぐために創建された寺院なので、奥州方面からの鎌倉への入り口に位置したと見るのが相応しいという考え方である。詳しい経路は明らかにしえないので、おおまかなルートを推定するにとどめたい。

9までに述べたルートと「山内道路」以前の道の接合地点が不明なので、とりあえずJR本郷台駅からたどりたい。本郷台駅から南にいたち川まで進み、そこから東に折れていたち川沿いに進み、本郷小学校を過ぎた辺りまでにいたち川を渡る。「上郷六反町公園」付近の稲荷橋から**證菩提寺**〈18〉（横浜市栄区上郷町一八六四）に至る小道が、横浜市栄区役所の発行の「いたち川散策マップ」では「旧鎌倉道」と記されている。但しそれが「山内道路」以前の道であるかどうかは分からない。

證菩提寺からのルートも不詳だが、可能性としては相武国境の尾根道が挙げられる。環状四号線の光明寺バス停付近から、現在「瀬上市民の森」として保全されている雑木林の中、馬の背休憩所のある尾根に登り、そのまま尾根上の相武国境（現在の横浜市栄区と金沢区の境界）の道を南に進む。この道は明治時代の地図では荷駄の通行可能な道として表記されており、現在も登り下りが最小限になるように数多くの切通しが施された、極めて平坦で、道幅が均一な道となっている。これがいつの時代に整備されたものかは不明だが、このような道を造ることが可能な尾根が国境をなしていたということは、鎌倉時代以前までさかのぼる道である可能性は否定できないだろう。

尾根道は「横浜自然観察の森」に入り、鎌倉天園に続く東西方向の尾根道に出る。ここから横浜霊園を右手に見下ろしながら大平山に向かうが、この尾根道は横浜市と鎌倉市の境界をなしており、先ほどの南北方向の尾根道と同様に幾つもの切通しを施した平坦な道である。大平山直下の道沿いに古井戸があることも見逃せない。

大平山のピークを巻いて二階堂への道を下る。獅子岩と名付けられた岩の前を通り、沢沿いに下ると、途中かなり規模の大きい切通しを二ヶ所通り、亀が淵から車道を**永福寺跡**に下り、さらに進んだ突き当たりの丁字路で二階堂大路に出る。右折すると間もなく**大倉幕府跡**に至る。

もう一つ、横浜市栄区役所発行の『栄の歴史』には、「山内道路」以前の道として、鎌倉時代初期に岩瀬与一太郎によって建立されたという**五社稲荷神社**（鎌倉市岩瀬一三九九）から岩瀬、高野を通るルートが紹介されている。六国見山経由で鎌倉の北側の尾根に登り鎌倉に向かうこのルートは、「山内道路」が低湿地に造られたのに対して、東側の台地上を通っている。「山内道路」以前の道である可能性とともに、天候などの状況によっては「山内道路」のサブルートとして使われた可能性もあるだろう。このルート上の岩瀬には「下関」という地名が残っていることも、鎌倉への入り口の一つであったことを物語る。

〈17〉永福寺跡

国指定史跡。源頼朝が建久三年（一一九二）に、奥州平泉で誅された弟源義経と、奥州合戦で滅亡した藤原泰衡はじめ奥州藤原氏の霊を供養するために建立した寺院。頼朝は、自ら平泉で見た屋根が二層になった中尊寺の二階大堂大長寿院に倣ってつくったと言われ、永福寺の通称二階堂がこの地の地名となった。応永十二年(一四五〇)に焼失し廃寺になった。発掘調査の結果、二層の本堂の両側には左右対称に北側に薬師堂、南側に阿弥陀堂の両脇堂が建てられ、前面に広大な池がつくられ、釣殿や島のある浄土式庭園となっていたことが明らかになった。現在、復元整備が行われ、史跡を生かした公園となっている。

〈18〉證菩提寺

高野山真言宗の寺院。治承四年(一一八〇)、源頼朝が伊豆で挙兵した直後の石橋山の合戦において、頼朝の身代わりとなって討ち死にした岡崎義実の嫡子佐那(奈)田与一義忠の菩提を弔うため、建久八年(一一九七)、頼朝によって創建されたと伝えられる。その後、北条泰時の息女小菅ヶ谷殿が阿弥陀堂を建立し、北条政子の十三回忌の法要を執り行っている。

4……鎌倉街道下道とその関連史跡

鎌倉街道下道は、常陸国・下総国方面から来た道が武蔵国に入り、ほぼ江戸湾に沿って南下し、鎌倉に至る道である。台東区橋場以南、高輪までは古代の官道だった一本道である。途中芝から分かれて赤坂へ、大手町から分かれて**江戸氏館**までと、江戸氏館を中心とした道があった。

1―下総国から武蔵国へ

常陸国（茨城県）や下総国（千葉県）から来た道は、隅田川を渡ると武蔵国にはいった。現在の白鬚橋《しらひげばし》付近にあった渡しは、古くは「**隅田の渡し**」〈01〉と呼ばれた。この付近は、昔は隅田川の河口であったという。土砂の堆積により河口も変化して南下し、渡しの場所も変化した可能性が高い。

平安時代の末頃、この渡しの東側（下総国）に**隅田宿**〈02〉があったとされる。治承四年（一一八〇）伊豆で挙兵した源頼朝は、十月二日房総半島を経由して隅田宿に着いた。その際、豊島清元・葛西清重・足立遠元らが隅田宿に迎えに参向していた。さらに二日後の十月四日には、**長井の渡し**（所在地不明）に畠山重忠・江戸重長・河越重頼らの秩父一族が参向し、ほぼ武蔵国の有力武士が頼朝の勢力下に入った。その後、頼朝は西に向かい、国府（東京都府中市）を経て十月六日に相模国に到っている。

現在の白鬚橋を渡ると、隅田川の西側が石浜（武蔵国豊島郡千束郷、台東区浅草千束町一帯）である。現在石浜という地名は残らないが、橋の北側に奈良時代の神亀元年（七二四）聖武天皇の勅願によって創祀されたと伝える**石浜神社**（荒川区南千住三―二八―五八）が鎮座する。神社の南側に、「石浜城址公園」（南千住三丁目公園）があり、江戸氏一族の石浜氏の拠る**石浜城**〈↓本書二一二頁〉があったという。

〈01〉**隅田の渡し**

現在の白鬚橋付近にあった隅田川の渡し。隅田川は、武蔵国と下総国の境であった。のちに橋場の渡し、白鬚の渡しとも、他にも須田の渡し・梅若の渡し・真崎の渡しなどとも称された。

ここは**古東海道**（古代の官道）**の渡し**で、承和二年（八三五）六月二十九日の太政官符に「武蔵・下総両国等堺住田河四艘（元二艘、加二艘）」と見え（『類聚三代格』）、渡船の数が増加している。平安時代の『伊勢物語』には在原業平がこの「すみだ川」を船で渡ったことが記載される。

南北朝時代の貞和三年（一三四七）三月二十四日の江戸重通代同重村着到状によれば、去る二月三日から三月十八日まで「墨田」で警固したことを申請し、薬師寺公義の証判を得ている（『古簡雑纂』）。『江戸名所図会』には、「隅田川の渡　橋場より須田堤のもとへの古き渡しなり。今は橋場の渡と唱う」とある。

石浜神社

〈02〉隅田宿

現在の都立東白鬚公園（墨田区堤通二―二）一帯にあったと推定される宿場。現在公園内に隅田宿跡の解説板があり、梅若塚・木母寺《もくもじ》・隅田川神社などがある。

天台宗**木母寺**は、平安時代の貞元元年（九七六）に忠円阿闍梨が梅若丸の供養のため建てた念仏堂が起源とされる。**梅若塚**は、謡曲「隅田川」（人買いにさらわれた梅若丸とその母の悲話）に関連する文化的旧跡である。

現在の**隅田川神社**は、戦後一〇〇メートルほど移動した。旧社地の川岸には、水神社があり、そこは鬱蒼とした森が広がり、水神の森とか浮洲の森とも呼ばれていたという。なお、「隅田宿」の初見は『吾妻鏡』治承四年（一一八〇）十月二日条である。

2 隅田の渡しから皇居前広場へ

白鬚橋を渡って左折し、隅田川右岸の江戸通り（都

今戸神社

道三一四号）を南下する。住所は、橋場から今戸・花川戸と移っていく。

今戸一丁目にある**今戸神社**（元今戸八幡宮）、（台東区今戸一—五—二二）は、康平六年（一〇六三）の前九年の役の時、源頼義・義家父子が京都の石清水八幡宮を、鎌倉の元八幡宮とともに勧請したという伝説を持つ〈↓本書二六一頁〉。

下道はさらに南下するが、花川戸で右折して東に三〇〇メートルほど進むと微高地に**浅草寺**〈↓本書三五四頁〉がある。下道は、東武伊勢崎線の浅草駅を右に見て南下、蔵前に入る。現在、東側を隅田川が流れるが、源頼朝の頃には海だった可能性がある。

下道はさらに南下し、JR総武線浅草橋駅の東側のガードをくぐる。浅草橋駅の手前、右側（西側）に、七世紀の推古天皇頃に創建されたと伝える**須賀神社**（祭神は素戔嗚尊）（台東区浅草橋二—二九—一六）や康平五年（一〇六二）創祀と伝える**銀杏岡《いちょうがおか》八幡神社**（祭神は誉田別命・武内宿祢命）（台東区浅草橋一—二九—一一）がある〈↓本書二五九頁〉。この八幡宮も前九年の役の時の源頼義・義家父子の創祀伝説を伝えている。

下道は、靖国通りに出る手前の道を右に進む。これは、当時は海が入り込み入り江になっていたことによる。まっすぐ南下すると当時前島と言われた隅田川の運んだ砂洲が延びていた。鎌倉時代中期の弘長元年（一二六一）には「前島村」と呼ばれて住民がおり集落が形成されていたことが確認できる（「関興寺文書」）。

下道は、靖国通りを斜めに横切り、日本橋馬喰町・日本橋小伝馬町等を経て、地下鉄銀座線の新日本橋駅の上を通過する。

なお、この付近から先は、当時の道の痕跡が消えて残されていないので、便宜上現在の道を進む。下道は、外堀通りを新常盤橋で越えて、ＪＲ山手線に突き当たる。左手に曲がり線路に沿って南に進み、常盤橋公園から来る道を右折し、**将門塚**〈↓本書二八七頁〉を右手に見て、内堀通りに至る。このあたりが江戸郷〈↓本書三三頁〉である。

下道は、内堀通りを左折し、大手門を右に見て皇居外苑を抜け、祝田橋を渡る。平安～鎌倉時代頃は、大手門付近は、**日比谷の入り江**で、平川の河口であった。平川は、神田川の下流、西神田の高速道路〈5号池袋線〉の下を流れる。この平川の東の対岸が柴崎村で、かつて平将門伝説のあった**神田明神**〈↓本書二八七頁〉が鎮守であった。

皇居外苑の右手が太田道灌の築いた**江戸城**〈↓本書二〇五頁〉で、江戸氏〈↓本書三三頁〉の館もこの中にあった。その所在地は特定できないが、国立近代美術館付近という説があり、この館へは大手門前から皇居東御苑を縦断して通じていたという。また現在残る江戸城の天主台付近が江戸氏の江戸館であったともいわれる。

3　皇居前広場から三田の慶応大学へ

下道は、日比谷公園を左に見て南に進む。地下鉄虎ノ門駅の東側で外堀通りを越えて進む。この道は愛宕下通りといわれる。愛宕一丁目の交差点を過ぎると右手の真言宗真福寺（慶長十年〈一六〇五〉開創、安政五年〈一八五八〉三月、オランダ使節の宿舎となる。平成七年〈一九九五〉現在のビルに建て替えられた。）の前を過ぎる。まもなく右手に海抜二五・七ｍの愛宕山（武蔵の台地末端の小丘）が見えてくる。そこには**愛宕神社**〈03〉、ついで曹洞宗**青松寺**〈04〉がある。道の左側は慈恵医大である。

下道は、東京プリンスホテルに突き当たると右折し（芝公園三丁目の交差点）、道の痕跡は消える。おそらくホテル敷地内と南臨の**増上寺**〈05〉の境内を抜けていたものと思われる。現在歩く場合は、道なりに左折、同公園と東京プリンスホテル、ついで東京タワーの間の道を南下する。同公園の中央に増上寺があり、左手に紅蓮白蓮の弁天池が、南部に丸山古墳があり、古墳の東斜面に丸山貝塚がある。

下道は、赤羽橋の交差点で桜田通りに合流し、慶応大学を右に見て南下する。赤羽橋交差点から南に進むと、右手に三田高野山弘法寺《こうぼうじ》がある。このあたりは昔「三田綱町」呼ばれ、**渡辺綱《わたなべのつな》の出生地**と伝わる〈↓本書二九三頁〉。さらに進むと右側に春日神社への階段（参道）が、続いて慶応大学東門の前を通り、三田二丁目交差点（桜田通りはここで右折、慶応大学正門前を通る）を過ぎ、三田三丁目の交差点に到る。

江戸城大手門

日比谷公園

〈03〉**愛宕神社**（港区愛宕一―五―三）

祭神は火産霊命《ほむすびのみこと》。慶長八年（一六〇三）、徳川家康の命により、江戸の防火・防災の守り神として創建された。家康は家康の信仰する**勝軍地蔵菩薩**（行基作）を同神社の本地仏として別当寺の円福寺（明治維新で廃寺）に祀った。

寛永十一年（一七五八）、三代将軍徳川家光の御前で、讃岐国（香川県）丸亀藩の曲垣盛澄が騎馬で神社正面の男坂（八十六段）を駆け上がり、国家安寧の祈願を行い、境内に咲いていた源平の梅を手折り将軍に献上したことから、「出世の石段」として有名になった。

〈04〉**青松寺**（港区愛宕二―四―七）

萬年山青松寺。文明八年（一四七六）、太田道灌が武蔵国貝塚（千代田区平河町周辺）に雲岡舜徳を招いて創建したという。徳川家康の江戸城拡張によって現在地に移転した。

〈05〉**増上寺**（港区芝公園四―七―三五）

浄土宗三縁山増上寺。増上寺の前身は、九世紀に空海の弟子宗叡が武蔵国貝塚（千代田区麹町・紀尾井町周辺）に建立した光明寺だという。室町時代の明徳四年（一三九三）、浄土宗第八祖酉誉聖聡《ゆうよしょうそう》の時、真言宗から浄土宗に改宗し、寺号も増上寺と改めたという。この聖聡が実質上の開基である。一時貝塚から日比谷へ移った増上寺は、江戸城の拡張に伴い、慶長三年（一五九八）、徳川家康の手によって現在地の芝へ移された。風水学的には、江戸の鬼門である上野に寛永寺を配し、裏鬼門の芝に増上寺を配した。

増上寺は、徳川家の菩提寺であるとともに、檀林（学問所及び養成所）でもあり、関東十八檀林の筆頭となった。

春日神社鳥居

4 三田の慶応大学から大森駅前へ

三田三丁目の交差点を右折し**聖坂**《ひじりざか》〈06〉に入る。この道が下道である。このゆるやかな坂を登って行くと、右側に「弥陀種子板碑」の標注があり、階段を上ると文永三年（一二六六）の年紀のある板碑をはじめ、**五基の板碑**〈07〉が確認できる。

このあたりの下道は尾根道で、さらに南に進むと左手に浄土宗済海寺（港区三田四―一六―二三）（境内にフランス公使宿館跡の碑がある）がある。この台地上は寺院が多く分布している。済海寺の南側が縄文時代の住居跡が発掘された区立亀塚公園（港区三田四―一六―二〇）で、その東側に**御田八幡神社**（港区三田三―七―一六）（嵯峨源氏渡辺党の氏神という）がある。

このあたりは、豊島駅と大井駅を結ぶ古代の官道が通っていたところで、平安時代の「更級日記」の著者菅原孝標の娘が帰洛する時見た「竹芝寺」がこの付近にあったと考えられている。この付近の東側は、芝と呼ばれた海岸沿いで、戦国時代の聖護院門跡道興准后の紀行文「廻国雑記」文明十八年（一四八六）十月二日条に「芝の浦といへる所にいたりければ、しほや（塩屋）のけぶり（煙）うちなびきてさびしきに、しほきはこふ舟とも見て　やかぬよりもしほの煙名にそたつ舟にこりつむしはの浦人」と塩田の様子が画かれ詠まれている。

左手に三田台公園を見て、さらに南下した下道は、伊皿子の交差点を過ぎ、高輪警察署前を通り、高輪プリンスホテルの西側にある高輪三丁目の交差点を通過し、**御殿山**〈08〉の西を南下、目黒川にかかる居木橋《いるきばし》に至る。

なお、下道は高縄プリンスホテル裏から西回りの道が分岐する。この道（枝道）は、旧中原街道沿いを進み、丸子の渡しで合流する。この道の上池台から沼部までは古代の古東海道にあたり、道興准后が通った道でもある（『廻国雑記』）。

下道の居木橋から南は、ＪＲの敷地内に入り道の痕跡はなくなるが、この敷地内の西側部分を通過したと思われる。下道は大井町駅の西側に現れ、品川区役所の南側から南下、大井三つ又交差点で池上通りに入る。**光福寺**、品川歴史館、鹿島神社、大森貝塚の碑（大森貝塚遺跡庭園）を左手に見ながら南下すると大森駅西口に到る。

なお、『大田区の史跡めぐり』（増補改訂版、大田区教育委員会、二〇〇五年）によれば、この途中大田区山王一―六付近に**鎌倉街道下道関連史跡**があり、長さ一五・五ｍ、幅三・八ｍの道遺構が確認されている。

大森駅西口から池上通りを挟んで反対側に**八景天祖神社**（大田区山王二―八―一）（享保年間〈一七一六～三五〉創建）に登る山道（階段）がある。このあたりは**八景坂**（別名薬研坂）といわれる坂道である。この坂の上からは、大森の海岸から房総まで一望できたという。

〈06〉聖坂（港区三田四丁目）

聖坂は、古代・中世の通行路（古奥州街道）にあり、高野山の僧（高野聖）が開き、その宿所もあったためこの名称が付けられた。「竹芝の坂」「竹芝坂」とも称された。

そのまま南下すると、伊皿子坂・魚籃坂を通る道と交差して二本榎通りと名称を変える。江戸時代まで坂は斜面ではなく、『江戸名所図会』を見ると、緩やかな階段状を成していたことが確認できる。

〈07〉弥陀種子板碑（三田四―一四―一八）

弥陀種子とは、阿弥陀如来を表す種子（キリーク）のことである。ここには、五基の板碑があり、その内年紀の分かるものが三基ある。最も古い板碑は、文永三年（一二六六）の年紀があり、高さ四六・五cm、幅一九・五cmである。次は正和二年（一三一三）、高さ五七・五cm、幅一九cm、最後は南北朝時代の延文六年（一三六一）、高さ三一・八cm、幅一六・八cmである。他の二基は造立年代は分からない。

これらの板碑は、もとから現在地にあったものではなく、かつて品川区上大崎にあったとも、亀塚稲荷神社付近にあったとも伝えられている。

聖坂

弥陀種子板碑

〈08〉御殿山

品川区の北部、高輪台の南東の端、北品川一帯の台地を通称御殿山という。地名は、ここに太田道灌の館があり、また徳川将軍家の御殿があったことに由来する。江戸時代、東は東京湾に面し、南は目黒川の谷に限られた景勝地で、サクラの名所であったという。嘉永六年（一八五三）ペリー来航にあわてた幕府は、御殿山をくずした土で江戸防衛のための台場（砲台）を築造した。御殿山の地は、明治以後住宅地となり、その一郭に御殿山ヒルズがある。

5　大森駅前から丸子の渡しまで

大森駅の西側を通過、環状七号線（環七通）を渡る前に池上通りから分かれ細い道を右折し、池上通り北側の道（元池上通り）を南西方向に進む。環七通を越えると左手に春日神社、右手に春日公園を見て進む。呑川を浄国橋で渡河、道なりに川の南側を西方向に進むと、本門寺前の交差点に到る。右折すると山上に**本門寺**〈↓本書八〇頁〉が見える。大森以南は、ほぼ室町時代頃に開かれた海岸通りとされる。

第二京浜を池上警察署前の交差点で横断し、東急池上線千鳥町駅の北側で線路の下を通過、区民プラザ入口の信号で環状八号線を横断し、多摩堤通を北西方向に鵜の木駅の東側を通り、沼部駅の方向に向かう。鵜の木から沼部までは、古代の道という。沼部駅の手前で新幹線を潜り、同駅の北側で東急多摩川線を越えて丸子橋に至る。

この地域の下道は、南西から西へ、さらに北西に方向を変え、丸子の渡しに到る。これは、これより南が多摩川の氾濫原であったことによるのであろう。鎌倉時代このあたりには**丸子荘**〈09〉があった。

丸子の渡しは、江戸時代丸子橋の南側にあった渡しで、昭和九年（一九三四）にこの渡しの上流に丸子橋が架けられるまで、長い間渡船場として利用された。江戸時代初期には参勤交代の道路として利用されている。江古い多摩川は蛇行した流れであり、丸子の渡しもかなり移動したものと考えられる。

なお、現在大田区下丸子の東側に矢口がある。ここには、延文三年（一三五八）**矢口の渡し**で新田義興が謀殺され、住民が義興を祀って**新田神社**（大田区矢口一―二一―二三）を創建したという伝説が残る〈↓本書二七六頁〉。南北朝時代の多摩川は、現在よりも東に大きく湾曲していたため、渡しは現在の新田神社付近にあったと思われる。多摩川の乱流の結果である。

〈09〉**丸子荘**

多摩川中流域の低地にある荘園。『吾妻鏡』治承四年（一一八〇）十一月十日条が初見で、源頼朝は房総半島から鎌倉に向かう途中、下総国葛西御厨を本拠とする葛西清重の宅に止宿した。鎌倉に入った頼朝は丸子荘を清重に与えている。比叡山延暦寺領であったと推定され、後宇多上皇の猶子である天台座主承鎮法親王から護良親王に譲られている。南北朝時代には丸子保と戦国時代には鞠児郷と見える。その範囲は、大田区下丸子町から多摩川を挟んで川崎市中原区上丸子・中丸子及び上平間・下平間を含む一帯と推定される。

郷内には**丸子城**があり、文明十年（一四七八）には太田道灌が籠もったという（『鎌倉大草子』）。その位置は川崎市中原区山王町にある日枝神社から上丸子八幡町にある上丸子小学校あたりと伝える。

戦国時代には上丸子と下丸子に分かれていたが、江戸時代には橘樹郡上丸子村・中丸子村と荏原郡下丸子村が見え、現在も丸子は多摩川北側の下丸子（東京都）と南側の中丸子・上丸子等（以上神奈川県）に分かれている。古く多摩川は丸子の南側を流れていたという。

6 丸子橋から菊名駅まで

歩く道は、東急目黒線の鉄橋を右に見て丸子橋を渡り、川崎市中原区に入り、中原街道を南西に進む。このあたりは多摩川低地である。JR南部線の武蔵中原駅の東を抜け、**大戸神社**（川崎市中原区一一二一八）（永正年間に世田谷吉良氏の家臣内藤豊前の弟内匠之助が信濃国の戸隠神社を勧請したという）前に到る。

下道はここで中原街道から分かれ、左折して南に向かう。下小田中小学校西側を過ぎて右折する。二〇〇mほど進んで左折し、江川を渡ると高津区明津である。さらに南下して、明津の先で矢上川に架かる橘橋を渡り高津区蟹ヶ谷に入り、浄土真宗専念寺を右手に見て南下する。ここまで下道は、高津区で丘陵に上がり丘陵の尾根道を通って横浜市港北区下田町に入る。

下田町の、かつて松の川（現在は暗渠：松の川緑道）に架かっていた**駒ケ橋**（同名のバス停がある）は、洪水の時流され、旅人が馬を川の中に入れて渡ったことから名付けられたとか、源頼朝の馬が逃げ出して橋のところで止まったからとも伝えている。

下田小学校の東側を通り南下し日吉本町に入る。日吉本町は旧地名が源頼朝伝説のある**駒林**〈10〉という。

下道は、天台宗西量寺・天台宗西光院の西側を通り南下する。綱島西四丁目・五丁目を南下、北綱島小学校の東側を通過して、綱島台の浄土宗来迎寺の西側を通り左折し東急東横線綱島駅の南側に到る。綱島駅の南を抜けて鶴見川を右折、大綱橋で鶴見川を渡る。

下道は、鶴見川を大綱橋で渡ってすぐに右に入る道を南下し、大曾根付近で再び綱島街道に合流し、大倉山駅の東方に到る。熊野神社入口の信号を左折すると、左側に古代創建と伝えると**師岡熊野神社**〈11〉とその別当寺天台宗法華寺（港北区師岡町一一六八）がある。

前記の信号のすぐ南で綱島街道から分かれて左に入り、港北区役所の東を経て、室町時代初期に鶴岡八幡宮を勧請したと伝える**菊名神社**（港北区菊名六―五―一四）の東側を通り、菊名駅東側で再び綱島街道に合流する。

〈10〉駒林

ここには、昔、源頼朝が富士野の巻狩を行った時、当地の住人兵十郎が自分が育てた白馬を奉った際、頼朝はこれを賞して住所を駒林と唱えるよう命じたという伝説がある（『新編武蔵国風土記稿』）。文明十八年（一四八六）には道興准后がここを通り、「つながれぬ月日しられて冬きぬと又はをかふる駒はやし哉」と詠んでいる（『廻国雑記』）。

〈11〉師岡熊野神社（港北区師岡町一一三七）

「熊野山略縁起」によると、聖武天皇の頃に全寿仙人によって創建されたと伝える。

鎌倉時代この付近は師岡保と呼ばれた。寿永二年（一一八三）二月二十七日、源頼朝は師岡保内大山郷（鶴見区鶴見付近）を鶴岡八幡宮に寄進している（鶴岡八幡宮文書）。保内には大山郷の他、入江郷（神奈川区入江付近）・小帷郷（帷子郷とも）（保土ケ谷区帷子町付近）などがあり、かなり広い領域の所領（国衙領）であったと推定される。

師岡保は、同地の熊野社を奉祭していた在地領主層の集団によって形成されたもので、源頼朝は彼らを勢力下に組み込むため武蔵国司に熊野社の保護を命じたという（『横浜市史1』）。ここを名字の地とした師岡氏については、河越重頼の弟に、小林次郎重弘と諸岡兵衛尉重経が記載されている（『佐野本系図』）。

7　菊名駅から保土ケ谷まで

下道は、JR菊名駅を南に抜け、錦が丘・富士塚二丁目と篠原北一丁目の間の道を南西に進む。富士塚二丁目の西端（その西に建久三年〈一一九二〉に鈴木村の鎮守として鶴岡八幡宮を勧請したと伝える**篠原八幡神社**〈港北区篠原町二七三五〉がある）を左折、篠原東と篠原町の境に沿って南下する。武相台バス停付近で、東方の妙蓮寺駅から来る水道道に突き当たり右折、ゆるやかに下って西岸根の交差点を通過し、右に岸根公園を見ながら南西に進む。

　六角橋中入口の交差点を過ぎると神奈川区に入り、南西にまっすぐ進む。杉山神社（神奈川区片倉町）（江戸時代片倉村の鎮守）と神大寺日枝神社の間の道を南西に抜け、神大寺小学校の前（西側）を南西に向かう。この先、下道は片倉団地の中を抜けていたと思われるが、今その痕跡はない。歩きは、片倉台団地の南西の道を進み、中丸小学校の前（西側）を南下する。下道は三ツ沢橋の歩道橋（付近に峰沢入口のバス停がある）で新横浜通に突き当たる。

　ここから下道は横浜市神奈川区と保土ケ谷区の境界に沿って南下する。三ツ沢公園入口の交差点を通り（この付近旧道は消えて無い）、岡沢町の市民病院の東側を通る。東の三ツ沢公園との間の道（南部分は今は無い、公園の中を抜けるか？）を通る。保土ケ谷区鎌谷町・宮田町と同区岡沢町・峰岡町との間の道を南下、宮田二丁目交差点の東に出る。ここから下道の痕跡は消えるので、宮田二丁目交差点で左折し、帷子川を常盤橋あるいは古町橋で渡河し、ほぼ天王町駅と星川駅の中間を通って神戸町に出る。

　この神戸町には、伊勢神宮領榛谷御厨《はんがやのみくりや》〈12〉の総鎮守とされる神明社がある。下道は、神明社の北西の丁字路から左折し、かなざわ・かまくら道

菊名神社

師岡熊野神社

篠原八幡神社

（金沢・浦賀往還）を南方に進み、月見台の西側を廻って、保土ヶ谷駅の南に出る。この付近が江戸時代の東海道保土ケ谷宿で問屋場、助郷会所、高札場があった。

〈12〉榛谷御厨《はんがやのみくりや》

榛谷御厨が転訛して保土ケ谷となったという説がある。榛谷御厨は、保安三年（一一二二）に成立したとされる。最初の給主は藤原成範（故民部卿家、一一三五〜一一八七）とされ、開発領主は秩父平氏の小山田有重と推定されている。有重の子四郎重朝は榛谷氏を称した〈↓本書五〇頁〉。現在の横浜市旭区・保土ケ谷区の一部に比定されている。

8 保土ケ谷から弘明寺《ぐみょうじ》の参詣道へ

下道は東海道から別れ、国道一号線を横切って、かなざわ・かまくら道（旧金沢道、俗称金沢横町）に入る。ここに金沢横町道標が四基保全されている。保土ヶ谷駅の南にある岩井町の福聚寺の前（西側）を経て**石難坂**《いわなざか》を登ると、右側に**御台所の井戸**がある。鎌倉時代、源頼朝の妻政子がここを通りかかった時、この井戸の水を汲んで化粧に使用したと伝える。さらに横浜清風高校の東側の坂を南東に登ると、坂上の交差点の右手に北向地蔵尊がある。この地蔵は、享保二年（一七一七）に僧三誉伝入が天下泰平・国土安全、旅人の道中安全を祈念して建立したという。ここを右折して進む道が弘明寺道で、直進する道が**金沢道**〈13〉で南東に坂を下っていく。

下道は、右折して弘明寺道を進む。高速神奈川三号狩場線を越え、南区に入り坂を下る。環状一号線に出て、永田交差点（永田郵便局の東付近）で渡り、環状一号線の南側の細道を東南に進み、京浜急行井土ヶ谷駅の西側に出て線路を越えて南側に出る。下道はこの付近は消えてたどれない。駅の南側には横浜市立井土ヶ谷小学校があり、迂回する。

下道は、細い道を南下する。道の西方に井土ヶ谷上町の住吉神社、その南側に真言宗**乗蓮寺**〈14〉がある。このあたりは道がないので迂回する。下道は南下して、

御台所の井戸

大岡川に架かる弘岡橋で左岸に到り（対岸に大岡小学校がある）、さらに弘明寺前の参詣道（観音通）を越えて南下する。

〈13〉**金沢道**

北向地蔵尊から先の金沢道は、高速神奈川三号狩場線を越え、清水ケ丘公園の南西側に沿って進み、京急本線を南太田駅と井土ヶ谷駅のほぼ中間（南太田町内）で越え、平戸桜木道路を横断し井土ヶ谷下町に入る。大岡川を蒔田橋で渡り、地下を市営地下鉄I号線の走る横浜鎌倉線（通称鎌倉街道）に出る。

ここを右折し、道なりに南に進み、地下鉄弘明寺駅の東方を通過し、横浜国大附属中学校を過ぎたあたりで右折し、大岡川の右岸（東側）を南に進む。上大岡駅の北側で横浜鎌倉線に出、京浜急行本線の下を通り、上大岡駅の北側付近で再び横浜鎌倉線から分かれて右折する。これがグリーン通である。大岡川東側沿いに南下し、青木橋を渡って左側から来る下道と合流する。

〈14〉**乗蓮寺**（井土ヶ谷上町三三―一）

西向山乗蓮寺（真言宗）は、北条政子の開基で、子の頼家・実朝の菩提を弔うため建てられたと伝える。寛

永十年（一六三三）に間宮忠次によって再興された。その棟札に「鎌倉二位尼御影堂」とある。同寺の縁起によると、**将軍堂**（御影堂）に安置する**尼将軍坐像**は政子の自作と伝える。

境内には、**化粧の井戸**がある。承久年間（一二一九～二二）に起きた争乱の間、政子が引越村（南区引越）に避難したという。その時、よい水を求めて各地に井戸を掘った際、この井戸はよい水が出て日照りにも涸れなかったと伝える。また、境内には**北条政子お手植えと伝える榧の古木**がある。

9 弘明寺参詣道から金沢区へ

下道は弘明寺参詣道から南下し、中里町の付近で京浜急行本線を越える。別所一丁目と二丁目の境の道を南下し、横浜市立桜岡小学校の西側を抜け、突き当たると右手に千手院がある。ここを左折、すぐ右折して、大岡川の左岸（西側）に沿ってを南下して左折する。左折せずそのまま直進する道も、日野川の左岸に沿って南下して中道に向かう下道の枝道〈15〉である。

大岡川に架かる青木橋を渡ると青木神社がある。青木神社を右に見て進み、グリーン通（北から来る金沢道）に出る。ここを右折して南下する。

下道は、関ノ下の交差点で通称鎌倉街道（横浜鎌倉線、地下を地下鉄ブルーラインが通る）を越え、笹下釜利谷道路に入り南下する。笹下川の右岸（東側）に沿った道である。南下する道は、笹下郵便局前の信号を経て、打越で環状二号の下を通り日下小学校前に至る。日下小学校先の新川橋の信号で、左側の道に入り新川橋を左手に見て南進する（笹下川を渡らず右岸を進む）。

下道は、左手にある磯子区田中一丁目の日蓮宗妙蓮寺の前を通り南下し、栗木町バス停付近で再び笹下釜利谷道路に入り、ＪＲ根岸線のガード下を通過する。栗木の交差点で環状三号を越えて南下する。向坂バス停付近から左の道に入り、笹下川右岸（東側）を南下するが、このあたりは宅地造成のため道は消えている。そこで、道なりに進み、上中里交差点の東一〇〇ｍの場所に至る。さらに南下すると金沢区に入る。

〈15〉下道の枝道

この道は下道と中道を結ぶ枝道である。七里堀ともいわれる。前述した青木橋を渡らずに大岡川の左岸を南に進む。この道は大岡川の支流日野川の左岸（西側）に沿って南下する。笹下川と日野川の合流点より南にある真言宗福聚院（室町時代の創建と伝える）の南側を通る。

この付近は道の痕跡は消えている。日野川の左岸に沿って南下し、永享二年の開創と伝える真言宗光明寺に至る。道なりに右に進み、野庭町に至る。この付近では住宅地となり道の痕跡が消える。さらに南西に進み、戸塚区上永谷で中道に至る。

また別に、**餅井坂**で七里堀から分かれ、南西に向かい、戸塚区上永谷の日限山で中道に合流する道もある。「**弘明道**」と言われる、室町時代に道興准后が通った道である。

10　金沢区から鎌倉へ

下道は宅地造成された金沢区富岡に入るが、古い道筋は消えている。歩く道は、能見台一丁目と富岡西五丁目の境を南下し、西富岡小学校や富岡中学校の一本東側の道を南下する。さらに道なりに南下し、能見台三丁目のシティ能見台ふれあいの街の中を南方向に進む。途中で南方向に進む道が無くなり、西側の横浜横須賀道路の能見堂トンネル上の道を越える。シティ能見台西バス停（能見台四丁目）近くまで進む。

下道は、能見台隧道の上にある能見台森にのぼり、能見堂跡に至る。ここは現在六国峠ハイキングコースである。ただ、歩いた道は本道を行かず、シティ能見台西バス停近くから、南方向に進み階段を下る。能見堂緑地前バス停（能見台五丁目、瀧公園北西）まで進み、能見台隧道を通り、能見台南小学校南西の交差点（能見台六丁目）まで進む。ここから南方向に進み急な階段を下り、阿王ヶ台公園（能見台六丁目）の東側を下り南方向に進むと、釜利谷東四丁目に入る。この付近から中世六浦荘釜利谷郷に入る〈16〉。**釜利谷郷**は北条義時の子実泰が屋形を構えたところで、釜利谷殿とも呼ばれた。その頃には鎌倉から釜利谷を経由して金沢に到る道があったと考えられる。

さらに南下し、笹下釜利谷道路の釜利谷交差点まで進む。このあたりで、六国峠ハイキングコースから下って南下してきた街道と合流する。釜利谷交差点から南方向に進み、宮下橋交差点に到る。宮下橋交差点の東側、宮川の右岸にに手子神社（釜利谷南一丁目一一八）がある。

宮下橋交差点から西方向に進み、坂本バス停近くの宮川を渡る橋まで進む。ここで南方向に進む道(白山道方面)に入る。秋検橋を渡り南下し、**東光禅寺**の前に到る。道は西南西に向かう。下道は関東学院大学グラウンドや横浜横須賀道路のため痕跡はないが、釜利谷南二丁目に「白山道奥公園」の名が残る。ここからも街道の道筋は不明だが、その西方向に朝比奈の交差点がある。以下、朝比奈切通以前と以後に分けて記述する。

○朝比奈切通以前

鎌倉時代の始め、上総介平広常は、十二所に屋形を構えていたという。現在の十二所果樹園付近にあったと伝える。広常は本拠の上総国から東京湾を越えて瀬戸付近に上陸したのかも知れない。とすれば、太刀洗川上流から峰を越えて朝比奈に抜ける道があったとも推定される。

北条実泰は釜利谷に屋敷を構えた。これを前提にすると、朝比奈交差点付近から鎌倉の外輪山に登る道が現在も残る。鎌倉霊園の場所は明治時代の陸軍が作成した迅速図によると、山があったことがわかり、その山を越える道が記されている。この山を越えると十二所に到る。ここから西に進むと鎌倉に到る。

○朝比奈切通以後

北条泰時は、仁治元年(一二四〇)十一月、鎌倉と六浦津の間の道を開削することを計画し、同二年四月から**六浦道**(朝比奈切通)の開削工事が始められた。この道が完成すると、鎌倉への通行は容易になったと推定できる。朝比奈切通を西に進んで十二所に至り、さらに西に進めば鎌倉に到る。

〈16〉釜利谷郷

武蔵国六浦荘のうち。古くは富田郷といわれた。北条実泰(元の名は実義)は、父義時没後、その遺領六浦荘が与えられた。北条泰時の一字を与えられ実泰と改名した。実泰は釜利谷に屋敷を構え釜利谷殿と呼ばれた。

5……鎌倉街道の枝道

1　早ノ道（上道と中道を繋ぐ道）

早ノ道は、多摩市関戸五丁目で上道と分かれ、横浜市緑区青砥町で中道と合流する枝道である。道名は、関戸一帯に「ハヤノ道」の存在が伝えられていた。また、多摩市連光寺二丁目に「**早道場**」という小字があり、早ノ道との関連が指摘されていた。

道筋は、関戸五丁目の行幸橋辺りから乞田川《こったがわ》を渡り、東南方向に進み、**連光寺二丁目**〈01〉の曹洞宗高西寺（多摩市連光寺二―二四―一）の東側まで上り進む。高西寺から南方向に進むと、庚申塔などの石造物（連光寺二―二二―九）がある。この傍らに鎌倉街道早の道跡の解説標示があり、高西寺の山門前からの道が**鎌倉街道早の道跡**であったとする。

庚申塔から南方向に上り進み、多摩中央病院西側の坂道を上り、多摩桜ヶ丘学園の西側、聖ヶ丘二丁目の聖ヶ丘中学校の西側を経て、聖ヶ丘小学校の西側を通り、諏訪四丁目の多摩東公園まで進む。

多摩東公園の南側まで進み、川崎市麻生区はるひ野三丁目の黒川よこみね緑地内に入り、緑地内の尾根道を経て南方向に下り進み、はるひ野小・中学校の西側まで進む。はるひ野小・中学校から南方向に進み、**黒川**〈02〉内を上り進み、町田市真光寺町に入り、現在の鶴川街道の**真光寺交差点**〈03〉まで下り進む。真光寺交差点から鶴川街道沿いの旧道に入り、東南方向に進む。同市真光寺二丁目内を経て、同市広袴《ひろはかま》三丁目の広袴公園まで進み、真光寺川沿いに広袴町、同市能ヶ谷《のうがや》七・六丁目内を経て、能ヶ谷四丁目の矢崎橋交差点付近まで進む。

矢崎橋交差点付近から南方向に進み、川崎市麻生区岡上《おかがみ》一丁目に入る。岡上橋で鶴見川を渡り南方向に上り進み、真言宗**東光院**〈04〉前を通り、こども国通に入る。こども国通を南方向に上り進み、ゆりの木通公園の西側を通り、ＴＢＳ緑山スタジオの北側近くにある交差点まで進む。この交差点から都県界の旧道に入り南東方向に進み、さくら通り公園西側を通り南方向に進み、こどもの国西交差点近くまで下り進む。

こどもの国西交差点から奈良川沿いに、再びこども国通を南方向に進む。住吉神社交差点、奈良橋交差点を経て、横浜市青葉区**恩田町**〈05〉に入り、奈良川沿いに南方向に進み、同区田奈町に入る。田奈町内を恩田川沿いにこども国通を南東方向に進み、田奈駅（東急田園都市線）の北側、国道二四六号線の高架下、**神鳥《しとど》前川《まえかわ》神社**〈06〉前、東名高速道路高架下を通り、横浜市緑区**西八朔《にしはっさく》町**〈07〉に入る。この西八朔町内で、**武蔵国府からの道**〈08〉と合流し、恩田川沿いに南東方向に進む。小山《こやま》町に入り、青砥町の青砥交差点付近で中道と合流する。

〈01〉連光寺二丁目（多摩市）

連光寺二丁目内の**打越山遺跡**（多摩中央病院の西手辺り）で、古代から近世までの道遺構が平成元年（一九八九）に確認されている。連光寺は、鎌倉時代から寺院名（蓮光寺）として見える。養和元年（一一八一）平太弘貞の所領であった「吉富幷一宮蓮光寺等」は、小山田（稲毛）重成の申請によりその所領となったが、重成の虚偽が発覚し、平太弘貞に返付されたという（「吾妻鏡」）。

〈02〉黒川（川崎市麻生区）

黒川は、南北朝時代から小山田荘内の郷名（黒河郷）として見える。黒河郷は、現在の三沢川の上流に沿う谷田《やとだ》を中心とした郷であった。鎌倉幕府滅亡後に「御仁々局」に与えられ、その後「御仁々局」から鎌倉円覚寺塔頭黄梅院に寄進された（「黄梅院文書」）。なお、「御仁々局」は、鎌倉公方の所縁者（女性）という説がある。

黒川の曹洞宗**西光寺**（七〇）は、室町時代の開創と伝えられている。現在、板碑三基が本堂前に立つ。

〈03〉真光寺（町田市）

真光寺は、南北朝時代から小山田保内の寺院名（「しんくわう寺」）として見えるが、現在は残らず、その所在地は不明である。延元三・暦応元年（一三三八）上杉清子（足利尊氏の母）が某僧都に与えた「しんくわう寺」は、没収された（「上杉家文書」）。正中五・嘉慶二年（一三八八）真光寺の僧等尊は、真光寺の観音堂を修造するために勧進を行った（「長弁私案抄」）。文明九年（一四七七）真光寺は鎌倉の報国寺領となっていた（「相州文書」）。

〈04〉真言宗東光院（川崎市麻生区岡上二一一二一）

東光院山門前から**岡上神社**（岡上八〇九）（祭神は日本武尊など）

参道付近までの道が、「ヘイバミチ」と伝えられている道で、**早ノ道**だという。この道の途中にある墓地内に、かつて小さな板碑が立っていた。また、**沢山《たくさん》城跡**〈↓本書二三三頁〉が岡上神社の東方約六〇〇mの地にある。

東光院は、行基創建の伝説があり、**木造兜跋毘沙門天立像**を所蔵する。これは、平安時代に制作されたものだと考えられている。

東光院(川崎市麻生区)

〈05〉**恩田町**（横浜市青葉区）

恩田は、鎌倉時代の郷名（恩田郷）に由来する。建治元年（一二七五）の「六条八幡宮用途支配造営注文写」に「恩田太郎跡」と見え（田中穣氏旧蔵典籍古文書）、恩田太郎は恩田郷を名字の地とする武士であろう。恩田町の真言宗**徳恩寺**（一八九二）は、**金沢称名寺**〈↓本書三三一頁〉の等海上人が、建武二年（一三三五）に開いたという。徳恩寺が造営された背景に、恩田氏が鎌倉時代に金沢北条氏の被官となり、金沢称名寺とも関係があったという。また、**万年寺**が恩田町内（二六三七一帯）にあったという。現在、万年寺の梵鐘が横浜市瀬谷区の日蓮宗**妙光寺**（上瀬谷町八一三）にあり、この銘文に「武州恩田霊鷲山松柏万年禅寺」、正中二年（一三二五）に「大工物部守光」によって鋳造されたと見える。

徳恩寺の南方に「**堀ノ内**」（青葉区あかね台一丁目）と呼ばれる地区がある。この地で、南北に全長約五〇〇mの空堀跡（上幅三m、下幅一m、深さ一・五m）が確認された。その北限は上恩田杉山神社（あかね台一―一―六）、南限は曹洞宗福昌寺（恩田町一〇二一―一）付近にあたる。この空堀は、居館を囲むものではなく、一定の領域（村域など）を巡るもので、十三世紀に初掘され十五世紀に廃絶されたものだと考えら

神鳥前川神社（横浜市青葉区）

れている（『青葉のあゆみ』）。

〈06〉**神鳥前川神社**（横浜市青葉区しらとり台六一―一二）

祭神は、日本武尊などである。神社の由緒によると、武蔵国枡形城主稲毛三郎重成が夢でお告げを受けて、文治三年（一一八七）五月に創建したという。

〈07〉**西八朔町**（横浜市緑区）

西八朔町は、戦国時代の地名（八朔）に由来する。八朔は、平安時代の「和名抄」に見える「針斫《ばさく》郷」にあたると考えられている。西八朔町の**杉山神社**は、延喜式内社（二〇八）「杉山神社」の論社の一社である〈↓本書三四一頁〉。

〈08〉**武蔵国府からの道**

この道は、**武蔵国府**〈↓本書三二二頁〉から横浜市緑区西八朔町までを繋ぐ道である。道筋は、武蔵国府から南方向に進み、**是政《これまさ》の渡し**があった是政橋で多摩川を渡り、稲城市大丸《おおまる》に入る。大丸から南方向に進み、川崎市麻生区細山に入る。高石《たかいし》、万福寺、百合ヶ丘二丁目の弘法松公園、日吉の辻、王禅寺を経て、横浜市青葉区すすき野に入る。黒須田川沿いに南方向に進み、鉄《くろがね》町を経て鶴見川を渡り、上谷本町、柿の木台、藤が丘、梅が丘を経て、緑区西八朔町に入り、早ノ道と合流する。

2　中道と中道を繋ぐ道――赤羽から二子玉川へ

この道は、北区赤羽三丁目で中道と分かれ、板橋区や中野区を経由して、二子の渡しがあった世田谷区玉川三丁目で再び中道と合流する枝道である。

中道との分岐点は、真言宗宝幢院（北区赤羽三―四―二）付近であった。また、宝幢院西方のJR線高架下付近とする説もある。この分岐点近くの高台に、**赤羽八幡神社**〈↓本書一三四頁〉がある。

道筋は、宝幢院から南西方向に進み、JR線高架下を通り、同区赤羽台一丁目のうつり坂を上り、浄土宗善徳寺（同区赤羽西六―一五―二）まで進む。善徳寺から西方向に赤羽西六丁目一六番辺りまで進み、南西方向に進む道に入り、板橋区蓮沼町を進む。蓮沼氷川神社（蓮沼四八―三）近くを通り、国道一七号線を通過し南西方向に進み、同区大原町、泉町、前野町一丁目、宮本町、富士見町を経て、双葉町交差点で環状七号線を通過し、双葉町の山中橋まで進む。

山中橋で石神井川を渡り、中板橋を南方向に進み、板橋区仲町の**轡《くつわ》神社**〈09〉まで進む。轡神社から南方向に進み、日大病院入口交差点で川越街道を通過し、大山西町に入り、大谷口一丁目を経て、要町三丁目交差点まで進む。

要町三丁目交差点で要町通を通過し、豊島区要町三丁目に入り、千早三丁目、長崎五丁目、南長崎六丁目を経て、目白通の南長崎六丁目交差点まで進む。

豊島区南長崎六丁目交差点で目白通を渡り南方向に進み、新宿区西落合四丁目に入る。中野通を南方向に進み、新青梅街道との交差点まで進む。江古田公園（**江古田古戦場跡**）、〈↓本書二〇一頁〉がこの交差点の西方約五〇〇mの場所にある。哲学堂通（中野通）を南方向に進み、四村橋で妙正寺川を渡り、中野区上高田五丁目に入る。上高田五丁目から南方向に進み、新井薬師前駅（西武新宿線）東側の踏切を越えて、上高田三丁目に入り、上高田一丁目を経て、早稲田通の天神坂上交差点まで進む。

天神坂上交差点から南方向に進み、中野区**中野六丁目**〈10〉を経て、JR中央線高架下を通り、紅葉山公園下交差点まで進む。紅葉山公園下交差点で大久保通を通過し、もみじ山通を南方向に進み、鍋屋横丁交差点で青梅街道を通過し、十貫坂上《じゅっかんさかうえ》交差点で中野通を通過し、十貫坂を西に降り、杉並区和田一丁目に入り、十貫坂地蔵堂（和田一―五八―六）まで進む。この十貫坂地蔵堂で、南方向に進む道と、西方向に進む道（源義家伝説のある**大宮八幡宮**付近に向かう道）〈↓本書二五八頁〉とに分かれる。

十貫坂地蔵堂から南方向の道を進み、中野区弥生五丁目に入る。弥生五丁目の東坂を南方向に上り、南台三丁目の**多田《ただ》神社**〈11〉側の坂を南方向に下る。多田神社入口前から南台三丁目を南方向に進み、杉並区方南一丁目を経て、渋谷区笹塚二丁目に入り、甲州街道を通過し、京王線高架下を通り、笹塚一丁目三四番一五号辺りまで進む。

笹塚一丁目三四番一五号辺りから南方向に進み、世田谷区北沢五丁目四三番に入ると、**南西方向に進む道**と**南方向に進む道**〈12〉とに分かれる。

南西方向の道を進み、世田谷区大原一丁目の大原一丁目西交差点で井の頭通を通過し、羽根木交差点で環状七号線を通過し、羽根木二丁目に入る。羽根木二丁目を南西方向に進み、東松原駅（京王井の頭線）西側の踏切を通過し、松原五丁目を経て、松原六丁目に入り、区役所西通を南方向に進む。小田急線高架下を通り、梅丘一丁目に入り、梅丘二丁目の国士舘大北交差点辺りまで進む。

国士舘大北交差点辺りから、南西方向に進み、**豪徳寺**〈↓本書一〇四頁〉の東側や**世田谷城址公園**〈↓本書二二三頁〉の東側を経て、上町駅（東急世田谷線）東側の踏切を通過し、世田谷通まで進む。世田谷通を西方向に進み、桜小前交差点辺りで、南西方向に進む道に入り、駒留通と繋がる世田谷区弦巻三丁目三〇番近くの交差点に出ると、前述の道と合流する。この交差点で南西方向に進む道に入り、弦巻四丁目交差点を経て、陸上自衛隊交差点を通過し、弦巻通を上用賀一丁目交差点を経て、用賀三丁目を進み、用賀駅（東急田園都市線）まで進む。

用賀駅から南方向に進み、首都高速道路高架下の田中橋交差点を通り、延命地蔵尊（世田谷区玉川台二―三一―五）前まで進む。延命地蔵尊の北側の道に入り、環状八号線を通過し同区瀬田四丁目に入り、真言宗大空閣寺（瀬田四―二一―一五）の東側を通り坂道を下り、玉川神社（瀬田四―一一―三一）の東側を通り、玉川四丁目の二子玉川商店街通り（大山道）を国道二四六号線まで進む。国道二四六号線高架下を西方向に進み、新二子橋まで進むと新田伝説のある多摩川の**兵庫島**〈↓本書二七八頁〉が見え、**二子の渡し**がこの近くにあった。

〈09〉**轡神社**（板橋区仲町四六）

轡神社の祭神は、倭建命である。現地の解説標示には、社前の道が鎌倉街道といわれた古道とある。浄土宗**専称院**（仲町四二―四二）が轡神社の近くにある。専称院の前身は、豊島村にあった地蔵堂で、豊島清光〈↓本書二三頁〉が行基に七つの地蔵を造らせた伝説がある。

〈10〉**中野**（中野区）

中野氏については、本書四二頁を参照。中野一丁目の谷戸運動公園の地に、太田道灌伝説〈↓本書一〇八頁〉のある**中野城山居館跡**がある。

〈11〉**多田神社**（中野区南台三―四三―一）

多田神社の祭神は多田満仲である。寛治六年（一〇九二）源義家が**大宮八幡神社**を参詣したおり、この地に祖先多田満仲を奉仕したことにはじまると伝えられている〈↓本書二五八頁〉。『新編武蔵国風土記稿』には、多田権現稲荷合社とある。

〈12〉**南方向に進む道**

世田谷区北沢五丁目四三番から南方向に進む道は、現在「鎌倉通り」という道路標識が立ち、鎌倉街道の枝道だと考えられている。この道筋は、北沢五丁目を南方向に進み、井の頭通を通過し北沢四丁目に入り、北沢二丁目を経て、下北沢駅（京王井の頭線）西側の踏切を通過し、代田五丁目に入り、代沢五丁目を経て、鎌倉橋南交差点まで進む。鎌倉橋南交差点から南方向に進み、代沢四丁目を経て、淡島通を通過し、太子堂八幡神社（同区太子堂五―二三―五）西側まで進む。太子堂八幡神社から南西方向に進み、東急世田谷線の踏切を通過し、環状七号線の若林交差点まで進む。若林交差点の南には、武蔵吉良氏に関わる**駒留八幡神社**〈↓本書一〇五頁〉がある。若林交差点から西方向へ上馬五丁目に入り、上馬五丁目交差点まで進む。上馬五丁目交差点で駒留通を西方向に進み、弦巻一丁目交差点、実相院前交差点を経て、弦巻三丁目三〇番近くの交差点まで進む。この交差点で、東北方向からの脇道と合流する。

3　下道と下道を繋ぐ道――高輪から丸子へ

この道は、港区高輪三丁目で下道と分かれ、品川区旗の台を経由して、丸子の渡しがあった大田区田園調布本町で再び下道と合流する枝道である。

道筋は、二本榎木通の高輪三丁目交差点で下道から分かれ、高輪交差点で国道一号線（桜田通）に入る。**袖ヶ崎神社**〈13〉前を通り、相生坂《あいおいざか》を南西方向に下り進み、ＪＲ五反田駅高架下を経て、五反田大橋で目黒川を渡る。五反田大橋から中原口交差点まで上り進み、中原街道に入り西方向に進む。首都高速道路高架下の交差点まで進み、旧中原街道（現在の中原街道ではない）に入り、西方向に進む。

荏原第一中学校の南側や星薬科大学の南側を経て、中原街道に合流し、南方向に進む。**平塚橋交差点**〈14〉を通り、荏原警察署前や**旗の台交差点**〈15〉を経て、さいかち坂を上る。大田区の南千束《せんぞく》交差点で環状七号線を通過し、洗足坂上交差点で**品川区大井からの道**〈16〉と合流し、**洗足池《せんぞくいけ》**〈17〉の南側まで下る。

洗足池の南側から上り進み、洗足池小学校前から石川台交差点まで下り、石川橋で呑川《のみかわ》を渡る。石川橋から上り進み、雪が谷大塚駅の西側を通り、田園調布警察前交差点まで進み、桜町通（旧中原街道）に入り南西方向に進む。さくら坂上交差点まで進み、桜坂（沼辺大坂）を下り、田園調布本町の東急沼部駅北側の踏切辺りで下道と合流すると、**丸子の渡し**が近くにあった。

〈13〉袖ヶ崎神社（品川区東五反田三—六—二〇）

袖ヶ崎神社の祭神は、豊受姫神などである。神社内の解説標示には、元は忍田稲荷大明神と称し、保延三年（一一三七）に京都稲荷山より奉斎されたとある。

〈14〉平塚橋交差点（品川区）

平塚は、源義光の伝説に由来する地名である。源義光が奥州からの帰途この辺りで野営し、盗賊に襲撃され、亡くなった将兵などを葬り小塚を築き、江戸時代頃にこの塚周辺を「平塚」と呼ぶようになったという。現在、**平塚の碑**（品川区荏原四—六—四）がある。

〈15〉旗の台交差点（品川区）

旗の台は、源頼信の伝説に由来する地名である。長元三年（一〇三〇）源頼信が平忠常討伐に向かう際に、高台を陣地にして白旗を立てて戦勝を祈願し、後にその場所が「旗岡」あるいは「旗の台」と呼ばれたという。**旗ヶ岡八幡神社**（旗の台三—六—一二）（祭神は応神天皇）は、この伝説に因む神社である。旗ヶ岡八幡神社に隣接する日蓮宗**法蓮寺**（旗の台三—六—一八）は、文永年間に荏原義宗の末子であった朗慶上人を開山に**荏原氏の館**を寺としたと伝える。

〈16〉品川区大井からの道

この道は、品川区大井で下道と分かれ、大田区南千束で高輪三丁目からの脇道と合流する道で、品川道（品川から武蔵府中までの道）の一部でもあった。

道筋は、大井一丁目の大井三ツ叉交差点で光学通に入り西方向に進む。JR西大井駅南側の踏切でJR横須賀線を渡り、緑地公園の南側や朋優学院高校の南側を経て、北馬込交差点まで進む。北馬込交差点で国道一号線（第二京浜）を通過し、品川区と大田区の境界道を西方向に進み、長原駅入口交差点まで進む（この中途に、品川道の解説標示が、中六桜広場（品川区中延六―一〇―三）や中延みちしるべ防災広場（中延五―一二）にある）。長原駅入口交差点で環状七号線を通過し西方向に進み、大田区南千束の洗足坂上交差点で高輪三丁目からの脇道と合流する。

平塚の碑（品川区荏原）

〈17〉洗足池（大田区南千束）

洗足池は、千束池とも書く。この一帯はかつて湿地帯で、池はその名残だと考えられている。千束は、鎌倉時代に郷名（千束郷）として見え、池上氏との関連が深い〈↓本書八〇頁〉。日蓮が池のほとりで足を洗った伝説もあり、「洗足」となったという。現在、**千束八幡神社**〈↓本書二五八・二六五頁〉が池の西のほとりにあり、源義家や源頼朝の伝説がある。

6……鎌倉街道伝説

鎌倉街道伝説とは、近世の地誌類及び近代の自治体史や寺社等にある解説板などに見える、中世の道についての伝説である。但し、以下述べることは、本書の対象とする、武蔵国南部（東京都と神奈川県域）を対象とした記述である点、御留意いただきたい。武蔵国北部（埼玉県域）を視野に入れるとどのように変化するか興味深い。

1―近世の伝説

近世の地誌類には『新編武蔵国風土記稿』『江戸名所図会』などがある。そのうち、『新編武蔵国風土記稿』道塚村には「村内に小鳥塚と云古塚あり。その辺、古の鎌倉街道の古蹤あり。かゝるゆへを以て村名起りしならんと土人いへり。」といった伝説が記載されている。

そこで近世の地誌類に見える道に注目してみた。すると以下のような傾向が見えてくる。

一つは、中世、関東地方の中心地である鎌倉に至る道を、「鎌倉街道」だけではなく、「鎌倉海道」「鎌倉道」「鎌倉古道」などとも表記し、その多くに「古の」「古への」「古」「上古の」「往古の」「往昔」「古」「昔」「昔の」などの修飾語が付されている例が散見する。実例をいくつか示そう。

①「鎌倉街道」に関するもの

「鎌倉街道」「古の鎌倉街道」「古への鎌倉街道」「昔鎌倉街道」「往古の鎌倉街道」「鎌倉の古街道」「鎌倉古街道」「往昔鎌倉街道」「古鎌倉街道」「古は鎌倉街道」「古へ鎌倉街道」「往古鎌倉街道」「鎌倉及び浦賀への街道」など(1)

②「鎌倉海道」に関するもの

「鎌倉海道」「上古の鎌倉海道」「鎌倉古海道」「古への鎌倉海道」「古へ此道は鎌倉海道」「古は鎌倉海道」「往古此処は鎌倉海道」「古の鎌倉海道」など(2)

③「鎌倉道」に関するもの

「古の鎌倉道」「鎌倉道の古跡」「古鎌倉道」「鎌倉道」「昔の鎌倉道」「往古の鎌倉道」「鎌倉の古道」「鎌倉古道」「相州鎌倉への古道」など[3]

④その他（往来・往還）

「鎌倉への往来」「鎌倉への往還の道」など[4]

次に、その逆方向の道、すなわち鎌倉から地方へ向かう道を示す「奥州街道」「奥州海道」などの記載もあるが、これも鎌倉街道と同様に「昔の」「古へ」「最古の」などが付される例が多く見られる。その他「上古は奥州への街道」という表現もある。これはその土地から向かう目的地によって道の名称が付けられていたことを示している。実例をいくつか示そう。

⑤「奥州街道」に関するもの

「奥州街道」「鎌倉より奥州街道の古道」「昔の奥州街道」「昔は奥州街道」「古の奥州街道」「古への奥州街道」「古奥州街道」「往古の奥州街道」「往古より奥州街道」など[5]

⑥「奥州道」に関するもの

「古の奥州道」[6]

⑦「奥州海道」に関するもの

「奥州海道」「古へ奥州海道」「昔の奥州海道」「最古の奥州海道」「往古は奥州海道」「昔奥州海道」「往古の奥州海道」「往古より奥州海道」「古奥州海道」など[7]

⑧その他「奥州」の付く表現

「上古は奥州への街道」「奥州の古街道」など[8]

次に、道についてのその他の表現は、「鎌倉より奥州への古海道」「往古鎌倉より奥州への街道」「古しへ秩父より鎌倉への道」「鎌倉より奥州への街道」などと、最初に出発地を、ついで目的地を記す道の表現もある。いずれにしても、これもまた中世の道という意識で記述されている。実例をいくつか示そう。

⑨鎌倉を起点に奥州を終点とする街道・往還

「鎌倉より奥州への古海道跡」「鎌倉より奥州え（へ）の街道」「鎌倉より奥州街道の古道」「往古鎌倉より奥州への街道」「古へ相模国鎌倉より奥州筋の往還」「古へ鎌倉より奥州えの街道」「古へは鎌倉より奥州えの街道」「古は鎌倉より奥州への往還」「鎌倉から奥州までの海道」など[9]

⑩逆に奥州を起点に鎌倉を終点とする街道・往還

「往昔奥州より鎌倉への通路」「古へ東奥・北越

等の国々より京師および鎌倉等へ至るの駅路[10]」

⑪秩父を起点とするもの

「古しへ秩父より鎌倉への道」「古鎌倉より秩父へかよひしと云古街道の跡」など[11]

⑫府中を起点とするもの

「古へ府中より帝都および鎌倉への街道[12]」

⑬川越を起点とするもの

「川越より鎌倉への古街道[13]」

⑭鎌倉を起点とし上州を終点とするもの

「鎌倉より上州への往還[14]」

これらの例から、近世の地誌類に見える道を、中世以来の古い道という意味で用いていたと推定できる。近世の伝説となっている。

2 近代の伝説

次に近代に注目してみる。ここで言う近代の著作には、市町村史や一般書、名所旧跡の解説表示などがある。近世同様、道の表記に注目すると、近世とは異なる表記が見られるようになる。

「鎌倉街道」に関する記述に注目すると、近世の地誌類の影響を受けたことが推定されるが、「鎌倉海道」「鎌倉古海道」という表現や「古の」「古」「上古の」「往古の」などの修飾語はほとんど見られなくなる。一方、「伝鎌倉街道」「旧鎌倉街道」「旧跡鎌倉古道」「伝鎌倉道」などという表現が見られ、伝説化された「鎌倉街道」が強調されるようになる。実例をいくつか示そう。

⑮「鎌倉街道」に関する表記

「鎌倉街道」「中世の鎌倉街道」「鎌倉街道とよばれた古道」「古鎌倉街道（奥州古街道）」「中古の鎌倉街道」「古くから鎌倉街道といわれていた古道」「伝鎌倉街道」「旧鎌倉街道」「鎌倉古街道」「鎌倉街道（上州道）」「鎌倉街道（秩父道）」など[15]

⑯「鎌倉古道」に関する表記

「鎌倉古道[16]」

⑰「鎌倉道」に関する表記

「初期の鎌倉道」「鎌倉道」「鎌倉みち」「秩父鎌倉道」「鎌倉道（上州道）」「鎌倉道（秩父道）」など[17]

こうした中に「鎌倉街道上道」「鎌倉街道中道」「鎌倉街道下道」が登場し、これが通説となっていく。具体的には、「上道」「鎌倉街道上ノ道本路」「鎌倉中の道」「鎌倉街道中道」「下の道」などと本書に記述の「鎌倉街道上道」「鎌倉街道中道」「鎌倉街道下道」に関連する言葉が見えるようになることがある。実例を示そう。

⑱「鎌倉街道上道」関連
「鎌倉街道上道」「鎌倉街道上ノ道本路」「鎌倉街道上ツ道」「鎌倉街道上ノ道」「鎌倉古道（上ノ道）」など(18)

⑲「鎌倉街道中道」関連
「鎌倉中の道」「鎌倉街道中道（奥州道・奥大道）」「中つ道」「中道」「鎌倉古道（中道）」「鎌倉街道中道支線」など(19)

⑳「鎌倉街道下道」関連
「下の道」(20)

これは何故なのであろうか。刊行された自治体史や一般書をたどりながら考えてみたい。例えば、これは埼玉県の事例ではあるが、昭和四十六年（一九七一）三月に刊行された『大宮市史　第二巻　古代・中世編』を見てみよう。章立てを見ると、「六、村落と市場」の中に「3、市場と鎌倉街道」が立項されている。その中に「県内の主要鎌倉街道」の説明がある。内容は「（イ）奥州への通路」「（ロ）上信越への通路」の二つについての説明で、（イ）が本書で言う「鎌倉街道中道」に、（ロ）が「鎌倉街道上道」に該当する。しかし、ここには、上道・中道という文言は見えない。この頃、「鎌倉街道上道」「鎌倉街道中道」「鎌倉街道下道」の名称が通説とはなっていなかった様子がうかがわれる。

その後、昭和五十三年（一九七八）に芳賀善次郎著『旧鎌倉街道・探索の旅　上道編』（さきたま出版）が刊行され、引き続き同著『旧鎌倉街道・探索の旅　中道編』（さきたま出版、昭和五十六年）、同著『旧鎌倉街道・探索の旅　下道編』（さきたま出版、昭和五十七年）が刊行されている。

一方、同五十八年三月には『歴史の道調査報告書第一集　鎌倉街道上道』（埼玉県教育委員会）が、さらにその五年後の同六十三年三月に『新編埼玉県史　通史編2　中世』（埼玉県）が刊行された。この『新編埼玉県史』の第五章第四節に「館と城と道」があり、その中の「道」として「鎌倉街道の概観」「鎌倉街道上道」「鎌倉街道中道」「その他の鎌倉街道」に分けて説明がある。なお、鎌倉街道下道は東京都内以南であるのでここには記載がない。

以降、これらの刊行物が埼玉県・東京都・神奈川県等の自治体史等に影響を与え、ほぼ「鎌倉街道上道」「鎌倉街道中道」「鎌倉街道下道」の名称が普及して通説となり、固定化していったと考えられる。

以上、近世の地誌類から始まった伝説が、近代になって「鎌倉街道上道」「鎌倉街道中道」「鎌倉街道下道」として通説化してゆく過程を追ってみた。現代一般で「鎌倉街道」と伝える道は、古くからあった道、すなわち中世の道としての伝説と考えられる。

注

（1）『新編武蔵国風土記稿』では道塚村、下沼部村、和田村（八幡社惣門）、上目黒村（水谷弥之助抱地）、平井村、館村、上椚田、久保宿（了法寺）、白根村（鬢手洗池）、寺前村、久保村（海道淵）、別所村、宮下村、岸根村（墳墓塚六箇所）、駒ヶ橋村、本郷村、最戸村、蟹ヶ谷村（旧跡鞍掛松）、井田村（白塚）、岩川村、成宗村（矢倉）、五段田村、宿河原村（登戸渡）、下菅生村、土橋村、矢口村（古蹟矢口渡迹）、上豊沢村、碑文谷村、片倉村、谷津村など、『江戸名所図会』では千駄ヶ谷八幡宮、大宮八幡宮、碑文谷八幡宮・南蔵院など、『武蔵名勝図絵』では高井戸宿（鎌倉橋・高井戸旧跡）がある。

（2）『江戸名所図会』では海晏寺、和田戸山、幸神祠、斥候塚など、『新編武蔵国風土記稿』では上沼部村、滝野川村、上野毛村、等々力村、乞田村（古蹟鎌倉古海道跡）、荏田村、吉原村（一本松）、松本村、金井村、岸根村（琵琶橋）、土橋村（古跡鞍掛松）などがある。

（3）『新編武蔵国風土記稿』では一之宮村、貝取村、下長房村、久米川（旧蹟古戦場）、二俣川村、今宿村、峰村、三枚橋村（天屋下）、田中村、十日市場村（嶽窟・菜飯谷・餅塚）、上作延村、中渋谷村、金子村（間橋）、二俣川（旧跡古戦場）、上椚田、白根村など、『江戸名所図会』では界地蔵、千駄ヶ谷八幡宮がある。

（4）『江戸名所図会』では六郷の渡し、侍従川がある。

（5）『新編武蔵国風土記稿』では関口町在方分、一木町、保木間村など、『武蔵名勝図絵』では村山郷、中野（古街道）など、『江戸名所図会』では宿坂関の旧跡、遊女の松、土器塚などがある。

（6）『新編武蔵国風土記稿』の上落合村、雑司ヶ谷村、下高田村などがある。

（7）『江戸名所図会』では千住の大橋と千住河岸、思川、新田大明神社、六地蔵の石灯籠、手向野、奥州橋など、『新編武蔵国風土記稿』では千住町三丁目（牛田）、花又村（鷲宿）、堀切村、二子村（二子塚）などがある。

（8）『江戸名所図会』の十騎の社、『新編武蔵国風土記稿』の東大久保村がある。

（9）『新編武蔵国風土記稿』では十條村、本郷新田、小川村、原宿村、恋ヶ窪村、国分寺村、上平間村、平村（八幡宮）など、『御府内備考』では原宿、『江戸名所図会』では中野（古街道）がある。

（10）『江戸名所図会』恋ヶ窪、陣街道。

(11)『新編武蔵国風土記稿』では山入村、小山村（片所）がある。
(12)『江戸名所図会』小山田の関旧址。
(13)『新編武蔵国風土記稿』中河原村。
(14)『新編武蔵国風土記稿』久米川村（旧蹟古戦場）。
(15)『大田の史跡めぐり（増補改訂版）』「山王地区　中世道路跡発見の地」の説明、轡神社（板橋区仲町）前の解説標示、『新編千代田区史通史編』「江戸郷を取り巻く交通網」の説明、氷川神社（豊島区高田二丁目）の解説標示、『豊島区史通史編1』「街道と伝馬」の説明、鷺宮八幡神社（中野区白鷺一丁目）の解説標示、『中野区史　上巻』「古鎌倉街道」の説明、『中野町誌』「奥州古街道跡（鎌倉街道）」の説明、『東京史跡ガイド10　目黒区史跡散歩』「目黒の歴史　鎌倉時代」の説明、同書「歴史の縮図　上目黒コース　鎌倉街道」の説明、『秋川市ふるさとの道　秋川市ガイドブック』「平沢から原小宮へ　①一本榎」の説明、「伝鎌倉街道」の解説標示（黒鐘公園内・国分寺市西元二丁目）、伝祥応寺跡（国分寺市西元四丁目）の解説標示、九道の辻（小平市小川東町二丁目）の解説標示、『多摩市史通史編1』「鎌倉街道」の説明、「鎌倉街道早の道跡」の解説標示（多摩市連光寺二丁目）、「鎌倉街道」の道路標識（六角地蔵尊交差点・西東京市西原町）、「旧鎌倉街道」という標示（南浅川に架かる「古道橋」の欄干・八王子長房）、「旧鎌倉街道」の解説標示・道路標識（羽村市羽東二丁目の歩道橋の下）、「旧鎌倉街道」の解説標示・道路標識（羽村市立羽村東小学校の東側）、「鎌倉古街道」の解説標示（東村山市久米川町四丁目の少年野球場の西側）、『鎌倉街道と中世のみち　中世の狭山丘陵』「鎌倉街道③」の説明、同書「鎌倉街道（上州道）⑤」の説明、同書「鎌倉街道（秩父道）④」の説明、「伝鎌倉街道」という標示（みずほエコパーク園の案内図〈瑞穂町箱根ヶ崎〉）、『武蔵野市史』「武蔵野市付近の鎌倉街道」、『小金井市史』「鎌倉街道・小金井街道と武蔵府中」の説明、同書「東西道と野川渡河点」の説明など。
(16)『しながわの史跡めぐり（増補改訂版）』、『杉並区の歴史（東京ふるさと文庫）』「杉並区を中心にした鎌倉道仮復元図」の説明、多摩市役所庁舎（多摩市関戸六丁目）近くの「鎌倉古道」の標示、『日本歴史地名大系13巻　東京都の地名』「金子村」の説明、「鎌倉古道」の石碑（戸沢観音堂・八王子市上川町の東側）、「旧蹟鎌倉古道趾」の標柱（東村山市本町二丁目）、「鎌倉古道」という石柱（華厳院・町田市野津田町の西側の道）、『宮前区歴史ガイドまち歩き　その1　土橋』「鎌倉古道」の説明など。
(17)「猿楽塚」（渋谷区猿楽町）の解説標示、「鎌倉道」の解説標示（渋谷区並木橋交差点付近）、『新修渋谷区史　上巻』「鎌倉道」の説明、『練馬区史　歴史編』「街道と助郷」の説明、『目黒区史』「交通路」の説明、『東京史跡ガイ10　目黒区史跡散歩』「目黒の歴史　鎌倉時代」の説明、同書「歴史の縮図　上目黒コース　鎌倉街道」の説明、『おうめ文化財さんぽ』「秩父鎌倉道」の説明、同書「秩父鎌倉道の道標」（青梅市梅郷四丁目）の説明、同書「六道の辻跡」（青梅市新町八丁目）の説明、『青梅を歩く　青梅市文化財地図』「秩父鎌倉道（梅ヶ谷峠越）」の説明、同書「秩父鎌倉道（馬引沢峠越）」の説明、同書「鎌倉道（上州道）」の説明、同書「鎌倉道（秩父道）」の説明、『新狛江市史通史編』「鎌倉道と品川道」の説明、『狛江市文化財調査報告書第11集　狛江の古い道』、『調布の文化財案内』「中世」の説明、高月城（八王子市高月町）内の解説標示、滝山城（八王子市高月町・舟木町）内の解説標示、『新八王子市史通史編2中世』「滝山城下の整備」の説明、『青葉のあゆみ』「鎌倉みちをにらむ荏田城」の説明、『磯子の史話』「区内の鎌倉道」の説明、『港南の歴史』「区内を通るかまくらみち」の説明など。

(18)『東京都の中世城館』「諏訪坂館（別名多摩ニュータウンNo.22、519遺跡）」の説明、『新版武蔵国府のまち府中市の歴史』「道路網の復元」の説明、「鎌倉古道（鎌倉街道上ノ道本路）跡」という解説標示（恵泉女学園の門近く・町田市小野路町）、「鎌倉古道・鎌倉街道上ノ道」という標示（「鎌倉井戸」の近く・町田市山崎町）、野津田公園南側の道遺構側の「鎌倉古道（上ノ道）」という標示など。

(19)『板橋区史通史編　上巻』、『東京史跡ガイド10　目黒区史跡散歩』「目黒の歴史　鎌倉時代」の説明、『青葉のあゆみ』「中道の枝道と伝鎌倉道」の説明、『旭区郷土史』「鎌倉中の道」の説明、「鎌倉古道（中道）」の標柱（鶴ヶ峰駅入口交差点の傍ら・横浜市旭区鶴ヶ峰二丁目）、『宮前区歴史ガイドまち歩きその12　鎌倉街道』「住二所」の説明、同書「鎌倉街道中道支線」の説明など。

(20)『港南の歴史』「区内を通るかまくらみち」の説明、『港北区史』「鎌倉道」の説明など。

四

武蔵武士の戦場

1……戦場とは

ここでいう戦場とは、主として武蔵武士が戦った場所のことで、史跡に指定されていることが多く、記念碑や解説板が設置されている。

武蔵国内における武蔵武士の戦いの足跡は、平安時代には、将門の乱や大蔵合戦などが見られる。しかし、源頼朝が鎌倉幕府を開いた時はほとんど戦いは無く、それ以降も、畠山重忠が滅亡した**二俣川の戦い**あたりまで見られない。鎌倉幕府内の政争はほとんどが相模国、それも鎌倉の中で行われたからであろう。

武蔵国内が戦場となるのは、鎌倉幕府滅亡時の戦い以降である。上野国で挙兵した新田義貞は、鎌倉街道上道〈↓本書一一九頁〉を南下し、三ツ木原（埼玉県狭山市↓『埼玉の史跡』二八九頁）・小手指原（埼玉県所沢市↓『埼玉の史跡』二八九頁）・**久米川**（埼玉県所沢市↓『埼玉の史跡』二八八頁・本書一九九頁）・**分倍河原**（東京都府中市↓本書一九七頁）等で戦い鎌倉に至っている。その際、鎌倉街道下道〈↓本書一六〇頁〉を進む別働隊は、北条貞将と**鶴見原**（神奈川県横浜市鶴見区）で戦っている。

建武二年（一三三五）の中先代の乱では、信濃国（長野県）で挙兵した北条時行が、鎌倉街道上道を南下し、女影原（埼玉県日高市↓『埼玉の史跡』三〇八頁）・小手指原・金井ヶ原（埼玉県所沢市↓『埼玉の史跡』二九〇頁）・**武蔵府中**等（府中市↓本書三一二頁）が戦場となっている。

建武三年、後醍醐天皇の命を受けた北畠顕家は、翌四年八月陸奥国霊山《りょうぜん》城（福島県伊達市）を出発し、上洛の途についた。顕家は東山道を南下し、上野国から鎌倉街道上道に沿って武蔵国に入った。安保原（埼玉県神川町元阿保付近）・浅見山（埼玉県児玉町・本庄市）等で戦っている。

観応の擾乱後の文和元年（一三五二）に起きた武蔵野合戦では、武蔵南部が戦場となった。上野国で挙兵した新田義宗・義興は鎌倉街道上道を南下し鎌倉に迫った。これを聞いた足利尊氏は、鎌倉を出て神奈川（横浜市神奈川区）に逃れ、新田義宗は鎌倉に入った。尊氏を追って北上した新田軍は、**人見原**（東京都府中市）や**金井原**（東京都小金井市）で戦ったが、足利方が勝利した。その後、小手指原・入間河原・高麗原（埼玉県日高市）・笛吹峠（埼玉県嵐山町・鳩山町↓『埼玉の史跡』二〇八頁）などで戦いが行われた。新田軍は敗れて遠く越後国に退いている。なお、前述の「金井ヶ原古戦場」については比定地が他にもあり、東京都小金井市とする説もある。

翌文和二年、足利尊氏は上洛するが、その際、子の基氏を鎌倉街道上道の交通の要衝である入間川に送って在陣させた。これは「入間川御所」といわれ、以降貞治元年（一三六二）まで九年間滞在した（埼玉県狭山市→『埼玉の史跡』二八九頁・二九四頁）。

貞治二年には、苦林野（埼玉県毛呂山町→『埼玉の史跡』二八八頁）及び岩殿山（埼玉県東松山市）が戦場となった。これは、鎌倉公方足利基氏と下野国の芳賀禅可との戦いである。この時も鎌倉街道上道における合戦であった。

享徳三年（一四五四）十二月二十七日、鎌倉公方足利成氏が関東管領上杉憲忠を殺害すると、享徳の大乱が始まる。成氏は多くの武蔵武士に参加を呼びかけつつ上杉氏を討つため北上を開始した。成氏は**府中高安寺**〈→本書三二二頁〉に陣所を構え、**立河原**（東京都立川市）・分倍河原などで両軍が激突した。分倍河原の合戦で勝利した成氏はさらに北上し、村岡（埼玉県熊谷市）から東に向かい古河（茨城県古河市）に入った。古河公方の成立である。この間、大袋原（埼玉県川越市大袋→『埼玉の史跡』二八八頁）での合戦も激戦であったという。この戦いで豊島氏は上杉方に、江戸氏は成氏方に付いた。

こうして、戦場は武蔵国北部に移っていった。康正元年（一四五五）上野国の上杉氏と古河の成氏との間で、埼西郡の騎西城（加須市根古屋→『埼玉の史跡』二二五頁）をめぐる戦いが起きている。さらに翌康正二年には岡部原（埼玉県岡部町）や人見原（埼玉県深谷市）でも合戦が行われた。深谷城の構築や五十子の陣（→『埼玉の史跡』一〇四頁）の構築はこうした対立の結果であった。

以降、長尾景春の乱、山内上杉氏と扇谷上杉氏の対立、太田道灌の暗殺があり、戦国時代に突入していく。

以上、武蔵国内の主な古戦場を見ると、鎌倉街道上道に沿った地域での戦いが多く見られる。武蔵国東部から常陸国西部を攻める場合でも、軍勢は武蔵国北部まで北上し、東に向かって軍勢を進めることが多かった。これは室町時代に入っても同様で、下総国古河を攻めるルートは五十子陣を拠点に進められている。これは武蔵国東部を南北方向に流れる河川とその流域の湿地が軍勢の北上を阻んでいたからであろう。

これ以外にも、平安時代末期に大蔵合戦のあった大蔵宿（比企郡、嵐山町『埼玉の史跡』一九〇頁の大蔵館跡、二〇八頁の大蔵宿）や結城合戦の際の村岡（熊谷市、『埼玉の史跡』一六一頁、村岡市と村岡陣）も加えてもよいかもしれない。

本書（東京・神奈川の史跡）では、既述の「分倍河原の古戦場」「久米川の古戦場」「**江古田古戦場**」を説明し、その次に「武蔵国南部の城館」を配置した。室町時代以降の古戦場はほとんど取り上げていないが、城館や道の説明の中で触れているので参照されたい。また、「小山田一族とその関連史跡」の中で**井出の沢古戦場**〈↓本書五三頁〉についても説明している。

2……分倍河原の古戦場

京王線・JR南武線に分倍河原駅という駅がある。分倍河原の「分倍」という地名にはどのような由来があるのだろうか。六所の神を分配する六所分配宮に由来するという説、国府の背後である府背《ふはい》が転じたとする説などがある。

駅を降りると、駅前に「**新田義貞公之像**」（府中市片町三―二六―一五）がある。なぜ新田義貞の銅像が分倍河原に建っているのだろうか。その理由は鎌倉幕府滅亡の直前にまでさかのぼり、その詳細は『太平記』第十巻から確認することができる。

正慶二・元弘三年（一三三三）五月八日、新田義貞が上野国生品明神（群馬県太田市）で鎌倉幕府に対して討幕の兵を挙げた。義貞は鎌倉に向けて南下し、久米川（東村山市）に続き幕府軍と合戦になったのが分倍河原であった。同年五月十五日、南下する義貞軍に対し最後の得宗である北条高時の弟泰家の軍勢が分倍河原で激突し合戦となり、泰家軍が勝利した。しかし、翌十六日には相模国（神奈川県）の有力武士である三浦一族の大田和義勝率いる軍勢が義貞軍に加勢したことにより形勢が逆転した。その結果、再び分倍河原で合戦が起きると今度は義貞軍が勝利し、泰家軍は多くの犠牲を出す大敗となり、泰家は鎌倉へと敗走した。義貞軍は勢いをつけて鎌倉を目指して南下していった。分倍河原での合戦の様子は十五日については市村王石丸代後藤信明軍忠状（「由良文書」）、十六日については大河戸隆行軍忠状（「朴沢文書」）から確認できる。このような歴史があるため、分倍河原駅前に義貞の銅像が建つことになった。

現在、新田川緑道の公園内に**分倍河原古戦場の碑**（府中市分梅町二―五九―四）が立っている。また、碑から東に進むと住宅街の中に「**三千人塚**」（府中市矢崎町二―一二）という史跡がある。分倍河原合戦での戦死者を埋葬したという伝承をもつが、塚上の板碑は康元元年（一二五六）の銘をもち、時期が異なっている。

室町時代にも分倍河原では合戦が起きている。享徳四年（一四五五）、享徳の大乱の際に鎌倉公方足利成氏の軍勢と上杉軍により分倍河原で合戦が起きた（足利成氏

分倍河原古戦場の碑

新田義貞公之像

書状写『武家事紀』三四など)。

なぜ度々分倍河原では合戦が起きたのだろうか。分倍河原が鎌倉街道上道沿いにあり、多摩川の渡河点という交通の要衝であったためである。また、先行研究では新田義貞による分倍河原合戦を「国衙と分倍という政治的・軍事的な拠点をめぐる争奪戦」と指摘するものがあり、政治的・軍事的に重要であった分倍河原をめぐる争奪がこの地を合戦場とする結果になったのだろう。

3……久米川の古戦場

西武新宿線東村山駅の改札を出て左に進み、一つ目の信号を北に二十分ほど歩くと八国山に着く。その麓にある小さな公園内に**久米川古戦場跡の碑**（東村山市諏訪町二－二〇）がある。

久米川合戦とはどのようなものだったのだろうか。大きな戦いが数度起きているが、ここでは南北朝内乱に関するものを『太平記』第十巻「義貞叛逆の事」「天狗越後勢を催す事」から中心に述べたい。

正慶二・元弘三年（一三三三）五月八日、新田義貞は上野国生品明神（群馬県太田市）で鎌倉幕府に対する討幕の兵を挙げた。義貞は鎌倉に向けて南下し、同年五月十一日に小手指原（埼玉県所沢市）で合戦があり、翌十二日に幕府軍と激突したのが久米川合戦であった。この合戦は新田軍の勝利となり、敗れた幕府軍は分倍河原（府中市）へと退いた。

碑の近くにある**徳蔵寺**（東村山市諏訪町一－二六－三）には国の重要文化財に指定されている**「元弘の板碑」**が残っている。義貞軍に参加した上野国碓氷郡飽間（群馬県安中市）の武士である斎藤盛貞・家行・宗長が討死し、その供養のために建立されたものだという。『梅松論』上巻によると、五月十五日に分倍・関戸河原で合戦があり、多くの落命者があったという。板碑には元弘三年五月十五日・十八日の日付があり、久米川合戦後の激戦の中で討死し

久米川古戦場跡の碑（東村山市）

徳蔵寺（東村山市）

将軍塚（所沢市）

た武士の菩提を弔うために建立されたと思われるが、なぜこの地に残されたかは不明である。ただ、この板碑は八国山の山頂にあったものを江戸時代に場所の変遷があり最終的に徳蔵寺に移されたという。八国山の山頂付近には将軍塚（埼玉県所沢市松が丘一—六二付近）というものがあり、これは昭和期に入ってから建立されたものだという。一般的には将軍＝義貞と考えられているが、先行研究では義貞軍に足利千寿王（のち義詮）が合流したのが久米川付近であったと推定されているので、将軍＝千寿王という可能性もあるのではないだろうか。

　これ以外にも、建武二年（一三三五）、北条時行による中先代の乱の際に、進軍する時行軍と渋川義季らの軍勢が激突した合戦（『七巻冊子』一）、正平七・文和元年（一三五二）、南朝の宗良親王を奉じる新田義興・義宗らと足利尊氏とが戦った武蔵野合戦の際に尊氏が陣を敷いたのが久米川であった（『太平記』三十一　武蔵小手指原軍の事）。室町期の応永二四年（一四一七）、上杉禅秀の乱では関東管領上杉憲基方の軍勢が久米川に布陣した（豊嶋範泰軍忠状、「豊嶋宮城文書」）。

　また、古戦場碑から徳蔵寺に進む途中に北川があり、そこにかかる橋の名が**将陣場橋**（東村山市諏訪町二—二二）である。この橋の名前も歴史に由来するものと考えられる。現在宅地化が進み、当時の様子をしのぶことは難しいが、このような形で歴史の一端に触れることも可能である。

4……江古田の古戦場

西武新宿線沼袋駅から北東に進み、江古田大橋近くの江古田公園内に「**史蹟　江古田原沼袋古戦場**」の碑（中野区松が丘二－二九）が建っている。江古田沼原合戦とはどのような合戦だったのだろうか。「太田道灌書状写」（『豊島区史』資料編一）より確認してみよう。

文明九年（一四七七）正月、関東管領山内上杉氏に仕える長尾景春が反乱を起こした。長尾景春の乱である。同年四月十三日、上杉方の太田道灌は長尾方の豊島平右衛門尉がこもる**平塚城**（板橋区）〈→本書二〇八頁〉を攻め、城下に火を放って引き上げようとした。その途中で平右衛門尉を救援するために**石神井城・練馬城**（ともに練馬区）〈→本書二〇八・二〇九頁〉から馳せ参じた兄の豊島勘解由左衛門尉の軍勢と江古田原・沼袋で遭遇し合戦となった。この戦いは激戦となったようで、豊島方は平右衛門尉が討死するなど多くの犠牲を出す敗北となった。その後、豊島氏と太田氏との間に一時的な和睦が成立したが、最終的には決裂し、豊島氏の本城である平塚城やその他の支城が道灌により攻め落とされ、豊島氏は滅亡した。こうして江古田沼袋合戦が豊島氏の運命を決めることになったのである。

周辺には合戦での戦死者を埋葬したと伝わる豊島塚があったという。また、沼袋駅の北側にある丸山塚公園（中野区沼袋二－四〇）には戦死者を祀るための**豊玉二百柱社**が残されている。

江古田原・沼袋にはどのような地理的条件があるのだろうか。碑が建っている江古田公園は妙正寺川と江古田川とが合流する地点にあり、交通の要衝であったと考えられる。また、道灌の**江戸城**と豊島氏の練馬城・石神井城とを結ぶ線上に位置している。

碑から西に少し進むと住宅街の中に「**お経塚**」（中野区江古田二－一四－五）という史跡がある。これには江古田原沼袋合戦の戦死者を埋葬したという伝承がある。現在の景観から当時の様子を想像することは容易ではない。しかし、小さな石碑一つにも地域の歴史がしのばれる。

江古田原古戦場の碑

お経塚(中野区)

COLUMN01 武蔵国南部の城館

平安時代後期以降、南武蔵には秩父平氏の一族である豊島氏・小山田氏・稲毛氏・江戸氏・渋谷氏や、武蔵七党の横山党・西党などの諸勢力が展開して城館を構え、やがて源頼朝に仕えて鎌倉幕府創業に活躍した。その後、鎌倉幕府の滅亡と南北朝の動乱から戦国時代が終焉するまでの約二五〇年間、武蔵国は戦乱に明け暮れることになる。

室町時代の関東諸国は鎌倉府の所管であり、武蔵国は有力守護上杉氏の領国の一つであった。しかし、鎌倉府の長官である鎌倉公方は京都の幕府に対抗する姿勢を強め、補佐役の関東管領上杉氏とも対立を深めた。その結果、鎌倉府体制は崩壊し、関東はいち早く乱世へと突入していく。鎌倉から下総国古河（茨城県古河市）に移った足利成氏《しげうじ》（古河公方）と山内《やまのうち》・扇谷《おうぎがやつ》両上杉氏が争った享徳の乱（一四五四~八二年）や、その最中に起こった長尾景春の乱（一四七六~八〇年）で、武蔵国は主戦場となった。その後、両上杉氏の間に長享の乱（一四八七~一五〇五年）が起こり、北関東を拠点とする関東管領山内上杉氏と、有力庶家で南関東を地盤とした扇谷上杉氏が抗争を繰り返した。そして、新興勢力の小田原北条氏が台頭してくると、今度は古河公方と両上杉氏が連合して北条氏に対抗した。その間、南武蔵では多くの城館をめぐって攻防戦が展開され、また新たな城が取り立てられたり古城が再興されたりした。

北条氏が関東の大半を制覇すると、甲斐の武田信玄や越後の上杉謙信による関東侵攻が繰り返されるようになり、南武蔵では武田氏に対する境目の備えが重要となった。山内上杉氏の宿老で武蔵国守護代であった大石氏の地盤を継承した北条氏照は、**滝山城**や**八王子城**を拠点に支城網を構築してその任にあたったが、豊臣秀吉の小田原攻めによって八王子城も落城し、これら南武蔵の中世城館群もその役目を終えた。

南武蔵の中世城館跡は開発によりその多くが失われたが、国や自治体によって史跡に指定されたり、史跡公園などとして保全されたりしているものもある。また、寺社の境内となったことで遺構を残すものや、地域の人々の努力によって城跡が保全される例もある。そのような貴重な中世城館跡を、戦国時代を下限として郡ごとに紹介していく。なお、豊島郡と多摩郡は取り上げる城館数が多いため、いくつかのテーマに分けて立項した。

このあとしばしば典拠として示す「太田道灌状」は、長尾景春の乱を収束させた扇谷上杉氏の家宰太田道灌が、山内上杉顕定の家臣高瀬民部少輔に宛てた長文の書状である。享徳の乱や景春の乱に対する顕定の対応への道灌の不満が綴られていて、この間の政治・軍事情勢を知る基本史料である。また、『梅花無尽蔵』は道灌と親交が深く、**江戸城**に長期間滞在した禅僧万里集九の紀行漢詩文集、『松陰私語』は上野国の新田岩松氏の陣僧松陰による享徳の乱の回想録である。一方、『小田原衆所領役帳』は小田原北条氏三代氏康の永禄二年(一五五九)に作成された、「御馬廻衆」や「江戸衆」・「河越衆」などの「衆(軍団)」ごとに配下の武士の名と知行地をあげ、知行役高を貫高で記した分限帳である。

COLUMN02 豊島郡の城館

◉太田道灌ゆかりの城

太田道灌（一四三二～八六年）〈↓本書一〇八頁〉は父道真とともに、二代にわたり扇谷《おうぎがやつ》上杉氏の家宰を務めた。道真・道灌父子は、古河公方足利成氏《しげうじ》が関東管領山内《やまのうち》上杉氏や扇谷上杉氏と争った享徳の乱（一四五四～八二年）や、その最中に山内上杉氏家中で起きた長尾景春の乱（一四七六～八〇年）の平定に活躍し、主家の発展に貢献した。その間、**江戸城**を築いて自らの居城とし、扇谷上杉氏の居城となる河越城（埼玉県川越市）（↓『埼玉の史跡』二七一頁）の築城も主導するなど、優れた築城術を発揮した。また、父子ともに和歌や学問にも長じ、多くの文人や五山僧らと交流を深めた。しかし、道灌は主君定正に糟谷館（神奈川県伊勢原市）に呼び出され、謀殺されてしまう。戦乱を通じて勢力を伸ばした扇谷上杉氏（または道灌）を警戒した山内上杉顕定の讒言があったとも、扇谷上杉氏家中における政争の結果ともいう。そして、この事件を契機に両上杉氏間の全面戦争である長享の乱（一四八七～一五〇五年）が勃発する。

〈01〉江戸城跡　国特別史跡（千代田区千代田ほか）

江戸城が築城されたのは、享徳の乱が始まって間もない長禄元年（一四五七）頃、場所は後の江戸城の本丸付近であったとされる。また、それ以前に秩父平氏の流れをくむ江戸氏が本丸付近に館を構えたともいう。江戸城築城は古河公方に対抗して、山内・扇谷両上杉氏が本営とした五十子《いかっこ》陣（埼玉県本庄市）（↓『埼玉の史跡』一〇四頁）から扇谷上杉氏の居城河越城、さらに岩付城（さいたま市岩槻区）（↓『埼玉の史跡』二二六頁）・江戸城というように、利根川（当時は南流して江戸湾に注いだ）西岸に防禦ラインを構築するためであった。『松陰私語』は太田道真・道灌父子をはじめとする扇谷上杉氏の宿老らが、「数年秘曲を尽くし」て江戸・河越両城を築城したと記す。道灌が城主であった頃の江戸城は、子城《ねじょう》（根城・本城）・中城・外城の三つの郭（曲輪）からなり、周囲に堀と土塁を廻らして門や橋で各郭を結び、子城には静勝軒と名付けた主殿があった。道灌に招かれて江戸城に滞在した万里集九の『梅花無尽蔵』からは、江戸城の軍事施設としての姿とともに、道灌の文化交流の場としての景観もうかがえる。静勝軒の窓からは西に富士山が遠望でき、東は隅田川の夕景や筑波山の遠景が望めたという。

道灌が謀殺されると、道灌の子資康は江戸城を去って山内上杉氏を頼ったが、道灌の孫資高の代には扇谷上杉氏に帰参して江戸城代を務めた。しかし、資高は大永四年（一五二四）に小田原北条氏に内応し、江戸城は北条氏の手に落ちた。資高は北条一門待遇で江戸城にとどまり、その子康資（新六郎）は「江戸衆」の一人として『小田原衆所領役帳』に一四一九貫文余の知行地が計上されている。しかし、江戸衆筆頭は城代の遠山綱景で、太田氏が城主の地位に返り咲くことはなかった。そのためか、康資は安房国の里見氏に通じて江戸城を出奔した。そして、翌永禄七年（一五六四）の第二次国府台合戦（千葉県市川市）で北条氏が里見氏に辛勝し、南武蔵の支配を確立した。天正十八年（一五九〇）の豊臣秀吉の小田原攻めで江戸城は不戦開城し、以後は関東に移封された徳川家康の居城となる。家康入城時は長い籠城戦で破損がひどく、玄関の上り段は舟板を重ねたものであったという。

家康は江戸城を拡張・整備し、幕府を開いた後は諸大名を動員して「天下普請」を進め、三代将軍家光の時代までに将軍の居所に相応しい巨大城郭に生まれ変わった。天守閣は三度築かれたが、明暦三年（一六五七）の大火で焼失して以降は再建されず、天守台のみが今も残る。なお、現在の皇居は江戸時代の江戸城の一部にすぎず、惣構《そうがまえ》の範囲は千代田区全域と中央区の大半、港区の一部にまで及んでいた。今日の姿から道灌や北条氏時代の江戸城を偲ぶことはできず、発掘調査で一部の中世遺構が確認されたのみである。

〈02〉稲付《いなつけ》城跡　都旧跡（北区赤羽西一丁目）

自得山**静勝寺**（曹洞宗）（↓本書一〇九頁）の石段の横に**「都旧跡　稲付城跡」の石碑**が建ち、石段の下から見上げると今日でも要害性が実感できる。三方を急崖と切れ込んだ谷に囲まれ、南側は台地続きの平坦な地形である。現状では遺構は確認できないが、発掘調査で城を南の台地から遮断する幅約一二m、深さ約六m、長さ約二〇mの空堀などが検出された。

この地はかつて岩淵郷と呼ばれた交通の要衝で、鎌倉時代には遊女もいる岩淵宿が形成されていた（『とはずがたり』）。稲付城に関する史料は乏しいが、寺伝では太田道灌が江戸城と岩付城の「繋ぎの城」として築城したという。長享の乱（一四八七～一五〇五年）では、扇谷《おうぎがやつ》上杉定正が山内《やまのうち》上杉氏に備えて松山城（↓『埼玉の史跡』二一四頁）と稲付城の守りを固めさせている（『松陰私語』）。地勢的にも扇谷上杉氏の城郭と考えられ、太田氏関係の城であった可能性は高い。『小田原衆所領役帳』は「岩淵五ヶ村」を道灌の曾孫康資の知行地として載せる。城跡の西にある**亀ヶ池弁天**は、城の堀の役割を果たした亀ヶ池の跡だという。

稲付城跡

◉長尾景春の乱と豊島氏の城

長尾景春（一四四三～一五一四年）は上杉氏の宿老長尾氏のうち、白井《しろい》城（群馬県渋川市）を本拠とした白井長尾氏の五代目である。白井長尾氏は景仲・景信の二代にわたり主家山内上杉氏の家宰を務めたが、景春は父景信の死で家督を継いだものの、家宰職には総社（前橋市）長尾氏の叔父忠景が任じられた。不満を抱いた景春は主君顕定に叛き、享徳の乱の最中の文明八年（一四七六）に武蔵国鉢形城（埼玉県寄居町）（↓『埼玉の史跡』一六八頁）に籠り、翌年には五十子《いかっこ》陣（同本庄市）（↓『埼玉の史跡』一〇四頁）を急襲して山内・扇谷両上杉氏の本営を崩壊させた。これに山内上杉家内の景春与党が呼応し、さらに上杉氏に敵対する勢力も加わり、戦線は一気に南関東一円に拡大した。秩父平氏の流れをくみ、武蔵国豊島郡を本拠とした国衆で、山内上杉氏に属していた豊島氏（↓本書二〇頁）も景春方として挙兵した。しかし、扇谷上杉氏の家宰太田道灌によって景春方の城は次々に攻略され、豊島氏も道灌に敗れて滅亡した。景春も道灌によって鉢形城を落とされ、文明十二年には最後の拠点日野要害（同秩父市・熊倉城とも）（↓『埼玉の史跡』一一四頁）も失って武蔵国を没落した。しかし、景春自身はその後も古河公方足利成氏《しげうじ》の庇護を受け、あるいは伊勢宗瑞（北条早雲）と結ぶなどして長く戦い続けた。

〈03〉**平塚城跡**（北区上中里一丁目）

JR京浜東北線上中里駅近くに源義家兄弟を祀った**平塚神社**〈↓本書二六〇頁〉が建つ。平安時代後期、豊島近義がこの地に館を築いたとされ、近くには豊島郡衙跡とされる**御殿前遺跡**（区史跡）もある。後三年合戦から凱旋する途中、館に立ち寄った義家から賜った鎧を、後に近義が館内に埋めて鎧塚として祀ったのが神社の由緒とされる。石神井城〈↓本書二〇九頁〉に移るまでの豊島氏代々の居館であったというが、その実態は明らかでなく比定地も確定していない。ただ、発掘調査では付近で城郭関連遺構が確認され、平塚神社参道に沿った東側の**蝉坂**は、長尾景春の乱で太田道灌が平塚城を攻めた際の「攻め坂」の転訛だとする説がある。

文明九年（一四七七）、道灌に石神井城を攻め落とされた豊島泰経（史料上は勘解由左衛門尉）は、翌年平塚城で再起をはかった。しかし、道灌の軍勢が城に迫ると城を棄てて没落し、豊島氏宗家は滅亡した。

〈04〉**練馬城跡　都旧跡**（練馬区向山《こうやま》三丁目）

北を石神井川、東と西は谷に守られた台地上に築かれた豊島氏〈↓本書二〇頁〉の城である。城跡には昭和元年（一九二六）に練馬城址豊島園（としまえん）が開園したが、戦前は遺構が良好に残っていて、『日本城郭大系五』の口絵には昭和二年の古写真が三点掲載される。本郭は約一〇〇ｍ四方の方形で、石神井川に面した北側の崖を除いた三方に空堀を廻らし、四方を土塁で囲んでいた。南側にあった小口（虎口）は角馬出を設け、土橋で結ばれていた。今は遺構のほとんどが失われて、わずかに土塁の一部を残すのみである。としまえんは二〇二〇年に閉園し、その跡地は都立練馬城址公園として整備が進められている。その一部には民間のスタジオツアー施設がオープンしたが、園内には「練馬城跡の歴史エリア」も設けられる計画である。「太田道灌状」によれば、石神井城主豊島泰経（史料上は勘解由左衛門尉）・練馬城主豊島泰明（平右衛門尉）兄弟は長尾景春に与し、文明九年（一四七七）に太田道灌と江古田原・沼袋（中野区）で合戦となった。この合戦で泰明は討死し、豊島氏の本拠石神井城は落城した。練馬城もこの時に落城したものと思われる。

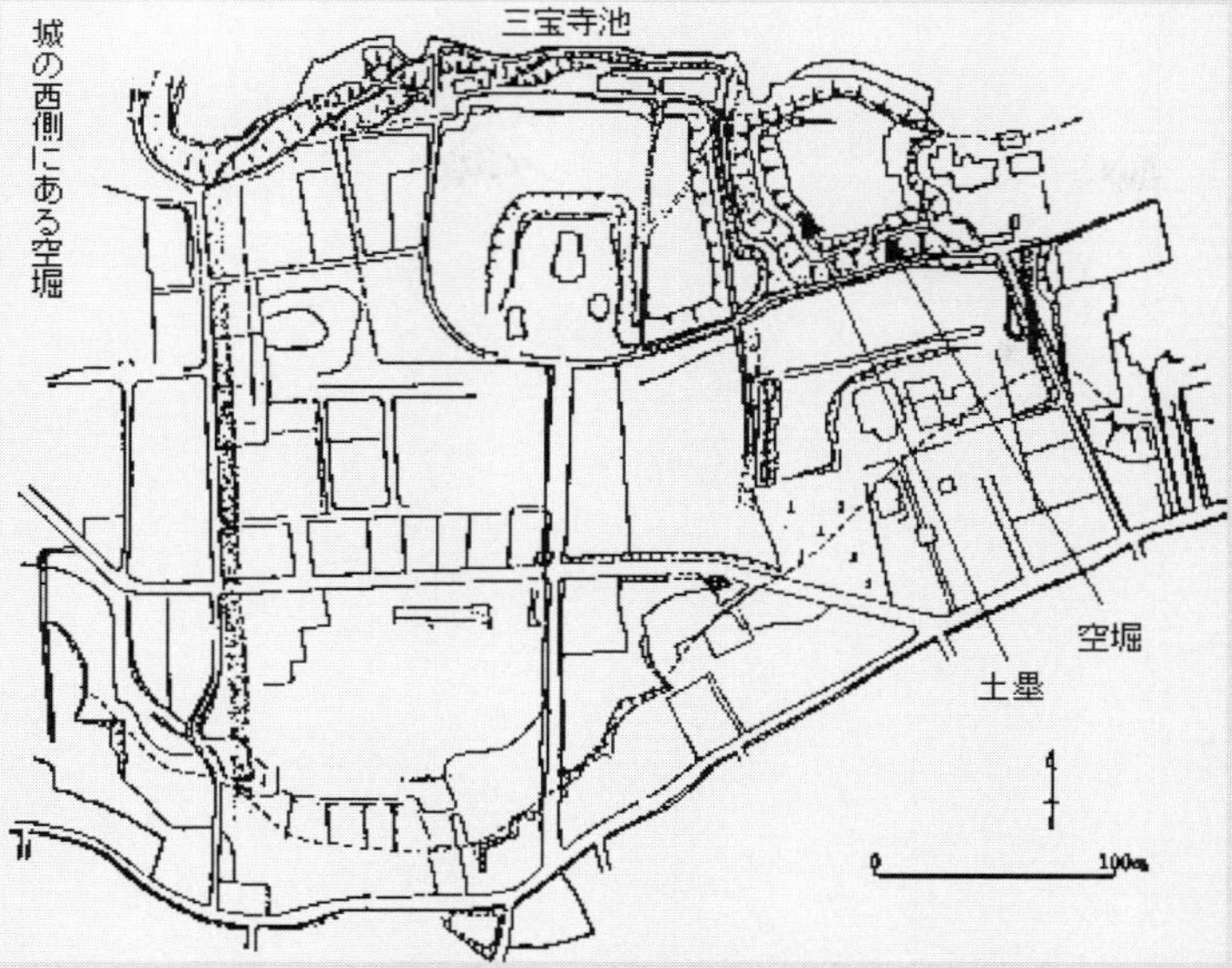

石神井城実測図（練馬区講式HPより）

〈05〉石神井城跡　都旧跡（練馬区石神井台一丁目）

南を流れる石神井川と北の三宝寺池に挟まれ、東に向けて突き出た舌状台地上に築かれた豊島氏宗家の居城である。豊島氏の城としては石神井川の最上流部に位置し、南北朝時代に豊島氏は平塚城〈↓本書二〇八頁〉からこの地に移ったと推測される。南北を池や川と浸食された比高約七mの崖に守られた要害地形で、宅地開発によって失われたが、台地続きの西側は約二七〇mにわたって南北に空堀と土塁を走らせ、東側も台地幅が狭まる場所を南北に掘り切って防禦していた。本郭は約五〇m四方の方形で、都立石神井公園の一角にある。普段は遺構保護のためフェンスで囲まれていて立ち入れないが、外からも空堀と土塁が確認できる。

「太田道灌状」は豊島泰経（勘解由左衛門尉）・泰明（平右衛門尉）兄弟が、長尾景春の乱で「対の城」を構えて江戸と河越の通行を妨げたと記す。文明九年（一四七七）、太田道灌は江古田原・沼袋（中野区）で豊島兄弟と合戦に及び、練馬城主の泰明を討ち取り、さらに泰経の石神井城を攻めた。この時「外城」を攻め落としたとあって、城が「外城」と「内城」で構成されていたことがうかがえる。落城の際、城主が黄金の鞍を置いた白馬とともに**三宝寺池**に入水したという伝説や、父の後を追って入水した照姫を祀る**姫塚**が残る。実際には泰経は城から逃れ、翌年に平塚城で再起をはかっている。公園内に区立石神井公園ふるさと文化館があって、城に関する展示も行っている。

◉武蔵千葉氏の城

千葉氏は桓武平氏良文流で、下総国千葉荘（千葉市周辺）を名字の地とし、惣領家は下総権介を世襲して千葉介を称した。常胤は石橋山で大敗した源頼朝を迎えて鎌倉幕府創業に貢献し、庶子家を輩出して千葉氏繁栄の礎を築いた。室町時代にも惣領家は下総国守護職を務めて栄えたが、享徳の乱（一四五四～八二年）発生直後に深刻な内訌に見舞われる。上杉方の当主胤直が、古河公方足利成氏《しげうじ》と結んだ重臣の原氏や一族の馬加《まくわり》氏によって攻め滅ぼされたのである。胤直の甥の実胤・自胤《これたね》兄弟は、幕府が派遣した千葉氏庶流で歌人としても著名な美濃国郡上《ぐじょう》の東常縁《とうつねより》や、扇谷《おうぎがやつ》上杉氏の家宰太田道灌の支援を得て復権を目指した。しかし、常縁によって原氏や馬加氏が討たれた後も、古河公方と結んだ岩橋輔胤・孝胤《のりたね》父子が千葉氏当主を名乗り、本佐倉城（千葉県酒々井町）に拠って対抗した。常縁の帰国や道灌の死もあり、実胤・自胤兄弟の下総国復帰はかなわず、武蔵国内に城と所領を得て存続した。この系統を武蔵千葉氏〈→本書一〇二頁〉と呼ぶ。

〈06〉赤塚城跡　区史跡（板橋区赤塚五丁目）

武蔵千葉氏が本拠としたことから千葉城ともいう。現在は都立赤塚公園の一部になっていて、土塁や空堀の跡らしき痕跡が認められる。築城時期や築城者は不明だが、『鎌倉大草紙』は下総国を追われた千葉実胤・自胤《これたね》兄弟が扇谷《おうぎがやつ》上杉氏を頼り、赤塚城と石浜城（荒川区）を預けられたと記す。長尾景春の乱で自胤は太田道灌に従い、豊島氏との戦いなどで活躍した。小田原北条氏が台頭するとこれに従い、『小田原衆所領役帳』は「江戸衆」のうちに「千葉殿」を載せ、「赤塚六ヶ村」など所役免除の所領四七五貫文を記載する。天正十八年（一五九〇）の北条氏滅亡で武蔵千葉氏も所領を失い、赤塚城や石浜城も廃城となった。

昭和六十三年（一九八八）から平成二年（一九九〇）度にかけて、区立郷土資料館建て替えに伴い城跡の総合調査が実施された。『板橋区史　資料編一』の遺構推定

図によれば、城は三つの郭からなり、東西約二〇〇m×南北約二五〇mの規模である。城址を示す石碑が建

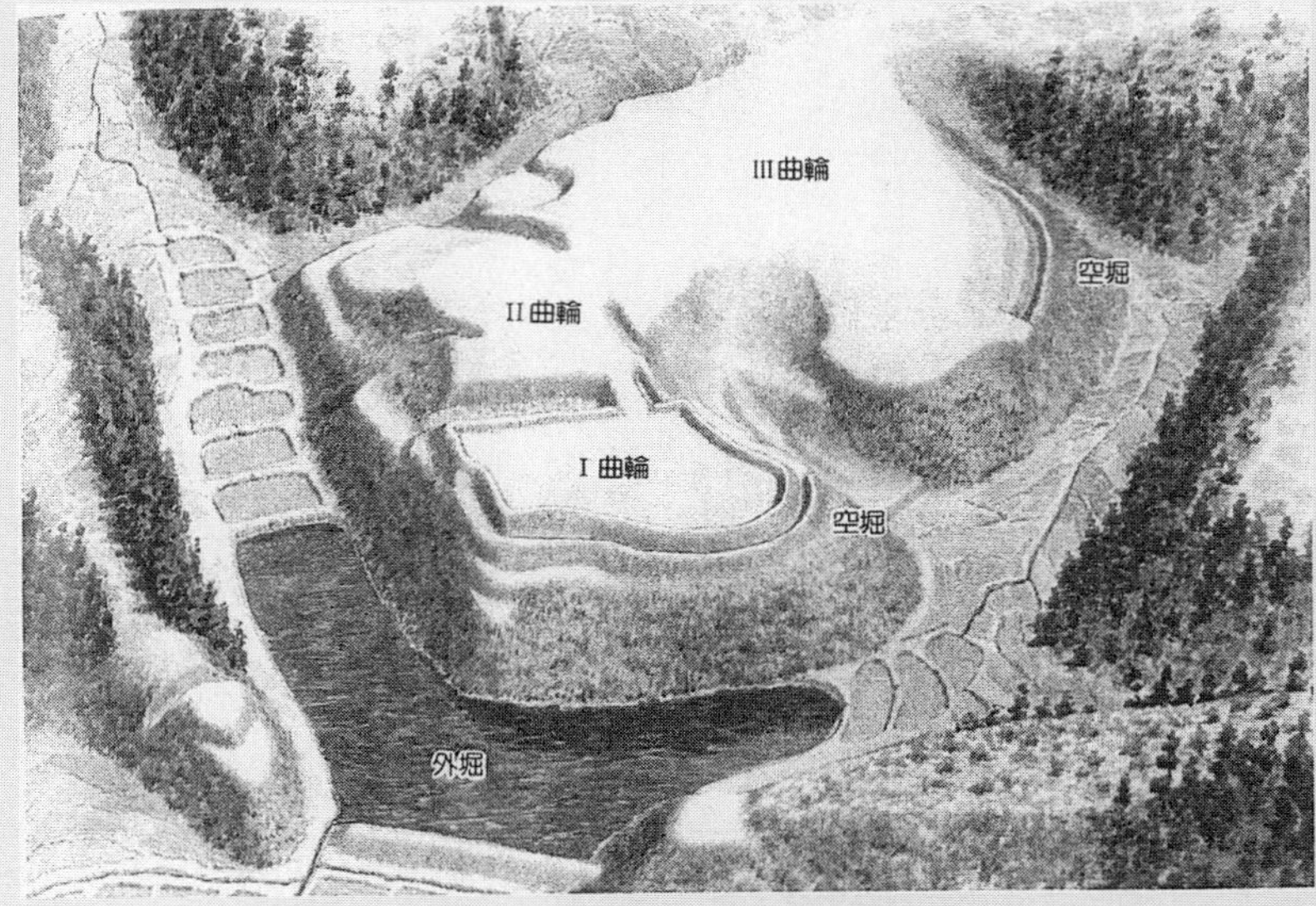

赤塚城跡推定鳥瞰図（北から）（『板橋区史・資料編1』（板橋区、1995年）より）

つ赤塚公園の広場が本郭にあたり、現在は梅林がある南側が二の郭、その西側に最も大きな三の郭があったと考えられている。北に荒川の沖積地を望む舌状台地上にあって、東西に谷が深く入り込んでいる。北側の台地下の赤塚溜池公園には、かつての堀の一部とされる湧水の池がある。その畔に区立の郷土資料館と美術館が建っていて、資料館には関連資料が展示される。

〈07〉志村城跡　区史跡（板橋区志村二丁目）

北に荒川を望む台地上に築かれ、荒川の支流出井川（現在は暗渠）が西から南側に回り込んでいた。区立志村城山公園のある一帯の丘が城跡で、二つの堀切で東西に並ぶ三つの郭に区画されていた。西の本郭跡にはマンションが、東の三の郭跡には工場などが建ち、中央の二の郭も南側は区立志村小学校になっているが、北側に鎮座する**熊野神社**の境内に折れのある土塁と幅約一五mの堀が残る。神社は長久三年（一〇四二）、豊島氏の一族志村将監が紀伊国の熊野から勧請したと伝える。『吾妻鏡』にも志村氏が登場するが、豊島一族であるかどうかは明らかでない。やがて赤塚城とともに扇谷《おうぎがやつ》上杉氏から武蔵千葉氏に与えられ、赤塚城の支城として千葉信胤が城主となったという。ただし、明

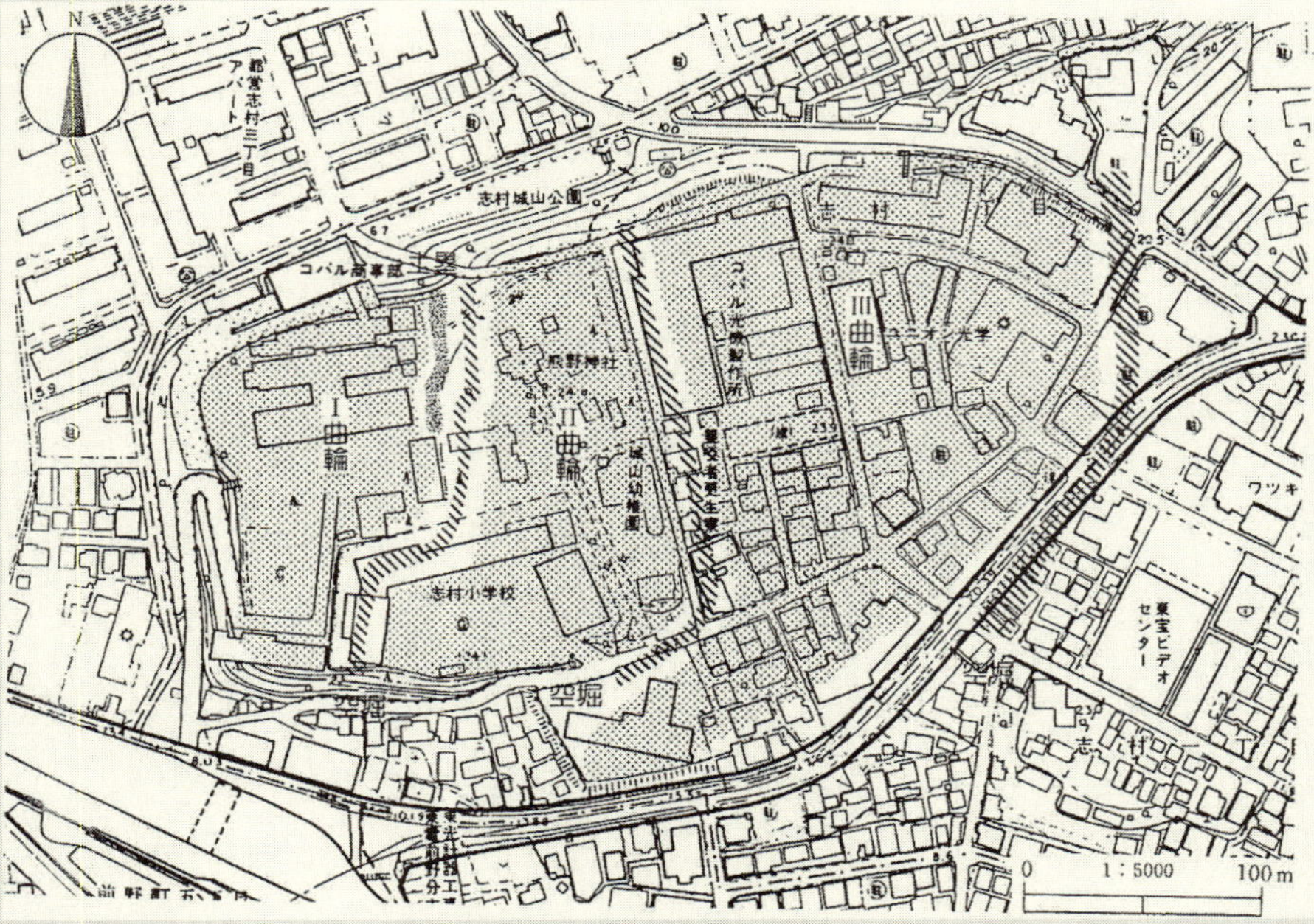

志村城跡遺構推定図（『板橋区史・資料編1』（同前））

確な史料を欠き、具体的な城の来歴は不明な点が多い。

〈08〉**石浜城跡**（荒川区南千住三丁目）

隅田川の白鬚橋付近には武蔵国と下総国をつなぐ**隅田の渡し**〈↓本書一六〇頁〉があり、西側には源頼朝が奥州合戦の際に社殿を寄進したと伝わる**石浜神社**がある。微高地になっていて、ここが石浜城であったというのが定説だが、遺構は確認できない。また、それより南の隅田川沿いにある**本龍院**（待乳山聖天《まつちやましょうでん》。聖観音宗）（台東区浅草七丁目）を比定地とする説もあり、所在地は確定していない。

江戸氏の一族石浜氏が築城したとされ、文和元年（一三五二）には南朝方の新田義宗・義興兄弟との武蔵野合戦に敗れた足利尊氏が、この地を拠点に勢力挽回をはかった（『太平記』）。その後、下総国を没落した千葉実胤・自胤《これたね》兄弟が扇谷《おうぎがやつ》上杉氏を頼り、石浜城や赤塚城を任された。『鎌倉大草紙』は兄実胤が石浜城に、弟自胤が赤塚城に入ったとするが、地勢的にみて赤塚城に実胤が、前衛の石浜城に自胤が入ったとみるべきであろう。

COLUMN03 荏原郡の城館

〈01〉世田谷城跡　都旧跡（世田谷区豪徳寺二丁目）

U字型に蛇行する目黒川の支流烏山川（現在は暗渠となり城山通り）に三方を囲まれ、南東に向けて突き出た舌状台地上に位置する。北に甲州古道（滝坂道）が、東に鎌倉街道が走る交通の要衝であった。彦根藩主井伊家の菩提寺として知られる**豪徳寺**（曹洞宗、天正十二年〈一五八四〉に臨済宗から改宗）の南が城跡で、一部が世田谷城址公園となっている。

室町時代に吉良氏によって築城された。築城年代は明らかではないが、発掘調査で**深大寺城**（調布市）〈→本書二二一頁〉との縄張の類似性が指摘される。吉良氏は足利将軍家の一門であり、その格式から「世田谷御所」と称された。吉良成高《しげたか》は扇谷《おうぎがやつ》上杉氏と姻戚関係にあり、長尾景春と戦う太田道灌に代わって江戸城を守り、数度の軍功をあげている（「太田道灌状」）。小田原北条氏が進出してくると、吉良氏は婚姻関係を通じてその傘下に入った。小田原開城とともに世田谷城も廃城となったが、吉良氏は徳川家康に仕えて旗本になり、後に高家に加えられた〈→本書一〇四頁〉。

世田谷城址公園内の空堀と土塁

本郭は東西約六〇m×南北約一二〇mの台形状で、今は集合住宅が建ち並んでいて周囲に土塁が残る。本郭の南側から東側にかけていくつもの郭（曲輪）が配置され、その最南部が城址公園となって郭や空堀・土塁などの遺構が保存される。ただし、公園は城跡の一部にすぎず、大半は宅地化されて部分的に遺構を残すのみである。本郭から公園にかけた一帯は非常時の「詰の城」で、平時の吉良氏の居館は豪徳寺のあたりに置かれ、両者を合わせて世田谷城を構成したとする見解もある。

〈02〉**奥沢城跡**　**区史跡**（世田谷区奥沢七丁目）

九品仏《くほんぶつ》川（現在は暗渠化されて九品仏川緑道）に向けて突き出た舌状台地上に築かれ、南側を除いた三方はかつて「奥沢の底なし田んぼ」と呼ばれる深田や沼地であった。延宝六年（一六七八）創建の、「九品仏」の名で親しまれる**浄真寺**（浄土宗）の境内が城跡である。世田谷城の南約五kmに位置し、『新編武蔵国風土記稿』は世田谷吉良氏の家臣大平清九郎の居館跡とする。小田原開城とともに廃城となり、大平氏は等々力村の名主となった。

境内を最大上幅約三m、下幅約一五mの土塁が囲むが、参道以外は立ち入り禁止で、墓地もあるので見学時は注意したい。発掘調査では西側の土塁の外側に箱薬研堀か畝堀とみられる堀が検出された。『江戸名所図会』の挿絵には、境内の南側に土塁で囲まれた外郭のような区画も描かれる。境内の南東部に東面して

世田谷城跡遺構図（『東京都の中世城館』（戎光祥出版、2013年）より）

奥沢城・北側の土塁

仁王門があり、その先で南に折れた参道が総門を抜け、東急大井町線九品仏駅方面にまっすぐ伸びている。仁王門のある一角がかつての城の小口（虎口）であったように見える。

〈03〉池上氏館跡　本書八〇頁参照。

COLUMN04 多摩郡の城館

◉鎌倉武士ゆかりの城館

〈01〉**喜多見城跡　本書四六頁参照。**

〈02〉**関戸城跡　本書一二八頁参照。**

〈03〉**小山田一号遺跡　都史跡**（町田市小山田桜台二丁目）

小山田桜台団地建設に先立つ発掘調査（一九七〇～七二・七八～八二年）で発見された、平安時代末期から室町時代の武士の居館跡である。谷戸奥部の斜面を垂直に三mほど切り崩して造成した東西約六〇m×南北約一五mの平坦面に、大型竪穴状遺構や掘立柱建物跡、柵列などが確認され、緡銭《さしぜに》や天目茶碗などの遺物が出土した。こぶし公園の一角にあり、遺構面はガラス繊維と樹脂セメントの被膜で保護されていて、発掘当時の姿を見ることができる。この地域は秩父平氏の小山田氏の勢力圏で、馬の飼育場である牧に適した地形であることからも、小山田氏関連の遺跡と推定される。

〈04〉**三田氏館跡　都旧跡**（国立市谷保《やほ》五九八三－一ほか）

谷保の城山《じょうやま》・三田城・伝津戸三郎館とも呼ばれる。一帯は谷保の城山歴史環境保全地域になっていて、遺構が良好な状態で残っている。『江戸名所図会』は菅原道真の三男道武がこの地に配流され、館を構えて平貞盛の娘を娶り、六代目の子孫が鎌倉幕府御家人で法然に帰依した津戸三郎為守だと記す。伝承の域を出ないが、近くには道真と道武を祀った**谷保《やほ》天満宮**がある。

保全地域内に建つ三田氏宅が本郭跡だが、館跡の主要部はいずれも私有地なので見学には配慮を要する。土塁や空堀が残り、三つの郭（曲輪）による複郭式の縄張が確認でき、三田氏所有の江戸時代の二通の絵図ともほぼ一致する。館跡は河岸段丘の縁辺に位置し、二の郭とその西側の三の郭の南は約七mの比高差があり、本郭と二の郭の東側は堀のように入り込んだ幅約二〇mの谷で守られる。小規模ながら実戦的な占地と縄張であり、『東京都の中世城館跡』は陣城のような軍事施設であった可能性を指摘する。近くのくにたち郷土文化館で関連展示を行っている。

〈05〉**伝立川氏館跡　都史跡**（立川市柴崎町四丁目）

西党日奉《ひまつり》氏の一族立川（河）氏の館跡とされ、**普済**

寺（臨済宗）が建つ一画が本郭跡とされる。立川氏の系譜や居館の来歴については不明な点が多いが、『吾妻鏡』の暦仁元年（一二三八）の記事に立河三郎兵衛尉基泰の名が見え、鎌倉幕府の御家人であったことは確かである〈↓本書六七頁〉。長享の乱終盤の永正元年（一五〇四）の立河原の合戦では山内《やまのうち》上杉顕定が立川に布陣していて、それが立川氏館（普済寺）であった可能性はあろう。

館跡に比定される普済寺は、残堀川が南西側を洗う段丘崖の縁辺にあって南に多摩川を望む。寺伝や地誌によれば、立河宮内少輔宗恒によって文和二年（一三五三）に創建されたという。本堂付近に今も土塁が残るが、『江戸名所図会』には本堂を囲むように土塁が描かれる。普済寺は平成七年（一九九五）に焼失し、再建に際して発掘調査が実施された。本堂の東の土塁の脇から上幅約四・四m、下幅約一m、深さ約二・二mの堀跡が検出され、本郭部分では十五世紀前半から十六世紀前半の建物や井戸・門の跡、柵列等が確認された。一方、西側の土塁は近世の盛土であることが判明した。レーダー探査の結果から、居館は寺域を超えて一辺二〇〇m以上に及ぶ可能性が示されている。

関戸城跡・霞の関跡

小山田一号遺跡

〈06〉平山季重居館跡　市史跡（日野市平山五丁目）

平山氏は西党日奉《ひまつり》氏の一族で、季重は治承・寿永の乱などで活躍した鎌倉幕府の御家人である〈↓本書六九頁〉。京王線平山城址公園駅一帯が館跡に比定され、駅前ロータリーの一角に石碑と解説板が建つ。ここには昭和四十二年（一九六七）まで平山小学校があり、小学校ができる明治十七年（一八八四）までは大福寺の境内であった。大福寺は天正年間（一五七三～九二年）、西多摩の平山氏が祖先の季重を供養するため創建したという。大福寺廃寺後、**季重の墓塔**（都旧跡）などは宗印寺（曹洞宗）（平山六-一五-一一）に移された。駅周辺に館跡を物語る遺構はないが、浅川を望む微高地に位置する。ただ、浅川対岸の「大名淵」と呼ばれる高台や、さらに西の**八幡神社**（西平山一-二三-一）付近を館跡とする説もあって、確かなことはわかっていない。

〈07〉**平山城跡**（日野市平山六丁目）

伝承では平山季重の築城とされるが、史料的根拠はなく検討を要する。京王線平山城址公園駅の南方にある都立平山城址公園の丘陵一帯が城跡で、**平山季重神社**（日奉《ひまつり》神社）の祠がある一画が本郭とされる。本郭は

三田氏館跡・東側の谷堀

三田氏宅の土塁

伝立川氏館・土塁

南北に細長く、標高約一七一m、北麓からの比高は約五六mである。城跡からの眺望がよいが、縄張は極めて簡素である。戦国期には八王子城の北条氏照の被官に平山氏の名がみえ、その城郭や「村の城」などの可能性が考えられる。

●鎌倉公方の陣所

鎌倉公方は足利尊氏の四男基氏以降、氏満―満兼―持氏と世襲されが、次第に幕府に対して自立性を強めた。とくに持氏は六代将軍足利義教と反目し、幕府との融和をはかる関東管領上杉憲実との関係にも摩擦が生じた。永享の乱（一四三八～三九年）で持氏は義教が派遣した幕府軍に敗れて自刃し、鎌倉公方は一時断絶した。その後、持氏の子成氏《しげうじ》が公方に復帰するが、成氏は対立する関東管領上杉憲忠（憲実の子）を謀殺して幕府軍の追討を受け、下総古河（茨城県古河市）に移った。ここに利根川（当時は南流して江戸湾に注いだ）を挟んで、概ね東の古河公方陣営（下総・上総・安房・常陸・下野諸国）と、西の上杉氏陣営（上野・武蔵・相模諸国）とに関東を二分した享徳の乱（一四五四～八二年）が始まった。

〈08〉高安寺城跡（府中市片町二丁目）

高安寺（曹洞宗）〈↓本書三二四頁〉は**武蔵国府**（府中）の西にあって、南北に走る鎌倉街道上道が、府中を通るルートと府中を通過しないバイパスとに分岐した両者の中央に位置した。そのため、しばしば合戦の舞台となり、鎌倉攻めに向かう新田義貞も、分倍河原の合戦でこの地に本陣を構えた。寺伝では、藤原秀郷の居館跡に見性寺が創建されたというが、秀郷との関係について史料的な裏付けはない。

寺は段丘縁辺にあり、急崖や谷に囲まれた要害の地であることから、室町時代には代々の鎌倉公方が陣所として利用し、応永の乱で大内義弘に呼応した足利満兼や永享の乱の持氏、享徳の乱における成氏がそれぞれ滞陣している。高安寺塁・高安寺館とも呼ばれ、『武蔵名勝図会』や『新編武蔵国風土記稿』は周囲を塁濠とみられる遺構が廻る様子を記す。現況では確認できないものの、周辺の発掘調査で溝等の遺構が検出された。寺の北約四〇〇mを東西方向に走る溝は最大幅約四m、深さ約二・二mで、全長約二九〇mに及ぶ。また、寺の東約六〇〇mには、最大幅約三・一m、深さ約一・三mの薬研堀状の溝が、南北方向に約六六〇

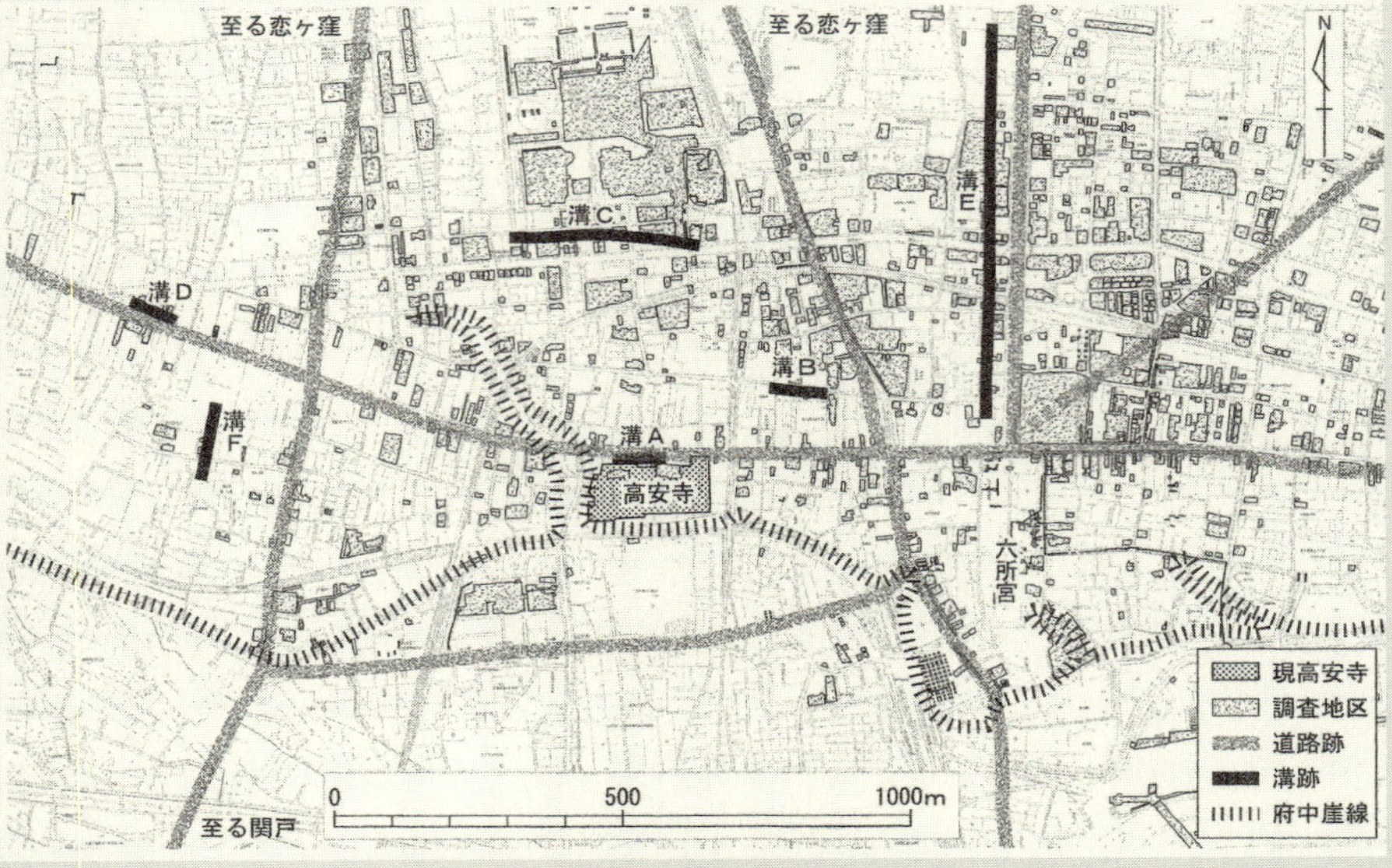

高安寺城周辺の遺構図（『東京都の中世城館』（戎光祥出版、2013年）より）

mにわたって検出された。いずれも高安寺からやや離れているが、南側の急崖と西側に入り込んだ谷とともに、寺を囲繞するような位置関係である。

◉扇谷上杉氏の城郭

関東管領上杉氏の有力庶家で、領国の相模国から戦乱を通じて南武蔵へと進出した扇谷《おうぎがやつ》上杉氏関連の城郭を取り上げる。ただし、扇谷上杉氏との関連については、伝承や推定の域を出ないものも含まれる。享徳の乱（一四五四〜八二年）で、扇谷上杉氏は宗家で関東管領の山内《やまのうち》上杉氏とともに古河公方足利成氏《しげうじ》と戦い、その最中に山内上杉氏家中で起きた長尾景春の乱（一四七六〜八〇年）でも、家宰太田道灌の活躍によって勢力を拡大した。扇谷上杉氏の居館は相模国の糟屋（神奈川県伊勢原市）にあったが、その過程で河越城（埼玉県川越市）（→『埼玉の史跡』二七一頁）を築いて居城としている。しかし、扇谷上杉定正は道灌を謀殺し、さらに長享の乱（一四八七〜一五〇五年）で上野国を地盤とする山内上杉氏と武蔵国内で激しく争い、伊勢宗瑞（北条早雲）の台頭を許した。天文十五年（一五四六）、扇谷上杉朝定は古河公方足利晴氏や山内上杉憲政と連合し、小田原北条氏に奪われた河越城を包囲するが、北条氏康に大敗して朝定は戦死し、扇谷上杉氏は滅亡した。

〈09〉深大寺城跡　国史跡（調布市深大寺元町二丁目）

都立神代植物公園の南端の、南東に突き出た台地上にあって、南側の台地縁辺は比高が約一五ｍある。その先は野川が東へと流れ、多摩川方面を警戒するには絶好の場所であった。支谷が入り込んでいる北側には奈良時代創建の古刹**深大寺**（天台宗）があり、東側は水生植物園となっているように、支谷からの湧水による湿地帯という要害の地であった。

扇谷《おうぎがやつ》上杉朝興は北条氏綱に江戸城を奪われ、天文六年（一五三七）に河越城（埼玉県川越市）（↓『埼玉の史跡』二七一頁）で病没した。家督を継いだ朝定は父朝興の遺言に従い、直ちに松山城（同吉見町）（↓『埼玉の史跡』二一四頁）の難波田弾正（憲重）に命じて「神太寺ノ古キ要害」を再興させ、退勢の挽回をはかった（『北条九代後記』）。「古キ要害」の築城時期は不明だが、長尾景春の乱（一四七六～八〇年）や長享の乱（一四八七～一五〇五年）の頃に求めることができるだろう。しかし、朝定は氏綱に河越城も奪われ、松山城への撤退を余儀なくされた。河越城の喪失で深大寺城の戦略的価値は失われ、北条氏が深大寺城を使用した記録もなく、発掘調査の結果もそれを裏付ける。

深大寺城・主郭と二の郭の間の土塁と空堀・二の郭の建物跡の柱列

深大寺城跡縄張図（『東京都の中世城館』（同前））

深大寺城・主郭の小口

深大寺城・二の郭の建物跡の柱列

舌状台地を複数の堀切で遮断して、郭（曲輪）を直線的に配置した縄張である。先端部の本郭は周囲を土塁が廻り、東に腰郭を配している。二の郭は本郭の北側から西側にあって、間を空堀で隔てる。本郭の北西隅は櫓台状に大きく張り出していて、小口（虎口）や空堀に対する横矢掛りをなす。二の郭はテニスコートの造成で一部が失われ、三の郭は開発によって遺構は現存しない。発掘調査では、二の郭で複数の掘立柱建物跡が検出され、そのうち二棟の柱列が示されている。深大寺城は主要部の遺構が保存され、古刹深大寺や水生植物園の湿地帯とともに歴史的景観をとどめる。また、築城時期や築城者も明らかで、扇谷上杉氏の築城技術を伝える貴重な城郭である。

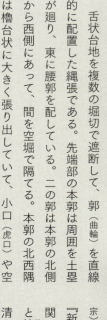

〈10〉小山田城跡（町田市下小山田町大久保・岡村他）

鎌倉幕府の御家人で秩父平氏の小山田有重が築城したと伝わるが、麓の**大泉寺**（曹洞宗）が有重の居館跡と伝わることによる付会であろう。『新編武蔵国風土記稿』は寺の由緒を載せるが、城に関してはなにも記していない。有重の子の稲毛重成と榛谷《はんがや》重朝は、畠山重忠の乱（一二〇五年）に関連して粛清された。『太平記』などに南朝方の小山田高家の名がみえるが、有重や城との関係は未詳である。また、「上杉系図」に小山田上杉氏を名乗る一族がいて、長尾景春の乱で景春方に打ち破られた扇谷《おうぎがやつ》上杉氏の拠点「小山田」を当城とする説もあるが、東方約一・五kmにある**小野路城**である可能性も指摘されている〈↓本書五〇頁〉。

寺の背後の丘が城跡で空堀や土塁が残るが、立ち入りには寺の許可が必要である。最高所は櫓台状になっていて、比高は約三〇mある。東西に二つの郭が残り、櫓台下の羅漢像が並ぶ西の郭が本郭であったと思われる。単純な縄張や郭の造成が

水生植物園から深大寺城

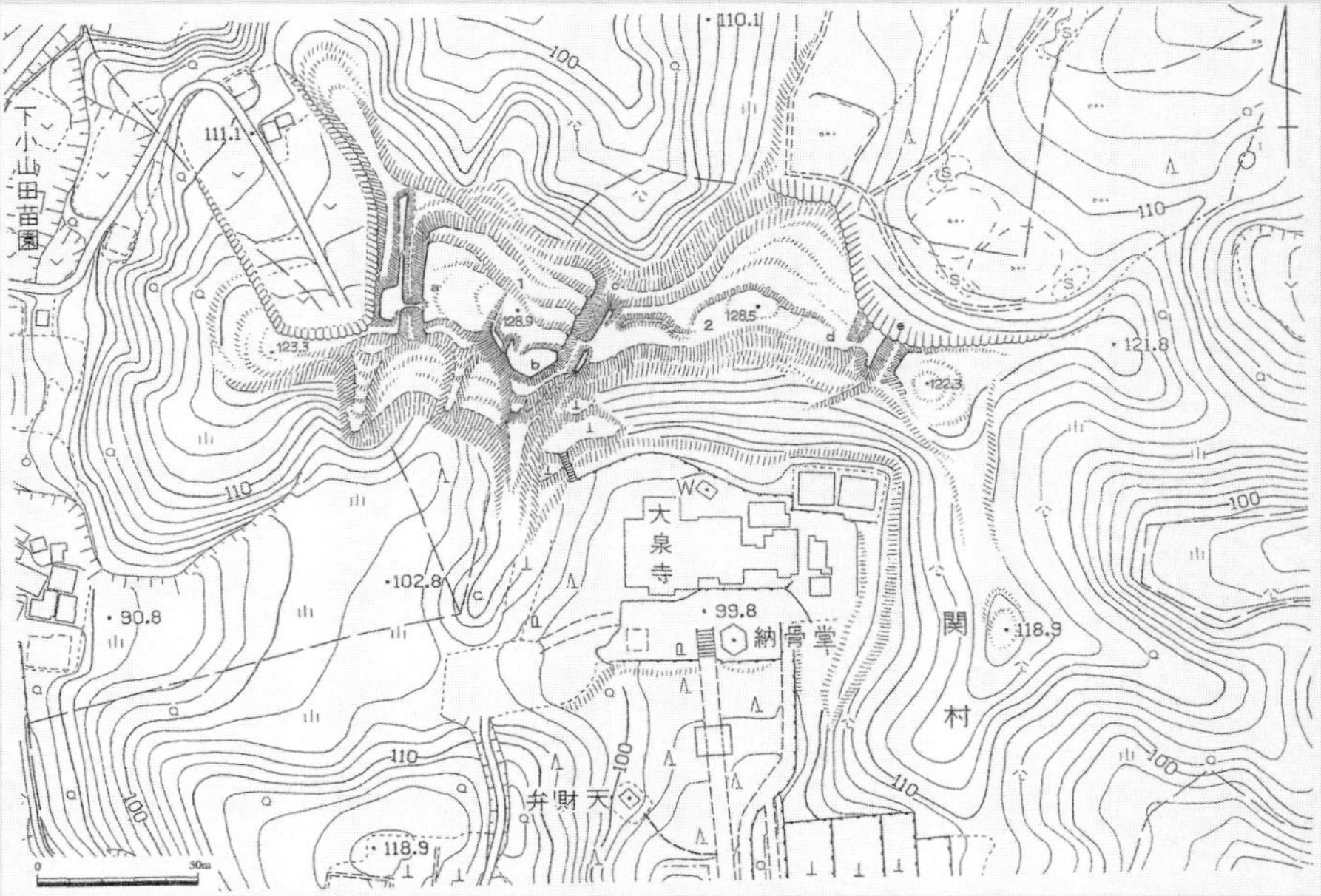

小山田城・縄張図(『東京都の中世城館』(同前))

不十分であることから、陣城など臨時的に構築された可能性がある。ただ、東西の郭の両端の小口は馬出とみられる構造を残す。小山田城が長尾景春の乱における扇谷上杉方の城であるならば、関東地方最古の馬出の可能性が指摘される。

〈11〉小野路城跡（町田市小野路町字城山）

図師小野路歴史環境保全地域の一角にあり、丘陵上に土塁や空堀・郭等の遺構を良好に残す。小山田氏が小山田城の支城として築いたというが、具体的な史料を欠く上に『新編武蔵国風土記稿』にも記述がなく、来歴は明らかでない。中世の小野路には鎌倉街道の宿があり、交通の要衝を押さえるために築かれたのであろう。城は丘陵上の三つの郭を中心に、その周囲に自然地形を残した外郭を配する。横矢掛りや枡形・馬出などの技巧的な構造もみられず、全体的に古い形態の山城である。縄張や地理的条件から、「太田道灌状」が伝える扇谷上杉氏の拠点「小山田」が当城である可能性がある。

◉大石氏・長井氏の城

大石氏は信濃国佐久郡大石郷（長野県佐久穂町）を名字の地とし、関東管領山内《やまのうち》上杉氏に仕えて宿老となり、武蔵守護代を務めて多摩郡を中心に勢力を張った。小田原北条氏が武蔵国を制圧する過程でこれに従い、大石定久（あるいはその子綱周）は北条氏康の三男氏照を娘婿に迎えて家督を譲った（↓本書一〇〇頁）。一方、長井氏は鎌倉幕府の宿老大江広元の次男時広を祖とし、出羽国置賜郡長井荘（山形県長井市）を本領とした。和田合戦（一二一三年）で広元が和田方の横山党の本拠横山荘（八王子市）を賜り、この地を継承した子孫が扇谷《おうぎがやつ》上杉氏に仕えたが、次第に大石氏に押されて衰微した。

〈12〉二宮城跡　都旧跡（あきる野市二宮・小川）

秋留《あきる》台地の東端部に鎮座する**二宮神社**（二宮二二五二）の辺りに大石氏が城館（二宮城）を構えたとされ、「二宮神社並びに城跡」として都旧跡に指定されているが、比定地は検討を要する。昭和五十八年（一九八三）の発掘調査で、神社東側の段丘上の「御屋敷」と呼ばれる場所から十四世紀の居館跡が発見された。長尾景春の乱で大石氏は景春方につき、「太田道灌状」は文明十年（一四七八）、景春方の軍勢が大石駿河守（憲仲）の二宮城に布陣し、小机城（横浜市港北区）の後詰をしたが、小机城落城後に太田道灌の勧告により駿河守が降伏したことを記す。その後、大石氏はここから南に約二kmの高月城に移り、さらに滝山城を築いたとされるが、二宮城と高月城は同じだとする見方もある

〈13〉高月城跡（八王子市高月町）

多摩川との合流点近くで大きく曲流する秋川に向け、加住北丘陵が北に細長く突出した先端部に築かれた山城で、東・北・西の三方向の眺望に優れる。西側は秋川が浸食した断崖、東側も急斜面で、南側は大きくくびれた痩せ尾根が丘陵主脈に続く要害の地で、城の東を通る街道の秋川渡河点を押さえる位置にあった。近世の地誌類は高月城を大石氏の城と記すが、その歴史は詳らかではない。聖護院門跡道興准后が文明十八年（一四八六）に「大石信濃守（定重）といへる武士の館」に招かれ、その様子を「庭前に高閣あり、矢倉などを相かねて侍りけるにや、遠景すぐれて」（『廻国雑記』）などと記していて、これが高月城であった可能性がある。

城跡は道路や廃業したホテルにより一部損なわれるが、郭（曲輪）や堀切・土塁などの遺構

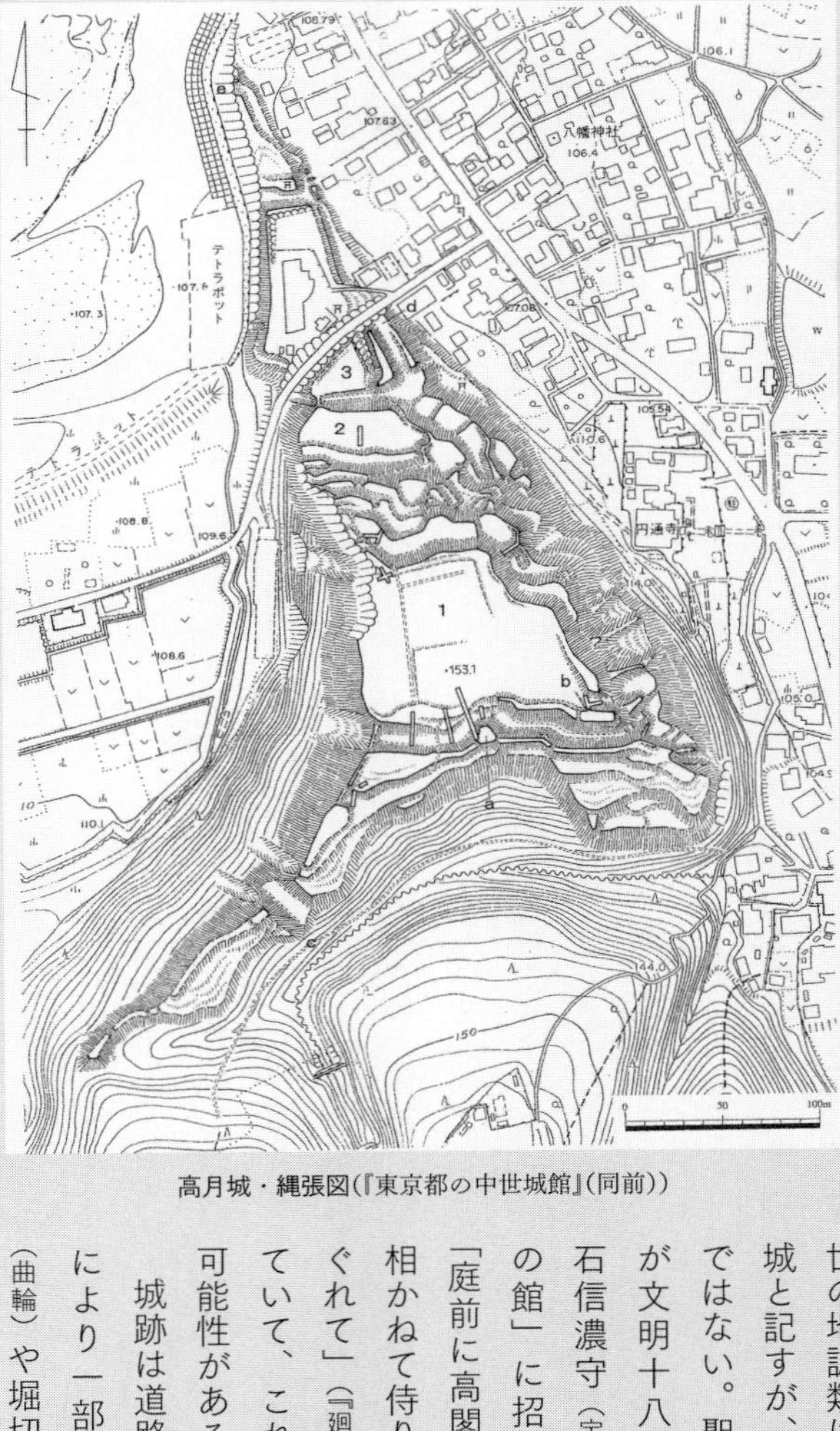

高月城・縄張図（『東京都の中世城館』（同前））

浄福寺城・俯瞰図（『東京都の中世城館』（同前））

が残る。ただ、私有地が多いので見学の際は注意したい。標高約一五三mの最高所にある東西約一三〇m×南北約九〇mの最大規模の郭が本郭で、南側と東側に土塁が断続的に残る。南側には横矢掛りの折れを持った大規模な空堀があって、その先に帯郭群が配され、南西方向に続く瘦せ尾根を大きな堀切で断ち切っている。一方、次第に細くなり下ってゆく北側は小規模な削平地群を複雑に配置し、その先に空堀を挟んで二の郭と三の郭を置く。三の郭の先のホテルの敷地も郭の一部であったようで、北側に堀切を設ける。試掘調査が実施されたが、城の歴史を解明するような遺物は出土していない。

〈14〉由木城跡　本書六一頁参照。

〈15〉浄福寺城跡　市史跡（八王子市下恩方町）

大永五年（一五二五）に大石定久（法名道俊）が中興した**浄福寺**（真言宗）の裏山が城跡で、新《にい》城・案下《あんげ》城・松竹城・千手山城などとも呼ばれる。近世の地誌類は大石氏の居城との伝承を載せるが、異同や矛盾も多い。一般には、大石氏は二宮城（あきる野市）から高月城（八王子市）、滝山城（同）へと移ったとされるが、その過程で浄福寺城を構えて本拠とし、大石氏の地盤を継承した北条氏照も当初はここを居城としたとする説もある。氏照が当初は由井源三を名乗り、永禄十二年（一五六九）の北条氏政・氏照父子の発給文書にみえる「由井之留守居」の文言（野田家文書）などから、武甲国境を守る氏照支配下の「由井城」が存在したととらえ、これを浄福寺城に比定する（ただし、永禄十二年段階の氏照の居城は滝山城である）。この地は南麓の浅川沿いに、武甲両国を結ぶ案下（陣馬）街道が東西に走る。

城は標高約三五六m、比高約一六〇mの山頂付近に本郭を置き、四方に展開する痩せ尾根を堀切と竪堀で遮断して段々状に小郭を配し、本郭の南面や北東部の堡塁状の郭は畝状竪堀を伴う。技巧的な縄張を持った実戦重視の山城である一方、郭はいずれも狭小で居住性に乏しい。さらに、東からの攻撃を想定した縄張であることから大石氏や氏照の居城説を否定し、対豊臣戦に備えた八王子城の搦手筋を守る出城とする見解もある。本格的な山城であり、見学には十分な準備と慎重な行動が必要である。

〈16〉**初沢城跡　都旧跡**（八王子市初沢町・狭間町）

高尾駅の南方約八〇〇mの標高約二九四m、比高約一一五mの小高い山にあり、鎌倉時代に横山党の椚田氏が麓に館を構え、和田合戦（一二一三年）で横山党が滅亡すると、横山荘は大江広元に与えられ、その子孫である長井氏がこの地を領して築城したという。西麓を初沢川が流れ、長井高乗を開基とする**高乗寺**（臨済宗から戦国期に曹洞宗に改宗）があることから高乗寺城ともいう。長享の乱終盤の永正元年（一五〇四）、立河原の合戦に敗れた山内《やまのうち》上杉顕定は、実家の越後上杉氏の援軍を得て反攻に転じ、扇谷《おうぎがやつ》上杉氏方の「椚田要害」を攻略した。この「椚田」が初沢城とされるが、片倉城を指すとする説もある。天文五年（一五三六）には、滅亡した城主長井一族の三十三回忌法要が行われている。永正七年、伊勢宗瑞（北条早雲）の攻撃に耐え兼ね、椚田城は開城して城主は「由井」に移った（以上は『新八王子市史・資料編二』による）。由井は大石氏の領国であるから、この間は大石氏が城を支配していたと思われる。

山頂部の本郭から南の主尾根に平場と堀切を配しながら二の郭と三の郭を置き、他の三方に延びる尾根上にも堀切や竪堀・腰郭を設ける。城跡はほとんどが雑木林で遺構の状態は良いが、戦時中に山頂部に設置された防空施設や、都水道局の配水施設設置に伴う改変もみられる。北東に細長く延びる尾根の平場や、その

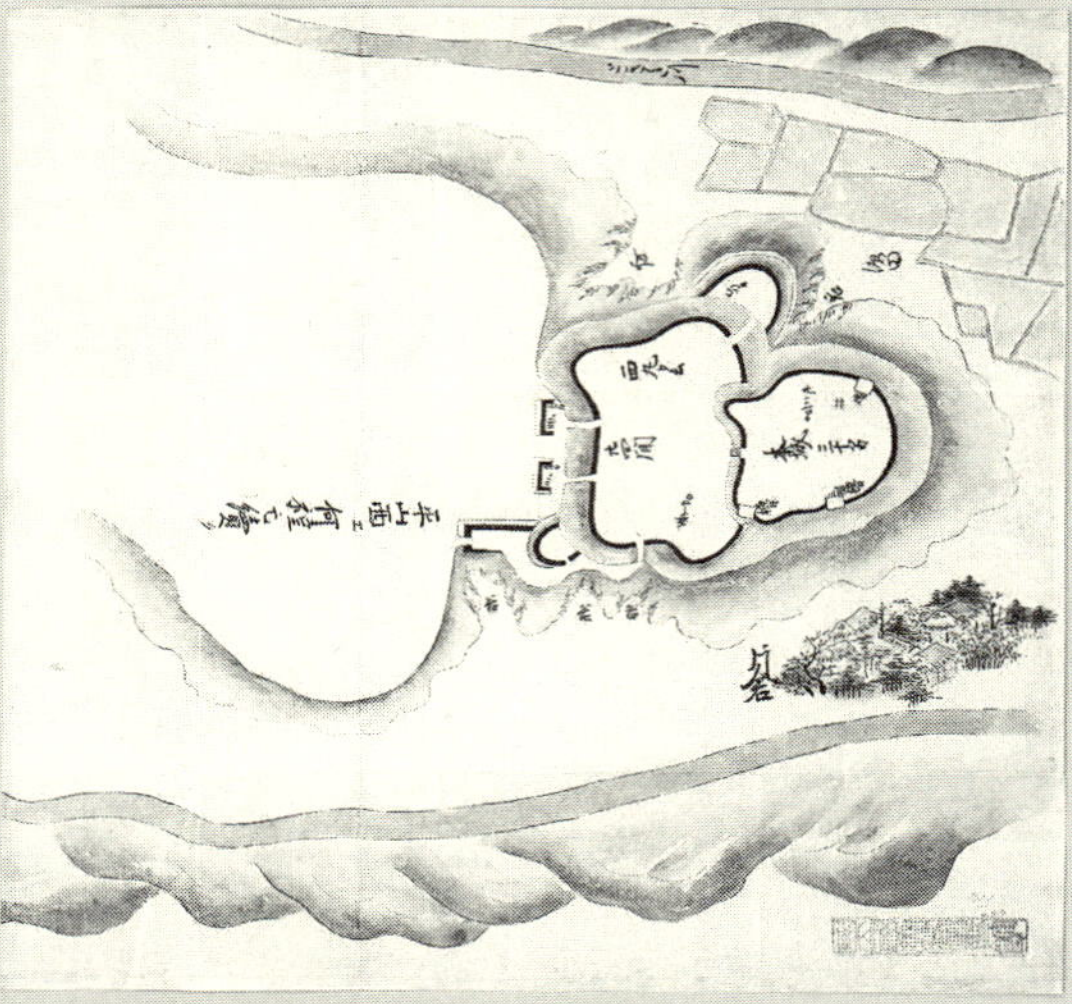

片倉城「日本古城絵図」(国立国会図書館デジタルコレクション)

下の高尾天神社の境内も郭だった可能性がある。

〈17〉片倉城跡　都史跡（八王子市片倉町）

小比企丘陵南東部の舌状台地にあって、周辺との比高は三〇ｍほどである。北は湯殿川、南はその支流兵衛川が流れ、台地続きの西側以外はかつて低湿地帯であった。現在は片倉城跡公園となり、主要な遺構が良好な状態で残る。『新編武蔵国風土記稿』は応永年間（一三九四～一四二八）頃に大江（長井）氏が築城したと伝え、本郭の北に鎮座する**住吉神社**には同族毛利氏の家紋と同じ一文字三星が見られる。来歴には不明な点が多いが、長井氏から大石氏の持ち城に移り、小田原北条氏の時代に大改修されたと推測される。

本郭の規模は約五〇ｍ四方で、西の二の郭とは折れを持った幅約二〇ｍの空堀と土塁で隔てられ、本郭の土塁の北端は櫓台状をなす。本郭と二の郭の間には木橋が架けられているが、「日本古城絵図」（国立国会図書館蔵）にも橋が描かれる。二の郭は西側を幅約二〇ｍの空堀で台地から遮断し、南側の小口（虎口）には横矢掛りや角馬出らしき構造がみられる。南西隅には堀で囲まれた堡塁があって、「古城絵図」はその先に小口を描く。小口を突破した敵兵は堡塁の外周を回り込み、二の郭の南の小口へと進む構造である。また、二の郭の西側正面には二ヵ所の土橋と角馬出も描かれていて、技巧的な縄張が読み取れる。

●北条氏照の城

北条氏照（一五四二？～九〇年）は小田原北条氏三代氏康の三男で、多摩郡を中心に勢力を有した大石定久（ま

滝山城・縄張図（『東京都の中世城館』（同前））

たは定久の子綱周）の婿養子となり、家督を継いだ。氏照は滝山城（のち八王子城）を拠点に、弟で鉢形城（埼玉県寄居町）（↓『埼玉の史跡』一六八頁）主の氏邦とともに四代当主である兄氏政の領国支配を助け、豊臣秀吉の小田原攻めでは小田原城に籠城し、開城後に氏政とともに切腹した。

〈18〉滝山城跡　国史跡（八王子市高月町・加住町一丁目・丹木町一～三丁目）

※本文中の番号は縄張図の番号に対応する。

都立滝山公園として遺構が良好に保存され、雄大な縄張や枡形小口（虎口）・馬出・横矢掛りなどを駆使した高度な築城技術から、戦国期城郭の代表例として「日本の名城一〇〇選」に選ばれる。従来は大永元年（一五二一）に大石定重が築城して高月城から移り、以後大石氏や北条氏照が居城としたとされてきた。しかし、永禄四年（一五六一）に上杉謙信の軍勢が付近を通過しながら合戦が起きていないことなどから、近年では永禄六～十年頃の築城説が有力である。滝山城は小田原と上野方面を結ぶ街道を押さえ、鉢形城とともに上杉謙信や武田信玄の侵攻を阻む役割を果たした。永禄十二年（一五六九）、信玄が碓氷峠を越えて侵攻した際には、外郭部のほとんどを奪われながらも撃退したという。

城は北に多摩川が流れる加住丘陵上に築かれて北方の眺望に優れ、川からの比高差は七〇m以上あって急崖で守られる。東西約九〇〇m×南北約一〇〇〇mに及ぶ広大な城域に、大小の郭(曲輪)や腰郭群を複雑に配置している。郭には雄大な横堀(空堀)を廻らし、小口には枡形や角馬出を多用して横矢をかける。本郭(1)から「伝中の丸」(2)へは二折れの枡形小口が設けられ、発掘調査で一部が暗渠になった排水溝を伴う石敷きの通路が出土した。木橋はかつて曳橋で、空堀ももっと深かった。「伝二の丸」(3)は三方向に枡形小口と馬出を備え、東へ延びる尾根筋には「信濃屋敷」(4)・「刑部屋敷」(5)・「カゾノ屋敷」(6)などと伝承される郭群が続く。「伝二の丸」の南西方向には、「千畳敷」(9)・「三の丸」(11)と伝わる郭群に沿って屈曲する通路が続いていて、これが大手筋である。「伝三の丸」と大手口を挟んで向き合う「伝小宮

滝山城・多摩川方面遠景

滝山城・主郭と伝中の丸の間の曳橋

滝山城・本郭の枡形小口

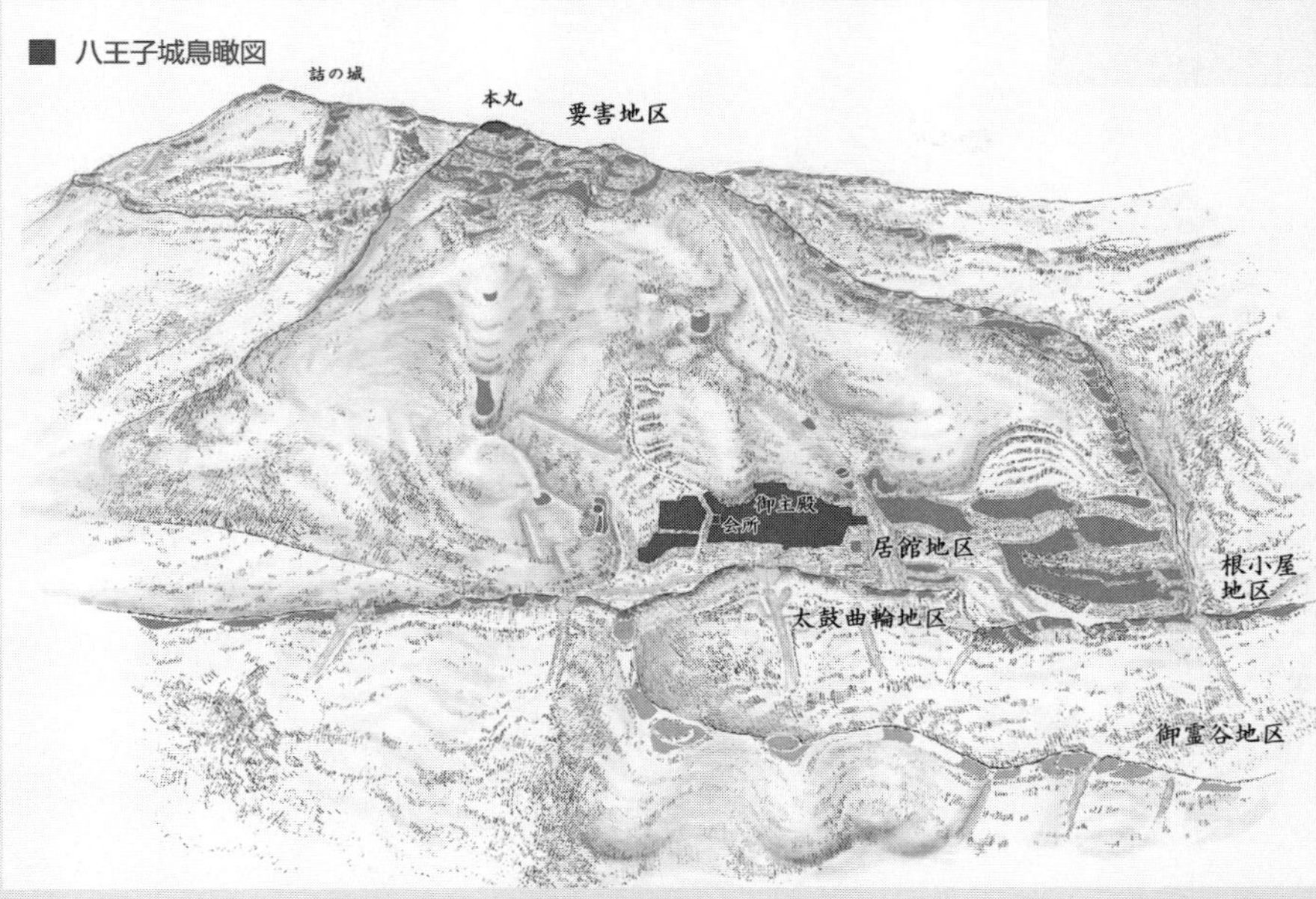

八王子城跡鳥瞰図（八王子城跡オフィシャルガイドの会HPより）

郭」（12）の北にも、城の中心部とは谷で隔てられた尾根上に郭群が連なり、長大な横堀によって守られる。その北端にある「伝山の神郭」（17）は他の郭に比べて簡素な造成で、領民たちの避難場所とも考えられる。これら東西の郭群が大手口に向けてV字型に突き出るように配され、城の中心部を防禦している。天正十年（一五八二）と推定される氏照書状（間宮邦一氏所蔵文書）は、重臣の大石・横地・間宮氏らに大規模な普請を命じていて、以上の高度な縄張はその結果であろう。

〈19〉八王子城跡　国史跡（八王子市元八王子町三丁目・下恩方町・西寺方町）

急峻な城山《しろやま》（深沢山）（標高約四四五ｍ）からその東麓にかけて築かれた巨大な山城で、小田原北条氏の築城技術の最終段階を示す城郭として「日本の名城一〇〇選」に選定される。山頂周辺からは武蔵野台地が一望でき、冬の晴れた日には東京スカイツリーや筑波山、湘南方面まで遠望できる。山麓にあった城主**北条氏照の居館跡**は史跡公園として整備され、近くには八王子城跡ガイダンス施設が開館した。

滝山城主であった北条氏照が新たな居城として

八王子城跡・曳橋と桝形小口

八王子城跡・曳橋と桝形小口遠望

八王子城跡・枡形小口と曳橋

築いた八王子城だが、築城時期ははっきりしない。天正六年（一五七八）に氏照が「八王寺（子）御根小屋」であることを理由に、高尾山での竹木伐採を厳禁しており（薬王院文書）、この時期には何らかの軍事施設があったようだ。ただ、違反者は滝山に連行するよう指示している。同九年には「八王子番」の語がみえ（並木文書）、同十五年の狩野宗円書状は氏照が小田原滞在中で、「拙者（宗円）八王子ニ令留守居候」と記す（同見文書、年代はいずれも推定）。これ以降、八王子の地名が頻出するようになる。天正十八年の豊臣秀吉による小田原攻めでは、氏照は主力を率いて小田原城に籠城しており、八王子城は横地監物・狩野宗円・中山勘解由らの家臣が守っていた。前田利家・上杉景勝率いる大軍の攻撃によって半日ほどで落城したが、城兵らも奮戦して北条氏の支城の中で屈指の激戦となった。この時、八王子城は未完成であったと思われるが、徳川家康の関東入部で廃城となった。

東西約一・六km×南北約一kmないしそれ以上に及ぶ

広大な城域は、要害地区・居館地区・根小屋地区・太鼓郭地区・御霊谷《ごれいや》地区に大別される。山岳地帯にある要害地区は本郭を中心とした郭群と、その西方の「伝大天守」からなる。「伝大天守」は石積による堡塁で、西側に巨大な堀切を設け、南北両翼に約三〇〇mにわたり石積を用いた防禦ラインが延びる。従来は詰の城と考えられてきたが、要害地区背後の防禦が目的のようである。一方、要害地区から居館地区へと下る東の尾根上には、小規模な郭が連続して配置され、要害地区の前衛をなすとともに、居館地区の背後を防禦する。比高は約二二〇mあり、登城にはハイキング程度の準備が必要である。

居館地区は氏照の居所であった御主殿を中心とした城の中枢部で、南側は城山川が流れる急崖になっている。御主殿跡からは発掘調査によって二棟の大型礎石建物跡や枯山水と思われる庭園跡などとともに、舶載や国産の陶磁器を中心とした膨大な遺物が出土した。その中には、落城時に火災を受けたヴェネツィア製のガラス片三十七点が含まれる。御主殿の入口には曳橋や冠木門、堅固な石積を用いた枡形小口が再現された。根小屋地区は居館地区の東に位置し、家臣の屋敷や寺院があった。**氏照と家臣の墓**（都史跡）があり、八王子城跡バス停のそばにガイダンス施設がある。太鼓郭地区と御霊谷地区は城山川を挟んだ対岸の外郭部である。城山川には落城の際、女性や子どもらが御主殿から崖下の滝に身を投じて自害し、その血で三日三晩赤く染まったという悲話が伝わる。

〈20〉小田野城跡　国史跡（八王子市西寺方町・下恩方町）

八王子城の北約二㎞の丘陵先端部の、北浅川に沿って走る案下（陣馬）街道を北に押さえる場所に位置する。昭和五十四〜五十五年（一九七九〜八〇）の都道建設に伴う発掘調査によって、丘陵の上部はすでに削り取られてしまっていたが、十六世紀後半とみられる遺構が出土した。そのため、都道はトンネル（小田野トンネル）に変更されて、北側の腰郭状遺構や東側の小口状遺構・空堀などが保存され、八王子城の一部として国の史跡に追加指定された。北条氏照の家臣小田野氏の居館跡と伝わるが、八王子城の出城の可能性も指摘される。

〈21〉沢山《たくさん》城跡（町田市三輪町）

三輪城とも呼ばれ、七面堂を中心に三つの郭や腰郭・空堀・土塁が残る。沢谷戸自然公園北隣の丘陵上

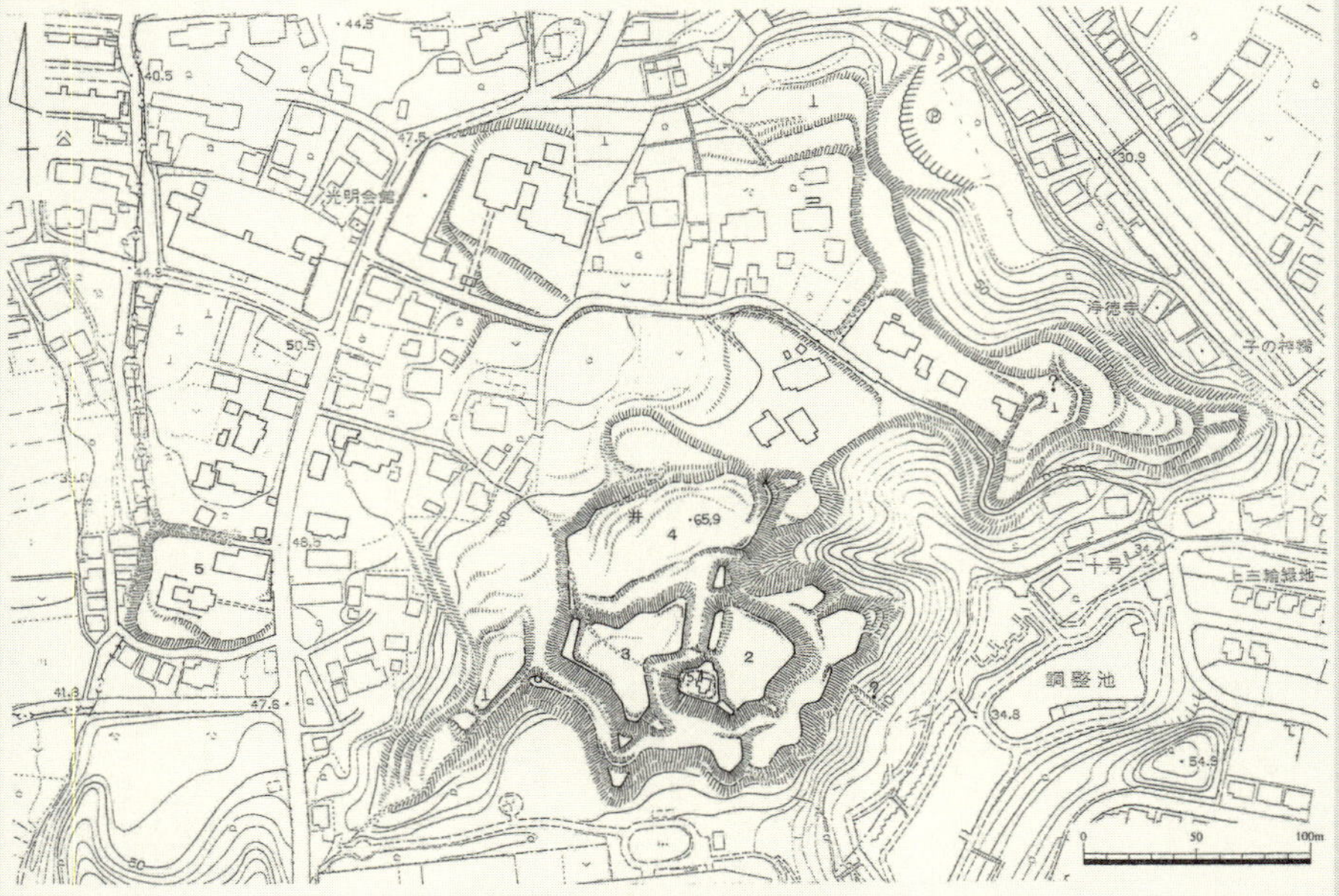

沢山城・縄張図(『東京都の中世城館』(同前))

にあって、北を鶴見川が東流する。東側と西側には小さな谷が入り込み、東側の谷は南側にも回り込んで、南西側が尾根続きになっている。七面堂への信仰を背景に遺構が良好に残されていて、七面堂が建つ櫓台を伴う郭が本郭である。空堀を挟んで二の郭があり、途中で屈曲する空堀に本郭の櫓台がせり出して横矢をかける。尾根筋からこれらの郭を囲む腰郭も、屏風状に屈曲して横矢掛りの防禦ラインを構築する。二の郭の北には崖と横堀の先に三の郭があり、大量の焼米が出土した。さらに、周辺でも城郭遺構らしきものが確認されていて、城域はもっと広かった可能性がある。『新編武蔵国風土記稿』は七面堂の項に「古塁のあとなるべし」と記すが、城の来歴には触れていない。技巧的な築城技術などから、小田原北条氏関連の城であったと考えられている。見学時は私有地で信仰の場でもあることに留意したい。

◉三田氏及びあきる野・青梅地域の城

三田氏は平将門の後裔を称したが、その系譜は詳らかではない。杣保《そまのほ》を本拠に山の用益で力を蓄え、三田谷（青梅地域）の有力国衆（在地領主）に成長した。「杣」は木材供給地、「保」は「荘」などと同じく所領単位を意味する。室町時代の三田氏は関東管領山内《やまのうち》上杉氏の被官となり、**勝沼城**（青梅市）を本拠に隣接する入間郡など現在の埼玉県南西部にも勢力を広げた。また、連歌師宗長と交流するなど文化人の一面もみせている。

小田原北条氏が台頭するとその傘下に入ったが、永禄三年（一五六〇）末から翌四年の上杉謙信の関東侵攻で、かつて山内上杉氏の配下であった関東の諸将とともに謙信に従い、小田原城の包囲に加わった。謙信方の関東の武将たちの名と旗印を列挙した「関東幕注文」には、三田弾正少弼（綱秀）を筆頭に三田谷や入間郡の武士の名が「勝沼衆」として記される。しかし、謙信帰国後は北条氏の反攻が始まり、三田氏は本拠を勝沼城から西の**辛垣《からかい》城**に移して抵抗したが、辛垣城の落城とともに滅亡した。三田谷は滝山城の北条氏照の支配下に入ったが、生き残った一族もいたようで、その後も氏照配下に三田氏の名がみえる〈↓本書九六頁〉。

〈22〉**勝沼城跡　都史跡**（青梅市東青梅六丁目）

多摩川の支流霞川上流部の丘陵東端に築かれ、本郭の標高は約二一五m、比高は約三〇mでそれほど高くはないが眺望に優れる。南方は霞川が前衛をなし、北方の谷戸は湿地（現在は吹上しょうぶ公園など）という要害の地である。墓地の造成などで地形が一部改変されたが、勝沼城跡歴史環境保全地域に指定され、郭（曲輪）や空堀・土塁・小口（虎口）などの遺構が良好に保全されている。

築城時期は未詳だが、十五世紀初頭には三田氏は「勝沼殿」などと呼ばれているので、それ以前のことと推測される。永正六年（一五〇九）には関東を訪れた連歌師宗長が勝沼城に滞在し、城主の三田氏宗・政定父子と連歌会を催している（『東路のつと』）。小田原北条氏が進出するとその傘下に入り、『小田原衆所領役帳』には「他国衆」として三田弾正少弼（綱秀）の名がみえる。五〇〇貫文余の所領が計上されるが、いずれも相模国西郡や武蔵国高麗郡などであり、有力国衆として三田谷に独自の勢力を保持していた。

本郭を中央に三つの郭を東西に弓形に並べ、城全体を横堀で包み込む縄張で、外側には腰郭や段築を配置し、要所には竪堀を設けて守りを固めている。西の郭の先は二重の堀切で丘陵に続く尾根を遮断する。横矢掛りなど発達した築城技術や土木量から、北条氏による改修を指摘する研究者も多い。『新編武蔵国風土記

勝沼城・推定復元俯瞰図(『東京都の中世城館』(同前))

勝沼城跡縄張図(『東京都の中世城館』(同前))

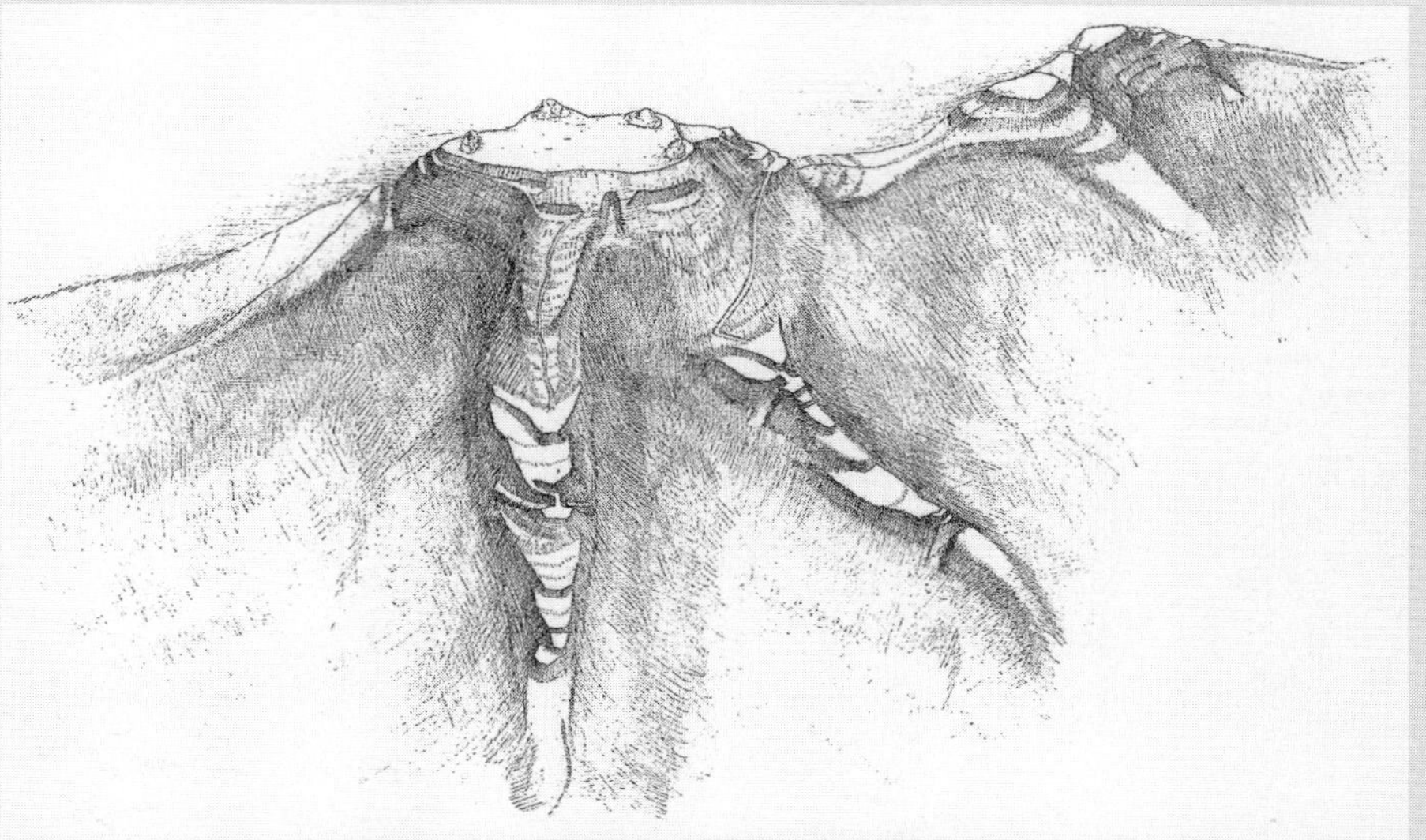

辛垣城・推定復元俯瞰図(『東京都の中世城館』(同前))

稿』は三田氏滅亡後、三田氏傘下であった師岡山城守が北条氏照に仕えて在城し、城名も師岡城と改められたとしながらも、「いまだ詳らかなることをしらず」と記す。

〈23〉辛垣《からかい》城跡　市史跡（青梅市二俣尾四丁目・成木八丁目）

雷電山（標高約四九四m）から南東に延びる雷電尾根上の一頂部に築かれた山城で、本郭の標高は約四五八m、南麓の二俣尾集落との比高は約二二〇mに及ぶ。上杉謙信の帰国後、小田原北条氏の反攻に備え、勝沼城の三田綱秀が新たな防衛拠点として築城した。地元の伝承では北条氏照の軍勢が永禄六年（一五六三）に攻め寄せ、内応者が城に火を放ったために落城したという。しかし、同四年と推定される九月十一日付北条氏政書状写（「士林證文」二）には「唐貝山責落、則当地高坂（比企郡）へ寄陣」とあり、年代比定が正しければ落城は謙信帰国後間もなくのことになる。山麓の軍畑の地名は、この時の戦いに由来するという。

頂部の本郭は東西四〇m×南北七〇mほどで、東西約四〇〇m×南北約三〇〇mの範囲に小規模な郭や堀切・竪堀らしき遺構が一部残る。しかし、周辺は近世以降の石灰採掘によって地形が大きく変わっていて、城郭遺構かどうかの見分けが難しい。単独で籠城戦を行うのではなく、雷電山から枡形山城・物見櫓などを含んだ山域全体を山岳陣地となし、辛垣城を指揮所兼詰の城として防禦戦を展開することに三田氏の戦略があったと指摘される。JR青梅線二俣尾駅から南西方向の多摩川東岸の河岸段丘上に「**西城**」と伝承される場所がある。現在は農地や宅地となって遺構は確認できないが、「西城」は東の勝沼城に対する呼称であろう。三田氏はここに居館を移し、背後の山岳地帯に辛垣城などの要塞群を築いたものと考えられる。

〈24〉枡形山城跡（青梅市二俣尾四丁目）

辛垣城の南東約七〇〇m、雷電尾根から南に分かれた尾根上に築かれた山城で、来歴は一切不明だが、地理的に辛垣城の支城と考えられる。城の標高は約三八六mで、麓の二俣尾集落との比高は約一五〇mある。山林の中に小規模な郭や空堀・小口が良好に残るが、作業のための山道が縄張に関係なく通っている。最高所の郭が本郭で周囲に土塁はなく、一部に石積が残るが後世のものの可能性がある。本郭の南北に伸びる尾根上にそれぞれ細長い郭を配置し、前後を堀切や竪堀で遮断し、一部は掘り残して土橋としている。城の東西は急斜面に守られ、南の郭の先には平場があり、北の郭の先は一〇〇m以上にわたり痩せ尾根が続く。

〈25〉物見櫓　市史跡（青梅市日向和田一丁目）

JR青梅線日向和田駅の北東、雷電山から続く青梅丘陵ハイキングコースの標高約三八三m地点にある。青梅方面の眺望に優れ、矢倉（櫓）台とも呼ばれる。辛垣城の南東約三kmに位置し、東方からの侵入を見張るには絶好の場所で、『武蔵名勝図会』は「二俣尾の城（辛垣城）より峯続き、三田氏居城のころ、この山に砦を構えて遠見の地なりし」と記す。

〈26〉今井城跡　市史跡（青梅市今井一丁目）

加治丘陵の南端、霞川北岸の低地に臨む舌状台地上に築かれ。雑木林の中に郭や土塁・堀が良好な状態で残る。『武蔵名勝図会』は土豪今井氏の居城と伝えるが、城の来歴は明らかではない。城の南を東西に走る道（山根通り）は、東は入間郡方面に、西は青梅方面の藤橋城や勝沼城に通じる。台地先端部の方形に近い本郭は、東の崖面を除く三方に土塁と横堀を伴う。本郭の西の二の郭は空堀に囲まれ、北側の土橋は土塁状の高まりとなって空堀の外側を廻る。本郭の北の三の郭は東西に細長く、南北両面に土塁があって北西端に土橋を伴う小口を設け、二の郭から横矢がかかる構造になっている。昭和四十二年（一九六七）の発掘調査では、本郭の土塁の中から破壊された板碑や蔵骨器が出土した。板碑の年紀銘から十六世紀前半に小田原北条氏など新たにこの地を制圧した勢力が、旧勢力の墓地や祭祀の場を破壊して城を改修した可能性が指摘される。宅地化に伴う周辺の発掘調査では、外郭らしき遺構が確認されている。

今井城跡・空堀

藤橋城跡・土塁

〈27〉藤橋城跡　市史跡（青梅市藤橋二丁目）

霞川南岸の台地縁辺に築かれ、比高は五ｍほどしかないが、北と西は低湿地で現在も一面の水田である。南西約二・五㎞には三田氏の居城勝沼城があり、今も城跡の東（七日市場）で岩蔵街道と豊岡街道が交差するように、入間郡・高麗郡と三田谷を結ぶ要衝であった。『武蔵名勝図会』は北条氏照の家臣平山越前守の居城と伝えるが、来歴については検討を要する。「関東幕注文」には「勝沼衆」として三田弾正少弼（綱秀）配下に平山氏の名がみえる一方、永禄七年（一五六四）の北条氏照朱印状（和田文書）は三田治部少輔配下に藤橋小三郎の名を記す。

本郭跡は公園になっていて周囲を土塁で囲まれ、北西隅と南西隅は櫓台状に一段高くなっている。とくに北西隅の櫓台は眺望に優れ、北方に笹仁田峠や七国峠方

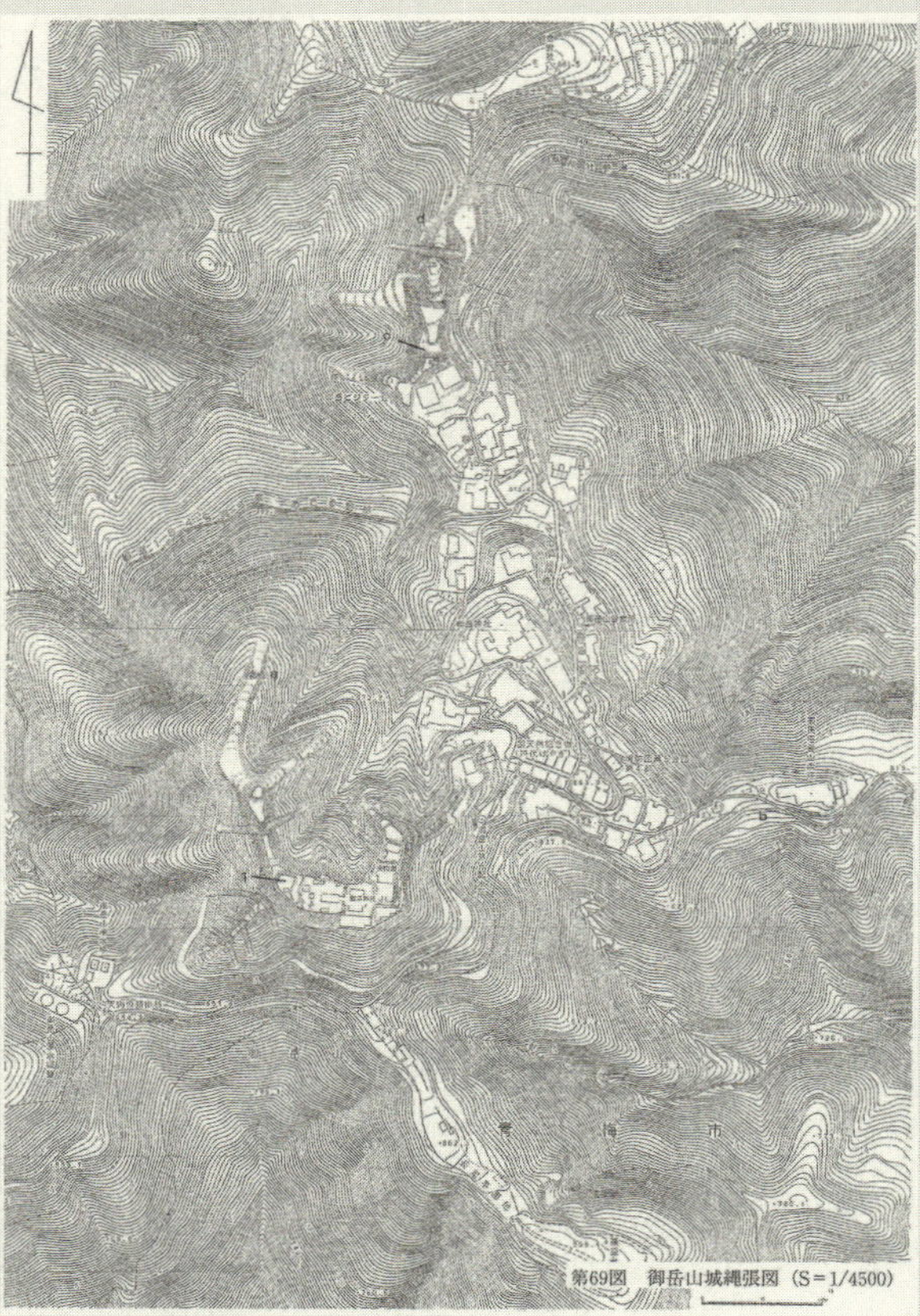

御岳山城・縄張図（『東京都の中世城館』（同前））

面が遠望できる。また、この櫓台は大きく張り出し、横矢をかける構造になっている。本郭の北側から西側にかけて空堀が廻っていて、道路になっている南側から東側にも続いていたとみられる。本郭の南西側は住宅が建つが、斜面下に横堀の痕跡がみられ、ここも郭であった可能性がある。本郭から道路を挟んで北東に突き出た台地も郭（出丸）であったとみられ、これら三つの郭を含んだ城域全体を台地から切り離す外堀が大きく廻っていたことも想定される。

〈28〉**御岳山《みたけさん》城跡**（青梅市御岳山）

御岳山（標高約九三〇m）山頂の**武蔵御嶽神社**を中心に、郭や土塁・堀切・竪堀などの城郭遺構が残る。御嶽神社は古くから関東一円の尊崇を集めた山岳信仰の霊場で、畠山重忠奉納と伝わる**赤糸縅大鎧**（国宝）を所蔵することでも知られる。『新編武蔵国風土記稿』は畠山重忠による築城伝承や、応永年間の上杉禅秀の乱（一四一六〜一七年）で関東管領上杉憲基が陣を張り、社家が軍役を勤めて功績をあげたことなどを記す。重忠の築城伝承は信じ難いが、憲基に関する記述はこの地が武甲国境地帯の要害であり、御嶽神社が軍事力を保持していたことを物語る。永禄十二年（一五六九）比定の北条氏照書状写（齋藤直指氏所蔵文書）によれば、三田氏・藤橋氏以下の青梅地域の武士が「御嶽御番」を勤仕しており、天正八年（一五八〇）比定の北条氏照判物（三田文書）は、野口刑部丞が師岡氏の配下として御嶽山に籠城し、軍功をあげたことを賞する。三田氏宗家は永禄四年ないし六年に滅亡しており、二通の文書に登場するのは三田氏庶流及び旧臣たちであろう。

御岳山は神社を中心に御師の屋敷や宿坊・商店などが参道沿いに建ち並んで山上に集落を形成し、北方の富士峰にケーブルカーの御岳山駅がある。集落から富士峰に向かう途中に堀切と竪堀が残り、社殿背後の北と南西の尾根も堀切と竪堀で遮断される。集落から東に延びる尾根は日の出山（標高約九〇二m）を経て梅郷の集落へと至るハイキングコースだが、ここにも郭と思われるいくつかの平場が続いている。

戸倉城・本郭からの遠景

〈29〉戸倉城跡　**都史跡**（あきる野市西戸倉城山）

小宮城、城山《しろやま》とも呼ばれ、秋川渓谷の入口付近の標高四三四m、比高約二二〇mのピラミッド状の山に築かれ、郭や堀・小口などの遺構が残る。山頂の本郭からは、東方の五日市・拝島方面の展望が良好だが、山頂部は狭く山全体が岩盤質で尾根も痩せていて、居館は東麓の**光厳寺**（臨済宗）（戸倉三二八）付近にあったとされる。北条氏照に家督を譲った大石定久の隠居城とも、武州南一揆の土豪小宮氏の城とも伝えられるが、具体的な来歴は未詳である。

本郭の下に二段の腰郭を挟んで最も広い二の郭があり、さらにその先の西のピークに三の郭がある。三の郭は西方からの攻撃に備えた堡塁状の造りで、北側に長大な竪堀を伴う。二の郭と三の郭の間は痩せ尾根で、鞍部付近に堀切または竪堀らしきものが確認できる。二の郭の北方に長く延びる尾根は緩やかだが、竪堀らしきものが認められる以外、これといった防禦施設は確認できない。西方の守りを意識した縄張といえ、小田原北条氏が武甲国境方面からの武田軍の侵入に備えて築城したものであろうか。

〈30〉檜原城跡　都史跡（檜原村本宿）

本宿城とも。**吉祥寺**（臨済宗）の背後に屹立する標高約四五四m、比高約一八五mの山上に郭や土橋・竪堀などの遺構が残る。『新編武蔵国風土記稿』は平山伊賀守氏重・新左衛門父子が在城したが、天正十八年（一五九〇）に豊臣軍に攻められて落城し、平山父子も自害したという伝承を載せる。同十六年、北条氏照は西戸蔵（倉）郷内の「為男程之者」に、檜原谷を守備する平山右衛門大夫の指揮下に入り、城の加勢と普請にあたるよう命じている（「武州文書」所収多磨郡市之丞所蔵文書）。また、これ以前にも檜原谷が戦場となり、農兵主体の軍勢が敵を撃退したことがうかがえる。

この地は戦国時代、武甲両国を結ぶ古甲州道が通っていた。城は街道を東に見下ろす秋川と南秋川合流点そばの山上にあって、東麓の吉祥寺から九十九折りの道を登っていく。南北に延びる尾根上に小規模な郭や腰郭群を連ね、要所を堀切で遮断したコンパクトな縄張である。最高所の祠のある郭は非常に狭く、その下の解説板が建つ郭を本郭とする見方もある。特徴的なのは東西に落とされた竪堀群で、とくに東の急斜面を蛇行しながら山麓まで達する竪堀は長大である。北麓からの敵の侵攻を想定し、東側斜面への迂回を阻止することを意図した縄張であり、境目の城としての性格がうかがえる。

COLUMN05 橘樹郡の城館

〈01〉枡形城跡（川崎市多摩区枡形六丁目）

標高約八四m、比高約六〇mの枡形山に築かれた山城で、山頂部は東西一三〇m×南北八〇mほどの広さがあり、周囲を断崖に囲まれた要害地形である。枡形山の名前は、この地形からつけられたものであろう。北に多摩川を望む眺望に優れた場所だが、遺構は尾根上に堀切跡らしきものが確認できる程度で、戦時の陣城などとして利用されたようである。

『新編武蔵国風土記稿』は鎌倉幕府の御家人稲毛重成の居城と記すが、北麓にある**広福寺**（真言宗）〈↓本書五三頁〉が重成ゆかりの寺であることによる付会であろう。『松陰私語』によれば、山内《やまのうち》・扇谷《おうぎがやつ》両上杉氏が争った長享の乱（一四八七～一五〇五年）終盤の立河原の合戦（一五〇四年）で、扇谷上杉朝良に味方した伊勢宗瑞（北条早雲）と今川氏親が枡形山に布陣している。また、『新編武蔵国風土記稿』は永禄十二年（一五六九）の武田信玄による関東侵攻に際して、この地の土豪横山弘成が枡形山に土塁を築いて守ったことを記す。

現在は生田緑地公園の一部になっていて、山頂の広場の一角に展望台が建つ。園内には日本民家園や岡本太郎美術館、かわさき宙《そら》と緑の科学館などもあり、行楽地として親しまれている。

〈02〉小沢城跡（川崎市多摩区菅仙谷《すげせんごく》）

多摩丘陵の支脈をなす浅間《せんげん》山と天神山（小沢峰）一帯が城域で、小沢天神山城ともいう。読売ジャイアンツ球場の北東側、神奈川県川崎市多摩区と東京都稲城市の境界上に位置する。城跡は小沢城址特別緑地保全地区となっていて遊歩道が整備され、郭（曲輪）や空堀・土塁・櫓台・井戸跡などの遺構が残る。『新編武蔵国風土記稿』や『江戸名所図会』は鎌倉幕府の御家人稲毛重成やその子小沢小太郎（または小沢次郎重政）との関係を記すが、歴史的には判然としない。史料上の初見は観応の擾乱中の正平七年（一三五二）正月の高麗《こま》経澄軍忠状（町田文書）で、足利基氏方として前年十二月に武蔵府中へ攻め寄せて足利直義方を追い払い、小沢城を焼き払った軍功を記す。

遺構は主に川崎市側に存在し、東の浅間山と西の天神山を結ぶ尾根の南側の緩斜面に郭群を造成し、東西

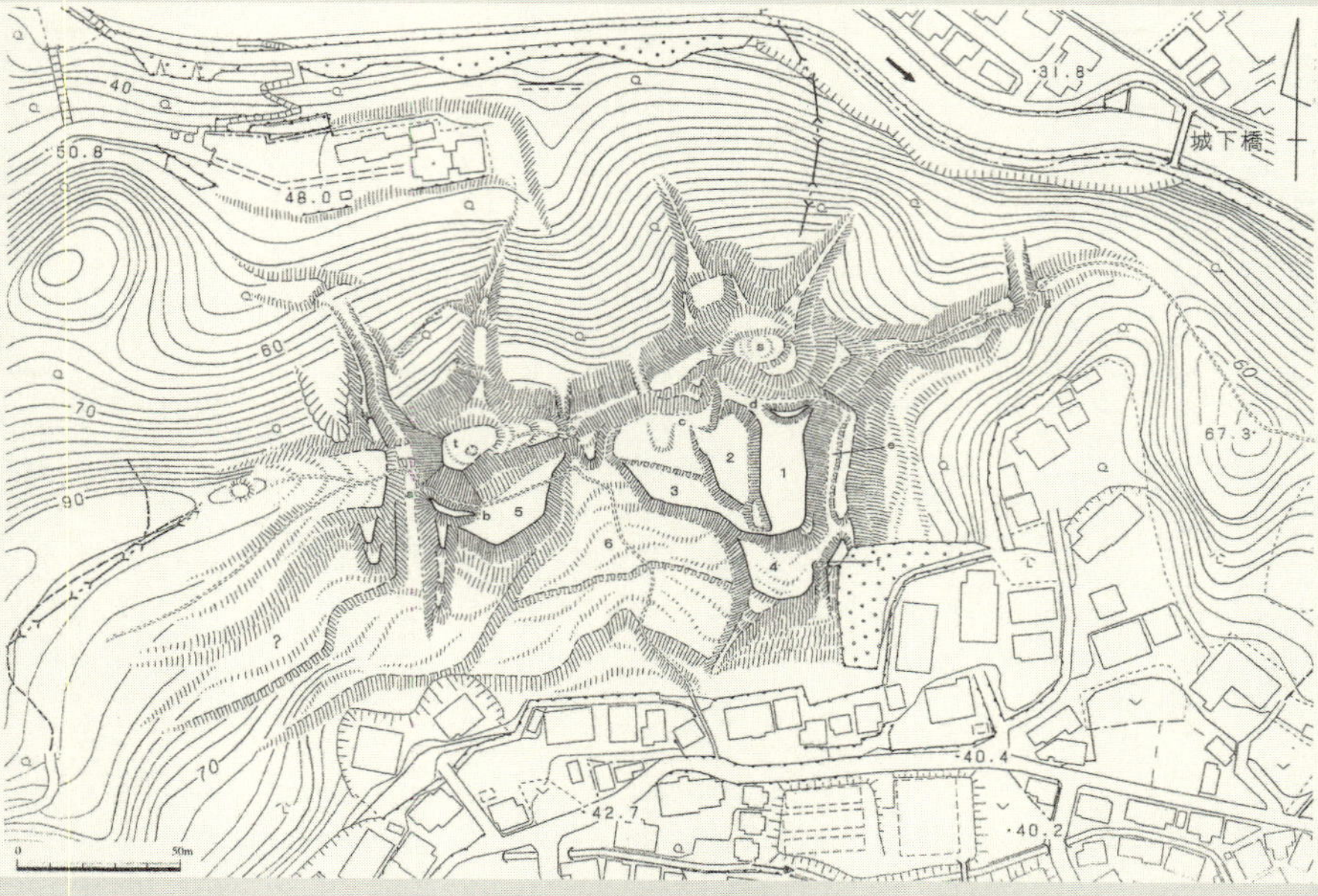

小沢城・縄張図（『東京都の中世城館』（戎光祥出版、2013年）より）

両端に堀切を設ける。西の堀切は大規模なもので、南北の斜面は竪堀となって城域を西の丘陵から遮断している。一方、北の稲城市側は急峻な斜面で、直下に三沢川が流れて天然の堀をなす。二ヵ所の山頂部は物見台として利用したとみられ、多摩川原橋付近にあった**矢野口の渡し**を押さえる要衝であった。軍勢を集結させて合戦に臨む陣城に適した構造で、享禄三年（一五三〇）、河越城から南下した扇谷上杉朝興の軍勢を初陣の北条氏康が破った小沢原合戦で、北条勢が布陣した可能性が指摘される。

〈03〉小机城跡（横浜市港北区小机町）

鶴見川に向けて北に突き出た、比高二五m弱の丘陵先端に立地する。東西は湿地帯に囲まれ、周囲の眺望にも優れた要害の地である。史跡指定されていないが、西側の一部が第三京浜道路の建設で破壊された以外、小机城址市民の森として遺構が良好な状態で保全されている。築城者や築城時期は未詳だが、長尾景春の乱（一四七六〜八〇年）で景春被官の矢野兵庫助が「小机要害」に拠ったものの、文明十年（一四七八）に扇谷《おうぎがやつ》上杉氏の家宰太田道灌に攻められ落城した。この地が小田原北条氏の勢力下にはいると、小机城には笠原信為が城代として配され、信為の死後は北条幻庵の長子三郎（実名未詳）が城主となった。小机城は北条氏の有力支城の一つとして小机領（横浜市域北半と川崎市域にほぼ相当）と小机衆を管轄し、三郎の死後も氏堯（氏綱四男）・氏信（幻庵次男）・氏光（氏堯次男で氏康養子）と北条一門が代々の城主を務めた。豊臣秀吉との軍事的緊張が高まると、北条氏政は関東一円に総動員令を発し、天正十六年（一五八八）には小机領内の十五歳から七十歳までの男子に対し、小机城に出頭して着到を受けるよう命じている（「武州文書」所収橘樹郡林平所蔵文書）。同十八年の小田原合戦での小机城をめぐる戦いの記録はないが、小田原開城とともに廃城となったとみられる。

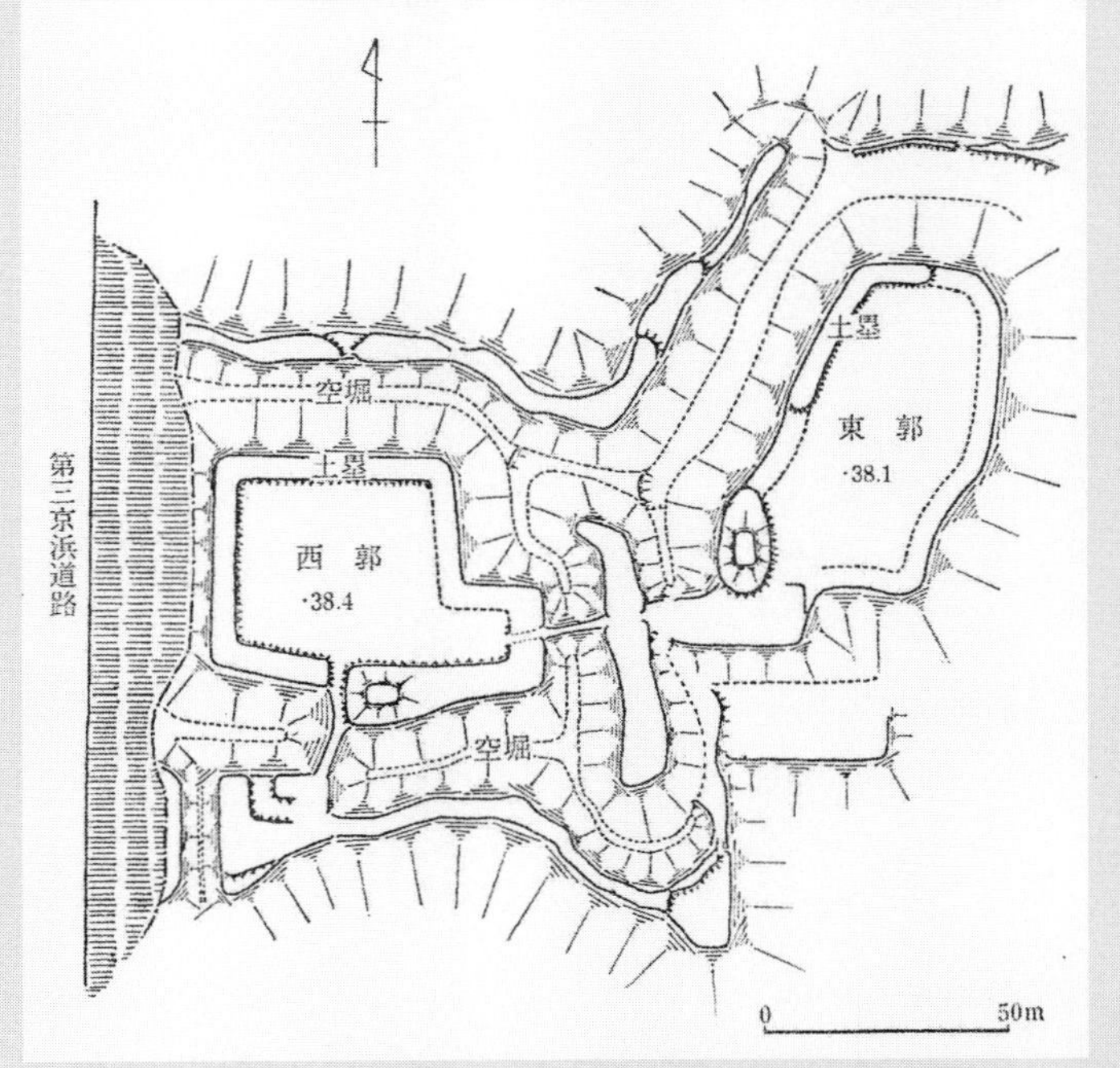

小机城・縄張図（『日本城郭大系6　千葉・神奈川』（新人物往来社、1980年）より）

　現存する城跡は西の郭と東の郭、そして両者をつなぐ南北に細長い帯郭を中心に、巨大な横堀が周囲を取り囲んでいて、横堀の外側に多数の腰郭を伴う。西の郭の周囲と東の郭の一部には土塁が残っている。ほぼ方形に成形された西の郭が本郭と考えられ、東側に突出部があって枡形小口（虎口）をなしている。南側にも櫓台をもった小口があり、その先に角馬出を設ける。令和三年（二〇二一）の発掘調査で、東の郭から掘立建物跡らしい多数の柱穴痕が検出された。

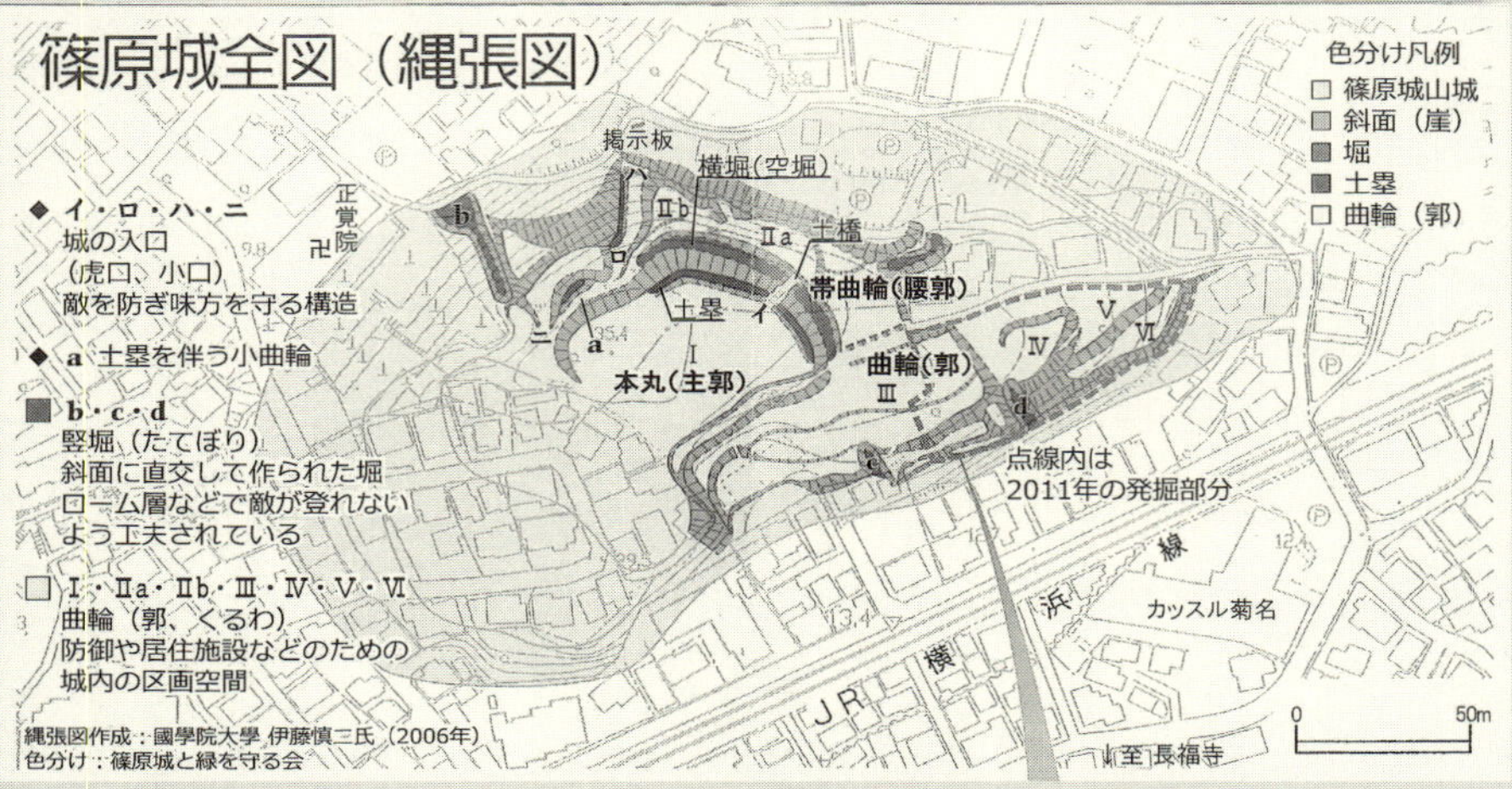

篠原城縄張図（「篠原城──戦国時代の横浜を伝える緑の丘陵」（篠原城と緑を守る会）より）

第三京浜道路下の通路を抜けた先には出丸のような小高い一角があり、「富士仙元大菩薩」の石碑が建つ。城跡には私有地もあるので、見学時は注意したい。

〈04〉**篠原城跡**（横浜市港北区篠原町）

ＪＲ新横浜駅篠原口から地下道をくぐって新幹線ホーム沿いに北東方向に進み、車の入れない細い道を上がっていくと、十分ほどで解説板が建つ城跡の入口に至る。舌状台地の先端に築かれた小規模な丘城で、今世紀になってから城郭研究者によって遺構が奇跡的に残っていることが報告され、注目を集めるようになった。『小田原衆所領役帳』には小机城主「三郎殿（北条幻庵長男・実名未詳）」の所領のうち、「卅五貫文　同（小机）篠原」の代官として金子出雲の名がみえる。篠原城は小机城の東方を監視する役目を担い、金子出雲が在城したことから金子城とも呼ばれる。周辺は宅地化されているが、「篠原城と緑を守る会」により篠原城址緑地の範囲内は遺構が良好に保存され、頂部の本郭を複数の郭や帯郭群が段状に取り巻いていて、本郭は北側から東側にかけて土塁と空堀が残る。城跡はフェンスに囲まれていて普段は立ち入り禁止だが、年に数回程度、守る会により特別公開される。平成二十三年（二〇一二）には宅地造成に伴い、城域の一部が発掘調査され、空堀や建物跡、カワラケなどが出土した。近くにある**長福寺**（真言宗）（篠原町二七五四）には、金子出雲の所持仏と伝わる**薬師如来像**が安置され、胎内から文禄四年（一五九五）の年紀と「名主　金子出雲守　同大炊助」などの名を記した木札が発見された。北条氏滅亡後、金子氏は帰農して篠原村の名主となった。

COLUMN06
都筑郡の城館

〈01〉茅ヶ崎城跡　市史跡（横浜市都筑区茅ヶ崎東二丁目）

地元で城山《じょうやま》と呼ばれる台地の先端部に築かれた丘城で、港北ニュータウン開発に伴う発掘調査を経て茅ヶ崎城址公園として整備された。横浜市域の中世城郭では小机城（港北区）と並んで郭（曲輪）や雄大な逆台形状の箱堀（空堀）・土塁などの遺構が良好に残るが、一部に縄張とは関係なく遊歩道などの施設が設置されたのが惜しまれる。『新編武蔵国風土記稿』は平安末期の武士多田行綱の館跡との伝承を載せるが、史実とは認めがたい。

北は鶴見川の支流早渕川に、南は正覚寺《しょうがくじ》谷に守られた要害の地にあり、東西に並んで三つの郭を置き、中の郭から一段下がって北にも郭を配している。最も高い東の郭が本郭で、眺望がよいことから物見台の役割を果たしたと思われる。中の郭の四囲は空堀と土塁が廻り、西の郭も三方に土塁を残す。中の郭からは発掘調査で倉庫のような複数の建物跡が出土し、礎石の配置が復元されているが、礎石や壁土に被熱痕がみられることから火災に遭ったようである。四つの郭群の北東側に外郭があったようだが、宅地化で失われた。発掘調査から推定される築城時期は十五世紀後半だが、周辺では十四世紀の板碑などが発見されていて、さかのぼる可能性がある。室町時代には関東管領山内《やまのうち》上杉氏が武蔵国守護職と神奈川湊の支配権を有し、家宰の長尾氏がこの地域の支配を委ねられていた。長尾景春の乱（一四七六〜八〇年）では近くの小机城（港北区）が戦場となり、長享の乱（一四八七〜一五〇五年）では山内・扇谷《おうぎがやつ》両上杉氏が南関東を舞台に激しく争い、南武蔵の支配権は山内上杉氏から扇谷上杉氏へと移った。これらの過程で茅ヶ崎城が築城・拡張され、また戦火に遭ったものと考えられる。史料に登場せず謎が多い城だが、十六世紀中頃には小田原北条氏による改修も行われたようである。近くには横浜市歴史博物館があり、茅ヶ崎城や小机城など市内の中世城郭の御城印なども販売している。

〈02〉榎下城跡（横浜市緑区三保町）

鶴見川の支流恩田川の氾濫原に面した舌状台地先端に築かれ、久保城とも呼ばれる。「上杉系図」は宅間上杉憲清に「武州榎下居住」と注記し、その子憲直は『今川記』などに「武州榎下城主」とみえる。憲直は鎌倉公方足利持氏の側近で、永享の乱（一四三八〜三九年）で幕府軍に敗れて称名寺（金沢区）で自害した。小田原北条氏の時代には榎下城は小机城の支城となったようで、『小田原衆所領役帳』は小机城主「三郎殿（北条幻庵長子・実名未詳）」の所領に「小机荏下（榎下）」がみえる。『新編武蔵国風土記稿』は山田右京進が居城したという伝承を載せる。江戸時代初期、城跡に**舊城寺**（真言宗。「舊」は「旧」の旧字体）が創建されたことで郭や土塁などが比較的良好に遺存し、山門内に説明板も設置されている。南北に三つの郭を配した縄張で、弓道場がある中央の一段高い郭（本郭）は一部に土塁が残り、南西隅の櫓台上に「山田右京之進城跡」（緑区遺産）の石碑が建つ。南の郭は舊城寺の境内で、本郭に面する北側以外の三方に土塁が残る。南側の山門脇の土塁は喰い違い状に折れていて、枡形小口（虎口）のようにもみえる。的場の地名を持つ北の郭は私有地で見学できない。城名はバス停「榎下城址裏」としても残る。

茅ヶ崎城跡・公園入口（右が北郭）

茅ヶ崎城跡・中の郭の建物跡と土塁

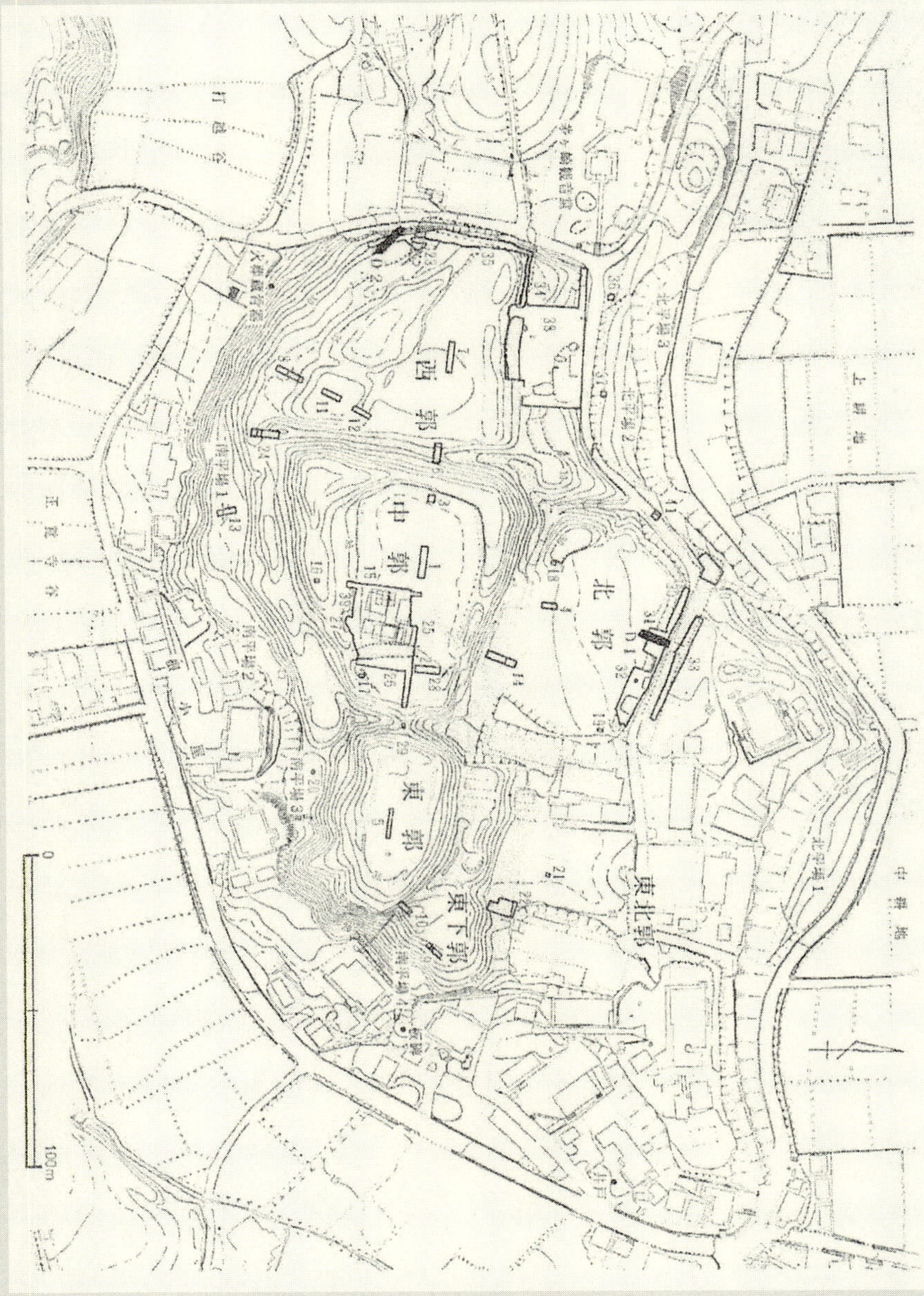

茅ヶ崎城・縄張図（『関東の名城を歩く・南関東編』（吉川弘文館、2011年）より）

COLUMN07 久良岐郡の城館

〈01〉寺尾城跡　市史跡（横浜市鶴見区馬場三丁目）

馬場城とも。入江川に面した「殿山」と通称される舌状台地縁辺部に位置し、十五世紀前半に小田原北条氏の家臣諏訪氏が築城したとされる。かつては三方を川や谷・低湿地に囲まれた要害の地で、殿山バス停から坂道を登った住宅地の一角に「寺尾城址」の碑が建つ。諏訪氏は信濃の諏訪一族の支流とされるが、史料が乏しく不明な点が多い。『小田原衆所領役帳』には江戸衆として「弐百貫文　久良岐郡寺尾　諏訪三河守」の名が見える（寺尾郷は江戸時代に橘樹郡に編入）。『北条記』によれば、永禄十二年（一五六九）の武田信玄による小田原攻めの時、城主諏訪右馬之助は小田原城に詰めていて、武田勢は城主不在の寺尾城などを焼かずに通過したという。また、諏訪氏の菩提寺である**建功**《けんごう》**寺**《じ》（曹洞宗）（馬場一―一）には諏訪氏代々の過去帳が伝わり、天正三年（一五七五）に寺尾城が落城したことを記す。発掘調査で空堀と土塁が確認され、昭和四十八年（一九七三）には空堀から瀬戸灰釉壺に入った約二千枚の中国銭が出土した。鶴見区唯一の戦国遺構として一部が殿山公園として残され、解説板も設置された。公園内に残る空堀は上幅約五m、深さ約三mを超えるが、樹木や下草が繁る時期は遺構の確認が難しい。

〈02〉権現山城跡（横浜市神奈川区幸ヶ谷）

かつては幸ヶ谷公園が城跡とされてきたが、今はそ

寺尾城跡・発掘された空堀（「埋文よこはま33――横浜の中世城郭」（横浜市ふるさと歴史財団埋蔵文化財センター、2013年）より）

の東の幸ヶ谷小学校・幼稚園の一帯に比定される。幕末の神奈川台場築造で土取場となり、明治時代には鉄道建設によって削平され、城の遺構は早くに失われてしまった。かつての権現山はひときわ高く聳え、海岸線も今より近く、山裾を通る東海道と**神奈川湊**を押さえる要衝であった。『新編武蔵国風土記稿』は観応三年(一三五二)、新田義宗・義興兄弟に鎌倉を奪われた足利尊氏が拠った「武蔵狩野川之城」を権現山にあてるが、権現山城の名前が初めて登場するのは永正七年(一五一〇)の権現山の戦いの時である。扇谷《おうぎがやつ》上杉朝良の重臣であった上田蔵人入道は、伊勢宗瑞(北条早雲)の調略に応じて権現山城で挙兵した。朝良は関東管領山内《やまのうち》上杉憲房とともに権現山城を包囲し、この時は数に勝る上杉軍が宗瑞の軍を破って、城を攻め落としている。その後、小田原北条氏の支配が及ぶと、西の高島台の**本覚寺**(曹洞宗)付近にあった**青木城**に多米氏が配された。『小田原衆所領役帳』は青木の領主として「諸足軽衆」の有力寄親多米新左衛門を載せる。権現山城は青木城に取り込まれたとも、両城は一城別郭であったともいうが、青木城も遺構は残っていない。

五

源氏や有力武将の伝説

1……武蔵国南部の伝説とは

「伝説」とは、長い期間語り伝えられてきた話のことであり、具体的な人物や事物、場所と結びつけて語られていることを特徴とする。多くは歴史的な事実を下敷きにしており、昔からの言い伝えとして語り継がれてきた。ただし、「伝説」は真実そのものではなく、およそ信じがたいものが多く、神仏と結びつけられた荒唐無稽なものもある。それでも語る人も聞く人も、本当かもしれない、事実だと信じたいという意識を共有して、語り伝承したのである。

各地の「伝説」で語られる対象には、木や石、塚や山がある。さらに坂・辻の伝説、水の伝説、谷、沢、島、寺・神社など多種多様である。実在する人物名や地名、事件を交えて作られた「事実」。あるいは、地名や遺跡伝説にみられるように、その由緒を説明する。「伝説」は、地域に密着して形成したのである。

本書では、南武蔵の「伝説」として、源氏と有力武将の英雄伝説を中心に取り上げてみた。英雄伝説の中には、業半ばに倒れた人物の物語がある。人々を脅かすような天災や疫病が発生すると、怨みを持って死んだり、非業の死を遂げた彼ら英雄が、「怨霊」となって引き起こしたものと考え、彼らを畏怖することになる。「伝説」は、「怨霊」となった彼ら英雄を神として祀ることで鎮魂慰撫し、「御霊」と成して祟りを免れ、平穏と繁栄を実現した物語として語られた。そのため「御霊信仰」として寺社の縁起にも投影されたのである。南武蔵で取り上げた英雄の中で、怨みを持って非業の死を遂げたのは、平将門（→『埼玉の史跡』三二六頁）と畠山重忠（→『埼玉の史跡』三二九頁）、新田義興の三人である。彼らの中で、「怨霊」として復活し、「御霊」となって人々に信仰されるという伝説を語られるのは将門と義興である。畠山重忠は悲運の死を遂げたにもかかわらず、「怨霊」となったという話は出てこない。それでは「怨霊」の鎮魂慰撫によらない畠山重忠や他の英雄たちの伝説は、どのような契機でつくられたのだろうか。おそらく人々は、英雄を語り継ぎ、英雄に繋がることで、その超人的な「威力」を授かりたいと願ったのだろう。

「伝説」の英雄たちと武蔵武士との関係はどうだろうか。確かに江戸氏や多摩地域の三田氏は平将門の子孫を名乗り、将門伝説を生みだす役割を果たしている（→『埼玉の史跡』一二七頁）。しかし、武蔵武士の末裔が語るとしても、畠山氏も新田氏も、藤原秀郷（→『埼玉の史跡』三三〇頁）も渡辺綱も、血縁的繋がりを動機としていない。それでも彼ら英雄の伝説は、とくに江戸時代盛んに語られるようになった。もしかすると三河武士に占領された新興都市江戸の基層に存在した、無名の武蔵武士の末裔たちの意識が表出したのかもしれない。思い通りにならない現実に対して、武蔵武士があこがれた英雄たちの姿を借りて、古き時代を懐古し、そこへの回帰を願望したであろうことは想像できるのである。

豊田武は『英雄と伝説』のなかで、「伝説を軽視してこれを顧みないのは、歴史の重みと深さを無視したやり方である。伝説となるには必ずそこに何らかの理由があるのであって、伝説もまた歴史である」と述べた。江戸時代、かくも多くの伝説がなぜ語られたかの理由に答えることは難しいが、江戸時代の人々が伝説と共に生き、伝説を大切にすることを喜びとしていたことは確かと言える。

2……武蔵国南部の源義家伝説

府中市の大國魂神社の参道に、馬場大門欅並木がある。国の名勝天然記念物に指定されたこの欅並木は、源頼義・義家父子が奥州征伐の戦勝祈願が成就した御礼に、苗木千本を奉樹したのが始まりとされる。並木道をしばらく行くと「八幡太郎源義家公」の銅像が立っている。高さ二二〇cm。戦勝の喜びに溢れた青年武将が参道に立つ勇ましい姿である。東京府中ロータリークラブが、設立三十周年記念事業として、平成四年に建立奉納した。

「わしのすむみやまには、なべてとりはすむものか、おなじき源氏と申せども、八幡太郎はおそろしや」（『梁塵秘抄』）

この鷲になぞらえて、「おそろしや」と謡われている八幡太郎とは義家のことである。武勇にすぐれ武略に長じ、死後も「おそろしき」武者として民衆の間に広く語りつがれ、日本全国に数多の「八幡太郎」伝説が伝承されている。

語られる伝説では、暴力的な性質、勝つための徹底した残酷さ。生死をかけた闘いの中で身につけた野性的な感覚、そして執念深く恨みを晴らそうとする義家の姿が描かれる。義家の恐ろしさの淵源である。たとえば金沢柵籠城の清原軍を兵糧攻めにして苦しめ、降人となった女や子供さえも容赦なく惨殺し、美女たちは分捕り慰みものにしたという。また義家に罵詈雑言を浴びせた清原武衡の郎党平千任《ちとう》は、生け捕りにした後、歯を金箸で突き破り舌を引き出して切らせ、その身を木に吊し、その足下に主である武衡の首を置いて、主君を足蹴にするのかと攻めながら冷酷残忍に殺害した。

しかし東国の武士にとって義家は別の姿で現れる。頼もしく仕えるに足る主であった。二度の奥州合戦に動員された東国武士は、義家と親密な関係を築きあげる。特に後三年合戦は私戦とされ、国家的報償の無い中、義家自ら私財をもって東国武士に報いたことで、両者の結びつきは特別なものになった。

南武蔵にも義家伝説が数多く伝えられているが、そのほとんどが二度の奥州合戦に参戦した時の記憶である。もちろん前九年の役は父頼義に従っての参戦であったが、やはり義家の人気は高く、ほとんどの伝説は義家を主役として語るのである。

まずは、義家が奥州へむかうため通過したという伝説である。その際、多くの寺社は義家が戦勝祈願をしたと由緒を語る。

〈01〉矢場八幡神社（横浜市旭区川井宿町六六―一）

義家が後三年の役に出征する際、当地に宿営し弓矢を練磨して、守護神である八幡大神を祭って戦勝を祈願した。勝利を収めて凱旋の帰途、現在の地に社殿を建立したのが創始である。当初より矢場八幡と称した。義家と本神社の関わりを示すものとして、神社より南西の方角に一㎞ほど離れた場所に「矢指《やさし》」という地名が残り、義家が社地より放った矢の到達した場所であると言われている。

府中市源義家像

〈02〉富塚八幡宮（横浜市戸塚区戸塚町三八二七）

前九年の役平定のため奥州下向の途中、源頼義・義家父子が当地に露営した。その際夢で応神天皇及び富属彦命《とつぎひこのみこと》（相模国造二世孫）の神託を蒙り、その加護によって戦功を収めたので、富塚山中腹に社殿を営み両祭神を勧請した。

〈03〉八景坂《はっけいざか》（大田区）

池上通がJR大森駅山王口前を上る坂道の呼び名である。かつて坂上には、義家が鎧を掛けたと伝える松があり、歌川広重らの浮世絵に描かれ有名であった。今でこそゆるやかな坂道だけれども、昔は相当な急坂で、あたかも薬草などを刻む薬研《やげん》の溝のようであったところから、別名**薬研坂**と呼ばれた。

八景坂の名称は、この坂の上から大森の海辺より房総まで一望でき、この風景を愛した人たちが「笠島夜雨、鮫洲晴嵐、大森暮雪、羽田帰帆、六郷夕照、大井落雁、袖裏秋月、池上晩鐘」の八勝景を選んだことによるという。八景天祖神社の石段横に**八景碑**がある。

〈04〉八景天祖神社（大田区山王二―八―一）

義家が、後三年の役出征の際戦勝を祈願した。境内社殿脇には大きな松があったが徐々に枯れ、大正六年（一九一七）十月の暴風雨で倒れた。この松は寛治五年（一〇九一）頃、義家が、奥州征伐に赴くに当たり駒を止め、鞭をおき鎧を掛けて、土地の風景を眺め、暫し汗を拭い取ったという。その伝説により「**八幡太郎鎧掛けの松**」と古来伝承された。その松の大きな切り株（直径一六一cm）は当社拝殿に、大切に保管されている。

〈05〉千束八幡神社（大田区南千束二―二三―一〇）

義家が奥羽征討の際、この地の**洗足池**で禊ぎをし、社殿に額づき戦勝祈願して出陣した。また源頼朝が鎌倉に入る前に立ち寄ったという。旗挙げ八幡の称がある。

〈06〉荏原神社（品川区北品川二―三〇―二八）

源頼義・義家父子が前九年の役に際し、当社と府中の大國魂神社に参籠し戦勝祈願した。そのとき品川の海中で禊ぎを行ったという。その故事から、大國魂神社の例大祭のくらやみ祭では、品川沖で潔斎用の汐水を汲む「品川海上禊祓式」が行われている。

〈07〉雷電稲荷神社（新宿区新宿四―四―二三 現在は花園神社に合祀されている）

義家が奥州征伐の途中、雷雨に遭遇したため小祠前で休んでいると、一匹の白狐が現れ三回頭を下げた。すると雷雨がたちまち止んだという。雷電神社の名前の由来である。

〈08〉成宗《なりむね》（杉並区大宮・成田東・成田西の各一部）

杉並区にかつて存在した町名である。その小名に「白幡」があり、名前の由来は頼義・義家父子が奥州に向かう途中「源氏の白旗」に似た雲が現れたことによるという。また小名「尾崎」もあり、この旗の尾のさきあたりの地というのが名前の由来という。

〈09〉大宮八幡宮（杉並区大宮二―三―一）

前九年の役で頼義・義家父子が奥州へ向かう途中、この地の空に一条の白雲が棚引いていた。これを源氏の白旗が翻ったかのように見て、「これは八幡大神の御守護のしるし」の吉兆と喜び、乱を鎮めた暁には必ずこの地に神社を構えることを誓って出陣した。その後源頼義が建立したのが当社である。

〈10〉兜神社（中央区日本橋兜町一―一二）

境内に安置されている**兜岩**は、義家が前九年の役に際し、日本武尊の東征の古き例に準ひ、この岩に願を懸けて戦勝を祈願したと伝えられる。日本橋兜町の由来である。

〈11〉**厳島神社**（新宿区余丁町八―五）

義家は、後三年の役で奥州への途上この地に立ち寄った。そして遠く富士を望み、さらにその先にある安芸の厳島神社に向かって勝利を祈願した。義家は凱旋の際、この地に厳島神社を勧請して神社を建てたという。抜弁天ともいわれる。

〈12〉**八幡神社**（文京区白山五―三一―一六　白山神社境内摂社）

源頼義とその子義家が前九年の役で奥州下向の途次、当地で敵の伏兵との戦いがあった。その際、この地の桜の木に旗をかかげて戦勝祈願した。討伐後岩清水八幡宮を勧請して創建したという。

〈13〉**銀杏岡八幡神社**（台東区浅草橋一―二九―一一）

頼義・義家父子が奥州征伐の途中、当地の丘の上に銀杏の枝を差して、戦勝祈願した。凱旋時に当社を創建したという。

〈14〉**六月八幡神社**（足立区六月三―一三―一九）

義家が奥州へ向かう途中、当所を通った際に、野武士等が道を遮った。季節は六月炎暑の時、軍勢は疲弊して戦うことができなかった。そこで義家は相州鶴岡八幡宮に祈り誓いをたてた。そして太陽を背にして戦ったところ、野武士等は眼がくらみ、義家の勝利となった。義家は勝利を得ることができたことに感謝し、やがて当社を勧請したという。そこで村名を六月と呼び、別当寺を**炎天寺**と号したという。

〈15〉**実相院**（足立区伊興四―一五―一一）

源頼義・義家父子が奥州征伐の途中で、当寺に陣を敷き、戦勝を祈願して寺領を寄進したという。

〈16〉**應現寺**（足立区伊興本町二―三―三）

源頼義・義家父子が奥州征伐の時、当寺に宿陣した。当寺の観音にお願いしたところ勝利を得たという。

〈17〉**城山熊野神社**（板橋区志村二―一六―二）

源頼義・義家父子が奥州への途中、当社で戦勝祈願して、境内に八幡社を祀った。

〈18〉**王子神社**（北区王子本町一―一―一二）

義家奥州征伐の時、当社で金輪仏頂の法を修したという。その後凱旋の日に、社頭に甲冑を奉納した。

南武蔵を南北に縦断するためには、つねに大きな川が障害になった。義家伝説にも、この困難な川渡りを題材にしたものがある。

〈19〉**鎧の渡し**（中央区日本橋小網町八―九～日本橋茅場町一　日本橋川の渡し場）

義家が奥州征伐で下総国に渡ろうとした時、この地で暴風雨に遭う。そこでこの淵に鎧を投じて龍神に祈ったところ、風雨が止んで川を渡ることができたという。この伝説から、この辺りを「鎧が淵」と呼ぶようになり、ここにできた渡し場を「鎧の渡し」と名付けたという。

〈20〉**熊野神社**（荒川区南千住六―七〇）

義家が奥州征伐の時にこの地を通過した。その時入間川（現隅田川）はあふれて渡ることができなかった。義家は鎧櫃に納めていた紀州熊野の神幣を取出して祈念したところ、神人が忽然として現れて、浅瀬を渡り通って道を示したという。おかげで軍兵はつつがなく渡川できたので、その神幣をここに崇め当社を草創したと伝える。

〈21〉**鳥越神社**（台東区鳥越二―四―一）

前九年の役のためこの地を通った源頼義・義家父子は、白い鳥が越えるのを見て浅瀬を知り、大川（隅田川）を渡って日暮里についたという。そこで当社を鳥越大明神と名付けた。

〈22〉**白旗八幡神社**（足立区千住宮元町三―八）

義家が奥州征伐に赴く際、渡裸《とら》川の渡し場で白幡を立て戦勝祈願をした。その白幡が当社の名称の由来である。**渡裸川の渡し**は、古くは裸になって徒歩で渡っていたことから呼ばれるようになったと伝わる。現在の千住大橋のやや上流にあたり、奥州への古道が通っていた場所である。千住大橋架橋に伴い、江戸初期に廃されたという。

〈23〉**弦巻川**（豊島区）

弦巻川は池袋の地名の由来ともいわれる丸池を水源とし、法明寺（南池袋三―一八―一八）門前から清立院（南池袋四―二五―六）の方へと流れていた川巾四m程の川である。この川の辺りで、義家が弓の弦を巻き直したという伝説により、弦巻川と呼ばれるようになったという。現在は暗渠になっている。

義家が奥州からの帰路、凱旋時に通過したという伝説も見ることができる。

〈24〉**平塚神社**（北区上中里一―四七―一）

後三年の役の帰路、義家・義綱・義光の三兄弟がこの館に滞在した。その際、城主豊嶋某に厚いもてなしを受けた。その忠誠を賞して、義家は鎧一領と守本尊十一面観音像一軀を豊嶋某に下賜する。その後豊嶋某は、拝領した鎧を清浄な地に埋め、塚を築き自分の城の鎮守とした。この塚が高くなかったことから、当地の地名である平塚と呼ばれるようになったという。平塚神社は義家・義綱・義光の武功を慕って「平塚三所大明神」として一社を建てたのが起源とされる。

北区平塚神社

〈25〉**円通寺**（荒川区南千住一―五九―一一）

かつて当寺を中心に六里四方を観音原と呼んでいた。それが小塚原と呼ばれるようになったのは、義家が奥州から持ち帰った四十八の首を、塚を築いて埋めたためという。

〈26〉**今戸神社**（台東区今戸一―五―二二）

源頼義・義家父子が、奥州から下向の途中で、石清水八幡宮を勧請して当社を創建したという。別名に今戸八幡とも呼ばれる。

〈27〉**簸川神社**（文京区千石二―一〇―一〇）

義家が奥州下向の際、当社に参籠したと伝わる。

〈28〉**穴八幡宮**（新宿区西早稲田二―一―一一）

義家が奥州からの凱旋の途中、この地に兜と太刀を納め、八幡神を祀って創建した。

〈29〉**世田谷八幡宮**（世田谷区宮坂一―二六―三）

義家は、後三年の役からの帰途、この地で豪雨に遭い、先に進めず十数日間滞在する。その際、この戦勝を感謝し、宇佐八幡宮の御分霊を勧請した。

〈30〉**増福寺**（川崎区高津区末長二―三四―八）

義家が後三年の役に勝利して都への帰路、当地へ来たところ、長雨も晴れ渡り多摩川の流れは潔くおだやかだった。義家は軍兵等と川に馬を打ち入れて、泥の汚れを洗い流した。向かいの山を仰ぐと玉垣が清らかに輝く感じを受ける。義家と軍兵等は信心を動かし、その山に登り祠を見つける。その祠の扉を開くと奇異な石があり、たちまち大菩薩が顕現する。義家と軍兵等は、感涙し大菩薩に自らの武運を祈る。義家は、源氏譜代の氏神の奇端の験なりとして、重籐の弓と白羽の弓矢二筋を奉納し、この里の民が末長く栄えるようにと詞を残して都に帰る。いつしか里の人々は、この地を末長村と呼ぶようになったという。これがかつて寺域にあった八幡神社に伝わる伝説である。

ほかにも義家を慕い、義家によって創建されたという由緒を持つ寺社も多く見られる。

〈31〉**小豆沢神社**（板橋区小豆沢四―一六―五）

康平年間（一〇五八～六五）義家が勧請した。

〈32〉**宝仙寺**（中野区中央二―三三―三）

義家が後三年の役から凱旋帰京の途中、陣中に護持していた不動明王像を安置するため当寺を建立した。

〈33〉**八幡神社**（中野区大和町二―三〇―三）

義家が前九年の役のため奥州下向の途中、高台のこの地で石清水八幡宮を遥拝し、祭儀を行った。彼を慕う村人が天喜四年（一〇五六）に創建した。

〈34〉**六郷神社**（大田区東六郷三―一〇―一八）

天喜五年（一〇五七）源頼義・義家の父子が、この地の大杉の梢高く源氏の白旗をかかげて、軍勢を募り、石清水八幡に武運長久を祈ったところ、士気大いに上がり前九年の役に勝利をおさめたという。凱旋後、その分霊を勧請したのが、当社の創建と伝える。

〈35〉**狭山神社**（瑞穂町箱根ヶ崎一）

祭神の一つ箱根大神は、義家が奥州征伐の途中、当地で宿陣した際に霊夢を感じ勧請したという。

〈36〉**中島八幡神社**（川崎市川崎区中島二―一五―一）

後三年の役における義家の功績を讃えて創建されたとも伝わる。

〈37〉**大島八幡神社**（川崎市川崎区大島三―四―八）

義家は前九年、後三年の両大役に勝利を得、関東に一大勢力を築いた。当八幡神社は、この地区の住民たちが両大役の折、源氏方の将兵の宿泊に民家を提供したり、兵糧を供出したりして協力したことに対し、源氏一族が感謝のしるしとして建立したものと伝えられている。

〈38〉**白根神社**（横浜市旭区白根三―三―一）

義家が前九年の役の時、当社のご神像を守り神として兜の中に納め、勝利を得たのに報いるため、鎌倉権五郎景政に命じて社殿を造営し、ご神像を祀ったという。

義家の植樹は、府中の大國魂神社以外にも伝承されている。練馬区**白山神社**（練馬四―一―二）の欅、台東区**銀杏岡八幡神社**（浅草橋一―二九―二）の銀杏、新宿区**月見岡八幡神社**（上落合一―二六―一九）の松、杉並区**大宮八幡宮**（大宮二―三―一）の若松、八王子市**子安神社**（明神町四―一〇―三）の欅があり、いずれも奥州合戦の戦勝祈願のために行われている。

以上のように、武蔵南部の義家伝説は奥州合戦と深くつながっている。すなわち武蔵武士と義家が奥州合戦において苦楽をともにした記憶こそが、この地の伝説の大本だった。

しかし、こうした武蔵武士の末裔が持った歴史観は、現在疑問視されている。そもそも義家が動員した兵は、近畿から美濃、そして相模国の武士であって、武蔵武士の動員は決して多くはなかった。それならなぜ武蔵南部に奥州合戦に関わる義家伝説が多いのだろうか。おそらく源頼朝の奥州征伐の影響が大きいのだろう。流人であった頼朝は、東国覇者になるべく、当時人気の高かった祖先の義家を利用する。すなわち義家の奥州合戦を模倣して、自ら奥州征伐を行うことで東国における正統性を手に入れた。そして義家の正しき後継者であることを示したのであった。武蔵武士は、まさしく頼朝の御家人である。彼らこそが、かくも多くの義家伝説を語り伝えたのであろう。

とは言え、残された義家伝説が中世に起源することはほとんど無いだろう。急激に都市化して人口が急増した江戸の街で、続々と新たな寺社が生まれ、それらの寺社は信者獲得のため新たな信者を惹きつける新たな縁起を創造する。義家が徳川氏の遠祖であったことや、義家の奥州遠征が江戸を通ったであろうという思い込みも大いに影響したであろう。そして何より庶民に至るまで義家は著名な人気者だったからである。江戸の義家伝説はこうして生まれた。

3……武蔵国南部の源頼朝伝説

記録によれば源頼朝は、少なくても四度南武蔵を訪れている。(あるいは通過している。)一度目は、治承四年(一一八〇)十月、房総で千葉氏・上総氏の軍勢を傘下に加えて武蔵国入りした時である。渡河地点は諸説あるが、石浜(浅草付近)が有力視されている。そして浅草の砂州から再度「**長井の渡し**」で隅田河を渡り、水の輪(三ノ輪)を経由し、王子台地に達する。この時、畠山重忠・河越重頼・江戸重長が参上し臣従したことで、ほとんどの武蔵武士が頼朝に従うことになる。その後、頼朝は武蔵国府に向かい、国府を支配下に置いた後、鎌倉入りするのである。二度目は、同年十一月四日に常陸国府に入った時である。頼朝は、そこから挙兵以来従わない佐竹氏の本拠である金砂城に進み、これを攻め落とし鎌倉に凱旋する。この時南武蔵を通過したことは明らかであり、往復したのは鎌倉街道下道だと推測できる。三度目は、文治五年(一一八九)七月、奥州征伐のため鎌倉を出発し奥州に向かった時。同年十月奥州から凱旋した時である。四度目は、建久四年(一一九三)の上野国三原野、下野国那須野での巻狩のため鎌倉街道上道を往復した時である。この時、頼朝は上道を主要道として御家人等に整備させている。ちなみに、頼朝は那須野から鎌倉に戻った九日後に、曾我兄弟の敵討ちで有名な富士の巻狩のため鎌倉を出発している。

以上四度の武蔵国訪問(あるいは通過)が、史実として認められている。南武蔵における頼朝伝説は、当然この史実に関わりを持っている。

1　武蔵国入り

まずは、治承四年の武蔵国入りである。頼朝は武蔵国入りから、たった五日で武蔵国を通過し相模国入りしたという。その途中で、国府を訪れ在庁官人等を掌握したとされるので、南武蔵での滞在はほとんど無かったといえる。

〈01〉金剛寺（北区滝野川三―八八―一七）

頼朝は府中の大國魂神社へと向かう途中で、**滝野川松橋**の地に布陣したと伝えられている。松橋は、当時の金剛寺の寺域を中心とする地名である。崖下の洞窟には、弘法大師の作と伝える石の弁財天が祀られていたという。頼朝は、この弁財天に祈願し金剛寺の寺域に弁天堂を建立し、田地を寄進したと伝える。

〈02〉七曲坂（新宿区下落合二と四の間）

氷川神社（下落合二―七―一二）の北西側から台地を北に上る道である。頼朝は、**和田山**（現哲学堂公園 中野区松ヶ丘一―三四）に陣を構えた時、敵の軍勢を偵察しようと、この道を開かせたという。

〈03〉甘泉園（新宿区西早稲田三―五）

甘泉園のある早稲田一帯は、鎌倉へ向かう頼朝の軍勢が馬揃えをしたという。甘泉園には頼朝が愛馬の足を冷やした泉があったとも伝わる。

〈04〉千束八幡神社（大田区南千束二―二三―一〇）

頼朝は鎌倉に向かう途中、この地を過ぎた際にこの八幡宮を知り大いに喜ぶ。そしてここに征平の旗幟を建てると、近郷より将兵が集まったという。当社は、頼朝がそのご利益で鎌倉に入る事が出来たとして、旗挙げ八幡の称がある。また頼朝が愛馬池月を得たのもここに宿営した時だったという。

〈05〉多摩川浅間神社（大田区田園調布一―五五―一二）

頼朝が滝野川松橋に布陣した時、夫の身を案じた北条政子が後を追ってここまで来た。その時政子は足の傷が痛んだため、傷の治療をするためこの地に逗留する。その際に**亀甲山**《かめのこやま》へ登ると富士山が鮮やかに見えたという。政子は手を合わせ、夫の武運長久を祈り、身につけていた正観世音像をこの丘に立てたという。それ以来、村人たちはこの像を「富士浅間大菩薩」と呼び祀った。それがこの神社の起こりとされている。

2　佐竹征伐

鎌倉街道下道には、この出来事に関する伝説を見いだせなかった。

3　奥州征伐

次に奥州征伐に関わる伝説である。特徴的なのは、頼朝の多くの伝説地が、前九年・後三年の役を戦った源義家の伝説を同時に持っていることである。頼朝が奥州征伐を行うに当たって、源義家の事績を模倣し利用したことはよく知られている。そのため、頼朝の伝説に源義家の伝説が加わることもあった。

〈06〉**鞍掛の松**（渋谷区富ヶ谷一―三一―一）

かつてあった名木。江戸時代前期に刊行された地誌『江戸鹿子』に頼朝が奥州征伐の時、土肥月毛という馬を此木につないで、鞍を掛けたとある。その後、中期の地誌『江戸砂子』では、頼朝でなく源義家が奥州征伐（後三年の役）に行ったときの話としている。

頼朝の奥州征伐には大量の兵が動員された。当然、帰還した人々にとっては大きな体験であったろうし、記憶に残る出来事であった。語り継がれるなかで多くの伝説が生まれたのだろう。

〈07〉**田端八幡神社**（北区田端二―七―二）

頼朝が奥州から帰路逗留。鶴岡八幡宮を勧請し創建した。

〈08〉**駒込天祖神社**（文京区本駒込三―四―一）

頼朝が奥州征伐の途次、霊夢を見て、家臣の安達盛長に命じてその場所を探させたところ、ここの老松に大麻がかかっていた。よって、その松の辺りに神明社を建立したという。

〈09〉**氷川神社**（杉並区高円寺南四―四四―一九）

頼朝が奥州征伐の際、安達盛長に命じて創建した。

〈10〉**遅野井市杵嶋神社**（杉並区善福寺三―一八―一）

頼朝が奥州征伐の途次この地に宿陣した際、飲み水を求めてあちこち掘ったが水の出が遅かった。そこで弁財天を祈ったおかげでやっと水を得たという。そこで江ノ島弁財天を勧請して創建したという。

〈11〉**駒繋神社**（世田谷区下馬四―二七―二六）

文治五年（一一八九）七月、頼朝が藤原泰衡征伐の際、かつて祖先義家が参拝したのを思い出し、当社に立ち寄り祈願したという。その時、愛馬蘆毛を繋いだ松が駒繋松と呼ばれた。駒繋神社の名前の由来である。

〈12〉**芦毛塚**（世田谷区下馬五と目黒区五本木一辺りとの区境）

区境をなす道路の中央に「蘆毛塚」がある。塚上に碑が建ち、世田谷区の解説板があり、奥州征伐に出陣した「源頼朝が、葦毛の馬にのって、この場所を通ったとき、その馬が何かに驚いて沢に落ちこんで死んだという」とある。その馬を葬った場所が蘆毛塚である。

〈13〉**馬引沢**（世田谷区下馬）

頼朝が奥州平定の帰りにこの地を通り、前の経験からこの辺りは乗馬のままで通ると危険だから、馬を引いて通るように命じたので、このあたりを馬引沢と呼ぶようになったという。上馬引沢・下馬引沢がそれぞれ上馬・下馬となり、駒沢という地名もそこから生まれたのである。

〈14〉**本願寺**（府中市白糸台五―二〇―三）

頼朝が奥州征伐後に、藤原秀衡の守本尊の薬師如来を当地に祀ったという。

〈15〉**車返八幡神社**（府中市白糸台五―二〇―四）

頼朝が、平泉から持ってきた薬師如来を鎌倉に移す途中、当地で野営した。その際、頼朝の夢枕に薬師如来が現れて、自分をこの地に祀るように告げたため、載せてきた車だけを引き返させたと伝える。

4 上野国巻狩

建久四年、頼朝は大規模な巻狩をするため、上野国三原野に向かった。その際に一行は、鎌倉街道上道を通行した。頼朝はこの時、上道の街道整備を実施したとされるが、北武蔵にはその時の伝説が残されている。畠山重忠の家臣の榛沢瀬左衛門が、荒川左岸から現在の深谷市榛沢のあたりまでの街道の普請を命ぜられ、沿道の住民を駆使して見事に成し遂げたというものである。それに対して、南武蔵にはそうした伝説は残っていない。ただ相模国の多賀橋の伝説は、その整備事業に関係するのかもしれない。

〈16〉**多賀橋**（横浜市瀬谷区橋戸）

富士の巻狩の時（実は上野国三原野・下野国那須野の巻狩）、頼朝がここを通ると聞いた住民たちが、相談して境川の橋を架け替えたという。その後、その辺一帯を橋戸と呼び、橋は祝意を表して多賀橋と呼んだという。

後世、一般的に人間頼朝の好感度は高いものではない。挙兵における功労者上総介広常、一族の木曾義仲、平氏一門、そして平氏追討の第一の功労者である義経までも滅亡に追いやった。冷酷非情だという評価もやむをえない。しかし、歴史的人物である頼朝は、江戸市民の間では、英雄としてそれなりに評価されている。以下のように、神社仏閣の創建伝説の多さが、それを物語っている。

〈17〉**井草八幡宮**（杉並区善福寺一―三三―一）

頼朝が奥州征伐の際に戦勝祈願をして立ち寄った

という。それ以来頼朝は当社を奉斎するようになった。奥州平定後、頼朝が報賽のため雌雄二本の松を手植えしたという。現在は、二代目の松が植えられている。

〈18〉**牛込北野神社**（文京区春日一—五）

頼朝がこの地で仮眠中、菅原道真が現れお告げがあった。「二つの幸あり。満足したなら社を営んで報いよ」と。その後頼家が誕生し、平家を西に追うことが出来た。そこで当社を建立した。

〈19〉**成子天神社**（新宿区西新宿三—一四—一〇）

頼朝が社殿を造営したという。

〈20〉**三島社**（新宿区甘泉園公園—裏）

頼朝が伊豆の三島神社を勧請した。現在は水稲荷神社境内に末社として祠がある。

〈21〉**品川神社**（品川区北品川三—七—一五）

頼朝が安房国洲崎大明神を勧請した。創建した際に祀られたのは天《あめの》比《ひ》理《り》乃《の》咩命《めのみこと》の一柱で、海上交通安全の神として知られる。

〈22〉**大井庚申堂**（品川区大井一—四四—五）

頼朝が戦死者供養のため写経を埋めた納経塚が大井庚申堂となった。以前あった質素な堂宇は亡くなってビルになり、その一階に新たな御堂となっている。來福寺（品川区東大井三—一三—一）が所管している。

〈23〉**芝大神宮**（港区芝大門一—一—七）

頼朝が、信仰し神領を寄進し、参拝して宝剣を奉納したという。

〈24〉**大國魂神社**（府中市宮町三—一）

頼朝が、大國魂神社境内宮乃咩神社に安産祈願した。翌日長男源頼家が生まれたという。

〈25〉**安楽寺**（青梅市成木一—五八三）

頼朝が畠山重忠に命じて、弘法大師が彫刻した愛染明王像を納めさせたという。

〈26〉**即清寺**（青梅市柚木一—四—一）

頼朝が畠山重忠に命じて、伽藍を築かせたという。寺名は重忠の戒名「勇讃即清大禅定門」に由来する。

〈27〉**御嶽山産安社**（青梅市御岳山一七六）

頼朝が創建したと伝える。現在、武蔵御嶽神社の摂社として祀られている。

〈28〉**大悲願寺**（あきる野市横沢一三四）

頼朝が施主となり、平山季重が建久二年（一一九一）創建したという〈↓本書六九頁〉。

〈29〉**尾崎観音**（あきる野市菅生二六三　現宝蔵寺）

観音堂の如意輪観音は、頼朝の側室丹後局の守り本尊として遣わされたものだという。

〈30〉**秋伎留神社**（あきる野市五日市一〇一八）

頼朝が崇拝し、神領を寄進したという。他にも足利尊氏・小田原北条氏・徳川家康が社領を寄進している。

〈31〉**二宮神社**（あきる野市二宮二二五二）

頼朝の崇敬が篤かった。

〈32〉**龍華寺**（横浜市金沢区洲崎町九―三一）

治承年中（一一七七～一一八一）に、頼朝が瀬戸神社を勧請した際、別当寺として創建した。当時は浄願寺と号した。

〈33〉**大綱金刀比羅神社**（横浜市神奈川区台町七―三―四）

文治年間（一一八五～八九）、頼朝が飯綱権現の霊示により安房国へ無事脱出できた。このことに感謝し、勝利飯綱大権現として創建したのが始まりである。

〈34〉**瀬戸神社**（横浜市金沢区瀬戸一八―一四）

治承四年（一一八〇）、頼朝は伊豆で挙兵した際に加護をもらった伊豆三嶋明神を、この地に勧請し社殿を建立した〈↓本書三三三頁〉。

4……武蔵国南部の畠山重忠伝説

　畠山重忠は、治承・寿永の内乱で武勇を発揮して、鎌倉幕府の発展を支えた功臣である。また、清廉潔白な武士として知られており、謀叛の嫌疑で北条氏に誅殺されるという悲劇性と相俟って、後世に多様な伝説を生み出した人物でもある。畠山氏の本領は、武蔵国男衾郡の畠山（埼玉県深谷市畠山）であり、重忠の故地も、基本的には武蔵国の北部を中心に分布している。しかし、重忠は、幕府に出仕する御家人として、鎌倉と本領との間を往復しており、武蔵国の南部にも数多くの伝説が残っている。以下では、そうした重忠伝説の一端を紹介していきたい。

　秩父から奥多摩の山々には、鎌倉に向かう街道が通じており、重忠に関する足跡が点在している。**武蔵御嶽神社**（青梅市御岳山一七六）には、重忠の奉納と伝わる平安後期の赤糸威鎧（国宝）が所蔵されている。**棒ノ折山**（西多摩郡奥多摩町・埼玉県飯能市）は、重忠が杖にした石の棒が折れたという山である。名坂峠から小沢峠に向かう山道には、**畠山重忠の切石**（青梅市成木七）と呼ばれる岩がある。臨済宗**延命寺**（青梅市成木七—八八七）は、重忠が創建した寺院だったと伝えられる。高水山の山頂には真言宗**常福院**（青梅市成木七—一一三一）があり、境内の不動堂は重忠が再興したという。真言宗**安楽寺**（青梅市成木一—五八三）の**愛染明王像**は、源頼朝が重忠を通じて寄進させたといわれている。頼朝が重忠に再建させた真言宗**即清寺**（青梅市柚木一—四—一）は、重忠の戒名「勇讃即清大禅定門」に由来する寺院であり、本堂には重忠の位牌が安置されている。**馬引沢峠**（西多摩郡日の出町）は、重忠が馬を手で引いて歩いた地だという。**平井妙見宮**（西多摩郡日の出町）は、重忠が鎌倉との往還で参拝した神社と伝えられる。**駒繋石峠**（八王子市上川）には、**重忠の駒つなぎ石**が残っている。**田守神社**（八王子市上川町一二〇八）は、重忠が鎌倉に向かう途次で紛失した守り本尊を祀った神社である。社殿の東側には、**重忠橋**と呼ばれる橋が架かっている。**西八幡大神**（東京都八王子市上川町）にも、重忠が創建したという由緒がある。

　武蔵国の**恋ヶ窪**（国分寺市恋ヶ窪）は、重忠の悲恋に関する地名とされており、周辺に複数の重忠伝説が確認できる。かつて夙妻太夫という遊女がおり、重忠が戦死したという虚報を聞いて、**姿見の池**（国分寺市西恋ヶ窪一―八―七）に身を投げたという。真言宗**東福寺**（国分寺市西恋ヶ窪一―三九―五）には、夙妻太夫の墓標とされる一葉松が植えられている。また、天台宗**善明寺**（府中市本町一―五―四）には、重忠が夙妻太夫を供養したという鉄造阿弥陀如来立像が伝来している。

武蔵国の二俣川（横浜市旭区）は、北条氏に謀叛を疑われた重忠が、非業の死を遂げた終焉の地であり、周辺一帯には多数の伝説が残されている。**万騎ヶ原古戦場**は、北条氏が数万騎の陣を構えた場所である。現在では、県営万騎が原団地の一角に、**畠山重忠遺烈碑**（横浜市旭区万騎が原三九付近）がある。鶴ヶ峰に布陣した重忠は、**すずり石水跡**（横浜市旭区鶴ヶ峰本町二―一二―一六）の湧水で墨を擦ったという。また、重忠が討たれる直前、身の潔白を誓って地面に刺した矢が、**さかさ矢竹**（横浜市旭区鶴ヶ峰本町一―一）として根付いたと伝えられており、その傍らには**古戦場の標柱**が立っている。**矢畑・越し巻き**（横浜市旭区鶴ヶ峰本町一―一三）は、重忠が北条氏の軍勢に囲まれて、矢の畑のようになった地であり、矢が腰巻のように取り巻いたのが地名の由来とされる。重忠は、多勢を相手に抵抗を続けたが、愛甲季隆が放った矢によって落命することになる。重忠の首は、**首洗い井戸**（横浜市旭区鶴ヶ峰一―一五―三付近）で洗い清められて、兜は**重忠首塚**（横浜市旭区鶴ヶ峰一―三―七）に埋められた。重忠の霊堂である曹洞宗**薬王寺**（横浜市旭区鶴ヶ峰本町二丁目一四―一）には、重忠に従った一三四騎を供養したという**六ツ塚**（横浜市旭区鶴ヶ峰本町二―一五―九）がある。さらに、二俣川古戦場を見渡せる高台には、重忠の死を知って自害した内室が、駕籠ごと埋葬されたという**駕籠塚**（横浜市旭区鶴ヶ峰本町二―三九）が残されている。

武蔵国の久良岐郡にも、重忠や息子の畠山重保に関する伝説が分布している〈→本書三三三頁〉。釜利谷郷の一帯は、鎌倉から朝比奈切通を越えた地であり、重保が逃れてきて自害したという伝説がある。周辺には、重保の通称に由来する「六郎橋」や「六郎ヶ谷」などの地名が残っている。白山道六郎ヶ谷公園の付近には、**伝畠山重保墓**（横浜市金沢区釜利谷南一―四―一二）がある。これは、重保を供養したという五輪塔であり、曹洞宗**禅林寺**（横浜市金沢区釜利谷東六―四〇―三三）の関係者によって、現在でも墓参祭が続けられている。臨済宗**東光禅寺**（横浜市金沢区釜利谷南二―四〇―八）は、重忠が創建したという寺院を鎌倉から移転してきたものである。その本尊である**薬師如来像**は、重忠の念持仏だったと伝えられる。寺宝として、重忠が愛用した馬具が伝来しており、境内には、**重忠を供養した五輪塔**が存在している。

以上、武蔵国の南部を中心として、重忠伝説の一端を紹介してきた。これらの伝説には、史実として認めがたい内容も含まれており、重忠に仮託した創作と思われる物語が少なくない。だが、重忠が、武士の鑑として幅広い支持を集めて、多くの人々を魅了し続けてきた事実は疑い得ない。武蔵国を疾駆した重忠の雄姿は、地域社会に共有されながら、現代まで語り継がれてきたのである。

5……武蔵国南部の新田伝説

1 新田義貞伝説

義貞は、後醍醐天皇に呼応して、東国で討幕の旗印を最初に挙げた御家人である。本拠地の上野国新田荘を出発し、鎌倉から出撃した幕府軍と戦いながら、鎌倉街道上道を南下した。そして、鎌倉を侵攻して北条得宗家を滅ぼし、幕府政治を終わらせるという軍功を立てる。しかし鎌倉占拠後、他の武士たちの信望を得ることはできず、その功績が足利尊氏のものとなる中で、鎌倉を離れ上洛することになる。悲運の人と言ってよい。

以後、義貞は建武政権の武将として都で活動し、政権から離反した足利尊氏との戦いでも、鎌倉はおろか武蔵国には戻ることはなかった。したがって、南武蔵の新田義貞伝説は、この地で戦われた元弘三年（一三三三）の鎌倉攻めの戦いを語り継ぐものであった（→『埼玉の史跡』二九二頁・三二八頁）。

〈01〉**八国山将軍塚**（所沢市松が丘）

義貞が鎌倉攻めのとき、この地に陣を敷いたと伝えている。その際に塚を築き白旗を立てたともいわれている。ここから山を南に下れば、**久米川古戦場碑**がある（→『埼玉の史跡』二八八頁）〈→本書一九九頁〉。

〈02〉**金山神社**（東村山市廻田町四—一二—一）

この神社の南に「**かゆ塚**」と呼ばれた塚が残っていたという。新田義貞が鎌倉を攻めた時、この附近に陣を布《し》き、今は多摩湖の底になってしまった**内堀のこさ池**（東大和市湖畔二丁目付近）の水を汲んで粥をつくって軍勢に食べさせた場所のことだという。又、こさ池に近い山の上に、「**ごはん塚**」といわれた所もあったという。

〈03〉**九道の辻**（府中街道の小平市と東村山市の境）

義貞が鎌倉へ攻め上る時、どの道が鎌倉へ続くのか迷い、目印に植えた桜の木があったという。「**久道の桜**」と呼ばれていた。

〈04〉**熊野神社**（国分寺市西恋ヶ窪一—二七—一七）

創建は不明、元弘三年（一三三三）新田義貞の「分倍

河原の戦い」に巻き込まれ社殿が焼失したと伝わる。境内には文明十八年（一四八六）当地を訪れ、恋ヶ窪の地名を詠んだ聖護院道興の歌碑や、幕末に江戸で俳句の宗匠として活躍した宝雪庵可尊が建立した芭蕉句碑がある。

〈05〉**武蔵国分寺跡**（国分寺市西元町一―四付近）

「分倍河原の戦い」で焼失した後に、義貞の寄進により薬師堂が再建されたという。

〈06〉**分倍河原古戦場碑**（府中市分梅町二―五九―四　新田川分梅公園）

義貞は鎌倉軍とここで合戦し勝利する。この勝利の意味は大きく、以後幕府軍は完全に劣勢となる。新田軍には、様子見をしていた関東各地の武士たちがぞくぞくと加わることになる。分倍河原駅前ロータリーには、この合戦を記念した**新田義貞の馬上像**がある〈↓本書一九八頁〉。

〈07〉**御座松塚**（稲城市平尾三）

義貞との「分倍河原合戦」に敗れた鎌倉方の将士が、敗走の最中この地で最期を遂げた。そこで供養塚を作り松を植えたという伝説が残る。明治六年（一八七三）の大雪で松の大樹は六五〇年に渡る天寿を全うし倒壊。昭和四十一年（一九六六）からの団地造成で塚自体も現在の場所に移されることとなった。

〈08〉**三千人塚**（府中市矢崎町二―一一）

「分倍河原合戦」の戦死者三〇〇〇人を埋葬した塚であるという伝説がある。しかし、昭和三十年（一九五五）の発掘調査で、この塚は十二世紀後半の墓地であることがわかった。塚上には、**康元元年**（一二五六）**銘の板碑**が立っている。

〈09〉**沓切坂**（多摩市関戸六）

急坂のため馬の沓がしばしば切れたという。坂の上は古市場。昔商戸・駅舎があった。名称は、新田義貞が分倍河原の戦いの時、この急坂を登るところで馬の沓が切れたことに由来するという。

〈10〉**旗巻塚伝承地**（多摩市関戸二―三二付近）

聖蹟桜ヶ丘駅近くにあったという塚。「分倍河原・関戸合戦」で新田義貞軍に対して、北条軍が旗を巻いて退却した場所だとされる。

〈11〉**玉姫稲荷神社**（台東区清川二―一三―二〇）

義貞が鎌倉攻めの時、戦勝祈願のため、襟掛にしていた弘法大師が描いた稲荷の画像を瑠璃宝塔に収め、ここに祀ったという。

〈12〉子之神社（川崎市多摩区菅北浦五―四―一）

元弘三年（一三三三）五月、義貞が鎌倉へ攻め入った時に、先陣として堀江・江田・里見等の兵がこの地をすぎ、当山に乱入して神社仏宇に放火したため、何もかも燃え尽きたという。

〈13〉鶴見合戦古戦場（横浜市鶴見区鶴見他）

金沢貞将は鎮圧軍の別動隊として出陣するが、下総国の千葉介貞胤も参陣して勢いを増していた義貞軍に、ここ鶴見における合戦で敗北する。

〈14〉若雷《わからい》神社（横浜市港北区新吉田三四九〇）

鎌倉を目指す義貞軍は、水不足による疲労から吉田村にさしかかった頃には、動けなかったという。義貞は、村人から雷神を祀る若雷神社のことを聞き、雨乞いの祈禱をする。するとたちまち神雨が降る。この神の恵みに数万の兵は歓喜し、相共に鬨の声をあげたという。こうして力を盛り返した義貞軍は、ついに鎌倉を攻め落としたのである。

この時義貞が、とてもめでたい、「吉」だと言ったという。当時、この辺りはイネ科の多年草である葭が群生していたことから「葭田」という地名だったが、以来「吉田」と書くようになったという。

2　新田義宗

義貞は、建武五年（一三三八）越前国藤島の戦いで戦死する。しかし、新田一族の戦いはさらに続く。主役は彼の息子たちであった。義貞の三男が義宗である。母は義貞の正室のため嫡男となる。八歳の時父が討死にした後、越後の新田一族のもとで成長した。正平七年（一三五二）二十二歳になり、上野国で挙兵する。兄義興、従弟の脇谷義治を従え、宗良親王を奉じた。武蔵国**金井原**（小金井市前原町）**の戦い**、**人見原**（府中市）**の戦い**で尊氏軍を破り、足利基氏を追撃して鎌倉奪還に成功する。義宗は鎌倉を義興にまかせ、その後も各地で尊氏軍と戦った。この一連の戦いを武蔵野合戦と呼ぶ。正平十三・延文三年（一三五八）、尊氏が没したのを機会に関東で決起を図るが実現しなかった。その後も越後を中心に散発的に行動するが、南朝方の劣勢は増すばかりで組織的蜂起はできなかった。正平二十三・応安元年（一三六八）、足利義詮、基氏が病死したのを機に武蔵の河越直重らの武蔵平一揆に呼応して越後で義治と挙兵したが、上野沼田荘で敗北。義宗は戦死した。この

大田区矢口の渡し（多摩川大橋）

ように生涯を戦いの中で過ごした義宗だったが、後世伝説として語られることはなかった（↓『埼玉の史跡』二〇八・二九〇頁）。

3　新田義興伝説

一方、義貞の二男として生まれた義興は、母親の出自が低いため父からは疎まれたといわれる。観応の擾乱が始まると、義興と義宗兄弟は宗良親王を奉じて挙兵し、文和元年（一三五九）に人見原と金井原一帯で足利尊氏の軍勢を打ち破る。敗れた尊氏は武蔵石浜へ敗走し新田軍は鎌倉を占領した。しかし間もなく尊氏の反撃にあって鎌倉を追われることになる。

尊氏が没した半年後、義興は再度鎌倉奪還のため挙兵する。これに対し尊氏の子で鎌倉公方の足利基氏と関東管領の畠山国清は、新田氏の元家臣竹沢右京亮と江戸遠江守にこの迎撃を命じる。彼らは義興に味方として近づき、義興と主従十三人を多摩川の**矢口の渡し**で謀殺する。

矢口を中心とした多摩川下流域は、この事件の起きた場所であるため、悲劇の義興に関する伝説が数多く残されている。この地域は、気象上、雷発生の道筋の終着点にあたるといわれ、怨霊が雷火となって災いをもたらすという御霊、火雷信仰が盛んであったため、義興と結びついた怨霊伝説が誕生した。鎮魂、火除け、雷除けに関する言い伝えもある（↓『埼玉の史跡』二九五頁）。

〈15〉**新田神社**（大田区矢口一―二一―二三）

義興は、多摩川を渡し船に乗っているところで、船底の栓を抜かれて水没する。さらに岸から矢を射かけられ、義興は「もはやこれまで」と観念して腹を切ったという。義興の死後、矢口では怪現象が起こり、謀殺に加わった人が狂死する。次々に起こる祟を恐れた人々は、義興の墳墓に神社をつくり「新田大明神」として崇めたのが新田神社のはじまりという。

境内には、うなる「**狛犬**」といわれる一体の狛犬がある。戦災でもう一体は壊れてしまったというが、謀略を企てた足利基氏、畠山一族の血縁者や末裔が来ると決まって雨が降り、この狛犬が唸ったと伝える。

大田区新田神社

〈16〉頓兵衛地蔵（大田区下丸子一―一―九）

平賀源内は義興謀殺を題材にした浄瑠璃『神霊矢口渡』の中で、謀殺に一役買った船頭に「頓兵衛」という名前をつけた。頓兵衛は、義興以下十三名の武将を船に乗せ、多摩川の半ばまで来た時にわざと櫓を取り落とし、それを拾うと偽って川に飛び込んだ。さらにあらかじめ細工していた船底の栓を抜いて船を沈め、そのまま向こう岸におよいで逃げていったという。義興等は、岸から弓矢を射かけられ、観念してことごとく自害する。当然のことながら、頓兵衛は竹沢右京亮や江戸遠江守と並んで、源内の浄瑠璃では悪役である。

ところが、竹沢・江戸の両名が義興の祟りにあって死ぬと、頓兵衛は前非を悔いて地蔵を一体作って祀ったという。だが、義興の祟りは鎮まらず、地蔵に直撃し、その顔は溶けてしまった。それゆえこの地蔵は一名「とろけ地蔵」とも言われている。

〈17〉十寄明神社（大田区矢口二―一七―二八）

新田義興と共に矢口の渡しで死んだ十人の霊を慰めるため作られた神社。故に十騎明神というべきを、い

つの頃から か十寄と書くようになったという。

〈18〉**妙蓮塚三体地蔵**（大田区下丸子一）

矢口の渡しで死んだ義興の側近三人が祀られている。妙蓮という尼がこの地に祀ったという。

〈19〉**兵庫島**（世田谷区玉川）

義興一行が騙し討ちにあった翌日、中州にその家臣の由良兵庫助の遺体が流れ着いたという伝説から、この中州が兵庫島と呼ばれるようになった。

〈20〉**千代が池**（目黒区目黒一）

かつて目黒合同庁舎の前庭にあったとされる。千代は義興の侍女で目黒の長者の娘だった。義興の死後、千代はこの池に身投げしたという伝説に由来する。

〈21〉**光明寺**（大田区鵜の木一―二三―一〇）

行基が天平年間建立。十三世紀前半までは真言宗。本堂右横手の「荒塚」は新田義興を謀殺した江戸遠江守の墳墓という。同寺は板碑約一五〇〇基を所蔵している。

COLUMN01 武蔵国南部の将門伝説

平将門は、下総国を本拠地とした平安中期の武将で、一族の紛争からはじまり、ついには律令国家に対して反乱（天慶の乱）を起こした（↓『埼玉の史跡』三二六頁）。一時は下野・上野・武蔵・相模などの国府を制圧し、弟や従者を新たな国司に任命して、自らも「新皇」と称したとされる。しかし、わずかな期間で平貞盛・藤原秀郷（↓『埼玉の史跡』三三〇頁）らに討たれ、その首は都に送られて獄門にかけられる。それでも史上はじめて東国の自立をめざした人物として、東国政権を樹立した鎌倉幕府の先駆者と崇拝され、多くの伝説が生まれた（↓『埼玉の史跡』一二七頁）。

1―多摩地域の将門伝説

『将門記』によれば、将門敗死後過酷な残党狩りが行われ、弟の平将頼ら主だった者たちは逃亡先で次々と殺害され、将門の妻子らもつらい恥辱を受けたという。しかし一方で、追及の手を逃れて深山に分け入った人々がいたことも記している。いわゆる落人伝説はこのような人々によって誕生した。

『元亨釈書』が記す将門三女の如蔵尼は、諸国遍歴の「歩き巫女」である。彼女ら「歩き巫女」は将門一族の話の伝承者であった。そして彼女らと同じように諸国を遍歴した修験者もまた、将門伝説の担い手となった。彼らは遍歴の中で、彼女ら「歩き巫女」と深く結びついたはずだからである。

修験者は修験道の実践者で、山に籠もって厳しい修行を行うため山伏ともいわれる。修験道は、古来の神道と外来の仏教が習合した日本独特の宗教であり、修験者は修行によって獲得した「験力」をもって人々を救済したため、多くの人々に崇拝される存在だった。それゆえ修験者の修行・活動の場と、将門一族の伝説遺跡の多い地域とが重なり合うのは決して偶然ではない。秩父地域や奥多摩の山間地が将門伝説の宝庫であるのは、修験者と山間地住民の間に密接な交流があったからだろう。修験者こそが、現実の将門と無縁の地にもかかわらず、土地の記憶として、山間地住民と将門伝説を結びつけたのである。

また伝説世界には、荒武者の平良門という将門のもう一人の遺児がいる。奥多摩町の**将門神社**は、この将軍太郎良門が、当地にあった多名沢神社に亡父の霊像を作り安置したのが始まりという。戦国時代には、当地の領主三田弾正忠平次秀が地域の総鎮守と成し、篤く信仰した。そして自ら平将門の末裔を名乗るのである。有力豪族三田氏〈↓本書九六頁〉を介して、奥多摩町のみならず多摩郡三田領と呼ばれていた青梅市域などにも、多くの将門伝説が残ることになる。

2―西多摩郡奥多摩町

〈01〉**七ツ石山**（標高一七五七・三m）

山梨県北都留郡丹波山《たばやま》村と奥多摩町の境にある山で、多くの将門伝説をもつ。将門はこの山を通って東国へ遁れたとされる。

〈02〉**将門の城山**（奥多摩町境　標高一五二三m）

鷹の巣山の東方二kmの尾根上に位置する。『多摩郡村誌』に、将門の一夜城、あるいは城壁であったと記す。地元の人は、平親王様のお城と呼んでいるという。

〈03〉**将門馬場《ばんば》**（奥多摩町境　標高一四五五m）

城山の東にある平坦地で、将門が乗馬訓練をおこなっていたのだろうか。

〈04〉**六ツ石山**（奥多摩町境　標高一四七八・八五m）

将門を祀ると伝えられている、大きな自然石がある。

〈05〉**大堀**（奥多摩町境字大堀）

六ツ石山の手前の、両側が掘られた平坦地。逃れてきた将門一行が、陣を構えて堀を造ったといわれている。一説に、平良門の居所とも伝える。

〈06〉**羽黒三田神社・里宮・奥宮**（奥多摩町氷川一三六五）

天慶年間に、平将門の嫡子平良門が兵を起こした時、戦勝を祈願して八角鏡をこの社に奉納したという。永正三年（一五〇六）平将門十六世の子孫、三田弾正忠次秀が社殿を再興して扁額を奉納した。

〈07〉**将門の城**（奥多摩町氷川字城）

小字「城」の集落は「将門の城址」であったと伝える。

〈08〉**城の将門社**（奥多摩町氷川字城）

小さな祠でこの地区の産土神として将門を祀っているといわれる。

〈09〉**三ノ木戸**（奥多摩町氷川字三ノ木戸）

昔、平将門が居住した頃の大手口と伝えられる。

〈10〉**三ノ木戸の将門社**（奥多摩町氷川字三ノ木戸）

小さな祠で、将門が天満社と同様に祀られている。

〈11〉**三ノ木戸の清泉**（奥多摩町氷川字三ノ木戸）

将門がこの地に来たとき、喉の渇をこの泉で凌いだといわれている。

〈12〉**絹笠神社**（奥多摩町氷川字絹笠）

将門がこの地に来て金の笠を置いていったと伝えられ、「きんかさ」から「きぬかさ」となり、この集落を「絹笠」と呼ぶようになったといわれている。かつて絹笠神社は、絹笠大明神と称され、将門を祀る神社であった。今はお稲荷様を祀る稲荷神社である。

〈13〉**将門神社**（奥多摩町氷川字峰畑八八 根元神社の境内）

かつて将門の霊を祀っていた神社で、右隣に「将門神社」と刻まれた石碑がある。一説には、将門の財宝を埋めたところと伝えられている。以前この社の棟札には「平親王平将門神霊鶏明神崇之」とあり、将門を夜明けの神、世直しの神として祀ったという。

〈14〉**将門の投げ石**（奥多摩町日原）

将門が石尾根の六ツ石山と七ツ石山の間から投げたという石があるという。

〈15〉**将門家臣の刀**（奥多摩町日原）

この地の黒沢家の先祖が、日原と秩父をつなぐ仙元峠道で刀を拾い、この地の丹生明神社に奉納したが、この刀の柄元に「将門家臣守満」という銘があったという。

〈16〉**樽沢古戦場跡**（奥多摩町日原字樽沢）

この地の石尾根・六ツ石山から流れる樽沢のあたりは、平将門と藤原秀郷が戦った場所だと伝えられている。

〈17〉**将門の厩場**（奥多摩町日原）

この地の孫想谷の通称「つばめ岩」に小さな洞窟があり、そこは将門が馬を繋いでいた場所だと伝える。

〈18〉**天祖山**（奥多摩町日原 標高一七二三m）

将門がこの山の頂上で余生を送ったとも、秩父大血川へ逃れる際に通過したとも伝えられる。

〈19〉**ウトウの頭**（奥多摩町日原 標高一五八八m）

善知鳥《ウトウ》とは、ウミスズメ科の海鳥。文化文政のころ、山東京伝の読本『善知鳥安方忠義伝』が、江戸市村座で浄瑠璃『世善知鳥相馬旧殿』として演じられた。将門の遺児の滝夜叉姫が、忠臣の善知鳥安方の亡霊とからみ、女の武器と蝦蟇《がま》の妖術を駆使して、源家に復讐するという物語である。

〈20〉将門神社（奥多摩町日原棚沢一七八）

青梅線鳩ノ巣駅近くの棚沢集落にある。将門の子の将軍太郎平良門が亡父の霊像を奉納して祀った。以来将門宮（将門大明神）と呼び、その子孫で当地の領主三田忠平が鎮守としてから栄えたという。秩父地方では、秩父で生き残った将門一族が奥多摩側へ移住し子孫が繁栄したとの言い伝えがあり、かつては秩父地方からの参詣者でにぎわったという。神社の境内には**御幸姫観音像**も建てられており、いまでも奥多摩町の民家では将門の側室の一人である御幸姫のお札を戸口に貼っているという。

〈21〉将門講（奥多摩町棚沢）

江戸時代、将門神社は秩父一帯にかなり講中を有し、その人たちが三田神官家に泊まって将門講が行われていた。また、将門神社の神主は定期的に講中を巡り将門伝説を伝播していったという。

〈22〉将門ヶ原（奥多摩町棚沢）

将門神社から南に下って青梅街道に出ると「将門」というバス停がある。ここから南、多摩川の渓谷が蛇行し巾着のような形の台地を「将門ヶ原」または「住安所」と呼んでいる。地元の人は「まさかっぱら」という。ここは将門の舘跡とも。あるいは将門が兵馬を訓練したところとして伝えられる。また原の中ほどには、将門が休憩したという「御幸塚」があったという。御幸塚は、将門の愛姫（御幸姫観音像の説明板には、将門の妃となっている）御幸姫を祀った塚（墓）といわれる。

〈23〉城山（奥多摩町棚沢）

将門ヶ原の対岸、坂下集落の背後に聳える山。『新編武蔵国風土記稿』に「相伝う、平将門当所に来たりしとき、砦に構えたるところなり」とある。

〈24〉越沢の地（奥多摩町海沢字越沢）

城山の麓、越沢の地には、将門が城山に城を構えてから一族が住んだという。

〈25〉白丸（奥多摩町白丸）

昔は「城丸」と記し、将門の城または砦に関する地名だといわれている。

〈26〉尾崎の坂（奥多摩町川井字丹縄）

青梅街道の「せせらぎの里美術館」付近に「尾崎の坂」がある。ここは将門の家臣の尾崎十郎が居館を構えていたところで、「尾崎塁」を築いたという。

〈27〉姫が淵伝説（奥多摩町川井字丹縄）

せせらぎの里美術館から上流の多摩川が一番狭まっ

たあたりが「姫が淵」といわれ、昔は藤橋が架かり、ともに将門の家臣であった浜竹五郎と尾崎十郎が両岸に柵（将門柵）を作り守っていた。この尾崎の息子と浜竹の姫が恋仲となった。浜竹の郎党がこれを妬み、尾崎の息子が多摩川の藤橋を渡るとき、それを切り落とした。そのため息子は死亡し、悲しんだ姫も同じ淵に投身自殺を遂げた。そして、この場所を「姫が淵」と呼ぶようになったという伝説がある。

青梅市金剛寺の青梅

3 青梅市

〈28〉**金剛寺**（青梅市天ヶ瀬町一〇三二）

承平年中、平将門がこの地に仏縁を結び、一枝の梅をさして、「わが願いが成就するなら栄えよ。そうでなければ、枯れよ。」と言ったところ、梅は新芽を出した。ところがこの木の梅は青いまま熟さず、枝に残ったまま落ちることがなかった。これを見た人々は不思議に思った。青梅という地名の由来である。一方将門は、誓いの効果を喜び、この寺を建立した。都の寛空僧正に依頼して、弘法大師自作の遺像をここに下し、開祖に擬し、寺名を金剛寺としたという。さらに、将門の守護仏、阿弥陀像を安置して無量寿院と号した。

〈29〉**富士向きの滝**（青梅市滝ノ上町）

将門が滝上家に滞在した時、富士向きの滝で修行をしたという。滝は現存しないが、常保寺（滝ノ上町一三一六）の境内にあったという。

〈30〉**青謂神社**（青梅市沢井三―一〇六〇）

源経基が平将門追討のため、多摩川を通った際、水の色が変化し藍色になった。不思議に思っていると、この社の方から一人の童女が現れて、勝利は間違いないと告げた。そこで追討軍を進めて、ついに将門を滅ぼした。経基は、この社を青謂神社と崇めることにしたという。経基は追討軍の副将軍に任じられていた。

〈31〉**塩船観音寺**（青梅市塩船一九四）

将門がこの観音に深く帰依したという。

〈32〉**安楽寺**（青梅市成木一―五八三）

将門が一部の法華経を納めたという。

〈33〉**天寧寺**（青梅市根ヶ布一―五四）

天慶年間、平将門が高峰寺を創建した。この寺に、将門が滞在した時、不動滝で沐浴中、白竜が現れ、雲に乗って多摩川上流に向かった。それを見て、将門は上流に根拠地を求めたという。時代が降って、三田氏が寺を再興し、天寧寺とした。三田氏寄贈の古鐘には、自身が将門の後胤である旨が刻されている。

〈34〉**海禅寺**（青梅市二俣尾四―九六二）

この寺は、平将門がこの地に庵室を建立したのに始まるという。将門の子孫と称する三田氏の菩提寺で、三田氏代々の供養塔が現存する。将門の位牌を納めたという。

〈35〉**天慶稲荷**（青梅市日向和田二―四七六）

将門稲荷とも呼び、御神体の鉄平石に天慶三年と刻まれているという。

〈36〉**愛宕社**（青梅市柚木町一―九四四）

奥州に住んでいた、将門の血を引く平師門の後裔である師秀が勧請した神社という。

4―西多摩郡日の出町

〈37〉**将門坂**（日の出町大久野）

将門が常にこの道を越えて、秩父へ往還したという。

〈38〉**勝峰山**（日の出町）

藤原秀郷に追われた将門が一夜城とした跡である。しかしここまで一緒に来た妻の鈴の御前と娘の桔梗姫の二人は、足手まといになるので途中の池に身を投げて死んだ。そのとき池は真っ赤に染まったという。藤原秀郷は麓から将門のいる勝峰山に向かって矢を射た。しかし矢は力余って山を飛び越えたので矢越沢とし、落ちた場所は矢治と名付けたという。

〈39〉勝峰権現（日の出町大久野三〇三九）

かつては勝峰山に祀られていた。将門の守り本尊の黄金像を勝峰山に安置し、戦勝を祈ったのが始まりという。

5 羽村市

〈40〉阿蘇神社（羽村市羽加美四―六―七）

承平三年（九三三）、将門が社殿を造営した。以後、藤原秀郷、三田定重もまた社殿を造営した。

6 八王子市

〈41〉将門神社（八王子市上恩方町力石）

将門を祀り、「まさかさま」と呼ばれている。この地の草木家が将門の家臣の後裔という以外に、将門関連の伝承はない。

7 江戸の将門伝説

東国の武士たちは、謀叛人でありながらも関東の大半を占領して、「新皇」と称した将門にあこがれた。将門同様に謀叛人の身ながら鎌倉幕府を創り上げた頼朝と共に戦ったという自負が、東国における将門びいき＝英雄視の風潮を助長したのである。中でも将門の叔父でありながら、養子になった村岡五郎良文の子孫である千葉氏や江戸氏は、江戸における将門伝説の伝道師であった。

江戸氏は、平安末期に江戸の地へ移り住んだ際、その民衆支配の必要上、以前から信仰されていた当地の産土神に加えて、自らの祖霊将門を持ちこんで祀ったという。かつては芝崎村にあった、将門を祭神とする神田明神の代々の神主柴崎氏が、江戸氏一族であることからもその伝説は裏づけられる。また、豊島郡江戸郷芝崎村（千代田区大手町から神田一帯）が、日比谷入江の先端にあって、しばしば洪水や津波の被害を受ける土地柄だったため、いつしかそれらの被害すべてが将門公の祟りとされた。そこで村民が産土神に将門の霊を合祀したのだという伝説も伝承されている。

『将門純友東西軍記』は、「将門の切り離された骸《むくろ》が、自分の首を追って武蔵国までやってきたが、豊島郡でついに倒れる。その霊が荒れて郷民を悩ませたので、一社を建てて祀ったのが今の神田明神である」と記している。

『太平記』の獄門首は身体を求めて毎夜わめいている。首は身体を求めて飛行する。不破の矢通村は東国へ飛び帰る将門の獄門首を射たところで、御首神社はそれを祀った神社といわれる。首はさらに東に向かい東京浅草の**鳥越神社**を飛び越え、新宿の**津久戸明神**で力つきて落下、首洗井戸で落ちた首が洗われ、大手町の首塚に埋葬されたという。それが**将門公の首塚**であるいう。

「浅草日輪寺書上」には、「平将門の乱後に縁者の手によって芝崎村に将門の墳墓が築かれていた。しかし、墳墓が荒廃して花を手向ける者さえいなくなる。すると将門の祟りが村民を悩ませるようになる。このため鎌倉後期、この地に立ち寄った東国遊行中だった時宗の二代他阿弥陀仏真教上人が、村民に乞われるまま供養を行って祟りを鎮める。喜んだ村民は寺院を時宗へと改め、寺名も柴崎道場とした。一方、将門の亡魂は境内鎮守の明神に配祀され、神田一郷の産土神となった。そののち寺も神社も移転し、寺は今の浅草の日輪寺、神社は神田明神となった」とある。

このように神田明神・将門首塚・日輪寺（芝崎道場）は、芝崎村の将門伝説に由来する将門伝説の最重要地といえる。すべては芝崎村から始まったのである。

神田明神は、徳川入府後の江戸城拡張工事により、慶長八年（一六〇三）頃芝崎村から駿河台へ、さらに元和二年（一六一六）現在の千代田区外神田へ移される。江戸幕府は当社を深く崇拝し、「江戸惣鎮守」として公認する。祟る神将門は、江戸の人々の最も身近な御霊神であった。

〈42〉**小豆沢**（板橋区小豆沢）

地名の由来は、将門が東国を押領した時、その貢物の小豆を積んで来た舟がこの入江に沈んだからという。

〈43〉**氷川神社**（板橋区東新町二－一六－一）

将門の太刀佩き観音が伝えられる。一説には将門像ともいう。他にも、将門ゆかりの品として写経の紙片や硯があるらしい。

〈44〉**神田山日輪寺**（台東区西浅草三－一五－六）

日輪寺は、神田山芝崎道場と号す。日輪寺は、了円法師が神田御門内柴崎村（千代田区大手町）に天台宗の寺院として開基したと伝える。その地にあった将門の首塚（将門塚）を、時宗二祖他阿真教上人が将門に「蓮阿弥陀仏」の法号を授与し供養したのを契機として、柴崎道場（時宗の念仏道場）として中興した。以後当寺は、将門の法要を毎年二月一四日に営んでいる。

〈45〉**鳥越神社**（台東区鳥越二―四―一）

将門の一族（千葉氏）が宮司を務める。将門の首がこの地を飛び越えたところといい、将門の霊を祀っている。飛び越えが鳥越に転訛したという。

〈46〉**赤城神社**（新宿区赤城元町一―一〇）

将門の首が飛んできて、この地に落ち、木にひっかかった。そのため木に血が付いたことから「赤木」という地名になったという。この神社は、かつて赤木明神と称していた。

〈47〉**首洗い井戸**（新宿区市ヶ谷）

将門の首が飛行中、この地に落下した。土地の人が井戸で洗うと、首は力をとりもどして、再び飛び去ったという。井戸は埋め立てられて今はない。

〈48〉**蜀江山**（新宿区北新宿一・二）

将門と秀郷の戦場。将門の弟将頼が蜀江の錦を落としたのを名の由来とする。近くに**蜀江坂**あり。

〈49〉**稲荷鬼王神社**（新宿区歌舞伎町二―一七―五）

将門を祀り、その幼名「外都鬼王」「鬼王丸」から社号をとったという。鬼を春の神として節分の豆まきに「福は内　鬼は内」と唱える。

〈50〉**鎧神社**（新宿区北新宿三―一六―一八）

将門が誅された時に、使用した鎧を祀ったと伝えるが、藤原秀郷の鎧だともいう。

〈51〉**八幡神社**（新宿区筑土八幡町二―一）

将門の足が祀られたという風説が伝わる。

〈52〉**神田神社**（千代田区外神田二―一六―二）

江戸時代には神田明神と呼ばれた。将門の首はこの神田明神の近辺に葬られ、現在その場所は「平将門の首塚」と呼ばれている。西暦一三〇〇年頃、この界隈で疫病が流行した際、人々は「将門の首塚の祟りではないか」と噂をしたという。そしてその後、定期的に首塚の供養が行われるようになり、将門は神田神社の主祭神となった。将門公に祈りを捧げれば、勝負運が上がるという話も伝えられている。

〈53〉**将門首塚**（千代田区大手町一―二―一）

獄門にさらされた将門の首が、胴体を求めて東国へ飛び帰る途中この地に落ち、埋葬された。それ以降しばしば怪異があり、江戸の人々は祟りを恐れて、手厚く供養したという。

近代になっても将門の祟りは引き続き恐れられてい

る。一九二三年の関東大震災後、政府は首塚を崩して整地し大蔵省の仮庁舎を建てる。その直後、仮庁舎で怪我や病気になる者が続出したり、大蔵大臣や幹部職員の変死もあったため、急遽仮庁舎は取り払われることになる。その後、大蔵省はこの地を逃げ出し、霞ヶ関へ移転したという。

〈54〉**築土神社**（千代田区九段北一―一四―二一）

都にさらされた将門の首を持ち帰り、上平川の観音堂で供養し、塚を築いて葬り、祠を建てて、将門の霊を神に祀った。塚を築いたことから津久戸明神として創建される。その後改称して築土神社となる。昭和二十年の空襲で焼失するまで、将門の束帯姿の木像と将門の首を入れた首桶があったという。

将門は合戦の最中、眉間に白羽の矢が突き刺さる。藤原秀郷がその首を掻き落としたところ、首は矢をつけたまま、この上平川の観音堂に飛来したという伝説もある。上平川の観音堂は現存しないが、そこで首を供養して、塚を築き葬ったとも伝える。

〈55〉**兜神社**（中央区日本橋兜町一―一二―一六）

義家の伝承地として知られるが、異説として、将門を討ち取った俵藤太（藤原秀郷）が、その首を兜と共にこの地に埋めたとも伝わる。

〈56〉**苅宿八幡宮**（川崎市中原区苅宿一九―一七）

大野村と呼ばれていたこの地に、新皇を名のり関東を平定した将門が一夜の宿をとった。以来「苅宿」の地名となったという。将門は夜半不吉な流星に夢破られ、朝になるのを待たずして出立した。そして、まもなく戦死したと伝える。当神社の御神体は将門ゆかりの青い色のまりのような石で、「金龍石」と書かれた箱に納められているという。

COLUMN02 武蔵国南部の藤原秀郷伝説

藤原秀郷は俵藤太という異名のほうが有名である。『今昔物語集』や『太平記』、さらには『俵藤太物語』で、その武勇を喧伝された。いわゆる俵藤太の「百足《むかで》退治」である。その伝説のあらすじは以下のものである。

藤太がある日、瀬田の唐橋を渡ろうとした時、橋の上に人間の五倍もある大蛇が横たわっていた。皆が怯える中、藤太は、悠々と大蛇を踏んで渡る。すると、後ろから呼び止める者がいる。振り返ると、大蛇ではなく龍神の化身の老翁だった。「お願いがあります。実は三上山を七巻半まいている大ムカデが湖に来て、私ども龍族の仲間をさらっていくので悩んでおります。どうか退治して下さい。」嘆願された藤太は承諾する。大ムカデがやってきたので、藤太は弓と三本の矢を持って立ち上がる。一本目、二本目。射た矢は跳ね返される。最後の三本目、祈りを込めて矢じりにつばを吐き、眉間を狙って射る。矢は大ムカデの額に見事命中、大ムカデは叫び声をあげながら倒れる。龍神は米俵、巻絹、釣鐘などの宝物を籐太に贈る。その米俵は、いつまでも米が出続けたので、「俵藤太」と呼ばれたのだという。

この伝説の俵藤太というのは、もちろん作られた人物像であって、もとの秀郷ではない。

秀郷の記録上の初見は、『日本紀略』の延喜十六年（九一六）八月十二日条の記事である。そこには、下野国司が十八人の罪人を流刑地に送れないと訴えたのに対し、朝廷は判決通り連行せよと一蹴したこと。その罪人が秀郷・兼有・高郷・与貞等十八人で、秀郷の罪状は上野介藤原厚載の射殺だったことが記されている。延長七年（九二九）にも下野国司は「藤原秀郷等の濫行」を政府に報告している。秀郷は下野一国のアウトローであり、将門の乱以前は一貫して朝廷・国衙と敵対する存在だった。

将門の乱に際し、朝廷は地方の領主層に対して、恩賞を懸けて将門追討への参加を呼びかける。そして平貞盛ら将門と敵対関係にあった平氏一族をはじめ、従来しばしば追捕の対象としてきた秀郷らの群党的勢力も登用する。その際、彼らを東国の掾や押領使（追捕凶賊使）などに任用したのであった。無法者の秀郷は下野掾に任命され、押領使も兼帯するのである。

ところで、秀郷は将門に協力する可能性があったという伝説がある。秀郷が将門のもとを訪れた際に将門の軽率な態度にあきれ、味方するのをやめたというのである（『平家物語』・『源平盛衰記』・『吾妻鏡』）。

軍略に優れた秀郷は、朝廷軍として平貞盛らと下総に出陣し、見事将門を討ち取る。そしてその功により、軍事貴族として中央進出を果たすのである。後世秀郷の子孫からは歴史に名をとどめる有力な武士が多く出ているが、全国規模の武家の棟梁が秀郷流から生まれることはついになかった。武士団形成期に起きた安和の変で、秀郷の子千晴が処罰されたことが災いしたと考えられている（→『埼玉の史跡』三三〇頁）。

東国では、都からの独立を実現したという平将門の人気は高い。それゆえ南武蔵でも将門伝説は数多く残っているが、一方で将門を討ち取った藤原秀郷の伝説もまた多く語られている。

〈01〉**下谷神社**（台東区東上野三―二九―八）

秀郷が相馬城へ発向の時、当社に参籠して将門追討の祈願をした。平定の後、社殿を造営したと伝える。

〈02〉**黒船稲荷神社**（台東区寿四―三―一）

秀郷は将門の乱平定後、財宝を積んだ黒船に白狐がいる霊夢を見て、隅田川の浜の石上に当社を創建したという。

〈03〉**円照寺**（新宿区北新宿三―二三―二）

秀郷が平将門討伐の兵を挙げたが、肘の病のため伏してしまう。そこで薬師如来に祈願すると、たちまち平癒したので討伐できた。乱後、堂宇を建立して創建したという。

この地の柏木右衛門督も秀郷と共に凱旋した際に、戦死者の遺品を埋葬して菩提を弔ったという。その埋葬した塚に桜の木を植えた。これを「右衛門桜」という。

〈04〉**鎧神社**（新宿区北新宿三―一六―一八）

平将門滅亡後、将門の鎧を埋めた。或いは、秀郷の鎧とも伝える。

〈05〉**水稲荷神社**（新宿区西早稲田三―五―四三）

秀郷が平将門を討った翌年、**冨塚古墳**（西早稲田一―六早稲田大学構内）に稲荷大明神を勧請、「冨塚稲荷」と命名したのが始まり。冨塚稲荷から水稲荷という名称に変わったのは、元禄時代のこと。神木の根元から霊水が湧き出て眼病に効くという評判が立ち、さらに火難退散の神託があったことで改名となったとされる。昭和三十八年（一九六三）現在地に移転した。

〈06〉**宝泉寺**（新宿区西早稲田一―一―二）

かつて境内にあった毘沙門堂には、秀郷が自ら作った毘沙門像があった。平将門討伐の戦場で戦勝祈願すると毘沙門天が出現した。その姿を写したという。

〈07〉**龍泉院**（新宿区西早稲田一―一―二）

当寺の北山に、秀郷が船をつないだ松があったという。「船繋松」と呼ばれていた。平将門を討った後、秀郷は京に上る途中だった。

〈08〉**幡ヶ谷不動**（渋谷区本町二―四四―三 荘厳寺）

秀郷が将門追討の祈願をこめて、陣中にまで祀っていた智証大師作と伝える不動像を、勝利後下野小山に安置したが、後世この寺に遷したという。

〈09〉**椙森稲荷神社**（中央区日本橋掘留一―一〇―二）

江戸三森（椙森・柳森・烏森）の一つ。秀郷が戦勝祈願して、その加護を得て平将門を滅ぼしたという。その御礼として白銀の狐像を奉納したと伝える。

〈10〉**烏森稲荷社**（港区新橋二―一五―五）

秀郷が稲荷に祈願した際、白狐が白羽の矢をくわえて来た。この矢を用いて平将門を滅ぼすことができたので社を建立しようとした。すると白狐が現れ、神鳥の群がる所が霊地であると告げる。そこでこの森を見出し、社を建立したという。

〈11〉**霞ノ関南木戸柵跡**（多摩市関戸五―三五―五）

『曾我物語』によると、西行法師が東下りの時に、平将門が防御のため関戸を立てたところ、秀郷が霞ノ関と名付けて打ち破った昔を思ったという。源頼朝もこの地に宿泊の時に、はるか昔に思いをはせたという。

〈12〉**高安寺**（府中市片町二―四―一）

秀郷の館があったこの地に、市川山見性寺に改めて建立したのが始まり。その後荒廃するが、足利尊氏が高安護国禅寺として再建した。境内に**秀郷稲荷**がある。

〈13〉**阿蘇神社**（羽村市羽加美四―六―七）

秀郷が平将門の怨霊を鎮めるため社殿を造営した。傍らに**秀郷手植えの椎の木**がある。

〈14〉**藤太橋**（日の出町）

平将門の立てこもる城峰山を、藤太橋から眺めたところ、馬にまたがる将門が鮮やかに見えた。そこで強弓で矢を放つと、鎧をかすめて飛んでいった。矢が越えた沢を「矢越沢」、その矢が肝要の後ろの山を越えたので「通矢尾根」と呼ぶ。

〈15〉二宮神社（あきる野市二宮二三五二）

平将門の乱が起こった時、秀郷が戦勝祈願のため参詣した。

〈16〉阿伎留神社（あきる野市五日市一〇八一）

秀郷が平将門討伐に際して、大原明神（京都市西京区大原野 別称京春日）を勧請して、戦勝を祈願したという。また、他説として平貞盛と共に三島神社に奉納した将門調伏の祈願文を所蔵したとも伝える。

〈17〉三頭山（檜原村）

秀郷がこの山から、七ツ石山山頂に立つ平将門を狙って、強弓で射殺したという。

COLUMN03 南武蔵の渡辺綱伝説

港区三田二丁目の高台は、昭和四二年（一九六七）まで三田綱町という地名で呼ばれていた。江戸時代には広大な庭園を持つ大名屋敷が並んでいたが、現在もこのあたりは緑が多く、イタリア大使館（三田二ー五ー四）をはじめ、高級マンションが建ち並ぶ閑静な環境である。三田綱町の名前は、この地に伝わる渡辺綱伝説に由来しており、付近には多くの伝説が残っている。

當光寺（三田二ー一ー二）は綱出生の地と伝え、山号も『綱生山』である。当寺の御本尊は恵心僧都作の**阿弥陀如来像**で、綱が恵心僧都より賜ったものという。（ただし、現在の御本尊は江戸期作である。）この當光寺向かいのオーストラリア大使館（三田二ー一ー一四）には、綱の産湯に使ったとされる井戸がある。**産湯の井戸**は、近くの綱町三井倶楽部の敷地（三田二ー三ー七）・弘法寺龍生院（三田二ー一二ー五）境内にもあり、いずれも史蹟となっている。**元神明宮天祖神社**（三田一ー四ー七四）は綱の産土神と伝わり、数多くの武将等の崇敬を受けてきたという。**長運寺**（三田四ー一ー九）には**渡辺綱大明神像**があり、今でも綱の額が寺宝として保存されている。

また地名にも、イタリア大使館脇の坂「**綱坂**」があり、三田一丁目と二丁目の境には「**綱の手引坂**」があって、この地域が渡辺綱伝説と深く繋がっていることが知られる。

しかし『江戸名所図会』の「三田」の項では、「この地を渡辺綱の旧跡とするのは誤り」としており、『武江紀聞』には、綱の旧跡は三田ではなく箕田（みた）で、武蔵国足立郡箕田（埼玉県鴻巣市箕田）であると記されている。

綱の父宛は、嵯峨源氏の源融の子孫である。武蔵守源仕の子として武蔵国足立郡箕田村で生まれ、箕田を本拠地として箕田源二または箕田源次と号した武士であった。それ故、綱の出生地が武蔵国足立郡箕田村であったというのは有力な説である。綱は生まれた時、父が他界したため、清和源氏の源満仲の娘婿である仁明源氏の源敦の養子となる。そして母方の里である摂津国西成郡渡辺（大阪市中央区久太郎町四渡辺）に移住する。その後渡辺綱と称し渡辺氏の祖となったという。成長して源満仲の子頼光に仕え、頼光四天王の筆頭として剛勇で知られるようになる。この綱を史上有名にしたのが、大江山

港区龍生院渡辺綱産湯の井戸

の酒呑童子退治や羅生門の茨城童子の腕を切り落とした逸話である。

酒呑童子《しゅてんどうじ》は、丹波国と丹後国の境にある大江山、または山城国と丹波国の境にある老の坂に住んでいたと伝わる鬼の頭領、あるいは盗賊の頭目である。酒呑童子は京の若者や姫君を次々と襲ったため、帝は源頼光と藤原保昌らを征伐に向わせる。源頼光は家来の綱・坂田金時・碓井貞光・占部季武を引き連れて、八幡・住吉・熊野三神の加護を得ながら酒呑童子一味を見事討ち果たす。一行は、山に囚われていた姫を救い出し、酒呑童子の首を土産に都へ凱旋し、帝からたくさんの褒美にありついたという。

茨城童子《いばらきどうじ》は酒呑童子の家来だったが、逃げおおせて京の朱雀大路の羅生門で悪行を続ける。綱はこの鬼と格闘して右腕を切り落とす。しかし取り逃がしてしまったため、切り落とした腕を石の長持に保管して、諸国を回って茨城童子を探し求める。その後茨城童子は腕を取り返して逃げたという。この茨木童子との戦いの逸話から、以後鬼は『渡辺』姓の人間を綱の子孫だと思い、瞬く間に逃走してしまうという。このことから節分においては、渡辺の苗字を名乗る人は豆まきの必要がないと言うのである。

綱の子孫は摂津渡辺党という武士団に成長し、以仁王を奉じて源頼政が挙兵すると、その配下として活躍した。以後、渡辺氏は各地を転戦し、その戦いぶりは勇猛をもって知られたという。戦国時代になると、武田・今川・織田・徳川・毛利など有力戦国武将に仕え、渡辺氏は全国に広まり、渡辺綱伝説も全国各地に展開したのである。

港区三田の語源は、朝廷に献上する米を作る「屯田（みた）」が存在していたからとも、伊勢神宮または**御田八幡神社**（港区三田三－七－一六）の「御田」があったからともいわれている。しかし「みた」はやがて剛勇の英雄渡辺綱の旧名「三田」に繋がり、渡辺綱の伝説地になったのである。

COLUMN04 武蔵国南部の有徳人（長者）伝説

有徳人（うとくにん・有得人）とは、日本の中世社会における富裕層のことで、本来は社会的に低い身分でありながら、富を築いた商人や荘官らである。

こうした階層が登場したのは、鎌倉時代後期より、貨幣経済の発展によって土倉・酒屋・問丸をはじめとする商人層の富裕ぶりが注目を集めたことが背景にある。

「有徳」とは本来仏教用語で徳が備わっているという意味で、「有徳人」は徳の備わった人のことである。この「徳」と利益・財産を獲得の「得」が同音であることから、長者（富裕層に属する人々）を「有徳人」と呼ぶようになった。あるいは長者は神仏からその貪欲さを責められる事を恐れ、寺社への喜捨行為を積極的に行って功徳を得ようとしたことから「有徳人」と呼ばれたともいわれる。

吉田兼好が『徒然草』第二一七段で、「ある大福長者」に「有徳人」のあるべき生き方を語らせている。自分の欲求をかなえようとしてはいけない。銭を神仏のごとく尊びながら用いよ。正直を心がけ、約束を守れなどなど。大福長者が語るのは、倹約をもっぱらにし、正直と誠意と忍耐を心がけて商売に励む商人像である。

しかし長者の現実は、「銭」に飽かした傍若無人、強欲さによって多くの人々を苦しめたはずである。おそらく人々は、彼らを恐れるとともに、ねたみそねみを持って恨んだことだろう。

長者伝説とは、長者の栄華・没落を主題とした伝説・説話類の総称である。かつて長者が住んでいたという屋敷跡とか、埋めた黄金にまつわる伝説である。そしてそのほとんどは、長者がいかに没落したかという話であり、日本全国に分布している。それこそ長者になれなかった多くの人々の好むところであった。

中世の南武蔵は、物資の集積地として活発な経済活動が行われており、少なからぬ長者が生まれ、長者伝説が残されている。

まずは中野長者の伝説である。

今は昔、応永の頃（一三九四〜一四二七）、紀州熊野から鈴木九郎という若者が中野にやってきた。九郎はある日、総州葛西に馬を売りにいったところ、たいそう高値で売れた。信心深い九郎は仏様の功徳と感謝して、得たお金はすべて浅草観音に奉納する。すると、中野の家に帰ってみると、元のあばら家は黄金に満ちていた。観音様のご褒美でした。それから九郎の運は上向き、やがて「中野長者」と呼ばれる大金持ちになった。その後、故郷の熊野神社を移して熊野十二社（現熊野神社 新宿区西新宿二―一一―二）を建てたり、信心深い生活が続く。

ところが、あふれる金銀財宝が屋敷に置ききれなくなった頃、九郎に邪念が生じる。九郎は金銀財宝を隠そうとして、人を使って運ばせる。そして帰りには、その運搬人を亡き者にするという悪業を働き始めたのである。「淀橋」を渡って出掛けるけれど、帰りはいつも長者一人だということから、いつしか村人はこの橋を「姿見ず橋」と呼ぶようになったという。

しかし、悪が栄えるためしなし、やがて九郎に罰があたる。九郎の美しい一人娘が、婚礼の夜、暴風雨の中で蛇に化身して熊野十二社の池に飛び込んでしまう。九郎は相州最乗寺から高僧を呼び祈りを捧げる。すると暴風雨はおさまり、池から蛇が姿を現し、たちまち娘に戻ったのもつかの間、娘はにわかに湧いた紫の雲に乗って天に昇っていってしまったという。以来、娘の姿は二度とこの世に現れることはなくなった。九郎は嘆き悲しみ、深く反省して僧となる。そして、自分の屋敷に**正歓寺**（中野区本町二―二六―六 現成願寺）を建て、また、七つの塔も建てて娘の菩提を弔いながら、信心深い生活に戻ったという。

長者伝説には紀州熊野や鈴木氏と深い関係があるようだ。次にあげる品川の長者も熊野出身の鈴木氏である。室町時代の半ばに鎌倉府の直轄地となった品川では、次第に商人層の力が大きくなった。港町としての発展とともに、海運に関わる問などの商人層が活躍し、鈴木氏や榎本氏などの長者が誕生した。

長者の一人鈴木道胤は、宝徳二年（一四五〇）に鎌倉公方足利成氏から蔵役を免除されるなど鎌倉府の庇護の下で広域的に経済活動を展開した。**妙国寺**（現天妙国寺 南品川二―八）の檀越として寺地や梵鐘を寄進したという。

他方、**海晏寺**（南品川三―四―四）の檀越として活躍した榎本道琳は、鈴木道胤と同時期に海晏寺へ梵鐘を寄進するなどしている。ともに熊野地方から品川に移住した一族であり、両氏の活躍の背景には、太平洋海運による品川と紀伊方面の交易があったことが窺われる。

　東国での鈴木氏、榎本氏の活躍は、品川にとどまらず関東各地にその足跡をたどることができる。南武蔵でも石浜の**橋場神明社**（東京都荒川区）の鈴木兵部、**若一王子**（熊野神社の摂社　西新宿二―一一―二）を勧請した中野長者・鈴木九郎、**王子権現社**（王子神社　北区本町一―一―一二）を勧請した鈴木氏、榎本氏らの王子六人衆など、その活躍を窺うことができる。長者伝説は、こうした実在の長者を下敷きにして誕生したのである。

　港区白金に長者伝説がある。白金台の広大な国立科学博物館附属自然教育園（白金台五―二一―五）の中に、大規模な土塁跡があるが、伝説ではこの遺構は「**白金長者屋敷跡**」と伝えている。この屋敷の主は、南朝の国司としてこの地を開墾した柳下上総介で、大量の白金（銀）を保有していた。のちに白金村と呼ばれることになるこの村で、子孫は代々名主を務めたという。「白金に白金長者、一方青山に渋谷黄金長者がいた。白金長者の長男は銀王丸、黄金長者の長男は金王丸であった。銀王丸が十五歳の時、目黒不動に参詣したところ、不動明王の彫刻のある笄を拾った。その帰り黄金長者の姫を見かけ一目惚れする。白金と青山の中間の麻布笄橋のたもとで二人が逢瀬を重ねていると、橋の下から姫に恋焦がれて死んだ男の霊が鬼となって二人に襲いかかる。すると笄が不動明王となって鬼を追い払い二人を救った。銀王丸は白金長者の家督を弟に譲り、黄金長者の婿となり金王丸となった。」という恋物語も伝えられている。

　福生市の熊川地域にも長者伝説がある。旧家に伝わる『神光仏言夢物語』と題する文献には、「昔、武蔵野に大野長者という福人があり、屋敷の回りに堀をほり、当村の『さる坂』より堀をほり、多摩川を引き込む」とある。また、他の文献にも旧跡として長者ケ跡が拝島村の西北なる田圃（たんぼ）の中にあると記している。熊川地域には**長者堀跡**と伝える遺跡も存在し、さらに付近の**長者屋敷跡**と伝えられている場所から開元通宝や永楽通宝という銭貨が多数が出土している。

　あきる野市小和田二三四の**広徳寺**にも長者伝説がある。開基である龍応智雲尼の夫の正応長者が、寄進して伽藍を整備したという。また同寺の山号「龍角山」の由来は、正応長者が飼っていた馬が、一本角の龍を産んだことによるという。

六

板碑・五輪塔等石造物のある史跡

1……武蔵国南部の中世の石造物

街道歩きをしていると、路傍で多くの石造物に出会う。庚申塔・地蔵菩薩像・馬頭観音像・道標などなど。これらのほとんどは近世に造られたものであり、武蔵武士の時代である中世の石造物は、めったに路傍で見つけることはできない。中世の石造仏は寺院や墓地で探すことになる。

中世にはさまざまな石造物が全国各地に作られた。板碑・五輪塔・宝篋印塔・層塔・多宝塔・宝塔・無縫塔など膨大な数になる。それらの中で、武蔵国では板碑が最も多く、五輪塔・宝篋印塔と続く。現在確認されている武蔵国内の板碑は約四万基を数えるが、ほとんどは石材原産地の埼玉県内にあり、南武蔵は圧倒的に少ない。そして中小規模のものに限定される。尚、板碑は戦国期にはほとんど造られなくなるが、五輪塔や宝篋印塔は近世にも継続して造立されている。

1 板碑

板碑とは、石製の卒塔婆の一種である。武蔵国の板碑の原材料は、荒川上流の埼玉県秩父郡長瀞町野上下郷や埼玉県比企郡小川町下里の槻川（入間川上流）流域を産出地とする緑泥片岩である。板状に割れるこの石の性質を生かして加工した板碑は、武蔵型板碑と呼ばれる。特徴は、頂きを三角にして上部を二条線で刻み、塔身部の碑面を平面に整形しているが、背面はごつごつしたままである。碑面は一重か二重の枠線で囲んでおり、聖域を表示して荘厳する役割を果たしている。この枠線で囲う型式は、鎌倉中~後期の埼玉県の板碑に多いが、南武蔵では少ないという地域差がある。また板碑の碑面を構成する要素として、種子・紀年・願文や偈頌《げじゅ》などの銘文・荘厳などがあるが、現存する板碑で最も多いのは種子と紀年のみのものである。

石材の原産地から離れている南武蔵の板碑の加工・

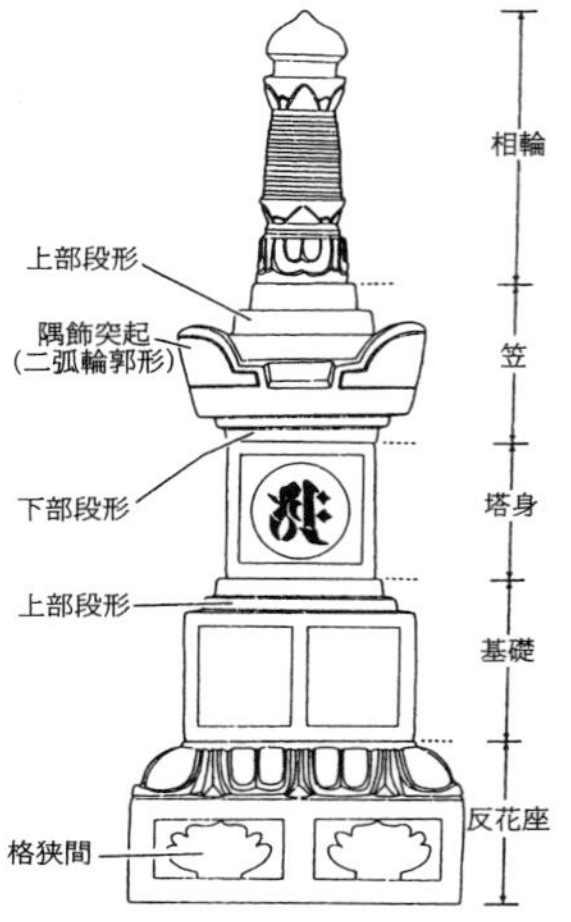

宝篋印塔

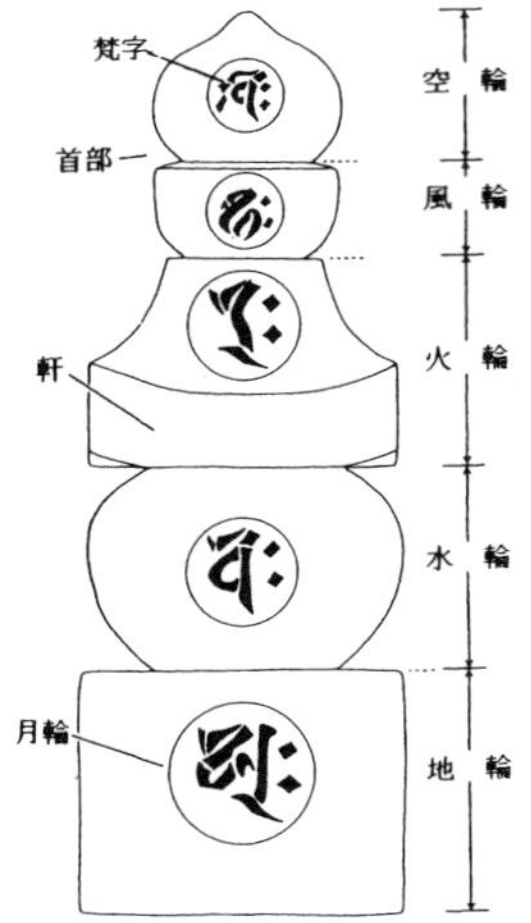

五輪塔式図

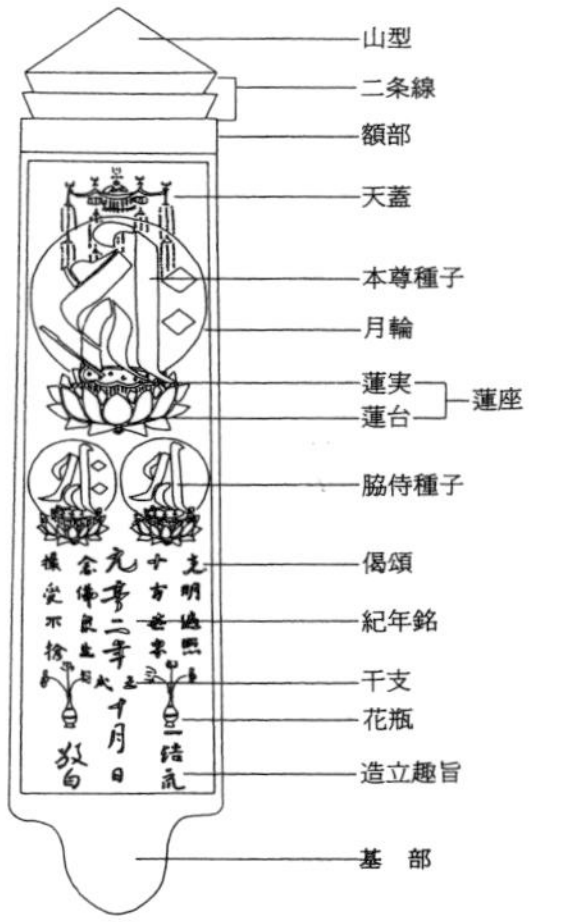

板碑模式図

流通に関して、①採石場近くの工房で、ほぼ完成品に近い製品を作りあげ、銘文などを現地で加える場合②原石のまま輸送して現地で作成する場合③採石場近くの工房で外形だけが整えられた半製品を、流通中継地で加工し、そこを中心に流通した場合が考えられている。いずれの場合もありうるが、近年③の流通中継地の存在を重視する研究が注目されている。

まずは流通中継地の候補として隅田川周辺地域が有力視されている。応永年間（一三九四～一四二八）を中心にみられる特徴的な形の蓮座（最初に浅草寺遺跡（東京都台東区）で確認したことから浅草寺型蓮座と名付けられた）を刻む浅草寺型蓮座板碑が、**浅草寺遺跡**を中心に約七十基確認されている。その分布は、台東・文京・千代田・新宿・墨田・葛飾・江戸川・大田・品川区から千葉県市川・松戸・柏市、埼玉県八潮・三郷市などの東京湾北部沿岸に広がり、浅草寺遺跡から距離が離れるにつれ基数が減少する。この同心円の中心に板碑の加工場が想定されるのである。この分布は、浅草地域を中心とする陸上・水上交通の経路と重なっている。

同様に多摩川流域にも、十四世紀中葉以降、中流域と下流域に、それぞれ板碑形の素材を搬入し製品化する加工場が存在したと推定されている。府中市近傍の中流域は鎌倉街道上道、下流域の大田区は鎌倉街道下道の渡河点で、いずれも交通の要衝である。多摩川流域の自治体は、八五〇〇基もの板碑が現存する地域である。これに対して、多摩川流域を離れた横浜市域に板碑の数が激減するのは、板碑の流通・加工に多摩川が大きな役割を果たしているからであろう。

2 五輪塔

五輪塔も中世において数多く造立されている石塔である。塔の形は密教信仰に基づいて作り出されたもので、通常下から方形の地輪、球形の水輪、屋根形の火輪、請花《うけばな》としての半円形の風輪、宝珠形の空輪を積み上げる。各輪には、上から梵字でキャ・カ・ラ・バ・アの五大種子を刻んでいる。ちなみに多くの風輪と空輪は一石で造り、空風輪と呼んでいる。現存する五輪塔には五つの部位が揃ったものは少なく、揃っていたとしても上下の順が崩れたものが多い。それだけ積み重ねた形態が不安定だということである。この石塔は日本固有の塔で、供養塔や墓石として建立されてきたが、今も人気の形態である。造立初期のものは木製や金属及び瓦製の板状卒塔婆であったと考えられている。石材は、おもに在地の硬質石材や安山岩（伊豆石）などを使用しているが、群馬県みどり市西鹿田の天神山で産出する白色の凝灰石灰岩を使用したものもある。ここから産出される凝灰岩は、白色できめ細かく、質の良い石材であったことから、中世には石塔や石仏に盛んに使われたようである。武蔵国では採石地に近い北部に多く、現在南武蔵にはほとんど見ることはできない。五輪塔は、採石地から最も遠い横浜市磯子区の**東《とう》漸寺《ぜんじ》**と同市西区御所山町に現存しているのみである。

3 宝篋印塔

宝篋印塔は、「一切如来心秘密全身舎利宝篋印陀羅尼」の経文を納めた塔であるが、後には供養塔、墓碑として立てられた。基本的には基壇上に、基礎・塔身・笠・相輪をつみあげ、塔身の四面に梵字を刻む。笠部の段数と笠部の「隅飾突起」は、年代によって変化し、地域差も多い。基礎をはっきりした「反花座」で受けるのが、関東の特徴である。建立が盛んになったのは鎌倉時代中ごろ以後で、室町時代に入ると小型の宝篋印塔が多数建立される。一般の人が宝篋印塔を墓石として建立することは少なく、ほとんどが僧籍にあった人か、土地の有力者や権力者の墓石である。現在でも宗派によっては寺院の許可がないと墓石として認めない場合がある。

4 伊奈石の石造物

多摩川上流部には、現在のあきる野市から産出した砂岩が石造物の石材として使われてきた。伊奈石と呼ばれ、加工しやすい石材として広く利用された。中世には伊奈石製の武蔵型板碑も作られ、あきる野市・日の出町など多摩川上流域を中心に現存している。あきる野市の五日市郷土館には、**寛正四年**（一四六三）**銘の阿弥陀三尊の種子を刻む板碑**が展示されている。多摩市東寺方四九五の**宝泉院**にも、阿弥陀三尊の種子と**「永正」**（一五〇四〜一五二一）**の紀年銘を持つ板碑**が残されている。他の伊奈石製の五輪塔や宝篋印塔は多摩川中流域を中心に板碑よりもう少し広く分布する。多摩市落合の丘陵斜面から裾部にわたる旧墓地からは武蔵型板碑の他に伊奈石製と見られる五輪塔が出土している。また、多摩市関戸五丁目の通称**「無名戦士の墓」**にも伊奈石製とおぼしき五輪塔などの残欠がある。

最後に

本項では、旧武蔵国南部の特徴ある石造仏を、東京都と神奈川県に分けて紹介している。

尚、石造物の見方等は『武蔵武士を歩く　埼玉の史跡』を参照されたい。同書の石造物関係の執筆者は中西望介氏である。本来なら本書の石造物関係は中西氏が執筆すべきところだが、残念ながら令和三年（二〇二一）九月に逝去された。思えば、南武蔵、とくに神奈川県の中世史跡めぐりは、中西氏に導かれて始まった。豊富な知識と地道な調査経験に裏付けされた同氏の案内のおかげで、多くの石造物、史跡を見学することができた。感謝するばかりである。ご冥福をお祈りしたい。

2……東京都（旧武蔵国）の石造物

1　特徴のある板碑

〈01〉西仏板碑（台東区浅草二－三－一）高さ二一七・九cm、幅四十六cm

浅草寺本堂の西側、影向堂の前にある池のほとりに立つ板碑。中央上部に大きく釈迦如来を表す種字を配し、その下には蓮台に立つ地蔵菩薩と蓮華を生けた花瓶、右側には童子像、下部には建立者西仏が家族の今世と来世における幸福を願う文章を刻む。建立者の西仏は、『吾妻鏡』建長五年（一二五三）八月廿九日条で、下総国下河辺荘の築堤工事を命じられた奉行人「鎌田三郎入道西仏」のほか、何人か候補がある。紀年銘は無いが建立は鎌倉時代中期と推定されている。都内最大級の武蔵型板碑である。但し、寛保二年（一七四二）暴風雨で倒壊し、三つに割れる。その後、文化十一年（一八一四）に二本の側柱で支えて現状の形となる。その際上部の欠損は補われなかった。

浅草寺西仏板碑

〈02〉「心字座蓮座」板碑　志村延命寺（板橋区志村一－一二－一二）高さ八五cm、幅五〇cm

通常板碑には仏そのものや、大切にしている仏の教えを主尊として中央に刻むが、その際には主尊を「蓮座」と呼ばれる蓮の花の上に描いている。「心字座蓮座」はこの蓮座の一種で、漢字の「心」の字のような造形を持つものである。志村延命寺の「心字座蓮座」板碑は建長四年（一二五二）の銘が刻まれている。極めて珍しい武蔵型板碑である。同寺には境内に二十一基の板碑を所蔵しており、いずれも区有形文化財に登録されている。

志村延命寺板碑

○康元元年銘板碑（府中市矢崎町二－二－一）**高さ一四一cm、幅五八cm、厚さ一〇cm**

府中市矢崎町二丁目の三千人塚に立つ。摩滅は激しいがどっしりとした形状で、阿弥陀種子が雄渾な書体で刻まれている。塚は『江戸名所図会』によれば、「三千人の亡骨を埋蔵する」という趣旨の銘文があるとして、元弘三年の分倍河原合戦の戦死者を葬った遺跡としている。しかし平成十七年（二〇〇五）の調査で、江戸時代に築かれたものと判明した。板碑は府中市郷土の森博物館に複製が展示されている。康元元年（一二五六）銘が刻まれており、多摩地域最古の武蔵型板碑である。

府中市三千人塚板碑

○貝取念仏供養板碑（多摩市貝取一－一五－一五）**高さ一五〇cm、幅三八cm**

ニュータウンとして貝取開発の時多くの武蔵型板碑が発見されたが、そのうちの二十五基がこの覆舎にコンクリートで固められて保存されている。中央の念仏

多摩市貝取念仏板碑

供養板碑は市内最大のもので、文明二年（一四七〇）の紀年銘、さらに平三郎・孫次郎・彦六ほか十名の名が刻まれている。彼らが結集して念仏講をつくり造立したとある。

〈03〉元弘板碑（東村山市諏訪町一―一二六―三）**高さ一四七㎝、幅四四㎝**

東村山市の徳蔵寺板碑保存館にある。この板碑はかつて八国山の将軍塚近くに建てられていたもので、上部に光明真言の種子を刻み、中央に「元弘三年癸酉五月十五日敬白」の紀年銘、左右に「飽間斎藤三郎藤原盛貞、生年二十六、武州府中に於いて五月十五日打死せしむ」、「同孫七家行、二十三、同じく死す。飽間孫三郎宗長、三十五、相州村岡に於いて十八日に討死」と被供養者の氏名・享年・戦没場所と日付を刻む。さらに下方に「勧進　玖阿弥陀仏、執筆　遍阿弥陀仏」と建立者である時宗の僧の名がある。元弘三年（一三三三）の新田義貞の鎌倉攻めの際に、戦死した飽間斎藤一族三名の菩提を弔うために建立された武蔵型板碑である。

徳蔵寺板碑

〈04〉貞和の板碑（東村山市野口町四―六―一）**（正福寺）高さ二八五cm、幅五八・五cm**

境内の収蔵庫にある武蔵型板碑。正面上部は月輪内に釈迦種子・蓮座を配し、下方に光明真言と銘文を刻む。貞和五年（一三四九）己丑卯月八日の紀年銘がある。都内最大で、かつては寺の南の前川に架かる橋として使用していたという。「経文橋」「念仏橋」と呼ばれていた。

貞和の板碑

〈05〉永仁四年銘種子板碑（青梅市塩船一九四）**（塩船観音寺）高さ二〇三cm、幅六三cm**

本堂右手の板碑堂内に、百基近くの板碑と共に収蔵されている。上部が欠損しているが二mを超す、都内でも最大級の武蔵型板碑である。永仁四年（一二九六）の紀年銘があり、阿弥陀種子の下に「願以此功徳　普及於一切我等与衆生　皆共成佛道」の文字が右から四列に並ぶ。紀年銘は中央にあり、その下に「大勧進僧成円」と刻む。下部右側に「奉造立一百余人」、左側に「逆修卒都婆也」とある。

永仁四年銘種子板碑

〈06〉文和の名号板碑（八王子市宇津木七三八）**（龍光寺）高さ一六八cm、幅四三cm**

かつては谷地川沿いの街道に面して建っていたといわれている。現在は境内の板碑収容庫に納められているが、透明ガラス越しに見ることができる。中央に大きく「南無阿弥陀仏」と六字名号が刻まれている。さらにその周囲に、約百六名の時宗の宗徒の阿号が刻まれた結衆板碑である。「文和二年（一三五三）癸巳　十一

文和の名号板碑

本行寺題目板碑

府中市抱き板碑

月廿一日」と紀年銘を刻む武蔵型板碑である。

〈07〉本行寺題目板碑（大田区池上二―一〇―五）当初の高さ一五〇㎝弱と推定

日蓮入滅の地である池上本門寺山内の大坊本行寺に所在する正応三年（一二九〇）銘の板碑は、最古の題目板碑である。上半部は欠損しているが、当初の碑高は一五〇㎝弱と推定される武蔵型板碑である。主尊は題目を中心として釈迦と多宝如来の両尊、さらに四菩薩を加え、天蓋、連座、圏線などを伴った荘厳的なものとされている。（非公開）

〈08〉抱き板碑（府中市分梅町一―一八―五）（八雲神社脇）地上の高さ一七〇㎝

分倍河原駅の西側を通る分梅通り（旧鎌倉街道あるいは陣街道ともいう）が段丘崖を登りきる手前、八雲神社の北側の道との辻にあって、かつて樫の木に抱かれるようにして立っていた。元応三年（一三一九）銘を刻む。阿弥陀一尊種子と大蔵近之が亡き父「道仏」の十七年忌のため建てたという銘文が刻まれている。しかし道路拡張にともない撤去され、現在あるのはレプリカで、実物は郷土の森博物館で保管している。市内最大の武蔵型板碑である。

〈09〉普済寺六面石幢（立川市柴崎町四―二〇四―四六）**高さ一六六㎝、幅四二㎝、厚さ九㎝**

六面石幢は、立川市内唯一の国宝で、普済寺の開山・物外和尚の弟子である性了によって南北朝時代の延文六年（一三六一）に建てられた。緑泥片岩六枚を六角に組み合わせ、その上に六角形の笠石と宝珠がのせられている。六面のうち、二面には仁王像、四面には四天王像が刻まれており、寺の安泰と信徒との繁栄を願って建立されたものと考えられている。

このような石幢は、普済寺のほかに、埼玉県比企郡小川町の大聖寺の六面幢、入間郡毛呂山町山根の六角塔婆などが知られている。

普済寺六面石幢

現在、六面石幢は新保存庫への移転に伴う修理のため、令和六年度（予定）まで拝観を停止している。尚、立川市歴史民俗資料館（富士見町三丁目一二―三四）で、レプリカを展示しており見学できる。

2　特徴ある五輪塔

〈10〉清岸寺五輪塔（渋谷区幡ヶ谷二―三六―一）

境内に四基の五輪塔があり、その様式から中世（室町時代）に作成されたものと考えられる。本五輪塔の伝来については、廃仏毀釈によって廃寺となった法界寺の頃から当地にあったのか、それ以後に参宮橋から引き移ってきた、清岸寺が持参したものなのかはっきりとしない。材質は、安山岩と砂岩がそれぞれ二基ずつである。

区内では中世にまで遡る五輪塔は、この四基しか確認されていない。

清岸寺五輪塔

品川区海晏寺五輪塔

〈11〉海晏寺五輪塔　伝時頼墓（品川区南品川五―一六―二二）**基壇を除き総高一五一cm**

海晏寺の山門をくぐり、左側の鐘楼の手前に四基の五輪塔がある。石材は安山岩で、東西に配置されている。『新編武蔵国風土記稿』では時頼・頼朝・二階堂・北条、『江戸名所図会』は時頼・二階堂・梶原・北条の墓と仮託している。

西から二番目の一号塔は、海晏寺開基の北条時頼の供養塔として祀られている。但し、反花座と地輪は近世に別の宝篋印塔から転用されたもののようである。地輪の正面に「最明寺殿／覚了房道崇」、背面には「弘長三癸亥十一月二十二日／正五位下行相模守平元帥時頼」と刻まれているが、刻書体や年号干支の記載法から近世以降の後刻であり、海晏寺開基とされる時頼の供養塔として整備されたものと考えられる。この一号塔は、『江戸名所図会』によれば、もともと本堂後背地左手の斜面にあったことが知られる

〈12〉鵜の木光明寺の石造物（大田区鵜の木一―二三―一〇）

「荒塚」と呼ばれる古墳に、五輪塔などの石造物がある。この塚には新田義興にまつわる伝説がある。義興にたたられて雷にうたれ落馬、もがき苦しんだ末に死んだとされている江戸遠江守の墓とされる。また同じく義興をあざむいた竹沢右京亮の墓という説や、江

戸氏一族の墳墓説も残されている。

〈13〉平山季重五輪塔（日野市平山六―一五―一二）**高さ一五〇cm**

元は大福寺にあったが、現在宗印禅寺にある。台座正面には「季重二十五世松本藩中　平山季長　敬白」とあり、江戸時代に建てられたことがわかる。また季重（→「西党とその関連史跡」）の卒年を承久元年（一二一九）二月十九日と刻む。

3　特徴ある宝篋印塔

〈14〉旧大宮寺宝篋印塔（杉並区堀ノ内一―一四―一二）**総高一五一cm**

『新編武蔵国風土記稿』の和田村大宮寺に「古碑一基大門ノ通リ北側堤ノ上ニアリ（中略）長サ二尺八寸許ニシテ台石アリ　五輪ノ形ニ似タルモノナリ」とある。現在は相輪が失われており、塔身は四面とも枠取

鵜の木光明寺の荒塚

日野市平山季重五輪塔

杉並区旧大宮寺宝篋印塔

京徳観音堂の宝篋印塔

松木七郎の宝篋印塔

りがあり、金剛界四仏の種子を配している。反花座を有し、台石の側面を左右二区に分け、格狭間を刻むなど典型的な関東式宝篋印塔の様式である。由来や原位置は詳らかではないが、やや腰高な感じ、隅飾の形・反花の比較的強い反りなどから鎌倉末ないし南北朝期と推定されている。優美な姿をよく残していて、区のみならず都内においても有数のすぐれた中世宝篋印塔といえる。

〈15〉**松木七郎の宝篋印塔**（八王子市松木五四－一四）**高さ一五四cm　幅五五cm**

浅間神社の裏手に、ほぼ完全に近い形で立っている。建立年は永和二年（一三七六）。『新編武蔵国風土記稿』によると、鎌倉公方足利持氏の家臣であった松木七郎の墓とされている。没年が合わないため伝承のまま記されたと考えられる。宝篋印塔に刻まれた銘文によると、成然禅尼という女性が、亡くなった夫の供養ために建てたものだと考えられる。

〈16〉**京徳観音堂の宝篋印塔**（東京都板橋区西台三－五三）

観音堂前方の墓地内に、背中合わせに立っている宝篋印塔がある。銘文には「道用」と「性阿弥陀仏」が、自身の冥福を祈って南北朝時代の延文六年（一三六一）に建立したとある。造立者や被供養者に関する伝承も伝わっておらず、詳しい来歴はわからないが、東京都内では屈指の古塔である。

〈17〉**萩ノ尾薬師堂の宝篋印塔**（武蔵村山市中央三―七―五）

南北朝時代の北朝年号である延文元年（一三五六）の紀年銘と「殁故了意禅尼」という被葬者名が刻まれている。現在、笠および基礎部分が残るだけである。しかし、基礎部分の二重の枠（格座間）などが、延文期の関東型宝篋印塔の特徴をよく示している。

萩ノ尾薬師堂の宝篋印塔

3……神奈川県（旧武蔵国）の石造物

1 特徴ある板碑

〈01〉建長七年銘板碑（川崎市高津区久末三七五）**（天台宗妙法寺）**

川崎市歴史重要記念物。板碑は本堂内に安置され、見学はできない。複製が川崎市民ミュージアム（川崎市中原区等々力一―一）で展示されている。この板碑は、昭和五十一年（一九七六）山門前の古井戸工事中に、蓮座から上部と銘文の下部を欠失した形で見つかった。建長七年（一二五五）の紀年銘を視認でき、現状は高さ六四cm、横幅四〇cm、厚さ五・五cmであるが、欠失部分がなければ一五〇cm以上の大型の武蔵型板碑であったと推定されている。『新編武蔵国風土記稿』では、江戸時代に都筑郡山田村の三宝寺がこの石碑を所蔵していること、源義朝の家人鎌田兵衛正清の百回忌に正清の臣が追福のために建立したことを紹介している。

しかし、中西望介氏は、この板碑を鎌田正清の追善ではなく（正清の百回忌は正元元年〈一二五九〉）、「寺主」の「良範」が「主君」（先代の住持あるいは師匠）の追善供養のため盂蘭盆会《うらぼんえ》に造立したものだと指摘した（「シリーズ　鶴見川流域の中世　板碑に刻まれた「主君」は武将か僧侶か――建長七年銘板碑から地域社会を考える」（一）～（三）、『柿生文化を読む』二〇二一年九月三・十・十七号）。

かつて三宝寺は、妙法寺から南西約一kmの東山田公民館（横浜市都筑区東山田町一三〇〇）の位置にあったという。現在この近くには、**鎌田堂**（横浜市都筑区東山田町一三九三）があり、鎌田正清の館が堂の背後にあったという。

〈02〉延慶二年銘板碑（横浜市鶴見区矢向四―一九―一八）**（浄土真宗最願寺）**

板碑は、本堂前に立っている。武蔵型板碑で、高さ一六五cm、上幅四〇cm、中幅四二cm、下幅四四cm、厚さ五cm、鶴見区内最大のものである。頭部が山形で、その下に二条線を確認できる。阿弥陀三尊の種字及び観無量寿経の一節「光明遍照　十方世界　念仏衆仏摂取不捨」の銘と、延慶二年（一三〇九）二月九日の紀年銘と、一対の花瓶を視認できる。『新編武蔵国風土記稿』にも、紹介されている。

寛元二年銘板碑（横浜市　鴨志田町の集合墓地）

延慶二年銘板碑（横浜市　最願寺）

最願寺は、真言宗であったが、近世初期に浄土真宗に改めた寺である。寺の創建は延慶元年で、開基は宇多源氏佐々木源三秀義の末流宗重だと伝わる。

〈03〉寛元二年銘板碑と建長七年銘板碑（横浜市青葉区鴨志田町五二九―八）（集合墓地）

寛元二年銘板碑は、覆屋内に立っている（横浜市指定有形文化財）。寛元二年（一二四三）の紀年銘をもつ、神奈川県内最古の武蔵型板碑である。風化が進み、現状は紀年銘を視認できない。初発期板碑で、地上高一三三cm、上幅四七・五cm、下幅五二cm、厚さ八cm、頭部山形の下に二条線はなく羽根刻（側面にある二条の切り込み）を刻む。阿弥陀種子の大きさが、塔身部の約二分の一を占めている。現在は集合墓地内にあるが、土地整備の際に、板碑の前面真下から河原石に囲まれた蔵骨器が見つかったので、墓碑的性格の板碑だと考えられている。

建長七年銘板碑は、墓地に立っている。建長七年（一二五五）の紀年銘をもつが、風化が進み、現状は視認できない。高さ一〇九cm、幅五四cm、頭部に二条線がある。

中西望介氏は、この地が鴨志田《かもしだ》氏の故地であることから、二基の板碑は鴨志田氏に関連する板碑だと指摘した（「シリーズ　鶴見川流域の中世　県下最古の板碑——寛元二年銘板碑等と御家人鴨志田氏について」（一）～（三）、『柿生文化を読む』二〇二一年九月二十四日、十月八日・二十二日号）。

鴨志田氏は、武蔵国都筑郡鴨志田郷（現在の横浜市緑区鴨志田町）を名字の地とする武士である。鴨志田十郎が、建久元年・同六年の源頼朝上洛の際に随兵として見えるが（『吾妻鏡』）、これ以降の鴨志田氏の動向は不明である。

〈04〉**嘉元元年銘板碑**（横浜市緑区長津田六―六―二四）**（曹洞宗大林寺）**

板碑は、寺の西側にある延命地蔵尊を祀る覆屋内に立っている。武蔵型板碑で、嘉元元年（一三〇三）の紀年銘をもち、高さ一八五cm、幅五〇cm、横浜市内最大で完形の板碑である。種子は阿弥陀一尊の荘厳体で、蓮座もある。頭部が山形で、その下に二条線を確認できる。一重の枠線を長方形で刻む（枠線を刻む板碑は、東京都・神奈川県内では少ない）。明治三十四年（一九〇一）に長津田村の龍昌寺から移された。

嘉元元年銘板碑（横浜市　大林寺）

〈05〉**阿弥陀一尊種子五輪塔板碑**（横浜市神奈川区東神奈川二―一九―一）**（笠稲稲荷神社）**

横浜市指定有形文化財。板碑は、覆屋内に立っている。武蔵型板碑で、鎌倉時代後期の造立と推定されて

阿弥陀一尊種子五輪塔板碑
（横浜市　笠稲稲荷神社）

いる。高さ一七二・五cm、上幅三七cm、中幅三八cm、下幅四一cm。頭部が山形で、その下に二条線を確認できる。二重の枠線を長方形で刻む（枠線を刻む板碑は、東京都・神奈川県内では少ない）。身部上方から、種子が阿弥陀一尊の荘厳体、蓮華座と天蓋を配する。身部下方の中央に、六字名号「南無阿弥陀仏」の梵字、名号の左右に火輪にあたる部分を長くした五輪塔を配する。現状、水輪と地輪の梵字を視認できる。地輪から上に向かって梵字を読むと、大日法身真言を表すものだという（『武蔵の塔婆』）。六字名号と変形五輪塔を刻む特殊な板碑である。

五輪塔〈伝猿渡内匠頭墓〉（横浜市　無量寺）

笠稲荷神社は、天慶年間に稲荷山中腹に創立され、板碑もこの山にあったと伝わる。明治時代初期、神社と板碑は現在地に移された。

2　特徴ある五輪塔

〈06〉**五輪塔〈伝猿渡内匠頭墓〉**（横浜市都筑区佐江戸町二〇二一）**（真言宗無量寺）**

五輪塔は、寺内の墓地に立っている。鎌倉時代の大型五輪塔で、高さが約一五〇cmある。水輪部に梵字を薬研彫りに刻すが、現状は風化し、梵字の一部のみ視認できる。石質は灰白色・灰黄色の凝灰岩で、産地は群馬県天神山である。戦国時代に佐江戸《さえど》を領した猿渡内匠頭（小田原北条氏家臣）の墓だと伝えられている。

佐江戸は、鎌倉時代から郷名として見え、北条資時の娘（北条時広の妻）が弘長二年（一二六二）に「佐江戸郷」に殺生禁断の命を出している（『関東往還記』）。このことから、資時の娘が佐江戸郷を領し、この五輪塔が北条

五輪塔〈伝御所五郎丸墓〉（横浜市　御所山町）

氏あるいはその所縁の人々によって造立されたものだと考えられている。また、「金沢文庫文書」に見える「佐江戸」の「無量寿福寺」という寺の尼「性観」を、資時の娘あるいはその縁者と推定する説もある。

　無量寺の境内には、小型の板碑が数基、応永三十五年（一四二八）の紀年銘をもつ宝篋印塔の一部がある。近隣には、佐江戸杉山神社（都筑区佐江戸町二〇二〇）があり、神社の北側の地が猿渡内匠頭が築いた**佐江戸城跡**だと伝えられている。

〈07〉五輪塔〈伝御所五郎丸墓〉（横浜市西区御所山町二五）

　横浜市地域史跡名勝天然記念物。五輪塔は、覆屋内に立っている。鎌倉時代後期の大型五輪塔で、高さが約一五〇㎝ある。石質は灰白色・灰黄色の凝灰岩で、産地は群馬県天神山のものである。火・水・地輪に梵字を刻む。空・風輪は後に補われたものである。この地が御所山という地名であることから、御所五郎丸の墓だと伝えられている。この五輪塔が、この周辺にあった臨江寺あるいは大鏡寺の僧墓という説もある。

　御所五郎丸は、源頼朝に近侍した武士である。『吾妻鏡』によれば、建久四年（一一九三）曾我十郎祐成と五郎時致兄弟が工藤祐経を殺害した後に、五郎丸は頼朝に近づいた時致を捕らえたと見える。現在、五郎丸を称える墓前祭が、毎年町会の人々によって開かれている。

〈08〉五輪塔（横浜市磯子区杉田一―一九―一）**（臨済宗東漸寺）**

　神奈川県指定重要文化財。五輪塔は、釈迦堂前の覆屋内に三基立っている。石質は灰白色・灰黄色の凝灰岩で、産地は群馬県天神山のものである。そのうち、高さ約一二六㎝の大型五輪塔が、鎌倉時代中期のもので、三基の内で最も古いものである。風・空輪を欠失するが、ほぼ原状に近く、火・水・地輪の梵字は視認できる。

高さ約一五四cmの大型五輪塔は、鎌倉時代後期初めごろのものである。ほぼ原状に近く、風・空輪は一石で作られ、火・水・地輪の梵字は視認できる。

高さ約一九四cmの大型五輪塔は、鎌倉時代後期のものである。ほぼ原状に近く、風・空輪は一石で作られ、各輪の梵字は視認できる。

東漸寺は、臨済宗関東十刹の一つである。北条宗長（朝時流、時長の孫）を開基、鎌倉建長寺開山大覚禅師の高弟宏覚禪師を開祖として、正安三年（一三〇一）に開山した。釈迦堂は同年に建てられ、その後改修されたが、当初の部材は少ないが、禅宗様仏殿としては最古に属する。

3基の五輪塔（横浜市　東漸寺）

また、同寺には、国指定重要文化財の**梵鐘**が釈迦堂内に安置されている。この銘文から、永仁六年（一二九八）に鋳物師物部国光によって造られたものだとわかる。総高一二七cm、口径七〇・六cmで、**金沢称名寺**〈↓本書三三一頁〉の梵鐘と同形・同法量である。現在、昭和初期作の複製が境内にある。

3　特徴ある宝篋印塔

〈09〉**壬辰銘宝篋印塔**（横浜市金沢区六浦二―一一―一二）**（日蓮宗上行寺）**

横浜市指定有形文化財。宝篋印塔は、本堂の西側の崖下に立っている。高さが約二九八cmあり、基部の枠内に「読誦一結衆等」、「牛馬六畜」、「大才壬辰十二月日」などの銘を視認できる。この宝篋印塔は、形式が南北朝時代のものであることから、壬辰年が文和元年（一三五二）だと比定されている。また、「牛馬六畜」の供養という趣旨から、武蔵国六浦と相模国鎌倉との間を牛馬で運送を生業とする人々によって建てられたも

壬辰銘宝篋印塔（横浜市　上行寺）

のだと考えられている。

上行寺は、はじめ真言律宗金勝寺であったといわれる。建長六年（一二五四）日蓮が当寺に立ち寄り、日蓮宗に改めたという。その後、六浦の荒井光吉が再興すると、日祐上人が立ち寄り上行寺と改めて開山し、荒井光吉に妙法坊と授戒した。その後、妙法坊は身延山より日荷上人と法号を授けられたという。現在、本堂前に立つ多宝塔が、文和二年に亡くなった**日荷上人の墓塔**だという。なお、**上行寺東遺跡**〈↓本書三三二頁〉が、同寺の東側の山上にある。

七

その他、地域の史跡

1……武蔵国府とその周辺史跡

国府とは令制で国ごとに置かれた地方行政府のことで、武蔵国府とは武蔵国に設置された国衙を中心とする行政府である。

JR南武線・武蔵野線府中本町駅を東に進むとすぐ右手に国史跡の**武蔵国司館跡**（府中市本町一―一四）が目に入る。発掘調査によると造営当初は東西棟の建物が二棟建てられていたが、奈良時代前半には東西塔の四面廂建物の主屋、南北棟の副屋が真南北・真東西に建てられていたという。また、国司館跡の西側からは江戸時代前期の掘立柱建物跡、柵跡、厩と推定される建物跡、大型石組井戸跡が発見され、特に井戸跡からは三葉葵紋鬼瓦が出土した。江戸時代後期の地誌である「武蔵名勝図会」をみると、徳川家康がこの地に御殿造営を命じた記録があり、武蔵の領国支配の正当性を示すために、古代の国司館跡に家康が御殿を築いたという。この地に立つと周辺よりも地形的に高く、建物が象徴的な意味があったのだろう。また、江戸時代の御殿は家康・秀忠・家光三代の鷹狩の際の宿舎、家康の棺を駿河国久能山（静岡県静岡市駿河区）から下野国日光山（栃木県日光市）に移葬する際の逗留・法要の場としても使用された。

次に武蔵国府周辺の史跡をみていこう。**大国魂神社**（府中市宮町三―一）は中世では六所宮と呼ばれた惣社である。惣社とは国郡郷内の各所に鎮座する神社を一カ所に勧請し、国司による奉幣や社参の便をはかるため国府近くに所在した神社である。六所宮とは武蔵国内の由緒ある一宮から六宮までを勧請したので六所宮と呼ばれた。当社は鎌倉街道と甲州街道との結節点に鎮座している。毎年七月二十日に開催されるすもも祭りには源頼義・義家の伝承がある。

次に大国魂神社の周囲を廻ると、府中本町駅の反対側に位置しているのが国史跡の**武蔵国府跡**（府中市宮町二―五―三）である。発掘調査によると、東西二〇〇m以上、南北三〇〇mに広がる範囲であったと推定され、二棟の建物が南北に並んでいた。現在は柱列を復元した施設が建っている。

大国魂神社から京王電鉄府中駅を結ぶ参道には**馬場大門のケヤキ並木**（府中市）があり、府中駅に向かって歩くと、右側の歩道に**源義家の銅像**が建っている。これは平安時代の永承六年（一〇五一）から康平五年（一〇六二）、陸奥（東北地方太平洋側）の豪族であった安倍氏の反乱である前九年合戦が関係している。このときに朝廷から鎮圧を命じられたのが源頼義・義家父子であった。陸奥に向かう途中、大国魂神社で戦勝祈願し、その帰路に勝利への御礼としてケヤキの苗木千本を寄進したという。この故事からケヤキ並木が整備され、義家の銅像が建てられることになった。現在のケヤキ並木は徳川家康の整備に由来するという。

武蔵国府跡

　ケヤキ並木から少し横道に入ると、時宗の諸法山**称名寺**（府中市宮西町一―九―一）がある。天慶三年（九四〇）、源経基が平将門討伐の際に寄宿したという伝承がある。寛元三年（一二四五）、浄土宗を開いた法然の弟子である道阿一光が関東に下り、諸法山相承院称名寺を開いた。この地は源経基が武蔵介として在任していたときの館跡という伝承もある。十五世紀中葉以降に埋められた埋蔵銭や板碑数点が確認される。

　甲州街道・川越街道・相州街道が交差する府中宿の中心近くに府中高札場跡（府中市宮西町五―一）がある。江戸時代に禁制・法令などを伝えるために掲げた板札を高札という。高札を掲げた場所を高札場と呼び、交通が多く、人目に触れやすい場所に位置することが多かった。高札場の建物は江戸時代後期から末期のものと推定され、

源義家像とケヤキ並木

現在は東京都指定旧跡に指定されている。

高札場跡を西に進むと曹洞宗の龍門山**高安寺**（府中市片町二―一四―一）がある。寺の縁起によると、寺地は平将門の乱を鎮圧した一人である藤原秀郷の館跡であり、その後、宗派不明であるが市川山見性寺が建立されたという。見性寺は戦乱で荒廃したが、暦応年間（一三三八～四二）に足利尊氏が安国利生の祈願所として全国に建立した安国寺の一つとして復興し、鎌倉にある臨済宗建長寺の末寺である龍門山高安護国禅寺（臨済宗。江戸時代に曹洞宗に改宗）と改められた。高安の「高」という字は高氏（尊氏の鎌倉時代の名前）が由来になっているほど足利氏との結びつきが強く、本堂（享和三年〈一八〇三〉再建）に掲げられた扁額の「等持院」は足利尊氏の法号である。南北朝時代から室町時代にかけて足利方＝鎌倉府方の本陣がおかれたことが確認でき（『鎌倉大草紙』巻之一・四など）、鎌倉府の長である鎌倉公方の庇護を受けた（城館へ）。墓地奥には**弁慶硯の井**がある。兄源頼朝の怒りをかった弟の義経が都への途次に見性寺で足止めとなり、裏山の清水を汲み取り、家臣の弁慶らとともに赦免祈願のために大般若経を写した伝承が由来だという。また、天慶三年（九四〇）に建立したと伝わる藤原秀郷を鎮守とする**秀郷稲荷**が弁慶硯の井の隣にある（伝説へ）。

ほかにも時宗の古木山諏訪院**長福寺**（府中市宮西町四―一八―一）がある。寛喜二年（一二三〇）天台宗勝福寺として創建された。現存する最古の正応年間（一二八八〜九三）の過去帳をみると、この頃に時宗遊行派に改まった。

高安寺（府中市）

COLUMN01 小野神社

小野神社は、宝亀三年（七七二）の太政官符（天理大学附属図書館収蔵文書）に、「武蔵国預幣帛社四処」のうちの一社とあり、武蔵国多磨郡内の式内社であった（『延喜式』）。六所宮（府中市宮町の大國魂神社のこと）〈↓本書三二二頁〉の東殿第一位の座にも祀られたので、一宮（一之宮）と称された。寛喜元年（一二二九）執権北条泰時の使者が遣わされ、馬と刀が奉納された（『吾妻鏡』）。南北朝時代に成立した『神道集』には、「一宮小野大明神申、本地文殊菩薩也」（巻第三）とある。

現在、小野神社の論社（『延喜式』に記載された神社と同一、もしくはその後裔と推定される神社のこと）が、旧武蔵国多摩郡内に二社ある。それぞれ見ていくことにする。

〈01〉多摩市の小野神社（一ノ宮一―一八―八）

一ノ宮地内に所在する神社である。主神は天下春命と瀬織津比売命、相殿に六柱を祀る。『新編武蔵国風土記稿』では、一之宮村内の「一之宮神社」という名で紹介されている。昭和四十九年（一九七四）、小野神社随心門に安置されていた**木造随身倚像**二体のうち、右神像（高さ約七五㎝）の挿首内や胴部の内側から、「奉行人権律師丞源」、「因幡法橋応円」、「元応元年（一三一九）十月二十九日」などの墨書銘が確認された。

〈02〉府中市の小野神社（住吉町三―一九―三）

住吉町地内に所在する神社である。小字名が「小野宮」で、祭神は天下春命と瀬織津比売命である。『新編武蔵国風土記稿』では、本宿村内の「小野神社」という名で紹介されている。この地で多摩川の度重なる氾濫があったので、小野神社がここから現多摩市内の場所に移ったとする説もある（『東京都の地名』）。

小野神社（多摩市）

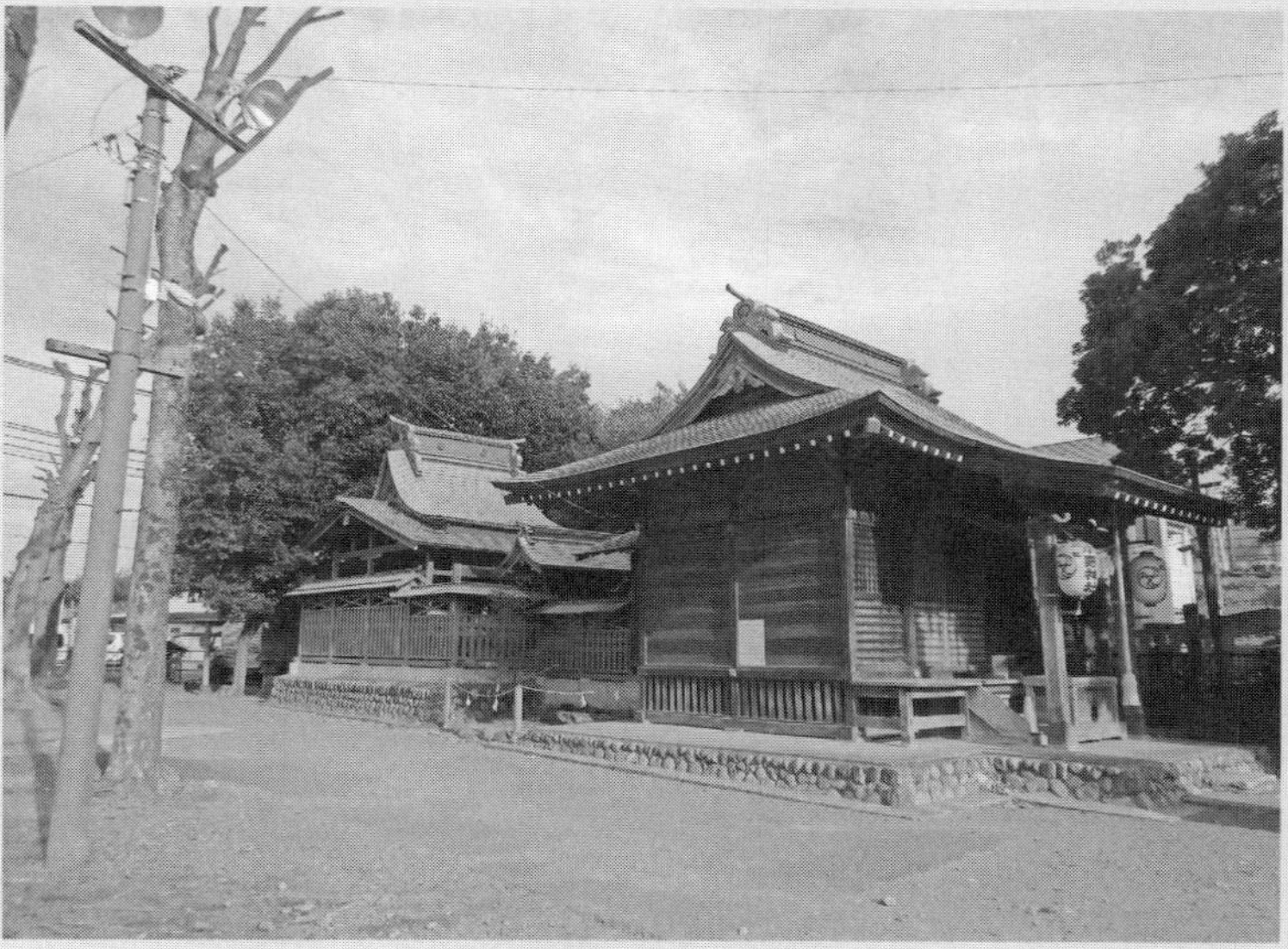

小野神社（府中市）

COLUMN02 百草八幡神社とその関連史跡

百草八幡神社は、日野市百草《もぐさ》八六七に所在する。国指定重要文化財の**銅造阿弥陀如来坐像**（像高四〇・五㎝）を所蔵する。この像は、現在毎年九月の祭礼に合わせて公開されている。像の背面に刻まれた銘文によれば、建長二年（一二五〇）「施主源氏」と「願主仏子慶祐」が、武蔵国多西郡吉富郷内の真慈悲寺に納めたという。『新編武蔵国風土記稿』によれば、百草八幡神社の本地仏として、別当寺であった松連寺に安置されていたという。なお、この神社には、源頼義・義家親子の伝説もある。

真慈悲寺は現在廃寺で、かつて百草八幡神社を含む地域に所在した寺院であった。『吾妻鏡』によれば、文治二年（一一八六）真慈悲寺は「御祈禱霊場」で、僧有尋が一切経の安置と堂宇の修理のため鎌倉に申請し、真慈悲寺の「院主職」に補任され、また建久三年（一一九二）真慈悲寺の僧三名が鎌倉勝長寿院での後白河法皇四十九日法要に参列したともある。百草八幡神社に隣接する京王百草園内が発掘調査され、中世の瓦が確認された。この瓦が真慈悲寺に葺かれたものだという。

松連寺は、京王百草園内にあった寺院である。『新編武蔵国風土記稿』によれば、三点の銅製経筒が元禄十三年（一七〇〇）寺内の「二王塚」から出土した。長寛元年（一一六三）と「工匠藤原守道」の銘を刻む経筒（現在、奈良国立博物館所蔵）、永万元年（一一六五）と「大勧進所、百草村、松蓮寺」の銘を刻む経筒（現在、個人蔵）、建久四年（一一八三）と「一宮別当　松連寺」の銘を刻む経筒（現在、奈良国立博物館所蔵）である。「工匠藤原守道」は、武蔵国比企郡平澤寺跡（埼玉県嵐山町平沢）（↓『埼玉の史跡』一九七頁）から出土した久安四年（一一四八）と「平朝臣茲縄（秩父重綱カ）」の銘を刻む経筒、**池上本門寺**（↓本書八〇頁）から出土したと伝わる長寛三年（一一六五）と「実相寺」の銘を刻む経筒を造った人物でもある。なお、**仁王塚**と呼ばれた丘が、現在東京電力総合研修センター内（日野市百草、非公開）にある。平成二十八年（二〇一六）に発掘調査され、まとまった大小の礫が確認されたので、経塚が造営された場所だという。

百草城跡が、百草八幡神社の背後一帯にある。真慈悲寺が荒廃した後に、堂宇などの跡地が享徳四年（一

百草八幡神社（日野市）

四五五）以降に軍事用に利用されたものだと考えられている。

百草観音堂（日野市百草八四九）が、百草八幡神社の南方約五〇〇mの場所にある。現在、**聖観音菩薩立像**（十一世紀作）、**大日如来坐像**（十二世紀作）、**阿弥陀如来坐像**（十四世紀作）などが、観音堂内に祀られている。真慈悲寺などに関連するものであろう。『新編武蔵国風土記稿』によれば、この観音堂は松連寺内にあり、源頼義が寺を再建した際に本尊の観音像を堂内に納めたとある。

吉冨郷は、現在の日野市百草一帯（あるいは周辺も含むか）と推定されている。『吾妻鏡』によれば、養和元年（一一八一）平太弘貞の所領吉冨郷は、小山田（稲毛）重成の申請によりその所領となったが、重成の虚偽が発覚し、平太弘貞に返付されたという。南北朝時代、宇都宮氏の所領であったが、鎌倉府の直轄地となったと考えられ、弘和三・永徳三年（一三八三）鎌倉公方足利氏満によって鶴岡八幡宮に寄進された（「鶴岡八幡宮文書」）。

2……久良岐郡の中世史跡

久良岐《くらき》郡は武蔵国南端に所在した郡で、現在の横浜市南・港南・西・中・金沢・磯子の各区にまたがっている。東は東京湾、北は橘樹《たちばな》郡、西は鎌倉、南は三浦郡に接している。郡名は、『日本書紀』安閑《あんかん》天皇元年（五三四）閏十二月是月条に見える、武蔵国造の乱後に献上された四つの屯倉の一つである「倉樔《くらす》」屯倉が「倉樹《くらき》」の誤記で、後の久良岐郡にあたるという説がある。しかし、藤原京から出土した木簡に「久良□郡大井□里」と記され、また『続日本紀』神護景雲二年（七六八）六月癸巳条に「久良郡」の記述がある。「久良岐」から「久良」への変更は、大宝元年（七〇一）の大宝律令の制定により、国名・郡名は嘉字二文字を付けることになったため、「久良」の二文字で「くらき」と読ませることになった。同様な例は武蔵国橘樹郡で、「橘」一文字で「たちばな」と読めるが、あえて「橘樹」の二文字を使用するようになる。

　中世になると、『吾妻鏡』正治元年（一一九九）二月六日条に「武蔵国海月《くらげ》郡」という記述が見えるが、室町時代以降は「久良岐郡」が一般的になる。平安時代には仁和寺領六浦荘《むつらのしょう》が立荘され、鎌倉時代には、鎌倉から六浦にいたる六浦道が開通し、幕府隣接の港町・六浦湊として栄え、兼好法師が庵を結んだという伝説のある現在の上行寺東遺跡や、北条氏による**称名寺**及び**金沢文庫**、鎌倉市との境に残る**朝比奈切通し**などが造られた。

　金沢北条氏は、北条義時の子陸奥五郎実泰にはじまる。金沢北条氏の家名は、本領である久良岐郡六浦荘内の金沢郷に由来する。古来、砂鉄を産し、これが「かねさわ」の語源といわれる。荘内は他に六浦郷・釜利谷郷・富岡郷から構成される。実泰の子実時は、小侍所《こさむらいどころ》別当・引付頭人に任じられ、四代執権北条経時から八代時宗にいたる得宗家の補佐役として活躍した。実時は金沢文庫・称名寺の創立者として鎌倉文化史上に特筆される人物である。三代顕時は、弘安改革で幕政を主導した安達泰盛の娘婿となるが、弘安八年（一二八五）の霜月騒動に連座して失脚、出家隠棲している。永仁元年（一二九三）に得宗貞時が内管領平頼綱を滅ぼすと顕時も幕政に復帰する。四代貞顕は六波羅探題・連署を歴任し、最後の得宗高時を支え十五代執権にも就任している。鎌倉での居館は赤橋邸であり、菩提寺は称名寺である。

武蔵国久良岐郡は、鎌倉北東部に接する地域であり、鎌倉街道下道が常陸国・下総国を経て鎌倉に向かう交通の要衝である。また、朝比奈切通しを越えると、相模国に入り鎌倉に至る。このため、久良岐郡には鎌倉幕府の源氏将軍・北条氏に由来する史跡も多く残されている。金沢北条氏の史跡を中心に、釜利谷の白山道周辺に伝承が残る畠山重忠・重保父子やこの地に伝承を残す源範頼の史跡など、中世の久良岐郡の関連史跡を紹介する。

〈01〉金沢文庫・称名寺（金沢区金沢町二一二―一）

金沢山《きんたくさん》弥勒院と号する真言律宗の寺院で、本尊は**木造弥勒菩薩**（重要文化財）である。称名寺は、北条実時が邸宅内に設けた阿弥陀堂を創始とし、その後審海《しんかい》上人妙性律師が真言律宗寺院として開山、金沢北条氏の菩提寺として伽藍や庭園が整備された。金沢文庫は建治元年（一二七五）に創立され、実時が収集した書籍がおさめられた。元弘三年（一三三三）の幕府とともに金沢北条氏が滅亡すると、蔵書も次第に散逸した。徳川家康は金沢文庫の多くの蔵書を江戸幕府の紅葉山文庫に移した。昭和五年（一九三〇）には神奈川県立金沢文庫として復興し、中世専門の博物館・図書館としての役割を果たしている。

称名寺境内は国の史跡に指定され、金堂前の浄土式庭園は元応二年（一三二〇）に整備された。塔頭の**光明院**からは、運慶作の**大威徳明王像**が近年発見された。絹本着色北条実時像以下、**金沢北条氏四代の肖像画**は、鎌倉時代の似絵の代表作として国宝に指定されている。また、称名寺聖教《しょうぎょう》・金沢文庫古文書など、多くの国宝・重要文化財が所蔵されている。

〈02〉朝比奈切通

鎌倉七口《ななくち》の一つで、鎌倉市十二所《じゅうにそ》から横浜市金沢区朝比奈町を結ぶ峠道（切通）。朝夷奈《あさいな》とも記される。国の史跡に指定されている。『吾妻鏡』によると、仁治元年（一二四〇）、三代執権北条泰時は自ら工事の指揮をして開通させ、鎌倉と**六浦湊**を結ぶ重要な交通路となった。朝比奈三郎義秀（和田義盛の三男）が一夜にして

朝比奈切通

切り開いたという伝承から朝比奈の名前が付けられたという。現在、令和元年（二〇一九）九月三日の大雨により発生した倒木及び土砂崩落の影響で、朝比奈切通（市道朝比奈237のうち、朝比奈切通入口から鎌倉市との境界まで）を通行止めとしている。

〈03〉**上行寺東遺跡**（金沢区六浦一―一―四一九五）

上行寺の東側の山一帯は引越《ひっこし》の地名で呼ばれている。昭和五十九年（一九八四）秋、ここから中世のやぐらの大群集が発見された。引越のやぐら群とも呼ばれている。高さ三〇mの丘陵に上段、中段の二つの平場と下部崖面から構成されていて、四十三のやぐら、六基の建物跡、四〇〇の五輪塔、二〇〇体にのぼる人骨が出土した。やぐらは主に鎌倉時代に使われ、室町時代まで墓地として利用されていたことがうかがえる。念仏堂と思われる建物や、池と一体となったやぐら群は類例のないものである。やぐらの岸壁に刻みだされた阿弥陀如来の背後は西方を向いていて、彼岸《ひがん》の日に来《らい》迎《ごう》を拝む意味があったと思われる。この貴重な遺跡は、遺跡について書かれた文献が存在しないことなどを理由として、歴史学者や市民団体の反対に関わらず建設工事が強行され、遺跡は破壊されてマンションが建設された。この際、文化財保護条例が存在しないことを理由に遺跡保護に動かなかった横浜市の対応にも批判が集まった。ただし、工事前の記録保存（発掘調査）や、全国で初めて遺構の実寸大型取り復元を行うなど、一定の遺跡保護の取組みは行っている。現在は遺跡上段部の一部がガラス繊維補強セメント製のレプリカとして隣接地に復元され（やぐらは現物）公開されている。

〈04〉瀬戸神社（金沢区瀬戸一八―一四）

瀬戸神社は、源頼朝が伊豆三島明神を勧請して治承四年（一一八〇）に創祀したといわれる。歴代武家の崇敬を受け、天正十九年（一五九一）には徳川家康より社領一〇〇石を安堵された。また、境内社**琵琶島神社**は、北条政子が近江国の竹生《ちくぶ》島の竹生島弁才天を勧請して創祀したものといわれる。

上行寺東遺跡

瀬戸神社

〈05〉東光禅《とうこうぜん》寺（金沢区釜利谷南二―四〇―八）

医王山と号する臨済宗建長寺派の寺院で、本尊は畠山重忠の念持仏であった薬師如来である。東光禅寺はもと鎌倉薬師ヶ谷（現鎌倉宮辺り）にあって、畠山重忠の開基により弘安五年（一二八二）に建長寺第六世大興禅師を講じ開山したと寺伝にある。また、旧位置から応仁年間（一四六七～六九）に釜利谷郷に移建したと伝えられている。本尊の薬師如来の脇仏は左に日光、右に月光の二菩薩、さらに、十二神将を従えている。寺宝として重忠が愛用したと伝えられる馬具（くら・あぶみ・くつわ）がある。なお、境内には、**畠山重忠の供養塔**がある。

〈06〉禅林寺（金沢区釜利谷東六―四〇―三二）

東光禅寺や禅林寺には、畠山重保に関する伝承や遺品が残されている。白山道隧道の釜利谷側に残る「六郎ヶ谷」や「六郎橋」の地名、谷戸の中の五輪塔を**畠山重保の墓**と伝える伝承が代表的なものである。

〈07〉**薬王寺**《やくおうじ》（金沢区寺前二―二三―五二）

三療山医学王院と号する真言宗御室派の寺院で、本尊は**大日如来坐像**である。薬王寺は称名寺の赤門前にあり、鎌倉時代の創建と伝えられる。源頼朝の弟範頼の位牌があり、かつて源範頼の別邸が当地にあり、範頼が伊豆修禅寺で討たれた後、その菩提を弔うために建立されたともいわれる。

〈08〉**太寧寺**《たいねいじ》（金沢区片吹六一―五）

海蔵山《かいぞうざん》と号する臨済宗建長寺派の寺院で、本尊は**薬師如来**である。土地の人々はこれを「へそ薬師」と呼んでいる。むかし、いと玉を巻き取ったものを「綜麻《へそ》繰《く》り」と呼んだことに因むという。運慶派の作と伝えられる。太寧寺の前身は、源範頼により瀬ヶ崎に創建された真言宗の薬師寺といわれているが、この薬師寺は、寺前に移転し現在の薬王寺となり、当初の薬師寺

東光禅寺

畠山重忠供養塔（東光禅寺）

のあった場所に範頼の菩提のため、範頼の戒名に因み太寧寺が開かれた。その後、昭和十八年（一九四三）五月、横須賀海岸航空隊の追浜飛行場拡張のため、現在の片吹に強制移転させられた。太寧寺の寺名は、源範頼の法名「太寧寺殿道悟大禅定門」からとったもので、当寺には範頼の位牌と画像が残されている。境内裏手には**源範頼の墓**も残されている。殺害されたといわれる伊豆修禅寺から逃れた範頼は、三浦半島の浦郷まで逃れたが、逃げ切れないと判断し、瀬ケ崎の太寧寺で自害したという俗説が残っている。

薬王寺

太寧寺

源範頼墓（太寧寺）

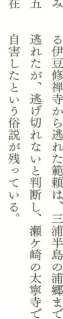

3……武蔵国鶴見寺尾郷絵図と史跡を辿る

「鶴見寺尾図《つるみてらおず》」(国重文)という絵図が神奈川県立金沢文庫に架蔵されている。この絵図は国の重要文化財に指定され、関東地方においては貴重な史料である。ここではこの絵図の概略を説明し、絵図の周辺を歩くルートを紹介したい。

1 「鶴見寺尾図」の由来

この絵図は『新編武蔵国風土記稿』(橘樹郡十二)東寺尾村の**松蔭寺**《しょういんじ》(臨済宗、横浜市鶴見区東寺尾一―八に現存)の項に掲載され、同寺の寺宝であった。同書によれば、始めは松音寺と書いたが、後に現在の文字に改めたという。江戸時代後期に現在の場所に移され、もと同寺があった場所は「本屋敷」と呼ばれたという。

なお、この絵図が制作された建武元年(一三三四)ころは、絵図の中央に描かれる「寺」の名は正統庵《しょうとうあん》である。すなわち松蔭寺の前身であろう。

2 「鶴見寺尾図」の形状

この絵図は、六枚の紙が貼り継がれた紙本着色図で、大きさは天地八九・五㎝、左右八八・〇㎝の、ほぼ正方形に近い形状である。右辺と左辺の紙継目裏に四つの花押が据えられている。裏書に「建武元　五　十二　正統庵領鶴□□□(見寺尾カ)図」とあり、この絵図が建武元年に作成されたことを示す。正統庵は、絵図の中央に描かれた「寺」の名称である。

3 「鶴見寺尾図」の方角と内容

この絵図は、寺の正面(東向き)を軸に描いたもので、上下が西と東、左右が南と北であり、現在の地図(上が北)とは方角が異なっている。

この絵図の作成目的は、下地を三分したことを示すもの(下地三分絵図)とも、寺領を侵された正統庵が、

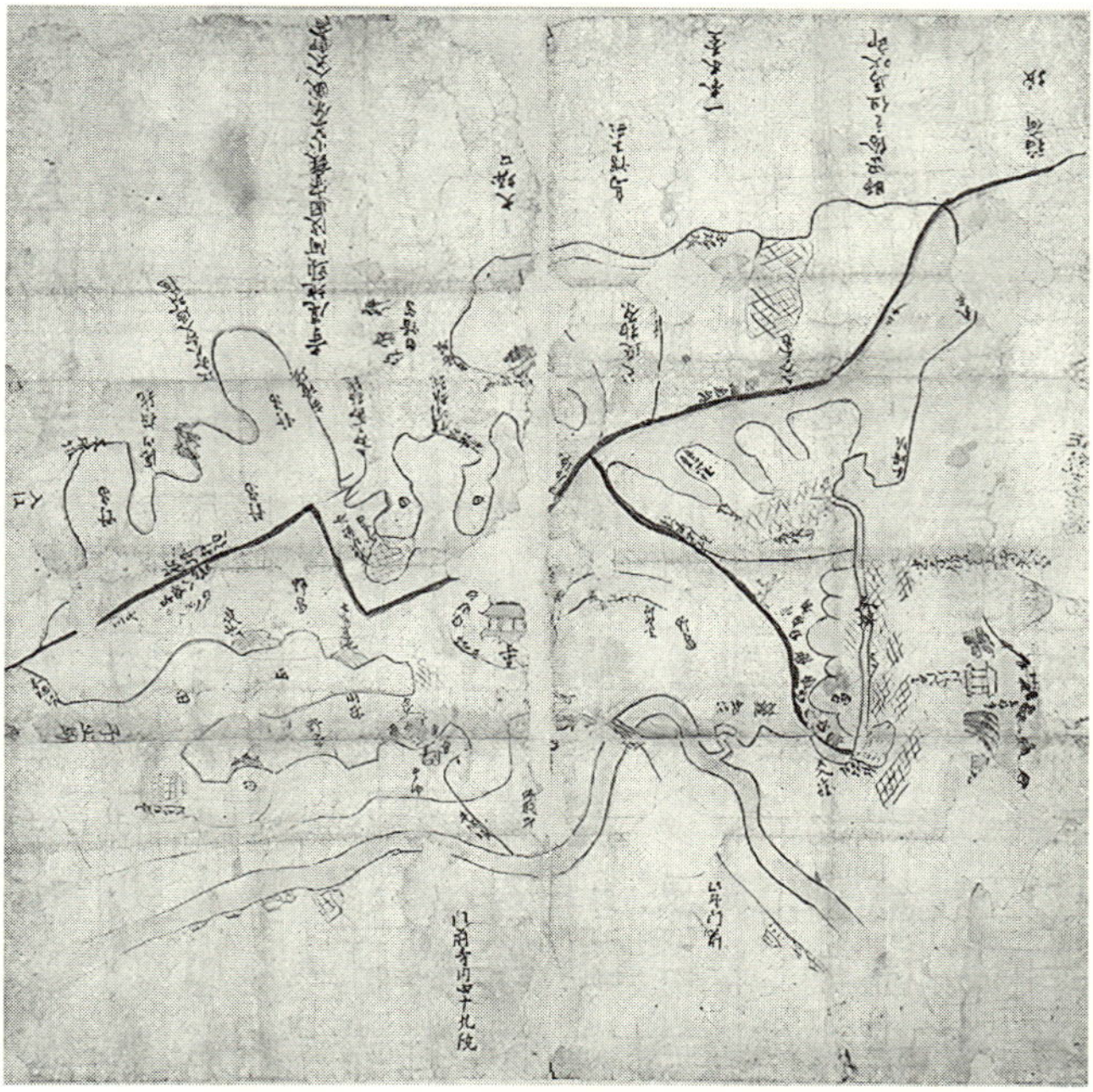

「武蔵国鶴見寺尾郷絵図」(上)とトレース図(下)(高島緑雄『関東中世水田の研究』(日本経済評論社、一九九七年)より)

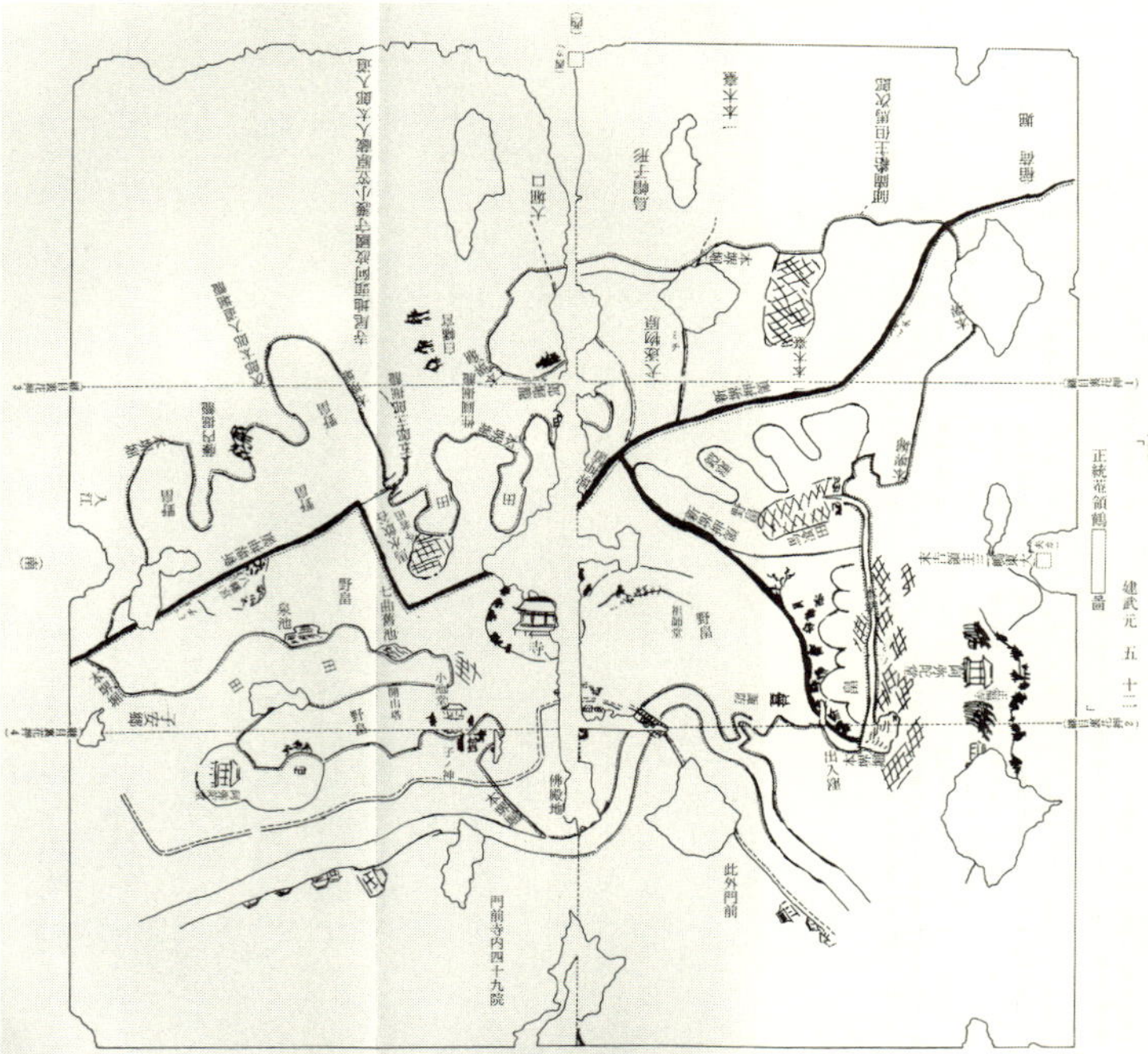

第2図　鶴見寺尾郷図のトレース図

注）(本堺堀)　は墨線に朱色を重ねる
(新堺押領)　は墨線に橙色を重ねる
は墨線に橙色を重ねる
は橙色の単独線

旧領域の境界に復してもらうよう訴えた図とも推定される。下地三分以前の「本堺堀」と以後の「新堺押領」との記載があり、後者が太い実線で描かれている点もそれを示している。「押領」という文言からは作成者の強い意志を感じる。

構築物と山林・樹木の表現は絵画的描法が、地形表現には地図的描法が多く用いられている。ただ、「寺」の周辺の谷地形の絵画的描き方から、この寺が谷の奥に所在したことを示す。おそらく『新編武蔵国風土記稿』東寺尾村の小名「寺ノ谷」に該当するであろう。その他、「寺」の右方に記載される別所谷を流れる川(仮称・別所川)の右岸(南岸)の丘陵とその右方に記載される正福寺《しょうふくじ》阿弥陀堂後方の山が絵画的描法である。

耕作地は、水田は、谷に文字で「田」とある部分と淡橙色に塗られた格子状の水田がある。後者には二カ所に「馬水飲谷　今者田」「馬飡田」という注記がある。畠は、「寺」の右側の祖師堂に隣接した「野畠」が六カ所ある。これは台地面(白緑に塗られる)にあり、台地上の耕地が「野畠」であった。例外としては、別所川の左、別所池に隣接した場所にだけ「畠」がある。崖下から谷底面に移る緩やかな傾斜地に開かれた畠であろう。

建物は、寺社(仏宇と神祠)と家屋がある。仏宇は図と文字で示された「寺」を始め、「正福寺/阿弥陀堂」「小池堂」「阿弥陀堂」があり、文字で示された「祖師堂」「開山塔」もある。神祠も同様に図と文字で示された「諏訪」「子ノ神」、文字で示された「白幡宮」がある。

家屋は、絵図右側の正福寺阿弥陀堂の下に数軒あったと推定されるので、集落であろう。絵図下側の鶴見川南岸(のちの東海道沿い)にも家屋が六軒以上描かれており、街村とみられる。他に、「寺」の上部(「□郎堀籠」)の下に一軒、絵図左下の「阿弥陀堂」の右側に一軒家屋が描かれる。

この絵図に見える人名は、領主名としては「寺尾地頭阿波国守護小笠原蔵人太郎入道(長義)」「師岡給主但馬次郎」「末吉領主三嶋東大□(夫)」が、百姓名としては「藤内堀籠」「次郎太郎入道堀籠」「五郎三郎堀籠」「性円堀籠」「□□郎堀籠」が確認できる。

このうち「寺尾」は寺尾郷、「師岡」は師岡保《もろおかほ》であろう。寺尾郷は江戸時代に西寺尾村(神奈川区西寺尾)・馬場村・東寺尾村・北寺尾村(鶴見区馬場・東寺尾・北寺尾）に分村しており、中世の寺尾郷はこの一帯に比定できよう。馬場村は、この付近にあった、戦国時代小田原北条氏に従った諏訪三河守の居城寺尾城の馬場跡に因むという（『新編武蔵国風土記稿』）。師岡保は本書一七〇頁を参照されたい。末吉は江戸時代に上末吉村と下末吉村に分村しており、鶴見区上末吉・下末吉付近に比定される。なお、「三嶋東大□（夫）」は伊豆国三嶋社の神主家である。

4 「鶴見寺尾図」と現在比定地

次に現在比定地を考えてみよう。絵図右側の馬湌田から別所谷を流れる別所川の下流にある溜池が**別所池**、「寺」の右下にある鶴見川に架かる橋が鶴見橋、「寺」の下にある小池堂は**東福寺観音堂**（現本堂、鶴見区鶴見一町目三番）、「寺」の左側にある泉池は生麦村の**和泉池**（鶴見区岸谷二丁目一八・一九が跡地）、絵図の左端にある入江は神奈川区入江一丁目・二丁目付近、「寺」のほぼ上方にある白幡宮は現在の**白幡神社**（鶴見区東寺尾二丁目一〇番）、鎧窪は、旧北寺尾村内の**鎧池**（溜池、鶴見区北寺尾二丁目一八番付近が跡地）に比定できる。

5 「新堺押領」線の復元

この絵図は、おそらく寺領を侵された正統庵（松蔭寺）が、旧領域の境界に復してもらうよう訴えた図と推定される。それは「新堺押領」という文言から推定できよう。

それでは、この「新堺押領」の太線は現在のどこを通っているのか、現在この地域は市街化が進み、改修や区画整理によって分断され消失した箇所も多いが、できうるかぎり推定してみたい。

この「新堺押領」の太線は、①絵図の右上角（西北角）から絵図の左端（東南端）を終点とする線（二カ所に「ミチ」と記す）と、②「寺」の上部から右下（東北）の「本堺堀」に到る線がそれである。

①の線は、台地面の尾根筋をたどっている。「寺」の上（西側）を通る道路には現在「寺尾長土手」という通称があり、築堤の伝承が残る。②は現在の寺尾道に当たる。別所池近くから左側（西側）の「諏訪」社のある台地に上る道は、古くから**諏訪坂**と呼ばれた。

この①②が出会う交差点を通称「大辻」という。ここから上（西）に抜ける道があるが、これは菊名を経由して小机に到る台地上の道である。

6　見学コース参考例

鶴見駅東口

…（旧東海道を北に進む）

鶴見神社《つるみじんじゃ》（杉山神社、横浜最古の神社。横浜市鶴見区鶴見中央一丁目一四—一）

…

鶴見橋関門旧跡（幕末の「横浜開港」を機に、一八六〇年に造られた関門の跡。鶴見区鶴見中央二丁目一九—二四）

…（鶴見川橋を渡る）

一里塚公園（鶴見区市場西中町四—八）

…

熊野神社（鶴見区市場東中町九—二一）

…（森永橋を渡る）

宝泉寺《ほうせんじ》（室町期の石造物が残る。鶴見区下末吉六丁目一九—三二）

…（諏訪坂・昭和坂を通る）

寺谷弁天池（中世からの溜池、近くの墓地に板碑がある。鶴見区寺谷一丁目一六—一三）

…

熊野神社（鶴見区寺谷一丁目二一—七）

…（響橋を渡る）

…（この間に「鶴見寺尾図」にみえる「本境押領線、犬追物原」の景観がある）

…

寺尾城跡（殿山公園　土塁・空堀がある。鶴見区馬場三丁目一一）

…

宝蔵院《ほうぞういん》（板碑が多数残る。鶴見区馬場四丁目七—五）

…

白幡神社（源頼朝を祭神とし、のちに足利尊氏を祀る。鶴見区東寺尾二丁目一〇—一九）

…

松蔭寺（文永年間に誕生した仏寿禅師の墓がある。鶴見区東寺尾一町目一八—一）

…

東福寺（寛治年間〈一〇八七～九四〉創建と伝えられる。鶴見区鶴見一町目三—五）

…（総持寺門前を通る）

鶴見駅西口

COLUMN03 鶴《つる》見《み》神社（杉《すぎ》山《やま》神社）

鶴見川の右岸、横浜市鶴見区鶴見中央一―一四―一に所在する。東海道線の東側、鶴見駅から北へ五分ほど歩いた場所である。神社の創建は七世紀始めの推古天皇の頃と伝え、横浜・川崎間の最古の神社とされる。もと杉山大明神（杉山神社）と称していたが、大正九年（一九二〇）に鶴見神社と改称した。現在は、杉山大明神と天皇宮の二社相殿で、祭神は前者が五《い》十《そ》猛命《たけるのみこと》、後者が素盞嗚尊《すさのおのみこと》（牛頭天王）である。五十猛命は素戔嗚尊の子で、いずれにしても出雲系の祭神である。

鎌倉時代の仁治二年（一二四一）将軍藤原頼経が杉山大明神に参詣し、「吾れの如く大きくなれ」と祈念して欅を奉納したと伝える。この欅と伝える大木は、昭和三十七年（一九六二）に枯れてしまったが、その根本の土の中から多数の祭祀に使用された道具が発見されている。

杉山神社は、平安時代の承和五年（八三八）二月に朝廷から幣帛を捧げられることになり、同十五年五月には従五位下を授けられている（『日本後紀』）。また『延喜式』神名帳に都筑《つづき》郡の一座として杉山神社が記載されている（式内社）。

この式内社杉山神社にあたるのはどの神社なのか、確定することは出来ないが、鶴見神社もその有力候補のひとつといわれている（この候補に挙げられている杉山神社を「論社《ろんしゃ》」という）。但し、鶴見神社の所在地は橘樹《たちばな》郡内になる。

杉山神社の分布は、多摩川の南側、横浜市・川崎市・町田市など、各市域の鶴見川及びその支流の流域にその多くが分布している。『新編武蔵国風土記稿』によれば、杉山神社は七十社あまりが確認でき、現在でも四十社あまりが確認できる。そのうち論社とされるのは、下記の通りである。

杉山神社（横浜市緑区西八朔町二〇八所在）
杉山神社（横浜市都筑区茅ケ崎中央五七―一八所在）
杉山神社（横浜市都筑区中川六丁目一―一所在。大棚杉山神社ともいう）
杉山神社（横浜市港北区新吉田町四五〇九所在）
杉山神社（横浜市西区中央一丁目一三―一所在。戸部杉山神社

鶴見神社

ともいう）

杉山神社（横浜市保土ケ谷区川島町字向台八九六所在）

杉山神社（横浜市保土ケ谷区星川一丁目一九―一所在）

4……多摩川沿岸のハケ地形と史跡——野川を例として

1「ハケ」とは

ハケとは一般に、丘陵や台地の縁を河川が削ってできた崖をいう地形名である。本項では、太古の多摩川が武蔵野台地を削ってできた河岸段丘（国分寺崖線）の、崖下に点在する湧水を集めて流れる野川によって形成されたハケに展開する中世の人々の営みを、史跡によって紹介したい。武蔵野台地上は水が得にくく、古来人々の定住は困難だった。そのような武蔵野台地の縁にあって豊かな水に恵まれた野川のハケは、さながらオアシスのように、原始古代から人々が集住していた。

野川は、国分寺市の日立中央研究所内（国分寺市東恋ヶ窪一丁目）の湧水を水源とし、国分寺崖線沿いに小金井市、三鷹市、調布市、狛江市、世田谷区を流れ、世田谷区玉川で多摩川に合流する一級河川である。源流域には**武蔵国国分寺跡**（国分寺市西元町一丁目から四丁目付近）、その南約二・五㎞のところには**武蔵国府**があった。ハケ下には国府と国府の外港だった品川を結ぶ品川道が通っていた。ハケは交通路としても重要だった。

ハケには古代、中世そして現代まで連綿と信仰の拠点となった寺社が建ち並ぶ一方、中世の人々の生活をみると、そう安定したものではなかった様子が窺える。水田が開かれたのはハケ下の低湿地で、現在は河川改修によって直線的に流れている野川だが、本来は湧水からの支流を合わせながら蛇行し、低湿地帯全体が野川河原というような状況だった。

2 史跡と地形

小金井市域の集落遺跡には、武蔵野公園内にある**野川中洲北遺跡**（小金井市中町一丁目）がある。野川左岸の舌状の微高地に立地する後期旧石器時代から近世までの複合遺跡だが、中世については掘立柱建物跡が検出され、出土した中国産青磁碗や板碑などから、遺跡の中心年代は

金井原古戦場碑

鎌倉時代末期～室町時代前期の十四世紀とみられている。対岸の同公園内、「くじら山」付近の**七軒家遺跡**も年代的に野川中洲北遺跡と重なる。それに対して**武蔵野公園低湿地遺跡**（小金井市東町五丁目）からは、板碑や天目茶碗などが出土しているが、年代は十五～十七世紀初頭とみられ、野川中洲北遺跡とは年代的に断絶している。

小金井神社（小金井市中町四―七―二）は、元久二年（一二〇五）に当地を開墾した里人が天満宮を奉祀したと伝える。小金井神社の北側の**渡辺家墓地**（小金井市中町四―九）には、**延慶二年**（一三〇九）**銘の板碑**と、男女二十七名の名前の刻まれた**天文七年**（一五三八）**銘の月待《つきまち》板碑**がある。月待板碑とは、月待講（月を信仰し、十五夜、二十三夜などの特定の月齢の月の出を待つ仲間の集まり）を記念して人々（結衆《けっしゅう》）が造立したものである。板碑を建立する主体が、在地有力者から、戦国時代には結衆と呼ばれる地域の集団に変化したことがわかる。**梶四郎家所蔵板碑群**（小金井市前原町三―三二―一五）には、かつて薬師堂があったと伝えられる裏山の墓地から出土したという板碑が五十基ほど伝来している。中心となる年代はほぼ十四世紀半ば～十五世紀前半となっている。梶家の墓地（小金井市前原町三―一―一）近く、野川を望む場所にかつて観応二年（一三五一）の金井原合戦の戦死者を供養したという**首塚・胴塚**があり、首塚付近からは常滑系の蔵骨器が出土したという。現在塚は無いが、蔵骨器は**小金井市文化財センター**（小金井市緑町三―二―三七）に展示されている。また梶家裏側の崖面、平代坂《へいだいさか》と東隣の念仏坂の間には**平代坂《へいだいざか》遺跡**（小金井市前原町三―三一）があり、二〇二二年から発掘調査が行われ、十四～十五世紀の遺物や中国銭が出土した他、板碑が重なって埋められている板碑廃棄土坑も確認された。ハケの崖面は宗教的な場でもあった。

ハケの下、崖線に沿って東西方向に古道薬師道が通る。念仏坂の東の質屋坂は小金井街道で、野川の対岸の前原町五丁目付近で西からの鎌倉道と合流する。その途中前原坂下交差点の角には**金井原古戦場碑**（小金井市前原町三―一）が立てられている。

調布市内には古く、天平五年（七三三）に満功《まんぐう》上人が開創したと伝わる**深大寺**（調布市深大寺元町五―一五―一）が、国分寺崖線が深く抉られた崖面の、豊かな湧水に恵まれた地にある。本堂本尊の阿弥陀如来坐像の他、深沙《しんしゃ》大王像、慈恵大師坐像など鎌倉時代の作とされる仏像も多く、中世においても人々の信仰を集め栄えていたことがうかがわれる。隣接する**青渭《あおい》神社**（調布市深大寺元町五―一七―一〇）の東側の道は鎌倉道と伝えられている。深大寺と同じく満功上人開創という**祇園寺**（調布市佐須町二―一八―一）は、延喜式内社である**虎狛《こはく》神社**（調布市佐須町一―一四―三）の別当寺で、平安後期作の木造薬師如来立像や鎌倉後期作の鉄造僧形八幡が伝わっている。

在地武士関係では、ハケ下の微高地にある**温井《ぬくい》屋敷跡**（調布市佐須町二丁目付近）からは大量の古銭が出土している。温井氏は多摩郡司を務め、深大寺を創建した満功《まんぐう》上人を出した家だという。**狛江入道館跡**（調布市佐須五丁目一帯）（晃華学園一帯）

祇園寺

虎狛神社

八剣神社

狛江入道館跡遠景

は、崖線上の縁を利用した要塞的な館跡で、土塁や空堀などの遺構が残る。狛江氏は武蔵七党西党で、狛江入道は悪党五十余人を率いて、多摩川の対岸の威光寺（現妙楽寺）（川崎市多摩区長尾三―九―三）の領内に乱入し狼藉を働いたという（『吾妻鏡』承元二年（一二〇八）七月十五日条）。ここから東南東に一kmほどの旧金子村（現調布市西つつじヶ丘）は、鎌倉初期の武士、武蔵七党村山党の金子十郎家忠の居所かと『新編武蔵国風土記稿』に記されている。同じく旧金子村内の**金龍寺**（調布市西つつじヶ丘二―一四―一）は、建永元年（一二〇六）、栄西の開基と伝えられ、源義経が境内の池水を

糟嶺神社

慶岸寺墓地の弘長二年銘板碑

慶元寺

大般若経の書写に用いたという伝説がある。さらにそこから一・五㎞ほど南の野川を望む微高地の縁にある菊野台**八剣神社**《やつるぎ》（調布市菊野台三―四二―一）は、建武年間（一三三四～三七）、鎌倉幕府の遺臣八名が当地に移住し開拓したので、村人がその功労を称賛し、八名の佩刀《はいとう》を神宝として祀ったのが始まりだという。さらに下流の入間川との合流点を見下ろす小高い崖上にある**糟嶺神社**《かすみね》（調布市入間町二―一九―三）と、その別当寺**明照院**《みょうしょう》（調布市入間町二―一九―一二）付近には「城山」という小字があり、その東側の入間川沿いの道は鎌倉道と伝えられる。明照院《みょうしょう》は、永禄十二年（一五六九）開山とされるが、本尊の阿弥陀如来坐像は恵心僧都作とも運慶作とも伝えられ、創建時期が遡る可能性がある。戦国時代の城としては、深大寺南側の小高い舌状台地を利用した**深大寺城跡**（調布市深大寺元町二丁目）が、良好な状態で残っている。『河越記』に「ふるき郭を再興し」と記されており、立地上より古い時代からの城郭だったと考えられる。

狛江市域の**慶岸寺**（狛江市岩戸北四―一五）墓地には、市内最古の**弘長三年**（一二六三）**銘の板碑**がある。

世田谷区域に入ると、木田見（喜多見）氏関係の史跡として、**慶元寺**（世田谷区喜多見四―一七―一）周辺が**喜多見陣屋**と推定されているが、十三世紀の遺構はわずかで、十四〜十五世紀半ばまでの遺物は出土していないことなどから、鎌倉時代の木田見氏の館は、より多摩川に近い砧浄水場（世田谷区喜多見二—九—一）付近と推定されている。この地域には応仁二年（一四六八）に大洪水があったとの伝説があり、洪水によって廃絶移転したと考えられる。こちらが平時の館であるのに対して、木田見氏の戦時の城と推定されるのが、ハケ上にある**中神明遺跡**《なかしんめい》（世田谷区成城三—一一）で、元亨三年（一三二三）銘の板碑などが発見されている。ちなみに登戸の渡しで多摩川を渡り、砧浄水場の西から慶元寺、喜多見陣屋の鬼門除け祈禱所の**知行院**（世田谷区喜多見五—一九—二）、野川を渡り砧小学校の西を通り畳屋坂を上る道は、**登戸道**と呼ばれる古道である。

さらに野川の下流側に、崖を背負うように花の美しい**永安寺**（世田谷区大蔵六—四—一）がある。十四世紀後半、足利氏満が鎌倉の大蔵谷に創建したが、子の持氏がそこで自害し廃れていたものを、家臣の二階堂氏が延徳二年（一四九〇）に当地に創建したという。そのすぐ北東、仙川と野川に挟まれた台地の突端にある**大蔵氷川神社**（世田谷区大蔵六—一六—七）は、暦仁元年（一二三八）に江戸氏によって足立郡の大宮氷川明神を勧請したと伝えられるが、永禄八年（一五六五）に再建されたことを示す棟札が残る。

3 ハケの中世

以上のように、ハケ下の低湿地帯は、鎌倉時代に武士たちによって開拓され、十四世紀を中心として十五世紀前半頃まで存続したが、十五世紀末から十六世紀初めの時期には存在が確認できなくなり、十六世紀に入って、近世の村落につながる新たな集落が誕生していることがわかる。これを物語るように、野川のハケ周辺には、鎌倉時代の創建を示す由緒や板碑、仏像などを所蔵しながら、十六世紀に創建あるいは移転したという寺社が非常に多い。これは東京都内の中世村落遺跡の多くに共通するもので、理由は、洪水など自然災害や、在地領主が戦国大名の下に編成されたりして中世村落が衰退廃絶した後、経済力の増強を図る戦国大名によって開墾に長けた人物が他所から迎えられ、大規模な開拓事業が行われたからだと考えられる。中世の技術では、低湿地帯において安定的に生産活動を行うのは難しかったのだろう。このような歴史が集約的に展開したのが、野川のハケだった。

5……高幡不動

京王電鉄高幡不動駅を降りると、すぐ右手に参道が続いている。その先に正式名を真言宗智山派別格本山高幡山明王院金剛寺（日野市高幡七三三）、一般的に高幡不動として知られている寺院がある。

高幡不動にはどのような歴史があるのだろうか。寺伝によると、草創は大宝年間（七〇一〜七〇四）以前とも、慈覚大師（円仁）による平安前期の創建とも伝わる。中世には再興の祖とされている儀海という僧がいる。古くから武蔵西部の真言宗寺院として崇拝の対象になっていた。

重要文化財の不動堂・仁王門や東京都指定有形文化財で源頼義が勧請したという伝説がある**五部権現社**など多くの伽藍を有している。奥殿に向かって右側に**上杉堂**という御堂があり、上杉右馬助入道の墓と伝わる。享徳四年（一四五五）正月、享徳の乱の最中、鎌倉公方の足利成氏の軍勢と分倍河原などで合戦となり討ち取られた、もしくは深手を負ったまま高幡不動に逃げ込み自害したという（「足利成氏書状写」『武家事紀』三四、『鎌倉大草紙』巻之四）。この菩提を祀るための墓標として現在、御堂に自然石が置かれている。

奥殿の裏手には高さ二・三五ｍある**文永の板碑**が建っている。この板碑は文永八年（一二七一）に高幡地域を支配していた平姓高麗一族の菩提を弔うために建立されたものと考えられているが、平成十九年（二〇〇七）に現在の場所に移された。板碑は現在日野市の指定有形文化財となっている。

不動堂は当初清和天皇の勅願により慈覚大師（円仁）によって高幡山の丘陵上に建立された。しかし、建武二年（一三三五）八月四日の夜、台風により大きな被害を受けた。このとき儀海によって再建が進められ、興国三・康永元年（一三四二）六月、現在のように平地に再建された。

不動堂に安置されている本尊の**不動明王像**は、木造で像高が九尺三寸一分（約二・八二ｍ）と大きなものである。この像の製作年代は平安末期とする説、南北朝期とする説がある。南北朝内乱を考えるうえで重要な

高幡不動（日野市）

文永の板碑（日野市高幡不動内）

史料が本尊に秘められている。それは高幡不動胎内文書（以下、胎内文書）と呼ばれる古文書群である。本尊の不動明王像の胎内（首部）から発見され、最初に取り出されたのは大正末・昭和初年の頃である。戦後、東京都・日野市教育委員会による調査が行われ、最終的に六九通七三点と確認され、現在は国の重要文化財に指定されている。

　特徴として文書の裏面すべてに不動明王か大黒天の木版スタンプが押されていることである。点数としては七十三点のうち、不動明王が六十点、大黒天が十八点である。また、一紙に連続して押されたものと、文書を短冊状に切断しその断片にそれぞれ押された二種類に分かれる。

　胎内文書はいつ頃作成され、どのような目的で高幡不動に収められることになったのだろうか。作成時期は延元四・暦応二年（一三三九）前後と考えられている。また、収められた目的として山内経之供養説、一般結縁供養説、呪符説が挙げられている。胎内文書全てが山内経之に関係する人たちのものと推定されている。

　それでは山内経之とはどのような人物なのだろうか。元弘三年（一三三三）、鎌倉幕府の滅亡により高幡地域に新しく入部してきたのが相模国鎌倉郡山内荘（鎌倉市）を本拠とする山内首藤氏の一族と考えられる山内経之という武士であった。胎内文書をみると、経之を通して延元四年・暦応二年から興国五年・康永三年（一三四四）に常陸国（茨城県）が舞台となった常陸合戦の一端を垣間見るができる。

山内経之供養塔（日野市高幡不動内）

　次に胎内文書の内容をみていこう。経之はこの時期、経済的に大変困窮していることがわかる。その理由は経之が合戦に参加し領地を不在にするため、年貢などの徴収が困難になっていたからである。その一方で、近隣に住む武士との間には地縁的結合が生まれ、互いに助け合っている側面もみられる。そこから南北朝内乱という中で苦労する者同士が助け合って生きている姿が見えてくる。また、戦いの準備がままならず物品を送るように催促する姿や、北朝方を率いる高師冬軍の戦意低調、延元五・暦応三年（一三四〇）初頭以降に経之の書状が確認できないことからこれまでに経之が討死したと考えられる。**経之の供養塔**が高幡不動内の五重塔近くに建立されている。供養塔は平成二十三年（二〇一一）に奉納された中世の九輪塔（中島久栄氏寄贈）を山裾に移設したものだという。

　胎内文書が重要であるのは南北朝内乱を後醍醐天皇や足利尊氏などの社会的上位者からの視点ではなく、山内経之という武蔵に住む武士、つまり在地社会からみることができる点である。また、いつの時代も戦いにより最も犠牲になるのが社会的に下層の人々であるということを改めて問いかけているように感じられる。

6……高尾山薬王院

京王線の終着駅である高尾山口駅を降りて、改札から右に進むと高尾山がある。その山頂に鎮座しているのが高尾山薬王院有喜寺（八王子市高尾町）である。薬王院にはどのような歴史があるのだろうか。以下は外山徹氏の『武州高尾山の歴史と信仰』を参考にしている。

高尾山縁起をみると、行基が天平十六年（七四四）に開基したという。永和元年（一三七五）俊源による中興があった。当時、天台宗醍醐派の布教拠点となっていたことが推測され、醍醐寺（京都府京都市伏見区）が積極的に東国に教線を拡大する動きと関わるものだという。

史料上具体的に薬王院の歴史が追えるようになるのが戦国期に入ってからである。特に小田原（小田原市）を本拠とする小田原北条氏の一族であり、滝山城（八王子市高月町）の城主であった北条氏照との関係である。

永禄三年（一五六〇）、小田原北条氏三代目当主の氏康から薬師堂修復料として武蔵国内一所が寄進された（『高尾山薬王院文書』、以下の史料は高尾山薬王院文書に依る）。翌四年と推定されている史料によると、氏照が高尾山に椚田郷（八王子市椚田町・初沢町）の内、三〇〇〇疋（銭換算で七十五貫文）の土地を寄進した。寄進理由は多摩平定のための戦勝祈願の可能性が指摘されている。

史料上確認できる最も古い居開帳（本尊を他所へ出さないで、その寺で信者に見せ、礼拝を許すこと）は天正三年（一五七五）であり、その内容は開帳場における乱暴狼藉を禁止した北条氏照の制札（禁止の事項や布告などを書いて、路傍や辻に立てた掲示）である。

高尾山は戦国期には小仏峠（八王子市と相模原市緑区の間にある峠）に関所が設けられており、ここが小田原北条氏と甲斐武田氏との勢力が接する領域であった。また、城作りの材料となる木材が豊富にあり、軍事的・経済的に重要な拠点でもあった。そのため、天正六年（一五七八）北条氏照は八王子山麓の竹木・下草の伐採を禁じている。

江戸時代になると、京都醍醐寺の無量寿院を上方本寺として、薬王院が中本寺となり、十七の末寺・門徒寺院・又門徒寺院をもつようになった。慶安元年（一六四八）、江戸幕府三代将軍徳川家光から寺領として七十五石が安堵された。これは北条氏照により三〇〇〇疋＝銭七十五貫文を寄進されたことが根拠になったという。

薬王院本堂

庶民からの信仰があっただけではなく、断絶の時期はあるものの紀州徳川家の祈禱所をつとめた。紀伊徳川家とのつながりは享保三年（一七一八）六代藩主宗直に始まり、その後断絶した時期もあるが、幕末まで続いた。

現在は紀伊国根来山根来寺（和歌山県岩出市）の系譜をひく新義真言宗の智山派となっている。智山派の総本山は京都の智積院（京都府京都市東山区）で、薬王院・成田山新勝寺（千葉県成田市）・川崎大師平間寺（神奈川県川崎市川崎区）が智山派関東三山と呼ばれている。

7……浅草寺

浅草寺（台東区浅草二―三―一）は、千年近い歴史を持つ関東の有力な天台宗寺院であり、隅田川下流右岸の微高地に位置する。この地域は、『義経記』によれば「八箇国の大福長者」と呼ばれた江戸重長が舟橋を作り、源頼朝の軍勢を渡河させた水運上の要の地であった言われている。また、中世の遺物として、本堂の西側には、源義朝の家臣であった鎌田兵衛尉政清が久安年間（一一四五～五一年）に造立したと伝わる「**六地蔵石燈籠**」や鎌倉時代末期から室町時代初期に建立されたと推定される「**西仏板碑**」が残っている。

浅草寺の起こりは、『浅草寺縁起』（以降、『縁起』と略す）によれば、推古三十六年（六二八）に、檜前浜成、竹成兄弟が江戸浦（隅田川）で漁をしていた折に、網に一体の観音像が引っかかり、それを檜前兄弟が地元の有力者である土師真中知に届けたところ、真中知は自宅を寺にしてこの観音像を祀り、礼拝供養を捧げたことから始まったと言われている。その後、開基は大化元年（六四五）に、観音堂を建立した勝海上人で、中興の開基は天安元年（八五七）に、浅草逗留の際に秘仏の本尊に代わる観音像を彫刻した慈覚大師円仁であったと伝わっている。

「浅草」という地名の初見は、『吾妻鏡』の養和元年（一一八一）七月三日条で、この時、頼朝は鶴岡八幡宮の社殿を建て直そうと腕の立つ工匠を探し求めていたが、鎌倉では見つからなかったため、武蔵国浅草の大工で字は郷司という者を呼び寄せたという。

では、なぜ浅草に腕の立つ大工が居たのだろうか。『縁起』によれば、十世紀から十二世紀頃、浅草寺は度重なる災害のために、何度も再建されたと伝わっている。例えば、長久二年（一〇四一）に、地震によって寺が倒壊したため、その後寂円上人が木材を求めて隣境の山へと探しに行き、永承六年（一〇五一）に再建が果たされたという。また、仁安三年（一一六八）には、用舜上人が祈雨の力で杣山から材木を搬出させたことで、堂舎が修造され、永和四年（一三七八）には、定済上人が甘露の法雨を降らせて、材木を運び、本堂の再建が果たされたと伝わっている。従って、何度も再建されたと伝わる浅草寺には、寺社専属の宮大工の存在があったのではないだろうか。

　最近、四天王寺の専属宮大工集団の「金剛組」が創立以来一四〇〇年を数える世界最古の企業体であることが話題になった。浅草寺には宮大工に関する一次史料は残っていないとのことであるが、江戸時代に記された「浅草寺日並記」の寛保二年（一七四二）六月十五日条によれば、鈴木家という一族が浅草寺譜代の大工として奈良時代末期から江戸時代後半までその職を代々相続していたということ、また、『浅草寺志』の「天和元年五月智楽院ヨリ上野御役者江差出下書付」によれば、戦国時代から江戸時代にかけて百余あった支院が三十三坊へと整理されていたということが伝わっている。ここから、度々の再建を要した名刹には、古代から専任に近い大工一族との繋がりがあったのではないかということが想像される。頼朝に呼ばれた腕の立つ大工の郷司は、奈良時代から続く浅草寺譜代の大工たちの一人であったのかもしれない。

浅草神社

　最後に、江戸時代の話になるが、浅草寺の近くの石浜神社の境内には**麁香神社**《あらか》という神社が建っている。その麁香神社には、建築関係者が崇敬している木匠の始祖である手置帆負命《たおきほおいのみこと》や彦狭知命《ひこさしりのみこと》が祀られている。そんな祭神からも浅草寺と大工の間に深い縁があることが感じられる。

付録

1 武蔵国南部の武蔵武士分布

2 東京都域と神奈川県域の武蔵武士一覧

番号	名字	出自	名字の地	現在比定地
豊島郡				
①	飯倉	桓武平氏秩父氏	飯倉御厨	東京都港区付近
②	江戸	桓武平氏秩父氏	江戸郷	東京都千代田区千代田
③	志村	有道姓児玉党(桓武平氏秩父氏)	志村	東京都板橋区志村
④	豊島	桓武平氏秩父氏	豊島荘	東京都北区豊島
荏原郡				
⑤	今泉	小野姓猪俣党	今泉村	東京都大田区矢口付近
⑥	大井	紀姓	大井郷	東京都品川区大井
⑦	品川	紀姓	品川郷	東京都品川区品川
⑧	御田(三田)	(未詳)	三田郷	東京都港区・目黒区
⑨	目黒	小野姓横山党	目黒村	東京都目黒区目黒
橘樹郡				
⑩	稲毛	桓武平氏秩父氏	稲毛荘稲毛郷	神奈川県川崎市中原区宮内付近
⑪	小倉	小野姓横山党	小倉	神奈川県川崎市幸区小倉
⑫	小沢	桓武平氏秩父氏	小沢郷	神奈川県川崎市多摩区管
⑬	河崎	桓武平氏秩父氏	河崎荘	神奈川県川崎市川崎区
⑭	菅生	小野姓横山党	菅生郷	神奈川県川崎市宮前区菅生
都筑郡				
⑮	都筑	藤原北家利仁流(小野姓横山党)	(不明)	神奈川県横浜市
⑯	榛谷	桓武平氏秩父氏	榛谷御厨	神奈川県横浜市保土ケ谷区・旭区
久良岐郡				
⑰	石川	小野姓横山党(桓武平氏三浦氏)	平子郷石川村	神奈川県横浜市中区石川
⑱	金沢	桓武平氏北条氏	六浦荘金沢郷	神奈川県横浜市金沢区
⑲	平子	小野姓横山党(桓武平氏三浦氏)	平子郷	神奈川県横浜市磯子区磯子町
⑳	本目	小野姓横山党(桓武平氏三浦氏)	本牧	神奈川県横浜市中区本牧町
㉑	師岡	桓武平氏秩父氏	師岡保	神奈川県横浜市港北区師岡町

多摩郡				
㉒	藍原	小野姓横山党	相原	東京都町田市相原町
㉓	宇津幾	小野姓横山党	船木田荘宇津木郷	東京都八王子市宇津木町
㉔	小川	日奉姓西党	小河郷	東京都あきる野市小川
㉕	小山	小野姓横山党	小山村	東京都町田市小山町
㉖	小山田	桓武平氏秩父氏	小山田荘	東京都町田市上小山田・下小山田
㉗	川口	日奉姓西党	船木田荘北河口郷・南河口郷	東京都八王子市川口町付近
㉘	木田見	桓武平氏秩父氏	木田見郷	東京都世田谷区喜多見
㉙	椚田	小野姓横山党	横山荘椚田郷	東京都八王子市椚田町付近
㉚	狛江	日奉姓西党	狛江郷(駒井本郷)	東京都狛江市駒井
㉛	小宮	日奉姓西党	小宮	東京都あきる野市
㉜	立河	日奉姓西党	立河郷	東京都立川市柴崎
㉝	土淵	日奉姓西党	土淵郷	東京都八王子市・多摩市あたり
㉞	長沼	日奉姓西党	長沼	東京都八王子市長沼町
㉟	成木	私市党	成木郷	東京都青梅市成木
㊱	鳴瀬	小野姓横山党	成瀬郷	東京都町田市成瀬
㊲	二宮	日奉姓西党	小川郷二宮	東京都あきる野市二宮
㊳	野部	小野姓横山党	野辺村	東京都あきる野市野辺
㊴	日野	日奉姓西党	万願寺	東京都日野市万願寺
㊵	平井	日奉姓西党	平井郷	東京都西多摩郡日の出町平井
㊶	平山	日奉姓西党	船木田荘平山郷	東京都日野市平山付近
㊷	村山	桓武平氏村山党	村山郷	東京都武蔵村山市村山町付近
㊸	山崎	小野姓横山党	山崎郷	東京都町田市山崎町
㊹	由井	日奉姓西党	船木田荘由井	東京都八王子市弐分方付近
㊺	由木	小野姓横山党	船木田荘由木郷	東京都八王子市下柚木
㊻	由木	日奉姓西党	船木田荘由木郷	東京都八王子市下柚木
㊼	横山	小野姓横山党	横山荘	東京都八王子市館町付近

3 武蔵武士の年表

この年表は、鎌倉時代から南北朝時代にかけての武蔵武士の活動を年月日順にまとめたものである。『新編埼玉県史』資料編・『東京都古代中世古文書金石文集成』・『神奈川県史』資料編等を参照して作成した。本文に国名の記載のない武蔵国以外の出来事については、可能な範囲で冒頭の［ ］内に［鎌倉］［京都］などの地域名または国名を記載した。

武蔵武士の起こりや定義については、冒頭の「一、武蔵武士とは何か」で詳述したので、ここでは、鎌倉時代以降の武蔵武士の活動について、簡単に説明したい。

①源頼朝と武蔵武士

平安時代源家や平家と主従関係を結んでいた者が武士として認められた。源頼朝は、武蔵国の国府を掌握し、そこで活動する在庁官人やそこに架蔵される国内の土地台帳等の帳簿を管轄下に置いた。それを基に開発領主層を掌握し、地主職を安堵することによって、武蔵武士を御家人とし、国内の武士を支配下に置いた。

②合戦での活躍

武蔵武士は、源頼朝挙兵以降、徐々に平家方から頼朝の支配下に入っていった。頼朝が隅田川を渡る頃には、秩父平氏のほとんどが頼朝に帰順している。

その後の源平合戦・奥州合戦・承久の乱・幕末の各地での戦いにおける武蔵武士の活躍はめざましいものがあった。しかし一方、比企能員の乱・畠山重忠の乱・和田義盛の乱（建保合戦）などで、武蔵武士の有力者比企氏・畠山一族・横山氏などが滅亡し、徐々に北条氏の支配下に組み込まれていった。

③御家人役負担

御家人には、御家人役という負担があった。合戦での軍忠が主なものであるが、それ以外に、鎌倉幕府における様々な儀式への参加や経済的負担があった。

畠山重忠は、源頼朝が相模国鎌倉に入る時先陣を勤めて以来、奥州合戦・源頼朝の二度の上洛等において先陣役を命じられている。その他、武蔵武士が、将軍（鎌倉殿）の出御の際の供奉、幕府の年中行事（正月の垸飯・御的始・御行始・鶴岡八幡宮放生会・同馬場の儀等）に参加する姿が散見する。鎌倉における活動が多いのはそのためである。

④所領の譲与

御家人は、源頼朝から所領の安堵を受けた後、その所領を子孫に相伝させた。この時代、所領の相伝は分割相続が一般的で、御家人はその内容を譲状に認め、幕府の追認を得ていた。これを譲与安堵という。一方、幕府は、御家人の所領を廻る相論を裁許する立場にあった。

⑤西遷御家人

承久の乱後、武蔵武士は西国に所領を得る者が多かった。幕府は、蒙古襲来前後から武蔵武士の惣領に対し、西国の所領にみずから下向するよう命じる姿が散見する。

⑥南北朝の動乱

幕末の戦いのうち、武蔵武士は、関東では鎌倉幕府方や新田義貞方、京都では六波羅探題方や足利尊氏方双方に分かれて戦っている。この戦いの有様を具体的に記載する軍忠状が残る。南北朝時代に入ると、天皇家が南朝・北朝に分かれる以外に、足利尊氏とその弟直義が対立する観応の擾乱などがあり、全国的に戦乱に巻き込まれた。多くの軍勢が東北地方から九州地方まで移動し、まさしく、日本民族がミキサーにかけられたような様相を示している。

この時代、武蔵武士は全国各地で活躍するようになる。京都における安保氏や中条氏の活動や、中国地方の丹波国の久下氏や安芸国の熊谷氏、四国地方の豊島氏、九州、肥後国の小代氏や薩摩国の小河氏などが散見する。以下、年表を参照していただきたい。

永承六年（一〇五一）
この年
（前九年の役始まる）［陸奥国］源頼義、陸奥守に補任される。

康平五年（一〇六二）
九月十七日
（前九年の役終わる）［陸奥国］安倍貞任、厨川柵で戦死する。横山氏の伝承によれば、康平五年九月に源頼義に従っていた横山経兼が、安部貞任の首を懸けたという。この時すでに河内源氏の家人であったという。また豊島恒家が、源頼義に従ったと伝える。

永保三年（一〇八三）
九月
（後三年の役始まる）［陸奥国］陸奥守源義家、清原武衡・同家衡らと合戦する。

寛治元年（一〇八七）
十二月二十六日
（後三年の役終わる）［陸奥国］陸奥守源義家、清原武衡・同家衡の斬首を報告する。秩父氏の伝承によれば、秩父武基の子武綱が前九年の役、あるいは後三年の役の際、源頼義・義家父子に従って活躍したという。すなわち、秩父氏は、源頼義・義家父子の頃、河内源氏の家人であったと伝える。役後、豊島某（近義カ）、源義家を武蔵国平塚城に迎え、鎧一領等を拝領したという。

天仁元年（一一〇八）
七月二十一日
（浅間山噴火する）

永久元年（一一一三）
三月四日
朝廷、坂東五カ国の国司に、源為義の家人とされる内記太郎を殺害した武蔵国横山党の追討を命じる。「横山党」の初見。横山党はこの事件を契機に源為義に服属したという。

久安四年（一一四八）
二月二十九日
武蔵国大主平茲縄（重綱）の方縁、平沢寺経筒を施入する。

久寿二年（一一五五）
八月十六日
（大蔵合戦）武蔵国大蔵にて、源義平、叔父源義賢を討つ。

保元元年（一一五六）

七月十一日　［京都］（保元の乱が起きる）崇徳上皇、後白河天皇を攻める。崇徳上皇方が敗北し、源為義以下処刑される。武蔵国住人ら、源義朝に従い参戦する。『保元物語』には武蔵武士として、豊嶋四郎・中条新五・成田太郎らの名が見える。

平治元年（一一五九）

十二月九日　［京都］（平治の乱が起きる）武蔵国の知行国主藤原信頼・源義朝ら、平清盛の不在をついて挙兵し、信西を討つ。武蔵の武士ら、源義朝に従い参戦する。『平治物語』には武蔵武士として、長井斎藤実盛・岡部忠澄・猪俣範綱・平山季重・金子家忠・足立遠元らの名が見える。

十二月二十六日　［京都］平清盛、藤原信頼・源義朝らを破る。源義朝、都から落ちる。『平治物語』によれば、義朝は、武蔵武士の長井斎藤実盛・岡部忠澄・猪俣範綱・熊谷直実・平山季重・金子家忠・足立遠元らにいとまを給うという。

十二月二十七日　（平治の乱終わる）藤原信頼、六条河原で切られる。

永暦元年（一一六〇）

二月二十八日　平知盛、武蔵守に補任される。知行国主は平清盛。

三月十一日　（源頼朝、伊豆国に配流される）

治承三年（一一七九）

十一月十四日　（治承三年の政変）平清盛、上洛し、後白河法皇を鳥羽殿に幽閉する。

治承四年（一一八〇）

四月九日　（以仁王、諸国の源氏に、平清盛追討の令旨を下す）

八月十七日　（源頼朝、伊豆国で挙兵する）

八月二十日　源頼朝、相模国土肥郷に赴く。武蔵の中条成尋、源頼朝に従う。

八月二十三日　源頼朝、相模国石橋山で戦い敗れる。平家方に熊谷直実が見える。

これより先　［相模国］畠山重忠、武蔵国軍の先鋒として南下し、三浦軍の動向を監視する。

八月二十四日	(由比浜の合戦)畠山重忠、相模国由井浦で、三浦に戻る途中の三浦軍と戦い敗れる。
八月二十六日	(三浦衣笠城攻め)武蔵国の軍勢、相模国三浦氏の衣笠城を攻める。その中に河越重頼・江戸重長・中山重実、金子・村山氏等が見える。
八月二十七日	[相模国]衣笠城落城し、三浦義澄ら安房国に渡る。河越重頼・江戸重長ら義明を討ち取る。
同日	(源頼朝、相模国土肥郷から安房国に向かい渡海する)
九月十九日	(源頼朝、隅田川の左岸付近に到る)
九月二十八日	[下総国]源頼朝、江戸重長を招く。この時平家方として畠山重能・小山田有重は在京する。
十月二日	源頼朝、隅田川を渡り武蔵国に入る。豊嶋清元ら、最前に参向する。足立遠元、迎えに参向する。
十月四日	畠山重忠や河越重頼・江戸重長、長井渡に参向する。
十月五日	源頼朝、江戸重長に、在庁官人や諸郡司らを統括して、武蔵国諸雑事を沙汰させる。
十月六日	源頼朝、畠山重忠を先陣として相模国鎌倉に入る。
十月八日	源頼朝、足立遠元に、領掌する足立郡内の郡郷を安堵する。
十一月四日	(佐竹攻め)源頼朝、佐竹征伐のため、常陸国の国府に着き、金砂城を攻める。従軍の中に、熊谷直実・平山季重が見える。
十一月十四日	源頼朝、土肥実平に命じて、武蔵国内の寺社への狼藉を停止させる。
十二月十二日	[鎌倉]源頼朝、新造御所へ移徙する。毛呂季光・畠山重忠、移徙に従う。

十二月十四日　（武蔵国住人御家人となる）源頼朝、武蔵国住人の本知行地主職を安堵する。

養和元年（一一八一）

正月一日　［鎌倉］源頼朝、鶴岡若宮に参詣する。辻々警固の御家人の中に、畠山重忠が見える。

四月七日　［鎌倉］源頼朝、寝所身辺祇候衆十一人を定める。その中に、榛谷重朝が見える。

七月二十日　［鎌倉］鶴岡若宮の宝殿上棟する。畠山重忠ら、浅草の大工に賜う馬を引く。

寿永元年（一一八二）

正月三日　［鎌倉］源頼朝、御行始で藤九郎盛長の甘縄の家に渡る。行列の御後に畠山重忠が見える。

八月十二日　［鎌倉］源頼家、誕生する。鳴弦役の中に師岡重経が見え、乳付（乳母）に河越重頼の妻（比企尼の娘）が召される。

十月十七日　［鎌倉］御台所政子と頼家、産所から営中に入る。比企能員、乳母夫として、母子に贈物を奉る。能員の姨母は源頼朝の乳母比企尼である。

寿永二年（一一八三）

十月十四日　［鎌倉］勅使、鎌倉に到着する。使者三浦義澄、鶴岡八幡宮にて、勅使より院宣を受領する。比企能員ら、これに従う。

元暦元年（一一八四）

正月二十日　［京都］源範頼・同義経、源義仲軍を破り、入洛する。河越重頼父子・畠山重忠これに従う。

二月五日　［摂津国］源範頼・同義経、二万余騎を率い、摂津国に到る。畠山重忠・稲毛重成・中条家長ら範頼に従い、大河戸広行・平山季重・熊谷直実ら義経に従う。

二月七日　（一の谷の合戦）［摂津国］熊谷直実・平山季重、先陣を争う。

三月二十二日　源頼朝、伊勢国に大井実春を遣わし、平家余党追伐を命じる。

五月一日　源頼朝、甲斐・信濃両国にいる源義高の伴類追伐を命じる。比企・豊嶋・足立氏ら信濃国に向かう。

六月一日 ［鎌倉］源頼朝、平頼盛を招き、餞別の宴を行う。畠山重忠・足立遠元ら祗候する。

八月五日 ［京都］紀伊の知行国主藤原範季、後白河法皇より、同国の伝法院領荘園に対する兵粮米免除の命を受け、守護人豊嶋有経が国司の命を用いない旨を報じる。

八月七日 源頼朝、品河清実に、品川郷の雑公事を免除する。

八月八日 源範頼、平家追討使として西海に下る。比企朝宗・同能員・大河戸広行ら、これに従う。

九月十四日 源義経に嫁すため、河越重頼の娘上洛する。かねて源頼朝、婚姻を約束する。

十月六日 ［鎌倉］新造公文所の吉書始あり。足立遠元ら、寄人として参上する。

十一月六日 ［鎌倉］鶴岡八幡宮において神楽を行う。源頼朝、参宮し、畠山重忠、酒宴の際に今様を歌う。

文治元年（一一八五）

正月二十六日 源範頼、豊後国に渡る。比企朝宗・同能員・大河戸広行ら、これに従う。

二月十九日 （屋島の戦い）源義経、讃岐国屋島を攻める。その中に、金子家忠・同近則がいる。

四月十五日 ［鎌倉］源頼朝、推挙のない御家人の任官を停止させる。自由任官交名の中に、師岡重経・小河馬允・中村時経・平子有長・平山季重の名が見える。

六月七日 ［鎌倉］源頼朝、近日帰洛の平宗盛と対面する。武蔵守源義信・足立遠元ら祗候する。

十月十七日 ［京都］土佐房昌俊、源義経の六条室町亭を襲撃する。襲撃者の中に、水尾谷十郎がいる。武蔵国住人児玉党、源行家のため追い散らされる。

十月二十四日 ［鎌倉］勝長寿院供養が行われる。随兵に畠山重忠・榛谷重朝・大井実春、御後に足立遠元らがいる。

十一月十二日 ［鎌倉］河越重頼、源義経の縁者たるにより、所領を収公される。伊勢国香取五カ郷は大井実春に賜る。その他は、重頼の老母に預けられる。

文治二年（一一八六）

正月三日 ［鎌倉］源頼朝、鶴岡八幡宮に参詣する。供奉人に足立遠元、随兵に江戸重長が見える。

二月二日 ［鎌倉］源頼朝、毛呂季光を関東御分国の豊後守に推挙する。

四月八日 ［鎌倉］源頼朝夫妻、鶴岡八幡宮に参詣し、静の舞を見る。畠山重忠、静の舞曲に銅拍子で和す。

四月 ［鎌倉］幕府、京都六条八幡宮の造営注文を作成する。このうち東西廻廊（七間）・御簾舗設等を比企朝宗が負担する。

六月十六日 ［鎌倉］源頼朝夫妻、比企尼の家に渡御する。

文治三年（一一八七）

六月二十九日 ［鎌倉］源頼朝、畠山重忠の地頭代による伊勢国沼田荘への押妨を糺す。

七月二十八日 ［鎌倉］源頼朝、知行国信濃の目代比企能員に命じて、善光寺造営に与力させる。

八月四日 ［鎌倉］熊谷直実、鶴岡八幡宮放生会の流鏑馬の的立役を拒み、所領を没収される。

八月十五日 ［鎌倉］鶴岡八幡宮放生会が行われる。源頼朝に扈従する御家人の中に足立遠元が、流鏑馬の的立役に小野成綱・河勾政頼・勅使河原有直・浅羽行光が見える。

九月九日 ［鎌倉］源頼朝夫妻、比企尼の家に渡御する。御供の中に、足立遠元が見える。

九月二十七日 ［鎌倉］畠山重忠、代官の伊勢太神宮領押妨の咎により、所領四カ所を没収され、千葉胤正に預けられる。

十月四日 ［鎌倉］千葉胤正、源頼朝に畠山重忠の絶食等を報告する。畠山重忠、罪を免じられ武蔵国に下向する。

十月五日 ［鎌倉］源頼朝、河越荘地頭職を、河越重頼の後家尼に宛行うも、名主・百姓等がこれに従わず。改めて、尼の下知に従うよう命じる。

文治四年（一一八八）

正月六日　［鎌倉］的始あり。射手の中に、榛谷重朝が見える。

七月四日　［鎌倉］源頼家の着甲の儀を行う。比企能員、扶持する。畠山重忠ら、馬に乗せる。比企時員ら、馬の左右に祗候する。足立遠元、抱き奉る。

七月十五日　［鎌倉］源頼朝、勝長寿院にて、故源義朝追福の万灯会を修す。武蔵守源義信・足立遠元ら、沙汰する。

文治五年（一一八九）

正月三日　［鎌倉］源頼朝、垸飯後弓始を行う。下河辺行平が召され、榛谷重朝、これに立ち会う。

六月九日　［鎌倉］鶴岡八幡宮にて御塔供養が行われる。源頼朝、参宮する。先陣の中に小山田重成・江戸重長・熊谷直家、御後に毛呂季光・足立遠元・畠山重忠、後陣に比企能員が見える。

六月二十七日　（奥州合戦）［鎌倉］源頼朝、奥州藤原氏との戦いため、武蔵・下野の御家人に、下向の途次参陣するよう命じる。

七月十七日　［鎌倉］源頼朝、奥州征討軍を三手に分け、その部署を定める。北陸道は比企能員、大手の先陣は畠山重忠。武蔵・上野両国の党の者は加藤景廉・葛西清重に従う。

七月十九日　［鎌倉］源頼朝、奥州へ向け鎌倉を発つ。先陣は畠山重忠、従軍に長野重清・大串重親・本田近常・榛沢成清・柏原太郎がいる。その他供奉の御家人に、毛呂季光・吉見頼綱・小山田重成・同重朝・足立遠元らが見える。

八月一日　源頼朝、陸奥国国見駅に着く。先陣の畠山重忠、阿津賀志山城塀の堀を埋める。

八月八日　（奥州合戦始まる）［陸奥国］源頼朝、畠山重忠らを遣わし、箭合わせを行う。

八月十日　［陸奥国］源頼朝、阿津賀志山を越える。畠山重忠ら戦う。重忠の門客大串重義、西木戸国衡を討ち取る。

八月十一日　［陸奥国］畠山重忠、船迫宿にて、西木戸国衡の首を献ずる。和田義盛、異議を唱える。

八月十三日　北陸道大将軍比企能員ら、出羽国に攻め込む。

八月十五日　［陸奥国］源頼朝、畠山重忠に乱暴狼藉の停止を命じる。

八月二十二日　（源頼朝、奥州平泉に到る）

九月四日　［陸奥国］源頼朝、紫波郡から陣岡に到る。比企能員ら、出羽国より陣岡に参上する。

九月六日　（奥州藤原氏滅亡）［陸奥国］畠山重忠ら、藤原泰衡の首を実検する。横山時広・時兼父子、曾祖父の例に任せ、泰衡の首を懸ける。

九月二十日　［陸奥国］源頼朝、勲功賞を行う。畠山重忠に葛岡郡を賜る。

建久元年（一一九〇）

正月三日　［鎌倉］源頼朝、御行始に比企能員宅に入御する。

正月八日　［鎌倉］源頼朝、奥州大河兼任の乱に軍兵を派遣する。比企能員、山道大将軍たり。

二月十二日　［陸奥国］大河兼任、奥州衣川にて敗れる。鎌倉軍の中に、中条成尋・同家長らが見える。

四月十一日　［鎌倉］源頼家、始めて小笠懸を射る。弓の師下河辺行平御弓・引目等を、小山田重成御鞍を献上する。足立遠元・畠山重忠・榛谷重朝ら祗候する。

八月十五日　［鎌倉］鶴岡放生会が行われる。源頼朝、参宮する。榛谷重朝、御調度を懸ける。

八月　［鎌倉］重慶（平家一門）、畠山重忠の推挙により、鶴岡八幡宮寺安楽坊供僧に補任される。

九月十六日　畠山重忠、源頼朝の上洛に供奉するため、武蔵国より鎌倉に着く。

十月二日　［鎌倉］畠山重忠、上洛の先陣を命じられる。

十月三日　（源頼朝の上洛）［鎌倉］源頼朝、上洛のため鎌倉を発つ。畠山重忠、先陣を勤める。

十一月七日　[京都] 源頼朝、入洛する。畠山重忠、先陣を勤める。先陣の随兵・後陣の随兵の中に、大井四郎太郎・山口小七郎・熊谷直家ら多数の武蔵武士が見える。

十一月九日　[京都] 源頼朝、参内する。小山田重成・中村時経・畠山重忠ら供奉する。

十一月十一日　[京都] 源頼朝、六条若宮・石清水八幡宮等に参詣する。小山田重成・大井実春・金子家忠ら供奉する。

十一月二十九日　[京都] 源頼朝、参院する。足立遠元・小山田重成ら供奉する。

十二月一日　[京都] 源頼朝、任右大将の拝賀を行う。足立遠元・中村時経・比企能員ら供奉する。

十二月二日　[京都] 源頼朝、直衣始を行う。小山田重成ら供奉する。

十二月十一日　[京都] 源頼朝の推挙で、足立遠元・比企能員ら、兵衛尉・衛門尉に任官する。

建久二年（一一九一）

正月二日　[鎌倉] 垸飯（三浦義澄の沙汰）。比企能員、鷲羽を献じる。

正月五日　[鎌倉] 弓始が行われる。榛谷重朝ら、射手を勤める。

二月四日　[鎌倉] 源頼朝、二所参詣のため鎌倉を発つ。先陣の随兵に小山田重朝・中山重政・比企藤二らが、御調度懸は勅使河原有直、御後に畠山重忠、後陣の随兵に江戸重長・品河実員・小山田行重らが従う。

三月一日　熊谷直実（蓮生）、熊谷郷内の田二十町を子息真家に譲る。

三月三日　[鎌倉] 源頼朝、鶴岡八幡宮法会及び臨時祭に参宮する。畠山重忠ら供奉する。

三月四日　[鎌倉] 鎌倉小町大路あたりから出火す。鶴岡八幡宮馬場本の塔婆を焼き、幕府も延焼する。比企能員・同朝宗らの屋敷数十宇も焼く。

三月十六日　[鎌倉] 源頼朝、朝豪を、畠山重忠の推挙で鶴岡八幡宮寺密乗坊供僧に補任する。

六月七日　［鎌倉］武蔵守源義信の沙汰で、幕府南門を建てる。中条成尋、奉行する。

七月二十八日　［鎌倉］源頼朝、完成した新邸に移徙する。畠山重忠らが供奉し、河匂政頼が御甲を着す。先陣に比企能員が見える。

八月十八日　［鎌倉］新造の厩に馬を立てる。畠山重忠・足立遠元ら、馬を進上する。

九月二十一日　［鎌倉］源頼朝、稲村崎辺りで小笠懸を行う。榛谷重朝・笠原親景ら射手を勤める。

十一月十九日　［鎌倉］源頼朝、多好方を召し、盃酒を賜う。畠山重忠ら、頼朝の命により、その場で多好方に神曲楽を習う。

建久三年（一一九二）

正月五日　［鎌倉］的始あり。小野義成・榛谷重朝ら、射手を勤める。

六月三日　［鎌倉］源頼朝、恩沢の沙汰を行う。藤田能国弓馬の芸を賞され、父行康勲功の跡を安堵される。

八月九日　［鎌倉］源実朝、誕生する。平山季重ら、鳴弦役を勤める。小野成綱ら、護刀を献上し、小野義成ら、馬を引く。

九月十一日　［鎌倉］源頼朝、永福寺の池石を立てるのを見るため、昨日から二階堂行政宅に逗留する。畠山重忠、永福寺の池石を捧げ持ち、人々を驚かす。

九月二十五日　［鎌倉］比企朝宗の娘、北条義時に嫁す。源頼朝、二人の間を仲立ちするという。

十一月十三日　［鎌倉］源頼朝、永福寺の池石を置き直させる。畠山重忠・大井実春、石を運ぶ。

十一月二十五日　［鎌倉］源頼朝の御前にて、熊谷直実と久下直光との境相論について対決あり。熊谷直実、敗訴して逐電する。

同日　（永福寺完成）［鎌倉］永福寺供養が行われる。源頼朝、参向する。先陣随兵に小山田重成、勅使河原有直は御調度を懸け、御後に毛呂季光・小野義成・足立遠元らが、後陣随兵に小山田重朝・小野成綱が見える。

十二月十一日 ［伊豆国］走湯山の専光房、使者を送り、熊谷直実、法体にて上洛する途中、遁世逐電を諌めたことを報告する。

十二月二十九日 ［伊豆国］再び専光房報告する。熊谷直実、上洛を断念し、暫く武蔵国に隠れる。

建久四年（一一九三）

二月九日 ［鎌倉］畠山重忠、武蔵国丹党と児玉党の確執について、源頼朝より仲裁を命じられる。

二月十八日 畠山重忠、丹・児玉の輩の和平を報告する。

五月八日 ［駿河国］源頼朝、富士野夏狩りを行う。畠山重忠・稲毛重成・榛谷重朝ら従う。

五月二十八日 ［駿河国］曾我兄弟、工藤祐経を討つ。平子有長ら傷を蒙る。

七月八日 ［鎌倉］横山時広、源頼朝に九足の異馬を献上する。

八月十六日 ［鎌倉］鶴岡八幡宮馬場の儀に、源頼朝、御出する。榛谷重朝、射手を勤める。

十一月十九日 源頼朝、鷲宮社に神馬を奉る。榛谷重朝、使者を勤める。

十一月二十七日 （永福寺供養）［鎌倉］源頼朝、永福寺供養に参向する。畠山重忠ら、先陣の随兵を勤める。比企朝宗、使者として、導師真国の宿所に布施を持参す。

建久五年（一一九四）

正月九日 ［鎌倉］弓始が行われる。榛谷重朝ら、射手を勤める。

二月二日 ［鎌倉］北条義時の嫡男泰時、幕府で元服する。烏帽子親は源頼朝。名は頼時（頼朝の一字拝領）。畠山重忠・榛谷重朝・比企能員・足立遠元・江戸重長・比企朝宗らその座に候ず。

五月十三日 横山時広、源頼朝の命により、但馬国進美寺に、巻数請取を報じ、但馬国在庁及び大名等の同寺に対して、違乱狼藉をしないように命じる。

六月二十八日 ［鎌倉］源頼朝、造東大寺につき充て課した造像を催促する。その中に畠山重忠が増長天を担当することが見える。

八月八日 源頼朝、相模国日向山に参詣する。先陣に畠山重忠・足立遠元・比企時員ら、御後に稲毛重成ら、後陣に榛谷重朝・江戸重長・小野成綱らが従う。

九月十一日 [鎌倉] 畠山重忠ら、永福寺新造御堂の宿直人に結番される。

十一月四日 [鎌倉] 鶴岡八幡宮にて、神楽が行われ、源頼朝、参宮する。畠山重忠ら、付歌に候じる。

十一月十五日 [鎌倉] 源頼朝・北条政子夫妻、一切経と曼荼羅の供養に結縁のため、鶴岡八幡宮に参詣する。畠山重忠・江戸重長・小野成綱ら供奉する。慈光寺の僧が召される。

十二月二日 [鎌倉] 御願寺社の奉行人が定められ、永福寺の奉行人に畠山重忠・中条成尋、同薬師堂の奉行人に毛呂季光が見える。

十二月二十六日 [鎌倉] 源頼朝、永福寺新造薬師堂供養に参向する。供奉人の中に、足立遠元・小野成綱・毛呂季光らが見える。

建久六年（一一九五）

正月八日 [鎌倉] 毛呂季光と中条家長とが、喧嘩する。源頼朝、和田義盛を遣わし、仲裁させる。家長は出仕を止められ、季光は頼朝みずから諷詞を加える。

二月十日 [鎌倉] 畠山重忠、源頼朝の上洛の先陣を命じられる。

二月十四日 (源頼朝の上洛) [鎌倉] 源頼朝、妻政子・男女子息を伴い、鎌倉を発ち上洛する。畠山重忠、先陣を勤める。

三月九日 [山城国] 源頼朝、石清水八幡宮・左女牛若宮の臨時祭に参向する。毛呂季光ら後騎を勤める。路次の先陣随兵に畠山重忠・稲毛重成らが見える。

三月十日 [大和国] 源頼朝、東大寺供養のため、南都に着く。先陣に畠山重忠、随兵に江戸重長・大井実春・品河実員らが並ぶ。頼朝の御後に毛呂季光・足立遠元・比企能員らが、後陣の随兵に毛呂季綱・稲毛重成・小山田重朝らが見える。

三月十二日 [大和国] 源頼朝、東大寺供養に臨む。先陣に畠山重忠・稲毛重成、後陣に比企能員・江戸重長が見える。

三月二十七日 [京都] 源頼朝、参内する。榛谷重朝ら供奉する。

四月五日 [山城国] 畠山重忠、栂尾の明恵上人に謁する。

四月十日 [京都] 源頼朝、参内し、九条兼実と対面する。随兵に稲毛重成が見える。

四月十五日 [山城国] 源頼朝、嫡男頼家とともに石清水八幡宮に参詣する。後陣の随兵に、稲毛重成・足立遠元・比企能員が見える。

五月二十日 [摂津国] 源頼朝、天王寺に参詣する。先陣の随兵に畠山重忠・小野成綱・比企能員らが、御後に毛呂季光、後陣の随兵に大井実春・小山田重成・足立遠元らが見える。

六月二十八日 [美濃国] 源頼朝、美濃国青墓駅に着く。稲毛重成、妻(北条時政の娘稲毛女房)武蔵国にて危篤の報を受け、急遽帰国する。

六月二十九日 源頼朝、尾張国萱津宿に着く。尾張国守護小野成綱、雑事を献上する。

七月四日 [鎌倉] 稲毛重成の妻、他界する。重成、出家する。

七月九日 [鎌倉] 北条政子、妹稲毛女房の軽服のため、比企能員の家に渡御する。

八月九日 [鎌倉] 北条政子、故稲毛女房のため、仏事を修す。

八月十日 熊谷直実、京都から鎌倉に下向し、源頼朝に謁す。ついで武蔵国に下向する。

八月十五日 [鎌倉] 鶴岡八幡宮放生会。源頼朝、参宮する。毛呂季光・比企能員・足立遠元ら、召しにより廻廊に座す。

八月十六日 [鎌倉] 鶴岡八幡宮馬場の儀。源頼朝、参宮する。榛谷重朝ら流鏑馬の射手を勤める。

十月七日 [鎌倉] 源頼朝、鶴岡八幡宮臨時祭に参向する。御経供養あり。毛呂季光ら、供奉する。

建久八年（一一九七）

十月二十六日　［相模国］源頼家、鶴岡八幡宮・三浦栗浜大明神に参詣する。比企能員ら五十余人供奉する。

正治元年（一一九九）

三月二十三日　［信濃国］源頼朝、信濃善光寺に参詣する。江戸重長・小野成綱、随兵として従う。

二月六日　［鎌倉］源頼家、父頼朝の跡を継ぐ。政所吉書始が行われ、北条時政・中原広元・比企能員らが列着する。

四月十二日　（十三人の合議制）［鎌倉］諸訴論のこと、源頼家の直裁を停止する。十三人の中に、比企能員・足立遠元が見える。

四月二十日　［鎌倉］源頼家、近習に対する鎌倉における庶民の敵対を禁じる。近習の中に、比企三郎・同時員が見える。

七月二十六日　［鎌倉］源頼家、安達景盛の妾を召し、石壺に住まわせる。比企三郎等五人以外の当所に参ることを禁ずる。

十月二十八日　（梶原景時弾劾事件）［鎌倉］御家人が鶴岡八幡宮の廻廊に群集し、梶原景時弾劾の連署状に加判する。連署の御家人の中に、畠山重忠・足立遠元・比企能員・大井実久・榛谷重朝・稲毛重成・毛呂季綱が見える。

十一月十八日　［鎌倉］源頼家、比企能員宅に赴き、蹴鞠を行う。参加者に、比企時員が見える。

十一月十九日　［鎌倉］源頼家、比企能員宅において、蹴鞠を行う。比企三郎・同時員、引出物の馬を引く。

正治二年（一二〇〇）

正月七日　［鎌倉］弓始を行う。射手の中に、榛谷重朝が見える。

正月十八日　［鎌倉］源頼家、大庭野に出る。畠山重忠、垸飯を献上する。

正月二十五日　［鎌倉］梶原景時の所領等を没収する。比企兵衛ら、恩賞を受ける。

二月二日　［相模国］畠山重忠、梶原景時の与党勝木則宗の乱暴を抑え、腕を折る。

二月二十六日　［鎌倉］源頼家、鶴岡八幡宮に参詣する。先陣の随兵に小野成時・榛谷重朝・中山為重、御甲着に大井実久、御後に笠原親景・中条家長、後陣の随兵に比企時員・江戸朝重・比企能員が見える。

閏二月八日　［伊豆国］源頼家、伊豆国藍沢原に渡御し、狩を行う。頼家の命により、大河戸重澄・綱島俊久等の射手供奉する。

五月二十八日　［鎌倉］陸奥国葛岡郡新熊野社の社僧、坊領の堺につき、惣地頭畠山重忠を訴える。源頼家、境絵図を見て、自筆にて墨線を絵図中に引き、裁許する。

六月十六日　［鎌倉］源頼家、新造の中原広元亭に渡御する。比企時員ら、これに従う。

七月一日　［相模国］源頼家、鵜船を見るため相模川に赴く。鵜を好む畠山重忠ら供奉する。

八月一日　［鎌倉］源頼家、比企能員の家に入御する。

建仁元年（一二〇一）

正月十二日　［鎌倉］的始あり。榛谷重朝・小沢重政ら射手を勤める。

七月六日　［鎌倉］源頼家、百日の御鞠を始める。比企時員ら、その座に候ず。

七月十日　［鎌倉］豊島朝経、土佐国の守護職に補任される。

九月十一日　［鎌倉］源頼家、蹴鞠の師紀行景鎌倉参着後、初めて蹴鞠を行う。比企時員ら、参候する。

九月十五日　［鎌倉］延引した鶴岡八幡宮放生会行われる。源頼家、参宮する。比企能員ら、御後に候ず。

九月十八日　［鎌倉］源頼家、犬を飼うための結番を定める。比企時員ら、三番に結番される。

十月一日　［鎌倉］御所の御鞠行われる。比企時員ら、祗候する。

十月二十一日　[鎌倉] 御所の御鞠行われる。比企時員ら、祇候する。

建仁二年（一二〇二）

正月三日　[鎌倉] 弓場始あり。榛谷重朝ら、射手を勤める。

正月十日　[鎌倉] 鞠始あり。源頼家、庭に立つ。比企時員ら、祇候する。

三月八日　[鎌倉] 御所の御鞠、行われる。その後、源頼家、比企能員宅に入御する。

六月二十五日　[鎌倉] 北条政子、源頼家の御所にて御鞠会を覧る。比企時員ら、祇候する。

九月二十一日　源頼家、伊豆・駿河両国の狩倉に下向する。比企三郎ら、これに従う。

九月二十九日　[鎌倉] 源頼家、鎌倉に帰り、仁田忠仁宅に渡御する。小笠懸を行う。榛谷重朝ら、懸物を賜る。

建仁三年（一二〇三）

正月二日　[鎌倉] 源頼家、御行始で三善康清宅に入御し、鞠始を行う。比企時員ら、祇候する。

三月四日　[鎌倉] 源頼家、三善康清宅に渡御する。御鞠を行う。比企時員ら、祇候する。

三月二十六日　[鎌倉] 源頼家、三善康清宅に渡御する。御鞠を行う。比企時員ら、祇候する。

五月二十日　[鎌倉] 源頼家、母政子に、阿野全成の妻阿波局喚問を伝える。使者は比企時員が勤める。

七月十八日　[鎌倉] 御所の御鞠あり。比企時員ら、候ず。

八月二十七日　[鎌倉] 源頼家、重態のため、実朝・一幡に譲与の沙汰が行われる。比企能員、実朝への譲与を怒り、叛逆を企てる。一幡の母は能員の娘。

九月二日　（比企の乱）[鎌倉] 比企能員、源頼家に北条時政追討を謀る。北条政子、能員謀叛を父北条時政に伝える。時政、偽って能員を名越の自邸に招き殺す。

同日　[鎌倉] 政子の命により、畠山重忠・榛谷重朝ら、一幡の小御所を攻め、比企の与党を滅ぼす。

九月五日 [鎌倉] 源頼家、比企能員の滅亡を聞き、和田義盛らに命じ、北条時政を誅さんとする。

九月十六日 [鎌倉] 幕府、小代行平を、越後国青木地頭職に補任する。

九月十九日 [鎌倉] 故比企能員の残党ら、所領を収公される。

十月五日 [鎌倉] 幕府、小代行平を、越後国中河保地頭職に補任する。

十月八日 [鎌倉] 源実朝、元服する。中条家長ら、侍座に候ず。

十月九日 [鎌倉] 源実朝、政所始を行う。ついで着甲始、晩に弓始が行われる。着甲始に、足立遠元ら実朝を扶持する。榛谷重朝ら、弓始の射手を勤める。

十月十九日 [鎌倉] 将軍代始の使節として、中条家長ら上洛する。

十月二十七日 [鎌倉] 和田義盛の奉行として、武蔵国の御家人、北条時政に忠誠を誓うよう命じる。

十一月七日 [鎌倉] 幕府、小代行平を、安芸国見布乃荘地頭職に補任する。

十一月十五日 [鎌倉] 鎌倉中の寺社奉行を定める。畠山重忠ら永福寺の、足立遠元ら永福寺阿弥陀堂の、中条家長ら源頼朝法華堂の奉行となる。

十二月十四日 [鎌倉] 源実朝、永福寺以下御堂に参詣する。足立遠元ら、供奉する。

元久元年 (一二〇四)

正月十日 [鎌倉] 弓始を行う。榛谷重朝ら、射手を勤める。

二月十二日 [鎌倉] 源実朝、由比浜に出て、小笠懸等を行う。榛谷重朝ら、射手を勤める。

十月十四日 [鎌倉] 坊門信清の娘(源実朝の許婚)を迎えるため、御家人上洛する。その中に、北条政範(時政子)・畠山重保(重忠の子)らが見える。

十一月四日 [京都] 平賀朝雅の京都六角東洞院第にて、亭主、畠山重保と口論する。

十二月十八日　幕府、武蔵国別符郷についての、別符能行・同行助兄弟の相論について裁決し、各々の知行分を定める。

十二月二十日　大井実春、武蔵国大杜郷・永富郷を、四郎秋春に譲る。

元久二年（一二〇五）

正月一日　［鎌倉］垸飯（北条時政の沙汰）。足立遠元、役人として御行縢沓を勤める。

四月十一日　［鎌倉］鎌倉中、騒然とする。稲毛重成入道、北条時政に招かれ武蔵国より参上する。

六月二十日　［鎌倉］畠山重保、稲毛重成入道に招かれ武蔵国より参上する。

六月二十一日　［鎌倉］北条時政、畠山重忠・重保父子の誅殺を、北条義時・時房兄弟に謀る。

六月二十二日　（畠山重忠の乱）［鎌倉］北条時政、三浦義村に命じて、畠山重保を由比浜に誅す。

同日　北条時政、子義時に、畠山重忠を討つよう命じ、義時、武蔵国二俣川に重忠を討つ。中条家長・苅田義季・河越重時・同重員・江戸忠重、大井・品河・潮田の諸氏、児玉・横山・金子・村山党ら義時に従う。

六月二十三日　［鎌倉］北条義時、畠山重忠の謀叛は無実と父時政に報ず。重忠の謀殺は稲毛重成の陰謀と判明する。三浦義村、榛谷重朝・重季・秀重父子を討つ。大河戸行光は稲毛重成を、宇佐美与一は小沢重政を討つ。

七月八日　［鎌倉］北条政子、幼い将軍源実朝の代わりに、畠山重忠与党の所領を勲功賞として宛行う。

十一月四日　［鎌倉］北条政子、故稲毛重成の孫娘綾小路師季女を猶子とし、故稲毛重成の遺領小沢郷を宛行う。

十一月八日　［京都］小野義成の子成時、京都にて刃傷を行った藤原公継と藤原泰通の牛童を捕らえる。

十一月三十日　［京都］小野成時、恩賞として左衛門尉に補任される。

承元元年（一二〇七）

三月三日　［鎌倉］北御壺にて鶏闘会あり。足立遠元等、その中に見える。

承元二年（一二〇八）

七月十五日　源実朝、武蔵国威光寺院主の訴えを受け、狛江増西による寺領押妨を停止させる。

八月二十日　［鎌倉］小野成時、鎌倉に参上し、亡父義成の遺領（関東御恩地）譲得について申請する。

承元四年（一二一〇）

二月一日　［鎌倉］若宮大路より出火す。中条家長の家以下の民屋、延焼する。

三月二十九日　小代行平、養子俊平に、武蔵国小代郷の村々と屋敷等を譲る

建暦元年（一二一一）

三月二十三日　近江国延暦寺の騒動により、幕府、在京する中原季時・佐々木広綱等に、京畿の御家人を催し、園城寺を警固するよう命じる。足立元春使者となる。

建保元年（一二一三）

正月三日　［鎌倉］垸飯（北条時房の沙汰）。足立元春、進物の馬を引く。

二月二日　［鎌倉］北条時房の奉行として芸能ある輩を学問所として結番する。その中に中山重政が見える。

三月十九日　［鎌倉］御所の庚辰会、和田義盛の館に横山時兼が参じ甲冑の武士が徘徊するため、中止される。

五月二日　（和田義盛の乱）［鎌倉］和田義盛、将軍御所を襲う。横山時広・中山重政・同行重・塩屋惟守ら加担する。朝夷名義秀のため、武蔵武士の葛貫盛重・礼羽蓮乗ら討たれる。

五月三日　［鎌倉］横山時兼及び甥の五郎ら、和田義盛救援のため腰越浦に馳せ来る。
［鎌倉］和田義盛、討死する。横山時兼ら逐電する。

五月四日　［甲斐国］横山時兼ら、甲斐国坂東山償原別所にて自害する。

五月五日　横山時兼の所領横山荘等が収公される。

五月十七日　武蔵国大河戸御厨内八条郷、式部大夫重清に賜る。同郷地頭職は渋江光衡に安堵される。

八月二十日　［鎌倉］源実朝、新御所に移徙す。勅使河原則直・中条家長らこれに従う。

八月二十六日　［鎌倉］源実朝、移徙後の御行始を行う。大井実平・中条家長ら供奉する。

九月一日　幕府政所別当源親広、日高直高と同忠久との相論を裁決し、直高を多摩郡内二宮の地主職に補任する。

九月十九日　［下野国］故畠山重忠の末子重慶、日光山麓で謀叛を企てること露見す。

九月二十六日　［下野国］故畠山重忠の末子重慶、長沼宗政のために討たれる。

閏九月十九日　幕府、大井実春に、武蔵国大杜郷等の地頭職を安堵する。

建保二年（一二一四）

七月二十七日　［鎌倉］大倉大慈寺供養が行われる。中条家長・大井実平ら、源実朝の御出に供奉す。

建保四年（一二一六）

正月二十六日　［鎌倉］足立元春ら、坊門信清の弔問使として上洛する。

七月二十九日　［相模国］源実朝、忠快の相模川における六字河臨法に出御す。河越重時らこれに供奉す。

建保六年（一二一八）

六月二十日　［鎌倉］勅使が鎌倉に下向する。中条家長の若宮大路家を宿所とする。

六月二十七日　［鎌倉］源実朝、左近衛大将拝賀のため、鶴岡八幡宮に参る。足立遠元・中条家長・大井実春らこれに供奉する。

承久元年（一二一九）

正月二十七日　（源実朝の暗殺）［鎌倉］源実朝、右大臣拝賀のため、鶴岡八幡宮に参る。河越重時・足立元春・中条家長・大井実春・綱島俊久らこれに供奉する。源実朝、公暁のため暗殺される。

承久二年（一二二〇）

七月十九日 ［京都］九条道家の子三寅（藤原頼経）、関東に下向のため出京する。幸島行時・中条家長・足立元春・河越重時ら、これに供奉する。

十二月一日 ［鎌倉］三寅（藤原頼経）の着袴の儀が行われる。中条家長が馬を引く。

承久三年（一二二一）

五月十五日 （承久の乱）［京都］後鳥羽院、北条義時追討の宣旨・院宣を下す。

五月十九日 ［鎌倉］北条政子、安保実光以下の武蔵国勢を待ち、速やかに上洛するよう指示する。

五月二十一日 ［鎌倉］大江広元、北条義時に、武蔵国勢を待たず上洛させるよう進言する。

五月二十二日 ［鎌倉］北条泰時、京都に向かって進発する。勅使河原則直・内嶋三郎らこれに従う。

五月二十三日 ［鎌倉］北条義時・大江広元らの宿老、鎌倉に留まる。その中に中条家長が見える。

六月三日 ［京都］院方の軍勢京都を出発する。小野盛綱、美濃国摩免戸に向かう。

六月五日 ［尾張国］北条泰時・同時房、尾張国一宮にて軍議を行う。豊島・足立・江戸・河越氏は、時房に従い美濃国洲俣に向かう。

六月六日 ［美濃国］安保実光ら、北条時氏に従い、美濃国摩免戸にて官軍を破る。次いで、時氏、美濃国莚田に進む。中山重継ら、時氏の指示で官軍に射返す。

六月十二日 ［京都］院方の軍勢諸方に発向する。小野盛綱、美濃国食渡に向かう。［近江国］幸島行時、近江国野路駅にて北条泰時軍に加わる。

六月十三日 （勢多橋の戦い）［近江国］熊谷直国、勢多で討死する。

同日 （宇治橋の戦い）［山城国］北条泰時、宇治に向かう。先陣、宇治橋で戦うが、進めず。新開兵衛尉、宇治橋で討死する。塩谷家友・家氏父子、宮寺三郎・須黒直家ら負傷する。

六月十四日　（宇治川の合戦）［山城国］中山重継ら宇治川を渡らんとする。幸島行時・安保実光ら、戦死する。北条泰時の渡河後、武蔵・相模の輩攻め戦う。

同日　［山城国］院方の小野成時ら、防戦して討死する。小野盛綱ら帰洛する。

六月十五日　［山城国］北条泰時、樋口河原にて勅使の来訪を受ける。藤田能国、勅使河原則直の推挙により、勅使の持参した院宣を読む。院方の小野盛綱ら逃亡する。

六月十七日　［京都］北条泰時、六波羅において、御家人の勲功を精査する。春日貞幸、起請文をもって、中山重継の先陣を争うことを述べる。

九月六日　幕府、熊谷直時を、安芸国三入荘地頭職に補任する。

九月十八日　幕府、故直国の遺領熊谷郷内直国屋敷・田地等を、子息千虎（直時）に安堵する。

貞応元年（一二二二）

正月二日　［鎌倉］垸飯（足利義氏の沙汰）。中条家長、行縢役を勤める。

正月八日　［鎌倉］垸飯（中条家長の沙汰）。

貞応二年（一二二三）

正月二日　［鎌倉］垸飯の後、若君（藤原頼経）方で鞠会が行われる。苅田義季ら、召される。

四月二十九日　［鎌倉］三浦義村、若君（藤原頼経）に盃酒を献じる。苅田義季ら、祗候する。

六月二十日　幕府、品河清実の譲状に任せ、その子清経に南品河郷内桐井村等四カ所を安堵する。

十月四日　［相模国］北条義時、三浦義村の別荘に招待される。苅田義季ら、参会する。

十二月二十日　［鎌倉］北条義時・中条家長ら、若君（藤原頼経）方に参り、御所造営の日時について確認する。

元仁元年（一二二四）

正月一日　［鎌倉］垸飯（北条義時の沙汰）。中条家長、行縢役を勤める。中条家平・苅田義行ら、馬を引く。

嘉禄元年（一二二五）

正月二十一日　［鎌倉］若君（藤原頼経）方での酒宴に、中条家長ら参候する。
四月二十八日　［鎌倉］若君（藤原頼経）手習いの儀が行われ、中条家長、役送を勤める。
閏七月一日　［鎌倉］若君（藤原頼経）と北条政子が、北条泰時亭に座し、三浦義村を招く。中条家長らの宿老、若君に忠誠を誓う。
九月十六日　［鎌倉］鶴岡八幡宮馬場の儀。北条義時・中条家長ら、廻廊に参向する。
十月一日　［鎌倉］中条家長らの宿老、北条泰時の酒宴に招かれる。
十二月十九日　［鎌倉］若君（藤原頼経）、方違のため北条泰時亭に入御する。中条家長ら、供奉する。
十二月二十日　［鎌倉］若君（藤原頼経）、新造御所に移徙する。中条家長・同次郎左衛門尉ら、供奉する。

嘉禄二年（一二二六）

正月一日　［鎌倉］新造御所にて垸飯（北条泰時の沙汰）。中条家長、時刻を申し、行縢役を勤める。
四月十日　河越重員、武蔵国留守所惣検校職に補任される。
七月一日　［鎌倉］小河左衛門尉・同右衛門尉ら、北条時房の推挙で、去る承久三年六月の勢多合戦の勲功賞を受ける。
九月二十二日　［鎌倉］幕府南庭において草鹿の勝負が行われる。中条家長ら、念人を勤める。

安貞二年（一二二八）

正月二日　［鎌倉］垸飯（北条泰時の沙汰）。中条家長、御剣役を勤める。
正月十九日　［鎌倉］藤原頼経の御前にて、二所奉幣の日時定あり。中条家長ら、祗候する。
二月三日　［鎌倉］藤原頼経、鶴岡八幡宮に参詣する。中条家長ら、供奉する。
五月二十三日　［鎌倉］南都と多武峰との合戦のこと、中条家長、使者として上洛する。

七月二十三日　[相模国] 藤原頼経、三浦義村の田村山荘に渡御する。河越重時・大河戸広行・阿保三郎・中条左衛門尉・足立元氏・豊島太郎ら供奉する。

十月十五日　[鎌倉] 藤原頼経、小山朝政車大路の家に方違する。中条左衛門尉ら、これに供奉する。

寛喜元年（一二二九）

正月三日　[鎌倉] 垸飯（北条朝時の沙汰）。中条家平、行縢役を勤め、本庄時家、馬を引く。

正月十五日　[鎌倉] 弓始あり。岡辺左衛門四郎、射手を勤める。

八月十五日　[鎌倉] 藤原頼経、鶴岡八幡宮放生会に参向する。中条家長ら、供奉する。

寛喜二年（一二三〇）

正月四日　[鎌倉] 藤原頼経、御行始として北条泰時亭に入御する。中条家長ら、供奉する。

正月十日　[鎌倉] 藤原頼経、鶴岡八幡宮に参詣する。中条左衛門尉ら、供奉する。その後弓始あり。岡部左衛門四郎ら、射手を勤める。

二月十七日　[鎌倉] 御所西侍の南縁において千度の祓いを行う。中条家長ら、手長を勤める。

六月六日　[鎌倉] 陰陽師を御所に召す。中条家長ら、評定所に候じる。

寛喜三年（一二三一）

正月十六日　[鎌倉] 鎌倉に火事あり。米町辺りから出火し横町南北六町に及ぶ。中条家長の家焼失する。

四月二日　河越重員、武蔵国留守所惣検校職について、北条泰時に訴える。

四月二十日　河越重員の訴えた武蔵国留守所惣検校職の職掌について、国衙より返事があり、相違なく沙汰するよう命じられる。

八月二十一日　藤原頼経、亡父安保実員の例に任せ、同信員を加美郡安保郷内別所村・播磨国須富荘・近江国箕浦荘内等の地頭職に補任する。

十月六日　[鎌倉] 藤原頼経の御願寺を建立するため、北条時房・同泰時・中条家長ら、永福寺・大慈寺等を巡見する。

十月二十七日 [鎌倉] 北条時房・同泰時を始め評定衆の中条家長ら、評定所に参り、法華堂と本尊の火災のことを議論する。

貞永元年（一二三二）

七月十日 （御成敗式目の制定）[鎌倉] 政道無私を表すため、中条家長らの評定衆、起請文に連署する。

八月二十一日 鶴岡八幡宮別当定豪、武蔵国熊谷郷地頭熊谷直時に、故直国跡の年貢を進済するよう命じる。

閏九月十日 [鎌倉] 変気の御祈を始行する。中条家長・足立元氏ら、雑掌を勤める。

十一月四日 幕府、鶴岡八幡宮領熊谷郷を地頭請所として、地頭熊谷直時に年貢を進済させる。

十一月二十八日 [鎌倉] 中条家長らの宿老、北条泰時に、御所宿直の心得を聞く。

十一月二十九日 [鎌倉] 藤原頼経、永福寺にて和歌会を行う。都筑経景ら、これに従う。

十二月二十三日 河越重資、父重員の譲状に任せ武蔵国留守所惣検校職を沙汰するよう命じられる。

天福元年（一二三三）

正月二日 [鎌倉] 垸飯（北条泰時の沙汰）。中条家長、行縢沓役を勤める。

正月三日 [鎌倉] 垸飯（北条朝時の沙汰）。本庄時家ら、馬を引く。

四月十四日 [鎌倉] 藤原頼経夫妻、北条泰時亭に入御する。連歌会あり。都筑経景ら、召しにより参上する。

五月五日 [鎌倉] 端午の節を迎え、御所において和歌会あり。都筑経景ら、参上する。

五月九日 [京都] 新日吉社小五月会の流鏑馬において、山口三郎・久下四郎ら、射手を勤める。

文暦元年（一二三四）

正月一日 [鎌倉] 垸飯（北条時房の沙汰）。中条家長、御劔役を勤める。

三月五日 [鎌倉] 北条泰時の孫（経時）、御所において元服する。中条家長ら、西侍に列座する。

七月二十六日　［鎌倉］藤原頼経室、産所に入る。中条左衛門尉ら、鳴弦役を命じられる。

嘉禎元年（一二三五）

正月一日　［鎌倉］垸飯（北条時房の沙汰）。中条家長、弓矢役を勤める。

二月九日　［鎌倉］藤原頼経、後藤基綱大倉宅に入御す。御的などあり。岡辺左衛門四郎、射手を勤める。

二月十日　［鎌倉］藤原頼経、後藤基綱宅より五大堂の地に参向する。中条家長ら、供奉する。小野太郎兵衛尉・同次郎、大工の禄の馬を引く。

六月二十九日　［鎌倉］藤原頼経、新造の五大堂供養に参る。大河戸広行・安保三郎兵衛尉・河越泰重ら、供奉する。中条家長・押垂基時ら、御劔を役す。

七月六日　幕府、熊谷直時と同資直の相論を裁決し、直時の乱暴を停止し、資直を西熊谷郷と安芸国三入荘三分の一地頭職とする。

八月二十一日　［鎌倉］藤原頼経の御前で裁決が行われる。中条家長、評定衆として列座する。

十二月二十四日　［鎌倉］藤原頼経の病気平癒の祈願のため、中条家平ら、熱田社などに遣わされる。

嘉禎二年（一二三六）

正月二日　［鎌倉］垸飯（北条泰時の沙汰）。中条三郎左衛門尉・同光宗ら、馬を引く。

八月四日　［鎌倉］藤原頼経、若宮大路新造御所への移徙あり。押垂基時・野本時秀、黄牛を引く。河越泰重・中条光宗・大河戸広行・江戸景益・小河直行ら、供奉する。

八月九日　［鎌倉］藤原頼経、移徙後の御行始あり。河越泰重ら、供奉する。

嘉禎三年（一二三七）

正月一日　［鎌倉］垸飯（北条時房の沙汰）。中条家平、馬を引く。

三月八日　［鎌倉］藤原頼経の近習番等を定める。その中に押垂基時が見える。

四月十九日　［鎌倉］藤原頼経、大倉新御堂（大慈寺丈六堂）の上棟に臨む。河越泰重ら、供奉する。

四月二十二日 ［鎌倉］藤原頼経、北条泰時亭に入御する。河越泰重・中条光宗ら、供奉する。

六月二十三日 ［鎌倉］藤原頼経、大慈寺丈六堂供養に臨む。河越泰重・小河直行・中条光宗・押垂基時ら、供奉する。

暦仁元年（一二三八）

正月二十日 ［鎌倉］弓始あり。岡辺左衛門四郎ら、射手を勤める。

二月十七日 ［京都］藤原頼経、入洛する。大河戸民部太郎・青木重元・真下右衛門太郎ら、供奉する。

二月二十二日 ［京都］藤原頼経、西園寺公経亭、ついで九条道家亭に参る。四方田資綱・小宮五郎左衛門尉・若児玉小次郎・小河直行ら、供奉する。

二月二十三日 ［京都］藤原頼経、参内する。小河直行・小宮直家・四方田資綱・若児玉小次郎ら、供奉する。

二月二十八日 ［京都］藤原頼経、任中納言の拝賀を行う。小河直行・小宮左衛門次郎・四方田資綱・立河基泰・池上康親・中条光宗ら、供奉する。

四月七日 ［京都］藤原頼経、任大納言の拝賀を行う。河越泰重ら随兵として従う。

六月五日 ［大和国］藤原頼経、春日社に参詣する。河越泰重・江戸景益・品川実貞ら、供奉する。

十月三日 ［山城国］藤原頼経、鞍馬山上棟に奉加する。河越泰重、使者となる。

延応元年（一二三九）

正月五日 ［鎌倉］弓始あり。大河戸広行ら、射手を勤める。

八月十六日 ［鎌倉］鶴岡八幡宮馬場の儀。藤原頼経、桟敷に出御する。中条家平ら、馬場を警固する。

仁治元年（一二四〇）

八月二日 ［伊豆国］藤原頼経、二所に参詣する。豊島小太郎・江戸重盛・小河左衛門尉・加治左衛門尉・中条右近大夫将監・足立遠親・品河実貞ら、供奉する。

八月十六日 ［鎌倉］鶴岡八幡宮馬場の儀。藤原頼経、参宮する。中条家平ら、供奉する。

仁治二年（一二四一）

正月二日	［鎌倉］埦飯（足利義氏の沙汰）。阿保弥次郎ら、馬を引く。
正月五日	［鎌倉］弓始あり。岡辺左衛門四郎ら、射手を勤める。
正月十四日	［鎌倉］藤原頼経、鶴岡八幡宮に参詣する。中条家平ら、供奉する。
六月十五日	小河直季、密懐の科により出仕を止められ、男女ともに所領半分を収公される。
八月二十五日	［鎌倉］藤原頼経、明王院北斗堂供養を行う。大河戸重村・河越泰重ら、供奉する。
十一月四日	藤原頼経、武蔵野新田開発の方違として、安達義景の鶴見別荘に渡御する。大河戸重村、供奉する。
十一月十七日	箕匂師政、承久の乱の勲功賞として多摩野の荒野を拝領する。父政高、北条時房に属し、勢多橋で戦うという。

仁治三年（一二四二）

四月五日	幕府、承久の乱の勲功賞として、品河春員を近江国三宅郷地頭職に補任する。

寛元元年（一二四三）

正月十日	［鎌倉］弓始が行われる。真板経朝・小河左衛門尉・岡部左衛門四郎ら、射手を勤める。
三月十二日	臨時の評定あり。鳩谷重元、足立郡内鳩谷郷地頭職について、懸物押書を出す。
六月二十三日	藤原頼経、別符維行の譲状に任せ、武蔵国別符郷内枝本名と中里村等の地頭職を、子の行忠に安堵する。
七月十七日	［鎌倉］臨時御出の供奉人を結番する。中旬に河越泰重・塩谷四郎左衛門尉、下旬に大河戸重村・押垂基時が見える。
八月十六日	［鎌倉］鶴岡八幡宮馬場の儀に、藤原頼経、参宮する。中村馬三郎ら、競馬の騎手となる。

寛元二年（一二四四）

正月二日 ［鎌倉］垸飯（北条時定の沙汰）。小河右衛門尉ら、馬を引く。

正月五日 ［鎌倉］弓始が行われる。岡部左衛門四郎・真板経朝ら、射手を勤める。

六月十三日 ［鎌倉］将軍藤原頼嗣、御行始として、安達義景甘縄家に入御する。河越泰重・幸島時村ら、供奉する。

八月十五日 ［鎌倉］鶴岡八幡宮放生会。藤原頼経・頼嗣父子、参宮する。河越泰重・立河基泰・大河戸俊義・中条光宗ら、供奉する。

八月十六日 ［鎌倉］鶴岡八幡宮馬場の儀。押垂基時・中条光宗・富田次郎兵衛尉・浅羽左衛門四郎ら、射手・的立を勤める。

十二月八日 ［鎌倉］藤原頼経の乙若、着袴の儀あり。大河戸重村・同次郎ら、馬を引く。

寛元三年（一二四五）

正月九日 ［鎌倉］弓始が行われる。小河左衛門尉・真板次郎ら、射手を勤める。

八月十五日 ［鎌倉］鶴岡八幡宮放生会。藤原頼嗣、参宮する。押垂斎藤基時・河越泰重・幸島時村ら、扈従する。

八月十六日 ［鎌倉］鶴岡八幡宮馬場の儀。大河戸重村・石戸左衛門尉・足立直元・富田三郎兵衛尉・山口三郎兵衛尉ら、十列・競馬の騎手を勤める。

寛元四年（一二四六）

正月六日 ［鎌倉］弓始が行われる。真板経朝ら、射手を勤める。

四月二十九日 ［京都］後嵯峨上皇の賀茂社御幸に、安保実員ら先払を勤める。

八月十五日 ［鎌倉］鶴岡八幡宮放生会。藤原頼嗣、参宮する。江戸六郎太郎・河越泰重・大河戸重村・石戸左衛門尉・足立直元・河越重家ら、供奉する。

宝治元年（一二四七）

正月一日 ［鎌倉］垸飯（北条時頼の沙汰）。大河戸重隆、行縢役を勤める。

二月二十三日 ［鎌倉］藤原頼嗣、浜出始。犬追物あり。大河戸重村、射手を勤める。

五月十四日　［鎌倉］藤原頼嗣室の葬送が行われる。大河戸重村・押垂基時ら、供奉する。

六月四日　越生有高、同末永（有直）に、吾那上下、武蔵国越生郷台の屋敷幷びに水口の田・大豆戸等、春原庄広瀬郷内の在家等を譲る。

六月五日　（宝治合戦起こる）［鎌倉］三浦泰村、挙兵する。小河次郎・中村馬五郎ら、三浦邸を攻める。三浦方の大河戸重村ら、源頼朝の法華堂で自害する。

六月二十二日　（宝治合戦終わる）［鎌倉］三浦方与党の自殺・討死の交名が注進される。その中に、大河戸一族・榛谷一族が見える。

六月二十三日　藤原頼嗣、小代重俊を、子息重泰の功により肥後国野原荘地頭職に補任する。

十月一日　藤原頼嗣、越生有高の譲状に任せ、同有直に武蔵国吾那等の所領を安堵する。

十一月十五日　［鎌倉］鶴岡八幡宮放生会。藤原頼嗣、参宮する。江戸長光ら、供奉する。

十二月二十九日　［鎌倉］京都大番役が結番される。その中に中条藤次左衛門尉・足立右衛門尉・足立左馬入道らが見える。

宝治二年（一二四八）

二月二十八日　高麗景実、高麗郡東平沢内の経塚屋敷等をふしの娘といや御前に譲り渡す。

八月十五日　［鎌倉］鶴岡八幡宮放生会。藤原頼嗣、参宮する。江戸重保ら、供奉する。

十二月十日　［鎌倉］藤原頼嗣、方違のため長井泰秀亭に入御する。小河右衛門四郎ら供奉する。

閏十二月十日　［鎌倉］藤原頼嗣、方違のため足利義氏大倉亭に入御する。足立三郎左衛門尉ら供奉する。

建長二年（一二五〇）

正月三日　［鎌倉］垸飯（北条重時の沙汰）。宿屋忠義・浅羽次郎兵衛尉ら、馬を引く。

正月十六日　［鎌倉］藤原頼嗣、鶴岡八幡宮に参詣する。足立直元ら、供奉する。

三月一日 [鎌倉] 幕府、閑院内裏造営の雑掌目録を京都に進覧する。その中に、小沢女房・中条家長跡・押垂斎藤左衛門尉跡・足立左衛門尉跡・中条右馬助入道・河越重時跡・池上左衛門尉・大井左衛門尉・河越重員跡など、武蔵武士が多数見える。

三月二十五日 [鎌倉] 藤原頼嗣、方違のため北条重時亭に入御する。幸嶋時村ら供奉する。

八月十五日 [鎌倉] 鶴岡八幡宮放生会。藤原頼嗣、参宮する。江戸長光ら供奉する。

八月十八日 [鎌倉] 藤原頼嗣、由比浦を逍遙する。江戸長光・足立直元・中条光宗ら供奉する。

十二月九日 [鎌倉] 野本行時、父時員の例に任せ、名国司を所望するが、却下される。かつて時員は、六波羅の北条時盛に属し、その内挙で能登守に補任されるという。

十二月二十七日 [鎌倉] 近習を結番する。その中に足立直元・中条光宗らが見える。

建長三年（一二五一）

正月二日 [鎌倉] 垸飯（北条重時の沙汰）。浅羽左衛門次郎ら、馬を引く。

正月十日 [鎌倉] 弓始が行われる。多賀谷重茂・真板経朝ら射手を勤める。

正月二十日 [伊豆国] 藤原頼嗣、二所詣に進発する。江戸八郎・野本行時・豊嶋経泰・中条光宗・清久清胤・高柳行忠・足立元氏ら供奉する。

五月八日 河越重資、貞永元年十二月二十三日の国司庁宣に任せ、武蔵国留守所惣検校職に補任される。

八月十五日 [鎌倉] 鶴岡八幡宮放生会。藤原頼嗣、参宮する。足立元氏・足立直元ら供奉する。

八月二十一日 [鎌倉] 藤原頼嗣、由比浦に御出す。内嶋盛経、遠笠懸の馬を選び、幸嶋時村、射手を勤める。

八月二十四日 [鎌倉] 藤原頼嗣、重ねて由比浦に御出す。幸嶋時村、笠懸の射手を勤める。

十月十九日 [鎌倉] 藤原頼嗣夫妻、新造の北条時頼第に入御し、止宿する。足立直元ら供奉する。

建長四年（一二五二）

正月十四日　［鎌倉］弓始が行われる。多賀谷景茂・真板経朝ら射手を勤める。

三月五日　大井秋春、相伝の所領を子親実に譲る。

四月一日　（宗尊親王、鎌倉に着く）

四月三日　（藤原頼嗣一家の上洛）都筑九郎ら、路次の奉行として藤原頼嗣に供奉する。

同日　［鎌倉］足立元氏・中条頼平ら、御格子番に加えられる。

四月十四日　［鎌倉］宗尊親王、始めて鶴岡八幡宮に参詣する。足立元氏・押垂基時・足立直元ら、供奉する。

同日　［鎌倉］政所始を行う。綱島泰久、二御馬を引く。次に弓始を行う。真板経朝ら射手を勤める。

七月五日　中条時家、中条保内水田一町を、上野国世良田長楽寺に寄進する。

八月十四日　［鎌倉］足立元氏・押垂基時ら、宗尊親王の鶴岡八幡宮放生会参向の供奉人に定められる。

九月二十五日　［鎌倉］宗尊親王、方違のため、藤原教定の泉谷亭に入御する。足立元氏ら供奉する。

十一月十二日　［鎌倉］中山左衛門尉ら、問見参の結番に加えられる。

十一月二十一日　［鎌倉］新造御所の的始が行われる。真板経朝ら射手を勤める。

十二月十七日　［鎌倉］宗尊親王、鶴岡八幡宮に参詣する。足立元氏・押垂基時・足立直元・中条頼平・江戸長光ら、供奉する。

建長五年（一二五三）

正月十四日　［鎌倉］的始が行われる。真板経朝・多賀谷重茂ら射手を勤める。

正月十六日　［鎌倉］宗尊親王、鶴岡八幡宮に参詣する。中条家平・足立直元・押垂基時ら供奉する。

十月十一日　［鎌倉］内嶋盛経ら、利売直法の奉行人に定められる。

建長六年（一二五四）

正月一日　［鎌倉］垸飯（北条時頼の沙汰）。宗尊親王、御行始。足立元氏ら供奉する。

正月十六日　［鎌倉］御所において的始あり。多賀谷重茂ら射手を勤める。

正月二十二日　［鎌倉］宗尊親王、鶴岡八幡宮に参詣する。足立左衛門四郎ら供奉する。

六月十六日　［鎌倉］鎌倉中物騒。昨夕より諸人御所に参り、着到する。その中に足立直元・同三郎・同左衛門四郎・池上藤左衛門尉・中山右衛門尉らが見える。

八月十五日　［鎌倉］鶴岡八幡宮放生会。宗尊親王、南面の階間に御出する。足立元氏ら供奉する。

康元元年（一二五六）

正月十三日　［鎌倉］的始あり。多賀谷重茂ら射手を勤める。

六月二日　奥大道で夜討・強盗が蜂起する。沿道の御家人に警固が命じられる。その中に、中条光宗・渋江太郎兵衛尉・伊古宇又二郎・平間郷地頭・清久右衛門二郎・鳩井重元・矢古宇右衛門次郎らが見える。

七月十七日　［鎌倉］宗尊親王、山内最明寺に参詣する。河越経重ら供奉する。

八月十五日　［鎌倉］鶴岡八幡宮放生会。宗尊親王、御出する。河越経重・足立直元ら供奉する。

十一月二十二日　（北条時頼、執権ならびに武蔵国務・侍別当等を同長時に譲る）

正嘉元年（一二五七）

正月一日　［鎌倉］垸飯（北条時頼の沙汰）。宗尊親王、御行始として北条時頼亭に入御する。安保左衛門太郎ら供奉する。

六月一日　［鎌倉］御所にて旬の御鞠を行う。幸嶋左衛門尉ら、露払を勤める。

七月十三日　［鎌倉］前浜の鳥居前にて風伯祭を行う。足立直元、使者を勤める。

八月十五日　［鎌倉］鶴岡八幡宮放生会。宗尊親王、御出する。河越経重・足立直元ら、供奉する。

九月十八日 ［鎌倉］勝長寿院造営の事始あり。四方田景綱、北条政村方の雑掌を勤める。

十月一日 ［鎌倉］宗尊親王、大慈寺供養に御出する。河越経重ら供奉する。

十二月二十四日 ［鎌倉］幸嶋小二郎左衛門尉ら、伺見参に結番される。

正嘉二年（一二五八）

正月一日 ［鎌倉］垸飯（北条時頼の沙汰）。津戸新民部丞・加治中務左衛門尉・藤田新左衛門尉・稲毛兵衛太郎・阿保次郎左衛門尉・金子平次左衛門尉・阿保左衛門三郎・同左衛門四郎ら、庭上に列座する。

正月十日 ［鎌倉］宗尊親王、鶴岡八幡宮に参詣する。宮寺政員ら、催されなかったが推参する。

正月十五日 ［鎌倉］的始あり。多賀谷重茂ら、射手を勤める。

三月一日 ［伊豆国］宗尊親王、二所詣に進発する。三田五郎（三田小太郎跡の子息）・香山三郎左衛門尉（河越泰重跡）・滝口左衛門尉（足立遠親跡）・小河時仲・豊嶋四郎太郎（豊嶋兵衛尉跡）・大河戸兵衛太郎（大河戸兵衛尉分子息）・品河右馬允（大井・品川人々分）・鬼窪又太郎（鬼窪左衛門入道跡民部太郎子）・忍小太郎らが供奉する。

六月十七日 ［鎌倉］宗尊親王の鶴岡八幡宮放生会参向の供奉人を定める。その中に、河越経重・中条頼平・足立直元・同三郎らが見える。

八月十五日 ［鎌倉］鶴岡八幡宮放生会。宗尊親王、参宮する。足立直元ら、供奉する。

文応元年（一二六〇）

正月一日 ［鎌倉］垸飯（北条時頼の沙汰）。宗尊親王、御行始。安保次郎佐衛門尉、引出物の馬を引く。

正月十四日 ［鎌倉］弓始あり。栢間季忠ら、射手を勤める。

正月二十日 ［鎌倉］御所中の昼番衆を結番する。その中に江戸長光・幸嶋時村・河越経重らが見える。

四月三日 ［鎌倉］宗尊親王、北条重時亭に入御する。浅羽左衛門二郎ら、供奉する。

十一月二十七日 [鎌倉] 宗尊親王、鶴岡八幡宮に参詣する。小河時仲ら、供奉する。

弘長元年(一二六一)

正月一日 [鎌倉] 垸飯(北条時頼の沙汰)。河越小二郎・加治六郎左衛門尉・野部五郎左衛門尉・小河時仲・足立三郎右衛門尉・阿佐美左近将監・蛭河四郎左衛門尉・藤田二郎左衛門尉・稲毛左近将監・河勾左衛門四郎ら、庭上の東座に列挙する。

八月十五日 [鎌倉] 鶴岡八幡宮放生会。宗尊親王、御出する。足立元氏・同政遠・河越経重・中条頼平・足立三郎右衛門尉ら、供奉する。

十一月二十二日 [鎌倉] 押垂斎藤次郎、小侍所の番帳に召し加えられる。

弘長二年(一二六二)

五月六日 宗尊親王、平乙鶴丸に、亡父多賀谷光村の譲状に任せ、南田島村内在家等を安堵する。

弘長三年(一二六三)

正月一日 [鎌倉] 垸飯(北条時頼の沙汰)。足立遠時ら、庭上に列座する。

正月二日 [鎌倉] 垸飯(北条政村の沙汰)。四方田高政ら、馬を引く。

四月二十六日 [伊豆国] 宗尊親王、二所詣に進発する。足立遠時・小河時仲・小河貞盛ら、供奉する。

八月八日 [鎌倉] 河越経重・足立元氏ら、鶴岡八幡宮放生会の宗尊親王の供奉人を辞退する。

八月九日 [鎌倉] 中条頼平・足立直元・同元氏・河越経重・中条光宗・足立政遠ら、宗尊親王上洛の供奉人に定められる。

十月八日 熊谷直時、置文を作成し、相伝の文書を女子やまたのむすめに預け置く。

十一月十九日 [鎌倉] 北条時頼、病気危急となり、最明寺北亭に移ることになる。得宗被官宿屋光則ら、群参人を禁制する。

十一月二十日 [鎌倉] 北条時頼、最明寺北亭に移る。宿屋光則ら、看病のため祗候する。

文永元年（一二六四）

五月二十七日　幕府、熊谷直時法師と弟祐直法師の武蔵国西熊谷郷及び安芸国三入荘をめぐる相論を裁許する。それぞれ境を定め、直時に三分の二、祐直に三分の一とする。

文永二年（一二六五）

正月十二日　［鎌倉］弓始あり。栢間行泰ら、射手を勤める。

五月二十三日　［鎌倉］高柳幹盛、安倍文元と所領相論に及び、今日沙汰あり。

文永三年（一二六六）

正月十一日　［鎌倉］弓始あり。栢間行泰ら、射手を勤める。

七月四日　［鎌倉］宗尊親王、帰洛のため北条時盛の佐介亭に入御する。河越経重ら、供奉する。

十二月十一日　幕府、税所広幹に、亡父丹治氏の譲状等に任せ、加美郡長浜郷内赤洲村の田・在家等を領掌させる。

文永六年（一二六九）

十一月十四日　黒酒左衛門尉、河越太郎の田二段を刈り取る咎により、河越次郎に三百余町を付けられる。

文永八年（一二七一）

九月十三日　［鎌倉］幕府、小代重俊子息らに、蒙古人来襲に備え肥後国所領に下向するよう命じる。

十二月二十二日　［鎌倉］幕府、加治豊後左衛門入道に、京都大番役について、所領豊後国□聖別符は武蔵国の番に加わり勤仕するよう命じる。

文永九年（一二七二）

二月十一日　［鎌倉］大蔵頼季・四方田時綱ら、誤って北条時章・同教時を誅した咎により、首を刎ねられる。

八月二十五日　幕府、西条盛定に、養父盛元の譲状に任せ、武蔵国東江袋村内屋敷と出雲国真松名を安堵する。

文永十一年（一二七四）

正月二十七日　幕府、熊谷直高の訴えた木田見長家の悪口により、長家の所領半分を直高に分与させる。

建治元年（一二七五）

五月　［鎌倉］幕府、京都六条八幡宮の造営用途の支配注文を作成する。鎌倉中に、武蔵武士の綱島・足立・都筑・小河・目黒の諸氏が、武蔵国に河越・江戸・石戸・押垂斎藤・豊嶋等が見える。

七月五日　幕府、熊谷尼代直高と木田見長家との再度の相論を裁決し、先の判決通り、武蔵国牛丸郷内田在家と越後国北生善村の各半分を直高に分与させる。

建治二年（一二七六）

十二月十一日　幕府、越生長経に、武蔵国越生郷之屋敷田在家・吾那保の在家等を領知させる。

弘安元年（一二七八）

九月十七日　大井蓮実、子息頼郷に武蔵国大杜・永富両郷地頭職等を譲る。

弘安三年（一二八〇）

十月十八日　源惟康、平万歳丸に、亡父片山親基の譲状に任せ、丹波国和智荘や武蔵国片山郷内別所等の所領を安堵する。

弘安四年（一二八一）

四月十五日　多賀谷重政、松鶴母に、武蔵国江戸郷芝崎村の在家・田畠等を、後家分として譲り渡す。元亨三年五月八日、幕府、これを認める。

閏七月十一日　幕府、児玉繁行・同家親に対し、異賊用心のため、八月中に子息を安芸国の所領に差し下し、守護人の催促に随い、長門国の軍陣に属すよう指示する。

同日　幕府、児玉延行に対し、異賊用心のため、八月中に子息を安芸国の所領に差し下し、守護人の催促に随い、長門国の軍陣に属すよう指示する。

十二月二十八日　幕府、亡夫品河為清の譲状に任せ、陸奥国弘永郷内船越村（一期分）を尼某に安堵する。

弘安五年（一二八二）

五月二十六日　越生長経、子豊王丸に、武蔵国吾那・越生の屋敷名田等を譲る。

七月十六日　源惟康、金子頼広に対し、亡父広綱の遺状に任せ、伊予国新居郷地頭職や武蔵国金子・阿主郷の屋敷・田畠等を、先例に任せ領知させる。

弘安七年（一二八四）

八月十六日　大井頼郷、嫡子薬次郎に、相伝の所領武蔵国大杜・永富両郷等を譲る。

弘安八年（一二八五）

十一月十七日　（霜月騒動）［鎌倉］北条貞時、安達泰盛一族を攻め亡ぼす。

十二月二日　霜月騒動の安達泰盛与党の自害者注文に足立直元・池上左衛門尉らの名が見える。

十二月二十四日　幕府、児玉小次郎跡のこと、先例に倣い、遺領を配分する。

同日　猪俣右衛門四郎入道蓮覚、自由出家を訴えた蓮光の訴訟を捨て置き、出家を認める。

弘安十年（一二八七）

八月二十七日　幕府、某に、大井頼郷の譲状に任せ所領を安堵する。

九月五日　幕府、鶴岡八幡宮供僧円幸の訴えにより、高柳後家に武蔵国高柳村の所当の未進分を究済させる。

九月十五日　幕府、木田見長家の訴えにより、熊谷尼に天神宮造営用途の二倍を長家に糺返させる。

十一月二十七日　別符行宗、嫡子せんすそうに、幡羅郡古別符郷内やするだの本名と中里村を譲り渡す。

正応元年（一二八八）

十月二十日　幕府、私氏（姫若）に、亡父光方の譲状に任せ、武蔵国石神郷塚村内田地を安堵する。

永仁三年（一二九五）

正月十四日　［鎌倉］御的。勅使河原重直ら、射手を勤める。

八月　大河戸信性、弟より自由出家を訴えられるが、幕府、弘安八年以前の出家は沙汰に及ばずとする。

九月十三日　幕府、若児玉氏元後家尼妙性の訴えを認め、武蔵国西条郷伊豆熊名内田畠在家を領掌させる。

永仁四年（一二九六）

八月二日　幕府、小代政平の所労危急の出家を許す。

十一月二十日　吉見義世、謀叛の咎により捕らえられ、首を刎ねられる。

永仁五年（一二九七）

正月十四日　［鎌倉］御的。勅使河原重直ら、射手を勤める。

十一月二十三日　幕府、祖父越生長経の譲状に任せ、越生経村に武蔵国吾那・越生郷の田畠在家等を安堵する。

永仁六年（一二九八）

正月十二日　［鎌倉］御的。勅使河原重直ら、射手を勤める。

八月六日　鶴岡八幡宮、武蔵国熊谷郷分の放生会用途の請取状を作成する。その中に、熊谷直満（直時孫）・熊谷直時女子跡が見える。

正安元年（一二九九）

正月十五日　［鎌倉］御的。平子泰有ら、射手を勤める。

正安二年（一三〇〇）

正月十一日　［鎌倉］御的。野辺孫太郎・平子泰有ら、射手を勤める。

閏七月二十七日　幕府、熊谷直満と発知二郎後家尼明法代乗信との、鶴岡八幡宮領武蔵国熊谷郷年貢及び課役に関する相論を裁許する。

八月十三日　久下光綱、熊谷直満が訴えた武蔵国西熊谷郷内雨沼田四段余押領について和与する。幕府奉行人、これに裏封を加える。

八月十七日　沙弥浄照、熊谷直満の訴えた武蔵国西熊谷郷用水村岡中堀について和与する。

九月四日　幕府、熊谷直満と久下光綱と相論する武蔵国西熊谷郷堺田地四段余について、八月十六日の和与状に従い違乱なきよう命じる。

正安三年（一三〇一）

正月十四日　［鎌倉］御的。足立貞長・平子泰有ら、射手を勤める。

乾元元年（一三〇二）　正月十日　［鎌倉］御的。足立貞長ら、射手を勤める。

嘉元二年（一三〇四）　五月一日　幕府、熊谷直満と木田見景長との武蔵国木田見牛丸郷内直満知行分国方年貢を廻る相論を裁許する。直満知行分のうち国方年貢を負担する公田を分限に従い省き宛てる。

五月二十九日　［京都］金子成基、新日吉社小五月会の流鏑馬に、的立役を勤める。

嘉元三年（一三〇五）　四月二十三日　北条時村、誤って殺される。下手人加治光家・甘糟忠員・岩田宗家ら、首を刎ねられる。

徳治二年（一三〇七）　五月　［鎌倉］北条貞時、円覚寺において、毎月四日の父時宗の大斎結番を定める。その中に、足立源左衛門入道・高柳三郎兵衛尉・浅羽三郎左衛門尉・蛭河四郎左衛門尉・安保五郎兵衛入道らの名が見える。

延慶元年（一三〇八）　正月二十三日　幕府、熊谷直明の武蔵国西熊谷郷堀内田畠在家についての訴えを認め、同余一に、下地を打渡し、得文物を糺返するよう命じる。

正和元年（一三一二）　七月二十八日　狩野貞親、越生光氏と、貞親所領石見国加志岐彼別符伴実保跡五分の一と光氏所領武蔵国越生郷内岡崎村田畠在家等とを交換する。

八月十一日　守邦親王、金曾木重定並びに市谷孫四郎等の所領を、鶴岡八幡宮に寄進する。

正和二年（一三一三）　正月十五日　［鎌倉］御的。勅使河原武直・金子忠基ら、射手を勤める。

十二月十日　前但馬守為重、秩父社造営に当たり、中村行郷が、番匠作料・具足物の給付並びに流鏑馬射手役の勤仕等について作成した申状を書き上げる。

正和三年（一三一四）　正月十五日　［鎌倉］御的。勅使河原武直ら、射手を勤める。

五月十二日　幕府、江戸重通と同政重との相論を裁許する。同行重が嫡子とした重通に、重代の鎧・旗や文書等を渡し付ける。

七月二十三日　幕府、由利頼久と本庄国房との相論を裁許する。国房の押妨を認め、武蔵国本庄内生子屋敷と立野林・畠地を頼久に知行させる。

正和四年（一三一五）

正月十五日　［鎌倉］御的。金子忠基・勅使河原武直ら、射手を勤める。

七月八日　幕府、江戸重通の武蔵国千束郷田在家に関する訴えにより、同弥太郎（政重カ）を召還する。

正和五年（一三一六）

正月十五日　［鎌倉］御的。金子忠基・立河重行・勅使河原武直ら、射手を勤める。

六月二十七日　幕府、中村八郎後家尼音阿の武蔵国三山郷内屋敷等に関する訴えにより、同宗広の押妨を停止し、音阿に所領を領掌させる。

文保元年（一三一七）

正月十五日　［鎌倉］御的。立河重行・勅使河原武直・金子忠基ら、射手を勤める。

文保二年（一三一八）

正月九日　［鎌倉］御的。勅使河原武直・立河重行・金子忠基ら、射手を勤める。

十二月十日　幕府、氏女に、土淵貞重の沽却地武蔵国土淵郷内田九段・在家二宇を領掌を認める。

十二月二十四日　幕府、安保行員法師に、祖母同信貞妻藤原氏跡の陸奥国鹿角郡内柴内村を領掌させる。

元応元年（一三一九）

正月九日　［鎌倉］御的。久下宗貞・勅使河原武直ら、射手を勤める。

七月十二日　幕府、別符幸時の訴えにより、武蔵国西別府郷を知行とする同光綱後家尼崇恵に、武蔵国東光寺の修理の分担を命じる。

元応二年（一三二〇）

正月十日　［鎌倉］御的。立河重行・金子忠基ら、射手を勤める。

四月二日　幕府、粟生田直村妻藤原氏女の訴えにより、小代伊行の沽却した武蔵国小代郷内の田を藤原氏女に領掌させる。

月日未詳　尼音阿、亡息中村家政の遺領武蔵国三山郷小鹿野の屋敷等を、養子丹治孫一丸に譲り渡す。

元亨元年（一三二一）

正月十一日　［鎌倉］御的。立河頼直・立河重行ら、射手を勤める。

元亨二年（一三二二）

三月三月　中村行郷、武蔵国直弘名地頭小野沢修理亮の後家尼信阿の御牧御馬代銭の未進を訴える。

元亨三年（一三二三）

正月十一日　［鎌倉］御的。金子忠基・小代宗行ら、射手を勤める。

十月　［鎌倉］北条貞時十三回忌の供養が円覚寺で行われる。足立余三左衛門尉・新開二郎左衛門尉・中条山城前司・大蔵兵衛入道ら、禄の役人等を勤める。また、河越貞重・大蔵兵衛入道・津戸兵庫入道・大蔵宮内左衛門入道・足立三郎左衛門入道ら、砂金・馬等を献上する。

正中元年（一三二四）

五月十五日　越生頼直、武蔵国岩田下村内の田地等を、浅羽盛秀に沽却する。左衛門尉某・小野某、これに裏判を加える。

十一月　中村次郎左衛門尉、秩父社拝殿造営の郷役を対捍した、武光・恒用等五カ郷を訴える。

正中二年（一三二五）

正月十四日　［鎌倉］御的。勅使河原武直ら、射手を勤める。

十二月六日　安保行員、嫡子基員に、武蔵国成田郷地頭郡司職・箱田村・平戸村、同国安保郷内中原屋敷・在家・田等を譲り渡す。嘉暦三年八月十日、幕府、これを安堵する。

嘉暦元年（一三二六）

正月九日　［鎌倉］御的。勅使河原武直ら、射手を勤める。

嘉暦二年（一三二七）

正月十一日　［鎌倉］御的。立河又太郎・中条清貞・久下宗貞ら、射手を勤める。

嘉暦三年（一三二八）

正月九日　［鎌倉］御的。野辺房光・多賀谷光忠・津戸為景・立河重行ら、射手を勤める。

七月二十三日　幕府、熊谷直経と継母尼真継代了心の相論を裁決し、真継亡息直継（直経兄）の遺領武蔵国熊谷郷内の田・屋敷等を直経に領知させ、真継を謀書の咎で遠流に処す。

元徳二年（一三三〇）

正月十四日　［鎌倉］御的。津戸為重・中村家時・立河幸盛ら、射手を勤める。

六月二十三日　幕府、加治時直妻藤原氏が申請した小代伊行の沽却した武蔵国小代郷延名内田畠について、藤原氏が領掌することを認める。

元弘元・元徳三年（一三三一）

正月十二日　［鎌倉］御的。中村家時ら、射手を勤める。

三月五日　熊谷直勝、武蔵国熊谷郷内の田畠・屋敷・名田・在家等の所領を、子直氏に譲り渡す。

三月二十三日　幕府、立河生西の沽却した某郷内の田・在家を、某氏女の領知を認める。

五月八日　祁答院行重、父大井頼郷の遺領武蔵国六郷保内大杜等を、養子千代寿丸に譲与し、大井氏の名跡を継承させる。

九月五日　幕府、北条貞直らを遣わして、後醍醐天皇の比叡山への遷幸を阻止することを命じる。河越貞重ら、御教書により在京を命じられる。

九月　大将軍北条貞直、武蔵・相模・伊豆・駿河・上野五カ国の軍勢を率いて上洛する。その中に横山・猪俣両党が見える。

（月日未詳）　幕府、後醍醐天皇追討の軍勢を催す。その中に、安保道堪・河越貞重・高坂出羽権守らが見える。

十月十五日　［河内国］河越貞重・高坂出羽守・安保道堪・加治家貞ら、河内国赤坂城を攻める。

元弘二・正慶元年（一三三二）

正月十二日 ［鎌倉］御的。中村家時・越生有宗ら、射手を勤める。

五月 ［相模国］河越貞重、平宰相成輔を預かり下向するが、相模国早河尻にて処刑する。

九月 河越貞重・安保道堪ら、幕府の命により、鎌倉を発ち上洛する。

十月 ［京都］安芸の熊谷氏ら、周防・長門の勢を率いて西の京に着く。

十一月二十四日 安達時顕、得宗の意を受けて、武蔵国大河戸御厨野田四郎丸雑掌冬俊の訴えにより、河越三郎太郎に野田太郎四郎の召還を命じる。

（この頃） ［京都］楠木正成追討にあたり、紀伊手に江戸一族ら、大和道に豊嶋一族・藤田一族らが属す。

元弘三・正慶二年（一三三三）

正月十日 ［鎌倉］御的。中村家時ら、射手を勤める。

正月十四日 ［河内国］幕府軍、河内国で楠木勢と戦う。品河・成田氏ら、幕府軍に属す。

二月二十二日 ［河内国］猪俣の人々、楠木（赤坂）城攻めに加わり、人見六郎入道ら主従十四人、同所において討死する。

閏二月二日 ［京都］楠木合戦注文に、護良親王及び楠木正成追討軍として紀伊手に江戸一族、大和道として豊嶋一族・藤田一族が見える。

三月二十八日 幕府、曾我光頼の訴えた高麗郡東平沢内の田畠・屋敷等の安堵の件について、高麗太郎次郎入道に命じて下文等を備進させる。

四月 丹波国の足立三郎ら、千種忠顕に従い京都に攻め入る。丹・児玉党ら、幕府軍に属し反撃する。播磨国の肥塚一族や備中国の庄三郎ら、幕府軍として戦う。

同月 ［丹波国］足利尊氏、丹波国篠山に挙兵する。丹波国の久下時重、足利の陣に馳せ参じる。

五月七日 （六波羅滅亡）［京都］六波羅探題北条仲時ら、光厳天皇らを伴い、東国に下る。

五月	［上野国］新田義貞、上野国で挙兵する。北条高時、武蔵・上野の御家人に、義貞討伐を命じる。
五月九日	［近江国］六波羅探題北条仲時ら、近江国番場宿一向堂前の合戦に敗れ、討死あるいは自害する。その中に塩屋演恒・大井儔光・豊嶋重径・同家倍・怒借屋保弘・足立長穐・同則利・同則幌・片山祐珪・同祥明・塩谷家弘・荘俊充・藤田種法・同頼宣・金子儔宣・同儔弘・川越乗誓・木戸家保・甘糟清径・同知清らが見える。
同日	新田義貞、武蔵国に入る。武蔵国等の軍勢多くこれに従う。
五月十日	幕府、北条（桜田）貞国を大将として、加治家貞らに武蔵・上野両国の勢を付けて、入間川に向かう。
五月十一日	（小手指河原の戦い）新田・幕府両軍、小手指河原に戦う。
五月十二日	（久米河の戦い）新田軍、久米河の幕府軍を攻める。幕府軍、分倍河原に引き退く。
五月十四日	北条泰家、大将軍として、武蔵国分倍河原に向かう。安保道堪・新開左衛門尉ら、これに従う。
五月十五日	（分倍河原の戦い）新田・幕府両軍、武蔵国分倍河原に戦い、新田義貞、敗れて堀金に退く。
五月十六日	（分倍河原の戦い）武蔵国分倍河原にて、幕府軍敗れる。安保道堪父子、討死する。江戸・豊嶋・河越らと武蔵の七党、新田軍に従う。
五月十八日	武蔵・相模等の軍勢、赤橋守時に従い、洲崎の新田軍に備える。一方、武蔵・相模等の新田方の軍勢、稲村ヶ崎より鎌倉に乱入する。その中に篠塚伊賀守・畑時能・長浜光経らが見える。
五月二十一日	（鎌倉幕府滅亡）［鎌倉］北条高時以下、滅亡する。

八月　熊谷直経孫虎一丸、父直春が鎌倉霊山寺で討死したことを注進する。某、これに証判を加える。

十月　大河戸隆行、武蔵国の所領崛須郷代官岩瀬妙泉の分倍河原等における合戦の軍忠を注進する。某、これに証判を加える。

十二月二十日　足利尊氏、熊谷直経の訴えた武蔵国木田見郷一分地頭職の件について、武蔵国守護代上杉重能に、直経に安堵するよう命じる。

十二月二十九日　足利尊氏、安保光泰に、勲功賞として信濃国小泉荘室賀郷地頭職を宛行う。

建武元年（一三三四）

正月十日　[陸奥国] 曾我乙房丸代沙弥道為、陸奥国津軽大光寺合戦における手負いの注文を注進する。その中に豊島時貞の負傷のことが見える。

正月　[鎌倉] 関東廂番が結番され、その中の一番に河越高重が見える。

二月六日　足利尊氏、埼玉郡飯塚村の法華寺住持是徹の訴えを受け、同寺領に対する大河原又三郎の濫妨を退け、是徹に寺領を沙汰し付けるよう上杉重能に命じる。

五月三日　後醍醐天皇、綸旨を下し、別符幸時に勲功賞として上野国佐貫内羽祢継を知行させる。

六月十日　雑訴決断所、熊谷直経に武蔵国熊谷郷内恒正名・同国木田見郷等の地頭職を安堵する。

七月十四日　足利尊氏、一色繁氏に命じて、雑訴決断所牒に任せて、武蔵国熊谷郷内恒正名・同国木田見郷内田在家等を熊谷直経に沙汰し付ける。

七月二十七日　一色某、鎌倉の建長寺正続院末寺長福寺雑掌祖広の訴えを受け、平戸光行に奈良綱長とともに、上壁屋左衛門次郎の乱暴を退けて武蔵国恩田御厨内田島郷田在家を祖広に沙汰し付けるよう命じる。

八月十日　平戸光行・奈良綱長、一色某の施行状を受け、上壁屋左衛門次郎の乱暴を退けて武蔵国恩田御厨内田島郷田在家を、建長寺正続院末寺長福寺雑掌祖広に沙汰し付ける。

八月二十三日	江戸・葛西氏等、南朝方に謀叛する。
八月二十九日	兵庫助氏政、後醍醐天皇綸旨と施行の国宣等を受け、別符幸時代員忠に、勲功地上野国佐貫内羽祢継を打ち渡す。
九月八日	足利尊氏、一色繁氏に命じて、雑訴決断所牒に任せて、武蔵国大森・永富両郷地頭職を大井千代寿丸に沙汰し付ける。
九月二十二日	平重時、命を受け、武蔵国熊谷郷内恒正名半分・同国木田見郷内田在家半分を熊谷直経に打ち渡す。
九月二十七日	［京都］後醍醐天皇の賀茂両社行幸に、足利尊氏扈従する。野本朝行・足立遠宣・吉見某これに従う。
十月十二日	雑書決断所、西条盛光に、武蔵国犬塚村内屋敷田畠及び同国東江袋村内屋敷田畠等を安堵する。

建武二年（一三三五）

正月七日	［鎌倉］御的。金子家基・中村家時ら、射手を勤める。
六月三日	［京都］高師直、京都四条河原における安保直実の勲功を賞し、添状を遣わす。
七月	［信濃国］北条時行蜂起し、鎌倉に向かう。清久山城守・塩谷民部大夫らこれに従う。
七月中旬	北条時行、武蔵国久米川・女影カ原で勝利する。清久氏、これに従う。足利直義、敗れて西上する。
八月二日	（足利尊氏、京都を発す）足利尊氏、北条時行討伐のため関東に向かう。
八月九日	［遠江国］足利尊氏、遠江国橋本で、北条方の軍を破る。安保光泰ら、先陣を懸ける。北条方の児玉党蛭河彦太郎入道らを捕える。

八月十七日　足利尊氏、箱根各所で北条軍を破る。箱根水飲峠の戦いで清久山城守、生虜される。大平下合戦において大類五郎左衛門以下一党高名を挙げる。湯本地蔵堂合戦において、片山兵庫以下数輩傷を蒙る。

八月十九日　（足利尊氏、鎌倉に入る）北条時行、逃亡し、安保道堪の子自害する。

十一月十九日　（足利尊氏、鎌倉にて後醍醐天皇に叛する）朝廷、尊良親王を大将軍として、新田義貞ら、東海道を下る。河越三河守・児玉庄左衛門・荏原下総守・藤田三郎左衛門・長浜光経らこれに従う。

同日　［丹波国］丹波の住人久下弥三郎、中沢玄甫らを率いて、守護館を攻める。

十一月二十日　足利直義、鎌倉を発ち上洛する。高坂七郎・武蔵七党らこれに従う。

十一月二十五日　新田義貞、三河国矢作川にて足利直義と戦う。長浜光経・篠塚伊賀守ら義貞に従う。

十一月二十六日　［備中国］庄氏ら、足利方に馳せ加わる。

十二月十二日　尊良親王、官軍を率いて竹下に進軍する。新田義貞、箱根に進軍し足利直義と戦う。河越・高坂氏の他、荏原下総守・藤田六郎左衛門・同三郎左衛門・同四郎左衛門・篠塚伊賀守・河越三河守・長浜光経・青木五郎左衛門・同七郎左衛門ら、これに従う。大友貞載、叛して足利尊氏に従う。官軍、敗れて伊豆国府に退き、西に向かう。篠塚伊賀守、新田義貞に従い、伊豆国府より西に向かう。

十二月二十二日　（北畠顕家、義良親王を奉じて、陸奥を発ち関東に向かう）

十二月二十三日　北畠顕家、武蔵国御家人高柳宗泰・同朝行・同泰忠らの参陣したことを賞する。

延元元・建武三年（一三三六）

正月八日　（足利尊氏、山城国石清水八幡宮に陣を敷く）
［山城国］久下時重ら、但馬・丹後の兵、山城国西山の二条師基を攻め落とす。久下長重、大江山を攻め討死する。

正月九日　［山城国］足利尊氏、大渡で合戦する。武蔵・相模の兵、これに従う。

正月十一日 （足利尊氏、京都に入る）

正月十三日 （北畠顕家、近江国にから後醍醐天皇の比叡山の行在所に至る）（足利尊氏、糺河原の戦いに敗れ、丹波国に逃れ篠村に陣する）

正月三十日 （後醍醐天皇、京都に還幸する）

正月 ［山城国］後醍醐天皇方の勅使河原丹三郎父子、敗戦を聞き自害する。新田義貞、三井寺に細川定禅を攻める。篠塚伊賀守ら、義貞に従う。長浜氏ら、新田義貞に従い、細川勢を追撃する。

二月八日 ［備前国］足利尊氏、備前国児島に至る。武蔵国勢ら、尊氏に従う。

二月十二日 （足利尊氏、船に乗り鎮西に赴く）

三月二日 （筑前国多々良浜の戦い）菊池武敏、足利尊氏らと多々良浜に戦い、敗れる。

三月八日 桃井義盛、熊谷直経に安芸国西条郷内寺家分地頭職を預ける。

三月三十日 ［豊後国］高師直、豊後国守護代に命じて、河越宗重・同子息治重による豊後国香賀地荘への濫妨を停止させる。

三月 ［筑前国］西小河季久、同年二月二十八日の筑前有智山合戦等における軍忠を注進し、少弐頼尚これに証判を与える。

同月 ［丹波国］丹波国の久下氏ら、同国高山寺城に籠もる。

同月 ［備中国］備中国の庄氏ら、同国勢山に籠もる。

四月十五日 足利尊氏、大内義弘に命じて、平子重嗣に旧領を還付させる。

四月十六日 （北畠顕家、斯波家長と相模国片瀬川に戦う）

四月 [京都] 武者所が結番され、その中の三番に滝瀬宗光、四番に足立遠宣・荘宗家、五番に中条貞茂・熊谷直宗が見える。

同月 [備前国] 畑時能ら、新田義貞に従い、備前国三石を攻める。さらに西に進み、同国舟坂を攻める。侍所長浜光経が見える。

五月 (湊川合戦) 小山田高家、新田義貞を助け討死する。

六月十三日 [近江国] 河野通盛、比叡山大岳南尾の合戦において伊予国軍が分捕った生捕と手負いの注文を注進する。その中に、仙波平次盛増、江戸六郎太郎重近、江戸弥四郎が見える。

六月 [山城国] 新田義貞、今路・西坂本より京都を攻め、従軍の中に丹・児玉氏らが見える。

七月 小代重峯、軍忠状を作成し、高師冬及び同師直の証判を受ける。その中に、六月五日の西坂本における合戦、同七日より二十日の中尾における合戦、同晦日の吉田河原における合戦に軍忠を励んだことが見える。

七月十七日 [京都] 久下重基、足利尊氏より、軍忠を賞される。

九月一日 [京都] 平子重嗣、軍忠状を作成し、山名時氏の証判を受ける。その中に、八月二十三日から時氏に従い、同二十五日に阿弥陀峯における合戦、同二十八日多々須川原の戦いに若党らの討死等のことが見える。

九月五日 [京都] 足利尊氏、四方田太郎左衛門尉に、今年正月晦日父太郎左衛門尉が山城国桂川合戦で討死したことを賞する。

九月十八日 [肥後国] 肥後国野原西郷一方地頭小代重峯、八月二十日から三十日にかけて、合志太郎に従い、筑後国豊福原等で合戦し、今月三日肥後国菊池寺尾等で捜索・城を破却し、同十八日に合志城で警固したことを注進し、合志幸隆の証判を受ける。

九月 [京都] 別符幸時、今年正月九日の山城国山崎等の合戦における軍忠を注進し、某がこれに証判の与える。

同月　［筑後国］小代重峯の子長鶴丸代丹六吉宗、八月二十日から三十日にかけて、合志太郎に従い、筑後国豊福原等で合戦し、今月三日肥後国菊池寺尾等で捜索・城を破却し、同十八日に合志城で警固したことを注進し、合志幸隆の証判を受ける。

十月九日　［肥後国］小代重峯、軍忠状を作成し、今川助時の証判を受ける。その中に八月十八日の肥後国唐川合戦に軍忠を励んだことが見える。

十月十日　［京都］後醍醐天皇、京都に還幸する。随兵の中に江戸景氏が見える。

十二月十一日　足利直義、安保光泰に、武蔵国安保郷内屋敷在家・同国枝松名内塩谷田在家・同国太駄郷等の地頭職を安堵する。

十二月十七日　高重茂、足利義詮の命を受け、安保泰規に明年正月の参勤を命じる。

十二月二十五日　後醍醐天皇、北畠顕家に、足利尊氏・同直義追討のため、武蔵・相模以下の東国武士を率いて上洛するよう命じる。

延元二・建武四年（一三三七）

正月八日　（陸奥の義良親王・北畠顕家蜂起し、同国伊達郡霊山に拠る）

正月二十二日　［京都］足利尊氏代始の御的。青木四郎・岡部三郎左衛門尉・青木四郎左衛門尉ら、射手を勤める。

三月六日　（越前国金ヶ崎城落城す）新田義貞、金ヶ崎城から逃れ、長浜顕寛ら同城にて討死する。

三月　［伊勢国］本間有佑代田島貞国、伊勢国内における度々の合戦を志村九郎が見知した旨の軍忠状を提出し、吉見氏頼（カ）の証判を得る。

四月十二日　高重茂、足利義詮の命を受け、安保光泰に勲功賞として武蔵国滝瀬郷及び同国枝松名長茎郷を預け置く。

六月十日　［上総国］千葉（カ）胤房、命により、別符幸時代成田幸重に上総国畔蒜荘泉郷を打ち渡す。

七月六日　足利直義、青木武蔵入道の府中凶徒追散を賞する。

八月十一日　（義良親王・北畠顕家、陸奥国霊山を発ち、上洛する）

同日　［讃岐国］守護細川顕氏、庄資方・豊島重経らの訴えた造田長守による讃岐造田荘年貢抑留について、来たる二十五日以前に究済すべき旨を伝えるよう、桑原常重らに命じる。

八月　［薩摩国］延時法久、今月十日の薩摩国における軍忠状を提出し、酒匂久景の証判を得る。その中に甑島小河季久らが見知した旨が見える。

同月　［薩摩国］権執印宮里俊正、今月十四日の薩摩国市来院赤崎合戦の軍忠状を提出し、酒匂久景の証判を得る。その中に甑島地頭小河季久らが見知した旨が見える。

同月　［薩摩国］薩摩国御家人莫祢成助、今月十四日の薩摩国市来院赤崎合戦の軍忠状を提出し、酒匂久景の証判を得る。その中に甑島地頭小河季久らが見知した旨が見える。

九月　（義良親王・北畠顕家、武蔵国浅見山・鎌倉等で戦う）
［越前国］南朝の畑時能、加賀国住人を語らい越前国細呂木に城墎を構える。江戸氏ら、細屋右馬助に従い、越前国府を攻める。

十月　［薩摩国］薩摩国御家人莫祢成助、去る九月十七日の薩摩国市来城等の軍忠状を提出し、某の証判を得る。その中に甑島地頭小河季久・同小三郎らが見知した旨が見える。

延元三・暦応元年（一三三八）

正月二日　（北畠顕家、鎌倉を発ち上洛するつ）

正月　江戸氏・武蔵七党ら、北朝軍に加わる。

正月　［美濃国］武蔵・上野の軍勢、上杉憲顕・同藤成に従い、美濃国青野原に戦う。

二月十一日　別符幸実、正月十六日に武蔵国を発ち、北畠顕家を追撃して京都まで御供したことを注進し、高重茂、これに証判を加える。

二月二十三日 別符幸実、二月十二日に京都を発ち、伊賀・伊勢と御供したことを注進し、高重茂、これに証判を加える。

二月 [越前国] 熊谷直経・足立新左衛門ら、脇屋義助に従い、越前に戦う。

五月二十二日 (北畠顕家、和泉国で討死する) 北畠顕家、和泉国堺浦・石津で高師直と戦い、討死する。越生四郎左衛門尉、顕家を討つ。

五月 [伊勢国] 志村貞行、去月二十三日の伊勢国内合戦の軍忠状を提出し、畠山高国(カ)の証判を得る。

閏七月 [越前国] 金子・江戸氏ら、新田義貞に従い、越前国河合荘に陣する。畑時能、同国湊城を守る。

閏七月十一日 [越前国] 江戸氏ら、脇屋義助等に従い、越前国府に帰る。

十一月十七日 豊島宗朝、吉野凶徒蜂起を退治するため発向したことを注進し、某、これに証判を加える。

延元四・暦応二年(一三三九)

六月十一日 [下総国] 高師冬、足利義詮の意を受け、安保光泰に勲功賞として下総国豊田次郎跡を預け置く。

七月三日 [越前国] 畑時能、越前国湊城を出て、同国の諸城を攻める。

七月 [越前国] 江戸氏ら、脇屋義助に属し、越前国の諸城を攻め落とす。

八月十六日 (後醍醐天皇、没する) 後醍醐天皇、大和国吉野で没する。後村上天皇即位する。

同日 [鎌倉] 鎌倉の山内経之、留守宅の子又けさに書状を送る。

八月二十日過 (高師冬、鎌倉を発ち、武蔵国府を経て、武蔵国村岡に向かう)

八月二十七日 足利直義、成田基員に、播磨国須富荘北方地頭職を領掌させる。

九月八日	（高師冬、武蔵国村岡に在陣する）
九月二十日	成田基員、嫡子くすはうに、武蔵国成田・箱田・平戸村郡司職や同国安保郷内中原屋敷・在家・田等を譲り渡す。
九月二十一日	武蔵国村岡在陣中の山内経之、留守宅の子又けさに書状を送り、先発隊が同二十四日に出陣予定と報じる。
九月二十五日	山内経之、武蔵国日野本郷に帰郷し某に書状を送る。
十月十六日	山内経之、下総国結城郡山川より、留守宅の子又けさに書状を送る。
十月二十八日	山内経之、高師冬に従い下総国駒館城攻めの最中、留守宅の子又けさに書状を送り、戦中からの逃亡者について指示する。

興国元・暦応三年（一三四〇）

正月二十四日	安保光泰、置文を作成し三人の子への所領譲与を定める。惣領泰規に武蔵国安保郷・同国枝松名内宮内郷・同国内横瀬郷・同国大井郷三分一・同国内滝瀬郷等を、次男直実に武蔵国安保郷弥中次入道居屋敷と南野畠・同国枝松名内塩谷郷等を、三男光経に賀美郡安保郷内又太郎入道在家・同国内太田郷等を譲与する。
三月一日	別符幸実、去年十一月十三日に下総国駒館城に向かい、武蔵国鷲宮で越年し、今に至るまで警固役を勤仕したことを注進し、某、これに証判を加える。
三月	別符幸実、去年八月鎌倉から御供し、下総国駒館城まで着陣したことを注進し、某、これに証判を加える。
七月二十日	［薩摩国］島津貞久、足利尊氏の命を受け、薩摩国凶徒退治のため、大井小四郎に軍勢催促する。
八月二十二日	安保光泰、譲状を整え、十一月二十四日、高師冬これに証判を加える。惣領泰規に武蔵国安保郷・同国枝松名内宮内郷・同国内滝瀬郷・同国枝松名内長茎郷・同国内横瀬郷・同国大井郷三分一等を、次男直実に武蔵国安保郷弥中次入道居屋敷・同国枝松名内塩谷郷等を、三男光経に武蔵国安保郷内居屋敷・児玉郡太田郷等を譲与する。

八月二十三日　鎌倉府執事高師冬、足利義詮の意を受け、武蔵国芋茎郷の替として、同国牛込郷の闕所分を江戸近江守に預け置く。

興国二・暦応四年（一三四一）

二月十日　［山城国］中条秀長ら、足利直義の石清水八幡宮参詣に従う。

二月　［越前国］新田方の畑時能・児玉五郎左衛門ら、越前国鷹巣城で奮戦する。

五月九日　［常陸国］別符幸実、常陸国瓜連御陣に参陣する。

六月十六日　［常陸国］別符幸実、常陸国小田宝篋塔峯で戦う。

七月八日　［常陸国］法眼宣宗、北畠親房の意を帯して結城親朝に書を送り、常陸国小田城で高師冬と対陣していることを伝え、援軍を求める。文中に師冬に属す武蔵国住人吉見彦次郎等が降参したことが見える。

同日　［常陸国］別符幸実、常陸国玉取において警固する。

七月十三日　［常陸国］別符幸実、常陸国若林で戦う。

九月六日　［常陸国］別符幸実、常陸国若林で戦い、立川二郎左衛門尉、これを見知する。

九月十七日　［常陸国］別符幸実、屋代信経を同道して、常陸国信太荘に馳せ向かい、下総国佐倉城で勲功を挙げる。

九月二十三日　［下総国］別符幸実、下総国高井城に攻め寄せ所々を焼き払う。

十月二十一日　［越前国］畑時能、越前国伊知地山で、斯波高経と戦う。時能、三日後死亡する。

十月二十九日　［常陸国］別符幸実、着到状を注進し、五月九日の常陸国瓜連城着陣以来、小田城等で警固・夜攻めなどを勤仕したことを述べ、某、これに証判を加える。

十一月十八日　［常陸国］別符幸実、小田氏降参に至るまで役所を警固する。

十二月三日　［常陸国］別符幸実、常陸国玉取を発ち関城に向かう時御供する。

十二月八日　［常陸国］別符幸実、常陸国関・大宝に陣し戦う。

十二月二十六日　［常陸国］別符幸実、夜討ち合戦をすること、奈良五郎左衛門尉ら見知する。

興国三・康永元年（一三四二）

六月十二日　［京都］足利直義の命により、後藤行重の使者成田七郎、中原師守のもとに赴く。

六月二十一日　［常陸国］別符幸実、常陸国下妻口で戦い、傷を蒙る。

六月　豊島重久、五月十八日より足利義詮の警固に勤仕したことを注進し、某、これに証判を加える。

八月二十四日　［伊予国］細川頼春、大館氏明の籠もる伊予国世田城を攻める。岡部出羽守の一族、自害する。篠塚伊賀守、落ちて因島に渡る。

八月三日　［京都］足利尊氏・同直義、天龍寺造営の立柱の儀に臨む。藤田行義・猪俣重範ら役人を勤める。

九月十二日　［常陸国］別符幸実、常陸国の某所で夜討ちし、毛呂八郎、見知する。

十二月五日　［京都］足利尊氏・同直義、天龍寺に参詣する。中条大夫判官・長井斎藤実持・中沢兼基・片山高親・真下広仲・多賀谷光忠ら供奉する。

興国四・康永二年（一三四三）

正月二十三日　［常陸国］別符幸実代同秋義、康永元年十二月から今まで、常陸国関・大宝城に参陣したことを注進し、某、これに証判を加える。

正月二十六日　［常陸国］別符幸実、常陸国関城で戦う。

八月二十三日　［常陸国］別符幸実、常陸国某所で戦い、瀕死の重傷を受ける。

十一月二十三日　［京都］祇園社社務執行宝寿、安保直実のもとに赴き、闘茶を行う。

十一月二十六日 [加賀国] 足立厳阿、加賀国倉月荘との河海堺について、大野荘政所の問いに答える。

十一月三十日 [京都] 祇園社社務執行宝寿、安保直実のもとに赴き、闘茶を行う。

十二月八日 [京都] 祇園社社務執行宝寿、安保直実のもとに赴く。社領丹波国波々伯部保へ、討手山名時氏が下向するについて、軍勢の狼藉を止める制札を申し入れる。

十二月十日 [京都] 祇園社社務執行宝寿、安保直実のもとに赴く。丹波守護代小林左京亮への書状を受け取る。

十二月十一日 [京都] 祇園社社務執行宝寿、安保直実のもとに赴き、闘茶を行う。

十二月二十日 [京都] 祇園社社務執行宝寿、安保直実のもとに赴き、闘茶を行う。

十二月二十四日 [京都] 祇園社社務執行宝寿、安保直実のもとに赴き、闘茶を行う。

興国五・康永三年（一三四四）

正月二十九日 御的。青木四郎左衛門尉ら、射手を勤める。

二月 別符幸実、暦応四年五月九日に常陸国瓜連御陣に参陣して以来、高師冬に従い武蔵府中にもどるまでの軍忠を注進し、高師冬、これに証判を加える。

五月十七日 [京都] 中沢又次郎、足利直義の新熊野・稲荷社参詣の奉行を勤める。

八月七日 足利直義、二位家法華堂領讃岐国造田荘雑掌の訴えを受け、同荘領家職の領掌を認める。文中に、同荘に濫妨した者として大井紀四郎・庄十郎四郎の名が見える。

十二月十三日 北浅羽松楠、三十貫俸銭田を報恩寺に寄進する。

興国六・貞和元年（一三四五）

正月十五日 [京都] 幕府弓場始。中村家時ら、射手を勤める。

八月二十九日 [京都] 足利尊氏・同直義、天龍寺供養に参じる。供奉の随兵の中に、清久泰行・中条挙房・同秀長・安保直実らが見える。

正平元・貞和二年（一三四六）

正月九日　［京都］幕府弓場始。中村家時ら、射手を勤める。

三月二十日　左衛門尉経祐、足利義詮の意をうけ、浅草寺衆徒の訴えた武蔵国千束郷内田畠屋敷について、江戸重通に請文の進上を命じる。

四月二十五日　越生忠親、武蔵国小代郷国延名内の田畠・在家等の知行注文を作成する。

五月十三日　［京都］津戸某、幕府の恩賞沙汰に奉行を勤める。

九月八日　高重茂、足利義詮の意をうけ、江戸重通の訴えた武蔵国石浜・鳥越等について、小杉彦四郎に命じて、石浜弥太郎を召喚させる。

正平二・貞和三年（一三四七）

正月十二日　［京都］足利直義の三条坊門第にて御的が行われる。中条秀長、二階堂行通と座席について相論する。

三月二十四日　江戸重通代子息重村、去る二月十七日下総国墨田に馳せ参じて以降三月十八日までの警固勤仕を注進し、某、これに証判を加える。

八月　［河内国］粟生田小太郎、赤松範資に従い、楠木正行と河内国藤井寺に戦い、討死する。

正平三・貞和四年（一三四八）

正月三日　［河内国］白旗一揆、高師直に従い、河内国飯盛山に着く。

正月五日　［河内国］白旗一揆、河内国四條畷で楠木正行と戦い、ほとんど討たれる。県下野守、負傷して引く。河勾左京進入道・青木次郎ら、楠木勢と戦う。安保直実、和田正朝を討つ。楠木正行、討死する。

正平四・貞和五年（一三四九）

四月七日　［京都］中条挙房、正慶元・二年の武家任官叙位の先例を、中原師守に尋ねる。

八月十三日　［京都］高師直、足利直義を討たんとする。安保直実・中条秀長・清久泰行ら、師直に従う。直義、兄尊氏邸に籠もる。中条倫定、武家の使者として仙洞に参り、高師直の陰謀を言上する。

十月二十二日　［京都］足利義詮、鎌倉より入洛する。河越・高坂氏、これに従う。

十二月八日　野辺盛忠、子愛寿丸（泰盛）に、武蔵国野辺郷行貞名地頭職を譲り、建武以来の軍忠について は、津戸出羽入道の奉行として沙汰があったこと、それ以降の軍忠の支証と譲状を副えることを記す。某、これに証判を加える。

正平五・観応元年（一三五〇）

正月十四日　[京都] 足利義詮、三条第にて御的。大河原左衛門五郎・藤田孫二郎・中村家時ら、射手を勤める。

正月二十二日　[京都] 祇園社社務執行宝寿、四方田某のもとに赴くが、他行する。ついで安保直実のもとに赴く。直実、鹿食により会わず。

二月二十六日　[京都] 祇園社社務執行宝寿、安保直実を同道し花見に行く。

二月二十八日　[京都] 祇園社社務執行宝寿のもとに安保直実来臨する。今熊野付近を散策する。

四月十二日　[京都] 祇園社社務執行宝寿、江戸七郎に対面する。ついで四方田某のもとに赴くが、他行する。

六月六日　[京都] 祇園社社務執行宝寿、四方田禅門より三歳の男子病気の祈りを依頼され、刀を送られる。

六月七日　[京都] 祇園社社務執行宝寿、安保直実より、四条東洞院の見物を誘われ、向かう。

八月九日　高師直、武蔵国大窪郷を安保直実に宛行い、薬師寺公義に命じて直実代官に打ち渡させる。

八月　[石見国] 高師泰、足利直冬に与同する石見国の三角兼連を攻める。兼連方の佐和善四郎の籠もる石見国鼓崎城を攻め、足立五郎左衛門・同又五郎父子、熊井（谷）政成ら落城させる。

九月九日　[京都] 祇園社社務執行宝寿、四方田某に、奈良台を遣わす。

十月一日　[京都] 祇園社社務執行宝寿、大進より依頼の角堂領四条東洞院敷地の件について、安保直実の返事を伝える。

十月十七日　志村親義、今月四日に下総国古河に馳せ参じて以来常陸国信太上条に発向するまでお供したことを注進し、武蔵守護代薬師寺公義、これに証判を加える。

十一月九日　足利直冬、小代隆平に、武蔵国小代郷友縄名吉田村の田・在家等を安堵する。

十一月十三日　［京都］祇園社社務執行宝寿、安保直実の神事のための米について言い置く。

十二月十七日　［丹波国・京都］教春の丹波国よりの書状、祇園社社務執行宝寿受け取る。中に守護代久下弾正の合戦のことが見える。妙浄、四条道場にて安保直実の女房に会う。

十二月　上杉憲顕・能憲父子、上野国から武蔵七党らを従え武蔵国に入り、高師冬に備える。

正平六・観応二年（一三五一）

正月五日　（足利亀若丸〈基氏〉、世谷原にて兵を挙げる）

正月十六日　（足利尊氏、西国に向かう）足利尊氏、京都を去り、丹波路を西に向かう。

同日　武蔵国守護代薬師寺某、足利直義方に味方する。

正月十七日　［丹波国］足利尊氏、子義詮を丹波国井原石龕に留める。久下氏ら、そこに参集する。

正月　［京都］足利尊氏方の丹党の安保直実、足利直義方の秋山光政と、京都四条河原に戦う。

二月十七日　足利直義方の藤田小次郎・猪俣弾正左衛門、足利尊氏方の梶原弾正忠を討つ。

二月二十六日　（高師直、摂津国で殺害される）上杉能憲、摂津国武庫川付近で高師直・師泰らを殺害する。阿佐美三郎左衛門、梶原孫六を討つ。西左衛門四郎、師直の子武蔵五郎を斬首する。

三月三日　児玉家氏及び児玉豊行、武蔵国池屋・同宿在家半分地頭職等を安堵されんことを申請し、三月三日足利直冬、これを認める。

七月二十八日　［京都］足利直義の使者中条挙房、仙洞に参り、足利尊氏と同義詮の発向を報告する。

七月三十日	［京都］石堂義房・桃井直常、足利直義の高倉殿に参り、北国方への下向を進言する。頼みは能登国の吉見氏頼らという。
八月一日	（足利直義、北国に向かう）
八月五日	（足利尊氏、帰京する）足利尊氏、近江国石山より帰京する。
九月二十六日	上杉憲政、世良田長楽寺雑掌宗阿より提出された武蔵国長浜郷内安保泰規跡についての同宗員・頼直の請文と宗阿の請取を鎌倉府に進上する。
十月二十四日	（足利尊氏、南朝に下る）南朝、足利尊氏・義詮父子の降伏を許し、同直義を追討させる。
十一月四日	（足利尊氏、関東に向かう）足利尊氏、同直義を討つため京都を発つ。
十一月十五日	（足利直義、鎌倉に入る）
十二月十五日	宇都宮氏綱、武蔵国住人猪俣兵庫入道・安保泰規・岡部新左衛門入道父子らを率いて、下野国宇都宮を発し、足利尊氏のいる薩埵山に向かう。
十二月十七日	高麗経澄・同助綱、武蔵国鬼窪にて旗を揚げる。
十二月十八日	高麗経澄・同助綱、武蔵国鬼窪を発ち、武蔵府中に向かう。
十二月十九日	宇都宮氏綱、上野国那和荘に到り、足利直義方と戦う。直義方の武蔵守護代吉江中務、武蔵国阿須垣原にて、野与党に討たれる。
同日	高麗経澄・同助綱、足立郡羽祢蔵において戦い、難波田九郎三郎以下を捕らえる。同夜武蔵国阿須垣原で吉江新左衛門尉と戦う。
十二月二十日	高麗経澄・同助綱、武蔵府中を攻め敵を追い散らし、武蔵国小沢城を焼き払う。
（その後）	足利直義方の児玉党の大類行光・富田氏ら、駿河国桜野から薩埵山を攻める。

正平七・文和元年（一三五二）

正月五日　（足利尊氏、同直義と和して鎌倉に入る）
正月六日　足利尊氏、安保五郎左衛門が後攻めとして参陣したことを賞す。
正月十六日　足利尊氏、去年十二月二十八日に、別符幸実が駿河国由比山陣に参じたことを賞す。
正月十七日　（足利尊氏、武蔵国に向かう）
正月十七日　足利尊氏、高麗季澄が後攻めとして忠節をつくしたことを賞す。
正月二十二日　足利尊氏、安保泰規に、勲功賞として武蔵国三沢村・同国大窪郷領家職を宛行う。
正月二十六日　（足利直義、鎌倉で没する）
正月　高麗助綱、去年八月十一日の催促により馳せ参じて以来の軍忠を注進し、薬師寺公義、これに証判を加える。
同月　［伊豆国］高麗経澄、今月一日後攻めとして伊豆国府に馳せ参じ、鎌倉まで御供したことを注進し、仁木頼章、これに証判を加える。
同月　［駿河国］別符幸実、去年十二月二十八日に上杉憲将を破り駿河国由比山陣に参上した軍忠を、白旗一揆が見知したことを注進し、仁木頼章、これに証判を加える。
同月　［駿河国］足利尊氏、駿河国薩埵山における江戸遠江守の軍忠を賞する。
同月　［下野国］高麗経澄、去年八月足利基氏の御教書を下され下野国宇都宮に馳せ越して以来の軍忠を注進し、薬師寺公義（カ）、これに証判を加える。
二月九日　［京都］足利義詮の使者中条秀長、洞院公賢を尋ねる。公賢、綸旨と事書を伝える。
二月十六日　足利尊氏、安保泰規に、武蔵国三沢郷・同国内寺尾次郎跡・同国大河原郷内闕所分地頭職を勲功賞として宛行う。

二月二十四日	［京都］祇園社社務執行宝寿、舟木入道のもとに行く。入道の話の中に、先年足立三郎左衛門が吉備津宮内入君郷を知行していたことがある。
閏二月八日	新田義宗・同義治、西上野に出る。勝代（小代）・蓮沼、児玉党の浅羽・四方田・庄・櫻井・若児玉の各氏、丹党の安保泰規の一族・加治豊後守・勅使河原丹七郎、西党・東党、熊谷・太田・平山・私市・村山・横山・猪俣党らが従う。
閏二月十五日	（新田義宗、上野国から武蔵国に入る）
閏二月十六日	足利尊氏、高麗経澄に、武蔵国高麗三郎兵衛尉跡地頭職を勲功賞として宛行う。
閏二月十七日	足利尊氏、武蔵国に下る。三富元胤・高麗経澄・新曾光久・高麗季澄ら供奉する。久米河に一日逗留する。河越直重・同上野守・同唐戸十郎左衛門・江戸高良・同冬長・同修理亮・高坂氏重・同下野守・同下総守・同掃部助・豊嶋弾正左衛門・同兵庫助・見田（三田）常陸守・古尾谷民部大輔ら馳せ参じる。
閏二月十九日	高麗経澄、武蔵国谷口陣より薬師寺加賀権守の手に属す。
閏二月二十日	足利尊氏、新田義興・義宗兄弟と、武蔵国人見原・金井原で戦う。
同日	高麗経澄、武蔵国人見原合戦に軍忠を尽くし、鬼窪弾正左衛門尉・渋江左衛門太郎・波多野清秀・松井助宗・田武道儀も戦う。
同日	高麗季澄・倉持師胤・三富元胤、武蔵国金井原で戦う。松浦秀、討死する。
閏二月二十二日	足利尊氏（カ）、金子信泰（カ）の戦功を賞す。 これ以前、平一揆・白旗一揆ら、足利尊氏に従い武蔵国小手指原に陣する。
閏二月二十八日	（足利尊氏、宗良親王率いる信濃勢と、武蔵国小手指原で戦う） 新田義宗、児玉党を差し向ける。松井助宗・倉持師胤・三富元胤・波多野景高代子息佐藤経貞、軍忠を尽くす

同日	（足利尊氏、敗れて、小手指原より豊島郡石浜に逃れる）
同日	高麗経澄、高麗郡高麗原で仁木頼章の手に属し、東手崎合戦で若党が手負いとなること、岡部弾正左衛門尉・鬼窪左近将監が見知する。
閏二月	新田義宗、退いて武蔵国笛吹峠に布陣する。中条入道・同佐渡守父子、瓶尻十郎ら、新田軍に加わる。
同月	足利尊氏、武蔵国石浜に布陣する。河越直重・高坂氏重・江戸・豊嶋・古尾谷兵部大補・三田常陸守・石浜上野守ら、馳せ参じる。
三月五日	覚誉、京都の甥園基隆に関東の戦況を報じる。その中に、去月十九日関東凶徒（足利尊氏）が鎌倉から武蔵国神奈川城に没落し、官軍が勝に乗じ宗良親王以下が碓氷峠まで出御、去月十五日新田一族が武蔵国に向かった旨が見え、新田義宗が鎌倉で宗良親王を待つこと、義宗兄義興・義治は武蔵国に戻り、足利方掃討にあたる予定であったことが記される。
三月	高麗経澄、去る閏二月十七日に足利尊氏が鎌倉を発ってからの軍忠を注進し、某、これに証判を加える。
四月四日	［京都］祇園社社務執行宝寿、東寺に参る。安保直実らも使者を遣わす。
四月二十日	足利尊氏、武蔵国金井原・小手指原における安保五郎左衛門尉の戦功を賞す。
五月十三日	［京都］足利義詮、東寺より中条秀長邸に移る。
五月	八文字一揆の高麗季澄、去る閏二月十七日足利尊氏武蔵下向からの軍忠を注進し、足利尊氏、これに袖判を加える。
七月二日	足利尊氏、別符幸実に、勲功賞として武蔵国別府郷東方闕所分・同国越生郷内地頭職を宛行う。

同日 仁木頼章、御下文に任せ、武蔵国池守郷地頭職・同国久下郷内地頭職を、久下頼直に沙汰し付くよう仁木義氏に命じる。

九月三日 ［讃岐国］足利義詮、日吉社領讃岐国柞田荘に対する豊島一族らの濫妨を退けて、日吉社雑掌に打ち渡すよう、細川繁氏に命じる。

九月十八日 足利尊氏、春日行元に、勲功賞として武蔵国桶川郷菅谷村を宛行う。

十二月二十日 仁木頼章、仁木頼氏に、去る七月二日の御下文に任せ武蔵国幡羅郡東方闕所分を、別符幸実に沙汰し付けるよう命じる。

十二月二十二日 足利尊氏（カ）、金子信泰に、武蔵国人見原合戦における戦功を賞す。

正平八・文和二年（一三五三）

正月二十四日 足利尊氏、鎌倉にて弓場始。猿渡次郎・中村遠江守・安保七郎左衛門尉ら、射手を勤める。

三月二十九日 足利尊氏、安鎮大法供養に参向する。竹沢右京亮・安保直実ら帯刀役として従う。

六月十二日 ［京都］高師詮ら、南朝方と西山に戦い、敗れて切腹する。阿保某も切腹する。

七月二十三日 足利尊氏、久下千代丸に、武蔵国所領田畠・在家を安堵する。

七月二十八日 （足利基氏、武蔵国に下向する）

八月一日 （足利尊氏、鎌倉を発ち上洛する）

八月十一日 ［美濃国］中沢掃部允、足利尊氏の先陣として美濃国に到る。

正平九・文和三年（一三五四）

正月十四日 ［京都］幕府射場始。真下弾正忠・塩屋勘解由左衛門尉・金子勘解由左衛門尉ら、射手を勤める。

三月五日 ［讃岐国］興福寺別当考覚、同寺領讃岐国藤原荘における豊島一族以下の濫妨を停止させるよう、斎藤左衛門入道道永に命じる。

正平十・文和四年（一三五五）

正月二十四日　［京都］足利直冬、錦小路京極の中条館にいる。

四月八日　足利義詮、佐々木高氏の所領武蔵国太田渋子郷等に対する江戸弥七らの押領・狼藉を致仕させるよう弟基氏に命じる。

八月二十三日　［丹波国］中沢掃部頭等、丹波国篠村八幡宮放生会の奉行を命じられる。

十一月十八日　二階堂成藤、村岡藤内兵衛入道に命じて、久下千代丸の訴えた武蔵国鴨志田郷内比企弥太郎跡について、恩田左近将監を召喚させる。

十二月二十日　［京都］新造御所にて幕府射場始。金子勘解由左衛門尉ら、射手を勤める。

正平十一・延文元年（一三五六）

九月　江戸房重代同高泰、足利基氏に従い武蔵国入間川御陣に二番衆として警固したことを注進し、矢野政親、これに証判を加える。

正平十二・延文二年（一三五七）

十二月二十二日　足利基氏、鶴岡八幡宮雑掌任阿の訴えにより、武蔵国金曾木重定・市谷孫四郎跡への、江戸淡路守の押領を停め、畠山国清に命じて同社社家に沙汰し付ける。

正平十三・延文三年（一三五八）

三月二十日　［京都］幕府射場始。中沢弾正忠ら、射手を勤める。

四月二十五日　鶴岡八幡宮浜の大鳥居棟上げ注文作成される。その中に、足利基氏、当時武蔵国入間河に在陣することが見える。

十月　（竹沢右京・江戸高良ら、新田義興を武蔵国矢口の渡で謀殺する）

正平十四・延文四年（一三五九）

二月七日　足利基氏、別符行覚（幸実）・高麗経澄・同五郎左衛門尉・金子忠親に上洛して、足利義詮の南方凶徒退治に従うよう命じる。

二月十七日　［京都］幕府射場始。仲彦四郎ら、射手を勤める。

九月十一日　足利基氏、再び金子忠親に上洛して、足利義詮の南方凶徒退治に従うよう命じる。

十一月九日　［京都］群盗、東軍の河越直重の旅館に乱入する。

正平十五・延文五年（一三六〇）

閏四月九日　足利義詮、別符幸実跡に、去る四月十一日の紀州合戦において幸実が討死したことを賞する。

正平十六・康安元年（一三六一）

（これ以前）　畠山国清、足利基氏の勘気を蒙り、伊豆国に楯籠もる。

十月二十六日　足利基氏、安保五郎左衛門入道に、伊豆国に城墎を構えた畠山国清以下の輩を退治するため、すぐに向かうよう命じる。

正平十七・貞治元年（一三六二）

二月二十一日　足利基氏、岩松直国に、畠山国清以下の輩を誅伐のため、白旗一揆等を伴って伊豆国神余城に向かうよう命じる。

同日　足利基氏、豊島左近将監に、畠山国清以下の輩を誅伐のため、伊豆国に出陣するよう命じる。

八月六日　足利基氏、志村刑部丞に、畠山国清以下凶徒退治のため、岩松直国の指揮下として伊豆国立野城に向かうよう命じる。

八月二十六日　足利基氏、武蔵国岩殿山において、芳賀高貞らが蜂起するにより、下向する。

九月十五日　足利基氏、安保五郎左衛門入道に、武蔵国入間川に在陣する子息金王丸（氏満）の警固を命じる。

九月　足利基氏、畠山国清を討つため箱根山に向かう。国清、降参する。

正平十八・貞治二年（一三六三）

二月六日　足利基氏、豊嶋修理亮の伊豆国立野城における戦功を賞す。

四月二十五日　足利基氏、再度高麗経澄に命じて、武蔵国高麗郡内知行分の年貢帖絹代の未進分を究済させる。

五月十六日　足利基氏、武蔵国人見郷（安保五郎跡）・同国白鳥郷（青木彦四郎入道跡）を、天下泰平武運長久のため、鎌倉の源頼朝法華堂に寄進する。

六月二日　足利基氏、岡部出羽入道に命じて、岩松直国に武蔵国滝瀬郷内下手墓村を沙汰し付ける。

八月二十六日　足利基氏、武蔵国苦林野・岩殿山において、芳賀高貞と戦い勝利する。

八月二十九日　足利基氏、那須周防守に、武蔵国岩殿山合戦の戦勝を伝え、参陣を命じる。

九月十六日　足利基氏、岩田太郎に、武蔵国妙見山下星供在家・同国安保勅使河原跡を元の如く還補する。

十月　中村貞行、去る八月二十六日の武蔵国岩殿山合戦の軍忠を注進し、矢野政親、これに証判を加える。

十二月二十二日　足利基氏、安保泰規に、武蔵国安保郷・同国宮内郷を先例通り沙汰するよう命じる。

正平十九・貞治三年（一三六四）

四月十九日　[京都] 中沢信綱、石清水八幡宮の廻廊及び神殿の斧始に参候する。

五月九日　[京都] 足利義詮の妾（通清女）、四条坊門朱雀の中条兵庫入道の宿所にて、男子（後の満詮）を産む。

六月十一日　足利基氏、畠山国清に属した安保泰規より、武蔵国手波賀郷を召し上げ、円覚寺塔頭正続院院主大喜法忻の口入により泰規を助命する。

六月二十五日 成田泰直・玉井覚道、今月十一日の御教書の旨に任せ、片楊長門入道の押領を退け、鎌倉大慈寺新釈迦堂領武蔵国横沼郷の下地を寺家雑掌に打ち渡す。

九月十八日 足利基氏、高麗経澄に命じて、武蔵国笠幡北方郡分帖絹代を同国長井荘定使森三郎に給付し、残りを直納させる。

十月二十八日 上杉憲春、矢野政親とともに、武蔵国小山田荘内黒河郷半分を、御仁々局に沙汰し付けるよう、加治実規に命じる。

十一月二十四日 矢野政親及び加治実規、武蔵国小山田荘内黒河郷半分の下地を、御仁々局代に打ち渡す。

正平二十・貞治四年（一三六五）

二月十七日 〔京都〕幕府射場始。久下民部丞ら、射手を勤める。

四月二十五日 平重光、今月十九日の施行状に任せ、三田蔵人大夫と共に、武蔵国高幡郷の下地を高麗三郎左衛門尉跡に打ち渡す。

九月八日 熊谷直経、武蔵国熊谷郷恒正名（西熊谷）田在家・同国木田見郷田畠在家等を、養子信直及び女子より悔い返し、実子宗直に譲り渡す。

十月十日 〔出雲国〕佐々木高氏、大野頼成による出雲国大野荘内の押領を退け、下地を同国安国寺雑掌に沙汰し付けるよう、豊島左衛門に命じる。

十月 高坂重家、高常珍代行俊の某訴を退け、武蔵国戸森郷を安堵せられんことを訴える。

正平二十二・貞治六年（一三六七）

四月二十六日 （足利基氏、没する）

六月十一日 京よりの使者、黙庵周諭等の書状を持参する。その中に、中沢掃部、足利義詮の使者となることが見える。

正平二十三・応安元年（一三六八）

二月八日　足利金王丸（氏満）、武蔵国河越館に、平一揆が閉じ籠もるにより下向する。

二月　足利金王丸、武蔵国河越城を囲み、攻める。

二月十六日　［京都］足利義満御所代始の射場始。由木源次郎ら、射手を勤める。

四月十日　春屋妙葩、二階堂行春に書を送る。文中に、上杉憲顕、平一揆の蜂起により、三月二十八日京都より東国に進発したことが見える。

五月二十一日　河越直重、高麗季澄に、武蔵国赤塚郷内石成村半分を領知させる。

六月十一日　平一揆、敗れて武蔵国河越館に引き籠もるという。

六月十七日　（河越合戦）

閏六月始め　武蔵国河越城、落城する。平一揆ら伊勢国へ落ち、宇都宮氏綱、降参する。

閏六月二日　上杉朝房、平一揆を討ち、武蔵国府から鎌倉に帰る。

閏六月十七日　河越合戦で平一揆に与同の輩、観応年間に拝領した所領を収公され、本領は安堵される。それ以外は、本領のうち三分の一を収公される。

七月　越生兵庫助、報恩寺に武蔵国熊井・土袋郷内井草村、同国小代郷内国延名等の知行分を寄進する。

九月　市河頼房・同弥六入道代難波基房、平一揆並びに宇都宮以下の凶徒退治に参陣し、六月十七日の河越合戦等に戦功を挙げたことを注進し、上杉朝房、これに証判を加える。

十月　善波胤久、宇都宮並びに武蔵平一揆等退治に参陣したことを注進し、某、これに証判を加える。

正平二十四・応安二年（一三六九）

六月十五日	足利金王丸（氏満）、藤田覚能に、勲功賞として武蔵国竹沢郷内竹沢左近将監入道跡の地を預け置く。
六月二十七日	上杉能憲、足利金王丸（氏満）の意を受け、上杉道合（憲方）に命じて、武蔵国竹沢郷内竹沢左近将監入道跡を藤田覚能に沙汰し付ける。

建徳元・応安三年（一三七〇）

正月二十八日	［京都］幕府射場始。中沢六郎・庄孫三郎ら、射手を勤める。
二月十五日	（足利金王丸〈氏満〉、武蔵国本田に着陣する）
八月三日	［京都］義同周信、鬼窪修理亮の出家を慰留し、祥雲庵に送る。
八月四日	［京都］義堂周信、鬼窪父子を饗応する。上杉能憲、義堂周信を訪ね、上杉朝房辞任と鬼窪出家のことを謝す。
八月五日	［京都］義堂周信、足利氏満に謁し、上杉朝房辞任と鬼窪出家のことを報告する。
八月六日	［京都］義堂周信、祥雲庵において、鬼窪修理亮を慰喩する。
八月七日	［京都］義堂周信、鬼窪修理亮に謁し、出家の不可を喩し、翻意させる。
十月三日	義堂周信、武蔵国府在陣中の足利氏満に謁し、在中広衍を報国寺住持に推挙する。
同日	大石能重、仰せにより、武蔵国竹沢郷竹沢左近将監入道跡の下地を、藤田覚能に打ち渡す。
十月十三日	（足利氏満、武蔵国本田より鎌倉に帰る）

建徳二・応安四年（一三七一）

正月二十八日	［京都］幕府射場始。真下左衛門太郎・大河原新五郎ら、射手を勤める。
三月十六日	［京都］武蔵国古屋某の嫡子、出家して梵寿と号す。
五月一日	［京都］鬼窪常暁、義堂周信を訪ね、世間の禍福を語る。

文中元・応安五年（一三七二）

正月二十八日　［京都］幕府射場始。大河原新五郎ら、射手を勤める。

文中二・応安六年（一三七三）

正月二十五日　［京都］幕府的始。大河原新五郎ら、射手を勤める。

八月九日　上杉能憲、品河某を使者として、報恩寺を上杉氏の祈願寺とすること、公文書を義堂周信に送る。

文中三・応安七年（一三七四）

四月十五日　［京都］幕府的始。真下勘解由左衛門尉・大河原新五郎ら、射手を勤める。

八月九日　上杉能憲、足利氏満の意を受け、上杉憲方に命じて、仙波信綱の訴えた武蔵国村山郷内地頭職押領を退け、下地を信綱代官に沙汰し付ける。

十月十四日　上杉能憲、藤田覚能の訴えた、竹沢二郎太郎らによる武蔵国竹沢郷田畠在家・同郷宮入村押領を退け、阿佐美弥四郎左衛門入道・蓮沼安芸入道に命じて、下地を覚能に沙汰し付ける。

天授元・永和元年（一三七五）

二月三十日　［京都］幕府的始。真下勘解由左衛門尉・大河原五郎ら、射手を勤める。

天授二・永和二年（一三七六）

正月二十九日　吉良治家、武蔵国世田谷郷内上弦巻半分を、鶴岡八幡宮神主代に渡し付すよう、中条新兵衛尉に命じる。

二月二十一日　［京都］幕府的始。真下勘解由左衛門尉ら、射手を勤める。

五月二十五日　越生兵庫助、報恩寺に所領を寄進する。

天授三・永和三年（一三七七）

七月六日　浅羽洪伝、高麗周洪より売得の田を報恩寺に寄進する。

天授四・永和四年（一三七八）

九月五日　足利氏満、別符幸直に、亡父基氏の十三廻御仏事料足のうち三貫文を宛て課す。

天授五・康暦元年（一三七九）

二月十六日　金子家重、武蔵国金子郷内屋敷を、孫いぬそうに譲り渡す。

三月　［京都］中条判官、上洛した義堂周信を訪ねる。

閏四月十三日　壱岐希広、森小四郎に、大井彦太郎とともに、鶴岡八幡宮本地供料所安房国岩井不入計を遍照院雑掌に沙汰し付けるよう命じる。

天授六・康暦二年（一三八〇）

六月一日　足利氏満、別符幸直に、小山義政討伐のため参陣を命じる。

六月二十日　波多野高道、小山義政退治のため武蔵国府に着陣する。

八月二十五日　足利氏満、山下四郎左衛門尉に宗重孝と共に、武蔵国石河郷内（大井三郎跡）・同国畦牛郷内（塩田帯刀左衛門尉跡）の下地を、今月六日の寄進状に任せ、金陸寺雑掌に沙汰し付けるよう命じる。

八月二十九日　（小山城合戦）

十月　高麗師員、小山義政退治のため、去る六月十八日に武蔵国府に着陣以来の軍忠を注進し、木戸法季の証判を得る。

弘和元・永徳元年（一三八一）

正月	［京都］梶原道景、義堂周信を訪ね、小山退治に武蔵国の白旗一揆を賜ると話す。
四月十三日	足利氏満、鳩井義景の訴えにより、鬼窪某に命じて、買得地武蔵国栢山郷内笠原村榑井在家・田畠等について、当知行・私領の実否等を尋究させる。
十一月二十二日	足利氏満、安保憲光に、安保泰規跡半分を還輔する。

弘和二・永徳二年（一三八二）

二月	武州白旗一揆の塩谷行蓮、小山義政退治のため、去年四月二十六日以来の軍忠を注進し、上杉朝宗、これに証判を加える。
三月八日	足利氏満、高尾張五郎入道に、武蔵国戸森郷を還補する。 足利氏満、須賀太郎左衛門尉・若児玉美作次郎に命じて、武蔵国戸森郷を高尾張五郎入道に下地を沙汰し付ける。
四月四日	足利氏満、勅使河原中務入道に命じて、青木山城入道と共に、同八日の還輔の下文に任せて、武蔵国三沢村半分を安保憲光に打ち渡させる。
四月五日	足利氏満、高山左近将監に命じて、鳩井義景と共に、寄進状の旨に任せ、武蔵国世田郷（世田左衛門入道跡）・同国芝郷大牧村地頭職（中条出羽入道跡）の下地を、鎌倉法泉寺に沙汰し付ける。
四月十三日	鳩井義景、岩井左近将監と共に、同五日の施行状に任せ、武蔵国世田郷（世田左衛門入道跡）・同国芝郷大牧村地頭職（中条出羽入道跡）を鎌倉法泉寺雑掌に打ち渡す。
四月	武州中一揆の金子家祐、小山義政退治のため、四月二十□日以来の軍忠を注進し、木戸法季、これに証判を加える。
十一月二日	足利氏満、青木山城入道に命じて、安保憲光の訴えた武蔵国本知行地の当知行人らの押妨を退け、同地を憲光に沙汰し付ける（「安保文書」）。
四月十一日	足利氏満、壱岐希広に命じて、布施家連と共に、遍照院頼印の訴えた慈恩寺領武蔵国太田荘花積郷内御厩瀬渡し並びに船に対する渋江加賀入道の押領を退け、頼印代に沙汰し付ける。

元中元・至徳元年（一三八四）　七月二十三日　武蔵守護代大石聖顕、江戸希全等の抵抗により、武蔵国稲毛荘内渋口郷を岩松国経に沙汰し付けることができない旨、奉行所に届ける。

元中二・至徳二年（一三八五）　六月　［京都］義堂周信、足利義満と河越氏・高坂氏について話す。

元中三・至徳三年（一三八六）　七月二日　（足利氏満、小山若犬丸討伐のため、下総国古河へ出張する）

元中五・嘉慶二年（一三八八）　六月　武州北白旗一揆の高麗清義、常陸国小田孝朝等退治のため、去年七月以来の常陸国各所における軍忠を注進し、上杉朝宗、これに証判を加える。

元中六・康応元年（一三八九）　六月三日　浅羽宏繁、孫豊楠丸に、武蔵国吾那・同国越生郷内知行分・同国高麗郡内知行分・同国春原荘広瀬郷田畠在家・同国太田荘内の新恩地等を譲り与える。

元中七・明徳元年（一三九〇）　八月三日　中沢信明、武蔵国中沢郷内和田村藤三郎在家・田畠等を、同信実に譲り渡す。

元中八・明徳二年（一三九一）

八月十日　足利義満、武蔵国久下郷内居出荘並びに布世川等を、久下重元に領掌させる。

元中九・明徳三年（一三九二）

閏十月五日　（南北朝合一）後亀山天皇、後小松天皇に神器を授ける。

4　参考文献一覧

◎著作物

秋川市ガイドブック編纂委員会編『秋川市ふるさとの道 秋川市ガイドブック』（秋川市教育委員会、一九九四年）
『秋川市みて歩き 秋川市文化財地図』（秋川市教育委員会、一九九四年）
旭区郷土史刊行委員会編『旭区郷土史』（旭区郷土史刊行委員会、一九七九年）
蘆田正次郎「東京東北部の鎌倉街道を歩く―北区内の中つ道を中心にして」（『武蔵野』第七四巻第一号、一九九六年）
蘆田正次郎・工藤信一『東京史跡ガイド』一七 北区史跡散歩（学生社、一九九三年）
阿部正道「「鎌倉」の古道」（『鎌倉国宝館論集』第二、一九六八年）
阿部正道「鎌倉街道について」（『人文地理学の諸問題』、大明堂、一九六八年）
阿部正道『かながわの古道』（神奈川合同出版、一九八一年）
阿部正道『鎌倉街道―東京編―』（そしえて、一九八三年）
網野宥俊『浅草寺史談抄』（金龍山浅草寺、一九六二年）
池永二郎「大井文書と大井氏をめぐって」（『史談』第三一号、一九八九年）
石井進「中世の六浦」（『神奈川地域史研究』三・四合併号、一九八六年）
石井進「中世六浦の歴史」（『三浦古文化』四〇、一九八六年）
磯子区制五〇周年記念事業委員会編『磯子の史話』（磯子区制五〇周年記念事業委員会、一九七八年）
磯貝正『保土ヶ谷区郷土史』上（保土ヶ谷区郷土史刊行委員部編、一九三八年、国会図書館デジタルコレクションによる）
市村高男『東国の戦国合戦』（戦争の日本史10、吉川弘文館、二〇〇九年）
伊藤一美『太田道灌と武蔵・相模消えゆく伝承や古戦場を訪ねて』（戎光祥出版、二〇二三年）
伊奈石研究グループ編集『伊奈石―伊奈石の採石・加工と多摩川流域の流通についての研究―』（伊奈石研究会、一九九六年）
植田真平『鎌倉公方と関東管領』（対決の東国史4、吉川弘文館、二〇二二年）
牛山英昭「石神井川を渡り岩淵へ―東京都北区十条久保遺跡検出の道路趾―」（藤原良章編『中世のみちを探る』、高志書院、二〇〇四年）
内田和子「多摩川流域における渡河点に関する研究―地形的条件との関連を中心として―」（『昭和五三年度東京都教員研究生研究報告書』、一九七九年）
NPO法人せたがや水辺デザインネットワーク編集制作『世田谷国分寺崖線散策マップ』（一般財団法人世田谷トラストまちづくり、二〇〇〇年）
榎原雅治『中世の東海道をゆく』（中公新書、二〇〇八年）
青梅市郷土博物館編『資料青梅市の中世城館跡』（青梅市教育委員会、一九九〇年）

青梅市教育委員会『おうめ文化財さんぽ』（青梅市教育委員会、二〇一九年）

『青梅を歩く青梅市文化財地図』（青梅市教育委員会、二〇一七年）

大田区教育委員会・大田区立郷土博物館共編『大田の史跡めぐり（増補改訂版）』（大田区教育委員会、二〇〇五年）

大田区教育委員会編『大田区の文化財』第二九集（大田区教育委員会、一九九三年）

大田区教育委員会編『大田区の文化財』第三〇集（大田区教育委員会、一九九四年）

小川信「吉良氏」『国史大辞典』第四巻（吉川弘文館、一九八四年）

小川信「武士団の形成発展」「南北朝・室町時代の町田」「中世の史跡と文化財」（町田市史編纂委員会編『町田市史』上巻、第一法規出版、一九八四年）

小川信「町田市内板碑編年目録正」（『町田市史史料集』第一集、町田市史編纂委員会、一九七〇年）

小川信「町田市内板碑編年目録補遺」（『町田市史史料集』第四集、町田市史編纂委員会、一九七一年）

小川雄「大石定重・道俊—山内上杉氏の重臣から北条氏の国衆へ—」（黒田基樹編『戦国武将列伝』二 関東編上、戎光祥出版、二〇二二年）

小川豊『危ない地名—災害地名ハンドブック—』（三一書房、二〇一二年）

荻窪圭『古地図と地形図で発見！　鎌倉街道伝承を歩く』（二〇二二年、山川出版社）

小此木輝之『中世寺院と関東武士』（青史出版、二〇〇二年）

尾崎孝『道灌紀行 江戸城を築いた太田道灌』（ＰＨＰパブリッシング、二〇〇九年）

落合義明「源頼朝と東京湾」（落合義明『中世東国の「都市的な場」と武士』山川出版社、二〇〇三年）

小山田遺跡調査会編『小山田遺跡群—小山田団地造成内の遺跡調査—』Ｉ（小山田遺跡調査会、一九七九年）

小山田遺跡調査会編『小山田遺跡群』Ｉ（小山田遺跡調査会、一九八二年）

梶原昇『津戸三郎為守』（法然上人をめぐる関東武者三、東方出版、二〇〇〇年）

梶原正昭・矢代和夫『将門伝説—民衆の心に生きる英雄—』（新読書社、一九六六年）

加藤光男「出土板碑からみた製作工程の復元」（『さきたま史跡の博物館紀要』第四号、一九八九年）

加藤哲「北条氏照による八王子領支配の確立」（『国学院大学大学院紀要』八、一九八九年）→後に佐脇栄智編『後北条氏の研究』（戦国大名論集八、吉川弘文館、一九八三年）に再録

神奈川県高等学校教科研究会社会科部会歴史分科会編『神奈川県の歴史散歩　上　川崎・横浜・北相模・三浦半島』（山川出版社、二〇〇五年）

神山弘『怨念の将門』（エンタプライズ、一九八九年）

亀山純生「武士の法然浄土教受容の論理と基礎東国武士の生活思想の物語的再構成を通して」（亀山純生『中世民衆思想と法然浄土教—〈歴史に埋め込まれた親鸞〉像への視座—』大月書店、二〇〇五年）

川合康『「鎌倉街道」の政治的研究』（平成十五年度～平成十六年度科学研究補助金〈基盤研究（c）（2）〉研究成果報告書、二〇〇五年）

川島優美子「鎌倉街道をめぐる武蔵武士と鎌倉幕府—関渡と地域開発—」（北条氏研究会編『武蔵武士の諸相』、勉誠出版、二〇一七年）

菊池紳一「平姓秩父氏の性格—系図の検討を通して—」（『埼玉地方史』六六、二〇〇四年）

北倉庄一『中世を歩く 東京とその近郊に古道「鎌倉街道」を探る』（テレコム・トリビューン社、一九九八年）
木下聡『山内上杉氏と扇谷上杉氏』（対決の東国史5、吉川弘文館、二〇二二年）
木村茂光「津戸三郎為守」（『国立市史』中巻第五編第一章第二節、国立市、一九八五年）
木本雅康「古代常陸国の駅路と内陸水運」（上高津貝塚ふるさと歴史の広場第一二回特別展『古代のみち―常陸を通る東海道駅路』、二〇一三年）
郷土の歴史を未来に生かす事業実行委員会編『青葉のあゆみ』（郷土の歴史を未来に生かす事業実行委員会・横浜市青葉区役所、二〇〇九年）
久野健監修、川尻祐治編『関東古寺の仏像』（芸艸堂、一九七六年）
久保健一郎『享徳の乱と戦国時代』（列島の戦国史1、吉川弘文館、二〇二〇年）
栗原仲道『鎌倉街道』Ｉ歴史編（有峰書店、一九七六年）
黒田基樹編『武蔵大石氏』（論集戦国大名と国衆①、岩田書院、二〇一〇年）
黒田基樹編『武蔵三田氏』（論集戦国大名と国衆④、岩田書院、二〇一一年）
黒田基樹『図説・太田道灌 江戸東京を切り開いた悲劇の名将』（戎光祥出版、二〇〇九年）
黒田基樹『北条氏康の妻瑞渓院 政略結婚からみる戦国大名』（中世から近世へ、平凡社、二〇一七年）
黒田基樹『太田道灌と長尾景春』（中世武士選書43、戎光祥出版、二〇二〇年）
黒田基樹『図説・享徳の乱』（戎光祥出版、二〇二一年）
黒田基樹「享徳の乱―戦国時代を生んだ関東の大乱の真相―」（『歴史群像』一七六、ワン・パブリッシング、二〇二二年）
港南の歴史発行実行委員会編『港南の歴史』（港南の歴史発刊実行委員会、一九七九年）
児玉幸多・坪井清足監修『日本城郭大系』第五巻 埼玉・東京（新人物往来社、一九七九年）
児玉幸多・坪井清足監修『日本城郭大系』第六巻 千葉・神奈川（新人物往来社、一九八〇年）
狛江市教育委員会編『狛江市文化財調査報告書』第11集 狛江の古い道（狛江市教育委員会、一九九二年）
五味文彦「大井・品川の人々と大江広元 源頼朝・義経とその時代」（新井浩文編著『旧国中世重要論文集成武蔵国』戎光祥出版、二〇二三年）
今野慶信「相模武士と交通」（『馬の博物館研究紀要』第一九号、二〇一四年）
今野慶信『中世の豊島・葛西・江戸氏』（中世史研究叢書三三、岩田書院、二〇二一年）
埼玉県立歴史資料館編『歴史の道調査報告書』第一集 鎌倉街道（埼玉県教育委員会、一九八三年）
齋藤慎一「杣保の時宗板碑と三田氏」（『多摩郷土研究』五二、一九七八年）
齋藤慎一「三田氏再考―三田氏関係文献の再検討と新発見の氏宗文書について―」（『多摩郷土研究』五八、一九八四年）
齋藤慎一『中世東国の道と城館』（東京大学出版会、二〇一〇年）
齋藤慎一『中世を道から読む』（講談社現代新書、二〇一〇年）
齋藤慎一『江戸―平安時代から家康の建設へ―』（中央公論新社、二〇二一年）
栄の歴史編集委員会編『栄の歴史』（横浜市栄区役所地域振興課、二〇一三年）

佐川美加「中世の「入間川宿」を復元する」(『埼玉地方史』第八四号、二〇二二年)
佐川美加・川島優美子「苦林—その地理と歴史」(『埼玉地方史』第七八号、二〇二〇年)
佐藤昇『東京史跡ガイド』一三 渋谷区史跡散歩(学生社、一九九二年)
品川区教育委員会編『しながわの史跡めぐり(増補改訂版)』(品川区教育委員会、二〇〇五年)
渋江芳浩「多摩と江戸の村落景観」(小野正敏・五味文彦・萩原三雄編『中世はどう変わったか』高志書院、二〇一〇年)
清水亮「金沢文庫所蔵『下総国毛呂郷絵図断簡』に関する一考察」(『荘園絵図資料のデジタル化と画像解析的研究』科学研究費助成金研究成果報告書、二〇〇一年)
清水亮『中世武士 畠山重忠秩父平氏の嫡流』(吉川弘文館、二〇一八年)
清水亮編著『畠山重忠』(戎光祥出版、二〇一二年)
下山治久『横浜の戦国武士たち』(有隣新書、二〇一二年)
『週刊朝日百科 日本の国宝』九十一号(朝日新聞社、一九九八年)
菅野扶美「空間から見る北野天神信仰の特徴」(瀬田勝哉『変貌する北野天満宮中世後期の神仏の世界』平凡社、二〇一五年)
菅原健二『川の地図辞典』多摩東部編(之潮、二〇一〇年)
杉並郷土史会『杉並区の歴史(東京都ふるさと文庫)』(名著出版、一九七八年)
杉山一弥「千葉実胤・自胤—武蔵に逃れた千葉本宗家の血統を継いだ兄弟—」(黒田基樹編『戦国武将列伝』二 関東編 上、戎光祥出版、二〇二二年)
杉山博・栗原仲道編著『大石氏の研究』(関東武士研究叢書第二巻、名著出版、一九七五年)
杉山博編『豊嶋氏の研究』(関東武士研究叢書 第五巻、名著出版、一九七五年)
関幸彦「鎌倉御家人大井実春の時代」(『鶴見大学紀要 第四部 人文・社会・自然科学編』第四〇号、二〇〇三年)
関幸彦「御家人品河氏の西遷」(『品川歴史館紀要』第一八号、二〇〇四年)
高島緑雄『関東中世水田の研究』(日本経済評論社、一九九七年)
高橋修「茨城の鎌倉街道と中世道—文献史料からのアプローチ—」(茨城県教育委員会編『茨城県歴史の道調査事業報告書』中世編鎌倉街道と中世の道、二〇一五年)
高橋正彦「大井氏と大井文書」(『大田区史』上巻 第一章第三節、大田区、一九八五年)
竹内誠・小泉弘・池上裕子・加藤貴・藤野敦『東京都の歴史』(県史一三、山川出版社、一九九七年)
『立川市文化財調査報告6 立川の神社建築調査報告』(立川市教育委員会、一九八九年)
谷山敦子『せたがや中世拾い歩き』(之潮、二〇二一年)
千々和到「板碑文化をひろめた人々」『板碑とその時代—てぢかな文化財・みぢかな中世—』(平凡社、一九八八年三月)
津戸最監修『谷保天満宮』(谷保天満宮社務所、二〇〇二年)
東京都環境化学研究所「多摩川中流部の再生に向けて」(東京都環境化学研究所(旧研究所)ニュースNo.二一、一九九九年)

東京都教育委員会編『東京都の中世城館』(戎光祥出版、二〇一三年)
東京都歴史教育研究会編『東京都の歴史散歩　中　山手』(山川出版社、二〇〇五年)
東京都歴史教育研究会編『東京都の歴史散歩　下　多摩・島嶼』(山川出版社、二〇〇五年)
外山徹『武州髙尾山の歴史と信仰』(同成社、二〇一一年)
豊田武『英雄と伝説』(塙書房、一九七六年)
中西望介「シリーズ 鶴見川流域の中世板碑に刻まれた「主君」は武将か僧侶か―建長七年銘板碑から地域社会を考える(一)～(三)」(『柿生文化を読む』二〇二一年九月三日・十日・十七日号、二〇二一年)
中西望介「シリーズ 鶴見川流域の中世県下最古の板碑～寛元二年銘板碑等と御家人鴨志田氏について(一)～(三)」(『柿生文化を読む』二〇二一年九月二十四日、十月八日・二十二日号、二〇二一年)
中西望介「川崎市域の中世の古道について」(『川崎市文化財調査集録』第四二集、二〇二一年)
永井晋『金沢北条氏の研究』(八木書店、二〇〇六年)
成迫政則『武蔵武士』下(まつやま書房、二〇〇四年)
西岡虎之助編『日本荘園絵図集成』下(東京堂出版、一九七七年)
西股総生・松岡進・田嶌貴久美『神奈川中世城郭図鑑』(図説日本の城郭シリーズ1、戎光祥出版、二〇一五年)
二宮考古館資料整理委員会『二宮考古館資料整理報告書 武州二宮神社と古代・中世の瓦』(あきる野市教育委員会、二〇〇四年)
貫達人『畠山重忠』(吉川弘文館、一九六二年)
野口実『武家の棟梁の条件中世武士をみなおす』(中公新書、一九九四年)
野口実「「京武者」の東国進出とその本拠地について―大井・品川氏と北条氏を中心に―」(野口実『東国武士と京都』同成社、二〇一五年)
則竹雄一『古河公方と伊勢宗瑞』(動乱の東国史6、吉川弘文館、二〇一三年)
芳賀善次郎『旧鎌倉街道・探索の旅』上道編(さきたま出版、一九七八年)
芳賀善次郎『旧鎌倉街道・探索の旅』中道編(さきたま出版、一九八一年)
芳賀善次郎『旧鎌倉街道・探索の旅』下道編(さきたま出版、一九八二年)
萩原龍夫編『江戸氏の研究』(関東武士研究叢書第一巻、名著出版、一九七七年)
橋口定志「鎌倉街道高田宿と下戸塚遺跡」(橋口定志編『中世社会への視覚』高志書院、二〇一三年)
服部英雄『峠の歴史学―古道をたずねて―』(朝日新聞社、二〇〇七年)
東四柳史明「戦国時代の町田」(町田市史編纂委員会編『町田市史』上巻、第一法規出版、一九八四年)
樋口州男『将門伝説の歴史』(吉川弘文館、二〇一五年)
日野市教育委員会編『日野市文化財さんさくマップ』(日野市教育委員会、二〇〇四年)
日野市教育委員会教育部文化スポーツ課編『日野市の遺跡』(日野市教育委員会教育部文化スポーツ課、二〇〇七年)
日の出町史編さん委員会編『日の出町資料 日の出町の昔ばなし』(日の出町教育委員会、一九九四年)

深沢靖幸「多摩川流域の板碑」（千々和到・浅野晴樹編『板碑の考古学』高志書院、二〇一六年）
福島金治「武蔵国久良岐郡六浦庄について」（『金沢文庫研究』二五六・二六六合併号、一九七八年）
福島正義「鎌倉街道の性格と機能」（『歴史の道調査報告書』第一集 鎌倉街道上道、埼玉県教育委員会、一九八三年）
福田豊彦「将門伝説の研究」（大隅和雄編『鎌倉時代文化伝播の研究』吉川弘文館、一九九三年）
『府中市の文化財（改訂版）』（府中市教育委員会、一九九七年）
北条氏研究会編『北条氏系譜人名辞典』（新人物往来社、二〇〇一年）
北条氏研究会編『武蔵武士を歩く 重忠・直実のふるさと埼玉の史跡』（勉誠出版、二〇一五年）
町田市立博物館編『町田市立博物館収蔵考古資料目録―寄贈資料編―』（町田市立博物館、二〇一二年）
松平冠山編『浅草寺志』上巻（浅草寺出版部、一九三九年）
三浦勝男編『鎌倉の地名由来辞典』（東京堂出版、二〇〇五年）
峰岸純夫等編『史料と遺跡が語る 中世の東京』（新日本出版社、一九九六年）
峰岸純夫等編『豊島氏とその時代 東京の中世を考える』（新人物往来社、一九九八年）
峰岸純夫・齋藤慎一編『関東の名城を歩く』南関東編（吉川弘文館、二〇一一年）
『宮前区歴史ガイドまち歩き』その12　鎌倉街道（川崎市宮前区役所地域振興課、二〇一七年）
宮瀧交二「鎌倉街道」沿道の風景」（『多摩のあゆみ』第九二号、一九九八年）
宮田太郎『鎌倉街道伝説』（ネット武蔵野、二〇〇一年）
村上春樹『平将門伝説ハンドブック』（公孫樹舎、二〇〇五年）
村田修三編『図説中世城郭辞典』1（新人物往来社、一九八七年）
村松薫「全国に及ぶ重忠伝承」（埼玉県立嵐山史跡の博物館・葛飾区郷土と天文の博物館編『秩父平氏の盛衰―畠山重忠と葛西清重―』勉誠出版、一九七七年）
メディアユニオン編『東京の川と水路を歩く』（実業之日本社、二〇一二年）
森幸夫『六波羅探題の研究』（続群書類従完成会、二〇〇五年）
盛本昌広『鎌倉武士と横浜』（有隣堂、二〇二二年）
安田元久『源義家』（人物叢書、吉川弘文館、一九六六年）
安田元久『武蔵の武士団その成立と故地をさぐる』（有隣堂、一九八四年）
柳田國男「武蔵野の昔」（『定本柳田國男集』第二巻、筑摩書房、一九六二年）
山田邦明『享徳の乱と太田道灌』（吉川弘文館、二〇一五年）
山野龍太郎「東国武士の浄土宗受容と政治的発展―武蔵国の津戸氏を中心として―」（『鎌倉遺文研究』第三一号、二〇一三年）
山本隆志「鎌倉時代の宿と馬市・馬喰」（筑波大学大学院人文科学研究科歴史・人類学専攻編『年報日本史叢一九九九』二〇〇〇年）
湯山賢一「鎌倉時代の武蔵と町田」（町田市史編纂委員会編『町田市史』上巻、第一法規出版、一九八四年）

横浜市ふるさと歴史財団編『開港150周年記念 横浜 歴史と文化』(有隣堂、二〇〇九年)
六人会『六人衆の道案内 その二』(六人会、一九九七年)

◎自治体史

東京都

『秋川市史』(秋川市、一九八三年)
『五日市町史』(五日市町、一九七六年)
『板橋区史』通史編 上巻(板橋区、一九九八年)
『板橋区史』資料編一 考古(板橋区、一九九五年)
『板橋区史』資料編二 古代・中世(板橋区、一九九四年)
『青梅市史』上巻(青梅市、一九九五年)
『北区史』通史編 原始古代(北区、一九九六年)
『北区史』通史編 中世(北区、一九九六年)
『北区史』資料編 古代中世一(北区、一九九四年)
『北区史』資料編 古代中世二(北区、一九九五年)
『郷土史 檜原村』(檜原村教育委員会、一九九六年)
『小金井市史』通史編(小金井市、二〇一九年)
『新狛江市史』通史編(狛江市、二〇二一年)
『新八王子市史』通史編二 中世(八王子市、二〇一六年)
『新八王子市史』資料編二(八王子市、二〇一四年)
『新版武蔵国府のまち 府中市の歴史』(府中市教育委員会、二〇〇六年)
『新編千代田区史』通史編(千代田区、一九九八年)
『新編立川市史』資料編 古代・中世(立川市、二〇二〇年)
『図説 調布の歴史』(調布市、二〇〇〇年)
『世田谷区史料』第八集(世田谷区、一九七五年)
『台東区史』通史編Ⅰ(台東区、一九九七年)
『多摩市史』通史編一(多摩市、一九九七年)
『立川市史』下巻(立川市、一九七八年)
『調布市史』上巻(調布市、一九九〇年)
『豊島区史』通史編一(豊島区、一九八一年)

『中野町誌』（中野町教育会、一九三三年）
『中野区史』上巻（中野区、一九四三年）
『練馬区史』歴史編（練馬区、一九八二年）
『八王子市史』上巻（八王子市、一九六三年）
『日の出町史』通史編 上巻（日の出町、一九九二年）
『日野市史』通史編２（上）中世編（日野市郷土資料館、一九九四年）
『日野市史史料編』高幡不動胎内文書編（日野市史編纂委員会、一九九三年）
『桧原村史』（桧原村、一九八一年）
『福生市史』資料編 中世寺社（福生市、一九八七年）
『瑞穂町史』（瑞穂町役場、一九七四年）
『港区史』第一巻 通史編 原始・古代・中世（港区、二〇二一年）
『武蔵野市史』（武蔵野市、一九七〇年）
『武蔵村山市史』通史編 上巻（武蔵村山市、二〇〇二年）
『目黒区史』（目黒区、一九六一年）

神奈川県
『川崎市史』通史編１（川崎市、一九八八年）
『川崎市史』資料編１（川崎市、一九九三年）
『港北区史』（港北区郷土史編さん刊行委員会、一九八六年）
『図説かなざわの歴史』（金沢区制五十周年記念事業実行委員会、二〇〇一年）
『図説都筑の歴史』（都筑区ふるさとづくり委員会、二〇一九年）
『鶴見区史』（鶴見区史刊行委員会、一九八二年）
『緑区史』通史編（緑区史刊行委員会、一九九三年）
『横浜市史稿』佛寺編（復刻版、臨川書店、一九八六年、初版は横浜市）
『横浜西区史』（横浜西区史刊行委員会、一九九五年）

埼玉県
『大宮市史』第二巻 古代・中世編（大宮市役所、一九七一年）
『新編埼玉県史』通史編２ 中世（埼玉県、一九八八年）
『新編埼玉県史』別編四 年表・系図（埼玉県、一九九一年）

◎辞典

『角川歴史地名大辞典』十三 東京都（角川書店、一九七八年）
『角川日本地名大辞典』十四 神奈川県（角川書店、一九八四年）
『日本歴史地名体系』第十三巻 東京都の地名（平凡社、二〇〇二年）

◎展示図録・リーフレット

板橋区郷土資料館編『武蔵千葉氏』（二〇一五年）
五日市郷土館『郷土あれこれ郷土館だより』第四一号（一九九三年）
青梅市郷土博物館編『戦国時代の青梅—三田氏の滅亡と北条氏—』（二〇一四年）
神奈川県立歴史博物館編『横浜の古寺・寶生寺の文化財』（一九九七年）
群馬県立歴史博物館『関東戦国の大乱—享徳の乱、東国の三〇年戦争—「戦国は関東からはじまった…」』（二〇一一年）
篠原城と緑を守る会『篠原城—戦国時代の横浜を伝える緑の丘陵』（二〇一二年）
千代田区教育委員会『鎌倉と江戸 中世と近世の武士』（二〇一三年）
中田正光『よみがえる滝山城ハンドブック 滝山城戦国絵図—中世城郭のからくり』（NPO法人滝山城跡群・自然と歴史を守る会、二〇〇九年）
八王子市郷土資料館編『特別展図録　北条氏照と八王子城』（一九九〇年）
八王子市郷土資料館『平成二十四年度特別展　八王子城』企画展図録（二〇一二年）
パルテノン多摩『関戸合戦　多摩市関戸に残る中世の伝承とその背景』（二〇〇七年）
東村山ふるさと歴史館『鎌倉街道と中世の道—中世の狭山丘陵—』（二〇一九年）
日野市郷土資料館『平成二十八年度日野市郷土資料館特別展解説リーフレット　今、よみがえる真慈悲寺 幻の大寺院を追い求めて』（二〇一六年）
府中文化振興財団・府中市郷土の森博物館『府中市郷土の森博物館ブックレット一二　武蔵府中と鎌倉街道』（二〇〇九年）
府中文化振興財団・府中市郷土の森博物館『府中市郷土の森博物館ブックレット一七　よみがえる古代武蔵国府』（二〇一六年）
町田市立博物館編『町田市立博物館図録第六九集　武蔵の塔婆』（一九九〇年）
町田市立博物館編『町田市立博物館図録第一一六集　多摩の板碑』（一九九九年）
横浜市ふるさと歴史財団埋蔵文化財センター編『埋文よこはま33—横浜の中世城郭—』（二〇一六年）
横浜市歴史博物館編『都筑区茅ヶ崎城跡と謎のウズマキかわらけ』（二〇一一年）
横浜市歴史博物館編『〝道灌以後〟の戦国争乱—横浜・上原家文書にみる中世』（二〇一九年）

◎**史料・史料集**

蘆田伊人編校訂『新編武蔵風土記稿』（雄山閣、一九七七年）
「一遍上人絵伝」（『日本の絵巻』中央公論社、一九八八年）
「上杉系図」（『続群書類従』第六輯 下系図部、続群書類従完成会）
「江戸名所図会」（角川文庫、一九六六～六七年）
片山迪夫校訂『武蔵名勝図会』（慶友社、一九七八年）
角川文化振興財団編『東京都古代中世古文書金石文集成』第一巻 古文書編一（角川書店、一九九三年）
角川文化振興財団編『東京都古代中世古文書金石文集成』第二巻 古文書編二（角川書店、一九九四年）
角川文化振興財団編『東京都古代中世古文書金石文集成』第三巻 古文書編三（角川書店、一九九五年）
角川文化振興財団編『東京都古代中世古文書金石文集成』第四巻 金石文編（角川書店、一九九七年）
「北野社家日記」（『史料纂集』古記録編、続群書類従完成会、一九七二年）
「御府内寺社備考」二（名著出版、一九八六年）
佐脇栄智校注『小田原衆所領役帳』戦国遺文後北条氏編別巻（東京堂出版、一九九八年）
『新編武蔵国風土記稿』（国立公文書館内閣文庫所蔵）
『戦国遺文・後北条氏編』（東京堂出版）
『浅草寺日記』第四十一巻（金龍山浅草寺、二〇二一年）
立川市史編纂員会編『中世武士立川氏関係史料集 立川文書』（立川市教育委員会、二〇一〇年）
豊島区立郷土資料館編『豊島・宮城文書豊島区郷土資料館調査報告書』第四集（豊島区教育委員会、一九八八年）
豊島区立郷土資料館編『豊島氏編年史料Ⅰ 豊島区郷土資料館調査報告書』第八集（豊島区教育委員会、一九九二年）
豊島区立郷土資料館編『豊島氏編年史料Ⅱ 豊島区郷土資料館調査報告書』第十一集（豊島区教育委員会、一九九五年）
豊島区立郷土資料館編『豊島氏編年史料Ⅲ 豊島区郷土資料館調査報告書』第十五集（豊島区教育委員会、二〇〇三年）
『南北朝遺文・関東編』（東京堂出版）
『町田市史史料集』第四集 中世編（町田市史編纂委員会、一九七一年）
『町田市史史料集』第六集 中世編続（町田市史編纂委員会、一九七二年）
峰岸純夫・川崎千鶴校訂『松陰私語』（『史料纂集古』記録編、八木書店、二〇一一年）
「武蔵国浅草寺縁起」（『続群書類従』第二十七輯下 釈家部、続群書類従完成会、一九二四年）

◎**ホームページ**

埼玉大学教育学部 谷謙二研究室『今昔マップ on the web』

おわりに

武蔵武士は鎌倉幕府の開幕に大きな役割を果たし、日本中世社会という舞台を生き生きと活動していた。しかし、一部の有名人を除いて、多くは正当な評価を得られることなく、今は歴史の表舞台から消えてしまっている。そこで私たちは、郷土の先人である彼ら武蔵武士に光を当てることを考えたわけである。そもそも菊池紳一が主催する北条氏研究会は、地道な史料読みの研究会である。しかし私たちが武蔵武士を語るとき、残念ながら武蔵武士に関する同時代の史料はほとんどない。頼るのは江戸時代に書かれた地誌の類いである。そこに載せられた、地域に語り伝えられた武蔵武士の伝説に導かれて、彼らが生きた痕跡を巡って歩きはじめた。そしてずいぶんと長い間、武蔵武士を歩くことになる。

埼玉県内では、武蔵武士の名字の地を歩き、中世の史跡・遺物に接することができた。巡った土地は比較的中世の地形をとどめていて、ここで生きた武蔵武士の心情に思いをはせることができた。平成二十七年（二〇一五）、幸いのことにその成果を、勉誠出版から『武蔵武士を歩く　重忠・直実のふるさと　埼玉の史跡』（以後は『埼玉の史跡』と示す）として発表することができた。

本書『武蔵武士を巡る』が扱うのは東京都と神奈川県の川崎市・横浜市である。この地域は、多摩地域など一部を除いて、急激な都市化によりかつての地形は変貌し、武蔵武士の痕跡を見ることはほとんどできない。そのうえ『埼玉の史跡』に比べると著名な武蔵武士があまりいないなど、埋もれた武蔵武士の掘り起こしが前著以上に必要となった。その成果は、本書の序言や付録の武蔵武士の年表にまとめている。

まずは自治体史を参考にして、自治体ごとに中世史跡や文化財を巡った。そして、かつて武蔵武士が歩いたであろう鎌倉への道（鎌倉街道）を、実際に歩くことで武蔵武士の姿を思い浮かべた。「南武蔵」を面と線で歩いたわけである。武蔵武士ゆかりの寺社や墓地を訪れ、その地に伝承された伝説に出会った。しかし、伝説の多くは中世を憧れる江戸時代の人々の思いによって生まれ、語り継がれたものであった。つまり、私たちの武蔵武士を巡る旅は、江戸時代の人々に触れるものだったのである。

執筆者は、北条氏研究会の会員である。それぞれ中世史の専門家として多くの論文を記述されており、本書にもその成果が十分盛り込まれているはずである。ただし、本書は、編集方針としてあくまで一般書として、一般読者を対象としている。そのため、研究書や論文で扱うような専門的なものは極力削り、より平易な表現での記述を心がけた。読み物として楽しんでいただけたら幸いである。当初は、手に持って歩けるものをと考えていたが、いつのまにかこのような大冊になってしまった。歴史に埋もれた武蔵武士を掘り起こした結果である。

そしてようやく本書を上梓することができた。本書の具体化は、令和元年（二〇一九）に菊池に召集され、三人で話し合った時からである。この時、菊池・池田・塚本の三人が本書の編集を担当することになった。以後、川越市の喫茶店での編集会議は四十回近くに及び、時には五時間を越えることもあった。川越駅ビル内の星乃珈琲店には、コーヒー一杯で長時間居座ることを黙認していただいたことを、この場を借りてお礼申し上げたい。もちろん、株式会社勉誠社の吉田祐輔氏・武内可夏子氏の尽力が無ければ、本書は形にすらならなかった。改めて感謝申しあげます。

令和六年十二月二十日

池田悦雄
塚本洋司

増補改訂新版 日本中世史入門
論文を書こう

歴史学の基本である論文執筆のためのメソッドと観点を日本中世史研究の最新の知見とともにわかりやすく紹介、歴史を学び、考えることの醍醐味を伝授する。

秋山哲雄・田中大喜・野口華世 編・本体三八〇〇円（＋税）

日本近世史入門
ようこそ研究の世界へ！

織豊期・江戸時代の魅力を伝えるために、各研究テーマの来歴や現状、論文執筆のノウハウ、研究上の暗黙知、さらには秘伝（？）までを余すところなく紹介。

上野大輔・清水光明・三ツ松誠・吉村雅美 編
本体三八〇〇円（＋税）

公卿補任図解総覧
大宝元年（七〇一）〜明治元年（一八六八）

大宝元年〜明治元年の一一六八年間における『公卿補任』掲載の全現任公卿三三二一人の人事記録を図解、位階・年齢・日付とともに一覧できる基礎資料の決定版。

所功 監修／坂田桂一 著・本体九八〇〇円（＋税）

加賀前田家と尊経閣文庫
文化財を守り、伝えた人々

伝統事業の成立過程、前田家の展開と文化活動、文庫伝来の古文書・古記録・系図類を解説。日本文化の根幹を未来へと伝える前田家・尊経閣文庫の営みに光を当てる。

菊池紳一 著・本体四八〇〇円（＋税）

都市鎌倉の展開と鶴岡八幡宮の社人集団

社人たちの歴史的役割を具体的に明らかにし、彼らを鶴岡八幡宮のみならず都市鎌倉を下から支えた存在として改めて注目することで新たな鎌倉史像を打ち立てる。

佐藤博信 著・本体八〇〇〇円（＋税）

中世武家領主の世界
現地と文献・モノから探る

中世日本の武士団は、どのような実態をもって地域社会へ受け入れられていったのか。その支配体制の実現・展開を文献史料、出土遺物、現地調査から分析する。

田中大喜 編・本体三八〇〇円（＋税）

日本中世の課税制度
段銭の成立と展開

国家中枢から在地社会に至るまでの諸階層が、深く関与していた段銭徴収の実態を探り、日本中世の収取構造、税制を通じた支配秩序の形成過程を明らかにする。

志賀節子・三枝暁子 編・本体二八〇〇円（＋税）

日本中世史論集

鎌倉時代から南北朝期、さらには室町時代にいたる日本中世の政治と文化の諸相を、新史料を含む多様な史料を駆使し考究。中世史を考えるうえでの基盤を提示する。

森茂暁 著・本体一二〇〇〇円（＋税）

『玉葉』を読む
九条兼実とその時代

『玉葉』を詳細に検討し、そこに描かれた歴史叙述を諸史料と対照することにより、九条兼実と九条家、そして同時代の公家社会の営みを立体的に描き出す。

小原仁 編・本体八〇〇〇円(+税)

秩父平氏の盛衰
畠山重忠と葛西清重

二人の相異なる鎌倉武士のあり方を、最新の中世史研究の成果、中世考古学資料、各地域にのこる伝承など多角的な視点から論じ、秩父平氏の実像を明らかにする。

埼玉県立嵐山史跡の博物館
葛飾区郷土と天文の博物館 編・本体三八〇〇円(+税)

無住道暁の拓く鎌倉時代
中世兼学僧の思想と空間

無住が生きた土地・場、各地での僧侶間ネットワークに着目し、宗教者としての内実を読み解くと同時に、無住をとりまく文芸活動を考察。

土屋有里子 編・本体二八〇〇円(+税)

鎌倉幕府の文学論は成立可能か!?
真名本『曽我物語』テクスト論

真名本『曽我物語』と『吾妻鏡』という二つの作品の関係論、またさまざまなテクストを比較することにより、鎌倉時代における文学の言語空間について考察する。

神田龍身 著・本体三八〇〇円(+税)

鎌倉北条氏人名辞典

約一一〇〇項目を立項。充実の関連資料も附録として具備し、鎌倉時代の政治・経済を主導した鎌倉北条氏の全貌を明らかにする必備のレファレンスツール。

菊池紳一 監修／北条氏研究会 編・本体一八〇〇〇円（＋税）

吾妻鏡地名寺社名等総覧

『吾妻鏡』に記載される地名や寺社名などを網羅的に抽出し、記事本文とともに分類・配列。日本中世史の根本史料を使いこなすための必携書。

菊池紳一・北爪寛之 編・本体三八〇〇円（＋税）

鎌倉を読み解く
中世都市の内と外

鎌倉が形成されていく過程、往来する人々の営み、都市空間のさまざまな「場」が有する意味や機能――。諸史料を紐解き、東国中枢都市の歴史的意義を読み解く。

秋山哲雄 著・本体二八〇〇円（＋税）

変革期の社会と九条兼実
『玉葉』をひらく

『玉葉』をはじめ、同時代の諸資料を紐解き、兼実や同時代の社会を活写する。宮内庁書陵部に伝わる天皇の即位儀礼に関する新資料二種を初紹介！

小原仁 編・本体一〇〇〇〇円（＋税）

武蔵武士を歩く
重忠・直実のふるさと
埼玉の史跡【新装版】

武蔵武士ゆかりの様々な史跡を膨大な写真・図版資料とともに詳細に解説。史跡や地名から歴史を読み取るためのコツや、史跡めぐりのルート作成方法を指南。

北条氏研究会 編・本体二七〇〇円（＋税）

武蔵武士の諸相

古文書・史書、系図や伝説・史跡などの諸史料に探り、多面的な観点から武蔵武士の営みを歴史のなかに位置付ける。新視点から読み解く日本中世史研究の最前線。

北条氏研究会 編・本体九八〇〇円（＋税）

北条義時の生涯
鎌倉幕府の草創から確立へ

北条義時を中心に据え、義時がかかわった鎌倉幕府の政治や制度、彼をめぐる人物・出来事から鎌倉幕府の成立、転換点を見直す。

菊池紳一 監修・北条氏研究会 編・本体二八〇〇円（＋税）

北条氏発給文書の研究
附 発給文書目録

北条氏の発給文書を網羅的に収集・検討。執権をつとめた各代について、その足跡を歴史上に位置付ける。歴代の発給文書一覧も具えた、レファレンスツールとして必備の一冊。

北条氏研究会 編・本体一五〇〇〇円（＋税）

◆執筆者

池田悦雄　元埼玉県立高校教員
泉田崇之　埼玉県立川口特別支援学校 臨時的任用教諭
磯川いづみ　新居浜市史編集委員会第1専門部会調査員
川島優美子　さいたま市史編纂調査員、元放送大学講師
菊池紳一　北条氏研究会代表
元(財)前田育徳会常務理事・尊経閣文庫主幹
北爪寛之　瑞穂町郷土資料館学芸員
久保田和彦　NPO鎌倉考古学研究所所員
塚本洋司　北条氏研究会会員
牡丹健一　神奈川県立座間高等学校教諭
山野龍太郎　埼玉県立小川高等学校教諭
山野井功夫　埼玉県立伊奈学園総合高等学校教諭

武蔵《むさし》武士《ぶし》を巡《めぐ》る
東京・神奈川の史跡と伝説

2025年3月10日　初版発行

編　者　北条氏研究会

発行者　吉田祐輔
発行所　株式会社勉誠社
〒101-0061　東京都千代田区神田三崎町2-18-4
TEL：(03)5215-9021(代)　FAX：(03)5215-9025
〈出版詳細情報〉http://bensei.jp

印　刷
製　本　平河工業社

ISBN978-4-585-32055-5　C0021

人名・氏族名等索引

凡　例

1、この人名・氏族名等索引は、本書に見える人名・氏族名等を検索するため、五十音順で配列し、頁で検索する方法をとった。なお、頁が連続する場合は、「12-14」のように表記した。

2、立項は基本的に「名字(姓)＋実名」とする。実名のないものは「名字＋通称・官職名等」、僧侶あるいは出家者は「法名」とした。姓あるいは名字のないものは「(名字欠)＋実名」あるいは「(名字欠)＋通称・官職名」として立項した。

3、人物は一つの項目にまとめ、本書に見える名字・通称等の異表記は、項目名の次に(　)で括って記載した。(　)内には、その人物の親子関係等を記載した項目もある。なお、検索の便宜のため、適宜見よ項目を作成した。

4、氏族名(例えば江戸氏・畠山氏など)や党名(例えば西党・横山党など)は、その名字の冒頭に配置した。その場合、立項は「江戸氏」とし、(　)内に異表記等を記載した。
　例：「江戸氏(江戸・江戸一族)」

5、同じ氏族の異表記(例えば「相原」と「粟飯原」、「安保」と「阿保」等)は、まとめて五十音順に配列し、別氏族(例えば「足立」と「安達」等)の場合は、各々実名・通称等の五十音順に配列した。

【あ】

愛甲氏(愛甲)　56, 59
愛甲季隆　271
愛甲内記太郎　57
相原氏(相原・藍原・粟飯原)　56, 59
粟飯原右衛門尉　59
相原孝遠(横山孝遠、藍原次郎大夫)　59-61
相原時兼　60
青木五郎左衛門　410
青木重元　389
青木七郎左衛門　410
青木四郎　413
青木次郎　420
青木四郎左衛門尉　413, 419
青木彦四郎入道　430
青木武蔵入道　414
青木山城入道　436
青砥藤綱(藤綱)　150
県下野守　420
赤橋守時　407
赤松範資　420
顕定→上杉顕定
顕時→北条顕時
秋山光政　422
飽間家行(飽間孫七)　306
飽間宗長(飽間孫三郎)　306
飽間斎藤一族　306
飽間斎藤盛貞(飽間斎藤三郎・藤原)　120, 306
悪源太義平→源義平
莫祢成助　414
あさかやとの(阿佐ヶ谷氏)　40, 42
夙妻太夫　122, 124, 125, 270, 271
浅羽氏(浅羽)　10, 425
浅羽洪伝　435
浅羽左衛門四郎　391
浅羽左衛門二郎　393, 396
浅羽三郎左衛門尉　402
浅羽次郎兵衛尉　392
浅羽豊楠丸　437
浅羽宏繁　437
浅羽盛秀　404
浅羽行光　368
朝夷名三郎→朝比奈義秀
朝比奈義秀(朝比奈三郎、朝夷名義秀)　331, 381
阿佐美氏(阿佐美)　11
阿佐美左近将監　397
阿佐美三郎左衛門　422

阿佐美弥四郎左衛門入道　434
足利氏(足利将軍家・足利方・足利軍)　12, 54, 104, 194, 213, 324, 410, 426
足利氏満(氏満・金王丸)　12, 13, 77, 90, 219, 329, 348, 429, 432-437
足利成氏(成氏)　28, 34, 40, 94, 100, 102, 110, 195, 197, 203, 205, 208, 210, 219, 297, 349
足利千寿王→足利義詮
足利尊氏(尊氏・高氏・足利尊氏方、等持院)　10-12, 24, 25, 31, 37, 43, 45, 48, 90, 178, 194, 195, 200, 212, 219, 252, 269, 273, 275, 276, 291, 324, 340, 351, 362, 406, 408-413, 416, 418-420, 422-427
足利直冬　421, 422, 428
足利直義(直義・足利直義方)　11, 37, 48, 54, 130, 156, 243, 362, 409, 410, 413-415, 417-420, 422-424
足利晴氏　220
足利満兼(満兼)　12, 219
足利持氏(持氏)　12, 25, 31, 39, 40, 44, 48, 86, 93, 94, 219, 249, 312, 348
足利基氏(基氏・亀若丸・入間川殿)　11-13, 38, 48, 90, 195, 219, 243, 275-277, 422, 424, 427, 428, 430, 431, 435
足利義詮(義詮・足利千寿王)　11, 13, 200, 275, 413, 415, 417, 418, 420-424, 426-431
足利義詮の妾(道清女)　430
足利義氏　384, 390, 392
足利義教(義教)　40, 219
足利義満(義満)　13, 432, 437, 438
蘆田正次郎　133
足立氏(足立)　10, 11, 366, 383, 399
足立右衛門尉　392
足立厳阿　419
足立源左衛門入道　402
足立五郎左衛門　421
足立左衛門四郎　395
足立左衛門尉　393
足立貞長　401, 402
足立三郎　406
足立三郎右衛門尉　397
足立三郎左衛門　425
足立三郎左衛門入道　404
足立三郎左衛門尉　392
足立左馬入道　392
足立荘司宮城宰相　23, 31
足立新左衛門　415
足立遠親　389, 396
足立遠時　397
足立遠宣　409, 412
足立遠元　8, 160, 364, 365, 367-376, 379-382
足立直元　10, 391-397, 400
足立長穐　407
足立則利　407
足立則幌　407
足立姫(足立荘司宮城宰相女、豊島清光の妻)　23, 31
足立政遠　397
足立又五郎　421
足立元氏　386, 387, 393-395, 397
足立元春　381-383
足立余三左衛門尉　404
安達氏(安達)　10
安達景盛　376
安達時顕　406
安達盛長(藤九郎盛長)　266, 366
安達泰盛　330, 400
安達義景　390, 391
阿野全成　38, 148, 378
安倍氏(安倍)　323
安倍貞任　57, 363
安倍文元　398
安保氏(安保)　10, 11, 362
安保一揆　13
安保五郎　430
安保五郎左衛門　424
安保五郎左衛門尉　426
安保五郎左衛門入道　429
安保五郎兵衛入道　402
阿保左衛門三郎　396
阿保左衛門四郎　396
安保左衛門太郎　395
阿保実員(安保実員)　386, 391
阿保実光　383, 384
阿保三郎　386
阿保三郎兵衛尉　388
安保七郎左衛門尉　427
阿保次郎左衛門尉　396
安保道堪　405-407, 410
安保直実(直実)　409, 416, 418-422, 426, 427
安保直実の女房　422
阿保入道父子　126, 127
安保信貞妻藤原氏　403
安保憲光(憲光)　436
安保某　427

安保又太郎入道　416
安保光経　416
安保光泰　408, 409, 413, 415, 416
安保宗員　423
安保基員　404
阿保弥次郎　390
安保泰規（安保泰規の一族）　413, 416, 423-425, 430, 436
安保行員（法師）　403, 404
安保頼直　423
甘糟清径　407
甘糟忠員　402
甘糟知清　407
尼某　399
網野氏（網野）　89
網野弥五郎　94
綾小路師季女　380
荒井光吉　320
有重→小山田有重
有直→越生末永
有長→平子有長
在原業平　161
粟生田小太郎　420
粟生田直村妻藤原氏女　403
粟田口久国　112
阿波局　378
安閑天皇　330

【い】

井伊家　104, 213
飯倉氏→いたくらとの
飯田高家（飯田次郎右衛門尉）　51
家継→村山家継
家綱→大井家綱
家範→金子家範
家久→土淵家久
家平→宮寺家平
壱岐希広　435, 436
池上氏　80, 81, 185, 215
池上左衛門大夫　80
池上左衛門尉　393, 400
池上藤左衛門尉　395
池上兵衛志夫妻→池上宗長
池上宗仲（宗仲・大仲臣宗仲・池上宗仲夫妻）　80, 81
池上宗仲夫妻→池上宗仲、清原氏女
池上宗長（宗長・池上兵衛志夫妻）　80
池上康親　389
伊古宇又二郎　395
石川氏（石川）　56, 86, 87
石川経季　87
石川経長（経長、石川二郎、平子広長の子）　86, 87
石川経久（平経久、経季の子、石河氏の祖）　87
石戸氏　399
石戸左衛門尉　391
石堂義房　423
いしはまとの（石浜氏）　40, 43, 160, 212
石浜上野守　426
石浜弥太郎→江戸政重
泉氏　24
伊勢宗瑞→北条早雲
伊勢平氏→桓武平氏貞盛流
井田氏（井田）　38, 56
井田太郎左衛門　38
いたくらとの（飯倉氏）　40, 42
板橋近江　26, 27
市谷孫四郎　402, 428
市河季氏　88
市河弥六入道　432
市河頼房　432
一条実経　73
一条忠頼　50
市之丞（多摩郡市之丞所蔵文書）　242
一幡　378
市村王石丸　197
一華文英　98
一色繁氏　408, 409
一色某　408
一色持家　39
一色持定　94
一種長純（一種長純大和尚）　61, 72
一遍　43
伊東祐清　154
伊東祐親　154
伊東祐光（法名道意）　154
稲毛氏（稲毛）　4, 6, 9, 13, 51, 203
稲毛左近将監　397
稲毛重成（重成・小山田重成、稲毛三郎・稲毛入道）　45, 50, 51, 53, 147, 178, 180, 222, 243, 329, 366, 369-376, 380
稲毛重成妻→稲毛女房
稲毛重政→小沢重政
稲毛入道→稲毛重成

稲毛女房(稲毛重成妻、北条時政の娘、政子の妹)　50, 51, 53, 375
稲毛兵衛太郎　396
因幡法橋→応円
猪俣氏(猪俣・猪俣の人々)　4, 6, 406
猪俣党　7, 11-13, 56, 405, 425
猪俣重範　418
猪俣弾正左衛門　422
猪俣範綱(猪俣則綱)　7, 8, 364
猪俣兵庫入道　423
猪俣蓮覚(猪俣右衛門四郎入道)　400
茨城童子　294
今井氏(土豪)　238
今川氏(今川)　294
今川氏親　243
今川助時　413
いや御前　392
入間川殿→足利基氏
岩井左近将監　436
岩崎氏　89
岩崎神十郎　94
岩瀬妙泉　408
岩瀬与一太郎　158
岩田太郎　430
岩田宗家　402
岩橋輔胤　210
岩橋孝胤　210
岩松氏(岩松)　94
岩松国経　38, 437
岩松直国　429, 430
石見守家→大石氏

【う】

上杉氏(上杉・上杉方・上杉軍・両上杉氏)　12, 28, 40, 51, 71, 92, 94, 100, 102, 108, 195, 197, 201, 203, 205, 207, 210, 219, 220, 243, 248, 252, 434
上杉氏→扇谷上杉氏、山内上杉氏
上杉顕定(顕定)　28, 108, 204, 205, 207, 217, 227
上杉右馬助入道　349
上杉景勝　232
上杉清方　26
上杉清子　178
上杉謙信(謙信・長尾景虎)　96, 203, 229, 235, 237
上杉定正　108, 205, 207, 220
上杉重能　45, 408
上杉禅秀　13, 25, 31, 39, 48, 76, 93, 94, 200, 240
上杉朝興(扇谷上杉朝興・朝興)　221, 244
上杉朝定(扇谷上杉朝定・朝定)　220, 221
上杉朝房　432, 433
上杉朝宗　436, 437
上杉朝良(扇谷上杉朝良・朝良)　95, 243, 252
上杉憲顕(憲顕)　11-13, 25, 31, 414, 422, 432
上杉憲方　100, 434
上杉憲実(法名長棟)　94, 219
上杉憲忠(憲忠)　28, 40, 100, 102, 195, 219
上杉憲直(憲直)　249
上杉憲春　431
上杉憲房　95, 252
上杉憲政　221, 423
上杉憲将　424
上杉憲基(憲基)　200, 240
上杉房顕(憲忠の弟)　28, 40, 94
上杉房定　28, 40, 94
上杉藤成　414
上杉持房　40
上杉能憲　100, 422, 433, 434
上田蔵人入道　252
上田政盛　95
上田宗季(上田三郎)　65, 69
宇佐美祐村　51
宇佐美与一　380
潮田氏　74, 380
氏邦→北条氏邦
牛込氏　40
うしじまどの(牛島)　40, 43
氏堯→北条氏堯
氏綱→北条氏綱
氏照→北条氏照
氏信→北条氏信
宇遅部黒目　56
(姓欠)氏政(兵庫助)　409
氏政→北条氏政
氏光→北条氏光
氏満→足利氏満
氏康→北条氏康
碓井貞光　294
宇多氏(藤原姓宇多氏)　24
宇多重広(重広・豊島氏)　24
宇多土用熊(土用熊、宇多重広女)　24
宇多箱伊豆(箱伊豆、宇多重広女)　24, 25
宇多氏の女某(宇多重広女)　24
歌川広重　257

宇多源氏　315
宇多源氏佐々木源三秀義→佐々木秀義
雅楽助→村山雅楽助
内嶋三郎　383
内嶋盛綱　393, 395
宇津幾氏　56, 59
宇津幾十郎(十郎)　60
宇津幾平太　60
宇都宮氏(宇都宮)　12, 329
宇都宮氏綱　423, 432
宇都宮朝綱　50, 57
善知鳥安方　281
うの木との(鵜の木氏)　40, 43
馬允有長→平子有長
梅若丸　161
占部季武　294
運慶　88, 331, 334, 347
雲岡舜徳　164

【え】

永海(僧)　64
恵心僧都　293, 347
江田氏(江田)　275
江田源三　149
越後上杉氏　87, 227
江戸氏(江戸・江戸一族・江戸氏一族)　4, 6, 8, 12, 13, 21, 33, 36-40, 44, 45, 47, 48, 50, 93, 108, 160, 163, 195, 203, 205, 212, 255, 285, 310, 348, 383, 399, 406, 407, 409, 414, 415, 426
江戸淡路守　44, 428
江戸近江権守　40
江戸近江守　39, 48, 417
江戸景氏　413
江戸景益　388, 389
江戸勝忠　45
江戸希成　38
江戸希全　437
江戸重方　40, 43
江戸重近(江戸六郎太郎)　37, 47, 412
江戸重次　45
江戸重継(重継、江戸四郎・秩父重継)　33, 36, 45, 47, 50
江戸重長(重長、大福長者)　36, 41, 45-47, 160, 264, 354, 365, 368, 369, 371, 373, 374, 376
江戸重久(重久)　45
江戸重益　37
江戸重通(重通)　37, 47, 161, 402, 403, 420
江戸重村　37, 48, 161, 420
江戸重茂(重茂)　36, 47
江戸重保　392
江戸七郎　421
江戸下野守　38
江戸修理亮　425
江戸常光(常光)　45
江戸四郎→江戸重継
江戸四郎三郎　36, 47
江戸駿河守　40
江戸高泰　38, 48, 428
江戸高良　425, 428
江戸忠重(忠重)　36, 37, 47, 380
江戸太郎　37
江戸太郎三郎　37
江戸道儀(道儀)　38
江戸道貞(道貞)　38
江戸遠江守　37-39, 44, 48, 276-278, 310, 424
江戸朝重　377
江戸長重　36, 47
江戸長光　37, 47, 392-394, 396
江戸憲重　39, 40, 43, 48
江戸房重　428
江戸冬長　425
江戸政重(政重、江戸弥太郎・石浜弥太郎)　37, 43, 47, 402, 420
江戸元重→渋谷元重
江戸弥七　37, 48, 428
江戸弥四郎　37, 412
江戸弥太郎(政重ヵ)　403
江戸行重　37, 402
江戸頼忠(江戸刑部少輔)　46
江戸六郎太郎　391
榎本氏　297, 298
榎本道琳　297
荏原氏　184
荏原下総守　410
荏原義宗　184
海老名氏(海老名)　56
円海　67
円慶　98
円幸(僧)　400
円證(阿闍梨)　140
円鎮(僧正)　140
円仁(慈覚大師)　53, 106, 349, 354

【お】

扇谷上杉氏(扇谷・扇谷上杉家・扇谷上杉方)　51, 104, 108, 127, 195, 203-208, 210-213, 220-222, 224, 227, 243, 244, 248
扇谷上杉定正→上杉定正
扇谷上杉朝興→上杉朝興
扇谷上杉朝定→上杉朝定
扇谷上杉朝良→上杉朝良
応円(因幡法橋)　326
奥州吉良氏　104
奥州藤原氏　157, 158, 369, 370
応神天皇　90, 257
多好方　372
大井氏(大井)　7, 74-76, 380, 396, 405
大井秋春(大井四郎)　380, 394
大井家綱(家綱、大井五郎大夫、村山頼任の孫)　77
大井紀四郎　419
大井小四郎　416
大井五郎大夫→大井家綱
大井左衛門三郎　74
大井左衛門尉　393
大井実春(実春)　74, 75, 366, 367, 371, 372, 374, 375, 380, 382
大井実久　376, 377
大井実平　382
大井三郎　435
大井儔光　407
大井四郎→大井秋春
大井四郎太郎　371
大井太郎　74
大井親実　394
大井千代寿丸　405, 409
大井入道(春日部実平)　74
大井彦太郎　435
大井薬次郎　400
大井頼郷　399, 400, 405
大井蓮実　399
大石氏(大石、石見守家・駿河守家・遠江守家、武蔵大石氏)　12, 61, 69, 71, 95, 100, 101, 203, 224-229, 231
大石有秀　43
大石源左衛門尉(遠江守家、源左衛門尉)　101
大石定重(遠江守家、定重・大石信濃守)　101, 225, 229
大石定久(遠江守家、定久・法名道俊、定重の子)　61, 72, 224, 226, 228, 229, 241
大石重仲(駿河守家、重仲)　100
大石信濃守→大石定重
大石駿河守→大石憲仲
大石聖顕(遠江守家、大石遠江入道)　100, 437
大石道俊→大石定久
大石遠江入道→大石聖顕
大石道伯(石見守家、道伯)　101
大石綱周(遠江守家、綱周、大石定久の子)　101, 224, 229
大石憲仲(憲仲、大石駿河守)　225
大石憲義(遠江守家、憲義)　100
大石某(石見守家)　101
大石能重(石見守家、能重、隼人佐・石見守)　100, 433
大内義弘　219, 411
大江氏　228
大江広元(広元、中原広元)　59, 75, 224, 227, 376, 377, 383
大江道広　66
大河兼任　370
大河戸一族　392
大河戸重澄　377
大河戸重隆　391
大河戸重村　390-392
大河戸次郎　391
大河戸信性　400
大河戸隆行　197, 408
大河戸俊義　391
大河戸兵衛尉　396
大河戸兵衛太郎　396
大河戸広行　366, 367, 386, 388, 389
大河戸民部太郎　389
大河戸行光　51, 380
大河原五郎　434
大河原左衛門五郎　421
大河原新五郎　433, 434
大河原又三郎　408
大串重親　369
大串重義　369
大蔵宮内左衛門入道　404
大蔵近之(道仏の子)　308
大蔵道仏　308
大蔵兵衛入道　404
大蔵頼季　398
大隅土佐守　66
太田氏　111, 201, 206, 207, 425
太田資清(道真、道灌の父)　27, 108, 134, 205

太田資高(資高)　206
太田資康(資康)　206
太田道灌(道灌)　27, 28, 33, 35, 40, 42, 88, 101, 108-112, 132, 136, 138, 163, 164, 167, 169, 183, 195, 201, 204-210, 213, 220, 224, 225, 244
太田道灌の娘　111
太田道真→太田資清
太田康資(康資、新六郎)　206, 207
大館氏明　418
大田和義勝　197
大友貞載　410
大仲臣宗仲→池上宗仲
大野頼成　431
大野長者　298
大庭氏(大庭)　3, 58
大平氏　105, 214
大平清九郎　214
大矢蔵之輔　93
大類五郎左衛門　410
大類行光　423
岡氏(岡)　59
岡崎氏(岡崎)　58
岡崎義実　159
小笠原長義(小笠原蔵人太郎入道)　338
岡辺左衛門四郎(岡部左衛門四郎)　386, 388-391
岡部三郎左衛門尉　413
岡部新左衛門入道　423
岡部忠澄(岡部忠純)　7, 8, 364
岡部弾正左衛門尉　426
岡部出羽入道　430
岡部出羽守　418
岡本太郎　243
小川氏(小川・小河・小河氏)　64-66, 362, 399
小河右衛門四郎　392
小河右衛門尉　385, 391
小河馬允　367
小河小三郎　414
小河左衛門尉　385, 389-391
小河貞盛　397
小河次郎　392
小河季久(甑島小河季久・西小河季久)　411, 414
小川忠久　66
小河太郎入道→小川宗弘
小河時仲　396, 397
小川土佐守　66
小河直家　389
小河直季　390
小川直高(弘直の子)　65, 66
小河直行(小川三郎)　66, 388, 389
小川弘季(宗弘二男)　65
小川弘直(宗弘嫡男)　65
小川宗弘(小河太郎入道・刑部宗弘)　64, 65
荻野氏(荻野)　56
小具掃部　26, 27
小倉氏(小倉)　56
小倉経孝(小倉二郎)　60
越生有高　392
越生有宗　406
越生四郎左衛門尉　415
越生末永(有直)　392
越生忠親　420
越生経村　401
越生豊王丸　399
越生長経　399, 401
越生兵庫助　432, 434
越生光氏　402
越生頼直　404
尾崎十郎　282, 283
尾崎の息子　283
小沢氏(小沢)　4, 40, 45, 51, 56
小沢小次郎→小沢重政
小沢小太郎　243
小沢重政(小沢小次郎、稲毛重政)　45, 50, 51, 243, 377, 380
小沢女房　393
忍小太郎　396
押垂斎藤氏(押垂斎藤)　399
押垂斎藤左衛門尉　393
押垂斎藤次郎　397
押垂斎藤基時→押垂基時
押垂基時(押垂斎藤基時)　388-392, 394
小田氏　417
小田孝朝　437
織田氏(織田)　294
小田原北条氏(北条氏)　71, 77, 86, 89, 95, 96, 101, 104-106, 203, 204, 206, 210, 213, 221, 224, 228, 231, 234, 235, 237, 239, 242, 245, 248, 249, 251, 252, 269, 317, 339, 352
鬼王丸→平将門
鬼窪左衛門入道　396
鬼窪左近将監　426
鬼窪修理亮(鬼久保)　433

鬼窪弾正左衛門尉　425
鬼窪常暁　433
鬼窪父子　433
鬼窪某　436
鬼窪又太郎　396
鬼窪民部太郎　396
御仁々局　178, 431
おねね(立川照重の内女)　68
小野氏(小野姓)　4, 6, 54, 128
小野次郎　388
小野篁　6, 51, 56, 128
小野孝泰(隆泰、武蔵守)　51, 62
小野太郎兵衛尉　388
小野成綱　368, 372, 374-376
小野成時　377, 380, 381, 384
小野某　404
小野盛綱　383, 384
小野諸興(師興)　56
小野義孝　62
小野義成(亡父義成)　372, 380, 381
小野沢修理亮　404
小山氏(小山)　13, 56, 59, 60, 69
小山有高→菅生有高
小山朝政(秀郷流藤原氏)　61, 386
小山義政　435, 436
小山若犬丸　437
小山田氏(小山田・小山田一族・小山田氏一族)　4, 6, 13, 33, 50, 51, 196, 203, 216, 224
小山田有重(有重、小山田別当)　50-52, 172, 222, 365
小山田有重妻(小山田別当有重の内室)　52
小山田重朝→榛谷重朝
小山田重成→稲毛重成
小山田高家(高家)　52, 222, 412
小山田別当→小山田有重
小山田行重(行重、小山田五郎)　50, 52, 371
小山田上杉氏　222
音阿(中村八郎後家尼)　403
恩田氏　179
恩田左近将監　428
恩田太郎　179
恩田美作守　94

【か】

甲斐源氏　50
甲斐武田氏→武田氏
快勢　98
快尊(権大僧都)　88
鶴寿姫　71
覺清(法印)　87
覚尊(民部律師)　88
覺雄　88
覚誉　426
覚了房道崇→北条時頼
景時→梶原景時
景春→長尾景春
景山貞景　90
勘解由左衛門尉→豊島泰経
葛西氏(葛西)　3, 6, 20, 21, 37, 409
葛西清重(清重)　21, 36, 160, 168, 369
笠原親景　372, 377
笠原信為(信為)　245
花山天皇　149
加治氏(加治)　10
加治家貞　11, 405, 407
加治左衛門尉　389
加治実規　431
加治時直　405
加治時直妻→藤原氏
加治中務左衛門尉　396
加治豊後左衛門入道　398
加治豊後守　425
加治光家　402
加治六郎左衛門尉　397
梶家　344
梶四郎家　344
柏木右衛門督　290
柏原太郎　369
梶原氏(梶原・梶原家)　3, 58, 73, 134, 310
梶原景清　58
梶原景時(景時)　41, 58, 376, 377
梶原弾正忠　422
梶原朝景(友景)　58
梶原孫六　422
梶原道景　436
梶原美作守　58, 94
春日貞幸　384
春日行元　427
春日部氏　74
春日部実平(大井入道)　74
上総氏(上総)　3, 264
上総広常(広常、上総介、平)　176, 267
(姓欠)員忠(別符幸時代)　409

糟屋氏(糟屋)　56
片楊長門入道　431
片山祥明　407
片山高親　418
片山親基　399
片山兵庫　410
片山祐珪　407
勝木則宗　377
苅田義季　380, 384
苅田義行　384
加藤景廉　369
金曽木氏→かねすきとの
金曾木重定　27, 44, 402, 428
(姓欠)兼有　289
金子氏(金子)　12, 13, 69, 77, 79, 247, 365, 380, 415
金子家重　435
金子家忠(金子十郎)　7, 8, 79, 98, 346, 364, 367, 371
金子家範(家範、金子六郎、村山頼任の孫)　77
金子家基　409
金子出雲(金子出雲守)　246, 247
金子いぬそう(金子家重孫)　435
金子大炊助　247
金子勘解由左衛門尉　427, 428
金子重高　9
金子成基　402
金子忠親　429
金子忠基　402-404
金子近則　367
金子儔宣　407
金子信泰　425, 427
金子広綱　399
金子平次左衛門尉　396
金子頼広　399
金子六郎→金子家範
金沢北条氏　179, 330, 331
金沢顕時→北条顕時
金沢貞将→北条貞将
かねすきとの(金曽木氏)　27, 40, 44
狩野貞親　402
狩野宗円(宗円)　232
鎌倉景正(鎌倉権五郎景政)　63, 150, 263
かまたとのいつせき(蒲田氏)　40, 44
蒲田入道　44
蒲田弥二郎　44
鎌田西仏(鎌田三郎入道)　304
鎌田正清(正清・政清、鎌田兵衛尉・鎌田兵衛)　314, 354
釜利谷殿→北条実泰
上岩ふちいねつき　26
上壁屋左衛門次郎　408
亀若丸→足利基氏
鴨志田氏　315, 316
鴨志田十郎　316
香山三郎左衛門尉　396
栢間季忠　396
栢間行泰　398
川上忠塞　65, 66
川口氏(川口・河口)　64-66, 73
川口二郎大夫(由木重直の子)　66
河口八郎太郎　66
川口幸季(川口兵庫介、与阿)　66, 67
河越氏(河越)　4, 6-8, 10-13, 21, 33, 37, 50, 383, 399, 407, 410, 420, 437
河越唐戸十郎左衛門　425
河越上野守　425
河越小二郎　397
河越貞重　404-406
河越三郎太郎　406
河越重家　391
河越重員　380, 385-387
河越重資　387, 393
河越重時　380, 382, 383, 386, 393
河越重房　8
河越重頼　36, 160, 170, 264, 365-368
河越重頼妻(後家尼、比企尼の娘)　366, 368
河越重頼娘(源義経の妻)　367
河越重頼母(河越重頼の老母)　367
川越乗誓　407
河越次郎　398
河越高重　408
河越太郎　398
河越経重　395-398
河越直重　12, 275, 425, 426, 429, 432
河越治重　411
河越三河守　410
河越宗重　411
河越泰重(河越康重)　388-391, 396
河崎氏(河崎)　3
河崎重家(重家)　140
河崎基家(基家)　140
河内源氏　2, 6, 7, 13, 20, 57, 363
河原則直　384

河勾左衛門四郎　397
河勾左京進入道　420
河勾政頼　368, 372
寛空僧正　283
桓武天皇　3, 42
桓武平氏　2, 7
桓武平氏貞盛流(伊勢平氏)　2
桓武平氏良文流　210

【き】

紀氏(紀姓)　7, 74, 76
紀実直(実直)　74, 75
紀長谷雄(長谷雄紀姓)　74
紀行景　377
紀伊徳川家(紀州徳川家)　82, 353
紀伊国熊野鈴木氏→鈴木氏
儀海　349
義寛上人　90
桔梗姫　284
菊池武敏　411
私市党(私市)　6, 425
私光方　400
宜秋門院(任子、後鳥羽天皇皇后、九条兼実の娘)　72
宜宗(法眼)　417
木曽義仲(源義仲)　8, 100, 267, 366
木曽義宗(木曽義仲の子、大石氏の祖)　100
北浅羽松楠　419
北畠顕家　11, 37, 194, 410, 411, 413-415
北畠親房　417
木田見氏(喜多見氏)　45-48, 347, 348
木田見景長　402
喜多見重勝(喜多見久太夫)　46
喜多見重恒　46
木田見長家　45, 398-400
木田見直満　402
木田見孫太郎　45
木戸家保　407
木戸法季　435, 436
義堂周信　433-437
行覚→別符幸実
行基　43, 164, 179, 183, 278, 352
教春　422
刑部宗弘→小川宗弘
行有　88
清久氏　409
清久右衛門二郎　395
清久清胤　393
清久泰行　419, 420
清久山城守　409, 410
清原氏(清原軍)　256
清原家衡　363
清原氏女(池上宗仲夫妻、池上宗仲妻)　80
清原武衡(武衡)　256, 363
清泰→豊島清泰
吉良氏(吉良家・吉良一族・武蔵吉良氏)　45, 104-106, 144, 169, 183, 213, 214
吉良氏朝(吉良頼康の子)　41, 104, 105
吉良成高　213
吉良祖朝(祖朝)　144
吉良治家　105, 106, 144, 434
吉良政忠　104
吉良頼康(頼康)　104-106
季竜和尚　96
金王丸(黄金長者長男)　298
銀王丸　298

【く】

玖阿弥陀仏　306
空海　76, 165
久下氏　11, 362, 411, 422
久下重元　438
久下重基　412
久下四郎　387
久下弾正　422
久下千代丸　427, 428
久下時重　406, 410
久下直光　372
久下長重　410
久下光綱　401
久下民部丞　431
久下宗貞　404
久下弥三郎　410
久下頼直　427
草木家　285
九条家　65, 71, 72
九条兼実(兼実)　72, 375
九条忠家　73
九条道家　72, 73, 383, 389
九条良通(良通)　72
葛貫盛重　381
楠木氏(楠木勢・楠木軍)　21, 406, 420
楠木正成　21, 37, 406

楠木正行　420
工藤祐経　318, 373
国清→畠山国清
椚田氏(椚田)　56, 59, 60, 227
椚田広重(椚田次郎)　60
熊谷氏(熊谷・熊谷家)　11, 45, 362, 406, 425
熊谷在直　45
熊谷真家　371
熊谷祐直(資直、祐直法師、直時の弟)　388, 398
熊谷虎一丸　408
熊谷直明　402
熊谷直家　369, 371
熊谷直氏　405
熊谷直勝　405
熊谷直国　383, 384, 387
熊谷直実　3, 7, 8, 364-366, 368, 371-373, 375
熊谷直高(熊谷尼代)　45, 47, 398, 399
熊谷直継　405
熊谷直経　45, 405, 408, 409, 411, 415, 431
熊谷直時(幼名千虎、資直の兄)　9, 384, 387, 388, 397, 398, 401
熊谷直春　408
熊谷直満　401, 402
熊谷直宗　412
熊谷信直　431
熊井(谷)政成　421
熊谷宗直　45, 431
熊谷余一　402
熊谷尼　399, 400
倉持師胤　425
九郎→鈴木九郎
黒酒左衛門尉　398
黒沢家　281
黒田基樹　100
桑原常重　414

【け】

慶祐　328
祁答院行重　405
外都鬼王→平将門
兼好法師→吉田兼好
源左衛門尉→大石源左衛門尉
源氏(源家・源氏譜代)　8, 105, 146, 148, 156, 253, 254, 256, 258, 262, 281, 328, 361
源氏→清和源氏・河内源氏
謙信→上杉謙信
源内→平賀源内

【こ】

肥塚一族　406
高重茂　413-415, 420
高常珍　431
高尾張五郎入道　436
高武蔵五郎　422
高師詮　427
高師直　11, 409, 411, 412, 415, 420-422
高師冬(師冬)　11, 351, 412, 415-417, 419, 422
高師泰　11, 421, 422
弘円　98
考覚(興福寺別当)　427
宏覚禅師　319
皇嘉門院(聖子、藤原忠通の娘、崇徳天皇中宮)　72
公暁　382
光厳天皇　406
郷司(浅草の大工)　354, 355
合志太郎　412, 413
合志幸隆　412, 413
後宇多上皇　168
弘徳院(吉良政忠の伯母)　104
河野通盛　37, 47, 412
弘法大師　76, 134, 150, 265, 268, 274, 283
光明天皇　11
黄金長者　298
後亀山天皇　438
後小松天皇　438
後嵯峨上皇　391
甑島小河季久→小河季久
御所五郎丸(五郎丸)　318
後白河法皇(後白河院)　14, 328, 364, 367
小菅ヶ谷殿(北条泰時の息女)　159
小杉氏　106
小杉彦四郎　420
五代右衛門尉(五代院氏カ)　37, 47
五代院氏　37
後醍醐天皇　10, 11, 37, 47, 194, 273, 351, 405, 409-411, 413, 415
児玉氏(児玉・児玉家)　4, 9, 13, 412, 422
児玉党　6, 7, 9, 11-13, 367, 373, 380, 406, 409, 423, 425
児玉家親　399
児玉小次郎　400
児玉五郎左衛門　417

児玉繁行　399
児玉庄左衛門　410
児玉豊行　422
児玉延行　399
後藤信明　197
後藤基綱　388
後藤行重　418
後鳥羽天皇(後鳥羽院)　72, 383
後鳥羽天皇皇后→宜秋門院
小林左京亮　419
小林重弘(小林次郎)　170
こひなたとの(小日向氏)　40, 44
高麗氏(高麗・平姓高麗一族)　12, 349
高麗景実　392
高麗清義　437
高麗五郎左衛門尉　429
高麗三郎左衛門尉　431
高麗三郎兵衛尉　425
高麗周洪　435
高麗季澄　424-426, 432
高麗助綱　423, 424
高麗太郎次郎入道　406
高麗経澄　243, 423-426, 429-431
高麗師員　435
狛江氏(狛江)　64, 67, 346
狛江増西(狛江入道増西)　38, 67, 381
狛江大夫(由井宗弘の孫)　67
狛江入道　345, 346
小宮氏(小宮)　89, 92, 101, 134, 241
小宮顕宗(小宮上野介)　92
小宮清綱(小宮孫四郎)　92
小宮五郎左衛門尉　389
小宮左衛門次郎　389
小宮憲明(小宮上野介)　92
故民部卿→藤原成範
後村上天皇　415
惟康親王→源惟康
近藤清秀(近藤出羽次郎)　156
近藤綱秀(綱秀)　63
金王丸→足利氏満

【さ】

西園寺公経　389
西行(西行法師)　116, 291
税所広幹　398
西条盛定　398
西条盛光　409
西条盛元　398
在中広衍　433
斎藤家行(家行)　199
斎藤道永(斎藤左衛門入道)　427
斎藤直指　240
斎藤宗長(宗長)　199
斎藤盛貞　199
西仏　304, 354
西仏→鎌田西仏
西信→日奉経光
最明寺殿→北条時頼
左衛門尉経祐→(姓欠)経祐
左衛門尉某→(姓欠)某(左衛門尉)
嵯峨源氏(嵯峨源氏渡辺党)　165, 293
坂田金時　294
坂上田村麻呂　27, 134
相模国造二世孫→富属彦命
酒匂久景　414
前右大将家→源頼朝
前但馬守為重→(姓欠)為重
櫻井氏　425
さくらたとの(桜田氏)　40, 43
桜田貞国→北条貞国
佐々木吉童子　94
佐々木高氏　37, 428, 431
佐々木秀義(宇多源氏佐々木源三秀義)　315
佐々木広綱　381
佐々木宗重(宗重、宇多源氏佐々木源三秀義の末流)　315
貞顕→北条貞顕
佐竹氏(佐竹)　70, 365
定重→大石定重
貞時→北条貞時
定久→大石定久
幸嶋小二郎左衛門尉　396
幸嶋左衛門尉　393, 395
幸島時村　391, 396
幸島行時　383, 384
佐藤経貞　425
里見氏(里見)　206, 275
佐那田義忠(佐那田与一)　159
実時→北条実時
実朝→源実朝
実春→大井実春
実泰→北条実泰

三郎左衛門尉→豊島三郎左衛門尉
三郎殿→北条三郎
猿渡次郎　427
猿渡内匠頭　317, 318
佐和善四郎　421
山東京伝　281
三誉伝入　172

【し】

塩田帯刀左衛門尉　435
塩谷家氏　383
塩谷家友　383
塩谷家弘　407
塩屋演恒　407
塩屋勘解由左衛門尉　427
塩谷行蓮　436
塩屋惟守　381
塩谷四郎左衛門尉　390
塩谷民部大夫　409
しお屋との(渋谷氏)　41
(姓欠)重清(式部太夫)　382
慈覚大師→円仁
慈恵大師　345
重家→河崎重家
成氏→足利成氏
重忠→畠山重忠
重継→江戸重継
重朝→榛谷重朝
重仲→大石重仲
重長→江戸重長
重成→稲毛重成
重信→豊島重信
重久→江戸重久
重広→宇多重広
重通→江戸重通
重茂→江戸重茂
重保→畠山重保
重能→畠山重能
重慶→畠山重慶
静　368
品河氏(品川氏・品河)　7, 74-76, 380, 396, 406
品河右馬允　396
品川清実　75, 367, 384
品河清経　384
品川国友(国友)　76
品河小三郎　74
品川実貞　389
品河四郎　74
品河次郎　74
品川四郎三郎　74
品河四郎太郎　74
品河為清　399
品河春員　390
品河某　434
品川六郎太郎　74
品川の長者　297
篠塚伊賀守　407, 410, 411, 418
斯波家長　411
斯波高経　417
しはさきとの(柴崎氏)　40, 43
柴崎氏(神田明神の神主)　285
柴崎氏→しはさきとの
渋江加賀入道　436
渋江左衛門太郎　425
渋江太郎兵衛尉　395
渋江光衡　382
渋川義季　200
渋谷氏(渋谷)　3, 41, 58, 139-141, 203
渋谷氏→しほ屋との
渋谷金王丸　140
渋谷重高　58
渋谷重本　41
渋谷七郎→渋谷元重
渋谷高重　140
渋谷元重(渋谷七郎、江戸元重)　41
しほ屋との(渋谷氏)　40, 41
島津貞久　416
志村氏　22, 23, 211
志村刑部丞　429
志村九郎　413
志村けん　119
志村貞行　415
志村将監　211
志村親義　422
下岩ふち能満　26
下河辺行平　369, 370
寂円(寂円上人)　354
宗叡(空海の弟子)　165
重慶(平家一門)　370
十郎→宇津城十郎
宿屋忠義　392
宿屋光則　397

酒呑童子　294
春屋妙葩　432
俊源　352
俊誉（観泉寺法印）　51
庄氏（庄）　11, 411, 425
庄三郎　406
庄十郎四郎　419
庄資方　414
庄高家　8
庄俊充　407
庄孫三郎　433
荘宗家　412
松陰（陣僧）　204
正応長者　298
定快　98
勝海上人　354
丞源（権律師）　326
聖護院道興→道興
常光→江戸常光
定済上人　354
昌俊（土佐房）　367
浄照（沙弥浄照）　401
乗信（発知二郎後家尼明法代）　401
小代氏（勝代）　9, 362, 425
小代伊行　403, 405
小代重俊　9, 392, 398
小代重峯　412, 413
小代重泰　392
小代隆平　422
小代俊平　381
小代長鶴丸（長鶴丸）　413
小代政平　401
小代宗行　404
小代行平　379, 381
正珍（僧）　51
承鎮法親王（天台座主）　169
少弐頼尚　411
聖武天皇　160, 170
承祐　98
昌誉禅師　104
白井長尾氏　207
白旗一揆（武州白旗一揆・南白旗一揆）　13, 94, 420, 424, 425, 429, 436
四郎重朝→榛谷重朝
次郎秀重→榛谷秀重
白金長者　298
信阿（小野沢修理亮の後家）　404
新開左衛門尉　407
新開二郎左衛門尉　404
新開兵衛尉　383
審海上人→妙性
真継（尼、熊谷直経継母）　405
心月斎→大石定久
信玄→武田信玄
真国（導師）　373
新左衛門→平山新左衛門
信西→藤原信西
神武天皇　52

【す】

瑞雲尼（足利基氏母あるいは叔母）　90
推古天皇　162, 341
崇恵（別符光綱後家尼）　403
季重→平山季重
季綱→平山季綱
資高→太田資高
資時→北条資時
資康→太田資康
須賀太郎左衛門尉　436
菅原氏（菅原姓）　83, 84
菅原孝標の娘　166
菅原道真（道真）　23, 40, 83-85, 90, 109, 216, 268
菅原道武（道武）　83, 216
須黒氏　79
須黒直家　383
菅生氏（菅生）　56
菅生有高（有孝、菅生太郎・小山太郎）　38, 60
鈴木家（浅草寺譜代の大工）　355
鈴木氏（鈴木家、紀州熊野出身、紀州熊野鈴木氏の苗裔）　23, 297, 298
鈴木九郎（九郎、中野長者）　42, 297, 298
鈴木重尚（紀伊国熊野鈴木氏の苗裔）　23
鈴木道胤　297
鈴木兵部　298
鈴の御前（平将門妻）　284
崇徳天皇（崇徳上皇）　72, 364
崇徳天皇中宮→皇嘉門院
純友→藤原純友
駿河守家→大石氏
諏訪氏　251
諏訪右馬之助　251
諏訪三河守　251, 339

【せ】

性阿弥陀仏　312
成円（大勧進僧）　307
清雅和上法印　60
性観（尼）　318
聖顕→大石聖顕
成然禅尼　312
性了　309
清和源氏　2, 61, 104, 105, 293
清和源氏頼義流（河内源氏）　2
清和源氏源満快流　61
清和天皇　349
世田左衛門入道　436
世田谷吉良氏　169, 214
摂津源氏　108
摂津渡辺党→渡辺党
是徹　408
専光房　373
全寿仙人　170
仙波氏　77
仙波信綱　434
仙波盛増（仙波平次）　412
善波胤久　432

【そ】

宗阿（世良田長楽寺雑掌）　423
総社長尾氏　207
宗瑞→北条早雲
造田長守　414
宗長（連歌師）　235
曾我氏（曽我）　59
曾我乙房丸　408
曾我兄弟　86, 264, 373
曾我時致（曾我五郎・曾我兄弟）　318
曾我祐成（曾我十郎・曾我兄弟）　318
曾我光頼　406
祖広（雑掌）　408
園基隆　426

【た】

駄宗時（立川宗恒・宗重の父）　67
他阿真教（他阿真教上人）　35, 66, 97, 286
太寧寺殿道悟大禅定門→源範頼
大覚禅師（鎌倉建長寺開山）　319
大喜法忻　430
退耕行勇　157
大興禅師（建長寺第六世）　333
大進　421
大福長者→江戸重長
平乙鶴丸　397
平清盛　2, 8, 14, 364
平貞盛　2, 216, 279, 289, 290
平貞能　50
平茲縄→秩父重綱
平重時　409
平重光　431
平重盛　42
平忠常　42, 184
平忠度（忠度）　8
平千任（清原武衡の郎党）　256
平経久　87
平経久→石川経久
平知盛（知盛）　2, 8, 14, 346
平成輔（平宰相）　406
平将門（将門、平親王・平親王様・将門一族、幼名鬼王丸・外都鬼王、将門塚）　2, 3, 34, 35, 96, 97, 163, 194, 235, 254, 255, 279-292, 323, 324
平将恒→秩父将恒
平将頼（将頼）　279, 287
平万歳丸　399
平通盛（通盛）　8
平宗盛　50
平盛俊（盛俊）　8
平師門　284
平師秀（師秀）　284
平良門（太郎良門・太郎平良門）　280, 282
平良文→村岡良文
平頼綱　331
平頼盛　367
平子氏（平子）　56, 86, 87
平子有長（有長・馬允有長・平子野平馬允）　86, 87, 367, 373
平子因幡守　86
平子重嗣　411, 412
平子重経　86
平子野平馬允→平子有長
平子広長（平子平内、横山時広の子）　86
平子泰有　401
高家→小山田高家
尊氏（高氏）→足利尊氏
孝兼（隆兼）→横山孝兼

高坂氏(高坂)　10-13, 410, 420, 437
高坂氏重　12, 425, 426
高坂掃部助　425
高坂重家　431
高坂七郎　410
高坂下総守　425
高坂下野守　425
高坂出羽権守　405
高瀬民部少輔　204
高時→北条高時
高望王　3
多賀谷景茂　394
多賀谷重政　43, 399
多賀谷重茂　393-396
多賀谷松鶴母　399
多賀谷光忠　405, 418
多賀谷光村　397
隆泰→小野隆泰
高柳後家　400
高柳三郎左衛門尉　402
高柳朝行　410
高柳幹盛　398
高柳宗泰　410
高柳泰忠　410
高山氏(高山)　4, 50
高山左近将監　436
高山重遠(重遠)　50
尊良親王　410
滝口左衛門尉　396
滝瀬宗光　412
滝野川氏　22, 24
滝夜叉姫　281
詫間上杉憲清　248
竹内文平(所蔵文書)　37
竹沢右京亮(竹沢・竹沢右京)　276, 277, 310, 427, 428
竹沢左近将監入道　433
竹沢二郎太郎　434
武田氏(武田・武田一族・武田軍・武田勢・甲斐武田氏)　16, 39, 91, 101, 203, 242, 251, 294, 352
武田信玄(信玄)　203, 229, 243, 251
武田信長　39, 48
田島貞国(本間有佑代)　413
但馬次郎　338
多田満仲(源満仲)　183, 293
多田行綱　248
忠重→江戸忠重
直義→足利直義
立川氏(立河・立川・立河氏)　64, 67, 68, 217
立河重清(重清)　69
立河重清妻→藤原氏
立河重行　403-405
立川二郎左衛門尉　417
立河生西　405
立川経成(恒成、馬允)　67
立川照重　68
立河又太郎　404
立川宗重(宗重、立川三郎)　67
立川宗経(宗恒、立川次郎・立河宮内少輔、駄宗時の子)　67, 68, 217
立川基泰(基泰・職泰、立川〈河〉三郎兵衛尉、立川経成の子)　67, 68, 217, 389, 391
立河幸盛　405
立河頼直　404
田名氏(田名)　56, 59
田中穣　179
田武道儀　425
玉井覚道　431
玉井資景　8
田村氏(田村)　64, 68, 69
田村三郎→田村弘綱
田村知実　69
田村弘綱(弘綱、田村三郎、由井宗弘の曾孫)　68
多米氏　252
多米新左衛門　252
(姓欠)為重(前但馬守)　402
為義→源為義
田屋氏(田屋)　56
太郎重季→榛谷重季
俵藤太→藤原秀郷
丹氏→丹治氏
丹党　6, 7, 9, 11, 12, 373, 406, 422, 425
丹吉宗(丹六、小代長鶴丸代)　413
丹後局(側室)　268
丹治氏(丹・丹治)　3, 4, 6, 398, 412
丹治孫一丸　403

【ち】

千種忠顕　406
智証大師(円珍)　97, 291
秩父氏(秩父一族・秩父平氏・秩父平氏一族・平姓秩父一族・秩父氏庶流)　3, 4, 6-8, 12, 13, 36, 50, 59, 160,

172, 203, 205, 207, 216, 222, 361, 363
秩父権守→秩父重綱
秩父三郎→秩父将恒(常)
秩父重継→江戸重継
秩父重隆　50
秩父重綱(重綱、平朝臣茲縄・平茲縄)　4, 20, 33, 50, 328, 363
秩父重弘(重弘)　50
秩父武綱(武綱)　3, 4, 7, 139, 140, 363
秩父武基(武基、秩父別当)　3, 7, 20, 363
秩父別当→秩父武基
秩父将恒(将常、秩父三郎)　3
千葉氏(千葉・千葉一族・武蔵千葉氏・千葉氏庶流)　3, 23, 43, 102, 210, 211, 264, 285, 287
千葉賢胤(賢胤)　102
千葉自胤(自胤)　102, 210, 212
千葉自胤室(自胤室)　102
千葉貞胤(千葉介)　275
千葉実胤(実胤)　102, 210, 212
千葉胤直　102, 210
千葉胤房　413
千葉胤正　368
千葉常胤　43, 210
千葉殿(江戸衆)　210
千葉直胤(直胤)　102
千葉宣胤(宣胤)　102
千葉信胤　211
千葉憲胤(憲胤)　102
千葉治胤(治胤)　102
千葉某(千葉憲胤の子)　102
千葉守胤(守胤)　102
千晴→藤原千晴
ちミう(千与宇ヵ)　59
忠円(阿闍梨)　161
忠快　382
中条氏(中条)　4, 9, 11, 56, 362
中条家長(家長)　9, 366, 370, 374, 377, 379-388, 393
中条家平　384, 386, 388-390, 394
中条右近大夫将監　389
中条清貞　404
中条挙房　419, 420, 422
中条左衛門尉　386, 388
中条貞茂　412
中条佐渡守　426
中条三郎左衛門尉　388
中条成尋　364, 370, 372, 374
中条次郎左衛門尉　385
中条新五　364
中条新兵衛尉　434
中条大夫判官　418
中条出羽入道　436
中条藤次左衛門尉　392
中条時家　394
中条倫定　420
中条入道　426
中条秀長　417, 419, 420, 424, 426
中条兵衛入道　430
中条判官　435
中条光宗　388, 389, 391, 393, 395, 397
中条山城前司　404
中条頼平　394, 396, 397
千代(新田義興侍女、目黒の長者の娘)　278
長栄　60
朝豪　371
長宗我部元親　61
長弁(長弁阿闍梨)　53, 178

【つ】

土淵氏(土淵)　64, 69
土淵家久(家久、土淵妙蓮弟)　69
土淵左衛門尉→土淵時家
土淵貞重　69, 403
土淵時家(土淵左衛門尉)　69
土淵時季(由井宗弘の六代孫)　69
土淵時安→日奉時安
土淵妙蓮　69, 278
土屋氏(土屋)　58
都筑氏(綴氏)　399
綴党(都筑党)　6, 7
都筑九郎　394
都築経家(都築の平太)　7
都筑経景　7, 387
堤氏　74
津戸氏　83-85
津戸三郎→津戸為守
津戸新民部丞　396
津戸為景　405
津戸為守(為守・津戸三郎・三郎殿)　83, 84, 216
津戸出羽入道　421
津戸規継(津戸勘解由左衛門尉、菅原)　84
津戸兵衛入道　404
津戸某　420

綱→渡辺綱
綱島氏　399
綱島俊久　377, 382
綱島泰久　394
綱周→大石綱周
綱秀→三田綱秀
常家→豊島恒家
経兼→横山経兼
(姓欠)経祐(左衛門尉)　420
経長→石川経長

【て】

勅使河原有直　368, 371, 372
勅使河原重直　400, 401
勅使河原武直　402-404
勅使河原丹三郎　411
勅使河原丹七郎　425
勅使河原中務入道　436
勅使河原則直　382-384
寺尾次郎　424
照姫(豊島泰経の娘、姫塚)　29, 210

【と】

土肥氏(土肥)　58
土肥実平　156, 365
東常縁(常縁)　210
道阿一光　323
道意→伊東祐光
道為(沙弥道為、曾我乙房丸代)　408
洞院公賢(公賢)　424
等海上人　179
道灌→太田道灌
道儀→江戸道儀
藤九郎盛長→安達盛長
道興(准后、聖護院)　122, 156, 166, 170, 175, 225, 274
等持院→足利尊氏
道俊→大石定久
道真→太田資清
道崇(覚了房)　310
等尊　178
藤太→藤原秀郷
道貞→江戸道貞
道伯→大石道伯
道仏→大蔵道仏
遠山綱景　206
道用　312
遠江守家→大石氏
時氏→山名時氏
時兼→横山時兼
時直→日奉時直
時長→北条時長
時広→横山時広
時政→北条時政
時宗→北条時宗
時致→曾我時致
時安→日奉時安
時行→北条時行
時頼→北条時頼
常盤御前　41, 140
徳川氏(徳川・徳川家・徳川将軍家)　165, 167, 263, 294
徳川家光(家光)　164, 206, 322, 353
徳川家康(家康)　33, 45, 96, 104, 110, 128, 164, 165, 206, 213, 232, 269, 322, 323, 331, 333
徳川綱吉　45
徳川秀忠(秀忠)　322
徳川宗直(宗直、紀伊徳川家)　353
土佐房昌俊→昌俊
豊島氏(豊嶋・豊島・豊島氏宗家・豊島本家・豊島一族・豊島方)　3, 6, 20-31, 37, 93, 108, 110, 111, 133, 195, 201, 203, 207-211, 362, 366, 383, 399, 406, 407, 426, 427
豊島勘解由左衛門尉系　25, 28, 31
豊島兄弟→豊島泰経・豊島泰明
豊島三郎左衛門尉系　25
豊島三河守系　25, 31
豊島有経　21, 30, 367
豊嶋家倍　407
豊島勘解由左衛門尉　201
豊島清光(清光)　20, 22, 23, 36, 182
豊島清元(豊嶋清元)　20, 22, 23, 30, 31, 36, 160, 365
豊島清泰(清泰)　23
豊島小太郎　389
豊島左衛門　431
豊島左近将監　429
豊島重経(豊嶋重経)　414
豊島重信(重信)　24
豊島重中　24
豊島重久　418
豊嶋重径　407
豊嶋修理亮　430

豊島四郎(豊嶋四郎)　20, 30, 364
豊島武常　3, 20
豊島為経　21
豊島太郎　386
豊嶋弾正左衛門　425
豊島近義(豊島某)　20, 30, 208, 261, 363
豊島恒家(豊島平検杖恒家・常家)　20, 30, 363
豊島経泰　29, 30, 393
豊島道頭　31
豊島時貞　408
豊島朝経(朝経)　21, 30, 377
豊島範泰　31, 200
豊嶋兵衛尉　396
豊嶋兵庫助　425
豊島平右衛門尉(平右衛門尉)　201
豊島平検校→豊島恒家
豊島宗朝(宗朝)　25, 415
豊島泰明(泰明・平右衛門尉)　28, 208, 209
豊島泰経(勘解由左衛門尉)　28, 208-210
豊島泰経の娘→照姫
豊島泰宗(泰宗)　25, 31
富属彦命(相模国造二世孫)　257
鳥羽上皇　69
富田氏　423
富田次郎兵衛尉(富田二郎兵衛尉)　391
朝興→上杉朝興
友景→梶原朝景
朝定→上杉朝定
朝経→豊島朝経
朝良→上杉朝良
外山徹　352
土用熊→宇多土用熊
豊田次郎　415
豊田武　255
豊臣秀吉　71, 104, 203, 206, 229, 232, 245
豊臣氏(豊臣軍)　227, 242
曇英慧応　102
頓兵衛　277

【な】

内記太郎　363
内藤内匠之助(内藤豊前の弟、内匠之助)　169
内藤豊前　169
直実→安保直実
仲彦四郎　429
長井氏(武蔵長井氏・長井一族)　101, 224, 227, 228
長井高乗　227
長井泰秀　392
長井斎藤実持　418
長井斎藤実盛(長井斎藤別当実盛)　7, 8, 364
中浦氏(中浦・中浦氏一族)　89, 93
中浦顕宗(中浦上総助、平)　93, 94
長尾氏(長尾方・総社長尾氏・白井長尾氏)　12, 101, 201, 207, 248
長尾景虎→上杉謙信
長尾景仲　207
長尾景信　207
長尾景春(景春・景春方)　28, 100, 101, 108, 109, 195, 201, 203-205, 207-210, 213, 220-222, 224, 225, 244, 248
長尾忠景　207
中里氏(中里氏一族)　60
中沢兼基　418
中沢掃部　431
中沢掃部頭　428
中沢掃部允　427
中沢玄甫　410
中沢弾正忠　428
中沢信明　437
中沢信実　437
中沢信綱　430
中沢又次郎　419
中沢六郎　433
中岱殿　26, 27
中野長者→鈴木九郎
中西望介(中西氏)　144, 147, 303, 314, 315
長沼氏(長沼)　64, 69
長沼氏(下野国)　69
長沼宗政(長沼五郎)　69
長沼職任(長沼二郎大夫、西宗守孫)　69
中根氏(中根)　40, 44
中野氏(中野殿)　40, 42, 183
長野氏(長野)　4
長野重清　369
長浜氏(長浜)　11, 411
長浜顕寛　413
長浜光経　407, 410, 412
中原季時　381
中原広元→大江広元
中原師守　418, 420
中村氏(中村)　10, 59
中村家時　405, 406, 409, 419-421

中村家政　403
中村馬五郎　392
中村馬三郎　390
中村貞行　430
中村次郎左衛門尉　404
中村遠江守　427
中村時経　367, 371
中村八郎　403
中村八郎後家尼→音阿
中村宗広　403
中村行郷　402, 404
中山氏　59
中山右衛門尉　395
中山勘解由　232
中山左衛門尉　394
中山重実　365
中山重継　383, 384
中山重政　371, 381
中山為重　377
中山行重　381
那須周防守　430
奈良五郎左衛門尉　418
奈良綱長　408
成田氏(成田)　9, 95, 406
成田くすはう(くすはう、成田基員嫡子)　416
成田七郎　418
成田太郎　364
成田基員　415, 416
成田泰直　431
成田幸重(別符幸時代)　413
鳴瀬氏(成瀬・鳴瀬)　56, 60
鳴瀬某(相原時兼の子)　60
難波基房　432
難波田氏　79
難波田九郎三郎　423
難波田憲重(難波田弾正)　221

【に】

新曾光久　425
新堀氏　109
新堀玄蕃　109
二階堂氏(二階堂)　310, 348
二階堂成藤　428
二階堂行春　432
二階堂行政　372
二階堂行通　420
仁木義氏　427
仁木頼章　424, 426, 427
仁木頼氏　427
西氏(西)　64
西党(西党諸氏・西党日奉氏・西党由木氏・武蔵七党西党・日奉姓西党)　6, 7, 61, 64, 69, 73, 92, 203, 217, 346, 425
西小大夫　64
西左衛門四郎　422
西宗貞　71
西宗守(西太郎)　69
西内大夫→日奉宗忠
西小河季久→小河季久
西木戸国衡　369
二条師基　410
日荷(上人)　320
日源(日蓮の弟子)　106
日持　80
日浄　80
日蓮(上人)　80, 81, 106, 115, 129, 185, 308, 320
日朗(日朗上人・日朗尊者)　80, 81, 146
日昭　81
仁田忠仁　378
新田氏(新田・新田方・新田一族・新田軍)　11, 12, 94, 182, 194, 199, 255, 274-276, 407, 417, 426
新田岩松氏　204
新田義興(義興)　38, 44, 48, 168, 194, 200, 212, 252, 254, 275-278, 310, 425, 426, 428
新田義貞(義貞)　10, 11, 21, 30, 37, 47, 53, 119, 120, 124, 125, 127, 129, 130, 194, 197-200, 219, 273-276, 306, 362, 407, 410-413, 415
新田義治　425, 426
新田義宗(義宗)　25, 194, 200, 212, 252, 275, 276, 425, 426
日澄　81
二宮氏(二宮)　59, 65, 69
二宮二郎(日奉久長の子)　69
二宮太郎(日奉久長の子)　69
如蔵尼(平将門三女)　279
任阿(鶴岡八幡宮雑掌)　428
任子→宜秋門院
忍性　80
仁明源氏　293

【ぬ】

怒借屋保弘　407

温井氏　345

【の】

野口刑部丞　241
野口秀房　97
野田家　227
野田四郎丸　406
野田太郎四郎　406
信為→笠原信為
延時法久　414
野部氏（野辺・野部）　56, 61
野辺愛寿丸→野辺泰盛
野部五郎左衛門尉　61, 397
野辺房光　405
野辺孫太郎　401
野辺盛忠　421
野辺泰盛（愛寿丸）　421
野部義兼　61
野本時員　393
野本時秀　388
野本朝行　409
野本行時　393
野与党（野与）　6, 7, 423
野与基永（基永）　7
憲直→上杉憲直
憲光→安保憲光
憲義→大石憲義
義良親王　410, 413, 414
範頼→源範頼

【は】

芳賀禅可　195
芳賀善次郎　114, 133, 189
芳賀高貞　429, 430
箱伊豆→宇多箱伊豆
土師真中知　354
芭蕉　274
蓮沼氏　425
蓮沼安芸入道　434
蓮沼十郎三郎　26, 27
長谷雄流紀姓→紀氏
畑時能　407, 412, 414, 415, 417
畠山氏（畠山・畠山一族）　4, 6, 8, 9, 13, 33, 50, 255, 270, 277, 361
畠山国清（国清）　12, 276, 428, 429, 430
畠山重忠（重忠）　3, 6, 8, 9, 13, 36, 47, 50, 51, 60, 74, 122, 124, 146, 151, 160, 194, 222, 240, 254, 264, 267, 268, 270-272, 331, 333, 361, 362, 364-380, 382
畠山重保（重保）　271, 331, 333, 379, 380
畠山重能（重能）　50, 365
畠山重慶（重慶）　382
畠山高国　415
波多野景高　425
波多野清秀　425
波多野高道　435
八幡太郎→源義家
八文字一揆　12, 426
鳩谷重元（鳩井重元）　390, 395
鳩井義景　436
浜竹五郎　283
浜竹の姫　283
浜竹の郎党　283
隼人佐能重→大石能重
早船氏　134
はらとのいっせき（原氏）　40, 44
原氏（千葉胤直重臣）　210
原胤房　102
榛谷氏（榛谷・榛谷一族）　4, 9, 13, 51, 172, 392
榛谷重季（太郎重季）　51, 380
榛谷重朝（重朝・四郎重朝・小山田重朝）　50, 51, 172, 222, 366, 367, 369-380
榛谷秀重（次郎秀重）　51, 380
榛沢成清　369
榛沢瀬左衛門　267
板東八平氏　3, 6
万里集九　204, 205

【ひ】

日内太郎→日奉宗忠
東党　425
比企氏（比企）　8, 361, 366
比企三郎　376, 378
比企藤二　371
比企時員　369, 374, 376-378
比企朝宗　367, 368, 371, 373
比企朝宗の娘　372
比企尼　8, 366, 368
比企尼の娘→河越重頼妻
比企尼の孫娘→比企能員の娘
比企弥太郎　428
比企能員　8, 13, 361, 366-379
比企能員の娘（比企尼の孫娘、源頼家妻）　8

彦六(念仏結衆板碑)　306
久明親王　97
日高直高　382
日高忠久　382
日次悪次　69
秀郷→藤原秀郷
秀郷流(藤原北家秀郷流、秀郷流藤原氏)　2, 61, 290
人見六郎入道　406
日野俊基　131
檜前兄弟　354
檜前竹成(檜前浜成・竹成兄弟)　354
檜前浜成(檜前浜成・竹成兄弟)　354
日奉氏(日奉姓西党)　6, 64, 92
日奉経成(恒成、日奉馬允)　67
日奉経光(西信、立川基泰兄)　67, 68
日奉時直(時直、時安嫡男)　67
日奉時安(時安・土淵時安)　67
日奉久長　69
日奉宗忠(宗忠・日内太郎・西内大夫)　6, 64, 71
日奉宗連　90
日奉宗頼(宗頼)　6, 64
日奉宗弘→由井宗弘
平賀源内(源内)　277
平賀朝雅　379
平戸光行　408
平山氏(平山)　59, 65, 69-71, 73, 89, 217-219, 239, 425
平山右衛門大夫　242
平山氏重(平山伊賀守、伝檜原城主)　71, 91, 242
平山越前守　239
平山四郎→平山季綱
平山新左衛門(新左衛門、平山氏重の子)　242
平山季重(季重、平山、平山武者所、右衛門尉)　8, 69-71, 92, 217, 218, 268, 311, 364, 365, 367, 372
平山季綱(季綱、平山四郎)　69
平山季長　311
平山三河入道　58, 93, 94
平山光義　71
平山武者所→平山季重
蛭川氏(蛭川・蛭河)　10
蛭河四郎左衛門尉　397, 402
蛭河彦太郎入道　409
比留間範数　88
(姓欠)弘貞(平太)　178, 329
広常→上総広常
弘綱→田村三郎
広長→横山広長
広元→大江広元

【ふ】

藤田氏(藤田・藤田一族)　11, 406
藤田覚能　433, 434
藤田小次郎　422
藤田三郎左衛門　410
藤田種法　407
藤田四郎左衛門　410
藤田二郎左衛門尉　397
藤田新左衛門尉　396
藤田孫二郎　421
藤田行康　372
藤田能国　372, 384
藤田頼宣　407
藤田六郎左衛門　410
藤綱→青砥藤綱
ふしの娘　392
藤橋氏　241
藤橋小三郎　239
武州一揆　13
武州北白幡一揆　437
武州白旗一揆　436
武州中一揆　13, 436
武州南一揆(南白旗一揆)　13, 58, 89, 92-95, 241
藤原厚戴(上野介)　289
藤原公継　380
藤原氏(立河重清妻)　69
藤原氏(加治時直妻)　405
藤原純友(純友)　2
藤原高郷(高郷)　289
藤原忠通　72
藤原千晴(千晴)　290
藤原経朝　84
藤原与貞(与貞)　289
藤原信頼　364
藤原教定　394
藤原範季　367
藤原秀郷(秀郷・俵藤太・藤太)　2, 33, 35, 61, 92, 219, 255, 279, 281, 284, 285, 287-292, 324
藤原秀衡　136, 267
藤原北家秀郷流→秀郷流
藤原守道(工匠)　328
藤原泰衡(泰衡)　8, 57, 158, 267, 370
藤原保昌　294

藤原泰通　380
藤原頼嗣(藤原頼嗣一家)　391-394
藤原頼嗣室　392
藤原頼経(三寅)　66, 67, 341, 383-391
藤原頼経室　388
布施家連　436
仏寿禅師　340
舟木入道　425
(姓欠)冬俊(野田四郎丸雑掌)　406
古市氏(古市)　56
古尾谷氏(古尾谷)　12
古尾谷民部大輔　425
古尾谷兵部大輔　426
古郡氏(古郡)　59
古庄氏(古庄)　56
古屋某　433

【へ】

平一揆(武蔵平一揆)　12, 13, 25, 31, 89, 275, 425, 432
平右衛門尉→豊島平右衛門尉
平右衛門尉→豊島泰明
平家→平氏
平元帥時頼→北条時頼
平宰相成輔→平成輔
平三郎(念仏結衆板碑)　306
平氏(平家・平家一門・平氏一族・平氏一門)　8, 13, 47, 50, 86, 267, 268, 289, 361, 364, 367
(姓欠)兵十郎(駒林の住人)　170
平親王→平将門
平姓高麗一族→高麗氏
平姓秩父一族→秩父氏
平太弘貞→(姓欠)弘貞(平太)
別府氏(別府・別符氏)　12, 13, 56
別符秋義　418
別符維行　390
別符伴実　402
別符光綱後家尼崇恵　403
別符幸実(行覚)　414-419, 424, 426, 427, 429
別符行助　380
別符行忠　390
別符幸時　403, 408, 409, 412, 413
別符幸直　435
別符行宗　400
別符能行　380
ペリー　167
遍阿弥陀仏　306
弁慶　324
遍照院頼印→頼印
逸見氏(逸見方)　39, 48
逸見有直　39, 48

【ほ】

(姓欠)某(左衛門尉)　404
法光林円融禅師　66
宝寿(祇園社社務執行)　418, 419, 421, 422, 425, 426
北条氏(北条・北条一門・北条氏一門・北条一族・北条方・北条軍・北条家・北条勢)　8-11, 13, 59, 125, 126, 136, 151, 270, 271, 274, 310, 317, 330, 331, 361, 409, 410
北条氏→小田原北条氏
北条得宗家(北条得宗、得宗家)　10, 14, 37, 156, 273
北条顕時(顕時・金沢顕時)　330, 331
北条氏邦(氏邦)　229
北条氏繁　102
北条氏堯(氏堯・氏綱四男)　245
北条氏綱(氏綱)　221, 245
北条氏照(氏照、小田原北条氏照)　61-63, 71, 72, 90, 96, 97, 101, 203, 219, 224, 226-229, 231-233, 235, 237, 239-242, 352, 353
北条氏信(氏信・幻庵次男)　245
北条氏政(氏政、小田原北条氏政)　90, 227, 229, 237, 245
北条氏光(氏光、氏堯次男・氏康養子)　245
北条氏康(氏康・小田原北条氏三代氏康)　101, 204, 221, 224, 228, 244, 245, 352
北条幻庵　245, 246
北条貞顕(貞顕)　331
北条貞国(桜田貞国)　407
北条貞時(貞時、得宗)　88, 331, 400, 402, 404
北条貞直　405
北条貞将(金沢貞将)　194, 275
北条実時(実時)　330, 331
北条実泰(実泰、陸奥五郎)　175, 176, 330
北条三郎(三郎・三郎殿、北条幻庵長子)　245, 246, 249
北条重時　392, 393, 396
北条資時(資時)　317
北条資時の娘(資時の娘)　317, 318
北条早雲(伊勢宗瑞・宗瑞)　94, 95, 101, 208, 220, 227, 243, 252
北条高時(高時)　127, 130, 197, 331, 407
北条経時　330, 387
北条時章　398

北条時氏　383
北条時定　391
北条時長（時長、北条朝時流）　319
北条時広の妻　317
北条時房　380, 381, 383, 385-388, 390
北条時政（時政）　8, 9, 14, 51, 53, 375, 376, 378-380
北条時政の娘→稲毛女房
北条時宗（時宗）　330, 402
北条時村　59, 402
北条時盛　393, 398
北条時行（時行）　54, 130, 194, 200, 409, 410
北条時頼（時頼・最明寺殿・平元帥時頼・覚了房道崇）　14, 157, 310, 391, 393, 395-397
北条朝時　386, 387
北条仲時　10, 21, 30, 406, 407
北条長時　395
北条教時　398
北条政子（政子）　9, 41, 50, 58, 159, 172-174, 265, 333, 366, 374, 375, 378, 380, 383, 385
北条政範　379
北条政村　396, 397
北条宗長（朝時流）　319
北条泰家（泰家）　127, 197, 407
北条泰時　87, 155-157, 159, 176, 326, 331, 373, 383-389
北条泰時夫人　157
北条義時（義時）　9, 36, 47, 58, 59, 175, 176, 330, 372, 373, 380, 383-385
北条頼時→北条泰時
宝雪庵可尊　274
発知二郎　401
法然　83, 216, 323
坊門信清　379, 382
坊門信清の娘（源実朝の許嫁）　379
保阪潤治　77
細川氏（細川勢）　411
細川顕氏　414
細川繁氏　427
細川定禅　411
細川頼春　418
細屋右馬助　414
堀江氏（堀江）　275
堀河院　140
梵寿　433
本庄国房　403
本庄時家　386, 387
本田近常　8, 369
本間氏　56
本間有佑　413
本目氏　56, 86

【ま】

蒔田氏　104
前田利家　232
前野殿　26
曲垣盛澄　164
馬加氏　210
馬加康胤　102
孫次郎（念仏結衆板碑）　306
正清（政清）→鎌倉正清
政子→北条政子
政定→三田政定
政重→江戸政重
将頼→平将頼
真下右衛門太郎　389
真下勘解由左衛門尉　434
真下左衛門太郎　433
真下弾正忠　427
真下広仲　418
松井助宗　425
松浦秀　425
松木七郎　312
まつことの（丸子氏）　40, 41
松鶴の母　43
真板次郎　391
真板経朝　390, 391, 393, 394
間宮氏　231
間宮邦一　231
間宮忠次　174
満功上人　345

【み】

三浦氏（三浦・三浦一族・三浦軍）　3, 9, 36, 47, 56, 86, 197, 364, 365
三浦胤義　58
三浦泰村　66, 392
三浦義明（義明）　365
三浦義澄　365, 366, 371
三浦義村　51, 58, 380, 384-386
水尾谷十郎　367
瓶尻十郎　426
三河吉良氏　104

三嶋東大□(夫)　338, 339
水谷弥之助　190
三角兼連　421
三田氏(三田氏宗家・三田氏庶流)　83, 84, 96-99, 216, 235, 237-239, 241, 255, 280, 284
三田家(上作延村名主)　96
三田神官家　282
三田氏宗　96, 235
三田理　96
三田清綱(三田弾正)　98
箕田源二(箕田源次)→源宛
三田蔵人大夫　431
三田小太郎　396
三田五郎　396
三田定重　285
三田治部少輔　239
三田忠平　282
三田弾正少弼→三田綱秀
三田次秀(三田弾正忠、平)　280
三田綱秀(綱秀、三田弾正少弼)　96, 97, 99, 235, 237, 239
三田綱秀正室　99
三田長綱(三田下総守)　97
三田常陸守(見田)　425, 426
三田政定(政定)　96, 98, 235
道真→菅原道真
道武→菅原道武
光方→私光方
満兼→足利満兼
三富元胤　425
三寅→藤原頼経
南白旗一揆→武州南一揆
源宛(箕田源二・箕田源次)　293
源敦　293
源惟康(惟康親王)　399
源実朝(実朝)　9, 58, 59, 70, 174, 372, 378-382
源為朝　30
源為義(為義)　57, 363, 364
源親広　66, 382
源仕　293
源経基　2, 96, 284, 323
源融　293
源範頼(範頼)　8, 331, 334, 335, 366, 367
源満快(清和源氏源満快流)　61
源満仲→多田満仲
源行家　367
源義家(義家、八幡太郎・八幡太郎源義家)　7, 13, 20, 24, 30, 35, 41, 42, 105, 138-140, 142, 150, 162, 181, 183, 185, 208, 256-263, 265, 266, 288, 322, 323, 328, 363
源義賢　363
源義高　366
源義綱(義綱)　260, 261
源義経　8, 70, 116, 149, 157, 158, 267, 324, 346, 354, 366, 367
源義朝(義朝)　2, 4, 7, 20, 30, 41, 69, 70, 140, 314, 354, 364, 369
源義仲→木曽義仲
源義信　367, 369, 372
源義平(義平・悪源太義平)　4, 7, 363
源義光(義光)　20, 184, 260, 261
源頼家(頼家)　8, 57, 174, 268, 366, 369, 370, 375-379
源頼朝(頼朝・前右大将家)　2, 7-9, 13, 21, 24, 27, 30, 36, 38, 41, 43, 47, 50, 51, 57-60, 64, 65, 69-71, 74-76, 86, 90, 116, 133, 134, 137, 139-142, 144, 146-148, 150, 151, 156-160, 162, 168-170, 172, 185, 194, 203, 210, 212, 258, 263-270, 285, 291, 310, 316, 318, 324, 333, 334, 340, 354, 355, 361, 362, 364-376, 379, 392, 430
源頼信　184
源頼政　27, 134, 294
源頼光　27, 134, 293, 294
源頼義(頼義、清和源氏頼義流)　2, 7, 13, 20, 24, 30, 42, 57, 142, 162, 256-262, 322, 323, 328, 329, 349, 363
箕匂政高　390
箕匂師政　390
宮城氏　22, 24, 31
宮城為業　25
宮城宗朝　31
宮里俊正(権執印)　414
宮寺氏　77, 79
宮寺家平(家平、宮寺五郎、村山頼任の孫)　77
宮寺五郎→宮寺家平
宮寺三郎　383
宮寺政員　396
宮本氏(宮本)　89
宮本備後　93
宮本六郎太郎　95
御幸姫　282
明恵上人　87, 138, 375
妙浄　422

妙性（審海上人妙性律師）　331
妙性（若児玉氏元後家）　400
明法（発知二郎後家尼）　401
妙法坊　320
妙蓮→土淵妙蓮
三善康清　378

【む】

無極慧徹　52
武蔵吉良氏→吉良氏
武蔵七党（武蔵ノ七党・武蔵の七党・武蔵の党々）　3, 4, 6, 12, 21, 37, 64, 76, 77, 203, 346, 407, 410, 414, 422
武蔵千葉氏→千葉氏
武蔵長井氏→長井氏
武蔵平一揆→平一揆
陸奥五郎実泰→北条実泰
宗尊親王　37, 47, 394-398
宗忠→日奉宗忠
宗朝→豊島宗朝
宗仲→池上宗仲
宗長→池上宗長
宗良親王　200, 275, 276, 425, 426
宗弘→小川宗弘
宗頼→日奉宗頼
村岡五郎→村岡良文
村岡忠頼（村岡二郎）　3
村岡藤内兵衛入道　428
村岡良文（村岡五郎、平良文・良文、桓武平氏良文流）　3, 210, 285
村山氏（村山）　77, 78, 365
村山党　6, 7, 9, 13, 77, 79, 380, 425
村山家継（村山小七郎・山口七郎、家継、村山頼任の孫）　77
村山雅楽助（雅楽助）　78
村山貫首→村山頼任
村山小七郎→村山家継
村山次郎右衛門家　79
村山土佐守→村山義光
村山義光（村山土佐守）　77-79
村山義光夫妻（村山土佐守義光夫妻）　78
村山頼家（頼家）　77
村山頼任（頼任・村山貫首）　7, 77

【め】

目黒氏（目黒）　40, 45, 399
目黒の長者　278
目黒弥五郎　45

【も】

毛利氏（毛利）　228, 294
黙庵周諭　431
持氏→足利持氏
持朝→結城持朝
以仁王　294, 364
物外可什（物外和尚）　68, 309
基家→河越基家
基氏→足利基氏
基泰（職泰）→日奉基泰
物部国光（鋳物師）　319
物部守光　179
桃井直義　423
桃井義盛　411
森小四郎　435
森三郎　431
（姓欠）守満（将門家臣）　281
護良親王　169, 406,
毛呂季光　365, 368, 369, 372, 374-376
毛呂八郎　418
師岡氏　170, 241
師岡重経　170, 366, 367
諸岡山城守　237
師興→小野師興
師秀→平師秀
文覚　154

【や】

薬師寺加賀権守　425
薬師寺公義　161, 421, 422, 424
薬師寺某　422
矢古宇右衛門次郎　395
屋代信経　417
泰明→豊島泰明
泰家→北条泰家
康資→太田康資
泰宗→豊島泰宗
やない氏　59
柳下上総介　298
矢野兵庫助　244
矢野政親　428, 430, 431
山口氏　77, 79,
山口小七郎　371
山口三郎　387

山口三郎兵衛尉　391
山口七郎→村山家継
山崎氏(山崎)　56, 61
山崎兼光　61
山下四郎左衛門尉　435
山田右京進(山田右京之進)　249
山田紫光　97
山名時氏(時氏)　412, 419
山内→山内上杉氏
山内経之　350, 351, 415, 416
山内又けさ　416
山内上杉氏(山内・山内上杉・山内上杉家)　51, 96, 100, 101, 108, 127, 195, 201, 203, 205-207, 220, 224, 235, 243, 248
山内上杉憲房→上杉憲房
山内上杉憲政→上杉憲政
山内上杉顕定→上杉顕定
山内首藤氏　156, 351
山本次郎左衛門恒明　42
山本平左衛門恒重　42

【ゆ】

由井氏(由井)　65, 71, 73
由井源三→北条氏照
由井宗弘(宗弘・日奉宗弘、由井日別当・由井日判官)　64, 67-69, 71
結城氏朝　25, 40
結城親朝　417
結城持朝(持朝)　25, 40
有尋(僧)　328
酉誉聖聡　165
由木氏(由木)　56, 61, 65, 71, 73
由木源次郎　432
由木三郎大夫→由木重直
由木重直(重直・由木三郎大夫)　66, 71
由木保経　61
(姓欠)行俊(高常珍代)　431
由良兵庫助　278
由利頼久　403

【よ】

与阿→川口幸季
栄西　346
用舜上人　354
横井兵部　42
横川兵部(横川)　42
横地氏(横地)　231
横地監物　232
横溝八郎　126, 127
横山氏(横山・横山一族・横山人々)　4, 9, 13, 56-59, 62, 70, 86, 361, 363
横山党(横山党諸氏)　4, 6, 7, 38, 51, 54, 56, 57, 59-64, 86, 203, 224, 227, 363, 380, 405, 425
横山権守→横山時広
横山重兼(横山太郎)　60
横山介三郎　4
横山大夫→横山義孝
横山孝兼(孝兼・隆兼)　58-61
横山孝兼の女(梶原景清妻、景時・友景母)　58
横山孝遠→相原孝遠
横山太郎→横山時兼
横山経兼(経兼)　4, 6, 7, 57, 61, 63, 363
横山経長→石川経長
横山時兼(時兼・横山太郎)　9, 13, 57-59, 86, 370, 381
横山時兼の叔母(和田義盛の妻)　58
横山時重　60
横山時広(時広、横山権守)　57, 58, 86, 370, 373, 381
横山時広の妹(和田義盛の妻)　58
横山広長(広長)　86
横山弘成(土豪)　243
横山義孝(義孝、横山大夫)　4, 6
与貞→藤原与貞
義明→三浦義明
義詮→足利義詮
義家→源義家
吉江新左衛門尉　423
吉江中務　423
義興→新田義興
義貞→新田義貞
能重→大石能重
吉田兼好(兼好法師)　296, 330
義孝→横山義孝
義綱→源義綱
義時→北条義時
義朝→源義朝
義教→足利義教
義治→脇屋義治
義平→源義平
良文→村岡良文
吉見氏　11
吉見氏頼　413, 423
吉見彦次郎　417

吉見某　409
吉見義世　401
吉見頼綱　369
義満→足利義満
義光→源義光
義宗→新田義宗
義盛→和田義盛
四方田氏　425
四方田景綱　396
四方田資綱　389
四方田禅門　421
四方田高政　397
四方田太郎左衛門尉　412
四方田太郎左衛門尉(父)　412
四方田時綱　398
四方田某　421
頼家→源頼家
頼家→村山頼家
頼任→村山頼任
頼朝→源頼朝
頼義→源頼義

【ら】

頼印(遍照院)　436
礼羽蓮乗　381
頼遍(上人)　97
蘭渓道隆　157

【り】

理空(僧)　87
龍応智雲尼　298
隆承　98
了意禅尼　313
両上杉氏→上杉氏
了円法師　286
了海上人　75
亮海　98
了心　405
良範　314
林平(所蔵文書)　245

【れ】

蓮光　400

【ろ】

朗慶(上人、荏原義宗の子徳次郎)　184
廊之坊(御師)　40
六郷殿　40

【わ】

若児玉氏　425
若児玉氏元　400
若児玉氏元後家→妙性
若児玉小次郎　389
若児玉美作次郎　436
若林家　52
若林三右衛門有信　52
脇屋義助　415
脇屋義治(義治)　25, 275
和田氏(和田軍・和田合戦・和田方)　9, 58, 59, 86, 127, 156, 224, 227
和田常盛　58, 59
和田常盛の妻(横山時広の妹の妹)　58
和田正朝　420
和田義盛(義盛)　9, 58, 59, 64, 70, 331, 361, 369, 374, 379, 381
和田義盛の妻(横山時広の妹)　58
渡辺氏(渡辺姓)　293-295
渡辺党(摂津渡辺党・嵯峨源氏渡辺党)　165, 294
渡辺綱(綱)　164, 255, 293-295

【参考】

秩父氏略系図　5
豊島氏系図　21
石神井郷相伝順序推定図　25
江戸氏系図(1)　36
江戸氏系図(2)　38
横山党系図　62, 63
西党系図　72, 73
吉良氏略系図　107

史跡一覧

凡　例

1、本一覧は、本書に見える古代・中世の伝説などをもつ史跡をまとめた。
2、史跡として、寺社・城館跡・古戦場跡・古道などを取り上げた。
3、配列は、東京都・神奈川県の各自治体別としたが、最後に古道をまとめて配置した。
東京都は、23区を五十音順、次いで市町村を五十音順とした。

神奈川県は、川崎市の区を五十音順、次いで横浜市の区を五十音順とし、次いで鎌倉市・藤沢市を付載した。

場所が不明な史跡は、最後に付載した。
4、各自治体の史跡の配列と古道の配列は、五十音順とし、右側に記載の頁を示した。なお、頁が連続した場合は「3-5」のごとく表示した。
5、史跡や古道の所在地及び別称は、(　　)内に示した。
6、寺社内に所在する史跡(摂社など)、また近接の史跡については、＼を付け史跡名を示した。

【自治体別】

東京都足立区

應現寺　259
実相院　259
性翁寺　23, 31
＼足立荘司宮城宰相の墓　23, 31
＼足立姫の墓　23, 31
白旗八幡神社　260
渡裸川の渡し　260
宮城氏館跡　24, 31
六月八幡神社　259
本木北野神社　23
本木熊野神社　23

東京都荒川区

石浜城跡　43, 102, 160, 210, 212
石浜神社　43, 160, 212, 355
＼麁香神社　355
円通寺　261
尾久八幡神社　27
熊野神社　260
地蔵寺　27
千住河岸　190
千住の大橋　190
大林院　27
道灌山　109
新堀玄蕃の館跡　109
日暮里諏方神社　30
橋場神明社　298
宝蔵院　27
本行寺　111
＼道灌丘碑　111

東京都荒川区・墨田区

隅田の渡し(隅田川の渡し, 古東海道の渡し, 白髭の渡し, 須田の渡し, 梅若の渡し, 橋場の渡し, 真崎の渡し)
30, 37, 48, 160, 161, 212

東京都板橋区

赤塚城跡(千葉城)　102, 210-212
赤塚諏訪神社　102
赤塚氷川神社　102
小豆沢　286
小豆沢神社　24, 262
板橋　27
板橋城(長命寺)　27
京徳観音堂　312
轡神社　181, 182, 191
志村延命寺(延命寺)　24, 304
志村城跡　23, 211

城山熊野神社(熊野神社)　24, 211, 259
白箭稲荷社　111
専祢院　182
松月院(宝持寺)　102
＼伝・千葉一族の墓地　102
氷川神社(東新町)　286
氷川神社(氷川町)　27
龍福寺　24

東京都大田区

池上本門寺(本門寺)　80-82, 168, 308, 328
＼池上氏墓所　80
＼本尊 日蓮坐像　80
大井氏の館(三輪神社)　75
鎌倉街道下道関連史跡(山王地区中世道路跡)　166, 191
亀甲山　41, 265
光明寺　43, 278, 310
＼荒塚(江戸氏一族の墳墓, 江戸遠江守の墓, 江戸遠江守の墳墓, 竹沢右京亮の墓)　44, 278, 310
桜坂(沼辺大坂)　184
十寄明神社(十騎の社)　190, 277
照栄院　81
磨墨塚　58
洗足池(千束池)　184, 185, 258
千束八幡神社(旗挙げ八幡)　185, 258, 265
多摩川浅間神社　41, 265
頓兵衛地蔵(とろけ地蔵)　277
新田神社(新田大明神, 新田大明神社)　168, 190, 276, 277
＼狛犬　277
八景坂(薬研坂)　166, 257
八景天祖神社　166, 258
＼八幡太郎鎧掛の松　258
＼八景碑　258
本行寺(大坊本行寺, 日蓮上人入滅の旧跡, 日蓮荼毘所跡)　81, 82, 308
＼池上氏館跡(池上氏館, 池上宗仲の館, 池上城の根小屋曲輪, 池上氏館内の法華堂)　80-82, 215
萬福寺　58
南之院　81
妙蓮塚三体地蔵　278
矢口の渡し(古蹟矢口渡迹)　38, 44, 48, 168, 190, 276-278
六郷神社　41, 262
＼太鼓橋　41
＼手水石　41
＼旗掛の松跡の碑　41
＼八幡塚　41
六郷の渡し(北野神社)　40, 41, 190

東京都大田区, 神奈川県川崎市中原区

丸子の渡し　17, 41, 82, 143, 166, 168, 183, 184

東京都北区

赤羽八幡宮(赤羽八幡神社)　26, 132, 134, 181
稲付城跡(静勝寺)　28, 109, 132, 206, 207
＼亀ヶ池弁天　207
うつり坂　181
王子神社(王子権現社, 若王子社)　20, 31, 133, 259, 298
紀州神社　23, 31
御殿前遺跡(豊島郡衙跡)　208
金剛寺　24, 133, 134, 265
十条久保遺跡　133
十条富士道　133
西蓮寺　27, 132
寿徳寺　133, 134
城官寺　20, 31
正光寺　26, 132
真頂院　132
静勝寺　109, 132, 206
＼太田道灌の木像　109
＼道灌堂　109
清光寺　20, 22, 31
＼豊島清光供養塔　23
＼豊島清光像　22
＼豊島清元(清光)の館跡(豊島氏館跡)　22, 31
蝉坂　208
滝野川城　24
滝野川八幡神社　133, 135
滝野川松橋(松橋)　24, 265
田端八幡神社　266
道音坂(鎌倉街道, 古代東海道)　133
豊島郡衙(平塚神社)　133
梅王寺　132
八幡通り　133, 134
平塚城跡(城官寺, 平塚神社)　20, 28, 30, 31, 201, 208-210
＼平塚神社(平塚三所大明神)　20, 31, 133, 208, 260, 261
福寿院　132

普門院　132
法真寺　132
紅葉橋　133
谷津観音の坂　133
若宮八幡神社　23

東京都北区・豊島区

鎌倉橋　134

東京都品川区

相生坂　183
荏原神社　258
荏原氏の館(法蓮寺)　184
大井庚申堂　268
海晏寺　190, 297, 310
梶原稲荷神社　58
＼梶原塚　58
光福寺　75, 166
＼大井の井　75
御殿山　166, 167
さいかち坂　184
品川氏の館(貴船神社)　76
品川氏の館(西光寺)　76
品川氏の館(戸越公園)　76
品川寺　76, 112
品川神社　112, 268
品川湊　75
袖ヶ崎神社(忍田稲荷大明神)　183, 184
天妙国寺(妙国寺)　76, 297
＼諏訪神社　76
旗ヶ岡八幡神社　184
旗の台(旗岡)　184
平塚の碑　184
来福寺(來福寺)　58, 268

東京都渋谷区

吾妻堤　138
鎌倉道(並木橋)　139, 191
金王八幡宮(金王八幡神社, 渋谷城跡, 渋谷氏居館)　41, 139-141
＼金王桜　140
＼金王丸御影堂　140
＼金王丸像　140
＼砦石　141
鞍掛の松　266
猿楽塚(北塚, 物見台, 物見塚)　140-142, 144, 191
＼鎌倉道　140
清岸寺　309
勢揃坂　139, 141
斥候塚　190
千代田稲荷神社　109
東福寺(親王院, 円證寺)　41, 139, 140
常盤松の碑　41
幡ヶ谷不動(荘厳寺)　291
八幡通り(鎌倉街道)　139
鳩森八幡神社(千駄ヶ谷八幡, 千駄ヶ谷八幡宮)　138, 190
＼鎌倉路(鎌倉街道の旧跡)　138
宝泉寺　41
＼常盤薬師堂　41
遊女の松　138
龍巌寺　139
＼義家の腰掛石　139

東京都新宿区

赤城神社(赤木明神)　287
穴八幡宮　261
市谷亀岡八幡宮　110
厳島神社(抜弁天)　138, 259
稲荷鬼王神社　287
円照寺　290
甘泉園(甘泉園公園)　137, 265
＼山吹井(頼朝の馬冷やしの井)　137
首洗い井戸(首洗井戸)　286, 287
熊野神社(熊野十二社)　297, 298
＼若一王子　298
自性院　111
出世稲荷神社　109
蜀江坂　287
蜀江山　287
大聖院　138
＼山吹坂　138
月見岡八幡神社の松　263
津久戸明神　286
成子天神社　268
西向天神　138
八幡神社　287
七曲坂　265
放生寺　137
宝泉寺　137, 142, 291
＼船つなぎの松　137
水稲荷神社(水稲荷, 冨塚稲荷, 冨塚古墳)　268, 290

＼三島社　268
遊女の松　190
鎧神社　287, 290
雷電稲荷神社(花園神社，雷電神社)　258
龍泉院　291
＼船繋松　291

東京都杉並区

阿佐ヶ谷氏館　42
阿佐谷神明宮　42
井草八幡宮　267
大宮八幡宮(大宮八幡神社)　42, 181, 183, 190, 258
＼大宮八幡宮の若松　263
＼鎌倉街道　42
＼八幡社惣門　190
遅野井市杵嶋神社　266
鎌倉橋　190
鞍掛の松　42
十貫坂　181
道灌槇(荻窪八幡神社)　111
氷川神社　266

東京都墨田区(下総国)

牛島神社　43
隅田宿(隅田宿跡)　21, 43, 160, 161
梅若塚　161
法恩寺　110
木母寺　161

東京都世田谷区

馬引沢　266, 267
永安寺　348
大蔵氷川神社　348
上馬引沢(上馬)　267
奥沢城跡(大平氏の館跡，大平清九郎の居館跡，浄真寺)　105, 106, 214
鎌倉通り　183
鎌倉橋南交差点　183
木田見氏の館　348
喜多見城跡(喜多見氏の城館，喜多見陣屋)　46, 216, 347, 348
喜多見氷川神社　46, 49
慶元寺　45, 49, 347, 348
＼江戸重継・重長追善供養の五輪塔　45
＼江戸重長像　46
豪徳寺(弘徳院，弘徳寺)　104, 105, 182, 213
駒繋神社　142, 266
駒留八幡宮(駒留八幡神社)　105, 183
下馬引沢(下馬)　267
勝光院(竜凰寺)　105
＼吉良家の墓所　105
須賀神社　46, 49
世田谷城跡　104, 105, 144, 182, 213, 214
＼鎌倉街道　213
＼甲州古道(滝坂道)　213
世田谷八幡宮　105, 261
善養寺　143
畳屋坂(登戸道)　348
知行院　46, 49, 348
中神明遺跡　348
兵庫島　182, 278
満願寺　106

東京都世田谷区，神奈川県川崎市高津区

二子の渡し(二子)　141, 143, 146, 147, 149, 180, 182

東京都世田谷区・目黒区

葦毛塚(芦毛塚)　142, 266

東京都台東区

銀杏岡八幡神社　162, 259
＼銀杏岡八幡神社の銀杏　263
今戸神社(今戸八幡，元今戸八幡宮)　162, 261
黒船稲荷神社　290
下谷神社　290
須賀神社　162
浅草寺(浅草観音)　37, 162, 297, 304, 354, 355
＼六地蔵石燈籠(六地蔵の石灯籠)　190, 354
浅草寺遺跡　301
玉姫稲荷神社　274
鳥越神社(鳥越大明神)　260, 286, 287
日輪寺(神田山日輪寺，神田山芝崎道場，柴崎道場)　35, 286
待乳山聖天(本龍院)　111, 212
＼稲荷神社　111
＼道灌稲荷跡石碑　111

東京都中央区

兜神社　35, 258, 288
＼兜岩　35, 258
椙森神社(椙森稲荷神社)　35, 111, 291
福徳神社　111

鎧の渡し(鎧が淵)　35, 260
鎧橋　35

東京都千代田区

江戸城跡(江戸館, 江戸氏館, 江戸氏の館, 外城, 中城, 子城, 根城, 本城)　28, 33, 35, 40, 45, 108-110, 160, 163, 164, 201, 204-206, 213, 221, 286
太田稲荷姫神社　109
神田神社(神田明神)　163, 285-287
＼平将門の首塚　287
築土神社(津久戸明神)　110, 288
日枝神社　33, 48, 109
日比谷入江(日比谷濠, 馬場先濠)　17, 33, 35, 43, 48, 163, 285
平河天満宮　109
将門首塚(将門塚, 将門公の首塚, 首塚)　34, 163, 286-288
柳森神社　110

東京都豊島区

奥州橋　135, 190
面影橋　136, 137
鎌倉橋　135
金乗院(金乗院目白不動)　135, 136
宿坂　135, 136, 137
宿坂の関(宿坂関の旧跡)　136, 190
雑司ヶ谷遺跡　135
弦巻川　260
南蔵院　135, 136, 190
氷川神社　191
妙義神社　110
＼道灌霊社　110
山吹の里の碑　136

東京都中野区

江古田古戦場跡(江古田原, 江古田沼袋合戦, 江古田・沼袋, 江古田原・沼袋の戦い)　28, 29, 108, 110, 111, 181, 196, 201, 209
江古田原古戦場碑(江古田公園)　32, 201
江古田氷川神社　110
太田道灌の陣地　42
お経塚　201
上高田氷川神社　111
古街道(中野)　190
鷺宮八幡神社　191
成願寺(正歓寺)　42, 297
＼鈴木九郎の墓　42
城山公園　42
神明氷川神社　110
須賀稲荷神社　111
平忠常の砦跡　42
多田神社(多田権現稲荷合社)　182, 183
豊玉二百柱社　32, 201
中野城山居館跡　109, 183
中野氷川神社　110
沼袋氷川神社　32, 110
＼道灌杉　110
八幡神社　262
宝仙寺　262
本郷氷川神社　110
松ヶ丘北野神社　111
和田山　265

東京都練馬区

北野神社　111
三宝寺　28, 32
三宝寺池　29, 209, 210
石神井城跡　28, 29, 32, 108, 111, 201, 208, 209
＼池淵史跡公園　32
＼殿塚　28, 32
＼姫塚　28, 32, 210
＼氷川神社(石神井台)　28, 32
正覚院　111
道場寺　28, 32
＼豊島氏一族の墓　28
豊玉氷川神社　111
練馬城跡　28, 29, 201, 208, 209
白山神社の欅　263

東京都文京区

牛込北野神社　268
吉祥寺　109
駒込天祖神社　266
櫻木神社　109
幸神祠　190
根津神社　111
八幡神社(白山神社)　259
簸川神社　261
湯島天満宮　83, 111

東京都港区

飯倉熊野神社　111

＼太田稲荷　111
産湯の井戸(弘法寺龍生院)　293
産湯の井戸(綱町三井倶楽部)　293
亀塚稲荷神社　111, 167
烏森神社(烏森稲荷社)　33, 34, 291
光明寺(虎ノ門)　35
芝大神宮(飯倉明神)　42, 268
白金長者屋敷跡　298
青松寺　163, 164
増上寺(光明寺)　163-165
竹芝寺　166
長運寺　293
＼渡辺綱大明神像　293
綱坂　293
綱の手引坂　293
天徳寺　35
當光寺　293
久國神社　112
聖坂(古奥州街道, 竹芝坂, 竹芝の坂)　165, 166
丸山古墳　163
三田(御田, 屯田)　293, 295
三田綱町　164, 293
御田八幡神社　165, 295
元神明宮天祖神社　293

東京都目黒区

円融寺(法服寺, 法華寺, 碑文谷法華寺)　106, 107
＼釈迦堂　106
小川坂　141
寿福寺　142
常円寺　106, 143
千代が池　278
東光寺(東岡寺)　106, 143
＼吉良家墓所(吉良一族の墓)　106, 144
土器塚　190
氷川坂　44, 143
碑文谷八幡宮　142, 190
南塚　140
目切坂　45, 140, 141
目黒氏館跡　45
目黒不動　298
八雲通　44

東京都あきる野市

阿伎留神社(秋留神社, 秋伎留神社, 小塩宮, 松原大明神, 春日明神)　89, 92, 269, 292
網代城跡　89, 91
伊奈石の採掘場跡　90
小川城跡(宝泉寺)　66
尾崎観音(宝蔵寺)　268
観音寺　90
奥ノ宮(弁天洞窟)　91
玉林寺　71
金松寺　90
光厳寺　241
広徳寺　90, 101, 298
小宮神社　71, 92
新開院　61
真照寺　90
＼薬師堂　90
真城寺　90
＼瑞雲尼(足利基氏妻)の墓　90
瑞雲寺　90, 92
＼足利尊氏坐像　90
大行寺　71
大悲願寺　70, 90, 92, 268
＼無畏閣(観音堂)　71
武多摩神社　93
戸倉城跡(小宮城, 城山)　89, 91, 93, 241
戸倉三島神社　89, 93, 112
＼武州南一揆の顕彰碑　93
二宮城跡　69, 101, 224-226
二宮神社(小河大明神, 小河神社, 武蔵国二宮, 武蔵二宮)　65, 69, 224, 269, 292
野辺八雲神社　61
引田大宮神社　90
普門寺　61
法林寺　66
山田天神社　90
山田八幡神社　90
林泉寺　66

東京都稲城市

御座松塚　274
長沼五郎政宗の館跡　69

東京都稲城市・調布市

矢野口の渡し(矢野口)　149, 244

東京都青梅市

青謂神社　284
愛宕社　284

安楽寺　268, 270, 284
今井城跡　238
延命寺　96, 270
海禅寺(福禅寺)　99, 284
勝沼城跡(師岡城)　96-99, 235, 237-239
鎌倉道(上州道)　191
鎌倉道(秩父道)　191
辛垣城跡(辛垣城, 二俣尾の城)　96, 235, 237, 238
金剛寺(無量寿院)　97, 283
＼将門誓いの梅　97
塩船観音寺　98, 284, 307
＼阿弥陀堂　99
＼仁王門　99
＼本堂　99
乗願寺　97
常福院の不動堂　270
富士向きの滝　283
住吉神社　96
即清寺　268, 270
秩父鎌倉道(梅ヶ谷峠越)　191
秩父鎌倉道(馬引沢峠越)　191
天慶稲荷(将門稲荷)　284
天寧寺(高峰寺, 高峯寺)　97, 98, 284
虎柏神社　96
西城　238
畠山重忠の切石　270
藤橋城跡　71, 238, 239
報恩寺(正覚院)　98
枡形山城跡　238
御岳山城跡　240
武蔵御嶽神社　240, 268, 270
＼御嶽山産安社　268
物見櫓(矢倉台, 櫓台)　238
六道の辻跡　191

東京都奥多摩町

ウトウの頭　281
大堀　280
尾崎の坂　282
尾崎塁　282
絹笠神社(絹笠大明神)　281
越沢の地　282
三ノ木戸　280
三ノ木戸の清泉　281
三ノ木戸の将門社　281
城の将門社　280
白丸(城丸)　282
城山　282
樽沢古戦場跡　281
天祖山　281
羽黒三田神社・里宮・奥宮　280
姫が淵　282, 283
将門(バス停)　282
将門家臣の刀　281
将門ヶ原(まさかっぱら, 住安所)　282
＼御幸塚　282
将門講　282
将門柵　283
将門神社(将門宮, 将門大明神, 多名沢神社)　280, 282
将門神社(根元神社)　281
将門の厩場(つばめ岩)　281
将門の城(将門の城址)　280
将門の城山(平親王様のお城)　280
将門の投げ石　281
将門馬場　280
六ッ石山　280, 281

東京都奥多摩町, 埼玉県飯能市

棒ノ折山　270

東京都奥多摩町, 山梨県丹波山村

七ッ石山　280, 281

東京都国立市

滝の院(滝本坊)　83
三田氏館跡(津戸氏の居館, 谷保の城山, 伝津戸三郎館)　83, 84, 216
谷保天満宮　83-85, 216

東京都小金井市

梶四郎家所蔵板碑群　344
金井原古戦場(金井原, 金井ヶ原古戦場)　25, 26, 31, 194, 195, 275, 276, 344
金井原古戦場跡の碑　26, 345
首塚　344
小金井神社　344
質屋坂(小金井街道)　345
胴塚　344
七軒家遺跡　344
野川中洲北遺跡　343, 344
平代坂遺跡　344
武蔵野公園低湿地遺跡　344

薬師道　345
渡辺家墓地　344

東京都国分寺市

熊野神社　122, 273
＼傾城歌碑　122
恋ヶ窪　122, 270, 274
国分尼寺跡　123
夙妻太夫の墓(傾城の墓, 傾城の松, 一葉松)　122, 124, 271
陣街道　190
姿見の池　122, 124, 271
伝鎌倉街道(黒鐘公園付近)　123, 191
伝祥応寺跡　123, 191
東山道武蔵路跡　122, 125
武蔵国分寺跡(武蔵国国分寺跡)　274, 343

東京都小平市

鎌倉街道　121
鎌倉橋　121

東京都小平市・東村山市

久道の桜　273
九道の辻　121, 191, 273
＼江戸道　121
＼奥州街道　121
＼大山街道　121
＼御窪道　121
＼鎌倉街道　121
＼清戸道　121
＼秩父道　121
＼引股道　121
＼宮寺道　121

東京都狛江市

慶岸寺　347
鎌倉道　191
品川道　191

東京都狛江市, 神奈川県川崎市多摩区

登戸の渡し(登戸, 登戸渡)　146, 149, 190, 348

東京都立川市

大欅　68
立河原の合戦(立河原)　195, 217, 227, 243
立川氏館跡　68, 216, 217
＼普済寺　68, 216, 217, 309
＼首塚　68
八幡神社の跡　68

東京都立川市〜大田区

国分寺崖線(立川崖線)　17, 123, 125, 343, 345

東京都立川市〜狛江市

府中崖線　124, 125

東京都多摩市

阿保入道父子の墓　126, 127
打越山遺跡　178
小野神社(一之宮神社)　326
霞ノ関南木戸柵跡　126, 127, 291
鎌倉街道早の道跡(高西寺付近)　177, 191
観音寺　126, 127
＼北木戸柵　127
旧鎌倉街道(鎌倉古道)　126, 191
旧鎌倉街道上道　126
沓切坂　126, 274
古蹟鎌倉古海道跡　190
関戸古戦場跡(関戸河原, 関戸の戦い)　126, 127, 199, 274
関戸城跡(関戸天守台, 天守台)　126, 128, 216
旗巻塚伝承地　274
宝泉院　303
無名戦士の墓　126, 127, 303
横溝八郎の墓　126, 127
蓮光寺　178

東京都多摩市・府中市

是政の渡し(是政)　149, 150, 180
関戸の渡し　126

東京都調布市

糟嶺神社　347
鎌倉道(青渭神社)　345
鎌倉道(入間川沿い)　347
金龍寺　346
虎狛神社　345
狛江入道館跡(狛江氏館跡伝承地)　67, 345
深大寺　221, 222, 345, 347
深大寺城跡(神大寺ノ古キ要害)　213, 221, 222, 347
温井屋敷跡　345
間橋(馬橋)　190

明照院　347
八剱神社　347

東京都西東京市

鎌倉街道　191

東京都八王子市

永麟寺(永林寺)　61, 71, 72
＼大石定久の墓(大石氏の墓所)　61, 72
＼大石定久・法名道俊の像　61
小田野城跡　233
＼案下街道(陣馬街道)　233
梶原氏屋敷跡　58
梶原八幡神社　58
＼梶原杉　58
片倉城跡(椚田要害)　66, 227, 228
＼住吉神社　228
鎌倉古道(戸沢観音堂付近)　191
川口兵庫介幸季の館跡(川口兵庫介館跡の石碑)　66
観音堂(由井氏居館跡, 報恩廃寺跡)　71
旧鎌倉街道(古道橋)　191
経塚(中山白山神社)　72
駒繋石峠　270
＼重忠の駒つなぎ石　270
子安神社の欅　263
御霊神社　63
浄泉寺　63
浄泉寺城跡　63
浄福寺　226
浄福寺城跡(案下城, 千手山城, 新城, 松竹城, 由井城)
101, 226, 227
＼案下街道(陣馬街道)　227
高尾山薬王院(高尾山薬王院有喜寺, 薬王院)　352, 353
高月城跡　91, 101, 191, 225, 226, 229
高乗寺　227
滝山城跡　61, 72, 96, 101, 191, 203, 225-227, 229, 231, 235, 352
田守神社　270
＼重忠橋　270
長楽寺　66
長隆寺の礎石(中山白山神社)　72
西八幡大神　270
八王寺(子)御根子屋(高尾山)　232
八王子城跡　61, 62, 71, 72, 203, 219, 227, 229, 231-233
＼北条氏照の居館跡　231
＼北条氏照と家臣の墓　233
八幡八雲神社　57, 61
＼八幡神社　61, 62
＼八雲神社　61, 62
＼横山神社　62
初沢城跡(椚田城, 椚田要害, 高乗寺城)　60, 101, 227
＼高尾天神社　228
法蓮寺　66
将門神社(まさかさま)　285
妙楽寺　62
由木城跡(由木城址)　61, 72, 226
＼史跡由木城址の碑　61
由比牧跡の碑　71
横山氏居館(舘町)　57
横山氏居館(八幡八雲神社)　57
龍光寺　60, 307
龍見寺　63
＼経塚　63
了法寺　190

東京都羽村市

阿蘇神社　285, 291
＼藤原秀郷手植えの椎の木　291
旧鎌倉街道(羽東二丁目歩道橋付近)　191
旧鎌倉街道(羽村東小学校付近)　191

東京都東村山市

鎌倉古街道(久米川四丁目)　119, 191
鎌倉古道(本町二丁目)　119, 191
かゆ塚(金山神社)　273
久米川熊野神社　119
久米川の古戦場(久米川, 久米川合戦, 久米川の戦い, 旧蹟古戦場)　10, 25, 115, 119, 190, 191, 196, 197, 199
久米川古戦場跡の碑(古戦場碑)　120, 199, 200, 273
勝陣場橋　119
将陣場橋　200
正福寺　119, 120, 307
＼千体地蔵堂(地蔵堂)　119, 120
徳蔵寺　119, 120, 199, 200, 306
萩ノ尾薬師堂　313

東京都東村山市, 埼玉県所沢市

八国山(八国山将軍塚)　119, 120, 199, 200, 273, 306

東京都東大和市

内堀のこさ池(こさ池)　273

ごはん塚　273

東京都日野市

成就院(東光寺)　64
高幡不動(高幡山明王院金剛寺)　349, 351
＼上杉堂(上杉右馬助入道の墓)　349
＼五部権現社　349
＼山内経之の供養塔　351
田村氏の館跡(安養寺)　69
東光寺神明社　64
仁王塚(二王塚)　328
八幡大神社　69
日野宮神社(日野宮権現)　64
平山城跡　70, 218
＼平山季重神社(日奉神社)　70, 218
平山季重居館跡(大福寺)　70, 217, 218, 311
平山氏館跡(八幡神社)　218
平山季重墓(平山季重五輪塔)　70, 218, 311
百草八幡神社　328, 329
＼松連寺(松蓮寺)　328, 329
＼真慈悲寺　328, 329
＼百草観音堂　329
＼百草城跡　328

東京都日の出町

馬引沢峠　270
勝峰権現　285
勝峰山　284
平井妙見宮　270
藤太橋　291
将門坂　284

東京都檜原村

岩舟地蔵尊　71
吉祥寺　71, 242
＼伝平山氏奥方の石塔　71
五社神社(五大尊社)　90, 91
三頭山　292
檜原城跡(本宿城)　71, 89, 242
＼古甲州道　242
宝蔵寺　91

東京都府中市

大國魂神社(六所宮)　52, 256, 258, 263, 265, 268, 322, 323, 326
＼鎌倉街道　322
＼甲州街道　322
＼宮乃咩神社　268
小野神社　326
鹿島神社　64
旧鎌倉街道(陣街道)　124, 308
車返八幡神社　267
高安寺(高安護国禅寺, 見性寺)　195, 219, 220, 291, 324
＼鎌倉街道上道　219
＼高安寺城跡(高安寺館, 高安寺塁)　219
＼秀郷稲荷　291, 324
＼藤原秀郷の居館跡　219, 324
＼弁慶硯の井　324
高倉塚古墳　124
高倉塚古墳群　124
光明院　124
三千人塚　197, 274, 305
称名寺　323
善明寺　271
長福寺(勝福寺)　325
新田義貞公之像(新田義貞の馬上像)　125, 197, 274
八幡太郎源義家公の銅像(源義家の銅像)　256, 323
馬場大門欅並木(馬場大門のケヤキ並木)　256, 323
人見原の戦い(人見原)　194, 275, 276
分倍河原の古戦場(分倍, 分倍河原合戦, 分倍河原の戦い)　10, 21, 30, 37, 47, 100, 115, 127, 194-199, 219, 273, 274, 305, 349
分倍河原古戦場の碑(分梅公園)　124, 125, 197, 274
本願寺　267
弥勒寺跡　84
武蔵国司館跡(本町)　322
武蔵国府(武蔵国衙, 武蔵府中, 武州府中)　36, 50, 125, 133, 135, 160, 178, 180, 184, 191, 194, 219, 243, 264, 306, 322, 343
武蔵国府跡(宮町)322

東京都福生市

長者堀跡　298
長者屋敷跡　298

東京都町田市

相原氏居館址　59
藍原氏居館址(殿丸)　59
井出の沢古戦場(菅原神社)　53, 130, 196
小野路城跡　51, 54, 223, 224
小野神社(飯森明神)　51, 128

小山(菅生)太郎有高の館址(御嶽堂の城山)　60
小山太郎館址(城山)　60
小山田有重の居館址(大泉寺)　51, 52
小山田一号遺跡　55, 216
小山田城跡　51, 222, 224
小山田神社(内御前社)　52
小山田の関旧址　191
鎌倉井戸(井戸)　53, 61, 129, 192
＼鎌倉古道・鎌倉街道上ノ道　192
＼七国山鎌倉街道の碑　61, 129
鎌倉古道(鎌倉街道上ノ道本路)跡(鎌倉古道)　128, 192
鎌倉古道(上ノ道)　192
旧鎌倉街道中町通り　130
鎌倉古道(堀割の古道)　128, 191
宏善寺　129
真光寺(しんくわう寺)　177, 178
大泉寺(高昌寺)　51, 52, 222
沢山城跡(三輪城)　179, 233
東雲寺　60
殿丸城　59
都立小山田緑地　51, 54
成瀬城　60
畠山重忠屋敷伝承地　60
薬師堂(薬師池公園)　129, 130

東京都瑞穂町

阿豆佐味天神社　78
円福寺　78
狭山神社　262
伝鎌倉街道(みずほエコパーク公園)　191
福正寺　77, 78
＼観音堂　77
＼村山土佐守一族の墓　77, 78
村山氏館(村山土佐守の屋敷跡)　78

神奈川県川崎市麻生区

西光寺　178
東光院　177-179
＼ヘイバミチ(早ノ道)　179

神奈川県川崎市川崎区

大島八幡神社　262
中島八幡神社　262

神奈川県川崎市幸区

加瀬城跡　109

神奈川県川崎市高津区

増福寺　261
橘樹神社(立花宮)　39
ねもじり坂　144
聖社(鞍掛松, しばられ松, 聖松)　145, 147
二子塚(二子塚跡の石碑)　144, 190
＼奥州古道　144
＼古奥州街道の跡と呼ぶ小径　144
妙法寺　314

神奈川県川崎市多摩区

大道の渡し　146
小沢城跡(小沢天神山城)　45, 243
小沢原合戦　244
広福寺　53, 243
＼稲毛三郎重成の館址　53
＼稲毛重成坐像　53
＼稲毛重成の墓　53
＼稲毛重成の妻(北条時政の娘)の墓　53
子之神社　275
平坂　145
枡形城跡　51, 53, 146, 180, 243
妙楽寺(威光寺, 長尾寺)　38, 60, 67, 144, 145, 148, 346

神奈川県川崎市中原区

春日神社　39
苅宿八幡宮　288
大戸神社(大戸宮)　39, 169
泉沢寺　104
大楽院　41, 104
丸子山王日枝神社(日枝神社)　42, 104, 169
丸子城　169

神奈川県川崎市宮前区

鎌倉道(白井坂の一つ東の坂)　146
鎌倉古道　191
熊野神社跡　146
鞍掛松(古跡鞍掛松, 旧跡鞍掛松)　147, 190
五所塚　145
島坂　145, 146
白旗八幡宮(八幡宮)　146, 147, 190
白塚　190
橘樹郡衙跡　39
茶筅の松　147

等覚院　145
本遠寺　146
影向寺　39

神奈川県横浜市

金沢道　172, 173
弘明寺道(ぐめうじ道, ぐミやうじ道, ぐめうじミち)　154, 172, 175
七里堀　174, 175

神奈川県横浜市青葉区

荏田城趾　149, 191
＼鎌倉みち　191
神鳥前川神社　178, 180
長者原遺跡(都筑郡衙跡)　149
剣神社　149, 150
伝鎌倉道　192
徳恩寺　179
中道の枝道　192
堀ノ内　179
万年寺　179

神奈川県横浜市旭区

大山道と鎌倉道の追分　151
駕籠塚　271
鎌倉古道(中道)　192
鎌倉中の道　192
首洗い井戸　151, 271
首塚　151
さかさ矢竹　271
重忠首塚　271
白根神社　263
白根不動尊　150, 151
すずり石水跡　271
長堀通　151
畠山重忠公遺烈碑(万騎が原)　151, 271
畠山重忠公碑(鶴ヶ峰本町)　151
鬢手洗池跡(鬢手洗池)　150, 151, 190
二俣川古戦場(古戦場, 二俣川の戦い, 旧跡古戦場)　51, 151, 190, 194, 271
万騎ヶ原古戦場　271
都塚　151
薬王寺　271
＼六ッ塚　271
矢畑・越し巻き　271
矢場八幡神社　257
鎧の渡し　151

神奈川県横浜市磯子区

鎌倉道　191
金蔵院(磯子観音, 岩松寺, 龍錫寺)　87
真照寺　87
東漸寺　302, 318, 319

神奈川県横浜市神奈川区

青木城(本覚寺)　252
大綱金刀比羅神社　269
笠稈稲荷神社　316, 317
権現山城跡(武蔵狩野川之城)　95, 251, 252
＼神奈川湊　248, 252
＼東海道　252
権現山の戦い　252
天屋下　190

神奈川県横浜市金沢区

界地蔵　190
金沢文庫　330, 331
侍従川　190
上行寺(金勝寺)　319, 320, 332
＼日荷上人の墓塔　320
上行寺東遺跡(引越のやぐら群)　320, 330, 332
称名寺(金沢山弥勒院, 金沢称名寺)　179, 249, 319, 330, 331, 334
＼光明院　331
瀬戸神社　269, 333
＼琵琶島神社　333
禅林寺　271, 333
太寧寺　334, 335
＼源範頼の墓　335
伝畠山重保墓　271
東光禅寺　176, 271, 333
＼畠山重忠の供養塔　333
白山道　176, 331
畠山重保の墓　333
薬王寺(薬師寺)　334
六浦湊　330, 331
六郎ヶ谷　271, 333
六郎橋　271, 333
龍華寺(浄願寺)　269

神奈川県横浜市金沢区, 鎌倉市(一部、相模国含む)

朝比奈の切通し(六浦道)　137, 176, 271, 330-332

神奈川県横浜市港南区（一部、相模国含む）

一本松　190
かまくらみち　192
福徳院（日限地蔵尊，日限地蔵）　152, 153
福聚院　175
餅井坂　175

神奈川県横浜市港北区

鎌倉道　192
亀之甲山陣城跡　109
菊名神社　170
小机城跡（小机要害）　28, 108, 109, 225, 244-246, 248, 249
駒ヶ橋（バス停）　169
駒林　169, 170
篠原城跡　246
篠原八幡神社　170
杉山神社　341
長福寺　247
琵琶橋　190
墳墓塚六箇所　190
法華寺　170
師岡熊野神社（熊野社）　170
若雷神社　275

神奈川県横浜市栄区（相模国）

青木神社　156
いたち川　155, 157
大道（バス停）　155
笠間中央公園遺跡　155, 156
證菩提寺　157-159
長光寺（医王院）　154

神奈川県横浜市栄区・戸塚区（相模国）

すりこばち坂　154

神奈川県横浜市瀬谷区（相模国）

世谷原（瀬谷原）　25, 39, 93
多鹿橋　267

神奈川県横浜市都筑区

ウトウ坂　148
大棚杉山神社（中川）　341
鎌田堂　314
佐江戸城跡　318
佐江戸杉山神社　318
宿之入を通る道（鎌倉街道）　148
杉山神社（茅ヶ崎中央）　341
茅ヶ崎城跡　248
血流れ坂　148
無量寺（無量寿福寺）　317, 318
＼伝猿渡内匠頭墓　317

神奈川県横浜市鶴見区

和泉池（泉池）　339
建功寺　251
最願寺　314, 315
松蔭寺（松音寺，正統庵）　336, 339, 340
＼仏寿禅師の墓　340
正福寺阿弥陀堂　338
白幡神社（白幡宮）　339, 340
諏訪坂　339, 340
鶴見神社（杉山神社，杉山大明神）　340, 341
＼天皇宮　341
鶴見合戦古戦場（鶴見原）　194, 275
鶴見橋　339
寺尾城跡（馬場城）　251, 339, 340
寺尾道　339
寺谷弁天池　340
東福寺（東福寺観音堂，小池堂）　338-340
別所池　338, 339
宝泉寺　340
宝蔵院　340
鎧池（鎧窪）　339

神奈川県横浜市戸塚区（相模国）

富塚八幡宮　257

神奈川県横浜市西区

伝御所五郎丸墓　318
戸部杉山神社　341

神奈川県横浜市保土ヶ谷区

岩難坂　172
かなざわ・かまくら道（金沢・浦賀往還）　171
かなざわ・かまくら道（旧金沢道，金沢横町）　172
神明社　171
杉山神社（川島町）　342
杉山神社（星川）　342
御台所の井戸　172

神奈川県横浜市緑区

榎下城跡(久保城, 山田右京之進城跡の石碑)　248, 249
杉山神社(西八朔町)　180, 341
餅塚　190
蓮生寺(青砥大明神)　150
嶽窟(読み不明)　190
菜飯谷(読み不明)　190

神奈川県横浜市南区

乗蓮寺　173
＼尼将軍坐像　174
＼化粧の井戸　174
＼将軍堂(御影堂)　174
＼北条政子お手植えと伝える榧　174
宝生寺　87, 88
蒔田城　104

神奈川県鎌倉市(相模国)

大倉幕府跡　158
覚園寺　88
亀ヶ谷の切通し　156
亀ヶ谷坂　156
窟小路　131
化粧坂　131
建長寺　157
五社稲荷神社　158
巨福呂坂切通し　156
常楽寺(粟船御堂)　156, 157
せゐ志くばし　156
二階堂大路　158
離山富士見地蔵　156
日野俊基卿の墓　131
永福寺跡(二階堂)　67, 157-159
横大路　131

神奈川県藤沢市(相模国)

村岡城址公園　131

不明

長井の渡し　36, 50, 160, 264

【古道】

あ

案下街道(陣馬街道)　227, 233

い

古へ奥州海道　187
古へ鎌倉街道　186
古へ鎌倉より奥州えの街道　187
古鎌倉より秩父へかよひしと云古街道の跡　188
古へ此道は鎌倉海道　186
古へ相模国鎌倉より奥州筋の往還　187
古しへ秩父より鎌倉への道　187, 188
古の奥州街道　187
古への奥州街道　187
古の奥州道　187
古の鎌倉街道　186
古の鎌倉海道　186
古の鎌倉街道の古蹤　186
古への鎌倉海道　186
古への鎌倉街道　186
古の鎌倉道　187
古は鎌倉海道　186
古は鎌倉街道　186
古へは鎌倉より奥州えの街道　187
古は鎌倉より奥州への往還　187
古へ東奥・北越等の国々より京師および鎌倉等へ到るの駅路　187
古へ府中より帝都および鎌倉への街道　188
岩蔵街道　239

え

江戸道　121

お

往古鎌倉街道　186
往古鎌倉より奥州への街道　187
往古此処は鎌倉海道　186
往古の奥州海道　187
往古の奥州街道　187
往古の鎌倉街道　186
往古の鎌倉道　187
往古は奥州海道　187
往古より奥州海道　187
往古より奥州街道　187
往昔奥州より鎌倉への通路　187
往昔鎌倉街道　186
奥州海道　187
奥州街道　121, 138, 147, 187
奥州古街道跡(鎌倉街道)　191

奥州古道　144
奥州の古街道　187
奥州への通路　189
奥州道　114, 116, 187
大山街道　54, 121, 145, 148, 149
大山道　128, 151, 155, 182
奥大道　114, 116, 147
御窪道　121

か

かなざわ・かまくら道(金沢・浦賀往還)　171
かなざわ・かまくら道(旧金沢道・金沢横町)　172
金沢道　172, 173
鎌倉及び浦賀への街道　186
鎌倉海道　186, 188
鎌倉街道　4, 17, 41, 42, 51, 53, 55, 76, 91, 114, 115, 118, 121, 122, 126, 133-140, 142-145, 147-149, 153, 156, 182, 186-192, 213, 224, 322
鎌倉街道(上州道)　188, 191
鎌倉街道(秩父道)　188, 191
鎌倉街道上道(上道)　4, 10, 12, 16, 61, 114-124, 126, 128-131, 150, 155, 177, 188-190, 194, 195, 198, 219, 264, 267, 273, 302
鎌倉街道上ツ道　189
鎌倉街道上ノ道　189
鎌倉街道上ノ道本路　189
鎌倉街道下道(下道)　4, 17, 37, 40, 43, 81, 82, 114, 115, 117, 118, 160, 162, 163, 165, 166, 168-176, 183, 184, 188-190, 194, 264, 265, 302, 331
鎌倉街道とよばれた古道　188
鎌倉街道中道(中道)　4, 24, 26, 38, 41, 44, 45, 114-118, 132, 136, 155, 174, 175, 177, 178, 180, 188-190
鎌倉街道中道(奥州道・奥大道)　189
鎌倉街道中道支線　189, 192
鎌倉街道の枝道　117, 177, 183
鎌倉街道早の道跡　177, 191
鎌倉から奥州までの海道　187
鎌倉古海道　186, 188
鎌倉古街道　119, 186, 188, 191
鎌倉古道　114, 119, 128, 149, 186-188, 191
鎌倉古道(上ノ道)　189, 192
鎌倉古道(中道)　189, 192
鎌倉古道(鎌倉街道上ノ道本路)跡　192
鎌倉古道・鎌倉街道上ノ道　192
鎌倉中の道　189, 192
鎌倉の古街道　186
鎌倉の古道　187
鎌倉への往還の道　187
鎌倉への往来　187
かまくらみち　191, 192
かまくらミち　154
かまくら道　154
鎌倉みち　188, 191
鎌倉道　114, 118, 139, 140, 145, 146, 149, 151, 186-188, 191, 192, 345, 347
鎌倉路　138
鎌倉道(上州道)　188, 191
鎌倉道(秩父道)　188, 191
鎌倉道の古跡　187
鎌倉より奥州え(へ)の街道　187
鎌倉より奥州街道の古道　187
鎌倉より奥州への街道　187
鎌倉より奥州への古海道　187
鎌倉より奥州への古海道跡　187
鎌倉より上州への往還　188
川越街道　323
川越より鎌倉への古街道　188

き

旧鎌倉街道　126, 188, 191, 308
旧鎌倉街道上道　126
旧鎌倉街道中町通り　130
旧鎌倉道　157
旧跡鎌倉古道　188
旧蹟鎌倉古道趾　191
旧東海道　340
清戸道　121

く

公事道　119
弘明寺道(弘明道, ぐめうじ道, ぐミやうじ道, ぐめうじミち)　154, 172, 175
弘明寺参詣道　174

こ

甲州街道　322, 323
甲州古道(滝坂道)　213
古奥州海道　187
古奥州街道　144, 147, 166, 187
古奥州街道の跡と呼ぶ小径　144
古街道　190
小金井街道　191, 345

古鎌倉街道　186, 191
古鎌倉街道(奥州古街道)　188
古鎌倉道　187
古甲州道　242
古蹟鎌倉古海道跡　190
御尊櫃御成道　128
古代東海道　133
古東海道　166

さ

最古の奥州海道　187

し

七里堀　174, 175
品川道　184, 185, 191, 343
信濃(信州)道　115
下の道　189
下道の枝道　174
上古の鎌倉海道　186
上古は奥州への街道　187
上州道　115
上信越への通路　189
初期の鎌倉道　188
陣街道　124, 190, 308
信州街道　114

す

水路の鎌倉街道　137

そ

相州街道(近世相州街道, 矢倉沢往還)　147, 323
相州鎌倉への古道　187

ち

秩父鎌倉道　188, 191
秩父道　121
中古の鎌倉街道　188
中世の鎌倉街道　188

て

寺尾道　339
伝鎌倉街道　123, 188, 191
伝鎌倉道　188, 192

と

東海道　252
東山道武蔵路跡　122, 125
豊岡街道　239

な

中つ道　189
中道(奥大道)　147
中道の枝道　192
中原街道　41
中山道　133

に

日光御成道(岩付街道)　132

の

登戸道　348

は

白山道　176, 331
早ノ道(ハヤノ道, ヘイバミチ)　150, 177, 179, 180

ひ

引股道　121
ひろ道とつかへ　154

ふ

布田道　128
古くから鎌倉街道といわれていた古道　188

み

宮寺道　121

む

昔奥州海道　187
昔鎌倉街道　186
昔の奥州海道　187
昔の奥州街道　136, 187
昔の鎌倉道　187
昔は奥州街道　187
武蔵道　115
六浦道(朝比奈切通)　176, 330, 331

や

薬師道　345
山内道路　155-158
山ノ道　130

仏像一覧

凡　例

1、この「仏像一覧」は、本書に記載のある仏像名を頁順で掲出した。但し、伝説上の仏像名は採録しなかった。
2、構成は、最初に仏像のある宗派・寺院名、次に括弧に括って自治体名を記載した。次行の冒頭に仏像名を記載し、右端に本書記載の頁を示した。
3、詳細は、本文に記載があるので、そちらを御確認いただきたい。

・**浄土宗性翁寺（東京都足立区）**
　木造阿弥陀如来坐像（本尊）　23
・**浄土宗天徳寺（東京都港区）**
　聖観音像　35
・**天台宗妙楽寺（神奈川県川崎市多摩区）**
　木造薬師如来坐像　38, 148
　両脇侍立像（日光菩薩像・月光菩薩像）　38
・**天台宗影向寺（神奈川県川崎市宮前区）**
　木造薬師如来坐像　両脇侍立像（日光・月光）
　39
・**天台宗東福寺（東京都渋谷区）**
　木造薬師如来坐像　銅造菩薩立像（善光寺式阿弥陀如来脇侍像）　41, 140
・**天台宗宝泉寺（東京都渋谷区）**
　木造阿弥陀如来立像　41
・**真言宗大楽院（神奈川県川崎市中原区）**
　木造釈迦如来坐像　41, 104
・**天台宗知行院（東京都世田谷区）**
　木造十一面観音立像（本尊）　46
・**真言宗広福寺（神奈川県川崎市多摩区）**
　木造五智如来坐像（本尊）　53
・**臨済宗普門寺の塔頭新開院（東京都あきる野市）**
　薬師三尊像（本尊　薬師如来像　日光・月光菩薩像）
　十二神将像　61
・**曹洞宗龍見寺（東京都八王子市）**
　大日如来坐像（大日堂に安置）　63
・**真言宗長楽寺（東京都八王子市）**
　不動明王（本尊）　薬師如来坐像　66
・**時宗法蓮寺（東京都八王子市）**
　阿弥陀如来像（本尊）　66
・**諏訪神社（東京都立川市）**
　八幡神社本地仏像（レプリカが立川市歴史民俗博物館にある）　68
・**真言宗大悲願寺（東京都あきる野市）**
　木造伝阿弥陀如来坐像　脇侍千手観世音菩薩・勢至菩薩坐像　71
・**地蔵堂（東京都西多摩郡檜原村橘橋詰）**
　岩舟地蔵尊　71
・**曹洞宗永林寺（東京都八王子市）**
　釈迦如来像（本尊）　72
・**真言宗品川寺（東京都品川区）**
　水月観音像（本尊）　聖観音像　76・112
・**臨済宗福正寺（東京都瑞穂町）**
　観世音菩薩像（本尊）　77
・**谷保天満宮（東京都国立市）**
　阿弥陀如来坐像（旧安楽寺本尊）　83
・**真言宗真照寺（神奈川県横浜市磯子区）**
　木造阿弥陀三尊像（本尊　木造阿弥陀如来像、両脇侍像）　毘沙門天像　87
・**真言宗宝生寺（神奈川県南区）**
　大日如來坐像（本尊）　88
・**五社神社（東京都檜原村）**
　木彫の仏像群　90
・**貴志嶋神社（東京都あきる野市。弁財天社ともいう。）**
　伊奈石製の大黒天像（奥ノ宮弁天洞窟に所在）　92
・**阿伎留神社（東京都あきる野市）**
　銅製懸仏（鏡板のみ現存）　92
・**武多摩神社（東京都あきる野市）**
　毘沙門天像　93
・**真言宗金剛寺（東京都青梅市）**
　白不動明王像（本尊）　97
・**時宗乗願寺（東京都青梅市）**
　阿弥陀如来像（本尊）　97
・**曹洞宗天寧寺（東京都青梅市）**
　釈迦如来坐像（本尊）　97

・**天台宗報恩寺**(東京都青梅市)
阿弥陀如来像(本尊)　98
・**真言宗塩船観音寺**(東京都青梅市)
木造千手観音立像(本尊　文永元年〈一二六四〉・快勢作)　98
眷属　二十八部衆(うち二十三体　鎌倉時代・定快作、五体　室町時代・弘円作)　98
金剛力士像(円慶作　山門にあり)　98
・**曹洞宗海禅寺**(東京都青梅市)
釈迦三尊像(本尊)　99
・**日蓮宗円融寺**(東京都目黒区)
金剛力士像(阿形像、吽形像、仁王門にあり)　106
・**真言宗福王寺薬師堂**(東京都町田市)
薬師如来像　日光・月光菩薩像　十二神将　130
・**真言宗寿徳寺**(東京都北区)
観音菩薩像(本尊)　134
・**真言宗南蔵院**(東京都豊島区)
薬師如来(本尊)　136
・**白根不動尊**(神奈川県横浜市旭区)
不動坐像(本尊)　150
・**浄土真宗長光寺**(横浜市栄区)
薬師如来(本尊)　154
・**真言宗東光院**(神奈川県川崎市麻生区)
木造兜跋毘沙門天立像　179
・**真言宗長福寺**(神奈川県横浜市港北区)
薬師如来像　247
・**真言宗安楽寺**(東京都青梅市)
愛染明王像　268, 270
・**天台宗善明寺**(東京都府中市)
鉄造阿弥陀如来立像　271
・**臨済宗東光禅寺**(神奈川県横浜市金沢区)
薬師如来像(本尊)　271・333
日光菩薩・月光菩薩(脇仏)　十二神将　333
・**幡ヶ谷不動**(東京都渋谷区　真言宗荘厳寺)
不動像　291
・**浄土真宗當光寺**(東京都港区)
阿弥陀如来像(本尊)　293
・**小野神社**(東京都多摩市)
木造随身倚像　326
・**百草八幡神社**(東京都日野市)
銅造阿弥陀如来坐像　328
・**百草観音堂**(東京都日野市)
聖観音菩薩立像　大日如来坐像　阿弥陀如来坐像　329
・**真言律宗称名寺**(神奈川県横浜市金沢区)
木造弥勒菩薩像(本尊)　331
大威徳明王像(塔頭光明院に所在)　331
・**上行寺東遺跡**(神奈川県横浜市金沢区)
阿弥陀如来(岸壁に刻む)　332
・**真言宗薬王寺**(神奈川県横浜市金沢区)
大日如来坐像(本尊)　334
・**臨済宗太寧寺**(神奈川県横浜市金沢区)
薬師如来像(本尊)　334
・**天台宗深大寺**(東京都調布市)
阿弥陀如来坐像(本尊)　深沙大王像　慈恵大師坐像　345
・**天台宗祇園寺**(東京都調布市)
木造薬師如来立像　鉄造僧形八幡神坐像　345
・**天台宗明照院**(東京都調布市)
阿弥陀如来坐像(本尊)　347
・**真言宗金剛寺**(高幡不動、東京都日野市)
不動明王像(本尊)　350

石造物一覧

凡　例

1、この石造物一覧は、本文中で取り上げた石造物をまとめた。
2、原則として鎌倉時代〜戦国時代に造立された石造物を選んだ。
3、近世・近代に造立された中で、特に古くからの伝承を持つ物は採用した。
4、石造物の名称は、所在地での通称を採った。
5、配列は、板碑・五輪塔・宝篋印塔・層塔・その他の順とし、頁順で配列した。
6、記載は、「石造仏名称（自治体及び所在地）　所見頁」とした。

1、板碑

小型の板碑三基（板橋区，熊野神社）　24
建長四年銘板碑他十数基（板橋区，真言宗延命寺）　24, 304
建長七年銘板碑（板橋区，真言宗龍福寺）　24
延慶二年銘板碑（板橋区，真言宗龍福寺）　24
建武三年銘板碑（板橋区，真言宗龍福寺）　24
延慶二年銘板碑（北区，浄土宗正光寺）　26, 32
弘安九年銘板碑（北区，真言宗西蓮寺）　27, 132
正中二年銘板碑（北区，真言宗西蓮寺）　27, 132
建武元年銘板碑（北区，真言宗西蓮寺）　27, 132
文明十二年銘板碑（北区，真言宗西蓮寺）　27, 132
正和五年銘板碑（荒川区，曹洞宗大林院）　27
阿弥陀三尊板碑（荒川区，新義真言宗宝蔵院）　27
文明十五年銘板碑（荒川区.真言宗地蔵寺）　27
永享八年銘板碑他多数（練馬区，真言宗三宝寺）　28
貞和四年銘板碑（港区，浄土真宗光明寺）　35
永仁六年銘板碑（港区，浄土宗天徳寺）　35
小型板碑四基（川崎市中原区，大楽院）　41
正嘉三年〜永正九年板碑約千五百基（大田区，浄土宗光明寺）　43, 278
建治二年銘板碑（町田市市内）　55
板碑八三基（町田市，町田市立博物館）　55
文和二年銘名号板碑（八王子市，真言宗龍光寺）　60, 307
延文六年造立六面石幢（立川市，臨済宗普済寺）　68, 309
文永十二年〜康永三年銘板碑（立川市，臨済宗普済寺）　68
応永二十五年銘板碑（立川市，臨済宗普済寺）　68
正応三年銘題目板碑（大田区，日蓮宗本行寺）　81, 308
津戸勘解由菅原規継板碑（国立市，谷保天満宮）　84
建武二年銘板碑（あきる野市，臨済宗瑞雲寺）　90
小型板碑（あきる野市，人里地区元小学校近くの墓地）　90
板碑（檜原村，真言宗宝蔵寺）　91
貞和三年銘板碑（青梅市，天台宗報恩寺）　98
延文二年銘板碑（青梅市，天台宗報恩寺）　98
永仁四年銘板碑（青梅市，真言宗塩船観音寺）　99, 307
板碑十五基（目黒区，日蓮宗円融寺）　106
貞和五年銘板碑（東村山市，臨済宗正福寺）　120, 307
元弘の板碑（東村山市，臨済宗徳蔵寺）　120, 199, 306
板碑保存館板碑約百七十基等（東村山市，臨済宗徳蔵寺）　120
抱き板碑〈レプリカ〉（府中市，八雲神社脇）　124, 308
板碑（北区，真言宗真頂院）　132
板碑（北区，浄土宗梅王寺）　132
板碑（北区，曹洞宗福寿院）　132
板碑（北区，真言宗普門院）　132
板碑（北区，日蓮宗法真寺）　132
文安二年銘板碑（道路遺構側面）　135
南北朝期の板碑（新宿区，真言宗放生寺）　137
板碑（新宿区，天台寺門宗大聖院）　138
弘安二年銘板碑（目黒区，天台宗寿福寺）　142
永仁二年銘等多数の板碑（世田谷区，真言宗善養寺）　143
多数の板碑（川崎市高津区，上作延第四公園）　145
南北朝時代の板碑（川崎市宮前区，天台宗等覚院）　145
二基の板碑（横浜市青葉区，愛和幼稚園脇の墓地）　149
文永三年銘板碑（港区，聖坂の路傍）　165
正和二年銘板碑（港区，聖坂の路傍）　165

延文六年銘板碑(港区，聖坂の路傍)　165
年代不明板碑二基(港区，聖坂の路傍)　165
板碑三基(町田市，曹洞宗西光寺)　178
康元元年銘板碑(府中市，三千人塚)　197, 305
板碑(青梅市，今井城跡)　239
十四世紀の板碑(横浜市都筑区，茅ヶ崎城周辺)　248
西仏板碑(台東区，聖観音寺宗浅草寺)　304
「心字座蓮座」板碑(板橋区，真言宗延命寺)　304
貝取念仏供養板碑(多摩市，路傍の覆屋)　305
建長七年銘板碑(川崎市高津区，天台宗妙法寺)　314
延慶二年銘板碑(横浜市鶴見区，浄土真宗最願寺)　314
寛元二年銘板碑(横浜市青葉区，集合墓地)　315
建長七年銘板碑(横浜市青葉区，集合墓地)　315
嘉元元年銘板碑(横浜市緑区，曹洞宗大林寺)　316
阿弥陀一尊種子五輪塔板碑(横浜市神奈川区，笠稈稲荷神社)　316
板碑(小金井市，武蔵野公園低湿地遺跡)　344
延慶二年銘板碑(小金井市，渡辺家墓地)　344
天文七年銘月待板碑(小金井市，渡辺家墓地)　344
梶四郎家所蔵板碑群(小金井市，梶四郎家)　344
廃棄板碑(小金井市，平代坂遺跡)　344
弘長三年銘板碑(狛江市，浄土宗慶岸寺)　347
宝蔵院の板碑(横浜市鶴見区，真言宗宝蔵院)　340
文永の板碑(日野市，真言宗金剛寺〈高幡不動〉)　349

2、五輪塔

豊島清光供養塔(北区，真言宗清光寺)　23
江戸重継・重長供養五輪塔(世田谷区，浄土宗慶元寺)　45
稲毛重成夫妻の墓(町田市，真言宗広福寺)　53
村山土佐守一族五輪塔(瑞穂町，臨済宗福正寺)　77
伝畠山重保墓五輪塔(金沢区釜利谷南，白山道六郎ヶ谷公園の付近)　271, 333
畠山重忠供養の五輪塔(金沢区釜利谷南，真言宗東光禅寺)　271, 333
清岸寺五輪塔(渋谷区，浄土宗清岸寺)　309
海晏寺五輪塔(品川区，曹洞宗海晏寺)　310
平山季重五輪塔(日野市，曹洞宗宗印禅寺)　311
伝猿渡内匠頭墓五輪塔(横浜市都筑区，真言宗無量寺)　317
伝御所五郎丸墓五輪塔(横浜市西区，伝御所五郎丸墓)　318
四〇〇の五輪塔(横浜市金沢区，上行寺東遺跡)　332
源範頼墓五輪塔(横浜市金沢区，臨済宗大寧寺)　335
三基の五輪塔(横浜市磯子区，臨済宗東漸寺)　318

3、宝篋印塔

足利基氏妻等宝篋印塔二基(あきる野市，臨済宗真城寺)　90
小山田有重等の宝篋印塔(町田市，曹洞宗大泉寺)　52
村山土佐守一族宝篋印塔(瑞穂町，臨済宗福正寺)　77
伝三田綱秀正室等宝篋印塔四基(青梅市，曹洞宗海禅寺)　99
千葉自胤夫妻宝篋印塔二基(板橋区，曹洞宗松月院)　102
伝吉良頼康宝篋印塔等石塔三基(目黒区，曹洞宗東光寺)　106, 144
宝篋印塔(多摩市，関戸5の30の8)　126
旧大宮寺宝篋印塔(杉並区，大宮八幡入口交差点付近)　311
松木七郎の宝篋印塔(八王子市，浅間神社裏手)　312
京徳観音堂の宝篋印塔(板橋区，曹洞宗京徳観音堂)　312
萩ノ尾薬師堂の宝篋印塔(武蔵村山市，萩ノ尾薬師堂)　313
壬辰銘宝篋印塔(横浜市金沢区，日蓮宗上行寺)　319

4、層塔

室町後期層塔二基(大田区，日蓮宗本門寺)　80
七重の石塔(横浜市旭区，首塚)　151
日荷上人の墓塔(横浜市金沢区，日蓮宗上行寺)　320
山内経之供養の九輪塔(日野市，真言宗金剛寺〈高幡不動〉)　351

5、その他

足立姫の墓(北区，浄土宗性翁寺)　23
由比牧の碑(八王子市，弐分方町422付近)　71
道灌丘碑(荒川区，日蓮宗本行寺)　111
道灌稲荷跡石碑(台東区，待乳山聖天)　111
准后道興歌碑(国分寺市，熊野神社)　122
傾城の墓(国分寺市，真言宗東福寺)　122
無名戦士の墓石塔群(多摩市，関戸5の30の8)　126
七石山鎌倉街道の碑(町田市，七石山山頂付近)　129
山吹の里の碑(豊島区，高田面影橋橋付近)　136
砦石(渋谷区，金王八幡宮)　141
葦毛塚(目黒区，五本木)　142